Die Insolvenz des Unternehmers in Polen

STUDIEN DES INSTITUTS FÜR OSTRECHT MÜNCHEN

IOR

Begründet von Professor Dr. Reinhart Maurach
Herausgegeben von Professor Dr. Friedrich-Christian Schroeder,
Dr. h.c. (Breslau), Regensburg

Band 42

PETER LANG
Frankfurt am Main · Berlin · Bern · Bruxelles · New York · Oxford · Wien

Thomas Paintner

Die Insolvenz des Unternehmers in Polen

PETER LANG
Europäischer Verlag der Wissenschaften

Bibliografische Information Der Deutschen Bibliothek
Die Deutsche Bibliothek verzeichnet diese Publikation in der Deutschen Nationalbibliografie; detaillierte bibliografische Daten sind im Internet über <http://dnb.ddb.de> abrufbar.

Zugl.: Hamburg, Univ., Diss., 2002

D 18
ISSN 0073-8492
ISBN 3-631-50692-9

www.peterlang.de

Vorwort

Die vorliegende Arbeit wurde im Sommersemester 2002 vom Fachbereich Rechtswissenschaft der Universität Hamburg als Dissertation angenommen. Literatur, Rechtsprechung und Gesetzgebung konnten bis zum 1.8.2002 berücksichtigt werden.

Herzlich danken möchte ich Herrn Prof. Dr. Reinhard Bork für die Betreuung meiner Dissertation sowie Herrn Prof. Dr. Otto Luchterhandt für die Erstellung des Zweitgutachtens.

Mein besonderer Dank gilt der Max-Planck-Gesellschaft für die Förderung meines Forschungsvorhabens durch ein Doktorandenstipendium.

Zu Dank verpflichtet bin ich darüber hinaus Herrn Prof. Dr. Friedrich-Christian Schroeder, Frau Dr. Stefanie Solotych, Herrn Dr. Peter Leonhardt sowie Herrn Niels v. Redecker für die Aufnahme dieser Arbeit in die Schriftenreihe des Instituts für Ostrecht.

München, im Oktober 2002 Thomas Paintner

Inhaltsverzeichnis

Abkürzungsverzeichnis

a. A.	andere(r) Ansicht
a. a. O.	am angegebenen Ort
abl.	ablehnend
a. E.	am Ende
a. F.	alter Fassung
Abs.	Absatz
AG	Aktiengesellschaft (spółka akcyjna); Amtsgericht
Anm.	Anmerkung
ArbnFSchG	Gesetz vom 29.12.1993 über den Schutz der Arbeitnehmeransprüche im Falle der Insolvenz des Arbeitgebers (ustawa o ochronie roszczeń pracowniczych w razie niewypłacalności pracodawcy) Dz.U. *1994*, Nr. 1, Pos. 1; bereinigte Fassung vom 9.1.2002, Dz.U. *2002*, Nr. 9, Pos. 85; Änderungen: Dz.U. *2002*, Nr. 127, Pos. 1088.
ArbGB	Arbeitsgesetzbuch (kodeks pracy) vom 26.6.1974 Dz.U. *1974*, Nr. 24, Pos. 141, bereinigte Fassung: Dz.U. *1998*, Nr. 21, Pos. 94; Änderungen: Dz.U. *1998*, Nr. 106, Pos. 668; Nr. 113, Pos. 717; *1999*, Nr. 99, Pos. 1152; *2000*, Nr. 19, Pos. 239; Nr. 43, Pos. 489; Nr. 107, Pos. 1127; Nr. 120, Pos. 1268; *2001*, Nr. 11, Pos. 84; Nr. 28, Pos. 301; Nr. 52, Pos. 538; Nr. 99, Pos. 1075; Nr. 111, Pos. 1194; Nr. 123, Pos. 1354; Nr. 128, Pos. 1405; Nr. 154, Pos. 1805; *2002*, Nr. 74, Pos. 676; Nr. 135, Pos. 1146. *Übersetzung:* Handb. WiRO, PL 600.
Art.	Artikel

BankGFG	Gesetz vom 14.12.1994 über den Bankgarantiefonds (ustawa o Bankowym Funduszu Gwarancyjnym) Dz.U. *1995*, Nr. 4 Pos. 18; bereinigte Fassung vom 31.12.1999, Dz.U. *2000*, Nr. 9, Pos. 131; Änderungen: Dz.U. *2000*, Nr. 86, Pos. 958; Nr. 119, Pos. 1252; Nr. 122, Pos. 1316; Nr. 154, Pos. 1802.
BankR	Gesetz vom 29.8.1997 – Bankrecht (Prawo bankowe), Dz.U. *1997*, Nr. 140, Pos. 939; bereinigte Fassung: Dz.U. *2002*, Nr. 72, Pos. 665; Änderungen: Dz.U. *2002*, Nr. 126, Pos. 1070; Nr. 141, Pos. 1178; Nr. 144, Pos. 1208. *Übersetzung:* Handb. WiRO, PL 500.
Begr.	Begründung
BFH	Bundesfinanzhof
BGB	Bürgerliches Gesetzbuch
BGH	Bundesgerichtshof
BGHZ	Entscheidungen des Bundesgerichtshofs in Zivilsachen, herausgegeben von den Mitgliedern des BGH und der Bundesanwaltschaft
Biuletyn MS	Biuletyn Ministerstwa Sprawiedliwości (Bulletin des Justizministeriums)
BT-Drucks.	Bundestagsdrucksache
Buchst.	Buchstabe
bzw.	beziehungsweise
ca.	circa
CNUDCI	Commission des Nations Unies pour le droit commercial international (=UNCITRAL)
ders.	derselbe
d. h.	das heißt
dt.	deutsche(-r, -s)

dt. KO	deutsche Konkursordnung
Dz.Pr.	Dziennik Praw Księstwa Warszawskiego i Królestwa Kongresowego (Rechtsblatt des Fürstentums Warschau und Kongreßpolens)
Dz.U.	Dziennik Ustaw (Gesetzesblatt)
Dz.Urz.MS	Dziennik Urzędowy Ministerstwa Sprawiedliwości, Dział nieurzędowy (Amtsblatt des Justizministeriums, nichtamtlicher Teil)
EGInsO	Einführungsgesetz zur Insolvenzordnung
EGV	Vertrag zur Gründung der Europäischen Gemeinschaft
engl.	englisch
Entw.	Entwurf
EuZW	Europäische Zeitschrift für Wirtschaftsrecht
EWIR	Entscheidungen zum Wirtschaftsrecht
f. (ff.)	folgende (mehrere folgende Seiten, Artikel oder Paragraphen)
FamVormGB	Familien- und Vormundschaftsgesetzbuch (kodeks rodzinny i opiekuńczy) vom 25.2.1964 Dz.U. *1964*, Nr. 9, Pos. 59; Änderungen: Dz.U. *1975*, Nr. 45, Pos. 234; *1986*, Nr. 36, Pos. 180; *1990*, Nr. 34 , Pos. 198; *1995*, Nr. 83, Pos. 417; *1998*, Nr. 117, Pos. 757; *1999*, Nr. 52, Pos. 532; *2000*, Nr. 122, Pos. 1322; *2001*, Nr. 128, Pos. 1403.
FinResG	Gesetz über die Finanzrestrukturierung von Unternehmen und Banken sowie über die Änderung einiger Gesetze (ustawa o restrukturyzacji finansowej przedsiębiorstw i banków oraz o zmianie niektórych ustaw) vom 3.2.1993, Dz.U. *1993*, Nr. 18, Pos. 82; Änderungen: Dz.U. *1996*, Nr. 52, Pos. 235; Nr. 106, Pos. 496; Nr. 118, Pos. 561; *1997*, Nr. 98, Pos. 603; Nr. 141, Pos. 943.

Fn.	Fußnote
FS	Festschrift
GBHG	Gesetz vom 15.9.2000 – Gesetzbuch der Handelsgesellschaften (kodeks spółek handlowych), Dz.U. *2000*, Nr. 94, Pos. 1037; Änderung: *2001*, Nr. 102, Pos. 1117. *Übersetzung:* Handb. WiRO, PL 350.
GenR	Gesetz vom 16.9.1982 – Genossenschaftsrecht (Prawo spółdzielcze), Dz.U. *1982*, Nr. 30, Pos. 210; bereinigte Fassung vom 10.5.1995, Dz.U. *1995*, Nr. 54, Pos. 288; Änderungen: Dz.U. *1995*, Nr. 133, Pos. 654; *1996*, Nr. 5, Pos. 32; Nr. 24, Pos. 110; Nr. 43, Pos. 189; *1997*, Nr. 32, Pos. 183; Nr. 111, Pos. 723; Nr. 121, Pos. 769 und 770; *1999*, Nr. 40, Pos. 399; Nr. 60, Pos. 636; Nr. 77, Pos. 874; Nr. 99, Pos. 1151; *2001*, Nr. 4, Pos. 27; Nr. 54, Pos. 572; Nr. 69, Pos. 724. *Übersetzung:* Handb. WiRO, PL 360.
GesO	Gesamtvollstreckungsordnung vom 6.6.1990 (GBl-DDR I 1990, Nr. 32, 285) in der Fassung der Bekanntmachung vom 23.5.1991 (BGBl I 1991, S. 1185).
GKZivilSG	Gesetz vom 13.6.1967 über die Gerichtskosten in Zivilsachen (ustawa o kosztach sądowych w sprawach cywilnych), Dz.U. *1967*, Nr. 24, Pos. 110; bereinigte Fassung vom 21.1.2002, Dz.U. *2002*, Nr. 9, Pos. 88.
GmbH	Gesellschaft mit beschränkter Haftung (spółka z ograniczoną odpowiedzialnością)
GmbHG	Gesetz betreffend die Gesellschaften mit beschränkter Haftung vom 20. April 1892
GrBHypG	Gesetz vom 6.7.1982 über die Grundbücher und die Hypothek (ustawa o księgach wieczystych i hipotece), Dz.U. *1982*, Nr. 19, Pos. 147; Bereinigte Fassung vom 11.10.2001, Dz.U. *2001*, Nr. 124, Pos. 1361; Änderung: Dz.U. *2001*, Nr. 125, Pos. 1368. *Übersetzung:* Handb. WiRO, PL 250.

GRUR Int.	Gewerblicher Rechtsschutz und Urheberrecht Internationaler Teil
GUS	Główny Urząd Statystyczny (Hauptamt für Statistik)
Handb. WiRO	*Breidenbach* (Hrsg.), Handbuch Wirtschaft und Recht in Osteuropa, Band 2, 45. Ergänzungslieferung, September 2002
HGB	Handelsgesetzbuch
Hrsg.	Herausgeber
HypBankG	Gesetz vom 29.8.1997 über die Pfandbriefe und die Hypothekenbanken (ustawa o listach zastawnych i bankach hipotecznych), Dz.U. *1997*, Nr. 140, Pos. 940; Änderungen: Dz.U. *1998*, Nr. 107, Pos. 669; *2000*, Nr. 6, Pos. 70; Nr. 60, Pos. 702; *2001*, Nr. 15, Pos. 148; Nr. 39, Pos. 459; *2002*, Nr. 126, Pos. 1070.
i. V. m.	in Verbindung mit
i. S.	im Sinne
InsO	Insolvenzordnung
IPR, IPR 1965	Gesetz vom 12.11.1965 – Internationales Privatrecht (Prawo prywatne międzynarodowe), Dz.U.*1965*, Nr. 46, Pos. 290; Änderungen: Dz.U. *1995*, Nr. 83, Pos. 417; *1999*, Nr. 52, Pos. 532. *Übersetzung:* Handb. WiRO, PL 210.
IRÄG 1982	(österreichisches) Bundesgesetz über Änderungen des Insolvenzrechts vom 1.7.1982 (Insolvenzrechtsänderungsgesetz 1982), BGBl. Nr. 370.
IRÄG 1997	(österreichisches) Bundesgesetz, mit dem ua die Konkursordnung geändert wird (Insolvenzrechtsänderungsgesetz 1997), BGBl. I Nr. 114.
IWB	internationale Wirtschaftsbriefe

JA	Juristische Arbeitsblätter
JOR	Jahrbuch für Ostrecht
JuS	Juristische Schulung
JR	Juristische Rundschau
JZ	Juristenzeitung
KG	Kommanditgesellschaft (spółka komandytowa)
KGaA	Kommanditgesellschaft auf Aktien (spółka komandytowo-akcyjna)
KPP	Kwartalnik Prawa Prywatnego (Vierteljahresschrift des Privatrechts)
KTS	Zeitschrift für Insolvenzrecht, Konkurs, Treuhand, Sanierung (*Jahrgänge 1955 bis 1988:* Zeitschrift für Konkurs-, Treuhand- und Schiedsgerichtswesen)
LG	Landgericht
LGRegG	Gesetz vom 20.8.1997 über das Landes-Gerichtsregister (ustawa o krajowym rejestrze sądowym), Dz.U.*1997*, Nr. 121, Pos. 769; bereinigte Fassung vom 1.3.2001, Dz.U. *2001*, Nr. 17, Pos. 209; Änderungen: *2001*, Nr. 110, Pos. 1189; *2002*, Nr. 1, Pos. 2. *Übersetzung:* Handb. WiRO, PL 302.
LZ	Leipziger Zeitschrift für Handels-, Konkurs- und Versicherungsrecht
MoP	Monitor Prawniczy
m. w. N.	mit weiteren Nachweisen
NJW	Neue Juristische Wochenschrift
NJW-RR	NJW Rechtsprechungsreport Zivilrecht
NP	Nowe Prawo (Neues Recht)

Nr.	Nummer
OER	Osteuropa Recht
OHG	Offene Handelsgesellschaft (spółka handlowa)
OLG	Oberlandesgericht
OSA	Orzecznictwo Sądów Apelacyjnych (Rechtsprechung der Appellationsgerichte)
OSNCP	*bis Heft 3/1982:* Orzecznictwo Sądu Najwyższego, izba cywilna oraz izba pracy i ubezpieczeń społecznych (Rechtsprechung des Obersten Gerichts, Zivilkammer sowie Arbeits- und Sozialversicherungskammer); *ab Heft 4/1982:* Orzecznictwo Sądu Naiwyższego, izba cywilna i administracyjna oraz izba pracy i ubezpieczeń społecznych (Rechtsprechung des Obersten Gerichts, Zivil- und Verwaltungskammer sowie Arbeits- und Sozialversicherungskammer); *von Heft 1/1990 bis Heft 12/1994:* Orzecznictwo Sądu Najwyższego, izba cywilna oraz izba administracyjna, pracy i ubezpieczeń społecznych (Rechtsprechung des Obersten Gerichts, Zivilkammer sowie Verwaltungs-, Arbeits- und Sozialversicherungskammer)
OSNIC	Orzecznictwo Sądu Najwyższego, izba cywilna (Rechtsprechung des Obersten Gerichts, Zivilkammer), *ab 1995*
OSG	Orzecznictwo Sądów Gospodarczych (Rechtsprechung der Wirtschaftsgerichte)
OSP	Orzecznictwo Sądów Polskich (Rechtsprechung der polnischen Gerichte), *1921-1939*, *ab 1990*
OSPiKA	Orzecznictwo Sądów Polskich i Komisji Arbitrażowych (Rechtsprechung der polnischen Gerichte und der Arbitragekommissionen), *1957-1989*

ÖffFinG	Gesetz vom 26.11.1998 über die öffentlichen Finanzen (ustawa o finansach publicznych) Dz.U. *1998*, Nr. 155, Pos. 1014; Änderungen: Dz.U. *1999*, Nr. 38, Pos. 360; Nr. 49, Pos. 485; Nr. 70, Pos. 778; Nr. 110, Pos. 1255; *2000*, Nr. 6 Pos. 69; Nr. 12, Pos. 136; Nr. 48, Pos. 550; Nr. 95, Pos. 1041; Nr. 119, Pos. 1251; Nr. 122, Pos. 1315; *2001*, Nr. 45, Pos. 497; Nr. 46, Pos. 499; Nr. 88, Pos. 961; Nr. 98, Pos. 1070; Nr. 100, Pos. 1082; Nr. 102, Pos. 1116; Nr. 106, Pos. 1149; Nr. 125, Pos. 1368; Nr. 145, Pos. 1623; *2002*, Nr. 41, Pos. 363 und 365; Nr. 74, Pos. 676.
p. a.	pro anno
PartG	Partnerschaftsgesellschaft
PiP	Państwo i Prawo (Staat und Recht)
PiZS	Praca i Zabezpieczenie Społeczne (Arbeit und Sozialversicherung)
PLN	polnischer Złoty
pln.AO	Gesetz vom 29.8.1997 – Abgabenordnung (ordynacja podatkowa) Dz.U. *1997*, Nr. 137, Pos. 926; Änderungen: Dz.U. *1997*, Nr. 160, Pos. 1083; *1998*, Nr. 106, Pos. 668; *1999*, Nr. 11, Pos. 95; Nr. 92, Pos. 1062; *2000*, Nr. 94, Pos. 1037; Nr. 116, Pos. 1216; Nr. 120, Pos. 1268; Nr. 122, Pos. 1315; *2001*, Nr. 16, Pos. 166; Nr. 39, Pos. 459; Nr. 42, Pos. 475; Nr. 110, Pos. 1189; Nr. 125, Pos. 1368; Nr. 130, Pos. 1452.
pln.HGB	Verordnung des Präsidenten der Republik (Polen) vom 27.6.1934 – Handelsgesetzbuch (Kodeks handlowy), Dz.U. *1934*, Nr. 57, Pos. 502; Änderungen: Dz.U. *1946*, Nr. 57, Pos. 321; *1950*, Nr. 34, Pos. 312; *1964*, Nr. 16, Pos. 94; *1969*, Nr. 13, Pos. 95; *1988*, Nr. 41, Pos. 326; *1990*, Nr. 17, Pos. 98; Nr. 51, Pos. 298; *1991*, Nr. 35, Pos. 155; Nr. 94, Pos. 418; Nr. 111, Pos. 480; *1994*, Nr. 121, Pos. 591; *1995*, Nr. 96, Pos. 478; *1996*, Nr. 6, Pos. 43; *1997*, Nr. 88, Pos. 554; Nr. 118, Pos. 754; Nr. 121, Pos. 769 und 770; Nr. 160, Pos. 1083; *1999*, Nr. 101, Pos. 1178; *2000*, Nr. 60, Pos. 702; mit Wirkung zum 1.1.2001 größtenteils außer Kraft

gesetzt durch Gesetz vom 15.9.2000, Dz.U. *2000*, Nr. 94, Pos. 1037; weitere Änderung: Dz.U. *2001*, Nr. 49, Pos. 508.
Übersetzung: Handb. WiRO, PL 300.

pln.KO

Verordnung des Präsidenten der Republik (Polen) vom 24.10.1934 – Konkursrecht (Prawo upadłościowe),
Dz.U. *1934*, Nr. 93, Pos. 834; bereinigte Fassung vom 24.10.1991, Dz.U. *1991*, Nr. 118, Pos. 512; Änderungen: Dz.U. *1994*, Nr. 1, Pos. 1; *1995*, Nr. 85, Pos. 426; *1996*, Nr. 6, Pos. 43; Nr. 43, Pos. 189; Nr. 106, Pos. 496; Nr. 149, Pos. 703; *1997*, Nr. 28, Pos. 153; Nr. 54, Pos. 349; Nr. 117, Pos. 751; Nr. 121, Pos. 770; Nr. 140, Pos. 940; *1998*, Nr. 117, Pos. 756; *2000*, Nr. 26, Pos. 306; Nr. 84, Pos. 948; Nr. 94, Pos. 1037; Nr. 114, Pos. 1193; *2001*, Nr. 3, Pos. 18.
Übersetzungen: WOS, Polen, VI 5 a; *Zoll/Kraft/Thurner*, Polnisches Insolvenzrecht, S. 281 ff.

pln.StGB

Gesetz vom 6.6.1997 – Strafgesetzbuch (kodeks karny)
Dz.U. *1997*, Nr. 88, Pos. 553; Berichtigung: Dz.U. *1997*, Nr. 128, Pos. 840; Änderungen: Dz.U. *1999*, Nr. 64, Pos. 729; Nr. 83, Pos. 931; *2000*, Nr. 48, Pos. 548; Nr. 93, Pos. 1027; Nr. 116, Pos. 1216; *2001*, Nr. 98, Pos. 1071.

pln.StPO

Gesetz vom 6.6.1997 – Strafprozeßordnung (kodeks postępowania karnego)
Dz.U. *1997*, Nr. 89 Pos. 555; Änderungen: Dz.U. *1999*, Nr. 83, Pos. 931; *2000*, Nr. 50, Pos. 580; Nr. 62, Pos. 717; Nr. 73, Pos. 852; Nr. 93, Pos. 1027; *2001*, Nr. 98, Pos. 1071; Nr. 106, Pos. 1149; *2002*, Nr. 74, Pos. 676.

pln.UStG

Gesetz vom 8.1.1993 über die Steuer von Waren und Dienstleistungen und über die Verbrauchssteuer (ustawa o podatku od towarów i usług oraz o podatku akcyzowym)
Dz.U. *1993*, Nr. 11, Pos. 50; Änderungen: Dz.U. *1993*, Nr. 28, Pos. 127; Nr. 129, Pos. 599; *1994*, Nr. 132, Pos. 670; *1995*, Nr. 44, Pos. 231; Nr. 142, Pos. 702 und 703; *1996*, Nr. 137, Pos. 640; *1997*, Nr. 111, Pos. 722; Nr. 123, Pos. 776 und 780; Nr. 137, Pos. 926; Nr. 141, Pos. 943; Nr. 162, Pos. 1104; *1998*, Nr. 139, Pos. 905; Nr. 161, Pos. 1076; *1999*, Nr. 50, Pos. 499; Nr. 57, Pos. 596; Nr. 95, Pos. 1100;

	2000, Nr. 68, Pos. 805; Nr. 105, Pos. 1107; *2001*, Nr. 12, Pos. 92; Nr. 39, Pos. 459; Nr. 56, Pos. 580; Nr. 63, Pos. 639; Nr. 80, Pos. 858; Nr. 90, Pos. 995; Nr. 106, Pos. 1150; Nr. 122, Pos. 1324; *2002*, Nr. 19, Pos. 185. *Übersetzung:* Handb. WiRO, PL 740.
pln.VglO	Verordnung des Präsidenten der Republik (Polen) vom 24.10.1934 – Recht des Vergleichsverfahrens (Prawo o postępowaniu układowym), Dz.U. *1934*, Nr. 93, Pos. 836; Änderungen: Dz.U. *1950*, Nr. 38, Pos. 349; *1990*, Nr. 55, Pos. 320; *1996*, Nr. 6, Pos. 43; Nr. 43, Pos. 189; *1997*, Nr. 96, Pos. 592; Nr. 121, Pos. 770; Nr. 133, Pos. 885. *Übersetzungen:* Internationaler Kreditschutz, Wien 1934, Nr. 48 - 51; WOS, Polen, VI 5 b; *Zoll/Kraft/Thurner*, Polnisches Insolvenzrecht, S. 351 ff.
Pos.	Position
PPC	Polski Proces Cywilny (Der Polnische Zivilprozeß)
PPH	Przegląd Prawa Handlowego (Rundschau des Handelsrechts)
PPiA	Przegląd Prawa i Administracji (Rechts- und Verwaltungsrundschau)
PS	Przegląd Sądowy (Gerichtsrundschau)
PUG	Przegląd Ustawodawstwa Gospodarczego (Rundschau der Wirtschaftsgesetzgebung)
Rdnr.	Randnummer
Rdnrn.	Randnummern
RegE	Regierungsentwurf
RegPfG	Gesetz vom 6.12.1996 über das Registerpfandrecht und das Pfandregister (ustawa o zastawie rejestrowym i rejestrze zastawów) Dz.U. *1996*, Nr. 149, Pos. 703; Änderungen: Dz.U. *1997*, Nr. 121, Pos. 769; *1998*, Nr. 106, Pos. 668; *2000*, Nr. 48, Pos. 554; Nr. 60, Pos. 702; Nr. 114, Pos. 1193.

	Übersetzung: Handb. WiRO, PL 230.
Rep.	Repertorium
RG	Reichsgericht
RGBl.	Reichsgesetzblatt
RGE	Gesetz vom 30.6.2000 – Recht des gewerblichen Eigentums (Prawo własności przemysłowej) Dz.U. *2001*, Nr. 49, Pos. 508; Änderungen: Dz.U. *2002*, Nr. 74, Pos. 676; Nr. 108, Pos. 945; Nr. 113, Pos. 983. *Übersetzung:* Handb. WiRO, PL 450.
RGZ	Entscheidungen des Reichsgerichts in Zivilsachen, herausgegeben von den Mitgliedern des Gerichtshofs und der Reichsanwaltschaft
RIW	Recht der internationalen Wirtschaft
ROW	Recht in Ost und West
RPEiS	Ruch Prawniczy Ekonomiczny i Socjologiczny (Rechtliche, ökonomische und soziologische Bewegung)
RWiT	Gesetz vom 19.11.1999 – Recht der Wirtschaftstätigkeit (Prawo działalności gospodarczej), Dz.U. *1999*, Nr. 101, Pos. 1178; Änderungen: Dz.U. *2000*, Nr. 86, Pos. 958; Nr. 114, Pos. 1193; *2001*, Nr. 49, Pos. 509; Nr. 67, Pos. 679; Nr. 102, Pos. 1115; Nr. 147, Pos. 1634; *2002*, Nr. 1, Pos. 2; Nr. 115, Pos. 995; Nr. 130, Pos. 1112. *Übersetzung:* Handb. WiRO, PL 810.
S.	Seite
ScheckR	Gesetz vom 28.4.1936 – Scheckrecht (Prawo czekowe) Dz.U. *1936*, Nr. 37, Pos. 283; Änderung: Dz.U. *1997*, Nr. 88, Pos. 554.
s. o.	siehe oben

sog.	sogenannt
Sp.	Spalte
StUG	Gesetz vom 25.9.1981 über die staatlichen Unternehmen (Ustawa o przedsiębiorstwach państwowych), Dz.U. *1981*, Nr. 24, Pos. 122, bereinigte Fassungen vom 22.2.1991, Dz.U. *1991*, Nr. 18, Pos. 80 und vom 18.6.2002, Dz.U. *2002*, Nr. 112, Pos. 981.
SZW/RSDA	Schweizerische Zeitschrift für Wirtschaftsrecht / Revue suisse de droit des affaires
TPP	Transformacje Prawa Prywatnego (Transformationen des Privatrechts)
u. a.	unter anderem
UNCITRAL	United Nations Commission on International Trade Law
Var.	Variante
VersTG	Gesetz vom 28.7.1990 über die Versicherungstätigkeit (ustawa o działalności ubezpieczeniowej) Dz.U. *1990*, Nr. 59, Pos. 344; bereinigte Fassung vom 18.12.1995, Dz.U. *1996*, Nr. 11, Pos. 62; Änderungen: Dz.U. *1997*, Nr. 43, Pos. 272; Nr. 88, Pos. 554; Nr. 107, Pos. 685; Nr. 121, Pos. 769 und 770; Nr. 139, Pos. 934; *1998*, Nr. 155, Pos. 1015; *1999*, Nr. 49, Pos. 483; Nr. 101, Pos. 1178; Nr. 110, Pos. 1255; *2000*, Nr. 43, Pos. 483; Nr. 48, Pos. 552; Nr. 70, Pos. 819; Nr. 114, Pos. 1191; Nr. 116, Pos. 1216; *2001*, Nr. 37, Pos. 424; Nr. 88, Pos. 961; Nr. 100, Pos. 1084; Nr. 110, Pos. 1189.
VO	(die zuletzt zitierte) Verordnung
WasserR	Gesetz vom 18.7.2001 - Wasserrecht (Prawo wodne) Dz.U. *2001*, Nr. 115, Pos. 1229; Änderungen: Dz.U. *2001*, Nr. 154, Pos. 1803; *2002*, Nr. 113, Pos. 984; Nr. 130, Pos. 1112.

WechselR	Gesetz vom 28.4.1936 – Wechselrecht (Prawo wekslowe) Dz.U. *1936*, Nr. 37, Pos. 282.
WGO	Die wichtigsten Gesetzgebungsakte in den Ländern Ost-, Südosteuropas und in den ostasiatischen Volksdemokratien *(Jahrgänge 1958-1966)*
WGO MfOR	WGO - Monatshefte für Osteuropäisches Recht *(ab Jahrgang 1967)*
WiRO	Wirtschaft und Recht in Osteuropa
WiTG	Gesetz vom 23.12.1988 über die Wirtschaftstätigkeit (Ustawa o działalności gospodarczej) Dz.U. *1988*, Nr. 41, Pos. 324; Änderungen: Dz.U. *1990*, Nr. 26, Pos. 149; Nr. 34, Pos. 198; *1991*, Nr. 31, Pos. 128; Nr. 41, Pos. 179; Nr. 73, Pos. 321; Nr. 105, Pos. 452; Nr. 106, Pos. 457; Nr. 107, Pos. 460; *1993*, Nr. 28, Pos. 127; Nr. 47, Pos. 212; Nr. 134, Pos. 646; *1994*, Nr. 27, Pos. 96; Nr. 127, Pos. 627; *1995*, Nr. 60, Pos. 310; Nr. 85, Pos. 426; Nr. 90, Pos. 446; Nr. 141, Pos. 700; Nr. 147, Pos. 713; *1996*, Nr. 41, Pos. 177; Nr. 45, Pos. 199; *1997*, Nr. 9, Pos. 44; Nr. 23, Pos. 117; Nr. 43, Pos. 272; Nr. 54, Pos. 348; Nr. 60, Pos. 369; Nr. 75, Pos. 471; Nr. 88, Pos. 554; Nr. 96, Pos. 591; Nr. 98, Pos. 602; Nr. 106, Pos. 677; Nr. 113, Pos. 733; Nr. 114, Pos. 740; Nr. 121, Pos. 769 und 770; Nr. 124, Pos. 783; Nr. 133, Pos. 884; Nr. 157, Pos. 1026; *1999*, Nr. 40, Pos. 401; Nr. 41, Pos. 412; mit Wirkung zum 1.1.2001 außer Kraft gesetzt durch Gesetz vom 19.11.1999, Dz.U. *1999*, Nr. 101, Pos. 1178.
WOS	*Brunner/Schmid/Westen* (Hrsg.), Wirtschaftsrecht der osteuropäischen Staaten
WM	Wertpapiermitteilungen
z.B.	zum Beispiel
Zb. orzecz. SN	Zbiór Orzeczeń Sądu Najwyższego (Sammlung der Entscheidungen des Obersten Gerichts), 1917-1939, 1945-1952.

ZGB	Zivilgesetzbuch (Kodeks cywilny) vom 23.4.1964, Dz.U. *1964*, Nr. 16, Pos. 93; Änderungen: Dz.U. *1971*, Nr. 27, Pos. 252; *1976*, Nr. 19, Pos. 122; *1982*, Nr. 11, Pos. 81; Nr. 19, Pos. 147; Nr. 30, Pos. 210; *1984*, Nr. 45, Pos. 242; *1985*, Nr. 22, Pos. 99; *1989*, Nr. 3, Pos. 11; *1990*, Nr. 34, Pos. 198; Nr. 55, Pos. 321; Nr. 79, Pos. 464; *1991*, Nr. 107, Pos. 464; Nr. 115, Pos. 496; *1993*, Nr. 17, Pos. 78; *1994*, Nr. 27, Pos. 96; Nr. 85, Pos. 388; Nr. 105, Pos. 509; *1995*, Nr. 83, Pos. 417; *1996*, Nr. 114, Pos. 542; Nr. 139, Pos. 646; Nr. 149, Pos. 703; *1997*, Nr. 43, Pos. 272; Nr. 115, Pos. 741; Nr. 117, Pos. 751; Nr. 157, Pos. 1040; *1998*, Nr. 106, Pos. 668; Nr. 117, Pos. 758; *1999*, Nr. 52, Pos. 532; *2000*, Nr. 22, Pos. 271; Nr. 74, Pos. 855 und 857; Nr. 88, Pos. 983; Nr. 114, Pos. 1191; *2001*, Nr. 11, Pos. 91; Nr. 71, Pos. 733; Nr. 130, Pos. 1450; Nr. 145, Pos. 1638; *2002*, Nr. 113, Pos. 984; Nr. 141, Pos. 1176. *Übersetzung:* Handb. WiRO, PL 200.
ZInsO	Zeitschrift für das gesamte Insolvenzrecht
ZIP	Zeitschrift für Wirtschaftsrecht (*bis Heft 7/1980:* Zeitschrift für die gesamte Insolvenzpraxis; *bis Heft 12/1982:* Zeitschrift für Wirtschaftsrecht und Insolvenzpraxis)
zit.	zitiert
ZPO	Zivilprozeßordnung
ZVGB	Zivilverfahrensgesetzbuch (Kodeks postępowania cywilnego) vom 17.11.1964, Dz.U. *1964*, Nr. 43, Pos. 296; Berichtigung: Dz.U. *1965*, Nr. 15, Pos. 113; Änderungen: Dz.U. *1974*, Nr. 27, Pos. 157; Nr. 39, Pos. 231; *1975*, Nr. 45, Pos. 234; *1982*, Nr. 11, Pos. 82; Nr. 30, Pos. 210; *1983*, Nr. 5, Pos. 33; *1984*, Nr. 45, Pos. 241 und 242; *1985*, Nr. 20, Pos. 86; *1987*, Nr. 21, Pos. 123; *1988*, Nr. 41, Pos. 324; *1989*, Nr. 4, Pos. 21; Nr. 33, Pos. 175; *1990*, Nr. 14, Pos. 88; Nr. 34, Pos. 198; Nr. 53, Pos. 306; Nr. 55, Pos. 318; Nr. 79, Pos. 464; *1991*, Nr. 7, Pos. 24; Nr. 22, Pos. 92; Nr. 115, Pos. 496; *1993*, Nr. 12, Pos. 53; *1994*, Nr. 105, Pos. 509; *1995*, Nr. 83, Pos. 417; *1996*, Nr. 24, Pos. 110; Nr. 43, Pos. 189; Nr. 73, Pos. 350; Nr. 149, Pos. 703; *1997*, Nr. 43, Pos. 270; Nr. 54, Pos. 348;

Nr. 75, Pos. 471; Nr. 102, Pos. 643; Nr. 117, Pos. 752; Nr. 121, Pos. 769 und 770; Nr. 133, Pos. 882; Nr. 139, Pos. 934; Nr. 140, Pos. 940; Nr. 141, Pos. 944; *1998*, Nr. 106, Pos. 668; Nr. 117, Pos. 757; *1999*, Nr. 52, Pos. 532; *2000*, Nr. 22, Pos. 269 und 271; Nr. 48, Pos. 552 und 554; Nr. 55, Pos. 665; Nr. 73, Pos. 852; Nr. 94, Pos. 1037; Nr. 114, Pos. 1191 und 1193; Nr. 122, Pos. 1314, 1319 und 1322; *2001*, Nr. 4, Pos. 27; Nr. 49, Pos. 508; Nr. 63, Pos. 635; Nr. 98, Pos. 1069, 1070 und 1071; Nr. 123, Pos. 1353; Nr. 125, Pos. 1368; Nr. 138, Pos. 1546; *2002*, Nr. 25, Pos. 253; Nr. 26, Pos. 265; Nr. 74, Pos. 676; Nr. 84, Pos. 764; Nr. 126, Pos. 1069 und 1070; Nr. 129, Pos. 1102.

Teil 1

EINFÜHRUNG

A Die Entwicklung des polnischen Insolvenzrechts seit Wiederbegründung eines souveränen polnischen Staates

Als am 1.1.1935 die beiden mit „Konkursrecht" (Prawo upadłościowe) und „Vergleichsverfahrensrecht" (Prawo o postępowaniu układowem) überschriebenen Verordnungen vom 24.10.1934 zusammen mit den Einführungsvorschriften zum Konkursrecht (Przepisy wprowadzające prawo upadłościowe) in Kraft traten, wurde in Polen auf dem Gebiet des Insolvenzrechts gut eineinhalb Jahrzehnte nach Wiederbegründung eines souveränen polnischen Staates[1] ein Zustand der Rechtsspaltung mit zunächst fünf unterschiedlichen Rechtsordnungen[2] beendet: Auf dem Gebiet des vormaligen kongreßpolnischen Königreichs war bereits aufgrund des Dekrets vom 27.1.1808 mit Rückwirkung zum 1.5.1807[3] neben dem Code Civil Napoléon in modifizierter Form auch der französische Code de Commerce eingeführt worden, dessen III. Buch in den Art. 437 - 614 eine als veraltet empfundene[4] Regelung des Konkursrechts enthielt. In den östlichen Gebieten galten die konkursrechtlichen Bestimmungen der Art. 384 - 549 des russischen Gesetzes über das handelsgerichtliche Verfahren von 1832 in der Fassung von 1893. In den westlichen, vormals preußischen Gebieten wurde die deutsche Konkursordnung vom 10.2.1887 in der Fassung der Bekanntmachung vom 20.5.1898[5] und in Galizien sowie dem Teschener Schlesien die österreichische Konkursordnung zusammen mit der Ausgleichsordnung vom 10.12.1914[6] übernommen. Der nach dem Ersten Weltkrieg an Polen

---

1 Als Datum der Wiedererrichtung der polnischen Souveränität wird der 11.11.1918 genannt, vgl. *Geilke*, JOR IV (2/1963), S. 105 [108].

2 Zu den hieraus resultierenden Schwierigkeiten: *Allerhand*, Dz.Urz.MS 3/1920, S. 3 ff.

3 Dz.Pr. 1808, Nr. 2, S. 53, zit. nach *Geilke*, JOR IV (2/1963), S. 105 [108].

4 *Fenichel*, PPC 1934, S. 399 [400].

5 Dt. RGBl. S. 369, 612.

6 Öst. RGBl. Nr. 337.

gefallene nördliche Teil der Zips (Spisz) und Arwa (Orawa)[7], in dem zunächst weiterhin ungarisches Recht galt, wurde durch Verordnung des Ministerrates vom 14.9.1922[8] mit Wirkung zum 25.11.1922 in das österreichische Rechtsgebiet eingegliedert[9], so daß sich die Zahl der auf polnischem Territorium geltenden Rechtsordnungen auf vier reduzierte[10].

Das Konkursrecht ging ebenso wie das Vergleichsverfahrensrecht auf Arbeiten der für die Vereinheitlichung des polnischen Rechts durch Gesetz vom 3.6.1919[11] eingesetzten Kodifizierungskommission zurück. Beide Rechtsakte wurden als Präsidialverordnungen mit Gesetzeskraft erlassen und stellen nach heutigem polnischem Verfassungsverständnis Gesetze dar, die nur durch Parlamentsgesetz verändert werden können.

Nach Ende des Zweiten Weltkriegs ging die politische Führung Polens von der Fortgeltung dieser beiden Präsidialverordnungen aus, was im Dekret vom 29.5.1946[12], das die ehegüterrechliche Bestimmung des Art. 53 in die Konkursverordnung einfügte[13], sowie in den Änderungen der Konkurs- und der Vergleichsverordnung durch Gesetz vom 20.7.1950[14] zum Ausdruck kam. In der kommunistischen Ära büßte das Konkurs- und Vergleichsrecht zwar an Bedeutung ein, beide Verordnungen blieben jedoch formell in Kraft[15]. Nach dem Ende der kommunisti-

---

7 Siehe hierzu die Skizze in WGO 1960, S. 48.

8 Dz.U. 1922, Nr. 90, Pos. 833.

9 Vgl. *Geilke*, JOR IV (2/1963), S. 105 [115].

10 *Fenichel*, PPC 1934, S. 399 [400].

11 Gesetz über die Kodifizierungskommission (Ustawa o komisji kodifikacyjnej), Dziennik Praw Państwa Polskiego vom 6.6.1919, Nr. 44, Pos. 315, zitiert nach *Grodziski*, KPP 1-4/1992, S. 9 [10].

12 Przepisy wprowadzające prawo małżeńskie majątkowe (Einführungsvorschriften zum Ehegüterrecht), Dz.U. 1946, Nr. 31, Pos. 197.

13 Siehe hierzu Teil 4, Abschnitt E 4. Die Bestimmung wurde ursprünglich als Art. 52a in die Konkursverordnung eingefügt. Durch die bereinigte Fassung vom 24.10.1991 (Dz.U. 1991, Nr. 118, Pos. 512) wurden die Artikel der pln.KO durchgehend numeriert, was bei der Benutzung von Literatur aus der Zeit vor 1991 berücksichtigt werden muß. Die Ermächtigung des Justizministers zur Bekanntmachung einer bereinigten Fassung der pln.KO mit durchgehender Numerierung der Artikel, Paragraphen und Nummern beruhte auf Art. 3 des Konkursrechtsänderungsgesetzes vom 24.2.1990 (Dz.U. 1990, Nr. 14, Pos. 87).

14 Dz.U. 1950, Nr. 38, Pos. 349. Gegenstand der Änderungen waren die Gerichtsbezeichnungen sowie die Rechtsmittel.

15 Völlig bedeutungslos war zumindest das Konkursrecht aber auch in der kommunistischen Zeit nicht, wie die Ausführungen von *Chlebny*, Biuletyn MS 1/1961, S. 20 ff.

schen Herrschaft war Polen somit anders als die meisten anderen mittel- und osteuropäischen Reformstaaten nicht gezwungen, das Insolvenzrecht neu zu kodifizieren, sondern konnte auf das in der Vorkriegszeit gesetzte Recht zurückgreifen. Für die Rechtsanwendung, die erstmalig mit Fragen des Insolvenzrechts konfrontiert wurde, war dies insofern von Vorteil, als auf die in der Zeit von 1934 bis 1938 erschienene Fachliteratur zum Konkurs- und Vergleichsrecht zurückgegriffen werden konnte[16]. Die zahlreichen seit 1991 auf dem polnischen Buchmarkt erschienenen Nachdrucke der Kommentare von *Maurycy Allerhand* zur Konkurs- und zur Vergleichsverordnung, aber auch zum polnischen Handelsgesetzbuch, einer Präsidialverordnung vom 27.6.1934, deren gesellschaftsrechtliche Bestimmungen die kommunistische Ära ebenfalls überdauert hatten[17], lassen die Bedeutung der Vorkriegsliteratur für die polnische Rechtspraxis vor allem in den ersten Jahren nach der politischen Wende erahnen.

Sehr bald traten in der polnischen Insolvenzrechtspraxis Schwierigkeiten zutage, die in ähnlicher Form auch in Deutschland den Anstoß für weitreichende Reformüberlegungen gegeben hatten. Beklagt wurde insbesondere das sich häufende Phänomen der masselosen Konkurse, das man vor allem auf die verspätete Konkursantragstellung und überlange Eröffnungsverfahren zurückführte[18]. Anders als in Deutschland ent-

---

über die konkursrechtliche Praxis im Gerichtsbezirk des Woiwodschaftsgerichts Łódź andeuten. Am häufigsten fand das Konkursverfahren in dieser Zeit auf Genossenschaften Anwendung (vgl. *Popiołek*, Palestra 10/1963, S. 35 ff.; *Breyer*, PiP 12/1964, S. 887 ff.; *Styś*, NP 4-5/1986, S. 75 ff.; Beschluß des Obersten Gerichts vom 17.3.1967 - I CZ 146/66, OSNCP 11/1967, Pos. 203, S. 54 f. = NP 6/1970, S. 945 f. m. Anm. *Sobkowski*), seit Mitte der 80er Jahre aber auch auf staatliche Unternehmen (*Klein*, PIP 4/1983, S. 27 ff.; *Szumański*, PUG 10/1983, S. 281 ff.; *Świeboda*, NP 2/1984, S. 14 ff.; *Zych*, PiP 5/1988, S. 98 ff.).

16 Neben den Kommentaren von *Allerhand*, *Altman*, *Arnold*, *Gawlas/Jonsik*, *Korzonek* und *Stein/Thaler/Bulwa* sowie dem Lehrbuch von *Buber* ist hier auf die zahlreichen Publikationen zum Konkurs- und Vergleichsrecht in den Jahrgängen 1934 - 1938 der Zeitschriften Polski Proces Cywilny (PPC) und Palestra hinzuweisen.

17 Eine Ausnahme bilden die Bestimmungen über die Stille Gesellschaft (spółka cicha) sowie die Bestimmungen über die Kommanditgesellschaft (spółka komandytowa). Letztere wurden durch Gesetz vom 31.8.1991 (Dz.U. 1991, Nr. 94, Pos. 418) weitgehend in ihrer ursprünglichen Fassung wieder in das Handelsgesetzbuch eingeführt. Seit dem 1.1.2001 ist das Gesellschaftsrecht im Gesetz vom 15.9.2000 – Gesetzbuch der Handelsgesellschaften (Kodeks spółek handlowych) geregelt.

18 *Brol*, Jurysta 6/1994, S. 3 [4 f.]; *ders*, JOR XXXVIII (2/1997), S. 305 [308 f.].

schied man sich jedoch zunächst nicht für eine Neukodifizierung der gesamten Regelungsmaterie, sondern nur für eine Novellierung der Konkursverordnung[19]. Eckpfeiler dieser mit Wirkung zum 3.1.1998 in Kraft getretenen Reform waren die Einführung neuartiger Sanktionen im Falle der Konkursverschleppung (Art. 17^2, 17^3 pln.KO)[20] verbunden mit einer Ausweitung der dem Schuldner bei der Konkursantragstellung abverlangten Mindestangaben (Art. 9 §§ 2, 3 pln.KO)[21], die dem Konkursgericht den Nachweis einer Konkursverschleppung erleichtern sollen[22], sowie die weitgehende Abschaffung der Absonderungsrechte dinglich gesicherter Gläubiger mit dem Ziel einer Eindämmung von Vollstreckungsverfahren in die Konkursmasse während des eröffneten Konkursverfahrens (Art. 63 § 1, Art. 117 § 5 Satz 1, Art. 118 § 2, Art. 204 § 1 Nr. 2a, 2b pln.KO)[23].

Die weitergehenden Reformbestrebungen einer Zusammenführung des Konkurs- und Vergleichsverfahrensrechts zu einem einheitlichen Gesetz[24] haben ihren Niederschlag in dem von der Kodifizierungskommission für Zivilrecht ausgearbeiteten Entwurf eines Konkursgesetzes vom 20.2.2001 gefunden[25]. Dieses Konzept ist allerdings in der Literatur nicht auf ungeteilte Zustimmung gestoßen[26]. Da bisher kein parlamentarisches Gesetzgebungsverfahren begonnen wurde, erscheint es derzeit ebenso möglich, daß sich der polnische Gesetzgeber für eine Modernisierung des polnischen Insolvenzrechts unter Aufrechterhaltung der bis-

---

[19] Gesetz vom 31.7.1997 über die Änderung der Verordnung des Präsidenten der Republik vom 24.10.1934 – Konkursrecht und einiger anderer Gesetze (Ustawa o zmianie rozporządenia Prezydenta Rzeczypospolitej z dnia 24 października 1934 – Prawo upadłościowe i niektórych innych ustaw), Dz.U. 1997, Nr. 117, Pos. 751.

[20] Vgl. hierzu Teil 3, Abschnitt A 3. c).

[21] Vgl. hierzu Teil 3, Abschnitt B 1. a).

[22] *Brol*, JOR XXXVIII (2/1997), S. 305 [309 f.].

[23] *Zedler*, JOR XXXVIII (2/1997), S. 287 [289]. Siehe hierzu Teil 3, Abschnitt B 3. b); Teil 4, Abschnitt H 2.; Teil 5, Abschnitt A 1., Abschnitt B 2. b) und d) sowie Abschnitt C 2. b).

[24] Siehe hierzu Teil 6, Abschnitt A 2.

[25] Veröffentlicht in Przegląd Legislacyjny (Gesetzgebungsrundschau) 1/2001, S. 133 - 234. Die Entwurfsbegründung ist abgedruckt in Przegląd Legislacyjny 2/2001, S. 164 - 265. Der Entwurf selbst datiert vom 20.2.2001, die Entwurfsbegründung dagegen vom 20.1.2001, vgl. Przegląd Legislacyjny 2/2001, S. 164 im Gegensatz zu 1/2001, S. 133.

[26] Kritisch zur Zielsetzung der Zusammenführung von Konkurs- und Vergleichsrecht äußert sich *Zoll*, Przegląd Legislacyjny 3/2001, S. 11 [19 ff.].

herigen Trennung von Konkurs- und Vergleichsrecht etwa nach dem Vorbild des österreichischen IRÄG 1997 entscheiden wird[27]. Die diesbezügliche Reformdiskussion ist noch nicht abgeschlossen.

B Rechtsgrundlagen

Neben der Konkursverordnung und der Vergleichsverordnung vom 24.10.1934 als den beiden zentralen Rechtsquellen des polnischen Insolvenzrechts finden sich konkurs- und vergleichsrechtliche Bestimmungen auch in anderen Gesetzen und Verordnungen des geltenden polnischen Rechts. Zu nennen sind in diesem Zusammenhang die auf der Grundlage der polnischen Konkursverordnung und der Vergleichsverordnung erlassenen Ausführungsverordnungen, nämlich

- die Verordnung des Justizministers vom 10.1.1935, erlassen im Einvernehmen mit dem Industrie- und Handels- sowie mit dem Finanzminister, über das Verfahren der Durchführung der öffentlichen Versteigerung von beweglichen Sachen im Konkursverfahren[28],
- die Verordnung des Justizministers vom 10.1.1935, erlassen im Einvernehmen mit dem Industrie- und Handels- sowie mit dem Finanzminister, über die Benachrichtigungen im Konkursverfahren von Aktiengesellschaften, Gesellschaften mit beschränkter Haftung und Bankunternehmen[29],

---

27 Die Vorschläge von *Zoll*, Studia Prawnicze 2/2001, S. 31 [41 f.] gehen in diese Richtung.

28 Rozporządzenie Ministra Sprawiedliwości wydane w porozumieniu z Ministrami Przemysłu i Handlu oraz Skarbu o trybie dokonywania licytacji publicznej ruchomości w postępowaniu upadłościowym (Dz.U. 1935, Nr. 3, Pos. 9), erlassen auf der Grundlage von Art. 116 § 2 pln.KO.

29 Rozporządzenie Ministra Sprawiedliwości wydane w porozumieniu z Ministrami Przemysłu i Handlu oraz Skarbu o zawiadomieniach w postępowaniu upadłościowym spółek akcyjnych, spółek z ograniczoną odpowiedzialnością oraz przedsiębiorstw bankowych (Dz.U. 1935, Nr. 3, Pos. 20), erlassen auf der Grundlage von Art. VII der Einführungsvorschriften zur Konkursverordnung.

- die Verordnung des Justizministers vom 16.4.1998 betreffend die Art und Weise der Festsetzung der Vergütung des Konkursverwalters und des Verwalters des gesonderten Vermögens[30],
- die Verordnung des Justizministers vom 16.4.1998 betreffend die von Konkursverwalterkandidaten geforderten besonderen Qualifikationen und Bedingungen[31],
- die Verordnung des Justizministers vom 16.4.1998 betreffend das Verfahren des freihändigen Verkaufs einer unbeweglichen Sache, eines Seehandelsschiffs oder eines Binnenschiffs im Konkursverfahren[32],
- die Verordnung des Ministers für Arbeit und Sozialpolitik vom 25. Mai 1998 betreffend die Bestimmung des Umfangs des für die Unterstützung der Arbeitnehmer des gemeinschuldnerischen Unternehmers und ihrer Familien vorgesehenen ausgeschlossenen Vermögens und über die Art der Verwaltung und der Liquidation dieses Vermögens[33] sowie
- die Verordnung des Justizministers vom 21.7.1994 betreffend die Festsetzung der Höhe der Vergütung des Aufsehers im Vergleichsverfahren[34].

Weitere insolvenzrechtlich relevante Bestimmungen enthalten das Gesetz vom 29.12.1993 über den Schutz der Arbeitnehmeransprüche im Falle der Insolvenz des Arbeitgebers (ArbnFSchG), das Gesetz vom 14.12.1994 über den Bankgarantiefonds (BankGFG), das Gesetzbuch der

---

30 Rozporządzenie Ministra Sprawiedliwości w sprawie sposobu ustalania wynagrodzenia syndyka upadłości i zarządcy odrębnego majątku (Dz.U. 1998, Nr. 55, Pos. 358), erlassen auf der Grundlage von Art. 123 § 6 pln.KO.

31 Rozporządzenie Ministra Sprawiedliwości w sprawie szczególnych kwalifikacji oraz warunków wymaganych od kandydatów na syndyków upadłości (Dz.U. 1998, Nr. 55, Pos. 359), erlassen auf der Grundlage von Art. 14 § 4 pln.KO.

32 Rozporządzenie Ministra Sprawiedliwości w sprawie trybu sprzedaży z wolnej ręki nieruchomości, handlowego statku morskiego lub statku żeglugi śródlądowej w postępowaniu upadłościowym (Dz.U. 1998, Nr. 55, Pos. 360), erlassen auf der Grundlage von Art. 118 § 3 pln.KO.

33 Rozporządzenie Ministra Pracy i Polityki Socjalnej w sprawie określenia zakresu wyłączonego mienia, przeznaczonego na pomoc dla pracowników upadłego przedsiębiorcy oraz ich rodzin, sposobu zarządzania i likwidacji tego mienia (Dz.U. 1998, Nr. 69, Pos. 453), erlassen auf der Grundlage von Art. 2 § 2 pln.KO.

34 Rozporządzenie Ministra Sprawiedliwości w sprawie określenia wysokości wynagrodzenia nadzorcy w postępowaniu układowym (Dz.U. 1994, Nr. 86, Pos. 403), erlassen auf der Grundlage von Art. 81 § 1 pln.VglO.

Handelsgesellschaften (GBHG) vom 15.9.2000[35], Art. 130 - 137 GenR, Art. 24 - 24c StUG, Art. 103, 142 - 169 BankR, Art. 42, 43 des Gesetzes über genossenschaftliche Spar- und Kreditkassen vom 14.12.1995[36], Art. 35 HypBankG, Art. 3 Abs. 3 Nr. 2, Art. 11 Abs. 3, Art. 22 Nr. 2, Art. 40 Abs. 3 des Gesetzes vom 30.8.1996 über die Kommerzialisierung und Privatisierung staatlicher Unternehmen[37], Art. 527 - 534, 1024 ZGB (actio Pauliana) sowie Art. 30, 41 Nr. 4, Art. 44 Abs. 1 Nr. 5, Art. 45 Abs. 2, Art. 55 Nr. 1, 2, 4, Art. 57, 59 Abs. 2, Art. 60 Abs. 1 LGRegG. Aufgrund des Verweises in Art. 68 pln.KO und Art. 7 pln.VglO findet auch das Zivilverfahrensgesetzbuch (ZVGB) im Konkurs- und Vergleichsverfahren entsprechende Anwendung.

35 Vgl. Art. 14 § 3, Art. 58 Nr. 3, 4, Art. 64 §§ 1, 2, Art. 65 § 2 Nr. 2, Art. 67 § 2, Art. 70 § 2, Art. 85, Art. 98 § 1 Nr. 3, Art. 99 Nr. 2, Art. 148 § 1 Nr. 3, 4, § 2, Art. 270 Nr. 3, Art. 289, Art. 299 § 2, Art. 394 § 4, Art. 459 Nr. 3, Art. 477, Art. 487, Art. 491 § 3, Art. 528 § 3, Art. 551 § 4, Art. 586, Art. 596, Art. 608 Nr. 4 GBHG.

36 Ustawa o spółdzielczych kasach oszczędnościowo-kredytowych, Dz.U. 1996, Nr. 1, Pos. 2 mit späteren Änderungen.

37 Ustawa o komercjalizacji i prywatyzacji przedsiębiorstw państwowych, Dz.U. 1996, Nr. 118, Pos. 561 mit späteren Änderungen.

Teil 2

VERFAHRENSBETEILIGTE

A Schuldner

I. Die Entwicklung vom Kaufmannskonkurs zum Konkurs der Unternehmer im polnischen Recht

Im Anschluß an Art. 437 des französischen Code de commerce, wie er bis zum 31.12.1934 in weiten Teilen Polens galt, erklärte Art. 1 § 1 pln.KO in seiner ursprünglichen Fassung ausschließlich Kaufleute für konkursfähig. Auch die Fähigkeit, als Schuldner an einem Vergleichsverfahren beteiligt zu sein, war gemäß Art. 1 pln.VglO ursprünglicher Fassung Kaufleuten vorbehalten. Beide Bestimmungen knüpften an den Kaufmannsbegriff in Art. 2 - 5 pln.HGB an, der ähnlich wie die §§ 1 ff. dt. HGB der Abgrenzung des Anwendungsbereichs des Handelsrechts als dem Sonderprivatrecht der Kaufleute von dem des allgemeinen Zivilrechts diente.

Mit Inkrafttreten des Zivilgesetzbuches am 1.1.1965 war eine neue Lage entstanden. Da dieses als Gegenkonzept zu dem bis dahin bestehenden Nebeneinander von Kaufmannsrecht und allgemeinem Privatrecht die Konzeption eines einheitlichen Zivilrechts verfolgt[1], wurden durch Art. VI § 1 der Einführungsvorschriften zum ZGB weite Teile des pln.HGB einschließlich der in Art. 2 - 5 enthaltenen Definition des Kaufmannsbegriffs außer Kraft gesetzt. Lediglich die Bestimmungen des pln.HGB betreffend die OHG, GmbH und die AG sowie die Bestimmungen über Firma, Prokura und das Handelsregister in bezug auf diese Gesellschaftsformen wurden aufrecht erhalten. Obwohl dabei der Wortlaut der Konkursverordnung und der Vergleichsverordnung unverändert blieb[2], stand fest, daß der Gesetzgeber mit der Abschaffung des Kaufmannsbegriffs im pln.HGB auch nicht an der Konzeption des kaufmännischen Konkurses (polnisch: upadłość kupiecka) festhalten wollte. An seine Stelle trat das System einer abschließenden Benennung der kon-

---

1 *Lasok/Lasok*, Polish Civil Law I, S. 6 f.; *Glatz*, Entwicklung des polnischen Zivilrechts, S. 37 f.; *Frąckowiak*, PPH 11/2000, S. 1 ff.

2 *Harla*, Palestra 8-9/1991, S. 38.

kursfähigen Rechtssubjekte, derzufolge jeder Rechtsform die Fähigkeit, als Schuldner Beteiligter eines Konkurs- oder Vergleichsverfahrens zu sein, ausdrücklich vom Gesetz zugesprochen werden mußte[3], was abgesehen von den im pln.HGB verbliebenen Rechtsformen der OHG, GmbH und AG – deren Konkursfähigkeit wurde weiterhin aus Art. 1 § 1 pln.KO hergeleitet – sowie der Genossenschaft[4] im weiteren Verlauf auch in bezug auf die Rechtsform des staatlichen Unternehmens[5] und in bezug auf Banken[6] geschah[7].

Aufgrund der Novellierung der Konkursverordnung vom 24.2.1990[8] wurden die subjektiven Konkursvoraussetzungen auf eine neue Grundlage gestellt, indem Art. 1 § 1 pln.KO von nun an sogenannte Wirtschaftssubjekte für konkursfähig erklärte. Durch Gesetz vom 27.7.1990[9] wurde auch Art. 1 pln.VglO entsprechend geändert.

Der Begriff des Wirtschaftssubjekts war ausweislich der ausdrücklichen Bezugnahme in Art. 1 § 2 pln.KO in der Fassung des Gesetzes vom 24.2.1990 öffentlich-rechtlichen Gesetzen, insbesondere dem Gesetz über die Wirtschaftstätigkeit (WiTG) vom 23.12.1988[10], das seinem Regelungsgegenstand nach eine Gewerbeordnung darstellte, entnommen worden[11]. Art. 2 Abs. 2 WiTG verstand unter Wirtschaftssubjekten na-

---

3 *Harla*, Palestra 8-9/1991, S. 38; *Korzan*, PPH 7-8/1993, S. 8; *Pokora*, PPH 2/1998, 26; *Gurgul*, Konkurs- und Vergleichsrecht, Rdnr. 6 zu Art. 1 pln.KO, S. 12 f.

4 Vgl. Art. 130 GenR. Von der Konkursfähigkeit der Genossenschaft gingen auch schon die Vorgängergesetze des Genossenschaftsrechts vom 16.9.1982 aus, nämlich Art. 81 - 90 des Gesetzes vom 29.10.1920 (Dz.U. 1950, Nr. 25, Pos. 232) sowie Art. 87 - 94 des Gesetzes vom 17.2.1961 (Dz.U. 1961, Nr. 12, Pos. 61; 1974, Nr. 47, Pos. 281), vgl. *Popiołek*, Palestra 10/1963, S. 35; *Józefowicz*, PUG 7-8/1978, S. 269; *Styś*, NP 4-5/1986, S. 75.

5 Vgl. Art. 26 des Gesetzes über die staatlichen Unternehmen vom 25.9.1981 (Dz.U. 1981, Nr. 24, Pos. 122) sowie das Gesetz vom 29.6.1983 über die Verbesserung der Wirtschaft des staatlichen Unternehmens und seinen Konkurs (bereinigte Fassung Dz.U. 1986, Nr. 8, Pos. 46). Hierzu: *Szumański*, PUG 10/1983, S. 281 ff.; *Klein*, PiP 4/1983, S. 27 ff.; *Świeboda*, NP 2/1984, S. 14 ff.

6 Art. 108 ff. des inzwischen aufgehobenen Bankrechtsgesetzes vom 31.1.1989 (Dz.U. 1989, Nr. 4, Pos. 21 mit späteren Änderungen).

7 *Gurgul*, Konkurs- und Vergleichsrecht, Rdnr. 6 zu Art. 1 pln.KO, S. 12 f.

8 Dz.U. 1990, Nr. 14, Pos. 87.

9 Dz.U. 1990, Nr. 55, Pos. 320.

10 Dz.U. 1988, Nr. 41, Pos. 324.

11 Den Begriff des Wirtschaftssubjekts enthielten aber auch andere Gesetze aus dem Bereich des Wirtschaftsverwaltungsrechts, und zwar das Gesetz vom 6.7.1982 über

türliche oder juristische Personen, die einer Wirtschaftstätigkeit nachgehen, wie auch gemäß den gesetzlichen Bestimmungen gegründete Organisationseinheiten ohne Rechtspersönlichkeit, also die Gesellschaft des Zivilrechts, OHG und KG[12], deren Handlungsgegenstand eine Wirtschaftstätigkeit umfaßt. Unter Wirtschaftstätigkeit verstand Art. 2 Abs. 1 WiTG jede Produktions-, Bau-, Handels- und Dienstleistungstätigkeit zu Erwerbszwecken. Die Bestimmung des Art. 24 WiTG, die auch die Rechtsberatung von Wirtschaftssubjekten zu einer Wirtschaftstätigkeit erklärte, wurde durch Gesetz vom 22.5.1997[13] aufgehoben.

Kleinstgewerbetreibenden sowie Landwirten wurde durch Art. 3 § 3 pln.KO[14] die Konkursfähigkeit abgesprochen. Zur Abgrenzung dieser Gruppe von Wirtschaftssubjekten, die keine juristischen Personen sein durften, verwies die Konkursverordnung auf die Bestimmungen über die sog. Evidenzpflicht, d. h. über die Pflicht zur Anmeldung der Wirtschaftstätigkeit zu einem vom Handelsregister unabhängigen, bei den Gemeindeverwaltungen geführten Gewerbeverzeichnis (polnisch: ewidencja działalności gospodarczej), und erklärte solche Wirtschaftssubjekte, die keiner Eintragungspflicht unterlagen, für nicht konkursfähig. Gemäß Art. 9 WiTG waren beispielsweise die Herstellung und Instandsetzung von Gegenständen des persönlichen und hauswirtschaftlichen Gebrauchs oder die Ausübung des Volks- oder Kunsthandwerks durch eine natürliche Person zu Nebenerwerbszwecken von der Evidenzpflicht ausgenommen. Art. 10 Nr. 1 WiTG zufolge bedurfte auch die Aufnahme einer landwirtschaftlichen Produktionstätigkeit keiner Eintragung in das

---

die Grundsätze der Ausübung einer Wirtschaftstätigkeit auf dem Territorium Polens im Bereich der Kleinproduktion durch ausländische natürliche und juristische Personen (bereinigte Fassung: Dz.U. 1989, Nr. 27, Pos. 148), das Gesetz über die Wirtschaftstätigkeit mit Beteiligung ausländischer Subjekte vom 23.12.1988 (Dz.U 1988, Nr. 41, Pos. 325) sowie dessen Nachfolgegesetz vom 14.6.1991 (Gesetz über Gesellschaften mit ausländischer Beteiligung, bereinigte Fassung: Dz.U. 1997, Nr. 26, Pos. 143), vgl. *Gurgul*, Konkurs- und Vergleichsrecht, Rdnr. 8 zu Art. 1 pln.KO, S. 13; siehe auch *Hess*, InsO II, Rdnr. 745 zu Art. 102 EGInsO, S. 873.

12 Die Rechtsform der KG wurde durch Gesetz vom 31.8.1991 (Dz.U. 1991, Nr. 94, Pos. 418) wieder eingeführt.

13 Gesetz über die Änderung des Gesetzes über die Rechtsanwaltschaft und des Gesetzes über die Rechtsberater und einiger anderer Gesetze, Dz.U. 1997, Nr. 75, Pos. 471.

14 Seit dem 3.1.1998 ist eine entsprechende Regelung in Art. 3 § 4 pln.KO enthalten (Dz.U. 1997, Nr. 117, Pos. 751).

Gewerbeverzeichnis[15]. Gleiches galt gemäß Art. 10 Nr. 3 und 4 WiTG für konzessions- bzw. genehmigungspflichtige Tätigkeiten. Allerdings war diese Bestimmung so zu verstehen, daß die Antragstellung auf Erteilung einer Konzession oder Genehmigung die Anmeldung zum Gewerbeverzeichnis ersetzte. Da das Bestehen eines Konzessions- oder Genehmigungserfordernisses anders als die Merkmale des Art. 9 WiTG gerade nicht auf einen geringen Umfang der Wirtschaftstätigkeit schließen läßt, hätte es dem Sinn und Zweck des Art. 3 § 3 pln.KO widersprochen, hieraus den Ausschluß der Konkursfähigkeit zu folgern[16].

Seit 1997 kam es in Polen zur Verabschiedung mehrerer Gesetze im Bereich des Wirtschafts- und Wirtschaftsverwaltungsrechts wie auch zu weiteren Novellierungen der Konkurs- und der Vergleichsverordnung, die direkten oder indirekten Einfluß auf den subjektiven Anwendungsbereich des Konkurs- und Vergleichsrechts hatten. Zu nennen sind in diesem Zusammenhang

- die Novellierung der Konkursverordnung durch Gesetz vom 31.7.1997[17],
- die Ersetzung des Gesetzes über die Wirtschaftstätigkeit (WiTG) von 1988 durch das Gesetz vom 19.11.1999[18], das die Bezeichnung „Recht der Wirtschaftstätigkeit" (RWiT) trägt[19], mit Wirkung zum 1.1.2001,

---

[15] Diese Bestimmung macht deutlich, daß der Begriff der Wirtschaftstätigkeit im Sinne des Art. 2 Abs. 1 WiTG weiter gefaßt war als der des Gewerbes nach deutschem Recht, der die Urproduktion von vornherein ausschließt, vgl. *Stober*, JA 1981, S. 216 [218]; *Frotscher,* JuS 1982, S. 828 [833]; *Steiner/Arndt*, Besonderes Verwaltungsrecht, VII, Rdnrn. 241 f., S. 853; *Schmidt-Aßmann/Badura*, Besonderes Verwaltungsrecht, 3. Abschnitt IV 1, Rdnr. 126, S. 309.

[16] *Gurgul*, Konkurs- und Vergleichsrecht, Rdnr. 25 zu Art. 3 pln.KO, S. 35.

[17] Dz.U. 1997, Nr. 117, Pos. 751.

[18] Prawo działalności gospodarczej, Dz.U. 1999, Nr. 101, Pos. 1178 mit späteren Änderungen. Einführung und Übersetzung der ursprünglichen Fassung: *Gralla*, WiRO 2000, 250 ff., 284 ff.

[19] Der Unterschied in der Gesetzesbezeichnung („Gesetz über die Wirtschaftstätigkeit" im Gegensatz zu „Recht der Wirtschaftstätigkeit") läßt sich wie folgt erklären: Gemäß dem Beschluß Nr. 117 des Ministerrates vom 5.11.1991 über die Gesetzgebungstechnik (Monitor Polski 1991, Nr. 44, Pos. 310), der selbstverständlich nicht den Gesetzgeber, wohl aber die Ministerien bei der Entwurfsfassung bindet (vgl. § 1 des Beschlusses sowie *Bober/v. Redecker*, OER 2002, S. 83 [96]), werden Gesetze dann mit dem Titel „Gesetzbuch" (kodeks), „Recht" (prawo) oder „Ordnung" (ordynacja) versehen, wenn sie eine ausgedehnte Materie abschließend regeln, während der Titel eines Gesetzes sonst mit „Gesetz über ..." beginnt (Anlage, § 15). Da das RWiT im Gegensatz zum WiTG das Gewerberecht abschließend, nämlich ein-

das Gesetz über das Landes-Gerichtsregister (LGRegG) vom 20.8.1997[20] einschließlich der Einführungsvorschriften[21].

Die Novellierung der Konkursverordnung vom 31.7.1997 sowie Art. 12 - 98 der Einführungsvorschriften zum Gesetz über das Landes-Gerichtsregister führten zur Ersetzung des Begriffs des Wirtschaftssubjekts durch den Begriff des Unternehmers in der gesamten polnischen Rechtsordnung, so auch in Art. 1 § 1 pln.KO und in Art. 1 pln.VglO. Zudem wurde die bis dahin in Art. 1 § 2 pln.KO enthaltene Bezugnahme auf das WiTG und andere gewerberechtliche Gesetze ersatzlos gestrichen. Eine neue Legaldefinition des Unternehmerbegriffes beinhaltet der am 1.1.2001 in Kraft getretene Art. 2 Abs. 2 und 3 RWiT, dessen Geltungsbereich seinem Wortlaut nach zwar auf das Recht der Wirtschaftstätigkeit beschränkt ist, der aber auf die Auslegung des konkurs- und vergleichsrechtlichen Unternehmerbegriffs in Art. 1 pln.KO und Art. 1 pln.VglO maßgeblichen Einfluß hat[22]. Nach Art. 2 Abs. 2 und 3 RWiT gelten natürliche und juristische Personen sowie Gesellschaften des Handelsrechts ohne Rechtspersönlichkeit, die eine Wirtschaftstätigkeit gewerbsmäßig in eigenem Namen aufnehmen und ausüben, sowie Gesellschafter einer Gesellschaft des Zivilrechts hinsichtlich der von ihnen ausgeübten Wirtschaftstätigkeit als Unternehmer im Sinne des RWiT. Die Legaldefinition des Begriffs der Wirtschaftstätigkeit wurde durch Art. 2 Abs. 1 RWiT gegenüber der bisherigen Rechtslage dadurch modifiziert, daß die Tätigkeit nunmehr in organisierter Weise und dauerhaft ausgeübt werden muß. Im Bereich der Urproduktion wurden die Suche, Erkundung und Gewinnung von Naturschätzen ausdrücklich in den Begriff der Wirtschaftstätigkeit mit einbezogen, wohingegen die landwirtschaftliche Urproduktion keine Wirtschaftstätigkeit mehr darstellt (Art. 3 RWiT).

---

schließlich der Niederlassungsfreiheit ausländischer Unternehmer regelt, konnte der Gesetzentwurf mit „Recht der Wirtschaftstätigkeit" überschrieben werden.

20 Ustawa o Krajowym Rejestrze Sądowym, Dz.U. 2001, Nr. 17, Pos. 209; Nr. 110, Pos. 1189; 2002, Nr. 1, Pos. 2. Einführung mit Übersetzung der ursprünglichen Fassung: *Paintner*, JOR XLI (1/2000), S. 57 ff., 223 ff.

21 Przepisy wprowadzające ustawę o Krajowym Rejestrze Sądowym (Dz.U. 1997, Nr. 121, Pos. 770; 2000, Nr. 114, Pos. 1194; 2002, Nr. 1, Pos. 2).

22 Vgl. *Zoll*, PPH 7/2001, S. 36 f.

Seit dem 1.1.2001 muß die Bestimmung des Art. 3 § 4 pln.KO[23], wonach ein Unternehmer, der keine juristische Person ist und dessen Tätigkeit nach den Vorschriften über die Wirtschaftstätigkeit keiner Evidenzpflicht unterliegt, nicht konkursfähig ist, als gegenstandslos bezeichnet werden. Nach derzeitigem Stand soll mit Wirkung zum 1.1.2004 auch das für die Eintragung natürlicher Personen vorgesehene Gewerbeverzeichnis (Evidenz) durch das landesweite computergestützte Landes-Gerichtsregister abgelöst werden. Vom 1.1.2001 bis zum 31.12.2003 wird das Gewerbeverzeichnis nach den Bestimmungen der Art. 88a - 88i RWiT weitergeführt (vgl. Art. 1a der Einführungsvorschriften zum LGRegG)[24]. Eine Anmeldepflicht zum Gewerbeverzeichnis besteht seit dem 1.1.2001 ausweislich der Bestimmung des Art. 88a Abs. 1 RWiT ausnahmslos für alle natürlichen Personen, die einer Wirtschaftstätigkeit nachgehen und daher Unternehmer i. S. des Art. 2 RWiT sind. Gleiches soll ab dem 1.1.2004 auch für die Anmeldungspflicht zum Landes-Gerichtsregister gemäß Art. 36 Nr. 1 LGRegG gelten. Eine Ausweitung der konkursfähigen Unternehmer auf Kleinstgewerbetreibende im Nebenerwerb, denen bisher Art. 3 § 3 (§ 4) pln.KO i. V. m. Art. 9 WiTG die Konkursfähigkeit abgesprochen hatte, geht damit allerdings nicht einher, da Art. 2 Abs. 1 RWiT den Begriff der Wirtschaftstätigkeit enger faßt als der frühere Art. 2 Abs. 1 WiTG. Die nach bisherigem Recht gemäß Art. 9 WiTG nicht evidenzpflichtigen Wirtschaftssubjekte dürften das neu eingeführte Tatbestandsmerkmal der Ausübung in organisierter und dauerhafter Weise (pln.: w sposób zorganizowany i ciągły) nicht erfüllen und damit mangels Ausübung einer Wirtschaftstätigkeit i. S. des Art. 2 Abs. 1 RWiT keine Unternehmer sein, so daß es auf die Ausnahmebestimmung des Art. 3 § 4 pln.KO für sie nicht mehr ankommt.

Die Beendigung der Wirtschaftstätigkeit führt nicht zum Verlust der Insolvenzfähigkeit des bisherigen Unternehmers in bezug auf noch offene Verbindlichkeiten, die aus der aufgegebenen Wirtschaftstätigkeit

---

23 Vor Inkrafttreten der Novellierung vom 31.7.1997 (Dz.U. 1997, Nr. 117, Pos. 751): Art. 3 § 3 pln.KO.

24 Zunächst war geplant, auch das Gewerbeverzeichnis bereits zum 1.1.2001 durch das Landes-Gerichtsregister abzulösen. Die Gefahr einer Überlastung der Registergerichte hat den polnischen Gesetzgeber jedoch dazu bewogen, die zahlenmäßig größte Unternehmergruppe, nämlich die natürlichen Personen, bis zum 31.12.2003 weiterhin in dem bei den Gemeindeverwaltungen geführten Gewerbeverzeichnis zu registrieren (vgl. das Gesetz vom 14.12.2001, Dz.U. 2002, Nr. 1, Pos. 2).

herrühren. Dies wird einerseits aus Art. 7 pln.KO hergeleitet (Konkursfähigkeit des Nachlasses)[25], folgt aber auch aus Art. 1 § 2 pln.KO, wonach der Eintritt einer Personenhandelsgesellschaft in das Liquidationsstadium deren Konkursfähigkeit nicht ausschließt.

2. *Die Insolvenzfähigkeit der Angehörigen freier Berufe*

Die Frage, ob die Angehörigen freier Berufe eine Wirtschaftstätigkeit ausüben und damit den Unternehmern zuzurechnen sind, hat das RWiT bezüglich der juristischen Berufe in Art. 76 und 87 ausdrücklich verneint[26]. In bezug auf andere freie Berufe enthält das RWiT keine Regelung[27]. Deshalb und wegen der ausdrücklichen Beschränkung der Art. 76, 87 RWiT auf den Anwendungsbereich des Rechts der Wirtschaftstätigkeit ist aus diesen Bestimmungen nicht zwingend auf einen Ausschluß der Unternehmereigenschaft von Angehörigen freier Berufe im Bereich des Konkurs- und Vergleichsrechts zu schließen. Für eine Einbeziehung der freien Berufe in den konkurs- und vergleichsrechtlichen Unternehmerbegriff spricht vielmehr die Tatsache, daß mit Wirkung zum 1.1.2001[28] in den Bestimmungen der Art. 1 § 2, Art. 4 § 2 pln.KO auch die neue Rechtsform der Partnerschaftsgesellschaft Erwähnung findet. Der Gesetzgeber geht somit von der grundsätzlichen Konkursfähigkeit der Partnerschaftsgesellschaft aus, obwohl ihr Gesellschaftszweck gemäß Art. 86 GBHG ausschließlich in der Ausübung eines oder mehrerer freier Berufe durch die Gesellschafter bestehen kann[29]. Da die polnische Konkursverordnung seit Inkrafttreten der Novellierung vom 24.2.1990[30] keine Konkursfähigkeit kraft Rechtsform mehr kennt, sondern die Eigenschaft als Wirtschaftssubjekt bzw. Unter-

---

[25] *Zedler*, Konkurs- und Vergleichsrecht, S. 67.

[26] Art. 76 RWiT fügt im Gesetz vom 14.2.1991 – Recht des Notariats (Dz.U. 1991, Nr. 22, Pos. 91 mit späteren Änderungen) die Bestimmung des Art. 24a neu ein, wonach ein Notar kein Unternehmer im Sinne der Vorschriften über das Recht der Wirtschaftstätigkeit ist. Art. 87 RWiT bestimmt, daß Angehörige rechtsberatender Berufe nicht als Unternehmer im Sinne des RWiT gelten.

[27] *Gralla*, WiRO 2000, 250 [251].

[28] Vgl. Art. 596 des Gesetzes vom 15.9.2000 – Gesetzbuch der Wirtschaftsgesellschaften (GBHG), Dz.U. 2000, Nr. 94, Pos. 1037.

[29] *Górska*, PPH 3/2001, S. 29.

[30] Dz.U.1990, Nr. 14, Pos. 87.

nehmer seitdem vom Gegenstand der ausgeübten Tätigkeit abhängt, müssen die Angehörigen freier Berufe unabhängig von Art. 76, 87 RWiT als Unternehmer im Sinne des Konkurs- und Vergleichsrechts angesehen werden, da sonst der ausdrücklichen Erwähnung der Partnerschaftsgesellschaft in den durch Art. 596 GBHG neu gefaßten Art. 1 § 2 und Art. 4 § 2 pln.KO keinerlei Bedeutung zukäme.

3. *Die Insolvenzfähigkeit der Gesellschaft des Zivilrechts*[31]

Nach der Rechtslage ab 1990 war anerkannt, daß die unternehmenstragende Gesellschaft des Zivilrechts als Wirtschaftssubjekt gemäß Art. 1 § 1 pln.KO und Art. 1 pln.VglO konkurs- und vergleichsfähig war. Als Wirtschaftssubjekt galten nämlich gemäß Art. 2 Abs. 2 WiTG auch Organisationseinheiten ohne Rechtspersönlichkeit. Nach der Rechtsprechung des polnischen Obersten Gerichts (Sąd Najwyższy) war allerdings die Eintragung der Gesellschaft des Zivilrechts im Gewerbeverzeichnis (Evidenz) nach Art. 8 WiTG und nicht nur das Bestehen einer Anmeldungspflicht Voraussetzung für ihre Konkursfähigkeit[32]. Dies erstaunt insofern, als die Eintragung in dieses Register rein deklaratorischer Natur war und mangels materieller Publizität ohne jede Auswirkung auf privatrechtliche Verhältnisse blieb[33].

Mit Inkrafttreten des RWiT sowie des LGRegG am 1.1.2001 kann jedoch auch die unternehmenstragende Gesellschaft des Zivilrechts nicht mehr als insolvenzfähig angesehen werden[34]. Seit diesem Zeitpunkt ist diese Rechtsform vom Unternehmerbegriff, an den Art. 1 § 1 pln.KO wie auch Art. 1 pln.VglO bereits seit 1997 anknüpfen, nicht mehr erfaßt. Gemäß Art. 2 Abs. 2 RWiT gelten im Bereich der Personengesellschaften lediglich die Gesellschaften des Handelsrechts ohne Rechtspersönlichkeit als Unternehmer und Art. 2 Abs. 3 RWiT erklärt ausdrücklich darüber hinaus die Gesellschafter einer Gesellschaft des Zivilrechts

---

31 Pln.: spółka cywilna, was wörtlich mit „Zivilgesellschaft" zu übersetzen wäre.

32 Beschluß des Obersten Gerichts vom 27.5.1993 – III CZP 61/93, OSNCP 1/1994, Pos. 7, S. 42 ff. = OSP 6/1994, S. 280 ff. mit Anm. *Płońka* = Rejent 1/1994, S. 59 ff. mit Anm. *Górnicz*; siehe zu diesem Beschluß auch *Bieniek*, PiZS 10-11/1994, S. 59 [64 ff.].

33 Kritisch daher: *Magnuszewski*, Palestra 12/1994, S. 10 ff. [13].

34 *Zoll*, PPH 7/2001, S. 36 [37].

hinsichtlich der von ihnen ausgeübten Wirtschaftstätigkeit und nicht die Gesellschaft selbst zu Unternehmern[35]. Dem entspricht die Regelung des Art. 88i RWiT, wonach ab dem 1.1.2001 Gesellschaften des Zivilrechts aus dem Gewerbeverzeichnis gelöscht wurden und sich seitdem die Gesellschafter selbst in dem übergangsweise weitergeführten Gewerbeverzeichnis registrieren lassen müssen[36].

Da über das Vermögen der Gesellschaft des Zivilrechts nach neuer Rechtslage somit kein Konkursverfahren mehr eröffnet werden kann, ist auch eine Verhinderung der Zwangsvollstreckung in das Gesellschaftsvermögen auf der Grundlage von Art. 63 pln.KO ausgeschlossen[37]. Ziel dieser Bestimmung ist es, eine Gleichbehandlung der Gläubiger im Konkurs sicherzustellen, in einer Situation also, in der das den Gläubigern haftende Vermögen nicht mehr zur Befriedigung sämtlicher fälliger Forderungen ausreicht. Dieses Ziel kann in bezug auf das Gesellschaftsvermögen einer Gesellschaft des Zivilrechts auch auf anderem Wege nicht erreicht werden. Der Konkurs einzelner Gesellschafter führt nämlich nur zu einem Konkursbeschlag der jeweiligen Gesellschaftsanteile, läßt aber das Gesellschaftsvermögen selbst unberührt. Ob die polnischen Gerichte ähnlich der in Deutschland nicht unumstrittenen Rechtsprechung des BGH zur früheren Konkursordnung eine Konkursverstrickung des Gesellschaftsvermögens für den Fall bejahen werden, daß der Konkurs über

---

35 Damit ist auch die Rechtsprechung des polnischen Obersten Gerichts hinfällig, wonach die Gesellschafter einer unternehmenstragenden Gesellschaft des Zivilrechts, die nach bisheriger Rechtslage Wirtschaftssubjekt war, nicht allein aufgrund ihres Gesellschafterstatus selbst Wirtschaftssubjekte und damit konkursfähig sind, Beschluß des Obersten Gerichts vom 21.2.1995 – I CRN 6/95, OSNIC 6/1995, Pos. 102, S. 73 ff. mit Anm. *Zedler*, PiP 12/1995, S. 103 ff.

36 Auch im Landes-Gerichtsregister werden ab dem 1.1.2004 gemäß Art. 36 Nr. 1 LGRegG nicht die unternehmenstragenden Gesellschaften des Zivilrechts, sondern nur ihre Gesellschafter in das Unternehmerregister eingetragen, dies allerdings mit einem Vermerk über die Ausübung der Wirtschaftstätigkeit mit anderen Personen auf der Grundlage eines Gesellschaftsvertrages (Art. 38 Nr. 1 Buchst. g LGRegG in der Fassung des Änderungsgesetzes vom 30.11.2000, Dz.U. 2000, Nr. 114, Pos. 1193).

37 Nach dieser Bestimmung wird eine gegen den Gemeinschuldner eingeleitete Zwangsvollstreckung wegen einer persönlichen Verbindlichkeit mit der Konkurseröffnung ausgesetzt und *ipso iure* mit Rechtskraft des Beschlusses über die Konkurseröffnung eingestellt. Hieraus folgt, daß die Einleitung eines neuen Zwangsvollstreckungsverfahrens nach Konkurseröffnung erst recht ausgeschlossen sein muß, vgl. Teil 4, Abschnitt H 2. sowie *Gurgul*, Konkurs- und Vergleichsrecht, Rdnr. 14 zu Art. 63 pln.KO, S. 308 f.

das Vermögen aller Gesellschafter einer Gesellschaft des Zivilrechts eröffnet worden ist[38], bleibt abzuwarten. Selbst dann könnte jedoch die Lage eintreten, daß zwar das den Gläubigern haftende Vermögen, nämlich das Gesellschaftsvermögen und das Privatvermögen der nach Art. 864 ZGB für Gesellschaftsverbindlichkeiten haftenden Gesellschafter zusammen nicht für die Befriedigung sämtlicher fälliger Forderungen ausreicht, dennoch aber eine Verstrickung des Gesellschaftsvermögens nicht möglich ist, weil es nicht zu einer Eröffnung des Konkursverfahrens über das Vermögen aller Gesellschafter kommt. Diese Situation tritt etwa ein, wenn ein Gesellschafter erst später der Gesellschaft beigetreten ist, was auch nach polnischem Recht anerkanntermaßen zu einem Ausschluß der Haftung für vor dem Beitritt begründete Verbindlichkeiten führt[39], so daß bei einem solchen Gesellschafter in aller Regel kein Eröffnungsgrund i. S. des Art. 1 § 1 pln.KO vorliegen wird. Denkbar ist auch, daß zwar bei allen Gesellschaftern der Eröffnungsgrund des Art. 1 § 1 pln.KO eingreift, die Konkurseröffnung jedoch bei einzelnen Gesellschaftern gemäß Art. 13 § 1 pln.KO mangels Masse abgelehnt wird. Nicht ausgeschlossen werden kann zudem, daß über das Vermögen einzelner Gesellschafter auf ihren Antrag hin (Art. 1 pln.VglO) statt des Konkursverfahrens das Vergleichsverfahren eröffnet wird. Die Eröffnung des Vergleichsverfahrens führt jedoch nicht zur Unzulässigkeit jedweder gegen das Vermögen des Schuldners gerichteten Maßnahmen der Einzelzwangsvollstreckung, sondern nur zur Unzulässigkeit solcher Zwangsvollstreckungsmaßnahmen, die auf die Durchsetzung von Vergleichsforderungen gerichtet sind (Art. 29 § 2 pln.VglO).

---

[38] Grundlegend: BGH, Urteil vom 14.2.1957 - VII ZR 250/56, BGHZ 23, S. 307 ff.; hierzu *Neumann*, Konkurs der BGB-Gesellschaft, S. 13 ff.; *Ulmer*, BGB-Gesellschaft und PartG, Rdnrn. 13 f. zu § 728 BGB, S. 416 f.; kritisch: *Kuhn*, WM 1957, S. 1014 [1020 ff.]; *ders.*, KTS 1960, S. 76 ff.; *ders.*, KTS 1961, S. 1 [4 f.]; *Oehlerking*, KTS 1980, S. 14 [20 ff.]; vgl. auch OLG Neustadt/Weinstr., Beschluß vom 10.11.1955 - 3 W 126/55, NJW 1956, S. 26; Urteil vom 21.10.1955 - 1 U 52/55, JZ 1956, S. 451; Beschluß vom 31.3.1956 - 3 W 27/58, NJW 1958, S. 999; BFH, Urteil vom 7.11.1995 - VII R 26/95, ZIP 1996, S. 1617 [1618].

[39] Urteil des Obersten Gerichts vom 24.8.1967 - II CR 187/67, OSNCP 5/1968, Pos. 89, S. 68 ff., das noch auf der Grundlage von Art. 567 des Obligationengesetzes (kodeks zobowiązań) ergangen ist; *Bieniek/Gudowski*, ZGB-Kommentar Schuldrecht II, Anm. 5 zu Art. 864; *Pietrzykowski/Pietrzykowski*, ZGB-Kommentar II, Rdnr. 6 zu Art. 864.

Damit ist jedoch noch nicht geklärt, ob und in wieweit die nach neuer Rechtslage nicht mehr zu verhindernde Zwangsvollstreckung in das Gesellschaftsvermögen einen mit dem konkursrechtlichen Regelungsziel der Gläubigergleichbehandlung in Widerspruch stehenden „Wettlauf" der Gläubiger ermöglicht. Hierbei ist auf folgende Besonderheiten des polnischen Zwangsvollstreckungsrechts hinzuweisen:

Das polnische Zwangsvollstreckungsrecht folgt ähnlich dem französischen Recht[40] nicht dem Prioritätsprinzip, sondern dem durch die Privilegierung bestimmter Forderungsklassen modifizierten Paritätsprinzip[41], was dazu führt, daß die Erlösverteilung im Zwangsvollstreckungsverfahren gewisse Ähnlichkeiten zu demjenigen im Konkursverfahren aufweist[42]. Gemäß Art. 1030 ZVGB, der für die Erlösverteilung aus der Zwangsvollstreckung in Arbeitslohn und aufgrund des Verweises in Art. 1034 ZVGB darüber hinaus auch für die Erlösverteilung aus der Zwangsvollstreckung in bewegliche Sachen und andere Forderungen und Vermögensrechte gilt, sind an der Erlösverteilung neben dem Gläubiger, der die Zwangsvollstreckung beantragt hat, auch Gläubiger beteiligt, die einen Vollstreckungstitel[43] mit einem Nachweis über die Zustellung einer Zahlungsaufforderung an den Schuldner vorlegen oder eine einstweilige Verfügung erwirkt haben, sowie Gläubiger, denen ein Pfandrecht zusteht, das sie im Falle eines vertraglichen Pfandrechts mit einer öffentlichen Urkunde und im Falle eines gesetzlichen Pfandrechts auch mit einer sonstigen Urkunde nachgewiesen haben, sofern sie ihre Forderung spätestens am Tage der gerichtlichen Hinterlegung des zu verteilenden Zwangsvollstreckungserlöses anmelden. Für die Erlösverteilung aus der Zwangsvollstreckung in Grundstücke enthält Art. 1036 ZVGB eine vergleichbare Regelung. Der Anteil derjenigen in Art. 1030 ZVGB

---

40 Vgl. *Traichel*, Reform des französischen Zwangsvollstreckungsrechts, S. 185.

41 *Broniewicz*, Zivilverfahren, S. 457; *Mańk*, NP 3/1965, S. 264; *Allerhand*, Konkursrecht mit Kommentar, Anm. 1 zu Art. 63; *Buber*, Polnisches Konkursrecht, S. 9; rechtsvergleichend aus schweizerischer Sicht: *Hanisch*, Konkursrecht in der Praxis, S. 274 f.

42 Auf diesen Umstand macht *Allerhand*, Entwurfsbegründung Konkursrecht, S. 5 f. aufmerksam. Siehe auch *Allerhand*, Konkursrecht mit Kommentar, S. 9.

43 Die polnische Rechtsterminologie unterscheidet zwischen dem Exekutionstitel (tytuł egzekucyjny) und dem Vollstreckungstitel (tytuł wykonawczy). Unter einem Vollstreckungstitel ist Art. 776 ZVGB zufolge ein Exekutionstitel mit Vollstreckungsklausel (klauzula wykonalności) zu verstehen.

genannten Gläubiger[44], die ohne einen Vollstreckungstitel an der Erlösverteilung partizipieren können, wird nicht ausgekehrt, sondern bei der Hinterlegungsstelle des Gerichts belassen (Art. 1032 § 1, Art. 1034 ZVGB). Erhebt ein solcher Gläubiger nicht innerhalb eines Monats ab Rechtskraft des Verteilungsplans wegen seiner noch nicht titulierten Forderung Klage, so verliert er das Recht an dem hinterlegten Betrag (Art. 1032 § 2, Art. 1034 ZVGB). Bei der Erlösverteilung ist die Einteilung nach Forderungsklassen gemäß Art. 1025 ZVGB von Bedeutung. Innerhalb jeder Forderungsklasse gilt das Paritätsprinzip mit Ausnahme der Forderungsklasse des Art. 1025 § 1 Nr. 4, 5 und 8 ZVGB (dinglich gesicherte Forderungen), bei der die zeitliche Priorität des dinglichen Sicherungsrechts entscheidet (Art. 1026 § 1 ZVGB[45]).

Durch diese gesetzliche Konzeption wird ein Wettlauf der an der Erlösverteilung gemäß Art. 1030, 1034, 1036 ZVGB partizipierenden Gläubiger in der Tat verhindert. Dennoch führt im Falle einer unzureichenden Haftungsmasse auch das polnische Zwangsvollstreckungsrecht nicht zu einer Gleichbehandlung aller Gläubiger[46]. Diejenigen Gläubiger nämlich, die nicht von Art. 1030, 1034, 1036 ZVGB erfaßt werden und daher nicht an der Erlösverteilung teilnehmen können, müssen tatenlos zusehen, wie ihnen durch das Zwangsvollstreckungsverfahren die Haftungsmasse entzogen wird, wenn es ihnen nicht gelingt, noch vor Hinterlegung des Erlöses aus der Zwangsvollstreckung (Art. 1030 ZVGB) eine einstweilige Verfügung zu erwirken, um dadurch noch rechtzeitig in den Kreis der an der Erlösverteilung zu beteiligenden Gläubiger einzutreten. Demgegenüber können im Konkursverfahren alle Forderungen angemeldet werden (Art. 150 pln.KO), selbst wenn sie noch nicht tituliert[47] oder sogar noch nicht fällig sind (Art. 156 pln.KO). Da auch das

44 *Świeboda*, Sicherungs- und Vollstreckungsverfahren, Anm. 1 zu Art. 1032; *Wengerek*, Sicherungs- und Vollstreckungsverfahren, Anm. 1 zu Art. 1032.

45 In der Fassung des Gesetzes vom 6.9.2001, Dz.U. 2001, Nr. 125, Pos. 1368, das auch eine Neueinteilung der Ränge des Art. 1025 § 1 ZVGB herbeigeführt hat, vgl. Teil 5, Abschnitt E 2. b).

46 *Brol*, PiZS 4/1992, S. 49 [51].

47 Vielmehr stellt der Auszug aus der gemäß Art. 161 pln.KO festgestellten Konkurstabelle („Forderungsliste“) nach Beendigung oder Einstellung des Konkursverfahrens selbst einen Vollstreckungstitel dar (Art. 170 § 1 pln.KO), vorbehaltlich einer Klage des Gemeinschuldners innerhalb eines Jahres ab Rechtskraft des Beschlusses über die Beendigung oder Einstellung des Verfahrens nach Art. 170 § 2 pln.KO.

polnische Zwangsvollstreckungsrecht somit eine dem Konkursrecht entsprechende Gläubigergleichbehandlung (par conditio creditorum) nicht erreicht, muß der Verlust der Konkursfähigkeit der unternehmenstragenden Gesellschaft des Zivilrechts als nachteilige Entwicklung angesehen werden.

Dies gilt ebenso für den mit dem Inkrafttreten des RWiT einhergehenden Ausschluß der Fähigkeit der Gesellschaft des Zivilrechts, als Schuldnerin Beteiligte am Vergleichsverfahren zu sein. Insbesondere dann, wenn nicht bezüglich aller Gesellschafter der Eröffnungsgrund der Zahlungseinstellung bzw. der drohenden Zahlungseinstellung vorliegt (Art. 1 pln.VglO), oder nicht alle Gesellschafter die Eröffnung des Vergleichsverfahrens beantragen[48], stellt sich die Sanierung eines in der Rechtsform der Gesellschaft des Zivilrechts geführten Unternehmens als ungleich schwieriger dar als bei einem Vergleichsverfahren mit der unternehmenstragenden Gesellschaft des Zivilrechts als Schuldnerin.

4. *Die Insolvenzfähigkeit der Gesellschafter einer Personenhandelsgesellschaft*

Art. 3 pln.VglO bestimmt, daß der unbeschränkt persönlich haftende Gesellschafter einer OHG oder KG die Eröffnung des Vergleichsverfahrens über sein Vermögen beantragen kann, wenn bezüglich der Gesellschaft ein Vergleichsverfahren eröffnet wurde. Nach Inkrafttreten des GBHG ist Art. 3 pln.VglO entsprechend auch auf den Komplementär einer Kommanditgesellschaft auf Aktien anzuwenden[49]. Dies muß auch für die Partner einer PartG[50] gelten. Sieht man nämlich einen selbständigen Freiberufler als konkurs- und vergleichsfähig an[51], so besteht trotz der in Art. 95 § 1 GBHG gegenüber dem Recht der OHG beschränkten Gesellschafterhaftung kein Grund, ihm die Rechtswohltat eines Vergleichsverfahrens nur deshalb zu versagen, weil er sich mit anderen

---

48 Antragsberechtigt ist gemäß Art. 1 pln.VglO nur der Schuldner, bei dem kein Ausschlußgrund nach Art. 2 pln.VglO vorliegt, nicht dagegen sind es die Gläubiger.

49 Bei der Kommanditgesellschaft auf Aktien handelt es sich Art. 125 GBHG zufolge um eine Personenhandelsgesellschaft und nicht um eine Kapitalgesellschaft, *Bieniek*, Prawo Spółek 12/2001, S. 14 [15].

50 Diese stellt nach polnischem Recht gemäß Art. 1 § 1, Art. 4 § 1 Nr. 1 GBHG ebenfalls eine Personenhandelsgesellschaft dar.

51 Siehe Teil 2, Abschnitt A 2.

Freiberuflern zu einer PartG zusammengeschlossen hat. Immerhin haftet der Partner gemäß Art. 89, 95 § 1 i. V. m. Art. 22 § 2, Art. 31 GBHG für alle Gesellschaftsverbindlichkeiten, die nicht aus der Berufsausübung eines anderen Partners oder der Pflichtverletzung eines der Leitung eines anderen Partners unterliegenden Angestellten der PartG herrühren, wie ein OHG-Gesellschafter[52]. Kommanditisten und Kommanditaktionäre werden von Art. 3 pln.VglO dagegen nicht erfaßt.

Über den Wortlaut des Art. 3 pln.VglO hinaus kann der Gesellschafter den Vergleichsantrag auch schon stellen, bevor das Vergleichsverfahren bezüglich der Gesellschaft eröffnet wurde[53]. Kommt es dazu aber nicht, so ist auch der Antrag des Gesellschafters abzuweisen.

Art. 3 pln.VglO entbindet den Gesellschafter von den in Art. 2 Nr. 1, 2 pln.VglO für die Eröffnung eines Vergleichsverfahrens aufgestellten subjektiven Erfordernissen. Danach kann der Gesellschafter die Vergleichseröffnung auch dann beantragen, wenn er gegen Rechnungslegungspflichten verstoßen hat oder er bereits einen Vergleich oder Zwangsvergleich geschlossen hat und seit seiner Bestätigung noch keine fünf Jahre vergangen sind. Von den anderen, in Art. 1, 2 Nr. 3, 4 pln.VglO genannten Vergleichsvoraussetzungen entbindet Art. 3 pln. VglO den Gesellschafter dagegen nicht[54].

Für die Frage der Konkursfähigkeit des Gesellschafters einer Personenhandelsgesellschaft enthält die polnische Konkursverordnung keine mit der Bestimmung des Art. 3 pln.VglO vergleichbare Regelung. Art. 6 pln.KO stellt lediglich klar, daß die Eröffnung des Konkursverfahrens über das Vermögen einer Personenhandelsgesellschaft nicht automatisch auch den Konkurs ihrer Gesellschafter nach sich zieht. Auch höchstrichterliche Entscheidungen zu dieser Frage fehlen bisher. Allerdings hat

---

[52] Zur Haftungsverfassung der PartG im polnischen Recht: *Tereszkiewicz*, WiRO 2002, S. 97 [100 f.].

[53] *Allerhand*, Kommentar zum Vergleichsrecht, Anm. 2 zu Art. 3; *Korzonek*, Konkurs- und Vergleichsrecht II, S. 277; *Gurgul*, Konkurs- und Vergleichsrecht, Rdnr. 6 zu Art. 6 pln.VglO, S. 771.

[54] *Korzonek*, Konkurs- und Vergleichsrecht II, S. 277; *Piasecki*, Konkurs- und Vergleichsrecht, Anm. 5 zu Art. 3 pln.VglO, S. 358; *Świeboda*, Konkurs- und Vergleichsrecht, Anm. 2 zu Art. 3 pln.VglO, S. 288; *Gurgul*, Konkurs- und Vergleichsrecht, Rdnr. 5 zu Art. 3 pln.VglO, S. 770 entgegen *Allerhand*, Kommentar zum Vergleichsrecht, Anm. 3 zu Art. 3 und *Stein/Thaler/Bulwa*, Konkurs- und Vergleichsrecht, Anm. 4 zu Art. 3 pln.VglO, S. 208.

das Oberste Gericht in seinem Beschluß vom 21.2.1995[55], zu einer Zeit also, als die Gesellschaft des Zivilrechts Wirtschaftssubjekt i. S. des früheren Art. 2 Abs. 2 WiTG und damit konkursfähig war, den Gesellschaftern einer Gesellschaft des Zivilrechts eine nur auf ihre Gesellschafterstellung gestützte Konkursfähigkeit aberkannt und ihre Konkursfähigkeit von der Ausübung einer darüber hinausgehenden selbständigen Wirtschaftstätigkeit abhängig gemacht[56]. In der Logik dieser Entscheidung würde es liegen, auch den persönlich haftenden Gesellschaftern einer Personenhandelsgesellschaft, die keiner weiteren, selbständigen Wirtschaftstätigkeit nachgehen, die Konkursfähigkeit abzusprechen, zumal sich die Gesellschaft des Zivilrechts und der OHG bezüglich ihrer Haftungsverfassung zum Zeitpunkt der Entscheidung des Obersten Gerichts voneinander nicht unterschieden[57].

Derweil gibt es aber erneut Anlaß, an der zur Zeit des Inkrafttretens der polnischen Konkursverordnung als selbstverständlich angesehenen Konkursfähigkeit[58] der summenmäßig unbeschränkt haftenden Gesellschafter einer Personenhandelsgesellschaft zu zweifeln. Das am 1.1.2001 in Kraft getretene Gesetzbuch der Handelsgesellschaften (GBHG) hat die rechtliche Verselbständigung der Personenhandelsgesellschaft als einer rechtsfähigen Personenvereinigung gegenüber der bisherigen Rechtslage nach dem polnischen HGB verstärkt[59]. Darauf deutet nicht zuletzt der gegenüber Art. 75 § 1, Art. 103 pln.HGB veränderte Wortlaut der Art. 8 § 1, Art. 22 § 1, Art. 86 § 1, Art. 102, 125 GBHG hin, wonach eine Personenhandelsgesellschaft das Unternehmen nicht mehr unter gemeinsamem, sondern unter eigenem Namen bzw. eigener Firma betreibt[60]. Darüber hinaus haften die Gesellschafter einer OHG sowie die

---

55 I CRN 6/95, OSNIC 6/1995, Pos. 102, S. 73 ff.

56 Ablehnend *Zedler*, PiP 12/1995, S. 103 ff.

57 In beiden Fällen hafteten die Gesellschafter für die Gesellschaftsverbindlichkeiten unbeschränkt, unbeschränkbar und nicht nur subsidiär (Art. 864 ZGB, 85 § 1 pln. HGB). Für die Komplementäre einer KG ergab sich dies aus Art. 144 i. V. m. Art. 85 § 1 pln.HGB.

58 *Altman*, Konkursrecht, S. 22; *Allerhand*, Konkursrecht mit Kommentar, Anm. 2 zu Art. 6; siehe auch *Sołtysiński/Szwaja*, Handelsgesellschaften I, Rdnr. 27 zu Art. 58, S. 348 m. w. N.

59 Vgl. die amtliche Begründung zum Entwurf des Gesetzes – Recht der Handelsgesellschaften, Punkt II 2 (iv), Studia Prawnicze 1-2/1999, S. 143 [164] sowie *Sołtysiński*, PiP 7/2001, S. 3 [13 ff.].

60 *Sołtysiński/Sołtysiński*, Handelsgesellschaften I, Rdnrn. 5 und 8 zu Art. 8, S. 110 f.

Komplementäre einer KG und KGaA gemäß Art. 31 § 1 GBHG für Gesellschaftsverbindlichkeiten nur noch unter der Voraussetzung, daß sich eine gegen die Gesellschaft geführte Zwangsvollstreckung als erfolglos erweist[61]. Die Einführung einer nunmehr nur noch subsidiären Haftung der Gesellschafter durch Einräumung einer Einrede der Vorausklage sollte einerseits die Rechtsform der OHG gegenüber der der Gesellschaft des Zivilrechts attraktiver machen[62] und andererseits die rechtliche Verselbständigung der Personenhandelsgesellschaft gegenüber ihren Gesellschaftern betonen[63]. Werden aber nach der Konzeption des Gesetzbuchs der Handelsgesellschaften[64] nicht mehr die eine rechtsfähige Gesamthand bildenden Gesellschafter, sondern die Gesellschaft selbst als Unternehmensträger angesehen, so spricht einiges dafür, daß damit auch den Gesellschaftern eine allein aus ihrer Gesellschafterstellung abgeleitete Unternehmereigenschaft und Konkursfähigkeit abgesprochen werden soll[65]. Daß das GBHG in Art. 58 Nr. 4 ausdrücklich die Möglichkeit der Konkurseröffnung über das Vermögen eines Gesellschafters vorsieht, steht dem nicht notwendigerweise entgegen, da der summenmäßig unbeschränkt persönlich haftende Gesellschafter einer Personenhandelsgesellschaft trotz dem in Art. 56 § 2 GBHG ausgesprochenen grundsätzlichen Wettbewerbsverbot einer eigenen Wirtschaftstätigkeit nachgehen und aus diesem Rechtsgrund konkursfähig sein kann[66].

Ungeachtet dieser eher auf begrifflicher Ebene liegenden Veränderungen im Bereich des Rechts der Personenhandelsgesellschaften sollte jedoch bei der Frage nach der Konkursfähigkeit der Gesellschafter einer OHG sowie des Komplementärs einer KG oder KGaA die Funktion der Konkursfähigkeit als Eröffnungsvoraussetzung im System des polni-

---

61 Für die persönliche Haftung des Komplementärs einer KG ergibt sich dies aus der Verweisnorm des Art. 103 GBHG und für den Komplementär einer KGaA aus dem Doppelverweis durch Art. 126 § 1 Nr. 1 und Art. 103 GBHG auf das Recht der OHG.

62 So die amtliche Begründung zum Entwurf des Gesetzes – Recht der Handelsgesellschaften unter Punkt II 2 (ii), Studia Prawnicze 1-2/1999, S. 143 [164].

63 *Sołtysiński/Sołtysiński*, Handelsgesellschaften I, Rdnr. 1 zu Art. 31, S. 282.

64 Der Entwurf zum GBHG trug noch die Bezeichnung „Recht der Handelsgesellschaften" (prawo spółek handlowych).

65 *Zoll/Kraft/Thurner*, Polnisches Insolvenzrecht, S. 6 f.

66 Ebensowenig kann aus der Erwähnung der Möglichkeit des Konkurses eines Kommanditaktionärs in Art. 148 § 2 GBHG auf dessen allein durch seine Stellung als Kommanditaktionär begründete Konkursfähigkeit geschlossen werden.

schen Insolvenzrechts nicht außer Acht gelassen werden. Diese besteht darin, die unternehmerisch tätigen Personen von den sog. Verbrauchern abzugrenzen, gegenüber denen die Durchführung eines Konkursverfahrens von der polnischen Gesetzgebung als zu aufwendig erachtet wird[67]. Das Konkursverfahren wie auch das Vergleichsverfahren soll nur bezüglich solcher Schuldner eröffnet werden können, bei denen eine überdurchschnittlich hohe Schuldenmasse wie auch ein überdurchschnittlicher Umfang an zu verteilender Aktivmasse die Durchführung eines geordneten, dem Grundsatz der Gläubigergleichbehandlung verpflichteten Konkurs- oder Vergleichsverfahrens erforderlich erscheinen läßt. Bei Unternehmern besteht anders als bei Verbrauchern im Insolvenzfall deshalb ein Bedürfnis nach der Durchführung eines Konkurs- oder Vergleichsverfahrens, da diese einerseits etwa aufgrund der Beschäftigung von Arbeitnehmern oder aufgrund kreditfinanzierter Investitionen im Insolvenzfall in der Regel höhere Schulden angehäuft haben werden als Verbraucher zur Finanzierung ihrer privaten Lebensführung und andererseits zur Verteilung an die Gläubiger über das Privatvermögen hinaus auch das Unternehmensvermögen zur Verfügung steht, das bei einer geordneten Verwertung etwa im Wege einer Unternehmensübertragung einen höheren Erlös erwarten läßt als bei einer Zerschlagung durch eine Vielzahl unkoordinierter Zwangsvollstreckungsverfahren.

Bezieht man diese Überlegungen auf die Gesellschafter einer OHG und die Komplementäre einer KG oder einer Kommanditgesellschaft auf Aktien, so ist einerseits festzuhalten, daß aufgrund der auch nach geltendem Recht summenmäßig unbeschränkten Haftung für Gesellschaftsverbindlichkeiten eine im Vergleich zu den Schulden aus der privaten Lebensführung eines Verbrauchers typischerweise erhöhte, durch die unternehmerische Tätigkeit der Gesellschaft begründete Schuldenmasse angehäuft wird. Andererseits können aus der veränderten Gesetzesformulierung, derzufolge die Gesellschaft nicht mehr wie bisher in „gemeinsamem Namen", sondern in „eigenem Namen" das Unternehmen betreibt, keinerlei Schlußfolgerungen auf die faktische Verteilung der Vermögenszuständigkeit zwischen Gesellschaft und Gesellschaftern be-

---

67 So wurden die ursprünglichen Bestrebungen, im Rahmen einer Neukodifizierung des polnischen Insolvenzrechts auch ein Verbraucherinsolvenzverfahren mit der Möglichkeit einer Restschuldbefreiung einzuführen, wieder fallengelassen, kritisch hierzu: *Zoll*, Przegląd Legislacyjny 3/2001, S. 11 [19 ff., 29].

züglich des Betriebsvermögens gezogen werden. Es hängt nämlich nach wie vor ausschließlich vom Willen der Gesellschafter ab, ob sie die gesamten, für den Betrieb des Unternehmens erforderlichen Vermögensgegenstände in die Gesellschaft einbringen, oder im Gesellschaftsvertrag nur verhältnismäßig geringe Einlageleistungen vereinbaren, wobei ein Großteil der für die Erreichung des Gesellschaftszwecks erforderlichen Investitionsgüter in ihrer eigenen Vermögenszuständigkeit verbleibt und der Gesellschaft nur leih- oder mietweise überlassen wird. Ein allein über das Vermögen der Gesellschaft eröffnetes Konkursverfahren würde diese Investitionsgüter dann aber nicht erfassen, vielmehr wären diese auch im Falle der Zahlungseinstellung seitens des Gesellschafters weiterhin dem Zwangsvollstreckungszugriff der einzelnen Gläubiger ausgesetzt, was eine gleichmäßige Befriedigung der Gläubiger ebenso verhindert wie eine übertragende Unternehmenssanierung.

Festzuhalten bleibt daher, daß unabhängig von der rechtsdogmatischen Einordnung der Personenhandelsgesellschaft als einer rechtlich nur beschränkt verselbständigten Gesamthandsgemeinschaft oder als einer der juristischen Person angenäherten Organisationsform bezüglich der summenmäßig unbeschränkt haftenden Gesellschafter im Insolvenzfall in mindestens genauso starkem Maße wie bei Einzelunternehmern ein Bedürfnis nach der Durchführung eines Konkursverfahrens besteht. Die Gesellschafter einer OHG sind daher ebenso wie die Komplementäre einer KG oder KGaA als Unternehmer und damit als konkursfähig anzusehen[68].

Die Haftung der Partner einer PartG für Gesellschaftsschulden erfährt durch Art. 95 § 1 GBHG Einschränkungen. Danach haftet ein Partner nicht für solche Gesellschaftsschulden, die aus der Ausübung der freiberuflichen Tätigkeit der übrigen Partner oder aus Handlungen oder Unterlassungen von Angestellten der PartG herrühren, die dabei der Leitung durch einen anderen Partner unterlagen[69]. Geht man jedoch davon aus, daß ein selbständiger Freiberufler als konkursfähig anzusehen ist[70], so kann der Zusammenschluß mit einem oder mehreren anderen Freiberuflern an diesem Befund nichts ändern, zumal jeder Partner ungeachtet

---

[68] So auch im Ergebnis *Sołtysiński/Szwaja*, Handelsgesellschaften I, Rdnr. 27 zu Art. 58, S. 348; a. A. *Zoll/Kraft/Thurner*, Polnisches Konkursrecht, S. 6 f.

[69] Siehe auch *Tereszkiewicz*, WiRO 2002, S. 97 [100 f.].

[70] Vgl. Teil 2, Abschnitt A 2.

der Bestimmung des Art. 95 § 1 GBHG für nicht berufsbezogene Gesellschaftsverbindlichkeiten ebenso wie für die aus der eigenen Berufsausübung herrührenden Verbindlichkeiten unbeschränkt persönlich haftet[71].

Wegen der Beschränkung der Haftung auf den nicht eingezahlten Teil der Kommanditsumme (Art. 111, 112 GBHG)[72] ist der Kommanditist dagegen nicht allein aufgrund seiner Gesellschafterstellung als konkursfähig anzusehen. Gleiches gilt für den Kommanditaktionär einer Kommanditgesellschaft auf Aktien.

5. *Die Konkursfähigkeit juristischer Personen des öffentlichen Rechts*

a) Überblick

Art. 3 §§ 1 - 3 pln.KO schränkt die Konkursfähigkeit juristischer Personen des öffentlichen Rechts ein. Dabei beziehen sich diese Bestimmungen nur auf solche juristische Personen des öffentlichen Rechts, die einer unternehmerischen Tätigkeit nachgehen, da allen anderen bereits nach Art. 1 § 1 pln.KO die Konkursfähigkeit abzusprechen ist, ohne daß es einer zusätzlichen Ausschlußnorm bedürfte. Art. 3 §§ 1 - 3 pln.KO unterscheidet zwischen der absoluten Konkursunfähigkeit (Art. 3 § 1 pln.KO) und der relativen Konkursfähigkeit (Art. 3 §§ 2, 3 pln.KO)[73]. Die Konkurseröffnung über das Vermögen einer relativ konkursfähigen juristischen Person des öffentlichen Rechts ist nach Art. 3 §§ 2, 3 pln.KO nur dann ausgeschlossen, wenn ihr das zur Vertretung des Fiskus (Staatsschatzes[74]) oder der Gemeinde berechtigte Organ widerspricht und die Übernahme sämtlicher Verbindlichkeiten des Schuldners erklärt.

---

71 Von der Konkursfähigkeit des Partners einer PartG gehen auch *Sołtysiński/Szwaja*, Handelsgesellschaften I, Rdnr. 15 zu Art. 99, S. 500 aus.

72 Das polnische GBHG unterscheidet anders als das deutsche HGB zwischen der Einlageverpflichtung des Kommanditisten im Innenverhältnis (Art. 105 Nr. 4, Art. 123 GBHG) und der für die Haftung des Kommanditisten maßgeblichen Kommanditsumme im Außenverhältnis (Art. 105 Nr. 5, Art. 111 ff. GBHG).

73 *Szarek*, PUG 1/1999, S. 9; *Gurgul*, Konkurs- und Vergleichsrecht, Rdnr. 1 zu Art. 3 pln.KO, S. 29.

74 Unter „Staatsschatz" (polnische Bezeichnung: „Skarb Państwa") versteht Art. 34 ZGB das Zuordnungssubjekt von Rechten und Pflichten in zivilrechtlichen Rechtsbeziehungen, die das Vermögen des Staates betreffen und nicht anderen staatlichen juristischen Personen zugeordnet sind.

In den Fällen des Art. 3 § 1 pln.KO (absolute Konkursunfähigkeit) ist eine Konkurseröffnung dagegen von vornherein ausgeschlossen. Nicht in Art. 3 §§ 1 - 3 pln.KO ausdrücklich normiert, jedoch unumstritten ist die (absolute) Konkursunfähigkeit des Fiskus selbst, der territorialen Selbstverwaltungskörperschaften (Woiwodschaften, Landkreise, Gemeinden) sowie der von ihnen organisatorisch nicht im Sinne einer eigenen Rechtspersönlichkeit abgetrennten Verwaltungseinheiten, auch wenn deren Aufgaben unternehmerischer Natur sind[75]. Hierzu sind die in Art. 17 ff. ÖffFinG bezeichneten Rechts- und Organisationsformen des Sektors der öffentlichen Finanzen zu zählen, nämlich die sog. Budgeteinheiten (Art. 18 ÖffFinG)[76], die Budgetbetriebe (Art. 19 ÖffFinG)[77] sowie die Hilfsbetriebe (Art. 20 ÖffFinG)[78], die sowohl auf staatlicher wie auch auf Selbstverwaltungsebene gebildet werden können (Art. 5 Abs. 2 ÖffFinG). Diese Rechts- und Organisationsformen gelten darum auch nicht als Arbeitgeber i. S. des Gesetzes über den Schutz der Arbeitnehmeransprüche im Falle der Insolvenz des Arbeitgebers (ArbnFSchG)[79], so daß sie nicht der Beitragspflicht in den Fonds der Garantierten Arbeitnehmerleistungen gemäß Art. 13 Nr. 1 ArbnFSchG unterliegen (Art. 2 Abs. 1 ArbnFSchG).

Die Vergleichsfähigkeit unternehmerisch tätiger juristischer Personen des öffentlichen Rechts gemäß Art. 1 pln.VglO wird von Art. 3 §§ 1 - 3 pln.KO nicht berührt[80].

b) Absolute Konkursunfähigkeit

Absolut konkursunfähig sind gemäß Art. 3 § 1 pln.KO solche staatlichen und kommunalen Organisationseinheiten, für die nach dem Gesetz die Haftung des Fiskus bzw. der Gemeinde nicht ausgeschlossen ist, sowie unabhängig von einem gesetzlichen Haftungsausschluß Institutio-

---

75 *Szarek*, PUG 1/1999, S. 9 [10 f.]; *Gurgul*, Konkurs- und Vergleichsrecht, Rdnr. 16 zu Art. 3 pln.KO, S. 33.

76 Polnische Bezeichnung: „jednostki budżetowe".

77 Polnische Bezeichnung: „zakłady budżetowe".

78 Polnische Bezeichnung: „gospodarstwa pomocnicze".

79 Ustawa o ochronie roszczeń pracowniczych w razie niewypłacalności pracodawcy, Gesetz vom 29.12.1993, Dz.U. 1994, Nr. 1, Pos. 1 in der Bekanntmachung vom 9.1.2002, Dz.U. 2002, Nr. 9, Pos. 85.

80 *Smid*, WiRO 2000, S. 393 [394, rechte Spalte].

nen und Organisationen, die „im Wege eines Gesetzes“ geschaffen wurden, und die Krankenkasse.

Art. 40 § 1 Satz 1 ZGB erklärt in bezug auf Verbindlichkeiten staatlicher Unternehmen und anderer staatlicher juristischer Personen den Ausschluß der Haftung des Fiskus zum Regelfall, so daß insbesondere staatliche Unternehmen i. S. des StUG, staatliche Banken i. S. der Art. 14 - 19 BankR sowie sog. Forschungs- und Entwicklungseinheiten i. S. des Gesetzes vom 25.7.1985[81] wegen dieses gesetzlichen Haftungsausschlusses nicht von Art. 3 § 1 pln.KO erfaßt werden und darum konkursfähig sind. Bezüglich juristischer Personen des öffentlichen Rechts auf Kommunalebene enthält Art. 49 Abs. 1 des Gesetzes über die Territoriale Selbstverwaltung[82] für die Gemeinden eine mit Art. 40 § 1 ZGB vergleichbare Regelung[83].

Dagegen sind Institutionen und Organisationen, die „im Wege eines Gesetzes“ geschaffen wurden, nach Art. 3 § 1 pln.KO auch dann absolut konkursunfähig, wenn die Haftung des Fiskus bzw. der Gemeinde durch Gesetz ausgeschlossen ist. „Im Wege eines Gesetzes geschaffen“ sind juristische Personen des öffentlichen Rechts nicht, wenn sie lediglich entsprechend einem Gesetz (etwa dem StUG) gegründet wurden. Vielmehr muß das Gesetz die zu gründende juristische Person individuell benennen[84]. Diese Voraussetzung ist erfüllt im Falle der Agentur für den Agrarmarkt[85], der Agentur für landwirtschaftliches Eigentum des Fiskus[86], der Agentur für die Umstrukturierung und Modernisierung der

---

[81] Gesetz über die Forschungs- und Entwicklungseinheiten (ustawa o jednostkach badawczo-rozwojowych), bereinigte Fassung: Dz.U. 1991, Nr. 44, Pos. 194.

[82] Ustawa o samorządzie terytorialnym, Gesetz vom 8.3.1990, bereinigte Fassung: Dz.U. 1996, Nr. 13, Pos. 74.

[83] Für Landkreise folgt der grundsätzliche Haftungsausschluß für Verbindlichkeiten anderer juristischer Personen des öffentlichen Rechts auf Landkreisebene aus Art. 49 des Gesetzes vom 5.6.1998 über die Landkreisselbstverwaltung (ustawa o samorządzie powiatowym), Dz.U. 1998, Nr. 91, Pos. 578.

[84] *Gurgul*, Konkurs- und Vergleichsrecht, Rdnr. 20 zu Art. 3 pln.KO, S. 34.

[85] Polnische Bezeichnung: „Agencja Rynku Rolnego“, siehe hierzu das Gesetz vom 7.6.1990 über die Schaffung der Agentur für den Agrarmarkt (ustawa o utworzeniu Agencji Rynku Rolnego), Bereinigte Fassung: Dz.U. 1997, Nr. 142, Pos. 951.

[86] Polnische Bezeichnung: „Agencja Własności Rolnej Skarbu Państwa“, siehe hierzu das Gesetz vom 19.10.1991 über die Bewirtschaftung von landwirtschaftlichen Liegenschaften des Fiskus (ustawa o gospodarowaniu nieruchomościami rolnymi Skarbu Państwa), bereinigte Fassung: Dz.U. 1995, Nr. 57, Pos. 299.

Landwirtschaft[87], der Agentur für den Bau und die Nutzung von Autobahnen[88], der militärischen Wohnungsagentur[89], der Agentur für Technik und Produktionsverfahren[90], der Agentur des Militärvermögens[91], der Privatisierungsagentur[92] sowie der Polnischen Agentur zur Förderung des Unternehmertums[93]. Mit Wirkung zum 1.1.1999 wurden ebenso Krankenkassen für absolut konkursunfähig im Sinne des Art. 3 § 1 pln.KO erklärt[94].

---

87 Polnische Bezeichnung: „Agencja Restrukturyzacji i Modernizacji Rolnictwa", siehe hierzu das Gesetz vom 29.12.1993 über die Schaffung der Agentur für die Umstrukturierung und Modernisierung der Landwirtschaft (ustawa o utworzeniu Agencji Restrukturyzacji i Modernizacji Rolnictwa), Dz.U. 1994, Nr. 1, Pos. 2.

88 Polnische Bezeichnung: „Agencja Budowy i Eksploatacji Autostrad", siehe hierzu Art. 5 Abs. 1 des Gesetzes vom 27.9.1994 über gebührenpflichtige Autobahnen (ustawa o autostradach płatnych), Dz.U. 1994, Nr. 127, Pos. 627.

89 Polnische Bezeichnung: „Wojskowa Agencja Mieszkaniowa", siehe hierzu Art. 8 Abs. 1 und 3 des Gesetzes vom 22.6.1995 über die Einquartierung der Streitkräfte der Polnischen Republik (ustawa o zakwaterowaniu Sił Zbrojnych Rzeczypospolitej Polskiej), Dz.U. 1995, Nr. 86, Pos. 433.

90 Polnische Bezeichnung: „Agencja Techniki i Technologii", siehe hierzu das Gesetz vom 12.4.1996 über die Schaffung der Agentur für Technik und Produktionsverfahren (ustawa o utworzeniu Agencji Techniki i Technologii), Dz.U. 1996, Nr. 74, Pos. 352.

91 Polnische Bezeichnung: „Agencja Mienia Wojskowego", siehe hierzu Art. 5 Abs. 1 und 3 des Gesetzes vom 30.5.1996 über die Bewirtschaftung einiger Bestandteile des Vermögens des Fiskus und über die Agentur des Militärvermögens (ustawa o gospodarowaniu niektórymi składnikami mienia Skarbu Państwa oraz o Agencji Mienia Wojskowego), Dz.U. 1996, Nr. 90, Pos. 405.

92 Polnische Bezeichnung: „Agencja Prywatyzacji", siehe hierzu Art. 8 Abs. 1 und 3 des Gesetzes vom 8.8.1996 über die Behörde des Ministers des Staatsschatzes (ustawa o urzędzie Ministra Skarbu Państwa), Dz.U. 1996, Nr. 106, Pos. 493.

93 Polnische Bezeichnung: „Polska Agencja Rozwoju Przedsiębiorczości", siehe hierzu das Gesetz über die Schaffung der Polnischen Agentur zur Förderung des Unternehmertums (ustawa o utworzeniu Polskiej Agencji Rozwoju Przedsiębiorczości), Dz.U. 2000, Nr. 109, Pos. 1158; dazu: *v. Redecker*, WiRO 2001, S. 90 [92].

94 Siehe hierzu Art. 157 des Gesetzes vom 6.2.1997 über die allgemeine Gesundheitsversicherung (ustawa o powszechnym ubezpieczeniu zdrowotnym), Dz.U. 1997, Nr. 28, Pos. 153 sowie Art. 2 des Gesetzes vom 18.7.1998 über die Änderung des Gesetzes über die allgemeine Gesundheitsversicherung und die Änderung einiger Gesetze, Dz.U. 1998, Nr. 117, Pos. 756.

c) Relative Konkursfähigkeit

Die relativ konkursfähigen juristischen Personen des öffentlichen Rechts werden in Art. 3 §§ 2, 3 pln.KO benannt. Mit Wirkung zum 3.1.1998[95] wurden die sog. staatlichen Unternehmen des öffentlichen Nutzens (vgl. Art. 6 StUG)[96] mit Ausnahme der Polnischen Post (Poczta Polska) aus Art. 3 § 2 pln.KO gestrichen. Die Polnische Post ist wie die Polnische Telekommunikation AG (Telekomunikacja Polska S.A.) aus der Spaltung der früheren staatlichen Behörde „Polska Poczta, Telegraf i Telefon“ hervorgegangen[97]. Die Polnische Telekommunikation AG wird von Art. 3 § 2 pln.KO nicht erfaßt, sondern ist unbeschränkt konkursfähig[98]. Aufgrund des Gesetzes vom 29.11.2000 – Atomrecht[99] wird nunmehr auch der „Betrieb zur Unschädlichmachung von radioaktiven Abfällen“ als Unternehmen des öffentlichen Nutzens von der nur relativen Konkursfähigkeit nach Art. 3 § 2 pln.KO erfaßt.

B Das Gericht

1. Zuständigkeit und Besetzung

Die sachliche Zuständigkeit für das Konkursverfahren ist in Polen, wo mit Wirkung zum 1.7.1996[100] in der ordentlichen Gerichtsbarkeit der vierstufige Gerichtsaufbau eingeführt wurde[101], gemäß Art. 8, 64 pln.KO

---

95 Gesetz vom 31.7.1997, Dz.U. 1997, Nr. 117, Pos. 751, hierzu *Brol*, MoP 10/1997, S. 385 ff.; *Skorupa*, Prawo Spółek 1/1998, S. 21 ff.

96 Polnische Bezeichnung: „przedsiębiorstwa użyteczności publicznej“. Ihre Aufgaben liegen gemäß Art. 6 Abs. 1 StUG im Bereich der öffentlichen Daseinsvorsorge.

97 Vgl. Art. 76 des Gesetzes vom 23.11.1990 über das Fernmeldewesen (ustawa o łączności), bereinigte Fassung: Dz.U. 1990, Nr. 117, Pos. 564.

98 *Szarek*, PUG 1/1999, S. 9; *Gurgul*, Konkurs- und Vergleichsrecht, Rdnr. 22 zu Art. 3 pln.KO, S. 34.

99 Prawo atomowe, Dz.U. 2000, Nr. 3, Pos. 18.

100 Gesetz vom 1.3.1996, Dz.U. 1996, Nr. 43, Pos. 189.

101 Die Gerichtsbezeichnungen lauten: 1. Rayongericht (sąd rejonowy) – 2. Bezirksgericht (sąd okręgowy) – 3. Appelationsgericht (sąd apelacyjny) – 4. Oberstes Gericht (Sąd Najwyższy). Die bisherigen Woiwodschaftsgerichte (sądy wojewódzkie) wurden durch Gesetz vom 18.12.1998 (Dz.U. 1998, Nr. 160, Pos. 1064) in Bezirksgerichte umbenannt. Ist in Bestimmungen des geltenden Rechts von Woiwodschaftsgerichten die Rede, so sind hierunter die Bezirksgerichte zu verstehen, vgl. Art. 4 des

den bei den Rayongerichten eingerichteten Wirtschaftsgerichten zugewiesen[102]. Dies gilt gemäß Art. 6 § 1 pln.VglO auch für das Vergleichsverfahren. Dagegen sind für Konkurseröffnungsverfahren im Falle von Bankkonkursen gemäß Art. 160 Abs. 1 BankR die bei den Bezirksgerichten eingerichteten Wirtschaftsgerichte sachlich zuständig. Nach Eröffnung wird das Bankkonkursverfahren gemäß Art. 64 pln.KO beim Bezirksgericht-Wirtschaftsgericht weitergeführt[103] und nicht an das Rayongericht-Wirtschaftsgericht abgegeben[104]. Eine Art. 160 Abs. 1 BankR entsprechende Regelung trifft Art. 77 Abs. 1 VersTG für den Konkurs von Versicherungsunternehmen. Die Sonderbestimmungen der Art. 160 Abs. 1 BankR und Art. 77 Abs. 1 VersTG über die sachliche Zuständigkeit erstrecken sich nicht auf das Vergleichsverfahren, so daß es hier auch bei Banken und Versicherungsunternehmen bei der Zuständigkeit des beim Rayongericht eingerichteten Wirtschaftsgerichts gemäß Art. 6 pln.VglO i. V. m. Art. 2 Abs. 2 Nr. 7 des Gesetzes über die Entscheidung der Gerichte in Wirtschaftssachen bleibt[105].

Örtlich zuständig ist gemäß Art. 8 § 1 pln.KO das Gericht, in dessen Bezirk sich der Hauptbetrieb des schuldnerischen Unternehmens befindet. Hat der Schuldner mehrere Unternehmen in verschiedenen Gerichtsbezirken, so ist jedes dieser Gerichte örtlich zuständig. Betreibt der Schuldner in Polen kein Unternehmen, so ist der Wohnsitz des Schuldners in Polen (Art. 25 ZGB) maßgebend. Besteht auch ein solcher nicht, ist das Gericht örtlich zuständig, in dessen Bezirk sich Vermögen des Schuldners befindet. In Fällen, in denen sich Vermögensgegenstände des

---

Gesetzes vom 18.12.1998 (Dz.U. 1998, Nr. 160, Pos. 1064), hierzu *Broniewicz*, Zivilverfahren, S. 121.

102 Aufgrund des Gesetzes über die Entscheidungen der Gerichte in Wirtschaftssachen vom 24.5.1989 (ustawa o rozpoznawaniu przez sądy spraw gospodarczych, Dz.U. 1989, Nr. 33, Pos. 175) wurden bei den Rayon- und bei den Bezirksgerichten (frühere Bezeichnung: Woiwodschaftsgerichte) sog. Wirtschaftsgerichte als fachlich spezialisierte Abteilungen eingerichtet. Gemäß Art. 2 Abs. 2 Nr. 7 dieses Gesetzes gelten auch Konkursverfahren als Wirtschaftssachen. Vgl. auch Art. 12 § 3, Art. 16 § 1 Nr. 5, § 4 des Gesetzes vom 27.7.2001 – Recht der Struktur der ordentlichen Gerichte (Prawo o ustroju sądów powszechnych), Dz.U. 2001, Nr. 98, Pos. 1070; Nr. 154, Pos. 1787.

103 *Gurgul*, Konkurs- und Vergleichsrecht, Rdnr. 1 zu Art. 160 BankR, S. 721.

104 So *Brol*, Gerichtspraxis, S. 167 noch auf der Grundlage des Bankrechtsgesetzes vom 31.1.1989 (Dz.U. 1992, Nr. 72, Pos. 359 mit späteren Änderungen).

105 *Gurgul*, Konkurs- und Vergleichsrecht, Rdnr. 1 zu Art. 6 pln.VglO, S. 785.

Schuldners in verschiedenen Gerichtsbezirken befinden, folgt hieraus die Zuständigkeit mehrerer Gerichte[106]. Bei nicht dinglich gesicherten Forderungen wird als Ort des Vermögens der Wohn- oder Geschäftssitz des Drittschuldners angesehen[107]. Ist ein Eröffnungsverfahren über das Vermögen desselben Schuldners vor mehreren nach Art. 8 § 1 pln.KO örtlich zuständigen Gerichten anhängig, so wird gemäß Art. 65 § 1 pln.KO das Konkursverfahren vor dem Gericht weitergeführt, das als erstes einen Beschluß über die Konkurseröffnung erlassen hat.

Betreibt der Schuldner in Polen kein Unternehmen und hat er in Polen weder einen Wohnsitz noch Vermögen, so ist bereits die Zuständigkeit der polnischen Gerichtsbarkeit für die Entscheidung über den Konkurseröffnungsantrag gemäß Art. 1103 ZVGB i. V. m. Art. 68 pln.KO nicht gegeben und der Antrag nach Art. 1099 ZVGB i. V. m. Art. 68 pln.KO als unzulässig zurückzuweisen[108].

Die örtliche Zuständigkeit für das Vergleichsverfahren ergibt sich aus Art. 6 § 1 pln.VglO. Ebenso wie Art. 8 § 1 pln.KO erklärt diese Bestimmung das Gericht des Hauptsitzes des schuldnerischen Unternehmens, und wenn der Schuldner mehrere Unternehmen in verschiedenen Gerichtsbezirken betreibt, jedes dieser Gerichte für örtlich zuständig. Dagegen stellt Art. 6 § 1 pln.VglO im Gegensatz zu Art. 8 § 1 pln.KO für den Fall, daß der Schuldner kein Unternehmen in Polen betreibt, nicht auf dessen Wohnsitz oder die Belegenheit seines Vermögens ab. Hieraus wird gefolgert, daß die Zuständigkeit der polnischen Gerichtsbarkeit für die Durchführung eines Vergleichsverfahrens den Betrieb eines Unternehmens oder zumindest eines Unternehmensteils auf polnischem Territorium durch den Schuldner voraussetzt[109]. Aufgrund der Divergenz zwischen Art. 8 § 1 pln.KO und Art. 6 § 1 pln.VglO wäre es danach möglich, daß über das Vermögen eines Schuldners vor einem polnischen Gericht zwar das Konkursverfahren eröffnet werden kann, ein Vergleichsverfahren dagegen mangels eines vom Schuldner in Polen be-

---

106 *Gurgul*, Konkurs- und Vergleichsrecht, Rdnr. 12 zu Art. 8 pln.KO, S. 49.

107 *Gurgul*, Konkurs- und Vergleichsrecht, Rdnr. 11 zu Art. 8 pln.KO, S. 49.

108 *Świeboda*, Konkurs- und Vergleichsrecht, Anm. 7 zu Art. 8 pln.KO, S. 31; *Gurgul/Godlewska*, Konkurs- und Vergleichsrecht, Rdnr. 29 zu Art. 8 pln.KO, S. 52 f.

109 *Allerhand*, Kommentar zum Vergleichsrecht, Anm. 4 zu Art. 6; *Zoll/Kraft*, WiRO 2000, S. 273 [274].

triebenen Unternehmens oder Unternehmensteils ausscheidet[110]. Zu beachten ist allerdings, daß Art. 6 § 1 pln.VglO wie auch Art. 8 § 1 pln.KO die Frage der internationalen Zuständigkeit nicht ausdrücklich regelt, so daß über die Verweisnorm des Art. 7 pln.VglO auch im Vergleichsverfahren Art. 1103 ZVGB analog zur Anwendung kommen muß, dem eine solche Beschränkung der internationalen Zuständigkeit der polnischen Gerichte fremd ist.

Das Konkursgericht ist mit drei Richtern besetzt, Art. 67 § 3 pln.KO. Außerhalb des Konkurseröffnungsverfahrens nimmt jedoch grundsätzlich der vom Gesetz als Richter-Kommissar bezeichnete Einzelrichter die Aufgaben der Verfahrensleitung und Beschlußfassung wahr. Da der Richter-Kommissar erst im Eröffnungsbeschluß bestellt wird (Art. 14 § 1 Nr. 3 pln.KO), ist für das Eröffnungsverfahren ausschließlich das mit drei Richtern besetzte Gericht zuständig. Für das Verfahren nach Konkurseröffnung ist die Aufteilung der funktionellen Zuständigkeit dem Gesetz unmittelbar zu entnehmen. Weist das Gesetz die Zuständigkeit dem Gericht zu, so ist hierunter der gemäß Art. 67 § 3 pln.KO mit drei Richtern besetzte Spruchkörper zu verstehen[111].

Auch im Vergleichsverfahren besteht eine Aufteilung der funktionellen Zuständigkeit zwischen dem Vergleichsgericht und dem von ihm gemäß Art. 25 § 1 pln.VglO benannten Richter-Kommissar. Auch hier bleiben dem Richter-Kommissar all diejenigen Aufgaben vorbehalten, die nicht ausdrücklich dem Gericht zugewiesen sind (Art. 26 § 1 a.E.

---

110 *Gurgul,* Konkurs- und Vergleichsrecht, Rdnr. 3 zu Art. 6 pln.VglO, S. 785.

111 Eine solche Zuweisung enthalten außerhalb des Eröffnungsverfahrens die Art. 72 § 1 (Bestellung eines Pflegers nach dem Tod des Gemeinschuldners), Art. 77 (Entscheidung über Beschwerden gegen Beschlüsse des Richter-Kommissars), Art. 101 § 1 (Abberufung des alten und Bestellung eines neuen Konkursverwalters), Art. 114 (Genehmigung der Weiterführung des Unternehmens für eine Dauer von mehr als drei Monaten), Art. 122 § 2, Art. 123 (Vergütung des Konkursverwalters und des Verwalters des gesonderten Vermögens), Art. 137, 149 (Entscheidung über Beschlüsse des Gläubigerausschusses bzw. der Gläubigerversammlung, die der Richter-Kommissar ausgesetzt hat), Art. 162 (Widersprüche gegen die Konkurstabelle), Art. 190 ff. (Bestätigung eines Zwangsvergleichs), Art. 217 ff. (Feststellung der Beendigung des Verfahrens, Verfahrenseinstellung), vgl. *Czajka*, Unternehmen in der Krise, S. 205 f.; *Gurgul,* Konkurs- und Vergleichsrecht, Rdnr. 1 zu Art. 67 pln.KO, S. 316 f.

pln.VglO)[112]. Das Vergleichsgericht ist allerdings nur mit einem Richter besetzt (Art. 47 § 3 ZVGB i. V. m. Art. 7 pln.VglO), sofern nicht die Angelegenheit besondere Schwierigkeiten aufweist oder einen Präzedenzfall darstellt und der Gerichtspräsident gemäß Art. 47 § 4 ZVGB i. V. m. Art. 7 pln.VglO die Entscheidung durch drei Berufsrichter anordnet oder das Gericht gemäß Art. 15 § 1 pln.VglO[113] gleichzeitig über einen Vergleichsantrag und über einen Konkursantrag zu befinden hat und darum in der Besetzung eines Konkursgerichts entscheiden muß[114].

2. *Die Verfahrensstellung des Gerichts und des Richter-Kommissars*

Die Verfahrensstellung und Kompetenzen des Konkursgerichts sowie des Richter-Kommissars nach polnischem Recht unterscheiden sich grundlegend von denjenigen des Insolvenzgerichts nach deutschem Recht. Dies läßt bereits eine Gegenüberstellung des Art. 87 § 1 pln.KO und des § 58 Abs. 1 InsO erahnen. Während das Gericht nach deutschem Recht gemäß § 58 Abs. 1 InsO dem Insolvenzverwalter gegenüber eine reine Aufsichtsfunktion wahrnimmt, kommt nach polnischem Recht dem Richter-Kommissar gemäß Art. 87 § 1 pln.KO darüber hinaus die Funktion der Verfahrensleitung zu. Der Richter-Kommissar ist dabei gemäß Art. 89 § 1 pln.KO mit allen gerichtlichen Befugnissen ausgestattet. Diese Leitungsfunktion äußert sich in einer Vielzahl von im Gesetz für den Richter-Kommissar[115] vorgesehenen Erlaubnisvorbehalten bezüglich Entscheidungen des Konkursverwalters, die den Verfahrensablauf sowie die Art und Weise der Verwertung der Konkursmasse betreffen. Hierdurch wird dem Richter-Kommissar und wegen der Möglichkeit einer Beschwerde nach Art. 77 pln.KO im Ergebnis dem Konkursgericht eine

---

112 Zuständigkeitszuweisungen an das Gericht enthalten die Art. 9 § 1, Art. 10 § 1, Art. 12, 14, 20 § 2, Art. 22 § 1, Art. 23 § 2, Art. 24 § 1, Art. 25, 26 § 2, Art. 31 § 5, Art. 34, 36, 52 § 2, Art. 53, 60, 63 § 2, Art. 72, 73 §§ 2, 3, Art. 74, 75 pln.VglO, vgl. *Arnold*, Vergleichsverfahrensrecht, Anm. 3 zu Art. 26, S. 51 f.; *Korzonek*, Konkurs- und Vergleichsrecht III, S. 57; *Srzednicki/Sokołowicz/Matura*, Vergleichsrecht in der Praxis, S. 47 f.; *Gurgul*, Konkurs- und Vergleichsrecht, Rdnr. 2 zu Art. 26 pln.VglO, S. 808.

113 Siehe hierzu Teil 3, Abschnitt B 2. d).

114 Beschluß des Obersten Gerichts vom 31.3.1995 – II CRN 17/95, OSNIC 7-8/1995, Pos. 118, S. 82 ff.; *Zedler*, Konkurs- und Vergleichsrecht, S. 353 f.

115 Im Falle des Art. 114 pln.KO auch für das Konkursgericht.

Letztentscheidungskompetenz in wirtschaftlichen Fragen zuerkannt, die der deutsche Gesetzgeber dem Insolvenzgericht ganz bewußt[116] vorenthalten hat. Diese Letztentscheidungskompetenz kommt in folgenden Bestimmungen zum Ausdruck: Gemäß Art. 98 pln.KO bedarf der Konkursverwalter der Zustimmung des Richter-Kommissars, um sich des Gemeinschuldners bei der Führung des Unternehmens zu bedienen[117]. Art. 110 § 2 pln.KO zufolge kann der Richter-Kommissar in den dort genannten Fällen die Liquidation der Konkursmasse aussetzen. Für die Weiterführung oder Verpachtung des schuldnerischen Unternehmens oder einer für den Betrieb des Unternehmens bestimmten Liegenschaft für eine Zeit von mehr als drei Monaten seit Eröffnung des Konkursverfahrens bedarf der Konkursverwalter einer Genehmigung des Konkursgerichts (Art. 114 pln.KO). Im Falle einer Weiterführung des Unternehmens für einen kürzeren Zeitraum genügt dagegen die Zustimmung des Gläubigerausschusses nach Art. 131 § 1 Nr. 1 pln.KO. Wird diese nicht erteilt, kann der Leiter des Woiwodschaftsarbeitsamtes gemäß Art. 131 § 1a Satz 1 pln.KO hiergegen Widerspruch beim Konkursgericht einlegen, so daß auch hier die Letztentscheidungskompetenz dem Gericht und nicht den Gläubigern zukommt. Gemäß Art. 115 § 1 pln.KO darf der Konkursverwalter eine bewegliche Sache freihändig nur mit Erlaubnis des Richter-Kommissars verkaufen. Gleiches gilt gemäß Art. 117 § 4 Satz 1 pln.KO für einen zur Konkursmasse gehörenden und im Gewahrsam des Konkursverwalters befindlichen Gegenstand eines Registerpfandrechts. Darüber hinaus verleiht Art. 87 § 1 pln.KO dem Richter-Kommissar eine Art „Kompetenz-Kompetenz", indem ihm die Möglichkeit eingeräumt wird, über die vom Gesetz vorgesehenen Erlaubnisvorbehalte hinaus weitere Maßnahmen des Konkursverwalters zu bestimmen, die seiner Erlaubnis bedürfen. Der Richter-Kommissar kann daneben auch einzelne Maßnahmen des Konkursverwalters von der Zustimmung des Gläubigerausschusses abhängig machen (Art. 87 § 1 a.E. pln.KO). Wird kein Gläubigerausschuß bestellt[118], so übt die ihm nach

---

116 BT-Drucks. 12/2443, S. 80; *Balz*, Ziele der Insolvenzreform, S. 9.

117 Der Gemeinschuldner erhält hierfür eine Vergütung aus der Konkursmasse, die jedoch, sofern sie nicht von der Zwangsvollstreckung ausgenommen ist (Art. 20 § 2 pln.KO) gemäß Art. 20 § 1 pln.KO als Neuerwerb wieder in die Konkursmasse fällt.

118 Nach den Angaben von *Brol*, PPH 6/2000, S. 10 [16] ist dies der Regelfall.

dem Gesetz zugewiesenen Kompetenzen nicht die Gläubigerversammlung, sondern gemäß Art. 140 pln.KO der Richter-Kommissar aus.

Ausweislich der Gesetzesmaterialien[119] war es erklärtes Ziel des polnischen Gesetzgebers, die Verfahrenshoheit dem Gericht zu übertragen und eine Gläubigerautonomie nicht zuzulassen[120]. Hierdurch sollte verhindert werden, daß einzelne Gläubigergruppen ihre Interessen gegen diejenigen anderer Gläubigergruppen durchzusetzen vermögen[121]. Das Gesetz läßt daher eine Abstimmung der Gläubiger nur ausnahmsweise zu (vgl. Art. 87 § 1 a.E., Art. 118 § 1, Art. 121, 128 § 2, 131, 186 pln.KO) und unterstellt die so gefaßten Beschlüsse der gerichtlichen Kontrolle (Art. 136 § 3, Art. 137, 149 pln.KO). Dabei kann der Richter-Kommissar nicht nur rechtswidrige Beschlüsse des Gläubigerausschusses, sondern auch solche, die seiner Meinung nach dem öffentlichen Interesse oder dem Interesse der Gläubiger widersprechen, aussetzen und binnen dreier Tage dem Konkursgericht zur Entscheidung vorlegen (Art. 137 § 1 pln.KO)[122].

Auch die Entscheidung über Auswahl und Bestellung des Konkursverwalters[123] liegt in der alleinigen Zuständigkeit des Gerichts (Art. 14 § 1 Nr. 3 pln.KO). Die Wahl eines anderen Konkursverwalters in der ersten Gläubigerversammlung, wie sie § 57 InsO für das deutsche Recht vorsieht, ist nach polnischem Recht unzulässig[124].

3. *Rechtsbehelfe*

Das polnische Zivilverfahrensgesetzbuch (ZVGB) unterscheidet in Art. 363 § 1 zwischen Rechtsmitteln (środki odwoławcze) und anderen Rechtsbehelfen (inne środki zaskarżenia). Rechtsmittel im Sinne dieser

---

119 *Allerhand*, Entwurfsbegründung Konkursrecht, S. 7.

120 Vgl. *Stelmachowski*, PPC 1935, S. 193 [196]; *Sobkowski*, RPEiS 3/1974, S. 243 [248 f.].

121 *Zedler*, Konkurs- und Vergleichsrecht, S. 101 f.

122 Bei der Kontrolle von Beschlüssen der Gläubigerversammlung ist der Richter-Kommissar dagegen auf eine Prüfung der Rechtmäßigkeit beschränkt (Art. 149 § 1 pln.KO im Gegensatz zu Art. 137 § 1 pln.KO).

123 Siehe hierzu näher Teil 2, Abschnitt C 2.

124 *Pokora*, Rejent 7-8/1997, S. 191 [193]; *Zedler*, Konkurs- und Vergleichsrecht, S. 86.

Bestimmung sind seit Inkrafttreten des Gesetzes vom 1.3.1996[125] die Berufung (apelacja), die Kassation (kasacja) und die Beschwerde (zażalenie)[126].

Das Konkurs- und Vergleichsrecht sieht als Rechtsmittel die Beschwerde und die Kassation vor. Als andere Rechtsbehelfe läßt das Konkursrecht den Widerspruch des Leiters des Woiwodschaftsarbeitsamtes gegen die Verweigerung der Zustimmung des Gläubigerausschusses zur Fortführung des Unternehmens durch den Konkursverwalter für einen Zeitraum von bis zu drei Monaten (Art. 131 § 1a pln.KO)[127], den Widerspruch gegen die Anerkennung oder Ablehnung der Anerkennung einer Forderung (Art. 162 pln.KO), Einwendungen gegen den Verteilungsplan (Art. 210, 211 pln.KO), Einwendungen gegen einen im Verlauf des Konkursverfahrens zwischen dem Gemeinschuldner und den Gläubigern geschlossenen Zwangsvergleich (Art. 190 § 2 pln.KO), die Vorlage von Beschlüssen des Gläubigerausschusses und der Gläubigerversammlung durch den Richter-Kommissar zur gerichtlichen Entscheidung (Art. 137, 149 pln.KO) sowie die Erinnerung gegen Handlungen des Gerichtsvollziehers oder des Notars, über die der Richter-Kommissar zu entscheiden hat (Art. 88 pln.KO), zu[128].

---

125 Gesetz über die Änderung des Zivilverfahrensgesetzbuches, der Verordnungen des Präsidenten der Republik – Konkursrecht und Recht des Vergleichsverfahrens, des Verwaltungsverfahrensgesetzbuches, des Gesetzes über die Gerichtskosten in Zivilsachen und einiger anderer Gesetze (ustawa o zmianie kodeksu postępowania cywilnego, rozporządzeń Prezydenta Rzeczypospolitej – prawo upadłościowe i prawo o postępowaniu układowym, kodeksu postępowania administracyjnego, ustawy o kosztach sądowych w sprawach cywilnych oraz niektórych innych ustaw), Dz.U. 1996, Nr. 49, Pos. 189.

126 Als andere Rechtsbehelfe sieht das Zivilverfahrensgesetzbuch im Bereich des Erkenntnisverfahrens vor:
- den Einspruch gegen ein Versäumnisurteil („Urteil in Abwesenheit", pln.: wyrok zaoczny), Art. 344 ff. ZVGB,
- Einwände gegen eine Zahlungsanordnung im Anordnungsverfahren (postępowanie nakazowe), Art. 491 ff. ZVGB,
- den Einspruch gegen eine Zahlungsanordnung im Mahnverfahren (postępowanie upominawcze),
- die Anrufung des Gerichts gegen eine Verfügung des Vorsitzenden (Art. 160 Satz 2, Art. 226 ZVGB).

127 Siehe Teil 5, Abschnitt B 2. d).

128 *Nazarewicz*, PPH Juni 1993, S. 7 ff.; *Świeboda*, PS 2/1998, S. 64 [66].

Das Vergleichsverfahren kennt dagegen neben den Rechtsmitteln der Beschwerde und der Kassation keine anderen Rechtsbehelfe[129].

Bezüglich der Zulässigkeit der Beschwerde gegen im Konkurs- und Vergleichsverfahren ergangene Beschlüsse wurde mit Wirkung zum 1.7.1996 durch das bereits erwähnte Gesetz vom 1.3.1996[130] eine Klarstellung herbeigeführt[131]. Zu unterscheiden ist danach zwischen Beschlüssen des Richter-Kommissars und solchen des Gerichts.

Gegen im Konkursverfahren ergangene Beschlüsse des Richter-Kommissars steht die Beschwerde zum Rayongericht offen, das das Konkursverfahren führt, sofern das Gesetz die Beschwerde nicht ausschließt (Art. 77 pln.KO)[132]. Da der Richter-Kommissar ebenfalls dem Rayongericht angehört, das das Konkursverfahren führt und gemäß Art. 77 pln.KO über die Beschwerde gegen einen Beschluß des Richter-Kommissars zu entscheiden hat, fehlt es in diesem Fall an dem für das Rechtsmittel der Beschwerde typischen Devolutiveffekt[133].

Demgegenüber ist gegen Beschlüsse des Richter-Kommissars im Vergleichsverfahren, die das Gesetz anders als in Art. 77 pln.KO als Verfügungen bezeichnet[134], die Beschwerde zum Bezirksgericht-Wirtschaftsgericht zu erheben (Art. 26 § 2 pln.VglO). Der in dieser Vorschrift enthaltene Vorbehalt einer die Beschwerde ausschließenden Bestimmung muß als gegenstandslos betrachtet werden, da die polnische Vergleichsverordnung eine solche Bestimmung in bezug auf Beschlüsse des Richter-Kommissars nicht enthält[135].

---

129 *Gurgul,* Konkurs- und Vergleichsrecht, Rdnr. 1 zu Art. 13 pln.VglO, S. 789, *Świeboda,* PS 2/1998, S. 64 [66].

130 Dz.U. 1996, Nr. 49, Pos. 189.

131 Zur früheren Rechtslage: *Nazarewicz,* PPH 1/1993, S. 1 [3 ff.].

132 Einen Ausschluß der Beschwerde enthalten die Art. 31 § 3 , Art. 88, 91 § 1, Art. 93, 101 §§ 2, 3, Art. 126 § 3 Sätze 2, 3, Art. 138, 145 und 179 pln.KO, vgl. *Gurgul,* Konkurs- und Vergleichsrecht, Rdnr. 9 zu Art. 77 pln.KO, S. 342; *Świeboda,* PS 2/1998, S. 64 [67]; *Świeboda,* Konkurs- und Vergleichsrecht, Anm. 1 zu Art. 77 pln.KO, S. 126; *Czajka,* Unternehmen in der Krise, S. 272.

133 *Broniewicz,* Zivilverfahren, S. 258.

134 *Świeboda,* Konkurs- und Vergleichsrecht, Anm. 3 zu Art. 26 pln.VglO, S. 307.

135 *Świeboda,* PS 2/1998, S. 64 [81]; *Jankowski,* FS Broniewicz (1998), S. 137 [145].

Für Beschlüsse des Gerichts ergibt sich die grundsätzliche Zulässigkeit der Beschwerde vorbehaltlich einer gegenteiligen gesetzlichen Bestimmung aus Art. 78 pln.KO[136] sowie aus Art. 13 § 1 pln.VglO[137].

Die Beschwerdefrist beträgt eine Woche. Dies ergibt sich für Beschwerden gegen Beschlüsse des Richter-Kommissars unmittelbar aus Art. 77 pln.KO, 26 § 2 pln.VglO und für Beschwerden gegen Beschlüsse des Gerichts aus Art. 68 pln.KO bzw. Art. 7 pln.VglO jeweils in Verbindung mit Art. 394 § 2 ZVGB[138].

Als möglichen Beginn der einwöchigen Beschwerdefrist stellt Art. 79 pln.KO im Konkursverfahren auf vier verschiedene Ereignisse ab, nämlich auf die Zustellung des Beschlusses, seine Verkündung (Art. 79 Satz 1 pln.KO) sowie auf die Bekanntmachung des Beschlußtenors und auf die Auslage des Beschlusses in der Geschäftsstelle des Gerichts (Art. 79 Satz 2 pln.KO).

Betrifft ein gerichtlicher Beschluß, der nicht aufgrund einer mündlichen Verhandlung ergangen ist und daher nicht gemäß Art. 76 § 2

---

136 Die polnische Konkursverordnung schließt die Beschwerde gegen einen Verweisungsbeschluß an das zuständige Gericht (Art. 65 § 2 Satz 2 pln.KO), gegen die dem Konkursverwalter durch gerichtlichen Beschluß erteilte Erlaubnis zur Weiterführung des gemeinschuldnerischen Unternehmens oder zur Verpachtung einer für den Betrieb des Unternehmens bestimmten Liegenschaft für einen Zeitraum von mehr als drei Monaten seit Konkurseröffnung (Art. 114 Satz 3 pln.KO), gegen einen Beschluß über Abschlagszahlungen und die Kostenerstattung zugunsten des Gerichtsvollziehers und des Verwalters des gesonderten Vermögens (Art. 123 §§ 3, 1 pln.KO), gegen einen gerichtlichen Beschluß, der einen vom Richter-Kommissar ausgesetzten Beschluß des Gläubigerausschusses (Art. 137 pln.KO) oder der Gläubigerversammlung (Art. 149 pln.KO) betrifft, sowie gegen einen Beschluß, der den Gläubigerantrag auf Aufhebung eines im Konkursverfahren geschlossenen Vergleichs abweist (Art. 198 § 2 Satz 2 pln.KO), aus. Hierzu: *Gurgul*, Konkurs- und Vergleichsrecht, Rdnr. 3 zu Art. 78 pln.KO, S. 345; *Czajka*, Unternehmen in der Krise, S. 205 f.; *Świeboda*, PS 2/1998, S. 64 [73 f.]; *Świeboda*, Konkurs- und Vergleichsrecht, Anm. 1 zu Art. 78 pln.KO, S. 127 f.

137 Im Vergleichsverfahren kann gegen einen dem Antrag auf Verfahrenseröffnung stattgebenden Beschluß (Art. 24 § 3 Satz 1 pln.VglO), gegen einen Beschluß über die Entlassung des bisherigen und die Bestellung eines neuen Vergleichsverwalters (gerichtlichen Aufsehers, Art. 31 § 5 Satz 2 pln.VglO) sowie gegen einen den Antrag auf Aufhebung des Vergleichs abweisenden Beschluß (Art. 74 § 2 Satz 2 pln.VglO) des Gerichts keine Beschwerde erhoben werden, vgl. *Gurgul*, Konkurs- und Vergleichsrecht, Rdnr. 2 zu Art. 13 pln.VglO, S. 790; *Świeboda*, PS 2/1998, S. 64 [81 f.].

138 *Świeboda*, PS 2/1998, S. 64 [74, 82].

pln.KO verkündet wird, die Allgemeinheit der Gläubiger, so wird er gemäß Art. 76 § 3 pln.KO nicht jedem einzelnen Gläubiger zugestellt. Fälle dieser Art sind der Konkurseröffnungsbeschluß (Art. 16 pln.KO), die Feststellung der Beendigung des Konkursverfahrens (Art. 217 pln.KO) sowie die Verfahrenseinstellung (Art. 219 pln.KO). Hier erfolgt eine Zustellung des Beschlusses nur an den Konkursverwalter und den Gemeinschuldner sowie in den Fällen der Art. 217 und 219 pln.KO auch an die Mitglieder des Gläubigerausschusses, nicht aber an die sonstigen Gläubiger. Daneben wird der Beschluß im Gerichts- und Wirtschaftsanzeiger sowie in der örtlichen Presse bekanntgemacht.

Beschlüsse des Konkursgerichts sind außer in den Fällen des Art. 76 § 3 pln.KO grundsätzlich zuzustellen, es sei denn, sie sind aufgrund einer mündlichen Verhandlung ergangen (Art. 76 § 2 pln.KO). Dann beginnt die Beschwerdefrist gemäß Art. 79 Satz 1 pln.KO mit der Verkündung des Beschlusses.

Im Vergleichsverfahren berechnet sich die Beschwerdefrist gegen sog. Verfügungen des Richter-Kommissars grundsätzlich ab der Verkündung oder Zustellung (Art. 26 § 2 Satz 2 pln.VglO).

Eine Ausnahme hiervon sieht Art. 47 § 1 pln.VglO vor[139]. Danach beginnt die Beschwerdefrist gegen die Aufnahme einer Forderung in das Verzeichnis erst mit dem letzten der gemäß Art. 25 § 1 pln.VglO im Eröffnungsbeschluß für die Überprüfung der Forderungen festgesetzten Termine zu laufen. Dies führt zu einer faktischen Verlängerung der Beschwerdefrist, wenn die Beschwerde eine Forderung betrifft, über deren Aufnahme in das Verzeichnis bereits in einem früheren Termin entschieden wurde. Sinn dieser Regelung ist es, bezüglich aller gemäß Art. 37 § 1 pln.VglO rechtzeitig angemeldeten Forderungen eine einheitliche Beschwerdefrist zu bestimmen und dadurch ein einheitliches Beschwerdeverfahren vor dem Bezirksgericht zu ermöglichen[140]. Außerdem konnte so im Bereich des Art. 47 pln.VglO von einem Zustellungserfordernis abgesehen werden[141].

Bei Beschlüssen des Vergleichsgerichts beginnt die einwöchige Beschwerdefrist mit der Zustellung oder Verkündung des Beschlusses und, wenn der Beschluß nicht verkündet wurde und eine Zustellung nicht

139 *Świeboda*, PS 2/1998, S. 64 [81].
140 *Gurgul*, Konkurs- und Vergleichsrecht, Rdnr. 2 zu Art. 47 pln.VglO, S. 850.
141 *Stelmachowski*, Entwurfsbegründung Vergleichsverfahrensrecht, S. 36.

vorgeschrieben ist, mit dem Datum der Bekanntmachung des Tenors (Art. 13 § 2 pln.VglO). Die Zustellung und Bekanntmachung ist für den Eröffnungsbeschluß vorgeschrieben (Art. 25 §§ 2 - 4 pln.VglO).

Für die Berechnung der Beschwerdefrist führt eine Verweisungskette von Art. 68 pln.KO bzw. Art. 7 pln.VglO über Art. 165 § 1 ZVGB zu Art. 110 ff. ZGB[142].

Beschwerdebefugt ist derjenige, dessen Rechte durch den Beschluß beeinträchtigt sein können, wobei eine mittelbare Beeinträchtigung genügt[143]. Rechte Dritter können im Wege der Beschwerde nicht geltend gemacht werden[144]. In einigen Fällen wird der Kreis der beschwerdebefugten Personen vom Gesetz ausdrücklich bestimmt, so in Art. 17 §§ 1, 2 pln.KO, Art. 24 § 4, Art. 36 § 3 pln.VglO[145].

Der Gang des Beschwerdeverfahrens ergibt sich aufgrund der allgemeinen Verweisnorm in Art. 68 pln.KO und in Art. 7 pln.VglO aus einer entsprechenden Anwendung der Vorschriften des Zivilverfahrensgesetzbuches über die Beschwerde (Art. 394 - 398 ZVGB) und wegen der Verweisnorm des Art. 397 § 2 ZVGB darüber hinaus aus den Vorschriften über die Berufung (Art. 367 - 391 ZVGB). Ist in diesen Bestimmungen vom Gericht erster bzw. zweiter Instanz die Rede, so muß bei ihrer entsprechenden Anwendung unterschieden werden zwischen der Beschwerde gegen einen im Konkursverfahren ergangenen Beschluß des Richter-Kommissars, der Beschwerde gegen einen Beschluß des Richter-Kommissars im Vergleichsverfahren und der Beschwerde gegen einen Beschluß des Konkurs- bzw. Vergleichsgerichts. Bei der Beschwerde gegen einen Beschluß des Richter-Kommissars im Konkursverfahren ist Gericht erster Instanz i. S. des Art. 394 § 1 ZVGB i. V. m. Art. 68 pln.KO der Richter-Kommissar und Gericht zweiter Instanz das Rayongericht-Wirtschaftsgericht, bei dem das Konkursverfahren anhängig ist (Art. 77 pln.KO). Handelt es sich dagegen um einen Beschluß des Rich-

---

142 Von Bedeutung sind hier die Art. 112 und 115 ZGB, die folgenden Wortlaut haben:
Art. 112. Eine in Wochen, Monaten oder Jahren bezeichnete Frist endet mit Ablauf des Tages, der von seinem Namen oder Datum her dem Anfangstag der Frist entspricht, [...].
Art. 115. Fällt das Ende der Frist zur Vornahme einer Handlung auf einen Tag, der vom Gesetz für arbeitsfrei erklärt ist, so läuft die Frist am nächsten Tage ab.

143 *Gurgul*, Konkurs- und Vergleichsrecht, Rdnr. 16 zu Art. 77 pln.KO, S. 344.

144 *Gurgul*, Konkurs- und Vergleichsrecht, Rdnr. 15 zu Art. 77 pln.KO, S. 343.

145 *Gurgul*, Konkurs- und Vergleichsrecht, Rdnr. 3 zu Art. 13 pln.VglO, S. 790.

ter-Kommissars im Vergleichsverfahren, so ist Gericht zweiter Instanz i. S. von Art. 394 § 1 ZVGB i. V. m. Art. 7 pln.VglO das Bezirksgericht-Wirtschaftsgericht (Art. 26 § 2 Satz 1 pln.VglO). Bei Beschwerden gegen Beschlüsse des Konkurs- oder Vergleichsgerichts (Art. 78 pln.KO, 13 § 1 pln.VglO) ist Gericht erster Instanz dieses Rayongericht-Wirtschaftsgericht und Gericht zweiter Instanz das ihm übergeordnete Bezirksgericht-Wirtschaftsgericht.

Die Beschwerde ist beim Gericht erster Instanz einzureichen (Art. 397 § 2 i. V. m. Art. 369 § 1 ZVGB), das eine Prüfung der Zulässigkeitsvoraussetzungen, also insbesondere der Wahrung der Beschwerdefrist sowie der Einhaltung der Formerfordernisse[146] (Art. 397 § 2 i. V. m. Art. 370 ZVGB) vornimmt. Ist die Beschwerde verfristet oder sonst unbehebbar unzulässig, wird sie vom Gericht erster Instanz verworfen (Art. 397 § 2 i. V. m. Art. 370 ZVGB). Stellt das Gericht erster Instanz dagegen einen Formmangel fest oder wurde die Gerichtsgebühr noch nicht eingezahlt, so setzt das Gericht erster Instanz dem Beschwerdeführer eine einwöchige Frist zur Behebung des Mangels (Art. 370, 130 ZVGB, 16 Abs. 1 GKZivilSG). Hat dagegen der Beschwerdeführer seinen Wohn- bzw. Geschäftssitz im Ausland und keinen Bevollmächtigten in Polen, so ist ihm gemäß Art. 16 Abs. 2 GKZivilSG eine Frist von mindestens zwei Monaten einzuräumen. Wird der Mangel nicht innerhalb der Frist behoben, so weist das Gericht erster Instanz die Beschwerde zurück (Art. 370 a.E. ZVGB). Unabhängig davon legt das Gericht erster Instanz nach Zustellung der Beschwerde an die Gegenpartei die Akten dem Gericht zweiter Instanz vor (Art. 395 § 1 Satz 1 ZVGB). Nur wenn die Beschwerde offensichtlich begründet ist, oder der Beschwerdeführer die Nichtigkeit des Verfahrens[147] geltend macht, kann das Gericht erster Instanz ihr gemäß Art. 395 § 2 ZVGB ohne Vorlage der Akten an das Gericht zweiter Instanz abhelfen. Gegen den Beschluß, durch den das Gericht erster Instanz seinen eigenen Beschluß aus den in Art. 395 § 2 ZVGB genannten Gründen aufhebt, kann keine Beschwerde

[146] Gemäß Art. 394 § 3 ZVGB soll die Beschwerde neben den allgemeinen Formerfordernissen der Art. 125 ff. ZVGB eine Benennung des angefochtenen Beschlusses, den Antrag auf seine Abänderung oder Aufhebung sowie eine Begründung der Beschwerde erforderlichenfalls unter Angabe neuer Tatsachen und Beweise enthalten.

[147] Die Gründe für eine Nichtigkeit des Verfahrens sind in Art. 379 ZVGB abschließend benannt.

erhoben werden[148], wohl aber gegen den erneuten Beschluß in der Sache (Art. 395 § 2 Satz 2 ZVGB)[149].

Stellt das Gericht zweiter Instanz einen behebbaren Unzulässigkeitsgrund fest, zu dessen Behebung der Beschwerdeführer noch nicht vom Gericht erster Instanz aufgefordert worden war, setzt das Gericht zweiter Instanz ihm eine Frist zur Behebung dieses Mangels (Art. 373 Satz 2 i. V. m. Art. 397 § 2 ZVGB). Das Gericht zweiter Instanz weist die Beschwerde in nicht öffentlicher Sitzung zurück, wenn sie vom Gericht erster Instanz zurückgewiesen worden ist (Art. 373 Satz 1 i. V. m. Art. 397 § 2 ZVGB) oder wenn der Beschwerdeführer die ihm vom Gericht zweiter Instanz gesetzte Frist hat fruchtlos verstreichen lassen (Art. 373 Satz 3 i. V. m. Art. 397 § 2 ZVGB)[150]. Ist die Beschwerde zulässig und liegt keine Nichtigkeit des Verfahrens i. S. des Art. 379 ZVGB vor, so entscheidet das Gericht zweiter Instanz in öffentlicher Sitzung (Art. 375 ZVGB). Im Falle der Begründetheit der Beschwerde hebt das Gericht zweiter Instanz gemäß Art. 386 § 1 i. V. m. Art. 397 § 2 ZVGB den angefochtenen Beschluß auf und entscheidet in der Sache. Eine Verweisung der Sache an das Gericht erster Instanz sieht Art. 386 § 4 ZVGB für den Fall vor, daß eine Entscheidung in der Sache die Durchführung eines Beweisverfahrens erforderlich macht, sowie gemäß Art. 386 § 2 ZVGB im Falle der Feststellung der Nichtigkeit des Verfahrens durch das Gericht zweiter Instanz.

Die Beschwerde hat keine aufschiebende Wirkung, jedoch kann das Gericht erster Instanz durch Beschluß gemäß Art. 396 ZVGB die Vollziehung des angefochtenen Beschlusses bis zur Entscheidung über die Beschwerde aussetzen. Da gemäß Art. 212 pln.KO die Ausführung des Verteilungsplans vor Rechtskraft des Beschlusses über die Konkurseröffnung ausgeschlossen ist, bewirkt ein gegen den Konkurseröffnungsbeschluß gemäß Art. 17 pln.KO erhobenes Rechtsmittel insoweit bereits von Gesetzes wegen einen Aufschub, ohne daß es hierzu eines Beschlusses des Konkursgerichts nach Art. 396 ZVGB i. V. m. Art. 68 pln.KO

---

[148] Beschluß des polnischen Obersten Gerichts vom 1.12.1967 – I CZ 105/67, OSNCP 7/1968, Pos. 126, S. 56 f.

[149] *Gurgul/Godlewska*, Konkurs- und Vergleichsrecht, Rdnr. 25 zu Art. 17 pln.KO, S. 104.

[150] *Piasecki/Piasecki*, ZVGB-Kommentar, Rdnr. 1 zu Art. 373, S. 1121.

bedürfte[151]. Zudem kann der Richter-Kommissar gemäß Art. 110 § 2 pln.KO die Liquidation bis zum Eintritt der Rechtskraft des Konkurseröffnungsbeschlusses aussetzen[152].

Neben der Beschwerde läßt das polnische Konkurs- und Vergleichsrecht in einigen Bestimmungen das Rechtsmittel der Kassation ausdrücklich zu. Es handelt sich hierbei um die Art. 17 § 3, Art. 193 pln.KO sowie um Art. 24 § 3 Satz 2, § 4, Art. 66 pln.VglO.

Art. 17 § 3 pln.KO betrifft die Kassation eines zweitinstanzlichen Beschlusses, der ergangen ist aufgrund einer Beschwerde des Gemeinschuldners gegen den Konkurseröffnungsbeschluß (Art. 17 § 1 pln.KO, 1. Fall) oder aufgrund einer Beschwerde des Konkursantragstellers[153] gegen die erstinstanzliche Abweisung seines Konkurseröffnungsantrages (Art. 17 § 1 pln.KO, 2. Fall) oder aufgrund einer Beschwerde des Gründungsorgans[154] bzw. des den Staatsschatz vertretenden Organs gegen die Eröffnung eines Konkursverfahrens über das Vermögen eines staatlichen Unternehmens bzw. gegen die Abweisung des Konkursantrags durch erstinstanzlichen Beschluß (Art. 17 § 2 pln.KO).

Da gemäß Art. 17 § 3 pln.KO die in Art. 17 §§ 1, 2 pln.KO enthaltene Beschränkung der Beschwerdebefugnis auf das Rechtsmittel der Kassation entsprechende Anwendung findet, ist abgesehen vom Sonderfall des staatlichen Unternehmens die Kassation in folgenden Fallkonstellationen zulässig:

1. Für den Schuldner gegen einen zweitinstanzlichen, seine Beschwerde gegen die Konkurseröffnung abweisenden Beschluß oder gegen einen zweitinstanzlichen Beschluß, welcher der Beschwerde des Gläubigers und Konkursantragstellers gegen die Abweisung des Konkursantrags stattgibt und den Konkurs eröffnet[155].

---

151 *Gurgul/Godlewska*, Konkurs- und Vergleichsrecht, Rdnr. 13 zu Art. 17 pln.KO, S. 101.

152 Dagegen wäre für den Beschluß nach Art. 396 ZVGB i. V. m. Art. 68 pln.KO das Konkursgericht zuständig, da dieses und nicht der Richter-Kommissar in bezug auf den Eröffnungsbeschluß Gericht erster Instanz ist.

153 Zu den Konkursantragstellern vgl. Art. 4 pln.KO.

154 Vgl. zum Gründungsorgan (pln.: organ założycielski) eines staatlichen Unternehmens Art. 7 StUG.

155 Diese Entscheidung in der Sache trifft das Beschwerdegericht gemäß Art. 68 pln.KO, 397 § 2, Art. 386 § 1 ZVGB.

2. Für den Gläubiger in der Rolle des Konkursantragstellers gegen einen zweitinstanzlichen Beschluß, durch den seine Beschwerde gegen die Ablehnung der Konkurseröffnung abgewiesen wird, oder gegen einen zweitinstanzlichen Beschluß, welcher der Beschwerde des Schuldners gegen die Konkurseröffnung stattgibt und den Konkursantrag abweist.
3. Für den Schuldner in der Rolle des Konkursantragstellers oder einen anderen in Art. 4 § 2 Nr. 1, 2 und 4 pln.KO genannten Konkursantragsteller steht die Kassation offen gegen einen zweitinstanzlichen Beschluß, durch den dessen Beschwerde gegen die Ablehnung der Konkurseröffnung abgewiesen wurde.

Daneben sieht die Konkursverordnung die Kassation nur gegen einen zweitinstanzlichen Beschluß vor, durch den die Bestätigung eines Zwangsvergleichs abgelehnt wird (Art. 193 pln.KO). Im Unterschied dazu ist im Vergleichsverfahren die Kassation auch gegen einen zweitinstanzlichen Beschluß zulässig, der den Vergleich bestätigt (Art. 66 pln.VglO)[156].

Art. 24 § 3 Satz 2 pln.VglO läßt die Kassation darüber hinaus gegen einen zweitinstanzlichen Beschluß zu, durch den der Vergleichsantrag abgewiesen oder das Vergleichsverfahren eingestellt wird. Gegen die Eröffnung des Vergleichsverfahrens, die nur auf Antrag des Schuldners erfolgen kann (Art. 1 pln.VglO)[157], ist dagegen – abgesehen von dem in Art. 24 § 4 pln.VglO geregelten Sonderfall des staatlichen Unternehmens – jedes Rechtsmittel ausgeschlossen.

Als umstritten ist die Frage anzusehen, ob die Kassation über die im Gesetz ausdrücklich benannten Fälle hinaus auch gegen andere zweitinstanzliche Beschlüsse zuzulassen ist, oder ob die Art. 17 § 3, Art. 193 pln.KO, 24 § 3 Satz 2, § 4, Art. 60 pln.VglO insoweit eine abschließende Regelung darstellen.

Teilweise wird die Bestimmung des Art. 392 § 1 ZVGB, wonach die Kassation gegen jeden das Verfahren in der Sache beendenden zweitinstanzlichen Beschluß zulässig ist, unter Hinweis auf die allgemeinen Verweisnormen der Art. 68 pln.KO, 7 pln.VglO auch im Konkurs- und Vergleichsverfahren für anwendbar erachtet[158]. Durch Beschluß vom

---

[156] *Świeboda*, PS 2/1998, S. 64 [84].
[157] *Zoll/Kraft*, WiRO 2000, S. 273 [274].
[158] *Świeboda*, PS 2/1998, S. 64 [77 f.].

7.1.1997[159] hat sich das polnische Oberste Gericht gegen diese Rechtsauffassung ausgesprochen. Ähnlich wie im Zwangsvollstreckungsrecht, wo gemäß Art. 775^1 § 1 ZVGB die Kassation grundsätzlich ausgeschlossen ist und Art. 775^1 § 2 ZVGB eine Ausnahme hiervon nur für den Sonderfall des Zuschlags im Falle der Versteigerung einer Liegenschaft sowie bezüglich des Plans für die Erlösverteilung aus der Zwangsvollstreckung macht, bestehe auch im Konkursverfahren ein Bedürfnis danach, den Anwendungsbereich der Kassation auf klar abgrenzbare Fälle zu beschränken, um auf diese Weise in einem überschaubaren Zeitrahmen zu rechtskräftigen Gerichtsentscheidungen zu gelangen[160]. Zu bedenken ist außerdem, daß die Bestimmungen des Zivilverfahrensgesetzbuchs über die Kassation (Art. 392 - 393^{20} ZVGB) wie auch die heute gültige Fassung der Art. 17 § 3, Art. 193 pln.KO, Art. 24 §§ 3, 4, Art. 66 pln.VglO durch das gleiche Gesetz[161] eingeführt wurden und am gleichen Tag, nämlich am 1.7.1996 in Kraft getreten sind. Wäre der Gesetzgeber davon ausgegangen, daß eine Zulässigkeit der Kassation für verfahrensbeendende Beschlüsse im Konkurs- und Vergleichsverfahren bereits aus Art. 68 pln.KO, 7 pln.VglO i. V. m. Art. 392 § 1 ZVGB folgt, so hätte er davon absehen können, in den Fällen der Ablehnung der Eröffnung eines Konkursverfahrens (Art. 17 § 3 pln.KO) bzw. Vergleichsverfahrens (Art. 24 § 3 Satz 2 pln.VglO) durch das zweitinstanzliche Gericht, der zweifellos verfahrensbeendende Wirkung zukommt, eine Kassation ausdrücklich vorzusehen[162].

Nach einer anderen in der Literatur vertretenen Auffassung soll über die Fälle der Art. 17 § 3, 193 pln.KO hinaus im Konkursverfahren die Kassation gegen zweitinstanzliche Beschlüsse zulässig sein, die einen im Rahmen des Konkursverfahrens erteilten Zuschlag bei der öffentlichen Versteigerung einer Liegenschaft zum Gegenstand haben[163]. Diese Auffassung kann sich auf den Wortlaut des Art. 118 § 1 pln.KO stützen, wonach auf die öffentliche Versteigerung von Liegenschaften im Konkursverfahren die Vorschriften des Zivilverfahrensgesetzbuches über die

---

159 I CKN 13/96, OSNIC 5/1997, Pos. 54, S. 28 ff.

160 OSNIC 5/1997, S. 31.

161 Dz.U. 1996, Nr. 49, Pos. 189 (s. o. Fn. 125).

162 Vgl. *Gurgul/Godlewska*, Konkurs- und Vergleichsrecht, Rdnr. 41 zu Art. 17 pln.KO, S. 107.

163 *Zedler*, Konkurs- und Vergleichsrecht, S. 146.

Zwangsvollstreckung entsprechende Anwendung finden, was Art. 775[1] § 2 ZVGB mit einschließt[164].

Die Rechtsmittelfrist für die Kassation beträgt einen Monat ab Zustellung des zweitinstanzlichen Beschlusses (Art. 68 pln.KO, 7 pln.VglO i. V. m. Art. 393[4] ZVGB)[165]. Unterschreitet in Wirtschaftssachen die Beschwer 10.000 PLN, so ist die Kassation gemäß Art. 393 Nr. 1 ZVGB ausgeschlossen[166]. Über die Kassation entscheidet das Oberste Gericht. Von der in Art. 393[20] ZVGB vorgesehenen Möglichkeit, auf Antrag des Ersten Präsidenten des Obersten Gerichts im Verordnungswege Angelegenheiten, die in die erstinstanzliche sachliche Zuständigkeit des Rayongerichts fallen, im Kassationsverfahren der Zuständigkeit des Obersten Gerichts zu entziehen und auf die Appellationsgerichte zu übertragen, wurde bisher kein Gebrauch gemacht[167]. Die Kassation kann sowohl auf eine Verletzung des materiellen Rechts durch fehlerhafte Auslegung oder unrichtige Anwendung (Art. 393[1] Nr. 1 ZVGB) wie auch auf eine Verletzung der Vorschriften über das Verfahren gestützt werden, wenn dieser Verstoß auf den Ausgang des Verfahrens wesentlichen Einfluß haben konnte (Art. 393[1] Nr. 2 ZVGB)[168]. Grundsätzlich führt eine erfolgreiche Kassation zur Aufhebung der angefochtenen Entscheidung und zur Zurückverweisung (Art. 393[13] ZVGB). Kommt das Oberste Gericht zu dem Ergebnis, daß keine Verletzung wesentlicher Verfahrensvorschriften vorliegt, die für sich genommen bereits der Kassation gemäß Art. 393[1] Nr. 1 ZVGB zum Erfolg verhelfen würde, wohl aber eine Verletzung des materiellen Rechts, so kann es in der Sache entscheiden[169] und ist dabei an die tatsächlichen Feststellungen des

---

164 Vor Inkrafttreten des Gesetzes vom 31.7.1997 (Dz.U. 1997, Nr. 117, Pos. 751) enthielt auch Art. 118 § 2 pln.KO einen Verweis auf die vollstreckungsrechtlichen Bestimmungen des Zivilverfahrensgesetzbuches bezüglich der Verteilung des Erlöses aus der Versteigerung der Liegenschaft. Da dieser Verweis weggefallen ist, kann aus Art. 118 § 2 pln.KO i. V. m. Abs. 775[1] § 2 ZVGB nicht mehr die Zulässigkeit der Kassation gegen zweitinstanzliche Beschlüsse, die die Erlösverteilung zum Gegenstand haben, hergeleitet werden, *Świeboda*, PS 2/1998, S. 64 [79].

165 *Świeboda*, PS 2/1998, S. 64 [84].

166 Nach *Zedler*, Konkurs- und Vergleichsrecht, S. 146 soll diese Wertgrenze auf die Kassation in den Fällen der Art. 17, 193 pln.KO keine Anwendung finden.

167 *Broniewicz*, Zivilverfahren, S. 118.

168 *Piasecki/Piasecki*, ZVGB-Kommentar, Vor Art. 392, Rdnr. 8, S. 1151.

169 Vergleiche im deutschen Recht die revisionsrechtliche Bestimmung des § 565 Abs. 3 ZPO.

zweitinstanzlichen Gerichts gebunden (Art. 393[15] ZVGB), woraus sich ergibt, daß die Kassation nach geltendem polnischen Recht in Wahrheit eine Mischform zwischen Kassation und Revision darstellt[170].

C Die zur Verwaltung des haftenden Schuldnervermögens bestellten Organe

1. Erscheinungsformen

Mit Eröffnung des Konkursverfahrens bleibt der Schuldner zwar Eigentümer seiner beweglichen Sachen und Grundstücke und Inhaber seiner Forderungen, beschränkt dinglichen Rechte und Immaterialgüterrechte, er verliert jedoch die Fähigkeit, sein Vermögen zu verwalten und darüber zu verfügen (Art. 20 pln.KO). Diese Befugnis geht auf den im Eröffnungsbeschluß durch das Gericht bestellten Konkursverwalter[171] über, den die polnische Konkursverordnung als „Syndikus der Konkursmasse" bezeichnet[172]. Demgegenüber behält der Schuldner nach Eröffnung des Vergleichsverfahrens die Befugnis zur Verwaltung seines Vermögens und zur Weiterführung seines Unternehmens, jedoch darf er ohne Zustimmung des vom Vergleichsgericht im Eröffnungsbeschluß gemäß Art. 25 pln.VglO bestellten gerichtlichen Aufsehers keine Rechtsgeschäfte mehr vornehmen, welche die Grenzen der gewöhnlichen Verwaltung überschreiten, egal ob es sich um Verpflichtungs- oder um Verfügungsgeschäfte handelt (Art. 28 § 1 Satz 1 pln.VglO). Rechtsgeschäfte, zu denen der gerichtliche Aufseher die erforderliche Zustimmung nicht erteilt hat, sind gemäß Art. 28 § 1 Satz 2 pln.VglO bei Bösgläubigkeit der Gegenseite den Gläubigern gegenüber unwirksam[173].

---

[170] Dies galt auch schon für die Kassation nach den Art. 424 - 441 des polnischen Zivilverfahrensgesetzbuches vom 29.11.1930 (Dz.U. 1930, Nr. 83, Pos. 651; 1932, Nr. 112, Pos. 934), *Piasecki/Piasecki*, ZVGB-Kommentar, Vor Art. 392, Rdnr. 6, S. 1149 unter Hinweis auf die Gesetzesmaterialien.

[171] Vgl. Art. 14 § 1 Nr. 3 pln.KO.

[172] Polnische Bezeichnung: „syndyk masy upadłości". Im folgenden wird hier weiterhin der Begriff Konkursverwalter verwendet.

[173] Im Unterschied dazu führt im Bereich der Eigenverwaltung nach deutschem Insolvenzrecht (§§ 270 ff.) ein Verstoß gegen § 275 Abs. 1 InsO nicht zur Unwirksamkeit des betreffenden Rechtsgeschäfts, vgl. *Nerlich/Römermann/Riggert*, Insolvenzordnung, Rdnr. 7 zu § 275; *Wimmer/Foltis*, Frankfurter Kommentar, Rdnr. 15 zu § 275,

Erschwert der Schuldner die Arbeit des gerichtlichen Aufsehers oder handelt er zum Schaden der Gläubiger, so kann das Vergleichsgericht auf Antrag des gerichtlichen Aufsehers diesem die Verwaltung des schuldnerischen Vermögens ganz oder teilweise übertragen (Art. 34 § 2 Satz 1 pln.VglO)[174].

Für die Überwachung der Erfüllung des Vergleichs (Art. 73 § 1 pln.VglO) ernennt das Gericht einen Sachwalter, sofern die Gläubigerversammlung dies gemäß Art. 61 pln.VglO beschlossen hat (Art. 72 Satz 1 pln.VglO). In dem Beschluß nach Art. 61 pln.VglO bestimmen die Gläubiger auch die Personen, aus deren Kreis der Sachwalter zu ernennen ist. Auch der bisherige gerichtliche Aufseher kommt hierfür in Betracht.

Zum Konkursverwalter können Art. 14 § 2 pln.KO[175] zufolge auch juristische Personen bestellt werden, im Bankkonkursverfahren gemäß Art. 160 Abs. 3 BankR auch eine andere Bank sowie im Versicherungskonkurs ein anderes Versicherungsunternehmen (Art. 78 Abs. 1 Satz 2 VersTG). Dagegen muß es sich bei dem gerichtlichen Aufseher im Vergleichsverfahren um eine natürliche Person handeln[176].

Neben dem Konkursverwalter kennt die polnische Konkursverordnung als fakultative Organe des Konkursverfahrens einen oder mehrere[177] Verwalter eines gesonderten Vermögens (besondere Verwalter), den Stellvertreter des Konkursverwalters sowie den Stellvertreter eines besonderen Verwalters (Art. 91, 93 pln.KO). Während der Konkursverwalter im Eröffnungsbeschluß vom Konkursgericht bestellt wird (Art. 14 § 1 Nr. 3 pln.KO), erfolgt die Bestellung seines Stellvertreters sowie die Bestellung besonderer Verwalter und ihrer Stellvertreter erst nach Kon-

---

S. 1872; *Smid/Smid*, Insolvenzordnung, Rdnr. 9 zu § 275, S. 1236; sowie zum früheren § 57 dt. VglO: *Kilger/K. Schmidt*, Insolvenzgesetze, Anm. 2 f) zu § 57 VglO, S. 699; BGH, Urteil vom 19.10.1996 – VI ZR 253/74, BGHZ 67, S. 223 [227].

174 *Gurgul*, Konkurs- und Vergleichsrecht, Rdnr. 3 zu Art. 31 pln.VglO, S. 825. In diesem Fall kommt auch die Einstellung des Vergleichsverfahrens in Betracht (Art. 34 § 2 Satz 2 pln.VglO).

175 In der Fassung des Gesetzes vom 24.2.1990, Dz.U. 1990, Nr. 14, Pos. 87.

176 *Gurgul*, Konkurs- und Vergleichsrecht, Rdnr. 3 zu Art. 25 pln.VglO, S. 806; *Zoll/Kraft*, WiRO 2000, S. 273 [274].

177 *Allerhand*, Konkursrecht mit Kommentar, Anm. 3 zu Art. 91; *Gurgul*, Konkurs- und Vergleichsrecht, Rdnr. 1 zu Art. 91 pln.KO, S. 395.

kurseröffnung[178] auf Antrag des Konkursverwalters[179] durch nicht anfechtbaren Beschluß des Richter-Kommissars.

Der Aufgabenbereich eines besonderen Verwalters beschränkt sich auf die Verwaltung des ihm zugewiesenen Vermögensteils der Konkursmasse, der eine eigene Wirtschaftsgesamtheit darstellen muß[180]. Zur Liquidation dieses Vermögensteils ist der besondere Verwalter dagegen nicht befugt[181]. Die besonderen Verwalter stehen unter der Aufsicht des Konkursverwalters (Art. 91 § 2 pln.KO), wobei jedoch auch der Richter-Kommissar berechtigt ist, bei Fehlverhalten unmittelbar Maßnahmen gegen einen besonderen Verwalter zu ergreifen (Art. 100, 101 § 2 pln.KO)[182].

Die Bestellung eines Stellvertreters des Konkursverwalters oder des Stellvertreters für einen besonderen Verwalter setzt das Vorliegen einer Notwendigkeit hierfür voraus, die nach dem Gesetzeswortlaut des Art. 93 § 1 pln.KO insbesondere darin bestehen kann, daß Handlungen in einem anderen Gerichtsbezirk vorzunehmen sind. Denkbar ist eine solche Bestellung aber auch im Falle einer vorübergehenden Erkrankung[183] des Konkursverwalters oder des besonderen Verwalters oder bei Auftreten einer Interessenkollision in bezug auf eine einzelne Maßnahme[184]. Die Erteilung von Vollmachten an Hilfspersonen durch den Konkursverwalter bzw. den besonderen Verwalter selbst wird durch die Vorschrift des Art. 93 pln.KO nicht ausgeschlossen[185]. Der Konkursver-

---

178 *Allerhand*, Konkursrecht mit Kommentar, Anm. 1 zu Art. 91 sowie Anm. 2 zu Art. 93.

179 Auch bezüglich der Bestellung des Stellvertreters eines besonderen Verwalters ist nur der Konkursverwalter und nicht auch der besondere Verwalter, für den der Vertreter bestellt werden soll, antragsbefugt, *Gurgul*, Konkurs- und Vergleichsrecht, Rdnr. 2 zu Art. 93 pln.KO, S. 377.

180 Als eigene Wirtschaftsgesamtheit ist nach *Allerhand*, Konkursrecht mit Kommentar, Anm. 5 zu Art. 91 beispielsweise ein Grundstück, eine Zweigniederlassung des schuldnerischen Unternehmens oder ein Bergwerk anzusehen. Nicht erforderlich ist, daß für diesen Vermögensteil eigene Bücher geführt werden.

181 *Allerhand*, Konkursrecht mit Kommentar, Anm. 8 zu Art. 91, S. 217; *Gurgul*, Konkurs- und Vergleichsrecht, Rdnr. 4 zu Art. 91 pln.KO, S. 376; *Pokora*, Rejent 7-8/1997, S. 191 [201].

182 *Gurgul*, Konkurs- und Vergleichsrecht, Rdnr. 6 zu Art. 91 pln.KO, S. 376.

183 *Zedler*, Konkurs- und Vergleichsrecht, S. 95.

184 *Gurgul*, Konkurs- und Vergleichsrecht, Rdnr. 3 zu Art. 93 pln.KO, S. 378.

185 *Allerhand*, Konkursrecht mit Kommentar, Anm. 8 zu Art. 93, S. 219; *Czajka*, Unternehmen in der Krise, S. 225.

walter haftet nicht für das Verschulden des Stellvertreters oder eines besonderen Verwalters im Sinne einer Gehilfenhaftung. Allerdings kann die Verletzung seiner Aufsichtspflicht über den besonderen Verwalter (Art. 91 § 2 pln.KO) zu einer Haftung des Konkursverwalters nach Art. 102 pln.KO führen.

Einen vorläufigen Konkursverwalter zur Überbrückung der Zeit zwischen Antragstellung und Verfahrenseröffnung sieht die polnische Konkursverordnung nicht vor[186]. Jedoch kann das Konkursgericht auf Verlangen eines Gläubigers[187] gemäß Art. 12 pln.KO eine einstweilige Anordnung treffen, die es zur Sicherung des Schuldnervermögens für angemessen erachtet, was die Anordnung einer vorläufigen Zwangsverwaltung des Schuldnervermögens[188] oder die Sequestration des schuldnerischen Unternehmens[189] bis zur Konkurseröffnung mit einschließt.

2. *Qualifikationen*

Die Auswahl eines geeigneten Verwalters und die damit verbundene Frage der Qualitätssicherung stellt ein in der polnischen Literatur[190] viel diskutiertes Problem dar, zumal einerseits Erfolg oder Mißerfolg des Verfahrens nicht unerheblich von der Eignung des Verwalters abhängen, andererseits aber der polnische Gesetzgeber den zur Entscheidung berufenen Gerichten lange Zeit keinerlei Maßstäbe für die Auswahl eines geeigneten Verwalters an die Hand gegeben hatte und sich ein Berufsbild des Konkursverwalters im Sinne eines gesetzlich normierten Aus-

---

[186] Rechtsvergleichend hierzu: *Smid*, KTS 1998, S. 313 [328 f.]; *ders.*, WiRO 2000, S. 393 [395].

[187] Nicht wie nach §§ 21, 22 InsO von Amts wegen, vgl. *Uhlenbruck*, Stellung des vorläufigen Insolvenzverwalters, S. 326; *Wimmer/Schmerbach*, Frankfurter Kommentar, Rdnr. 14 zu § 21, S. 296.

[188] *Buber*, Polnisches Konkursrecht, S. 28; *Piasecki*, Konkurs- und Vergleichsrecht, Anm. 4 zu Abs. 12 pln.KO, S. 133; *Zedler*, Konkurs- und Vergleichsrecht, S. 179.

[189] *Allerhand*, Entwurfsbegründung Konkursrecht, S. 26.

[190] *Allerhand*, Konkursrecht mit Kommentar, Anm. 1 ff. zu Art. 90; *Korzan*, PPH Mai 1993, S. 8 ff.; *Pokora*, Rejent 7-8/1997, S. 191 ff.; *Brol*, PPH 6/2000, S. 10 [15 f.]; *Zedler*, Konkurs- und Vergleichsrecht, S. 86 f.; *Czajka*, Unternehmen in der Krise, S. 217 ff.; *Gurgul*, Konkurs- und Vergleichsrecht, Rdnrn. 18 ff. zu Art. 90 pln.KO, S. 370 ff.

bildungsgangs in Polen ähnlich wie in Deutschland bisher nicht ausprägen konnte[191].

Am 16.4.1998 erging jedoch in Polen auf der Grundlage des durch Gesetz vom 31.7.1997[192] eingefügten Art. 14 § 4 pln.KO eine Rechtsverordnung des Justizministers, welche die an einen Konkursverwalter zu stellenden Anforderungen näher regelt[193]. Danach hat eine natürliche Person, die sich um das Amt des Konkursverwalters bewirbt, folgende Voraussetzungen zu erfüllen (§ 1 VO):

1. eine akademische Ausbildung;
2. mindestens fünf Jahre Berufserfahrung in Leitungspositionen oder als Selbständiger im Bereich der Unternehmensverwaltung, wobei sich der Bewerber durch Kenntnisse im Wirtschafts-, Zivil-, Arbeits- und Finanzrecht auszeichnen soll; für Personen mit juristischer oder wirtschaftlicher Ausbildung genügt eine dreijährige Berufspraxis. Rechtsanwälte, Rechtsberater und Wirtschaftsprüfer sind gemäß § 3 VO von diesem Erfordernis vollständig befreit;
3. keine Vorstrafen im Bereich vorsätzlicher Vermögensdelikte;
4. keine Aufnahme in das bisher nach Art. 17^3 pln.KO geführte Verzeichnis von Personen, die gegen die Konkursantragspflicht nach Art. 5 §§ 1, 2 pln.KO verstoßen haben[194];
5. keine Absetzung durch das Konkursgericht wegen mangelhafter Erfüllung der Pflichten als Konkursverwalter.

Bei juristischen Personen müssen gemäß § 2 VO sämtliche Vorstandsmitglieder die Erfordernisse des § 1 Nr. 3 - 5 VO und wenigstens ein Vorstandsmitglied die Erfordernisse des § 1 Nr. 1 und 2 VO erfüllen.

---

191 Vgl. demgegenüber die Ausführungen zur Rechtslage in England und Frankreich bei *Uhlenbruck*, KTS 1998, S. 1 [24 ff.].

192 Dz.U. 1997, Nr. 117, Pos. 751.

193 Dz.U. 1998, Nr. 55, Pos. 359; Hierzu: *Brol*, PPH 6/2000, S. 10 [15 f.]; *Czajka*, Unternehmen in der Krise, S. 218 f.; *Gurgul*, Konkurs- und Vergleichsrecht, Rdnrn. 23 f. zu Art. 90 pln.KO, S. 372 f.; *Smid*, WiRO 2000, S. 393 [396].

194 Vgl. die Verordnung des Justizministers vom 24.4.1998, Dz.U. 1998, Nr. 55, Pos. 361; dazu: *Paintner*, JOR XLI (1/2000), S. 57 [69 f.]. Durch Gesetz vom 30.11.2000, Dz.U. 2000, Nr. 114, Pos. 1193 ist Art. 17^3 pln.KO dahingehend abgeändert worden, daß die in Art. 17^2 pln.KO genannten Personen nunmehr in das Register zahlungsunfähiger Schuldner des Landes-Gerichtsregisters gemäß Art. 55 Nr. 4 LGRegG aufzunehmen sind.

Die Präsidenten der Bezirksgerichte führen Listen mit geeigneten Kandidaten für die Bestellung zum Konkursverwalter (§ 4 VO). Die Konkursgerichte sind bei der Auswahl des Konkursverwalters an diese Liste nicht gebunden, müssen jedoch bei der Bestellung eines dort nicht aufgenommenen Kandidaten zum Konkursverwalter das Vorliegen der in der Verordnung festgelegten Mindestqualifikationen eigens prüfen und in den Verfahrensakten dokumentieren[195]. Für den Sonderfall des Bankkonkursverfahrens verlangt Art. 160 Abs. 3 Satz 1 BankR als zusätzliche Qualifikationsanforderung vom Konkursverwalter „Kenntnisse der Organisation und der Grundsätze der Tätigkeit von Banken".

3. *Sanktionen bei Pflichtverstößen*

Bei Pflichtverstößen der zur Verwaltung des haftenden Schuldnervermögens berufenen Personen können neben verfahrensinternen Sanktionen (Art. 100, 101 pln.KO) auch zivilrechtliche und strafrechtliche Sanktionen verhängt werden.

a) verfahrensinterne Sanktionen

Die verfahrensinternen Sanktionen beruhen auf der in Art. 100 pln.KO dem Richter-Kommissar übertragenen Disziplinargewalt[196] über den Konkursverwalter und die besonderen Verwalter. Als mildeste Disziplinarmaßnahme sieht Art. 100 pln.KO die Ermahnung durch den Richter-Kommissar vor. Führt diese Maßnahme nicht zum Erfolg, so kann eine Geldbuße (Zwangsgeld) von bis zu 1000 PLN[197] verhängt und diese auch wiederholt werden[198]. Eine Obergrenze für die Gesamtsumme aller verhängten Zwangsgelder bestimmt Art. 100 pln.KO im Gegensatz zu Art. 19 § 5 pln.KO[199] i. V. m. Art. 1052 ZVGB nicht. Gemäß Art. 100 pln.KO können die Zwangsgelder gegen den Vergütungsanspruch des

---

195 *Brol*, PPH 6/2000, S. 10 [16].

196 *Gurgul*, Konkurs- und Vergleichsrecht, Rdnr. 2 zu Art. 100 pln.KO, S. 392.

197 Bis zur Novellierung des Art. 100 pln.KO durch Gesetz vom 31.7.1997 (Dz.U. 1997, Nr. 117, Pos. 751) betrug die Höchstgrenze für jedes Zwangsgeld 30 PLN bzw. 300.000 alte Złoty, was zuletzt einem Betrag von knapp 20 DM entsprach.

198 *Gurgul*, Konkurs- und Vergleichsrecht, Rdnr. 2 zu Art. 100 pln.KO, S. 392 f.

199 Diese Bestimmung hat die Zwangsmittel gegen den Gemeinschuldner zum Gegenstand.

Verwalters aufgerechnet werden, was jedoch eine Durchsetzung im Wege der Zwangsvollstreckung nicht ausschließt[200]. Eine Umwandlung des Zwangsgeldes in Haft gemäß Art. 1053 ZVGB kommt dagegen nicht in Betracht, da Art. 100 pln.KO im Gegensatz zu Art. 19 § 5 pln.KO keinen Verweis auf die Bestimmungen des ZVGB über die Vollstreckung nicht auf Geld gerichteter Leistungen enthält[201].

Darüber hinaus kann das Konkursgericht durch nicht anfechtbaren Beschluß (Art. 101 § 3 pln.KO) bei nicht ordnungsgemäßer Pflichterfüllung den Konkursverwalter abberufen und einen neuen Konkursverwalter bestellen (Art. 101 § 1 pln.KO). Im Falle des besonderen Verwalters besteht die Möglichkeit der Entlassung durch den Richter-Kommissar (Art. 101 § 2 pln.KO). Die Entlassung nach Art. 101 pln.KO setzt keine schuldhafte Pflichtverletzung voraus, sondern kommt etwa auch bei einer längeren Erkrankung des Verwalters in Betracht[202].

Ihrem Wortlaut nach erstreckt sich der Anwendungsbereich der Art. 100, 101 pln.KO nicht auch auf den nach Art. 93 pln.KO berufenen Stellvertreter des Konkursverwalters sowie den Stellvertreter eines besonderen Verwalters. In der Literatur wird jedoch insoweit eine analoge Anwendung der Art. 100, 101 §§ 2, 3 pln.KO befürwortet[203].

Der gerichtliche Aufseher kann gemäß Art. 31 § 5 pln.VglO vom Vergleichsgericht von Amts wegen oder auf Antrag entlassen und durch einen anderen gerichtlichen Aufseher ersetzt werden. Den Antrag kann der Richter-Kommissar, der Schuldner, jeder verfahrensbeteiligte Gläubiger oder auch der gerichtliche Aufseher selbst stellen[204]. Die Gründe für eine Entlassung werden in Art. 31 § 5 pln.VglO nicht genannt, es ist jedoch davon auszugehen, daß ähnlich wie im Falle des Art. 101 pln.KO neben verschuldeten Pflichtverletzungen und mangelnder Qualifikation auch alle übrigen, verschuldensunabhängigen Gründe für die Hinderung

---

200 *Gurgul*, Konkurs- und Vergleichsrecht, Rdnr. 6 zu Art. 100 pln.KO, S. 393.

201 *Gurgul*, Konkurs- und Vergleichsrecht, Rdnr. 6 zu Art. 100 pln.KO, S. 393.

202 *Gurgul*, Konkurs- und Vergleichsrecht, Rdnr. 1 zu Art. 101 pln.KO, S. 393 f.

203 *Zedler*, Konkurs- und Vergleichsrecht, S. 98; dagegen bejaht *Gurgul*, Konkurs- und Vergleichsrecht, Rdnr. 6 zu Art. 93 pln.KO, S. 378 die Möglichkeit einer Entlassung der Stellvertreter durch den Richter-Kommissar zu jeder Zeit auch ohne wichtigen Grund.

204 *Allerhand*, Kommentar zum Vergleichsrecht, Anm. 14 zu Art. 31; *Gurgul*, Konkurs- und Vergleichsrecht, Rdnr. 10 zu Art. 31 pln.VglO, S. 826.

an einer ordnungsgemäßen Erfüllung der mit dem Amt verbundenen Pflichten in Betracht kommen[205].

b) Die zivilrechtliche Sanktion der Schadensersatzhaftung

Art. 102 pln.KO statuiert die Haftung des Konkursverwalters und der besonderen Verwalter für durch nicht gewissenhafte Pflichterfüllung hervorgerufene Schäden. Über seinen Wortlaut hinaus ist Art. 102 pln.KO auf die nach Art. 93 pln.KO berufenen Stellvertreter entsprechend anzuwenden[206]. Für den gerichtlichen Aufseher enthält Art. 32 pln.VglO eine entsprechende Regelung. Die Art. 102 pln.KO, 32 pln.VglO betreffen einen Fall der in Art. 415 ff. ZGB geregelten unerlaubten Handlungen. Mangels vertraglicher Rechtsbeziehungen zwischen dem Verwalter und den Gläubigern bzw. dem Schuldner wird daneben eine vertragliche Haftung abgelehnt[207].

In Betracht kommen als schadensstiftende Pflichtverletzungen das Führen kostspieliger Prozesse mit geringer Erfolgsaussicht, der Verzicht auf die Erfüllung gegenseitiger, für die Konkursmasse günstiger Verträge (Art. 39 pln.KO), die Unterlassung der für die Publizität der Konkurseröffnung in öffentlichen Büchern und Registern erforderlichen Anmeldungen (Art. 95 pln.KO)[208], die verspätete Geltendmachung von Forderungen mit der Folge des Verjährungseintritts oder mangelnde Vorkehrungen zum Schutz der zur Konkursmasse gehörenden Sachen vor Diebstahl oder Zerstörung[209].

Die Schadensersatzpflicht des Verwalters besteht grundsätzlich gegenüber der Masse und ist dann von dem nach Art. 101 § 1 pln.KO neu bestellten Konkursverwalter geltend zu machen. Wurde nur ein einzelner

205 *Allerhand*, Kommentar zum Vergleichsrecht, Anm. 15 zu Art. 31; *Gurgul*, Konkurs- und Vergleichsrecht, Rdnr. 10 zu Art. 31 pln.VglO, S. 826.

206 *Zedler*, Konkurs- und Vergleichsrecht, S. 98.

207 *Jacyszyn*, MoP 2/1993, S. 38 [39]; *Pokora*, Rejent 7-8/1997, S. 191 [203]; *Gurgul*, Konkurs- und Vergleichsrecht, Rdnr. 3 zu Art. 102 pln.KO, S. 395, a. A.: *Świeboda*, PS 3/1997, S. 20 [29].

208 Im Vergleichsverfahren fällt diese Aufgabe nicht dem gerichtlichen Aufseher, sondern dem Richter-Kommissar zu (Art. 27 pln.VglO).

209 *Gurgul*, Konkurs- und Vergleichsrecht, Rdnr. 9 zu Art. 102 pln.KO, S. 396; *Świeboda*, PS 3/1997, S. 20 [28].

Gläubiger geschädigt, so steht der Schadensersatzanspruch unmittelbar diesem Gläubiger zu[210].

c) Strafrechtliche Sanktionen

Als Nachfolgevorschrift von Art. 1 des Gesetzes vom 12.10.1994 über den Schutz des Wirtschaftsverkehrs und die Änderung einiger Vorschriften des Strafrechts[211] bedroht Art. 296 § 1 pln.StGB denjenigen mit Freiheitsentzug von drei Monaten bis zu fünf Jahren, der kraft Gesetzes, einer Entscheidung der zuständigen Behörde oder kraft Vertrages verpflichtet ist, für die Vermögensangelegenheiten oder die Wirtschaftstätigkeit einer natürlichen oder juristischen Person oder einer Organisationseinheit ohne Rechtspersönlichkeit Sorge zu tragen und durch Mißbrauch der ihm eingeräumten Befugnisse oder Nichterfüllung einer auf ihm lastenden Pflicht dieser einen bedeutenden Vermögensschaden zufügt[212]. Nach einhelliger Auffassung ist dieser Straftatbestand auf den Konkursverwalter anzuwenden[213] und dürfte darüber hinaus auch zu Lasten des besonderen Verwalters sowie des gerichtlichen Aufsehers eingreifen, dem gemäß Art. 34 § 2 Satz 1 pln.VglO die Verwaltung des schuldnerischen Vermögens ganz oder teilweise übertragen wurde.

4. Vergütung

Der Anspruch des Konkursverwalters und der besonderen Verwalter auf Vergütung und Erstattung ihrer notwendigen Auslagen aus der

---

210 *Allerhand*, Entwurfsbegründung Konkursrecht, S. 72; *Pokora*, Rejent 7-8/1997, S. 191 [204]; *Gurgul*, Konkurs- und Vergleichsrecht, Rdnr. 13 zu Art. 102 pln.KO, S. 397.

211 Ustawa o ochronie obrotu gospodarczego oraz o zmianie niektórych przepisów prawa karnego, Dz.U. 1994, Nr. 126, Pos. 615, vgl. hierzu *Majewski/Zoll/Thurner*, WiRO 1995, S. 145 f.

212 Handelt der Täter mit Bereicherungsabsicht, so beträgt die Strafe von sechs Monaten bis zu acht Jahren (Art. 296 § 2 pln.StGB), bei Schäden in großem Umfange von einem Jahr bis zu zehn Jahren (Art. 296 § 3 pln.StGB). Bei fahrlässiger Begehungsweise ist die Höchststrafe drei Jahre Freiheitsentzug (Art. 296 § 4 pln.StGB). Wer vor Eröffnung des Strafverfahrens freiwillig den herbeigeführten Schaden vollständig behebt, bleibt gemäß Art. 296 § 5 pln.StGB straffrei.

213 *Buchała/Kardas/Majewski/Wróbel*, Gesetz über den Schutz des Wirtschaftsverkehrs, S. 16; *Pokora*, Rejent 7-8/1997, S. 191 [205 f.]; *Gurgul*, Konkurs- und Vergleichsrecht, Rdnr. 12 zu Art. 102 pln.KO, S. 397.

Konkursmasse folgt aus Art. 122 § 1 pln.KO und verfällt gemäß Art. 125 pln.KO, wenn er nicht spätestens bis zum Ende der Frist für Einwände gegen den Plan der letzten (vgl. Art. 203 § 1 pln.KO) Masseverteilung geltend gemacht wird. Hierdurch soll verhindert werden, daß der bestandskräftige Masseverteilungsplan nachträglich abgeändert werden muß[214]. Wurde der Eröffnungsbeschluß aufgehoben oder das Konkursverfahren eingestellt, so richtet sich der Anspruch auf Vergütung und Auslagenerstattung Art. 226 § 1 pln.KO zufolge gegen den Gemeinschuldner. Insbesondere im Falle des Art. 218 § 1 Nr. 1 pln.KO (Einstellung mangels einer die Verfahrenskosten deckenden Masse) stellt sich die Geltendmachung in aller Regel als wenig aussichtsreich dar.

Gemäß Art. 123 § 1 Satz 1 pln.KO in der Fassung des Gesetzes vom 31.7.1997[215] bestimmt das Konkursgericht durch unanfechtbaren Beschluß (Art. 123 § 3 pln.KO) auf Antrag des Konkursverwalters vorläufig die Höhe der Vergütung des Konkursverwalters und der besonderen Verwalter innerhalb einer Frist von einem Monat ab dem Tage der Vorlage des Inventarverzeichnisses und der Bilanz des Gemeinschuldners. Dieser Beschluß bildet die Grundlage für die Abschlagszahlungen auf den Vergütungsanspruch (Art. 123 § 1 Satz 2 pln.KO). Die endgültige Vergütung wird ebenfalls durch unanfechtbaren Beschluß vom Konkursgericht nach Vorlage des Schlußberichts festgelegt (Art. 123 § 2 pln.KO).

Für die Höhe der Vergütung sind Art. 123 §§ 4, 5 pln.KO sowie die aufgrund von Art. 123 § 6 pln.KO ergangene Verordnung des Justizministers vom 16.4.1998[216] maßgebend. Nach § 1 Abs. 1 VO sind bei der vorläufigen Bemessung der Vergütung die anhand des Inventarverzeichnisses, der Bilanz sowie des Vorbringens des Richter-Kommissars prognostizierte Größe der Konkursmasse, die Dauer des Konkursverfahrens sowie dessen Schwierigkeit in Ansatz zu bringen. § 1 Abs. 2 VO bestimmt, daß die vorläufig bemessene Vergütung des Konkursverwal-

---

214 *Gurgul*, Konkurs- und Vergleichsrecht, Rdnr. 1 zu Art. 125 pln.KO, S. 469.

215 Gesetz über die Änderung der Verordnung des Präsidenten der Republik vom 24.10.1934 – Konkursrecht und einiger anderer Gesetze, Dz.U. 1997, Nr. 117, Pos. 751.

216 Verordnung des Justizministers betreffend die Art und Weise der Festsetzung der Vergütung des Konkursverwalters und des Verwalters des gesonderten Vermögens, Dz.U. 1998, Nr. 55, Pos. 358.

ters sowie eines besonderen Verwalters nicht 5 Prozent der voraussichtlichen Konkursmasse oder den fünfzigfachen Betrag des voraussichtlichen Durchschnittslohns im staatlichen Sektor bezogen auf das Jahr überschreiten darf, in dem das Inventarverzeichnis und die Bilanz des Gemeinschuldners eingereicht wurden[217]. Gemäß § 1 Abs. 3 VO verdoppeln sich diese Höchstgrenzen, wenn dem Konkursverwalter die Führung des gemeinschuldnerischen Unternehmens übertragen wurde. Die Gesamtsumme der Vorschüsse darf 75 Prozent der so festgesetzten vorläufigen Vergütung nicht überschreiten.

Bei der endgültigen Bemessung der Vergütung berücksichtigt das Konkursgericht nach § 3 Abs. 1 VO den Vermögensstand der Masse, die unvermeidliche Verfahrensdauer, die Höhe der Konkursquote, den Arbeitsaufwand sowie andere besondere Umstände des konkreten Verfahrens. Bezüglich der Obergrenze der endgültig bemessenen Vergütung sind die Art. 123 §§ 4, 5 pln.KO heranzuziehen, mit denen die Bestimmungen des § 1 Abs. 2, 3 VO über die vorläufige Bemessung der Vergütung korrespondieren, wobei § 4 VO den in Art. 123 § 4 pln.KO enthaltenen Passus „ein Vielfaches des prognostizierten Durchschnittslohns im staatlichen Sektor“[218] im Sinne des fünfzigfachen des für das Jahr prognostizierten Durchschnittslohns im staatlichen Sektor konkretisiert, in dem das Konkursverfahren beendet wurde. Von der so bemessenen Vergütung sind § 3 Abs. 2 VO zufolge die bereits ausgezahlten Vorschüsse sowie die gemäß Art. 100 pln.KO vom Richter-Kommissar festgesetzten und noch nicht bezahlten Geldbußen (Zwangsgelder) abzuziehen.

Auf die Vergütung des nach Art. 93 pln.KO ernannten Stellvertreters des Konkursverwalters sowie des Stellvertreters eines besonderen Verwalters ist Art. 123 pln.KO sowie die genannte Verordnung des Justizministers entsprechend anzuwenden[219].

Für den gerichtlichen Aufseher im Vergleichsverfahren folgt der Anspruch auf Auslagenerstattung sowie der Vergütungsanspruch aus Art. 36 pln.VglO. Die Höhe der Vergütung bestimmt sich nach der auf der Grundlage von Art. 81 § 1 pln.VglO ergangenen Verordnung des

---

217 *Jędrasiak/Troicka-Sosińska*, MoP 13/2001, S. 682 [683].

218 Polnisch: „wielokrotność prognozowanego przeciętnego wynagrodzenia w państwowej sferze budżetowej“.

219 Vgl.: *Zedler*, Konkurs- und Vergleichsrecht, S. 96.

Justizministers vom 21.7.1994[220]. Abhängig vom Arbeitsaufwand, dem Wert des Schuldnervermögens sowie vom Stand des Vergleichsverfahrens zum Zeitpunkt des Abschlusses der Tätigkeit des gerichtlichen Aufsehers entspricht die Vergütung danach mindestens dem dreifachen und höchstens dem fünfzehnfachen Betrag des vom Hauptamt für Statistik[221] ermittelten durchschnittlichen Monatslohns in dem der gerichtlichen Festsetzung der Vergütung vorausgehenden Quartal (§§ 1, 2 VO). Die auf den Vergütungsanspruch gezahlten Vorschüsse (Art. 36 § 2 pln.VglO) dürfen nach § 4 VO 75 Prozent dieser Obergrenze nicht überschreiten. In der das Verfahren abschließenden Entscheidung kann das Gericht dem Aufseher auf Antrag des Richter-Kommissars im Falle eines besonders großen Arbeitsaufwands oder Vermögenswerts eine höhere Vergütung zusprechen. Der Auslagenersatzanspruch und der Vergütungsanspruch richten sich gegen den Schuldner, der im Gegensatz zu den Gläubigern ebenso wie der gerichtliche Aufseher gegen den gerichtlichen Festsetzungsbeschluß gemäß Art. 36 § 3 pln.VglO Beschwerde erheben kann. Aus dem gerichtlichen Festsetzungsbeschluß kann die Zwangsvollstreckung gegen den Schuldner betrieben werden[222].

D Die Gläubiger

Im Konkursverfahren nehmen die Gläubiger die ihnen vom Gesetz zugebilligten Einflußmöglichkeiten und Kontrollrechte über die Gläubigerversammlung[223] und über das fakultative Organ des Gläubigerausschusses, den sog. Gläubigerrat[224] wahr. Demgegenüber sieht die polnische Vergleichsverordnung nur die Gläubigerversammlung, nicht aber die Bestellung eines Gläubigerausschusses vor.

Das polnische Konkursrecht folgt anders als das deutsche Insolvenzrecht nicht dem Prinzip der Gläubigerautonomie[225], sondern räumt dem

---

220 Verordnung des Justizministers vom 21.7.1994 betreffend die Festsetzung der Höhe der Vergütung des Aufsehers im Vergleichsverfahren, Dz.U.1994, Nr. 86, Pos. 403.

221 Główny Urząd Statystyczny (GUS).

222 *Allerhand*, Kommentar zum Vergleichsrecht, Anm. 3 zu Art. 36.

223 Polnische Bezeichnung: „zgromadzenie wierzycieli".

224 Polnische Bezeichnung: „rada wierzycieli".

225 *Gurgul*, Konkurs- und Vergleichsrecht, Rdnr. 2 zu Art. 141 pln.KO, S. 496.

Richter-Kommissar und dem Konkursgericht weitgehende Letztentscheidungsbefugnisse ein[226]. Die wirtschaftlich bedeutsame Entscheidung über die Annahme eines Vergleichs bleibt allerdings der Gläubigerversammlung vorbehalten (Art. 186 pln.KO, bzw. Art. 50 ff. pln.VglO im Vergleichsverfahren). Ansonsten sind die Einflußmöglichkeiten der Gläubiger auf den Gang des Verfahrens als marginal zu bezeichnen[227].

1. Die Gläubigerversammlung

a) Zuständigkeit und Einberufung

Neben der Abstimmung über die Annahme eines Vergleichs (Art. 186 pln.KO, 50 ff. pln.VglO) obliegt der Gläubigerversammlung die Entscheidung über einen zuvor vom Gläubigerausschuß (bzw. Richter-Kommissar, Art. 140 pln.KO) angenommenen Antrag des Konkursverwalters auf Ausschluß von in ihrem Bestand oder ihrer Durchsetzbarkeit zweifelhaften Forderungen und Rechten sowie tatsächlich nicht veräußerlichen beweglichen Sachen und Grundstücken aus der Konkursmasse (Art. 121 pln.KO)[228] sowie die Entscheidung nach Art. 128 § 2 pln.KO über die Änderung der Zusammensetzung des Gläubigerausschusses[229]. Beschlüsse, die die Gläubigerversammlung in anderen Angelegenheiten faßt, haben ausschließlich beratenden Charakter und binden weder den Konkursverwalter noch den Richter-Kommissar[230]. Ist nach dem Gesetz eine Entscheidung der Gläubigerversammlung erforderlich oder beantragen dies mindestens zwei Gläubiger, denen zusammen mindestens ein Drittel der Gesamtsumme der anerkannten Forderungen zustehen, oder hält der Richter-Kommissar dies aus einem anderen Grund für geboten (Art. 141 pln.KO), so beruft er die Gläubigerversammlung mindestens zwei Wochen vor dem Versammlungstermin durch Bekanntmachung ein, deren Abschrift jeweils dem Konkursverwalter, den Mitgliedern des Gläubigerausschusses sowie dem Gemeinschuldner zuzustellen ist

---

[226] Siehe bereits oben, Teil 2, Abschnitt B 2.

[227] So ausdrücklich *Brol*, PPH 6/2000, S. 10 [16].

[228] Hierzu: Teil 4, Abschnitt D 2. f).

[229] *Zedler*, Konkurs- und Vergleichsrecht, S. 113; *Czajka*, Unternehmen in der Krise, S. 231; *Pogonowski*, Prawo Spółek 2/2002, S. 49.

[230] *Czajka*, Unternehmen in der Krise, S. 231.

(Art. 142 §§ 1, 2 pln.KO). Einen Berichtstermin (vgl. § 29 Nr. 1, § 159 dt. InsO) sieht die polnische Konkursverordnung nicht vor.

Im Vergleichsverfahren soll die Gläubigerversammlung innerhalb eines Monats nach dem letzten Prüftermin einberufen werden (Art. 50 § 1 Satz 2 pln.VglO).

b) Teilnahme- und Stimmrecht der Gläubiger

Gemäß Art. 145 § 1 pln.KO sind diejenigen Gläubiger in der Gläubigerversammlung teilnahme- und stimmberechtigt, deren Forderungen im Verfahren nach Art. 161 pln.KO vom Richter-Kommissar anerkannt wurden[231]. Ein nach Art. 162 pln.KO gegen die Anerkennung der Forderung erhobener Widerspruch steht dem Teilnahme- und Stimmrecht des betreffenden Gläubigers nicht entgegen, solange diesem nicht vom Konkursgericht nach Art. 165 pln.KO durch rechtskräftigen Beschluß stattgegeben wurde[232].

Die Aussage, zur Teilnahme und Abstimmung in der Gläubigerversammlung berechtigten die nach Art. 161 pln.KO anerkannten Forderungen, bedarf aber noch der Präzisierung in zweierlei Hinsicht. Einerseits müssen nämlich hierzu in bezug auf die in Art. 145 § 2 und § 3, 1. Fall pln.KO genannten Forderungen über die Anerkennung durch den Richter-Kommissar hinaus weitere Voraussetzungen erfüllt sein. Andererseits berechtigen unter den Bedingungen des Art. 145 § 3, 2. Fall pln.KO auch nicht anerkannte Forderungen zur Teilnahme und Abstimmung[233].

Art. 145 § 2 pln.KO betrifft persönliche Forderungen eines Gläubigers gegen den Gemeinschuldner, für die eine Sicherheit an einem der Konkursmasse zugehörigen Gegenstand besteht[234]. Ein solcher Gläubiger, der gemäß Art. 152 § 1 Nr. 5 pln.KO bei der Forderungsanmeldung

---

[231] Dagegen reicht die Anerkennung einer Forderung durch den Gemeinschuldner nach Art. 153 Satz 2 pln.KO oder der Vermerk des Konkursverwalters im Entwurf der Konkurstabelle, daß die Forderung anerkannt werden kann (Art. 154 § 1 Satz 1 pln.KO) hierfür nicht aus, vgl. *Gurgul*, Konkurs- und Vergleichsrecht, Rdnr. 7 zu Art. 141 pln.KO, S. 497.

[232] *Świeboda*, Konkurs- und Vergleichsrecht, Anm. 1 zu Art. 145 pln.KO, S. 186; *Gurgul*, Konkurs- und Vergleichsrecht, Rdnr. 2 zu Art. 145 pln.KO, S. 501.

[233] *Gurgul*, Konkurs- und Vergleichsrecht, Rdnr. 4 zu Art. 145 pln.KO.

[234] *Allerhand*, Konkursrecht mit Kommentar, Anm. 4 zu Art. 145; *Piasecki*, Konkurs- und Vergleichsrecht, Anm. 3 zu Art. 145 pln.KO, S. 275; *Gurgul*, Konkurs- und Vergleichsrecht, Rdnr. 5 zu Art. 145 pln.KO, S. 502.

anzugeben hat, in welcher Höhe die persönliche Forderung voraussichtlich nicht aus der Sicherheit zu befriedigen sein wird, sowie ob und in welcher Höhe er auf die Sicherheit verzichtet, muß sein Teilnahme- und Stimmrecht eigens beim Richter-Kommissar beantragen (Art. 145 § 2 Satz 1 pln.KO)[235]. Der Richter-Kommissar bestimmt dann die Forderungssumme, nach der sich das Stimmrecht des dinglich gesicherten Gläubigers bemißt. Diese richtet sich Art. 145 § 2 Satz 2 pln.KO zufolge nach dem Anteil der persönlichen Forderung, der voraussichtlich nicht aus der Sicherheit gemäß Art. 204 § 1 Nr. 2a, 2b pln.KO vorrangig befriedigt werden kann. Aus der Bestimmung des Art. 145 § 2 Satz 2 pln.KO muß gefolgert werden, daß ein Gläubiger, der nicht Inhaber einer persönlichen Forderung gegen den Gemeinschuldner ist, sondern dem für die gegen einen Dritten gerichtete Forderung eine Sicherheit an einem massezugehörigen Gegenstand eingeräumt wurde (Art. 32 § 3, Art. 150 § 2 pln.KO)[236], von der Teilnahme und Abstimmung in der Gläubigerversammlung gänzlich ausgeschlossen ist[237], da es in diesem Fall keine von der Sicherheit nicht gedeckte Restforderung geben kann, die als Grundlage für die Festsetzung des Stimmenanteils nach Art. 145 § 2 Satz 2 pln.KO in Frage käme.

Die Erwägung des Verordnungsgebers, die der aus Art. 145 § 2 pln.KO folgenden Einschränkung des Stimmrechts gesicherter Gläubiger zugrunde lag, war das mit der privilegierten Stellung dieser Gläubiger einhergehende geringere Interesse am Ausgang der Abstimmungen in denjenigen Angelegenheiten, die in den Kompetenzbereich der Gläubigerversammlung fallen[238]. Insbesondere läßt der Abschluß eines Vergleichs im Konkursverfahren (Zwangsvergleich[239]) gemäß Art. 194 § 2

---

235 Verzichtet er allerdings gemäß Art. 152 § 1 Nr. 5 pln.KO vollständig auf seine Sicherheit, so bestimmt sich sein Teilnahme- und Stimmrecht allein nach Art. 145 § 1 pln.KO, vgl. *Allerhand*, Konkursrecht mit Kommentar, Anm. 10 zu Art. 152; *Świeboda*, Konkurs- und Vergleichsrecht, Anm. 5 zu Art. 152 pln.KO, S. 193; *Gurgul*, Konkurs- und Vergleichsrecht, Rdnr. 10 zu Art. 152 pln.KO, S. 529.

236 Ein solcher Fall liegt beispielsweise vor, wenn der Gemeinschuldner vor der Konkurseröffnung ein hypothekarisch belastetes Grundstück erworben hat, vgl. *Jakubecki*, PS 1/1998, S. 22 [25].

237 *Gurgul*, Konkurs- und Vergleichsrecht, Rdnr. 5 zu Art. 145 pln.KO, S. 502.

238 *Allerhand*, Entwurfsbegründung Konkursrecht, S. 88.

239 Der Begriff „Zwangsvergleich“ entspricht der Terminologie der früheren deutschen Konkursordnung (§§ 173 ff. dt. KO) und soll hier zum Zwecke der Abgrenzung von dem im Vergleichsverfahren geschlossenen Vergleich verwendet werden. Ganz ähn-

pln.KO die Sicherungsrechte der Gläubiger unberührt, so daß eine Teilnahme der gesicherten Gläubiger an der Abstimmung nach Art. 186 pln.KO nur insoweit gerechtfertigt erscheint, wie diese durch die Annahme des Vergleichs einen Rechtsverlust erleiden können. Hiermit läßt sich auch erklären, warum nach einhelliger Meinung in der polnischen Literatur[240] das Teilnahme- und Stimmrecht eines persönlichen Gläubigers des Gemeinschuldners durch das Bestehen dinglicher Sicherheiten an Vermögensgegenständen Dritter oder das Bestehen persönlicher Sicherheiten keinerlei Einschränkung erfährt. In diesem Fall erleidet nämlich der Gläubiger durch die Annahme des Vergleichs den teilweisen Verlust seines Rechts, Befriedigung aus dem Vermögen seines persönlichen Schuldners zu suchen, was ungeachtet der Drittsicherung seine Teilnahme an der Abstimmung der Gläubigerversammlung nach Art. 186 pln.KO mit seinem vollen Forderungsbetrag erforderlich macht.

Im Falle von hypothekarischen oder anderen in einem Register eingetragenen Sicherungsrechten an im Ausland belegenen Vermögensgegenständen des Gemeinschuldners ist gemäß Art. 159 pln.KO, der eine doppelte Befriedigung des Gläubigers aus der Konkursmasse einerseits und aus dem nicht in die Konkursmasse fallenden Sicherungsgut[241] andererseits verhindern soll[242], bereits die Anmeldung zur Konkurstabelle[243] und damit auch die Anerkennung der Forderung durch den Richter-Kommissar nach Art. 161 pln.KO bis zur Vorlage eines Nachweises über die Löschung des Sicherungsrechts aus dem Register ausgeschlossen, so daß unabhängig von Art. 145 § 2 pln.KO ein Teilnahme- und Stimmrecht des Gläubigers solange ausscheidet[244]. Forderungen, für die nur

---

lich unterscheidet die österreichische Rechtsterminologie bis heute zwischen dem Zwangsausgleich nach §§ 140 ff. öst. KO und dem Ausgleich nach der Ausgleichsordnung. Der polnischen Rechtsterminologie ist eine solche Unterscheidung dagegen unbekannt. Sowohl der im eröffneten Konkursverfahren als auch der im Vergleichsverfahren geschlossene Vergleich wird einheitlich als „układ" bezeichnet.

240 *Allerhand*, Konkursrecht mit Kommentar, Anm. 4 zu Art. 145; *Piasecki*, Konkurs- und Vergleichsrecht, Anm. 3 zu Art. 145 pln.KO, S. 275; *Gurgul*, Konkurs- und Vergleichsrecht, Rdnr. 5 zu Art. 145 pln.KO, S. 502.

241 Zum polnischen internationalen Konkursrecht siehe Teil 4, Abschnitt B.

242 *Gurgul*, Konkurs- und Vergleichsrecht, Rdnr. 3 zu Art. 159 pln.KO, S. 542.

243 Polnische Bezeichnung: „lista wierzytelności", was wörtlich mit „Forderungsliste" zu übersetzen wäre.

244 *Allerhand*, Konkursrecht mit Kommentar, Anm. 5 zu Art. 145; *Świeboda*, Konkurs- und Vergleichsrecht, Anm. 3 zu Art. 145 pln.KO, S. 186; *Piasecki*, Konkurs- und

Sicherheiten an im Ausland belegenen Vermögensgegenständen Dritter bestehen, bleiben dagegen von Art. 159 pln.KO unberührt[245].

Auch im Falle einer aufschiebend bedingten Forderung muß der Gläubiger, will er von seinem Stimmrecht Gebrauch machen, die Festsetzung der Forderungssumme durch den Richter-Kommissar gemäß Art. 145 § 3, 1. Fall pln.KO beantragen, nach der sich sein Stimmrecht berechnet. Ein solches Erfordernis sieht Art. 145 § 3 pln.KO für auflösend bedingte Forderungen nicht vor[246].

Wurde eine Forderung noch nicht durch den Richter-Kommissar anerkannt, so kann der Gläubiger dennoch an der Gläubigerversammlung teilnehmen und dort abstimmen, wenn er seine Forderung glaubhaft gemacht (Art. 243 ZVGB) und der Richter-Kommissar auf Antrag des Gläubigers hin die für dessen Stimmanteil maßgebliche Forderungssumme festgelegt hat (Art. 145 § 3, 2. Fall pln.KO). Diese Vorschrift erlangt dann Bedeutung, wenn der Richter-Kommissar noch nicht gemäß Art. 161 §§ 2, 3 pln.KO über die Feststellung des ihm gemäß Art. 161 § 1 pln.KO vom Konkursverwalter vorzulegenden Entwurfs der Konkurstabelle entschieden hat, etwa weil noch nicht die im Eröffnungsbeschluß nach Art. 14 § 1 Nr. 2 pln.KO gesetzte Anmeldefrist abgelaufen ist (Art. 150, 153 pln.KO), oder wenn die Forderung erst nach Ablauf dieser Frist angemeldet wurde (Art. 167 pln.KO)[247]. Zur Abstimmung über die Annahme eines Zwangsvergleichs (Art. 186 pln.KO) darf ein Gläubiger, dessen Forderung noch nicht anerkannt ist, dagegen nicht zugelassen werden[248].

Eine Forderung, die der Gläubiger erst nach Konkurseröffnung im Wege der Abtretung (Art. 509 ff. ZGB) oder des Indossaments (Art. 921^9 § 2 ZGB) erworben hat, berechtigt ihn gemäß Art. 147 pln.KO nicht zur Teilnahme an der Abstimmung, es sei denn, die Forderung ist auf den Gläubiger dadurch übergegangen, daß dieser eine Verbindlichkeit erfüllt

---

Vergleichsrecht, Anm. 4 zu Art. 145 pln.KO, S. 275; *Gurgul*, Konkurs- und Vergleichsrecht, Rdnr. 7 zu Art. 145 pln.KO, S. 502.

245 *Allerhand*, Konkursrecht mit Kommentar, Anm. 2, 3 zu Art. 159; *Świeboda*, Konkurs- und Vergleichsrecht, Anm. 1 zu Art. 159 pln.KO, S. 198; *Gurgul*, Konkurs- und Vergleichsrecht, Rdnr. 2 zu Art. 159 pln.KO, S. 542.

246 *Gurgul*, Konkurs- und Vergleichsrecht, Rdnr. 9 zu Art. 145 pln.KO, S. 503.

247 *Gurgul*, Konkurs- und Vergleichsrecht, Rdnr. 11 zu Art. 145 pln.KO, S. 503; vgl. hierzu auch Teil 5, Abschnitt A.

248 *Allerhand*, Konkursrecht mit Kommentar, Anm. 5 zu Art. 186.

hat, für die er persönlich oder mit bestimmten Vermögensgegenständen aus einem vor der Konkurseröffnung begründeten Rechtsverhältnis haftete[249]. Dieser Bestimmung lag die Überlegung des Verordnungsgebers zugrunde, daß der Erwerb von Konkursforderungen einen ungewöhnlichen Vorgang darstellt, durch den möglicherweise ausschließlich eine gezielte Beeinflussung der Abstimmungsergebnisse in der Gläubigerversammlung bezweckt werden soll[250]. Aufgrund der nur geringen Einflußmöglichkeiten der Gläubigerversammlung auf wirtschaftlich bedeutsame Weichenstellungen im Konkursverfahren erscheint diese in der Entwurfsbegründung zur Konkursverordnung geäußerte Befürchtung allerdings kaum gerechtfertigt.

Für den Fall der Gesamtgläubigerschaft (Art. 367 ZGB) läßt Art. 146 pln.KO nur die Abstimmung durch einen Gläubiger zu.

Von der Abstimmung über die Annahme eines Zwangsvergleichs sind die in Art. 186 § 2 pln.KO genannten Familienangehörigen des Gemeinschuldners sowie im Falle des Konkurses einer Gesellschaft deren Gesellschafter ausgeschlossen wie auch andere Gläubiger, soweit sie ihre Forderungen nach Konkurseröffnung von den genannten Personen erworben haben[251]. Eine ähnliche Regelung trifft Art. 58 pln.VglO für das Vergleichsverfahren.

Da ein Zwangsvergleich gemäß Art. 174 pln.KO die bevorrechtigten Forderungen, das sind gemäß Art. 204 § 2 pln.KO die Forderungen der Klassen 1-5 des Art. 204 § 1 pln.KO, unberührt läßt, sind die Gläubiger dieser Forderungsklassen vorbehaltlich des Art. 145 § 2 pln.KO von der Abstimmung über die Annahme eines Vergleichs im Konkursverfahren ebenfalls ausgeschlossen[252].

Im Vergleichsverfahren nehmen grundsätzlich diejenigen Gläubiger an der Gläubigerversammlung teil, deren Forderungen nach Art. 41 pln.VglO in die Forderungstabelle aufgenommen wurden, sowie diejeni-

---

249 Vgl. Art. 518 § 1 Nr. 1 ZGB.

250 *Allerhand*, Entwurfsbegründung Konkursrecht, S. 88.

251 Dies folgt in den meisten Fällen bereits aus Art. 147 pln.KO, vgl. *Allerhand*, Konkursrecht mit Kommentar, Anm. 17 zu Art. 186.

252 *Allerhand*, Konkursrecht mit Kommentar, Anm. 9 zu Art. 186; *Gurgul*, Konkurs- und Vergleichsrecht, Rdnr. 8 zu Art. 186 pln.KO, S. 603; *Nazarewicz*, PPH 1/1994, S. 1 [8], der allerdings ohne nähere Begründung eine Anwendbarkeit des Art. 145 § 2 pln.KO im Rahmen der Abstimmung nach Art. 186 pln.KO ablehnt.

gen Gläubiger, die ihre Forderungen mit einer rechtskräftigen Gerichtsentscheidung nachweisen (Art. 50 § 2 pln.VglO).

c) Mehrheitserfordernisse bei der Beschlußfassung

Nach der Grundregel des Art. 148 pln.KO, die jedoch durch die Sonderbestimmungen der Art. 121 § 1, 128 § 2, 186 § 1 pln.KO verdrängt wird und somit nur auf beratende Beschlüsse der Gläubigerversammlung Anwendung findet, kommt ein Beschluß dann zustande, wenn mehr als die Hälfte der anwesenden und gemäß Art. 145 - 147 pln.KO stimmberechtigten Gläubiger für den Beschlußantrag votieren und die zustimmenden Gläubiger mindestens ein Fünftel der gesamten zur Abstimmung berechtigenden Forderungssumme dieses Konkursverfahrens repräsentieren[253]. Bei der Berechnung der Gesamtforderungssumme finden die in Art. 145 §§ 2, 3 pln.KO genannten Forderungen nur insoweit Berücksichtigung, wie die betreffenden Gläubiger auf ihren Antrag hin vom Richter-Kommissar zur Abstimmung zugelassen worden sind[254]. Im Fall des Art. 121 pln.KO muß die Mehrheit der anwesenden Gläubiger drei Viertel der so berechneten Gesamtforderungssumme repräsentieren. Art. 128 § 2 Satz 2 pln.KO verlangt dagegen vier Fünftel der zum Zeitpunkt der Gläubigerversammlung anerkannten oder glaubhaft gemachten Gesamtforderungssumme[255].

Die Annahme eines Zwangsvergleichs im Konkursverfahren kommt nach Art. 186 § 1 pln.KO dann zustande, wenn sich die Mehrheit der abstimmenden Gläubiger, die mindestens zwei Drittel der Gesamtforderungssumme repräsentiert, für die Annahme ausspricht. Die Gesamtforderungssumme bestimmt sich hier jedoch anders als in den Fällen der Art. 121, 128, 148 pln.KO nach der vom Richter-Kommissar gemäß Art. 161 pln.KO festgestellten Konkurstabelle (Art. 186 § 1 pln.KO). Hieraus folgt, daß der Inhaber einer noch nicht nach Art. 161 pln.KO

---

[253] *Allerhand*, Konkursrecht mit Kommentar, Anm. 3, 4 zu Art. 148; *Czajka*, Unternehmen in der Krise, S. 233; *Gurgul*, Konkurs- und Vergleichsrecht, Rdnrn. 3, 4 zu Art. 148 pln.KO, S. 509 f.; *Świeboda*, Konkurs- und Vergleichsrecht, Anm. 2 zu Art. 148 pln.KO, S. 188.

[254] *Allerhand*, Konkursrecht mit Kommentar, Anm. 5 zu Art. 148; *Gurgul*, Konkurs- und Vergleichsrecht, Rdnr. 4 zu Art. 148 pln.KO, S. 510.

[255] *Allerhand*, Konkursrecht mit Kommentar, Anm. 5 zu Art. 128; *Gurgul*, Konkurs- und Vergleichsrecht, Rdnr. 6 zu Art. 128 pln.KO, S. 475.

anerkannten, sondern nur glaubhaft gemachten Forderung nicht nach Art. 145 § 3, 2. Fall pln.KO zur Abstimmung über die Annahme eines Zwangsvergleichs zugelassen werden kann[256].

Umstritten ist dagegen die Frage, ob die anerkannten Forderungen, die gemäß Art. 186 § 2 pln.KO nicht zur Abstimmung über den Zwangsvergleich berechtigen, in die für die Ermittlung der Zweidrittelmehrheit maßgebliche Gesamtforderungssumme einzubeziehen sind. Zum Teil wird dies unter Hinweis auf den Wortlaut des Art. 186 § 1 pln.KO bejaht[257]. Hiergegen spricht jedoch entscheidend, daß sich nach dieser Auffassung die Annahme eines Zwangsvergleichs durch die Gläubigerversammlung bei einem hohen Anteil von Forderungen, die nach Art. 186 § 2 pln.KO nicht zur Teilnahme an der Abstimmung berechtigen, als illusorisch erweist[258]. Überschreitet der Anteil der von Art. 186 § 2 pln.KO erfaßten Forderungsbeträge an der Gesamtsumme der anerkannten Forderungen ein Drittel, so wäre nach dieser Auffassung die Annahme eines Zwangsvergleichs sogar gänzlich ausgeschlossen[259].

Im Vergleichsverfahren ist für die Annahme des Vergleichs gemäß Art. 57 § 1 pln.VglO grundsätzlich eine Mehrheit der abstimmenden Gläubiger erforderlich, die zwei Drittel der zur Teilnahme an der Gläubigerversammlung berechtigenden Forderungen repräsentiert. Will der Schuldner einen Schuldenerlaß von mehr als 40 Prozent erreichen, so beträgt der Mindestanteil der zustimmenden Gläubiger an der Gesamtforderungssumme vier Fünftel (Art. 57 § 2 pln.VglO). Die in Art. 58 pln.VglO genannten Gläubiger sind zwar nicht von der Teilnahme an der Gläubigerversammlung, sondern lediglich von der Abstimmung ausgeschlossen[260], dennoch sollten ihre Forderungen ähnlich wie im Fall des

---

256 *Allerhand*, Konkursrecht mit Kommentar, Anm. 5 zu Art. 186; *Gurgul*, Konkurs- und Vergleichsrecht, Rdnr. 16 zu Art. 186 pln.KO, S. 605.

257 *Buber*, Polnisches Konkursrecht, S. 159; *Korzonek*, Konkurs- und Vergleichsrecht II, S. 161; *Nazarewicz*, PPH 1/1994, S. 1 [8].

258 *Gurgul*, Konkurs- und Vergleichsrecht, Rdnr. 11 zu Art. 186 pln.KO, S. 604. Ebenso sprechen sich gegen eine Einbeziehung dieser Forderungen aus: *Allerhand*, Konkursrecht mit Kommentar, Anm. 19 zu Art. 186; *Świeboda*, Konkurs- und Vergleichsrecht, Anm. 5 zu Art. 186 pln.KO, S. 227 f.

259 Auf diese Konsequenz weist *Allerhand*, Kommentar zum Vergleichsrecht, Anm. 3 zu Art. 57 hin.

260 Dies folgt bereits aus der Formulierung von Art. 58 Satz 2 pln.VglO („Auch andere Gläubiger stimmen nicht ab, wenn sie an der Versammlung wegen Forderungen

Art. 186 pln.KO bei der Bestimmung der Gesamtforderungssumme keine Berücksichtigung finden[261].

Im Vergleichsverfahren ist gemäß Art. 51 pln.VglO zudem die Anwesenheit von mindestens der Hälfte der teilnahmeberechtigten Gläubiger erforderlich[262]. Als anwesend gelten auch diejenigen Gläubiger, die ihre Stimme schriftlich mit beglaubigter Unterschrift abgegeben haben (Art. 51 Satz 2 pln.VglO).

2. *Der Gläubigerausschuß („Gläubigerrat")*

Der Gläubigerausschuß wird gemäß Art. 126 § 1 pln.KO vom Richter-Kommissar eingesetzt, wenn dieser die Einsetzung für erforderlich erachtet. Unabhängig davon ist der Richter-Kommissar verpflichtet, auf Antrag von Gläubigern, denen zusammen mindestens ein Fünftel der Gesamtsumme der glaubhaft gemachten oder vom Richter-Kommissar nach Art. 161 pln.KO anerkannten[263] Forderungen zusteht, einen Gläubigerausschuß einzusetzen. Der Gläubigerausschuß besteht aus drei oder fünf Mitgliedern sowie einem oder zwei Vertretern, deren Auswahl und Abberufung dem Richter-Kommissar obliegt (Art. 126 § 3, Art. 127 pln.KO). Der Beschluß des Richter-Kommissars in dieser Sache ist

---

teilnehmen, die [...]"), vgl. *Gurgul*, Konkurs- und Vergleichsrecht, Rdnr. 7 zu Art. 58 pln.VglO, S. 869.

261 *Allerhand*, Kommentar zum Vergleichsrecht, Anm. 3 zu Art. 57; *Gurgul*, Konkurs- und Vergleichsrecht, Rdnr. 10 zu Art. 58 pln.VglO, S. 870.

262 Auch hier ist in der polnischen Literatur umstritten, ob das Quorum auch dann schon erfüllt ist, wenn lediglich die Hälfte der *stimmberechtigten* Gläubiger zur Versammlung erschienen sind. Gegen eine Berücksichtigung der in Art. 58 pln.VglO genannten teilnahme- aber nicht stimmberechtigten Gläubiger bei der Festlegung des Quorums nach Art. 51 pln.VglO sprechen sich *Allerhand*, Kommentar zum Vergleichsrecht, Anm. 1 zu Art. 51 sowie *Gurgul*, Konkurs- und Vergleichsrecht, Rdnr. 1 zu Art. 51 pln.VglO, S. 856 aus. Die gegenteilige Ansicht vertreten *Korzonek*, Konkurs- und Vergleichsrecht III, S. 109 f.; *Świeboda*, Konkurs- und Vergleichsrecht, Anm. 4 zu Art. 51 pln.VglO, S. 327. Die letztgenannte Ansicht entspricht zwar dem Wortlaut des Art. 51 pln.VglO, kann aber die nicht stimmberechtigten Gläubiger in die Lage versetzen, durch bloßes Fernbleiben von der Versammlung eine Annahme des Vergleichs zu verhindern und so doch entgegen Art. 58 pln.VglO Einfluß auf die Entscheidung der Gläubigerversammlung zu nehmen. Es erscheint daher überzeugender, die in Art. 58 pln.VglO genannten Gläubiger nicht in das Quorum des Art. 51 pln.VglO einzubeziehen.

263 *Gurgul*, Konkurs- und Vergleichsrecht, Rdnr. 5 zu Art. 126 pln.KO, S. 470.

unanfechtbar, allerdings können Gläubiger, die zusammen ein Fünftel der Gesamtsumme der glaubhaft gemachten oder anerkannten Forderungen repräsentieren, beim Richter-Kommissar eine Änderung der Zusammensetzung des Gläubigerausschusses beantragen (Art. 128 § 1 pln.KO). Gibt der Richter-Kommissar diesem Antrag nicht statt, so ist der Antrag der Gläubigerversammlung vorzulegen, die mit qualifizierter Mehrheit[264] den Richter-Kommissar zu einer Neubesetzung des Gläubigerausschusses zwingen kann (Art. 128 § 2 pln.KO).

Zu den Aufgaben des Gläubigerausschusses zählen Art. 130 § 1 pln.KO zufolge die Unterstützung des Konkursverwalters, seine Kontrolle, die Prüfung des Bestandes der Konkursmasse sowie die Entscheidung über die Erteilung der Zustimmung zu Handlungen des Konkursverwalters, deren Vornahme das Gesetz (Art. 131 § 1 pln.KO[265]) oder der Richter-Kommissar (Art. 87 § 1 pln.KO) von der Zustimmung des Gläubigerausschusses abhängig macht. Entscheidet der Gläubigerausschuß nicht innerhalb der ihm vom Richter-Kommissar gesetzten Frist über die Erteilung oder Verweigerung der Zustimmung, so wird seine Entscheidung vom Richter-Kommissar ersetzt (Art. 132 pln.KO). Auch zu anderen Angelegenheiten kann der Konkursverwalter die Meinung des Gläubigerausschusses einholen (Art. 130 § 1 a.E. pln.KO). Zur Erfüllung seiner Aufgaben hat der Gläubigerausschuß das Recht, die Bücher und alle anderen das Konkursverfahren betreffenden Dokumente einzusehen und zu prüfen, und er kann den Konkursverwalter zur Abgabe von Erklärungen auffordern (Art. 130 § 3 pln.KO). Bezüglich der

---

264 Siehe hierzu oben, Teil 2, Abschnitt D 1. c).

265 Sofern nicht die Handlung unverzüglich vorgenommen werden muß und nur einen Wert von bis zu 1000 PLN betrifft (Art. 131 § 2 pln.KO), ist hiernach die Zustimmung des Gläubigerausschusses erforderlich im Falle der Fortführung des gemeinschuldnerischen Unternehmens für eine Zeit von bis zu drei Monaten ab Konkurseröffnung, der weiteren Wohnungsüberlassung an den Gemeinschuldner, der Gewährung sowie der Beendigung einer Unterstützung des Gemeinschuldners und seiner Familie, des freihändigen Verkaufs einer Liegenschaft sowie eines eingetragenen Hochsee- oder Binnenschiffs, des Verkaufs von Rechten und Forderungen, der Annahme und Ausschlagung einer Erbschaft, der Erfüllung eines vom Gemeinschuldner abgeschlossenen gegenseitigen Vertrages sowie des Rücktritts von einem solchen Vertrage, der Einlösung von Sachen, die sich aufgrund eines Pfand- oder Zurückbehaltungsrechts im Gewahrsam eines Dritten befinden, und im Falle der Anerkennung, des Verzichts, des Abschlusses einer Schiedsvereinbarung sowie eines Vergleichs in bezug auf strittige Ansprüche durch den Konkursverwalter.

Kontrollaufgaben des Gläubigerausschusses besteht gemäß Art. 130 § 4 pln.KO eine Berichtspflicht gegenüber dem Richter-Kommissar. In den übrigen Angelegenheiten hat der Gläubigerausschuß nur nach Aufforderung durch den Richter-Kommissar Rechenschaft abzulegen.

Nimmt der Konkursverwalter einen Realakt ohne die nach Art. 131, 87 § 1 pln.KO erforderliche Zustimmung des Gläubigerausschusses vor und erfolgt auch keine nachträgliche Genehmigung durch den Gläubigerausschuß[266], so zieht dies die in Art. 100 - 102 pln.KO, 415 ZGB genannten disziplinar- und haftungsrechtlichen Folgen[267] nach sich[268]. Rechtsgeschäftliche Handlungen sind dagegen anders als nach deutschem Recht[269] ohne die erforderliche Zustimmung oder nachträgliche Genehmigung[270] durch den Gläubigerausschuß einem Dritten gegenüber unwirksam, unabhängig davon, ob diesem die Tatsache der Zustimmungsbedürftigkeit oder fehlenden Zustimmung bewußt war[271]. Diese Rechtsfolge ergibt sich aus der Bestimmung des Art. 131 § 3 pln.KO, wonach der Richter-Kommissar auf Verlangen eines Dritten, der mit dem Konkursverwalter einen Vertrag schließen will, die Erteilung der Zustimmung des Gläubigerausschusses oder das Fehlen eines Zustimmungserfordernisses bestätigt. Hätte das Fehlen der Zustimmung des Gläubigerausschusses nicht die Unwirksamkeit des Vertrages zur Folge, wäre eine solche Bestätigung für den Dritten bedeutungslos[272]. Beschlüsse des Gläubigerausschusses ergehen mit einfacher Stimmenmehrheit (Art. 136 § 1 pln.KO). Die Höhe der Konkursforderungen der einzelnen Ausschußmitglieder ist dabei ohne Belang.

Den Mitgliedern des Gläubigerausschusses steht anders als nach § 73 InsO kein Vergütungsanspruch, sondern nur ein Anspruch auf Ersatz der notwendigen Auslagen zu, über den der Richter-Kommissar durch unanfechtbaren Beschluß entscheidet (Art. 138 pln.KO) und der als erst-

---

266 Beschluß des Obersten Gerichts vom 14.12.1995 – III CZP 176/95, OSNIC 2/1996, Pos. 41, S. 40 [44]; *Allerhand*, Konkursrecht mit Kommentar, Anm. 1 zu Art. 131; *Świeboda*, Konkurs- und Vergleichsrecht, Anm. 1 zu Art. 131 pln.KO, S. 176; *Gurgul*, Konkurs- und Vergleichsrecht, Rdnr. 2 zu Art. 131 pln.KO, S. 480.

267 Siehe oben, Teil 2, Abschnitt C 3.

268 *Gurgul*, Konkurs- und Vergleichsrecht, Rdnr. 4 zu Art. 131 pln.KO, S. 480.

269 Vgl. § 164 InsO im Anschluß an § 136 dt. KO.

270 S. o. Fn. 266.

271 *Gurgul*, Konkurs- und Vergleichsrecht, Rdnr. 1 zu Art. 131 pln.KO, S. 479.

272 *Allerhand*, Konkursrecht mit Kommentar, Anm. 1 zu Art. 131.

rangige Forderung i. S. des Art. 204 § 1 Nr. 1 pln.KO vom Konkursverwalter gemäß Art. 205 pln.KO erfüllt wird[273]. Im Falle der Verfahrenseinstellung oder der Aufhebung des Eröffnungsbeschlusses richtet sich der Anspruch gegen den Gemeinschuldner (Art. 226 § 1 pln.KO).

Pflichtverstöße eines Mitglieds des Gläubigerausschusses können seine Abberufung durch den Richter-Kommissar nach Art. 126 § 3 Satz 2 pln.KO sowie eine Schadensersatzpflicht (Art. 139 pln.KO) zur Folge haben.

Kommt es wie im Regelfall[274] nicht zur Einsetzung eines Gläubigerausschusses, so nimmt der Richter-Kommissar dessen Befugnisse wahr (Art. 140 pln.KO).

E Gerichtsvollzieher und Notar

Zu den Beteiligten des Konkursverfahrens sind auch der Gerichtsvollzieher und der Notar zu zählen.

In den ausschließlichen Aufgabenbereich des Gerichtsvollziehers fallen die Besitzeinweisung des Konkursverwalters oder eines besonderen Verwalters (Art. 94 pln.KO), die zwangsweise Öffnung abgeschlossener Räume und Schließfächer sowie die Durchsuchung von Sachen des Gemeinschuldners, seiner Wohnung, Schließfächer und Kleider auf Verlangen des Konkursverwalters (Art. 106 pln.KO), die öffentliche Versteigerung von Liegenschaften und eingetragenen Hochsee- und Binnenschiffen (Art. 118 § 1 pln.KO) sowie die Herausgabevollstreckung gegen den Konkursverwalter nach Einstellung des Verfahrens (Art. 221 § 2 Satz 2 pln.KO).

Die Aufstellung des Inventarverzeichnisses, sofern dies nicht der Konkursverwalter selbst vornimmt (Art. 105 § 2 Satz 1 pln.KO), sowie die teilweise oder vollständige Versiegelung des schuldnerischen Vermögens (Art. 103 § 1 pln.KO) und die Versteigerung beweglicher Sa-

---

[273] *Allerhand*, Konkursrecht mit Kommentar, Anm. 9 zu Art. 138.

[274] *Brol*, PPH 6/2000, S. 10 [16].

chen (Art. 115 § 1 Satz 2 pln.KO) kann sowohl dem Gerichtsvollzieher als auch einem Notar übertragen werden[275].

Gegen Handlungen des Gerichtsvollziehers und des Notars steht der Rechtsbehelf der Erinnerung („skarga") offen, über den der Richter-Kommissar durch unanfechtbaren Beschluß entscheidet.

F Besondere Beteiligte im Konkursverfahren über das Vermögen eines staatlichen Unternehmens, einer Bank sowie eines Versicherungsunternehmens

1. Staatliches Unternehmen

Als zusätzliche Beteiligte im Konkursverfahren über das Vermögen eines staatlichen Unternehmens sieht die Konkursverordnung den Betriebsrat[276], das Gründungsorgan[277] (Art. 7 StUG) sowie das zur Vertretung des Fiskus (Staatsschatzes[278]) berechtigte Organ vor[279].

a) Betriebsrat

Die Beteiligung des Betriebsrats beschränkt sich auf das Eröffnungsverfahren und erfolgt im Wege der fakultativen Anhörung durch das Konkursgericht nach Art. 10 § 1 Satz 3 pln.KO. Art. 114 Satz 2 pln.KO schreibt zudem die Anhörung des Betriebsrats durch das Konkursgericht bei der Entscheidung über die Erteilung einer Erlaubnis zur Weiterführung des Unternehmens oder zur Verpachtung eines Betriebsgrundstücks für eine Dauer von mehr als drei Monaten ab Konkurseröffnung vor. Diese Bestimmung ist insofern überholt, als gemäß Art. 24a Abs. 1 Nr. 2 StUG in der Fassung des Gesetzes vom 8.8.1996[280] die Organe der Selbstverwaltung der Belegschaft, wozu auch der Betriebsrat gehört, mit

---

275 *Czajka*, Unternehmen in der Krise, S. 236 f.; *Zedler*, Konkurs- und Vergleichsrecht, S. 99 f.; *Suchecki*, PS 4/1994, S. 28 [33 ff.]; *Pokora*, Rejent 7-8/1997, S. 183 [184 ff.].

276 Polnische Bezeichnung. „rada pracownicza".

277 Polnische Bezeichnung: „organ założycielski".

278 Polnische Bezeichnung: „Skarb Państwa", s. o. Fn. 74.

279 *Zedler*, Konkurs- und Vergleichsrecht, S. 125.

280 Dz.U. 1996, Nr. 106, Pos. 496.

dem Tage der Konkurseröffnung über das Vermögen des staatlichen Unternehmens kraft Gesetzes aufgelöst sind und daher auch nicht mehr angehört werden können[281]. Art. 113 § 3 pln.KO in der Fassung des Gesetzes vom 31.7.1997[282] sieht eine Anhörung des Betriebsrats durch den Konkursverwalter dagegen nicht mehr vor.

b) Das Gründungsorgan und das zur Vertretung des Fiskus berechtigte Organ

Die Beteiligung des Gründungsorgans sowie des zur Vertretung des Fiskus berechtigten Organs beruht zum einen auf der Gewährung rechtlichen Gehörs (Art. 10 § 1 Satz 3, Art. 113 § 3, Art. 114 Satz 2 pln.KO). Zum anderen bestehen diesen Organen gegenüber Mitteilungspflichten des Konkursgerichts und des Richter-Kommissars (Art. 161 § 3 Satz 2; Art. 209 § 2 pln.KO), insbesondere in Form der Zustellung von Beschlüssen (Art. 16 § 2 Satz 2, Art. 76 § 4, Art. 217 Satz 2, Art. 219 pln.KO). Ihnen steht zudem die Befugnis zur Einlegung von Rechtsmitteln und anderen Rechtsbehelfen zu (Art. 17 §§ 2, 3, Art. 162 § 2 Satz 2 pln.KO). Sie können Vergleichsvorschläge unterbreiten (Art. 175, 176 pln.KO) und nehmen beim Vergleichsabschluß, dessen Zustandekommen von ihrer Zustimmung abhängt (Art. 181 § 2 Satz 2 pln.KO), an der Gläubigerversammlung teil (Art. 181 § 2 Satz 1 pln.KO).

2. Bank

Als zusätzliche Verfahrensbeteiligte im Konkursverfahren über das Vermögen einer Bank sieht Art. 158 BankR die Bankaufsichtskommission[283] vor. Zur Konkursantragstellung ist gemäß Art. 158 Abs. 1 Satz 2 BankR die Bankaufsichtskommission allein berechtigt, die, wird ihr vom Vorstand, dem kommissarischen Vorstand oder dem Liquidator einer Bank deren bilanzielle Überschuldung mitgeteilt, statt der Stellung eines Konkursantrags auch die Übernahme der überschuldeten Bank durch eine andere Bank mit deren Einverständnis anordnen kann. Unterbleibt

[281] *Zedler*, Konkurs- und Vergleichsrecht, S. 126; *Gurgul*, Konkurs- und Vergleichsrecht, Rdnr. 10 zu Art. 114 pln.KO, S. 433.
[282] Dz.U. 1997, Nr. 117, Pos. 751.
[283] Polnische Bezeichnung: „Komisja Nadzoru Bankowego“.

die Mitteilung, so kann die Bankaufsichtskommission auch aus eigener Initiative handeln (Art. 158 Abs. 3 BankR). Wird ein Konkursverfahren eröffnet, so muß der Konkursverwalter der Bankaufsichtskommission gegenüber in dreimonatigen Abständen einen Tätigkeitsbericht abgeben (Art. 163 Abs. 3 BankR). Die Berichtspflicht nach Art. 99 § 1 pln.KO bleibt davon unberührt[284].

Art. 161 Nr. 3 BankR erklärt darüber hinaus den Bankgarantiefonds[285] mit Eröffnung des Konkursverfahrens zum Verfahrensbeteiligten. Seine Verfahrensstellung ist dem Gesetz über den Bankgarantiefonds (BankGFG) zu entnehmen. Von besonderer Bedeutung ist hierbei die Pflicht des Konkursverwalters gegenüber dem Bankgarantiefonds zur Nennung der Deponenten, worunter gemäß Art. 2 Nr. 1 BankGFG Inhaber von Namenskonten zu verstehen sind, sowie der Höhe ihrer nach Art. 23 BankGFG vom obligatorischen Garantiesystem erfaßten Guthaben.

Im Eröffnungsbeschluß bestimmt das Konkursgericht für die gemeinschuldnerische Bank als Repräsentant einen Pfleger (Art. 160 Abs. 4 BankR). Hierfür kommt auch der nach Art. 144 Abs. 1 BankR im Vorfeld des Konkurses zur Beaufsichtigung der Durchführung eines Sanierungsprogramms bestellte Pfleger in Betracht[286], dessen Amt kraft Gesetzes mit der Übernahme der Verwaltung durch den Konkursverwalter endet (Art. 162 BankR).

3. *Versicherungsunternehmen*

Im Konkursverfahren über das Vermögen eines Versicherungsunternehmens treten gemäß Art. 75 ff. VersTG als weitere Verfahrensbeteiligte das Aufsichtsorgan sowie ein Pfleger in Erscheinung[287]. Aufsichtsorgan ist das staatliche Amt der Versicherungsaufsicht[288] (Art. 82 VersTG), dem Art. 76 VersTG ein nicht ausschließliches[289] Konkursantragsrecht zuerkennt und dem gemäß Art. 76a, 78 Abs. 1 Satz 1, Art. 79

---

284 *Gurgul*, Konkurs- und Vergleichsrecht, Rdnr. 4 zu Art. 163 BankR, S. 725.
285 Polnische Bezeichnung: „Bankowy Fundusz Gwarancyjny".
286 *Gurgul*, Konkurs- und Vergleichsrecht, Rdnr. 4 zu Art. 160 BankR, S. 720.
287 *Zedler*, Konkurs- und Vergleichsrecht, S. 128 f.
288 Polnische Bezeichnung: „Państwowy Urząd Nadzoru Ubezpieczeń".
289 *Gurgul*, Konkurs- und Vergleichsrecht, Rdnr. 1 zu Art. 76 VersTG, S. 738.

Abs. 1 VersTG vom Konkursgericht vor der Entscheidung über die Konkurseröffnung sowie wegen der Auswahl des Konkursverwalters und des Pflegers rechtliches Gehör gewährt wird. Gegen die Konkurseröffnung oder ihre Ablehnung kann es Rechtsmittel einlegen (Art. 77 Abs. 2 VersTG).

Der Pfleger hat im Konkursverfahren die Interessen der Versicherten zu vertreten und kann zu ihren Gunsten Rechtsmittel und andere Rechtsbehelfe einlegen (Art. 79 Abs. 1 VersTG). Er ist gemäß Art. 79 Abs. 2 - 4 VersTG berechtigt, mit einem anderen Versicherungsunternehmen einen Vertrag über die Übertragung aller oder eines Teils der Versicherungen abzuschließen (sog. Portefeuilleübertragung, Art. 66 Abs. 1 VersTG).

Teil 3

DAS VERFAHREN BIS ZUR KONKURSERÖFFNUNG

Gegenstand des Eröffnungsverfahrens ist die Prüfung der Konkursvoraussetzungen durch das Konkursgericht, das für die Zeit bis zum Erlaß des Eröffnungsbeschlusses auf Antrag eines Gläubigers einstweilige Anordnungen zur Sicherung des Schuldnervermögens treffen kann (Art. 12 pln.KO). Das Eröffnungsverfahren wird wie auch nach deutschem Recht nur auf Antrag eingeleitet[1].

A Der Eröffnungsantrag

1. Antragsberechtigte

Zur Stellung eines Konkursantrags ist der Schuldner sowie jeder seiner Gläubiger berechtigt (Art. 4 § 1 pln.KO). In bezug auf Personenhandelsgesellschaften, zu denen außer der OHG (Art. 22 ff. GBHG) und der KG (Art. 102 ff. GBHG) seit dem 1.1.2001 auch die Partnerschaftsgesellschaft (Art. 86 ff. GBHG)[2] und die Kommanditgesellschaft auf Aktien (Art. 125 ff. GBHG)[3] zählen, kann gemäß Art. 4 § 2 Nr. 1 pln.KO neben den Gläubigern jeder Gesellschafter, Partner bzw. Aktionär Konkursantrag stellen. Nicht zuletzt aus der ausdrücklichen Nennung der Aktionäre einer KGaA ergibt sich, daß die Konkursantragsbefugnis nach

---

[1] *Brol*, PiZS 4/1992, S. 49 [53]; *Smid*, KTS 1998, S. 313 [323]; *Jankowski*, Verfahrensablauf, S. 249; *Świeboda*, Konkurs- und Vergleichsrecht, Anm. 1 zu Art. 4 pln.KO, S. 24; *Gurgul*, Konkurs- und Vergleichsrecht, Rdnr. 1 zu Art. 4 pln.KO, S. 36; *Zedler*, Konkurs- und Vergleichsrecht, S. 173.

[2] Der Begriff Personenhandelsgesellschaft ist nach polnischem Recht auch in bezug auf die Partnerschaftsgesellschaft (spółka partnerska) zutreffend, da diese in Art. 1 § 2 GBHG als Handelsgesellschaft und in Art. 4 § 1 Nr. 1 und Art. 86 § 1 GBHG als Personengesellschaft bezeichnet wird.

[3] Die polnische Kommanditgesellschaft auf Aktien (spółka komandytowo-akcyjna) ist gemäß Art. 4 § 1 Nr. 1, Art. 125 GBHG keine Kapitalgesellschaft, sondern Personengesellschaft.

Art. 4 § 2 Nr. 1 pln.KO nicht auf Komplementäre beschränkt ist, sondern auch den Kommanditisten einer KG zusteht[4].

In bezug auf juristische Personen und andere Organisationseinheiten ist Art. 4 § 2 Nr. 2 pln.KO zufolge jeder zur Konkursantragstellung berechtigt, der allein oder zusammen mit anderen Personen Repräsentationsfunktion im Sinne einer organschaftlichen Vertretung ausübt. Die Nennung „anderer Organisationseinheiten" in Art. 4 § 2 Nr. 2 pln.KO, d. h. solcher, die nicht juristische Personen sind, hat durch die Bestimmung des Art. 97 GBHG mit Wirkung zum 1.1.2001 neue Bedeutung erlangt. Diese Bestimmung läßt für die Partnerschaftsgesellschaft als Ausnahme vom Grundsatz der Selbstorganschaft im Bereich des Rechts der Personengesellschaften die organschaftliche Vertretung durch einen Vorstand zu, dem gemäß Art. 97 § 2 i. V. m. Art. 201 § 3 GBHG auch Personen angehören können, die nicht Gesellschafter (Partner) sind und deren Antragsbefugnis daher nicht bereits aus Art. 4 § 2 Nr. 1 pln.KO folgt.

Im Falle von staatlichen Unternehmen erklärt Art. 4 § 2 Nr. 3 pln.KO auch das Gründungsorgan und das zur Vertretung des Fiskus berechtigte Organ für antragsbefugt. Im Falle der Liquidation einer juristischen Person oder einer Personenhandelsgesellschaft ist jeder der Liquidatoren gemäß Art. 4 § 2 Nr. 4 pln.KO antragsbefugt. Bereits hingewiesen wurde auf die Antragsbefugnis des staatlichen Amtes der Versicherungsaufsicht nach Art. 82 VersTG im Versicherungskonkurs[5] sowie auf die ausschließliche Antragsbefugnis der Bankaufsichtskommission nach Art. 158 BankR im Falle des Bankkonkurses[6]. Zur Stellung eines Konkursantrags ist Art. 30 LGRegG zufolge auch der nach Art. 26 LGRegG für eine juristische Person bestellte Pfleger (Kurator) berechtigt[7].

---

4 Dagegen war nach Art. 4 § 2 Buchst. a pln.KO ursprünglicher Fassung das Antragsrecht auf die Komplementäre beschränkt, vgl. *Stein/Thaler/Bulwa*, Konkurs- und Vergleichsrecht, S. 28; *Allerhand*, Konkursrecht mit Kommentar, Anm. 11 zu Art. 4. Diese Beschränkung wurde bereits mit Wirkung zum 3.1.1998 durch Gesetz vom 31.7.1997 (Dz.U. 1997, Nr. 117, Pos. 751) aufgegeben, vgl. *Gurgul*, Konkurs- und Vergleichsrecht, Rdnr. 11 zu Art. 4 pln.KO, S. 38.

5 S. o., Teil 2, Abschnitt F 3.

6 S. o., Teil 2, Abschnitt F 2.

7 Art. 26 LGRegG sieht die Bestellung eines Pflegers für den Fall vor, daß eine im Unternehmerregister des Landes-Gerichtsregisters eingetragene juristische Person trotz Verhängung eines Bußgeldes nach Art. 24 LGRegG nicht ihrer Pflicht zur An-

2. *Die Konkursantragspflicht*

Mit der in Art. 4 pln.KO geregelten Antragsbefugnis geht auf Seiten des Schuldners gemäß Art. 5 pln.KO die Pflicht zur Stellung eines Konkursantrages innerhalb zweier Wochen ab Eintritt des Konkursgrundes der Zahlungseinstellung bzw. im Falle einer juristischen Person oder einer Personenhandelsgesellschaft in Liquidation auch der Überschuldung einher[8]. Bei juristischen Personen besteht diese Pflicht auf Seiten der organschaftlichen Vertreter („Repräsentanten"), Art. 5 § 2 pln.KO. Ansonsten verpflichtet Art. 5 § 1 pln.KO „den Unternehmer" zur Konkursantragstellung. In bezug auf Personenhandelsgesellschaften läßt Art. 5 § 1 pln.KO mit dieser Formulierung im unklaren, ob die Konkursantragspflicht alle Gesellschafter (Partner und KGaA-Aktionäre) trifft, ob also mit der in Art. 4 § 2 Nr. 1 pln.KO geregelten Antragsbefugnis auch eine Rechtspflicht zur Antragstellung verknüpft ist, oder ob sich die Antragspflicht auf bestimmte Gesellschafter beschränkt. Dabei erscheint es nicht gerechtfertigt, auch Kommanditisten bzw. Kommanditaktionäre, die gemäß Art. 121 § 1, Art. 140 GBHG grundsätzlich von der Geschäftsführung ausgeschlossen und deshalb oftmals nicht mit der Finanzlage der Gesellschaft vertraut sind, mit der Pflicht zur Konkursantragstellung zu belasten. Eine Antragspflicht kann daher nur für die geschäftsführenden Gesellschafter[9], für die Liquidatoren einer Personenhandelsgesellschaft (Art. 1 § 2, Art. 5 § 2 pln.KO) sowie in dem in Art. 97 GBHG geregelten Sonderfall für die Mitglieder des Vorstandes der Partnerschaftsgesellschaft bejaht werden.

Die Konkursantragspflicht besteht auch dann, wenn offensichtlich ist, daß kein zur Deckung der Verfahrenskosten ausreichendes Schuldnervermögen vorliegt und der Konkursantrag daher aller Voraussicht nach gemäß Art. 13 § 1 pln.KO vom Konkursgericht mangels Masse abgewiesen wird[10].

---

meldung einer Angabe zum Landes-Gerichtsregister oder zur Einreichung von Urkunden beim Registergericht nachkommt, hierzu: *Bugajna-Sporczyk/Kuć-Kwaśniewicz*, MoP 4/2001, S. 222 [227].

8 Näher zu den Konkursgründen in Teil 3, Abschnitt B 3. a).

9 *Allerhand*, Konkursrecht mit Kommentar, Anm. 6 zu Art. 5.

10 Beschluß des Obersten Gerichts vom 19.6.1996 – III CZP 66/96, OSNIC 10/1996, Pos. 133, S. 34 ff. zur Konkursantragspflicht des Liquidators eines Vereins, der eine

Auf Banken findet die Regelung des Art. 5 pln.KO über die Konkursantragspflicht wegen der spezialgesetzlichen Sonderregelung in Art. 158 BankR keine Anwendung[11].

Stellt der Vorstand einer Genossenschaft fest, daß nach dem Finanzbericht der Gesamtwert der Aktiva nicht für die Erfüllung sämtlicher Verbindlichkeiten ausreicht[12], so hat er gemäß Art. 130 § 2 GenR zunächst unverzüglich die Generalversammlung[13] einzuberufen, die statt der Konkursantragstellung auch die Aufrechterhaltung der Genossenschaft bei gleichzeitiger Durchführung geeigneter Sanierungsmaßnahmen beschließen kann (Art. 130 § 3 GenR). Nur wenn die Generalversammlung nicht die Fortführung der Genossenschaft nach Art. 130 § 3 GenR beschließt, ist der Vorstand verpflichtet, unverzüglich Konkursantrag zu stellen (Art. 130 § 4 GenR). Befindet sich die Genossenschaft bei Eintritt des in Art. 130 § 2 GenR beschriebenen Zustandes bereits im Liquidationsstadium, so folgt aus Art. 131 GenR für die Liquidatoren die Pflicht zur unverzüglichen Konkursantragstellung ohne vorherige Einberufung der Generalversammlung.

Gemäß Art. 5 § 3 pln.KO[14] wird der Antragspflicht aus Art. 5 §§ 1, 2 pln.KO auch durch Stellung eines Vergleichsantrags genügt. Treffen der Vergleichsantrag des Schuldners und der Konkursantrag eines Gläubigers zusammen, so entscheidet das Gericht gemäß Art. 15 § 1 pln.VglO über beide Anträge gemeinsam. Die Konkursantragspflicht lebt erst dann wieder auf, wenn der Vergleichsantrag abgewiesen oder das Vergleichsverfahren ohne einen nach Art. 63 pln.VglO bestätigten Vergleich been-

---

Wirtschaftstätigkeit ausübt; *Gurgul/Godlewska*, Konkurs- und Vergleichsrecht, Rdnr. 13 zu Art. 13 pln.KO, S. 79.

11 Siehe hierzu Teil 2, Abschnitt F 2.

12 Diesen in Art. 130 § 2 GenR beschriebenen Zustand bezeichnet Art. 130 §§ 1, 3 GenR als Insolvenz (niewypłacalność). Nach dem Beschluß des Obersten Gerichts vom 4.12.1998 – III CKN 398/98, OSNIC 6/1999, Pos. 115 finden neben der Insolvenz i. S. des Art. 130 GenR auch die Konkursgründe der Art. 1, 2 pln.KO (dauerhafte Zahlungseinstellung, Überschuldung) auf die Genossenschaft Anwendung. Dem zustimmend: *Gurgul*, Konkurs- und Vergleichsrecht, Rdnr. 1 zu Art. 130 GenR, S. 706; kritisch dagegen auf der Grundlage des geltenden Rechts: *Bielski*, PPH 2/2001, S. 33 [39 f.], der sich aber de lege ferenda für eine Angleichung der Konkursvoraussetzungen im Genossenschaftsrecht an die Regelung der Art. 1, 2 pln.KO ausspricht, a. a. O., S. 40 f.

13 Polnische Bezeichnung: „walne zgromadzenie“.

14 In der Fassung des Gesetzes vom 31.7.1997, Dz.U. 1997, Nr. 117, Pos. 751.

det oder der bestätigte Vergleich nach Art. 74 ff. pln.VglO aufgehoben wurde[15]. Einen Anschlußkonkurs ähnlich den früheren §§ 19, 80, 96 Abs. 5, §§ 101, 102 ff. dt. VglO kennt das polnische Recht nicht[16].

3. *Sanktionen bei Verstößen gegen die Konkursantragspflicht*

Die Sanktionen, welche die polnische Rechtsordnung an einen Verstoß gegen die Konkursantragspflicht knüpft, sind sowohl zivilrechtlicher als auch strafrechtlicher Natur. Die durch Gesetz vom 31.7.1997[17] in die Konkursverordnung eingefügten Art. 17^2 und 17^3 ermöglichen es den Konkursgerichten zudem, außerhalb eines Strafprozesses die Konkursverschleppung mit strafähnlichen Sanktionen zu belegen.

a) Zivilrechtliche Sanktionen

Gemäß Art. 17^1 pln.KO[18] trifft denjenigen, der seiner Konkursantragspflicht aus Art. 5 §§ 1 oder 2 pln.KO nicht nachgekommen ist, eine Schadensersatzpflicht für die den Gläubigern hierdurch zugefügten Schäden, wobei ihm die Möglichkeit des Exculpationsbeweises offensteht. Bei einem Verstoß mehrerer Personen gegen die Konkursantragspflicht haften diese gesamtschuldnerisch, Art. 17^1 Satz 2 pln.KO, Art. 366 ZGB.

Die Schadenshöhe berechnet sich grundsätzlich nach der Differenz zwischen der hypothetischen Konkursquote bei rechtzeitiger Antragstellung und der tatsächlich erreichten Konkursquote (sog. Quotenschaden)[19]. Die Frage, ob der Schadensersatzanspruch aus Art. 17^1 pln.KO bei Forderungen, die erst nach Ablauf der zweiwöchigen Konkursantragsfrist (Art. 5 § 1 pln.KO) begründet wurden, den gesamten Konkursausfallschaden und nicht nur den Quotenschaden umfaßt, wird in der polnischen Literatur nicht erörtert und war auch bisher nicht Gegenstand

---

15 *Allerhand*, Konkursrecht mit Kommentar, Anm. 4 zu Art. 5.

16 *Smid*, WiRO 2000, S. 393 [395].

17 Dz.U. 1997, Nr. 117, Pos. 751.

18 Eingefügt durch Gesetz vom 31.7.1997 (Dz.U. 1997, Nr. 117, Pos. 751). Zuvor befand sich eine entsprechende Regelung in Art. 5 § 3 pln.KO.

19 Urteil des Obersten Gerichts vom 9.9.1938 – C I 213/38, Zb. Orzecz. SN 1938, Pos. 188 = *Strzępka/Zielińska/Pindel*, Rechtsprechung zum Konkurs- und Vergleichsrecht 1936-1995, S. 11 f.

einer gerichtlichen Entscheidung[20]. Für einen Ersatz des gesamten Konkursausfallschadens der Neugläubiger spricht die Tatsache, daß die Konkursantragspflicht auch den Zweck verfolgt, Dritte davor zu schützen, mit insolventen Unternehmern in Vertragsbeziehungen zu treten[21]. Zu bedenken ist allerdings, daß nicht die Tatsache der Stellung eines Konkurs- oder Vergleichsantrags, sondern erst die Konkurs- oder Vergleichseröffnung selbst in das Landes-Gerichtsregister eingetragen wird (Art. 44 Abs. 1 Nr. 5 LGRegG) und daß der Schuldner seine Befugnis, neue Verpflichtungen einzugehen, während des Eröffnungsverfahrens grundsätzlich behält. Vor diesem Hintergrund erscheint es zweifelhaft, ob einem Gläubiger, der seine Forderung gegen den Schuldner nach Ablauf der zweiwöchigen Konkursantragsfrist des Art. 5 pln.KO erworben hat, der Nachweis gelingt, daß er bei rechtzeitiger Stellung des Konkurs- bzw. Vergleichsantrags nicht mit dem Schuldner kontrahiert hätte. Gelingt einem Neugläubiger dieser Kausalitätsnachweis nicht, so beschränkt sich auch sein Schadensersatzanspruch aus Art. 17^1 § 1 pln.KO auf den Quotenschaden.

Die Geschäftsführer einer GmbH, die ihrer Pflicht zur Stellung eines Konkurs- bzw. Vergleichsantrags (Art. 5 § 3 pln.KO) nicht nachkommen, müssen darüber hinaus mit einer Haftung nach Art. 299 GBHG rechnen[22]. Art. 299 § 1 GBHG zufolge haften die Geschäftsführer einer GmbH gesamtschuldnerisch für die Gesellschaftsverbindlichkeiten, wenn sich die Zwangsvollstreckung gegen die Gesellschaft als erfolglos erweist. Nach ständiger Rechtsprechung ist jedoch die vorherige Durchführung eines fruchtlosen Zwangsvollstreckungsverfahrens gegen die GmbH keine notwendige Voraussetzung für die Geltendmachung des Anspruchs aus Art. 299 GBHG gegen die Geschäftsführer, wenn der Gläubiger die Unmöglichkeit der Durchsetzung seiner Forderung gegen

---

20 In Deutschland hat der BGH in seinem Urteil vom 6.6.1994 – II ZR 292/91, BGHZ 126, S. 181 [190 ff.] Gläubigern, die ihre Forderung gegen eine GmbH nach dem Zeitpunkt erworben haben, zu dem hätte Konkursantrag gestellt werden müssen, einen Anspruch gegen den schuldhaft handelnden Geschäftsführer auf Ausgleich des vollen Konkursausfallschadens zugesprochen und insoweit eine Begrenzung des Schadensersatzes auf den Quotenschaden abgelehnt.

21 BGHZ 126, S. 181 [194]. Auf diesen Zweck der Konkursantragspflicht weisen auch *Czajka*, Unternehmen in der Krise, S. 81 sowie *Nazarewicz*, PPH 8/1997, S. 10 [12] hin.

22 Die Bestimmung des Art. 299 GBHG entspricht dem bisherigen Art. 298 pln.HGB.

die GmbH auf andere Art nachweisen kann[23]. Von der Haftung sind die Geschäftsführer gemäß Art. 299 § 2 GBHG befreit, wenn sie nachweisen, daß rechtzeitig Konkursantrag gestellt oder ein Vergleichsverfahren eingeleitet worden ist. Anderenfalls bleibt jedem einzelnen Geschäftsführer nur der Nachweis, daß ihn keine Schuld für die Konkursverschleppung trifft, oder daß dem Gläubiger durch die Unterlassung der rechtzeitigen Stellung eines Konkurs- oder Vergleichsantrags kein Schaden entstanden ist. Gelingt einem Geschäftsführer der Beweis, daß der Gläubiger auch bei rechtzeitiger Konkursantragstellung nur eine teilweise Befriedigung erlangt hätte, so beschränkt sich seine Haftung gegenüber dem Gläubiger mangels weiterreichender Kausalität auf den Quotenschaden[24]. Kann der Geschäftsführer dagegen im Falle eines Neugläubigers nicht widerlegen, daß dieser bei rechtzeitiger Konkursantragstellung nicht mit der GmbH kontrahiert hätte, so haftet er nicht nur für den Quotenschaden, sondern für den vollen Konkursausfallschaden des Neugläubigers. Für die Vorstandsmitglieder einer Aktiengesellschaft enthält das GBHG wie auch schon das frühere polnische Handelsgesetzbuch keine vergleichbare Regelung.

b) Strafrechtliche Sanktionen

Im Anschluß an Art. 301, 483 pln.HGB bedroht Art. 586 GBHG denjenigen mit Geldstrafe, Freiheitsbeschränkung[25] oder Freiheitsentzug von bis zu einem Jahr, wer als Mitglied des Vorstandes einer Gesellschaft trotz Eintritt von Konkursgründen keinen Antrag auf Eröffnung

---

23 Vgl. folgende, noch auf der Grundlage von Art. 298 pln.HGB ergangene Entscheidungen: Urteil des Obersten Gerichts vom 2.2.1954 – C II 454/53, Leitsatz abgedruckt bei *Strzępka/Pindel/Zielińska*, Rechtsprechung zum Handelsrecht 1934-1997, S. 223; Beschluß des Appellationsgerichts Posen vom 16.6.1992 – I ACz 183/92, OSA 4/1993, S. 43 f. = *Strzępka/Pindel/Zielińska*, Rechtsprechung zum Handelsrecht 1934-1997, S. 394 ff.; Urteil des Appellationsgerichts Łódź vom 5.10.1994 – I ACr 470/84, OSG 9/1995, Pos. 148 = Biuletyn Sądu Apelacyjnego w Łodzi 1/1995, S. 10 ff. = *Strzępka/Pindel/Zielińska*, Rechtsprechung zum Handelsrecht 1934-1997, S. 546 ff.; weitere Nachweise bei *Suski*, Handelsgesetzbuch, Anm. 1 ff. zu Art. 298, S. 160 ff.

24 *Dąbek-Krajewska*, Rejent 9/1999, S. 15 [45]; vgl. auch *Allerhand*, Kommentar zum Handelsgesetzbuch, Rdnrn. 10, 11 zu Art. 298.

25 Die Sanktion der Freiheitsbeschränkung (ograniczenie wolności) ist in Art. 32 Nr. 2, Art. 34-36 pln.StGB geregelt.

des Konkursverfahrens über das Vermögen der Handelsgesellschaft stellt. Die polnische Rechtsterminologie gebraucht den Begriff Vorstand (zarząd) nicht nur für die Aktiengesellschaft (Art. 368 ff. GBHG), sondern auch in bezug auf die GmbH (Art. 201 ff. GBHG) sowie im Fall des Art. 97 GBHG[26] bei der Partnerschaftsgesellschaft.

c) Vom Konkursgericht auszusprechende strafähnliche Sanktionen

Das durch Gesetz vom 31.7.1997[27] neu eingefügte und mit „Zivilrechtliche Haftung" überschriebene Kapitel IV des II. Abschnitts sieht neben der in Art. 17^1 pln.KO geregelten Schadensersatzhaftung wegen Konkursverschleppung in Art. 17^2 und 17^3 pln.KO ein auch für das polnische Recht neuartiges Sanktionensystem vor, das wirksamer als die herkömmlichen Sanktionen der zivilrechtlichen Schadensersatzhaftung und der strafrechtlichen Haftung die nach Art. 5 pln.KO Antragspflichtigen von einer Konkursverschleppung abschrecken und damit dem Mißstand der häufig zu beobachtenden Auszehrung des Schuldnervermögens vor Konkursantragstellung entgegenwirken soll[28]. In der Tat vermag die in Art. 17^1 pln.KO angedrohte Schadensersatzpflicht wegen verspäteter oder unterlassener Konkursantragstellung natürliche Personen, die eine Wirtschaftstätigkeit ausüben, und Komplementäre einer Personenhandelsgesellschaft kaum dazu zu veranlassen, ihren eigenen Konkurs bzw. den Konkurs ihrer Gesellschaft rechtzeitig anzumelden, da sie für ihre eigenen Verbindlichkeiten bzw. für Gesellschaftsverbindlichkeiten ohnehin unbeschränkt persönlich haften[29]. Aber auch für Vorstandsmitglieder von Kapitalgesellschaften ist die Abschreckungswirkung der Schadensersatzpflicht gering, solange die geschädigten Gläubiger wegen des Kostenrisikos von einer Geltendmachung ihrer Schadensersatzansprüche

26 Siehe oben, Teil 3, Abschnitt A 1.

27 Dz.U. 1997, Nr. 117, Pos. 751.

28 *Czajka*, Unternehmen in der Krise, S. 81; *Gurgul/Godlewska*, Konkurs- und Vergleichsrecht, Rdnr. 1 zu Art. 17^2 pln.KO, S. 115.

29 Vgl.: *Allerhand*, Konkursrecht mit Kommentar, Anm. 10 zu Art. 5; *Świeboda*, PS 9/1999, S. 73 [77]; *Gurgul/Godlewska*, Konkurs- und Vergleichsrecht, Rdnr. 5 zu Art. 17^1 pln.KO, S. 113 f.

regelmäßig absehen[30]. Auch wurde eine allzu nachlässige Verfolgung von Konkursstraftaten durch die Strafverfolgungsbehörden beklagt[31].

Abhilfe erhofft sich der polnische Gesetzgeber von der Regelung des Art. 17^2 pln.KO, wonach das das Konkursverfahren führende Gericht (Art. 17^2 § 2 pln.KO) von Amts wegen (Art. 17^2 § 3 pln.KO) gegen denjenigen, der seiner Konkursantragspflicht nicht oder nicht fristgerecht[32] nachkommt, ein Verfahren einleitet, in dem ihm das Recht abgesprochen wird, für einen Zeitraum von zwei bis zu fünf Jahren eine Wirtschaftstätigkeit auf eigene Rechnung auszuüben oder die Funktion eines Repräsentanten oder Bevollmächtigten eines Unternehmers oder des Mitglieds des Aufsichtsrats oder der Revisionskommission[33] einer Kapitalgesellschaft oder Genossenschaft wahrzunehmen (Art. 17^2 § 1 pln.KO)[34]. Der Konkursantragspflichtige kann sich durch den von ihm zu erbringenden Nachweis des fehlenden Verschuldens der Haftung nach Art. 17^2 pln.KO entziehen (Art. 17^2 § 1 a.E. pln.KO)[35]. Art. 17^2 § 2 muß trotz seiner Formulierung („das das Konkursverfahren führende Gericht entscheidet in den in § 1 genannten Angelegenheiten") als reine Zuständigkeitszuweisung verstanden werden. Voraussetzung für die Einleitung eines Verfahrens nach Art. 17^2 pln.KO ist nicht, daß das Konkursverfahren tatsächlich eröffnet wurde. Sonst könnten sich die Konkursantragspflichtigen, die die Zweiwochenfrist des Art. 5 pln.KO haben verstreichen lassen, einer Sanktion nach Art. 17^2 § 1 pln.KO dadurch entziehen, daß sie gezielt einen Vermögenszustand herbeiführen, der nach Art. 13 § 1 pln.KO die Abweisung eines eventuell von Gläubigerseite gestellten

---

30 Nach den Angaben von *Brol*, MoP 10/1997, S. 385 [387] werden Schadensersatzansprüche wegen Konkursverschleppung von den geschädigten Gläubigern nur sehr selten geltend gemacht.

31 *Brol*, MoP 10/1997, S. 385 [387]; *ders.*, JOR XXXVIII (2/1997), S. 305 [309].

32 *Skorupa*, Prawo Spółek 1/1998, S. 21 [25].

33 Vgl. Art. 213 ff. GBHG.

34 Die gleiche Sanktion droht gemäß Art. 19^1 pln.KO demjenigen, der nach Konkurseröffnung nicht seinen Pflichten aus Art. 18 pln.KO (Offenlegung und Herausgabe des Vermögens an den Konkursverwalter, Abgabe einer eidesstattlichen Erklärung, Entfernung vom Wohnort nur mit Erlaubnis der Richter-Kommissars) nachkommt.

35 Vgl. *Brol*, MoP 10/1997, S. 385 [387], der die Beweislastregel des Art. 6 ZGB („Die Beweislast für eine Tatsache trägt die Person, die aus dieser Tatsache Rechtsfolgen herleitet") auch im Verfahren nach Art. 17^2 pln.KO für anwendbar hält.

Konkursantrags mangels Masse zur Folge hätte[36]. Nach Rechtskraft des ein Verbot nach Art. 17^2 § 1 pln.KO aussprechenden Gerichtsbeschlusses wird die betroffene Person gemäß Art. 17^3 pln.KO, Art. 55 Nr. 4 LGRegG[37] in das nach Art. 8 LGRegG für jedermann ohne Nachweis eines rechtlichen Interesse einsehbare Register zahlungsunfähiger Schuldner des Landes-Gerichtsregisters eingetragen[38] und nach Ablauf der Dauer des verhängten Verbotes wieder gelöscht[39]. *Czajka*[40] bezeichnet das Verfahren nach Art. 17^2, 17^3 pln.KO darum sehr treffend als „Stigmatisierungsverfahren".

Das vom Konkursgericht nach Art. 17^2 pln.KO auszusprechende Verbot weist große Ähnlichkeiten zu der in Art. 39 Nr. 2 pln.StGB vorgesehenen kriminalstrafrechtlichen Sanktion auf, die im Verbot der Ausübung eines bestimmten Berufs oder der Übernahme einer bestimmten Stellung, aber auch im Verbot der Ausübung einer bestimmten Wirtschaftstätigkeit bestehen kann[41]. Art. 17^2 § 1 pln.KO geht insofern noch weiter, als dort das Verbot jedweder Wirtschaftstätigkeit zugelassen wird. Dabei stellt die Übertragung der Zuständigkeit für die Verhängung strafähnlicher Sanktionen auf die Zivilgerichte unter dem Schlagwort[42] der „zivilrechtlichen Haftung" eine zum Zwecke der Effektivitätssteige-

---

36 *Gurgul/Godlewska*, Konkurs- und Vergleichsrecht, Rdnr. 4 zu Art. 17^2 pln.KO, S. 116.

37 Jeweils in der Fassung des Gesetzes vom 30.11.2000, Dz.U. 2000, Nr. 114, Pos. 1193.

38 Vor dem 1.1.2001 erfolgte die Eintragung in ein auf der Grundlage der Verordnung des Justizministers vom 24.4.1998 (Dz.U. 1998, Nr. 55, Pos. 361) geführtes Verzeichnis.

39 Während die Löschung gemäß Art. 17^3 § 3 pln.KO nach Ablauf der Dauer des verhängten Verbots von Amts wegen erfolgen soll, bestimmt Art. 60 Abs. 1 LGRegG in der Fassung des Gesetzes vom 14.12.2001 (Dz.U. 2002, Nr. 1, Pos. 2), daß die Löschung erst nach zehn Jahren von Amts wegen erfolgt (Satz 1) und die Löschung nach Ablauf der Verbotsfrist nur auf Antrag des eingetragenen Schuldners vorgenommen wird (Satz 2). Vgl. hierzu *Ciuklin*, MoP 18/2001, S. 918 [920].

40 Unternehmen in der Krise, S. 80.

41 Gemäß Art. 41 § 2 pln.StGB kann das Strafgericht das Verbot der Ausübung einer bestimmten Wirtschaftstätigkeit im Falle einer Verurteilung wegen einer im Zusammenhang mit der Ausübung einer solchen Wirtschaftstätigkeit begangenen Straftat aussprechen, wenn ihre weitere Ausübung wesentliche rechtlich geschützte Güter gefährden würde. Die Dauer eines nach Art. 39 pln.StGB verhängten Verbotes beträgt zwischen einem und zehn Jahren (Art. 43 § 1 pln.StGB).

42 Vgl. die Gesetzesüberschrift über Art. 17^1 - 17^3 pln.KO.

rung des Sanktionensystems gewollte Umgehung strafrechtlicher und strafprozessualer Grundsätze dar. Art. 17^2 § 3 pln.KO, der eine Einleitung des Sanktionierungsverfahrens durch das Konkursgericht von Amts wegen vorsieht und damit die vorherige Ermittlung und Anklageerhebung durch eine vom Gericht unabhängige Strafverfolgungsbehörde für unnötig erklärt, setzt das in Art. 45, 331 ff. pln.StPO verankerte Akkusationsprinzip außer Kraft. Noch schwerer wiegt die im Nachsatz von Art. 17^2 § 1 pln.KO mit der negativen Formulierung („es sei denn, daß er keine Schuld trägt") zum Ausdruck gebrachte Beweislastumkehr[43] im Zusammenhang mit der Verhängung einer sonst nur im Kriminalstrafrecht zulässigen Sanktion. Die (unzutreffende) Bezeichnung dieser Sanktion als „zivilrechtliche Haftung" durch den Gesetzgeber vermag die Durchbrechung des Grundsatzes „in dubio pro reo" nicht zu rechtfertigen[44].

B Voraussetzungen der Konkurseröffnung

Gemäß Art. 10 § 1 Satz 1 pln.KO in der Fassung des Gesetzes vom 31.7.1997[45] entscheidet das Gericht über den Antrag auf Konkurseröffnung innerhalb einer Frist von einem Monat ab der Feststellung, daß der Antrag den in Art. 9 und Art. 11 § 1 pln.KO genannten Erfordernissen genügt[46]. Für die Darstellung der Eröffnungsvoraussetzungen ergibt sich daraus eine Dreiteilung in diejenigen Zulässigkeitsvoraussetzungen, die das Konkursgericht vor Beginn der Monatsfrist des Art. 10 § 1 Satz 1 pln.KO prüft (unter 1.), in die übrigen, innerhalb der Monatsfrist zu prüfenden Zulässigkeitsvoraussetzungen (unter 2.) und Begründetheitsvoraussetzungen (unter 3.). Die Abgrenzung zwischen Zulässigkeits- und Begründetheitsvoraussetzungen kann teilweise anhand des Gesetzes-

---

43 S. o. Fn. 35.

44 Berechtigte Zweifel an der Verfassungsmäßigkeit des Art. 17^2 pln.KO hat jüngst auch *Zimmerman*, PPH 6/2002, S. 30 ff. geäußert.

45 Dz.U. 1997, Nr. 117, Pos. 751.

46 Eine Überschreitung dieser Monatsfrist durch das Gericht macht den Konkurseröffnungsbeschluß bzw. den Beschluß über die Ablehnung der Konkurseröffnung weder unwirksam noch nach Art. 17 pln.KO anfechtbar, vgl. *Jankowski*, Verfahrensablauf, S. 255; *Gurgul/Godlewska*, Konkurs- und Vergleichsrecht, Rdnr. 2 zu Art. 10 pln.KO, S. 62; *Broniewicz*, Zivilverfahren, S. 94.

wortlautes vorgenommen werden, wonach Unzulässigkeitsgründe zur Rückgabe des Schriftsatzes[47] bzw. zur Zurückweisung[48] des Antrags führen und das Fehlen von Begründetheitsvoraussetzungen die Abweisung[49] des Antrags zur Folge hat. In manchen Fällen ist die Abgrenzung zwischen Zulässigkeits- und Begründetheitsvoraussetzungen dagegen unklar und umstritten[50].

1 Vor Beginn der Monatsfrist (Art. 10 § 1 Satz 1 pln.KO) zu prüfende Zulässigkeitsvoraussetzungen

a) Vollständigkeit des Konkursantrags, Gerichtsgebühr

Da das Gericht gemäß Art. 16 Abs. 1 Satz 1 GKZivilSG keinerlei Handlungen aufgrund eines Schriftsatzes vornimmt, für den die erforderliche Gerichtsgebühr nicht entrichtet worden ist, wird vor der Prüfung der in Art. 9 und Art. 11 § 1 pln.KO genannten Voraussetzungen kontrolliert, ob die streitwertunabhängige Gebühr von 200 PLN[51] gemäß § 55 Nr. 1 der Verordnung des Justizministers über die Höhe der Gerichtsgebühren in Zivilsachen[52] entrichtet wurde, sofern nicht der Antragsteller nach Art. 112 § 1 ZVGB i. V. m. Art. 68 pln.KO von der Gebühr vollständig befreit worden ist.

---

47 Polnisch: zwrot/zwrócenie pisma, vgl. Art. 16 Abs. 1 Satz 2 GKZivilSG, Art. 130 § 1 Satz 1 ZVGB.

48 Polnisch: odrzucenie, vgl. Art. 11 § 2 pln.KO, Art. 1099 Satz 2 ZVGB, Art. 3 Abs. 1 Nr. 2 ArbnFSchG.

49 Polnisch: oddalenie, vgl. Art. 13 pln.KO, Art. 3 Abs. 1 Nr. 3 ArbnFSchG, Art. 41 Nr. 4 LGRegG.

50 Vgl. etwa zur Einordnung der Konkursfähigkeit: *Zedler*, Konkurs- und Vergleichsrecht, S. 181; *Gurgul*, Konkurs- und Vergleichsrecht, Rdnr. 37 zu Art. 1 pln.KO, S. 24 sowie *Buber*, Polnisches Konkursrecht, S. 28, die die Konkursfähigkeit des Schuldners als Begründetheitsvoraussetzung ansehen, im Gegensatz zu *Pokora*, PPH 2/1998, S. 26 [31]; *Broniewicz*, Zivilverfahren, S. 473 und *Jankowski*, Verfahrensablauf, S. 252 f., die sich bei Fehlen der Konkursfähigkeit für eine Zurückweisung des Konkursantrags als unzulässig aussprechen.

51 Entspricht etwa 60 Euro.

52 Rozporządzenie Ministra Sprawiedliwości w sprawie określenia wysokości wpisów w sprawach cywilnych, Dz.U. 1996, Nr. 154, Pos. 753; Änderungen: Dz.U. 1997, Nr. 141, Pos. 948; 1998, Nr. 16, Pos. 76; Nr. 50, Pos. 315; 1999, Nr. 45, Pos. 452; Nr. 91, Pos. 1038; 2000, Nr. 117, Pos. 1244; 2001, Nr. 131, Pos. 1467; 2002, Nr. 44, Pos. 416.

Die Erfordernisse, deren Vorliegen das Gericht danach festzustellen hat, beziehen sich auf die Ordnungsmäßigkeit und Vollständigkeit des Eröffnungsantrags. Die an einen Eröffnungsantrag zu stellenden Anforderungen regelt Art. 9 pln.KO, wobei Art. 126 ZVGB[53] als allgemeine Bestimmung über Prozeßschriftsätze kraft des Verweises in Art. 68 pln.KO ergänzend heranzuziehen ist[54].

Art. 9 § 1 pln.KO legt diejenigen Mindestangaben fest, die jeder Eröffnungsantrag, egal ob er von Schuldner- oder von Gläubigerseite gestellt wird, beinhalten muß. Es sind dies Vor- und Nachname des Schuldners bzw. dessen Firma, sein Wohn- oder Geschäftssitz, bei Gesellschaften oder juristischen Personen zudem Name und Wohnort ihrer unbeschränkt haftenden Gesellschafter, organschaftlichen Vertreter und Liquidatoren, die Angabe des Ortes, an dem sich ein Unternehmen oder anderes Vermögen des Schuldners befindet, sowie die Angabe der Umstände, die den Antrag begründen, zusammen mit ihrer Glaubhaftmachung[55]. Unterliegt der Schuldner der Eintragungspflicht in ein Register,

---

53 Art. 126 ZVGB lautet:

„§ 1. Jeder Prozeßschriftsatz soll enthalten:

1.) eine Benennung des Gerichts, an das er gerichtet ist, Vor- und Nachnamen oder den Namen der Parteien, ihre gesetzlichen Vertreter und Bevollmächtigten;
2.) eine Benennung der Art des Schriftsatzes;
3.) den wesentlichen Inhalt des Antrags oder der Erklärung sowie Beweise zur Stützung der hervorgebrachten Umstände;
4.) eine Unterschrift der Partei oder ihres gesetzlichen Vertreters oder Bevollmächtigten;
5.) die Bezeichnung der Anlagen.

§ 2. Ist der Prozeßschriftsatz der erste Schriftsatz in dieser Angelegenheit, so soll er darüber hinaus eine Bezeichnung des Berufs und des Wohnortes oder des Sitzes der Parteien, ihrer gesetzlichen Vertreter und Bevollmächtigten sowie des Streitgegenstandes beinhalten, die weiteren Schriftsätze dagegen das Aktenzeichen.

§ 3. Dem Schriftsatz ist eine Vollmacht beizulegen, wenn ein Bevollmächtigter den Schriftsatz einreicht, der zuvor noch keine Vollmacht eingereicht hat.

§ 4. Für eine Partei, die nicht in der Lage ist zu unterschreiben, unterschreibt den Schriftsatz eine von ihr ermächtigte Person unter Benennung des Grundes, weswegen die Partei nicht selbst unterschrieben hat."

54 *Jankowski*, Verfahrensablauf, S. 251; *Broniewicz*, Zivilverfahren, S. 473; *Gurgul/Godlewska*, Konkurs- und Vergleichsrecht, Rdnr. 4 zu Art. 10 pln.KO, S. 63; *Zedler*, Konkurs- und Vergleichsrecht, S. 175.

55 Gemäß Art. 243 ZVGB, der über Art. 68 pln.KO auch im Konkursverfahren Anwendung findet (*Zedler*, Konkurs- und Vergleichsrecht, S. 176), ist die Einhaltung der

so ist dem Antrag auch ein Registerauszug beizufügen (Art. 9 § 5 pln.KO).

Stellt der Schuldner oder, so ist zu ergänzen, dessen gemäß Art. 4 § 2 pln.KO antragsberechtigter Gesellschafter, Vertreter oder Liquidator Konkursantrag, so ist dem Antrag Art. 9 § 2 pln.KO zufolge ein Jahresabschluß und, wenn der Schuldner nicht der Bilanzierungspflicht unterliegt, eine eigens für das Konkursverfahren aufgestellte Bilanz sowie ein Verzeichnis der Gläubiger, der Höhe ihrer einzelnen Forderungen und ihrer Sicherheiten am Vermögen des Schuldners, eine Erklärung über die in den letzten sechs Monaten vor Antragstellung getätigten Leistungen auf Verbindlichkeiten, ein Verzeichnis der Drittschuldner mit Angabe ihrer Verbindlichkeiten gegenüber dem Schuldner und der Zahlungsfristen sowie ein Verzeichnis der Exekutionstitel[56] gegen den Schuldner beizufügen. Ist der Schuldner bzw. dessen Gesellschafter, Vertreter oder Liquidator nicht in der Lage, die in Art. 9 § 2 pln.KO genannten Urkunden vorzulegen, so ist der Antrag nur dann ordnungsgemäß, wenn der Antragsteller die Gründe hierfür benennt und sie glaubhaft macht (Art. 9 § 3 pln.KO). Die vom Schuldner geforderten Angaben wurden durch Gesetz vom 31.7.1997[57] gegenüber der ursprünglichen Rechtslage erweitert, um es dem Konkursgericht zu erleichtern, den Schuldner der Konkursverschleppung zu überführen und ihn mit den in Art. 17^2, 17^3 pln.KO vorgesehenen Sanktionen zu belegen[58].

Von Gläubigerseite gestellte Konkursanträge müssen gemäß Art. 9 § 4 pln.KO zusätzlich zu den in Art. 9 §§ 1, 5 pln.KO genannten Bestandteilen eine Glaubhaftmachung der Forderung gegen den Schuldner enthalten[59].

---

besonderen Vorschriften über das Beweisverfahren (Art. 235 ff. ZVGB) nicht erforderlich, wenn das Gesetz statt des Beweises die Glaubhaftmachung vorsieht.

56 Ein Exekutionstitel (tytuł egzekucyjny) wird gemäß Art. 776 Satz 2 ZVGB durch Erteilung der Vollstreckungsklausel (klauzula wykonalności) zum Vollstreckungstitel (tytuł wykonawczy), der gemäß Art. 776 Satz 1 ZVGB die Grundlage für die Zwangsvollstreckung bildet.

57 Dz.U. 1997, Nr. 117, Pos. 751.

58 *Brol*, JOR XXXVIII (2/1997), S. 305 [309].

59 Nach einer Entscheidung des Obersten Gerichts vom 29.4.1938 – C III 487/38, Zb. orzecz. SN 5/1939, Pos. 1999 genügt zur Glaubhaftmachung einer Forderung beispielsweise ein gegen Sicherheit vorläufig vollstreckbares Urteil, das die Forderung zuspricht, auch wenn gegen dieses Urteil Rechtsmittel eingelegt worden sind. Siehe zum Begriff der Glaubhaftmachung auch die Entscheidung des Obersten Ge-

Leidet der Eröffnungsantrag unter formalen Mängeln oder wurde die erforderliche Gerichtsgebühr nicht entrichtet, so fordert der Vorsitzende den Antragsteller auf, diese Mängel innerhalb einer Frist von einer Woche ab Zustellung der Aufforderung zu beheben (Art. 130 § 1 ZVGB i. V. m. Art. 68 pln.KO, Art. 16 Abs. 1 Satz 2 GKZivilSG). Läßt der Antragsteller die Frist verstreichen, so wird der Eröffnungsantrag nicht beschieden, sondern dem Antragsteller vom Vorsitzenden zurückgegeben[60] (Art. 130 § 2 ZVGB i. V. m. Art. 68 pln.KO, Art. 16 Abs. 1 Satz 2 GKZivilSG)[61]. Bei Antragstellern, die im Ausland ansässig sind und keinen Vertreter in Polen haben, beträgt die Frist für die Zahlung der Gerichtsgebühr mindestens zwei Monate (Art. 16 Abs. 2 GKZivilSG). Wurde der Antrag durch einen Anwalt oder Rechtsberater ohne Entrichtung der Gerichtsgebühr eingereicht, so erfolgt die Rückgabe des Antrags ohne vorherige Zahlungsaufforderung (Art. 17 Satz 1 GKZivilSG).

Wird der Konkursantrag wegen nicht behobener formaler Mängel zurückgegeben, so entfaltet er gemäß Art. 130 § 2 Satz 2 ZVGB i. V. m. Art. 68 pln.KO keinerlei Rechtswirkungen. Er entbindet den Schuldner bzw. dessen konkursantragspflichtigen Vertreter daher auch nicht von der zivilrechtlichen, quasi-strafrechtlichen und strafrechtlichen Haftung wegen Konkursverschleppung nach Art. 17^1 - 17^3 pln.KO, 299, 586 GBHG.

b) Vorschüsse auf die Verfahrenskosten

Im Falle eines Gläubigerantrags hat das Gericht außerdem vor Beginn der einmonatigen Entscheidungsfrist des Art. 10 § 1 Satz 1 pln.KO zu prüfen, ob der Antragsteller den ihm vom Gericht gemäß Art. 11 § 1 pln.KO auferlegten Vorschuß auf die Verfahrenskosten geleistet hat. Diesen Vorschuß, der nicht mit der in § 55 Nr. 1 der Verordnung vom 17.12.1996[62] genannten Gerichtsgebühr zu verwechseln ist, kann das

---

richts vom 20.8.1996 - II CKU 2/96, OSNIC 12/1996, Pos. 166; dazu: *Gurgul/Godlewska*, Konkurs- und Vergleichsrecht, Rdnr. 8 zu Art. 9 pln.KO, S. 57 f.

60 Dagegen werden unvollständige Rechtsmittelanträge oder Rechtsmittelanträge, für die nicht die vorgeschriebene Gerichtsgebühr entrichtet wurde, nach fruchtlosem Ablauf der Frist vom Gericht als unzulässig zurückgewiesen (vgl. Art. 370, 393^5, 397 § 2 ZVGB, Art. 16 Abs. 3, Art. 17 Satz 2 GKZivilSG).

61 *Jankowski*, Verfahrensablauf, S. 252.

62 S. o. Fn. 52.

Gericht dann vom Gläubiger fordern, wenn das Schuldnervermögen keine hinreichenden Barmittel aufweist, um die im Eröffnungsverfahren und in der ersten Phase nach Konkurseröffnung bis zur Erzielung erster Liquidationserlöse anfallenden Verfahrenskosten[63] zu decken. Im Gegensatz zu § 26 Abs. 1 Satz 2 InsO hat Art. 11 § 1 pln.KO dagegen nicht den Zweck, die Durchführung eines Konkursverfahrens trotz Fehlen eines die Verfahrenskosten deckenden Schuldnervermögens zu ermöglichen. Der vom Gläubiger in der Rolle des Konkursantragstellers zu leistende Vorschuß soll lediglich den Zeitraum zwischen der Entstehung von Verfahrenskosten und der Erzielung erster Liquidationserlöse überbrücken. Einen ähnlichen Zweck verfolgt auch Art. 75 pln.KO, wonach der Richter-Kommissar im bereits eröffneten Konkursverfahren erforderlichenfalls von demjenigen Gläubiger, der den Konkursantrag gestellt hatte, die Zahlung von Vorschüssen für die Kosten des weiteren Verfahrens verlangen kann[64]. Die Anforderung eines Vorschusses nach Art. 11 § 1 pln.KO erfolgt gemäß Art. 354 ZVGB[65] i. V. m. Art. 68 pln.KO durch anfechtbaren (Art. 78 pln.KO) Beschluß des Konkursgerichts[66]. Die nach Art. 11 § 2 und Art. 75 pln.KO geleisteten Vorschüsse werden dem Gläubiger erstattet, sobald der Masse genügend Geldmittel zugeflossen sind (Art. 86 § 1 Satz 2 pln.KO). Dem Erstattungsanspruch des Gläubigers kommt bei der Masseverteilung die Privilegierung der Art. 201 § 1 Nr. 1, Art. 205 pln.KO (erstrangige Befriedigung der Verfahrenskosten) zugute[67]. Stellt der Schuldner oder ein nach Art. 4 § 2 pln.KO Antragsberechtigter Konkursantrag, so ist die Anordnung von

---

63 Zu nennen sind hierbei etwa die Kosten für Sicherungsmaßnahmen oder die Kosten für die Bekanntmachung der Konkurseröffnung (Art. 16 § 1 pln.KO), vgl. *Gurgul/Godlewska*, Konkurs- und Vergleichsrecht, Rdnr. 4 zu Art. 11 pln.KO, S. 67.

64 Wird im Falle des Art. 75 pln.KO der Vorschuß nicht geleistet, so führt dies zur Einstellung des Verfahrens nach Art. 218 § 1 Nr. 2 pln.KO, vgl. *Gurgul/Godlewska*, Konkurs- und Vergleichsrecht, Rdnr. 5 zu Art. 11 pln.KO, S. 67.

65 Gemäß Art. 354 ZVGB erläßt das Gericht dann, wenn das ZVGB nicht den Erlaß eines Urteils vorsieht, Entscheidungen in der Form des Beschlusses.

66 *Allerhand*, Konkursrecht mit Kommentar, Anm. 6 zu Art. 11; *Gurgul/Godlewska*, Konkurs- und Vergleichsrecht Rdnrn. 11, 12 zu Art. 11 pln.KO, S. 68. Im Falle des Art. 75 pln.KO erläßt den Beschluß der Richter-Kommissar.

67 *Gurgul/Godlewska*, Konkurs- und Vergleichsrecht, Rdnr. 5 zu Art. 11 pln.KO, S. 67. Nach *Allerhand*, Konkursrecht mit Kommentar, Anm. 3 zu Art. 86 sind die Vorschüsse des Gläubigers sogar vorrangig vor allen anderen in Art. 204 § 1 Nr. 1 pln.KO genannten Forderungen zu erstatten.

Vorschüssen durch das Gericht im Eröffnungsverfahren (Art. 11 § 1 pln.KO) oder durch den Richter-Kommissar im eröffneten Konkursverfahren (Art. 75 pln.KO) ausgeschlossen[68]. Dies muß auch dann gelten, wenn neben einem Gläubiger auch der Schuldner oder ein nach Art. 4 § 2 pln.KO Antragsberechtigter einen zulässigen und begründeten Konkursantrag gestellt hat. Würde dem Gläubiger in diesem Fall nämlich gemäß Art. 11 § 1 pln.KO ein Vorschuß abverlangt und dieser vom Gläubiger nicht gezahlt, so müßte unabhängig von Art. 11 § 2 pln.KO das Konkursverfahren dennoch auf den Antrag des Schuldners bzw. des nach Art. 4 § 2 pln.KO Antragsberechtigten hin eröffnet werden[69].

Insgesamt mögen sowohl die nach Art. 9 pln.KO für den Eröffnungsantrag vorgeschriebenen inhaltlichen Erfordernisse als auch die vom antragstellenden Gläubiger zu leistenden Vorschüsse geeignet sein, den Ablauf des Konkursverfahrens zu erleichtern. Jedoch dürfte insbesondere das Kostenrisiko viele Gläubiger von der Stellung eines Konkursantrags abschrecken. Statt dessen werden die meisten von ihnen darauf hoffen, daß sich ein anderer Gläubiger findet, der zusätzlich zu dem nicht geringen Aufwand einer im Sinne des Art. 9 §§ 1, 4, 5 pln.KO vollständigen Antragstellung[70] auch bereit ist, eine Gerichtsgebühr von 200 PLN sowie Vorschüsse in unbestimmter Höhe nach Art. 11 § 1 und Art. 75 pln.KO auf die Verfahrenskosten zu zahlen, während alle anderen Gläubiger von derartigen zeitlichen und finanziellen Belastungen vollständig verschont bleiben. Hierdurch werden frühzeitige und in bezug auf die zu erwartende Konkursquote aussichtsreiche Konkursanträge von Gläubigerseite verhindert und somit die Erreichung des vom Gesetzgeber[71] insbesondere mit Einführung der Art. 17^2, 17^3 pln.KO ange-

---

[68] *Allerhand*, Konkursrecht mit Kommentar, Anm. 2 zu Art. 11; *Świeboda*, Konkurs- und Vergleichsrecht, Anm. 1 zu Art. 11 pln.KO, S. 37; *Piasecki*, Konkurs- und Vergleichsrecht, Anm. 1 zu Art. 11 pln.KO, S. 132.

[69] *Allerhand*, Konkursrecht mit Kommentar, Anm. 2 zu Art. 11.

[70] Insbesondere die Nennung der den Antrag begründenden Umstände und ihre Glaubhaftmachung (Art. 9 § 1 Nr. 3 pln.KO), also insbesondere das Vorliegen eines Konkursgrundes nach Art. 1 §§ 1 oder 2 pln.KO (*Gurgul/Godlewska*, Konkurs- und Vergleichsrecht, Rdnr. 8 zu Art. 9 pln.KO, S. 57 f.) wird in der Regel die Hilfe eines Anwalts oder Rechtsberaters nötig machen.

[71] Bei der pln.KO handelt es sich zwar ursprünglich um eine Verordnung des Präsidenten, die Novellierungen der pln.KO seit 1990 sind jedoch aufgrund geänderten Verfassungsrechts ausnahmslos in Gesetzesform ergangen.

strebten Ziels einer Verminderung der Konkursausfallschäden durch rechtzeitige Verfahrenseröffnung in Frage gestellt[72].

2. *Weitere Zulässigkeitsvoraussetzungen*

a) Internationale, sachliche und örtliche Zuständigkeit

Das Fehlen der internationalen Zuständigkeit der polnischen Gerichte führt gemäß Art. 1099 Satz 2 ZVGB i. V. m. Art. 68 pln.KO zur Zurückweisung des Konkursantrags als unzulässig. Einem polnischen Gericht fehlt gemäß Art. 1103 ZVGB i. V. m. Art. 68 pln.KO die internationale Zuständigkeit dann, wenn der Schuldner in Polen zum Zeitpunkt der Zustellung der Abschrift des Konkursantrages weder seinen Wohn- oder Geschäftssitz unterhält noch dort Vermögen hat[73]. Ist der Schuldner selbst Antragsteller, so muß als maßgeblicher Zeitpunkt statt des Zustellungsdatums der Tag des Eingangs des Konkursantrages bei Gericht gelten. Gemäß Art. 1099 Satz 1 ZVGB berücksichtigt das Gericht Gründe, die den Ausschluß der internationalen Zuständigkeit zur Folge haben, zu jedem Zeitpunkt des Verfahrens von Amts wegen.

Gemäß Art. 1111 § 1 ZVGB sind in Polen akkreditierte Leiter diplomatischer Vertretungen, Personen, die zum Personal ausländischer diplomatischer Vertretungen in Polen gehören, andere Personen, die diplomatische Immunität kraft Gesetzes aufgrund von Verträgen oder des Völkergewohnheitsrechts genießen, sowie die im Hausstand dieser Personen lebenden Familienmitglieder von der polnischen Gerichtsbarkeit befreit. Dies gilt jedoch gemäß Art. 1111 § 2 Nr. 3 ZVGB nicht für Angelegenheiten, die eine von diesen Personen außerhalb ihrer amtlichen Funktion in Polen ausgeübte Berufs- oder Handelstätigkeit betreffen. Auch die Immunität von Konsularbeamten und Ausländern, die Verwaltungsangestellte oder technische Angestellte von diplomatischen Vertre-

---

[72] Die geringe Zahl der von Gläubigerseite gestellten Konkursanträge beklagt auch *Brol*, PPH 6/2000, S. 10.

[73] *Nazarewicz*, PPH 6/1995, S. 7 [8]; *Gurgul/Godlewska*, Konkurs- und Vergleichsrecht, Rdnr. 29 zu Art. 8 pln.KO, S. 52 f. Dagegen wenden *Allerhand*, Konkursrecht mit Kommentar, Anm. 9 zu Art. 8 sowie *Zedler*, Konkurs- und Vergleichsrecht, S. 55 zur Abgrenzung der internationalen Zuständigkeit Art. 8 pln.KO analog an, was hier jedoch in aller Regel zum selben Ergebnis führt. Siehe zur internationalen Zuständigkeit im Vergleichsrecht dagegen die Ausführungen in Teil 2, Abschnitt B 1.

tungen sind, beschränkt sich gemäß Art. 1112 § 1 ZVGB auf solche Angelegenheiten, die mit der Ausübung ihrer amtlichen Funktion in Zusammenhang stehen.

Im Gegensatz zum Fehlen der internationalen Zuständigkeit führt die sachliche oder örtliche Unzuständigkeit des Gerichts nicht zur Zurückweisung des Antrags[74], sondern zur Verweisung an das zuständige Gericht gemäß Art. 200 ZVGB i. V. m. Art. 68 pln.KO. Stellt das Gericht seine Unzuständigkeit erst im laufenden Verfahren fest, so erfolgt die Verweisung nach Art. 65 § 2 pln.KO. Die Wirksamkeit der vor dem unzuständigen Gericht vorgenommenen Prozeßhandlungen bleibt davon in beiden Fällen unberührt (Art. 200 § 3 ZVGB, Art. 65 § 2 Satz 3 pln.KO).

b) Konkursfähigkeit

Auch die Konkursfähigkeit[75] wird von der wohl herrschenden Meinung im Anschluß an die Rechtsprechung des Obersten Gerichts[76] als Zulässigkeitsvoraussetzung angesehen, deren Fehlen zur Zurückweisung des Konkursantrags führt[77]. Nach allgemeiner Ansicht ist die Konkursfähigkeit systematisch vergleichbar mit der Parteifähigkeit[78] im Zivilprozeß nach Art. 64 ZVGB. Ebenso wie das Fehlen der Fähigkeit, im Zivilprozeß als Kläger oder Beklagter aufzutreten, gemäß Art. 199 § 1 Nr. 3 ZVGB zur Zurückweisung der Klage als unzulässig[79] führt, müsse

---

74 So noch *Allerhand*, Konkursrecht mit Kommentar, Anm. 12 zu Art. 8 auf der Grundlage von Art. 199 § 1 des Zivilverfahrensgesetzbuches vom 29.11.1930 (Dz.U. 1930, Nr. 83, Pos. 651; 1932, Nr. 93, Pos. 802 und 803; bereinigte Fassung vom 1.12.1932: Dz.U. 1932, Nr. 112, Pos. 934).

75 Siehe hierzu Teil 2, Abschnitt A.

76 Beschluß vom 18.3.1993 – I CRN 121/92, in der Begründung auszugsweise abgedruckt bei *Gurgul*, Konkurs- und Vergleichsrecht, Rdnr. 36 zu Art. 1 pln.KO, S. 23 f.

77 *Jankowski*, Verfahrensablauf, S. 253; *Broniewicz*, Zivilverfahren, S. 473; *Pokora*, PPH 2/1998, S. 26 [31]; *Świeboda*, Konkurs- und Vergleichsrecht Anm. 6 zu Art. 1 pln.KO, S. 12.

78 Die polnische Rechtsterminologie verwendet in diesem Zusammenhang den Begriff der „Gerichtsfähigkeit“ (zdolność sądowa).

79 Demgegenüber werden in Deutschland auch unzulässige Klagen nicht zurück-, sondern abgewiesen, vgl. *Schellhammer*, Zivilprozeß, Rdnr. 350; *Pukall*, Zivilprozeß, S. 301; *Thomas/Putzo*, ZPO, Rdnr. 10 zu § 313.

auch die fehlende Konkursfähigkeit des Schuldners die Unzulässigkeit des Konkursantrags zur Folge haben[80].

Maßgeblicher Zeitpunkt für die Beurteilung der Konkursfähigkeit ist der Zeitpunkt der Entscheidung über den Konkursantrag[81], wobei jedoch die vorherige Einstellung der Wirtschaftstätigkeit durch den Schuldner nicht den Verlust seiner Unternehmereigenschaft und damit seiner Konkursfähigkeit bedeutet, solange diese nicht zur vollständigen Liquidation des Unternehmens geführt hat[82].

c) Keine anderweitige Konkurseröffnung

Wurde über das Vermögen des gleichen Schuldners bereits ein Konkursverfahren eröffnet und noch nicht beendet, so wird mit der Konkurseröffnung jeder weitere Konkursantrag unzulässig. Dies ergibt sich nicht zuletzt aus Art. 65 § 1 pln.KO, wonach mit Erlaß des ersten Konkurseröffnungsbeschlusses durch ein nach Art. 8 § 1 pln.KO örtlich zuständiges Gericht die aus Art. 8 § 1, Art. 64 pln.KO folgende örtliche Zuständigkeit weiterer Gerichte für das Konkurseröffnungsverfahren und das eigentliche Konkursverfahren erlischt[83]. Der Ansicht, wonach erst die Rechtskraft des zuerst ergangenen Eröffnungsbeschlusses die Unzulässigkeit aller weiteren Eröffnungsanträge bewirkt, die sich auf denselben Schuldner beziehen[84], kann dagegen nicht gefolgt werden. Wegen der sofortigen Vollziehbarkeit des Konkurseröffnungsbeschlusses[85] hätte

---

80 Dem zustimmend *Jankowski*, Verfahrensablauf, S. 253; *Świeboda*, Konkurs- und Vergleichsrecht Anm. 6 zu Art. 1 pln.KO, S. 12; a.A. dagegen *Gurgul*, Konkurs- und Vergleichsrecht, Rdnr. 37 zu Art. 1 pln.KO, S. 24, der die Konkursfähigkeit nicht als eine prozessuale Vorfrage, sondern als eine auf der Grundlage des materiellen Rechts zu entscheidende Frage ansieht. Für eine Abweisung des Konkursantrags bei fehlender Konkursfähigkeit des Schuldners auch *Zedler*, Konkurs- und Vergleichsrecht, S. 181 sowie *Buber*, Polnisches Konkursrecht, S. 28.

81 *Gurgul*, Konkurs- und Vergleichsrecht, Rdnr. 8 zu Art. 1 pln.KO, S. 24 unter Hinweis auf Art. 316 § 1 ZVGB i. V. m. Art. 68 pln.KO, wonach Grundlage des Urteils im Zivilprozeß der Sachstand zum Zeitpunkt des Abschlusses der mündlichen Verhandlung ist.

82 *Zedler*, Konkurs- und Vergleichsrecht, S. 67.

83 Vgl. *Gurgul*, Konkurs- und Vergleichsrecht, Rdnr. 1 zu Art. 65 pln.KO, S. 312 f.

84 *Jankowski*, Verfahrensablauf, S. 252.

85 *Allerhand*, Konkursrecht mit Kommentar, Anm. 1 zu Art. 65. Die sofortige Vollziehbarkeit des Eröffnungsbeschlusses folgt unmittelbar aus den Art. 18 ff. pln.KO, wonach die Konkursfolgen nicht erst mit Rechtskraft, sondern bereits mit Erlaß des Er-

diese Ansicht nämlich zur Folge, daß über das Vermögen desselben Schuldners gleichzeitig mehrere Konkursverfahren mit womöglich verschiedenen Konkursverwaltern durchgeführt werden könnten, was zu einem hohen Maß an Rechtsunsicherheit insbesondere wegen nicht vermeidbarer Kompetenzkonflikte bezüglich der Verfügungsbefugnis über Gegenstände der Konkursmasse führen würde[86]. Dies genau soll aber Art. 65 § 1 pln.KO verhindern, der darum ausdrücklich nicht an die Rechtskraft des ersten Konkurseröffnungsbeschlusses, sondern an dessen Erlaß anknüpft.

d) Zusammentreffen von Konkurs- und Vergleichsantrag

Hat der Schuldner einen Vergleichsantrag gestellt, und ging vor der Entscheidung über diesen Antrag auch der Konkursantrag eines Gläubigers ein, so prüft das Gericht gemäß Art. 15 § 1 pln.VglO beide Anträge zusammen und entscheidet über sie in einem Beschluß. Unerheblich ist dabei, ob zuerst der Vergleichsantrag des Schuldners oder der Konkursantrag eines Gläubigers bei Gericht einging, Voraussetzung für die Anwendbarkeit des Art. 15 § 1 pln.KO ist lediglich, daß bei Eingang des zweiten Antrags über den ersten noch nicht entschieden worden ist[87]. Art. 15 § 1 pln.VglO soll unabhängig von einem von Gläubigerseite gestellten Konkursantrag dem im Sinne von Art. 2 pln.VglO redlichen Schuldner die Durchführung eines Vergleichsverfahrens ermöglichen. Liegen also die Voraussetzungen für die Eröffnung eines Vergleichsverfahrens vor, stellt dies für die gleichzeitige Eröffnung eines Konkursverfahrens ein Verfahrenshindernis dar, so daß der Konkursantrag ohne

---

öffnungsbeschlusses eintreten. Auch mit der Liquidation des Schuldnervermögens kann gemäß Art. 110 § 2 pln.KO bereits vor Rechtskraft des Eröffnungsbeschlusses begonnen werden, sofern nicht der Richter-Kommissar die Liquidation bis zum Eintritt der Rechtskraft aussetzt.

86 *Jankowski*, a. a. O. (Fn. 84) läßt zudem im unklaren, ob nach Eintritt der Rechtskraft des ersten Konkurseröffnungsbeschlusses alle weiteren nach Erlaß aber vor Rechtskraft dieses Beschlusses eröffneten und gegen denselben Schuldner gerichteten Konkursverfahren weiterzuführen sind, ob sie eingestellt werden müssen, oder ob sie gemäß Art. 65 § 2 pln.KO an das Gericht, bei dem das zuerst eröffnete Konkursverfahren anhängig ist, zu überweisen sind.

87 *Stein/Thaler/Bulwa*, Konkurs- und Vergleichsrecht, Anm. 1 zu Art. 15 pln.VglO, S. 229; *Korzonek*, Konkurs- und Vergleichsrecht III, S. 229; *Allerhand*, Kommentar zum Vergleichsrecht, Anm. 1 zu Art. 15.

sachliche Prüfung der Konkursvoraussetzungen als unzulässig zurückzuweisen ist[88].

Gemäß Art. 15 § 2 pln.VglO kann ab dem Datum der Eröffnung des Vergleichsverfahrens bis zur rechtskräftigen Entscheidung über den Vergleich ebenfalls kein Konkursverfahren eröffnet werden. Ein dennoch gestellter Konkursantrag ist ohne Sachprüfung[89] als unzulässig zurückzuweisen[90]. Mit rechtskräftiger Entscheidung über den Vergleich ist in Art. 15 § 2 pln.VglO die Entscheidung des Vergleichsgerichts über die Bestätigung des Vergleichs nach Art. 63 ff. pln.VglO und nicht die Beendigung des Vergleichsverfahrens nach Art. 78 pln.VglO gemeint[91]. Art. 15 § 2 pln.VglO steht auch dem von einem Gläubiger gestellten Konkursantrag entgegen, dessen Forderung gemäß Art. 4 pln.VglO nicht vom Vergleichsverfahren erfaßt ist. Insoweit wirkt sich die Eröffnung des Vergleichsverfahrens auch auf die Rechtsstellung der Gläubiger aus, die gemäß Art. 4 pln.VglO nicht Vergleichsgläubiger sind[92]. Nach Bestätigung des Vergleichs sind diese Gläubiger dagegen nicht mehr gehindert, die Eröffnung eines Konkursverfahrens zu beantragen, wenn es bei der Erfüllung der nicht vom bestätigten Vergleich betroffenen Forderungen zu einer Zahlungseinstellung i. S. von Art. 1 § 1, Art. 2 pln.KO

---

88 Auch hier ist die Einordnung als Zulässigkeits- oder Begründetheitsvoraussetzung umstritten, vgl. *Jankowski*, Verfahrensablauf, S. 253. Wie hier für eine Zurückweisung: *Allerhand*, Kommentar zum Vergleichsrecht, Anm. 9 zu Art. 15; *Zedler*, Konkurs- und Vergleichsrecht, S. 181; dagegen sprechen sich – jeweils ohne eine nähere Begründung – für eine Abweisung des Konkursantrags aus: *Korzonek*, Konkurs- und Vergleichsrecht III, S. 31; *Glabas*, Prawo Spółek 5/1997, S. 32; *Gurgul*, Konkurs- und Vergleichsrecht, Rdnr. 2 zu Art. 15 pln.VglO, S. 792; insoweit unklar: *Stein/Thaler/Bulwa*, Konkurs- und Vergleichsrecht, Anm. 5, 6 zu Art. 15 pln.VglO, S. 231 f.

89 *Gurgul*, Konkurs- und Vergleichsrecht, Rdnr. 5 zu Art. 15 pln.VglO, S. 793.

90 Das bei *Stein/Thaler/Bulwa*, Konkurs- und Vergleichsrecht, Anm. 6 zu Art. 15 pln.VglO, S. 232 zitierte Urteil des Obersten Gerichts (OSP 1931, Pos. 319), wonach die Entscheidung über Konkursanträge, die während der Dauer des Vergleichsverfahrens gestellt werden, vom Gericht bis zur Beendigung des Vergleichsverfahrens aufzuschieben ist, war auf der Grundlage der in Südpolen nach dem Ersten Weltkrieg weiterhin geltenden österreichischen Ausgleichsordnung ergangen und kann daher für die Auslegung des Art. 15 § 2 pln.VglO nicht herangezogen werden, vgl. *Korzonek*, Konkurs- und Vergleichsrecht III, S. 34.

91 *Allerhand*, Kommentar zum Vergleichsrecht, Anm. 6 zu Art. 15; *Korzonek*, Konkurs- und Vergleichsrecht III, S. 33.

92 *Gurgul*, Konkurs- und Vergleichsrecht, Rdnr. 7 zu Art. 15 pln.VglO, S. 793.

kommt, selbst wenn der Schuldner seine Zahlungsverpflichtungen aus dem Vergleich pünktlich erfüllt[93].

Stellt der Schuldner selbst nach Eröffnung des Vergleichsverfahrens einen Konkursantrag, so kann hierin eine gleichzeitige Rücknahme des zunächst gestellten Vergleichsantrags zu sehen sein[94]. Eine solche Rücknahme ist Art. 23 § 1 pln.VglO zufolge bis zur Annahme des Vergleichs durch die Gläubigerversammlung möglich und führt gemäß Art. 23 § 2 pln.VglO zur Einstellung des Vergleichsverfahrens durch das Gericht. Art. 15 § 2 pln.VglO steht dann der Eröffnung des Konkursverfahrens nicht mehr entgegen.

3. *Die Begründetheit des Konkursantrags*

a) Vorliegen eines Konkursgrundes

Die polnische Konkursverordnung erklärt in Art. 1 § 1, Art. 2 die nicht nur vorübergehende Zahlungseinstellung zum allgemeinen, d. h. auf alle Unternehmer unabhängig von ihrer Rechtsform anwendbaren Konkursgrund[95]. Für juristische Personen und im Liquidationsstadium befindliche Personenhandelsgesellschaften sieht Art. 1 § 2 pln.KO zusätzlich den Konkursgrund der Überschuldung vor. Der Konkursgrund der Zahlungsunfähigkeit ist der polnischen Konkursverordnung dagegen unbekannt[96]. Die Zahlungseinstellung begründet daher anders als nach deutschem Recht nicht lediglich eine widerlegliche Vermutung für den Eintritt der Konkursreife (§ 17 Abs. 2 Satz 2 InsO), sondern stellt einen eigenständigen Konkursgrund dar. Dennoch wird überwiegend vertreten, daß die Nichterfüllung von Verbindlichkeiten dann nicht als Zahlungseinstellung i. S. des Art. 1 § 1, Art. 2 pln.KO gewertet werden kann, wenn der Schuldner die Leistung nur deshalb verweigert, weil er das Bestehen der Verbindlichkeit oder deren Fälligkeit bestreitet, er aber zur

---

93 *Glabas*, Prawo Spółek 5/1997, S. 32 [33 ff.]; *Gurgul*, Konkurs- und Vergleichsrecht, Rdnr. 6 zu Art. 15 pln.VglO, S. 793; siehe auch Teil 6, Abschnitt D 2.

94 *Allerhand*, Kommentar zum Vergleichsrecht, Anm. 9 zu Art. 15; *Glabas*, Prawo Spółek 5/1997, S. 32 [33].

95 Dies gilt trotz der Sonderregelung in Art. 130 § 2 GenR nach der Rechtsprechung des Obersten Gerichts (Beschluß vom 4.12.1998 – III CKN 398/98, OSNIC 6/1999, Pos. 115) auch für die Genossenschaft.

96 Unzutreffend daher *Lowitzsch/Bormann*, WiRO 2001, S. 357 [360].

Zahlung in der Lage wäre[97]. Auch nach polnischem Recht muß daher die Zahlungseinstellung auf der Zahlungsunfähigkeit des Schuldners beruhen, die bloße Zahlungsunwilligkeit, die mit den Mitteln des zivilprozessualen Erkenntnis- und Vollstreckungsverfahrens gebrochen werden kann, begründet dagegen unter keinen Umständen die Konkursreife[98].

Die Funktion der Konkursgründe besteht darin, abstrakt und generell den Zeitpunkt im Verlauf der wirtschaftlichen Abwärtsentwicklung eines Unternehmens zu bestimmen, ab dem sein Vermögenszustand die vollständige Befriedigung aller Gläubigerforderungen nicht mehr erwarten läßt. Im Interesse einer gleichmäßigen Verteilung der noch zur Verfügung stehenden Haftungsmasse muß ab diesem Zeitpunkt die Zulässigkeit des Einzelzwangsvollstreckungsverfahrens ausgeschlossen werden, da sich am Vollstreckungserlös gemäß Art. 1030, 1034, 1036 ZVGB grundsätzlich nur die Gläubiger bereits titulierter Forderungen beteiligen können[99], während die übrigen Gläubiger leer ausgehen. An die Stelle der Einzelzwangsvollstreckung muß dann das Konkursverfahren treten, das es grundsätzlich allen Gläubigern[100] ermöglicht, ihre Forderungen zwecks gleichmäßiger Befriedigung bei der Erlösverteilung zur Tabelle anzumelden (Art. 150 ff. pln.KO), selbst wenn diese noch nicht fällig sind (Art. 32 § 1, Art. 156 pln.KO). Im Falle der Zahlungseinstellung ist ein Vermögenszustand, der die vollständige Befriedigung aller Forderungen nicht erwarten läßt, selbst dann als gegeben anzusehen, wenn der Wert des Aktivvermögens des Schuldners die Gesamtsumme aller seiner Verbindlichkeiten deckt. Kommt der Schuldner seinen fälligen Zah-

---

97 *Allerhand*, Konkursrecht mit Kommentar, Anm. 10 zu Art. 1; *Zedler*, Konkurs- und Vergleichsrecht, S. 73; *Gurgul*, Konkurs- und Vergleichsrecht, Rdnr. 43 zu Art. 1 pln.KO, S. 25 f. unter Hinweis auf die Entscheidungen des Obersten Gerichts vom 29.2.1936 – C II 2907/35, Zb. orzecz. SN 1936, Pos. 366, S. 926 [930] und vom 29.4.1938 – C III 487/38, OSP 1938, Pos. 199.

98 Vgl. *Korzonek*, Konkurs- und Vergleichsrecht I, S. 11; *Allerhand*, Konkursrecht mit Kommentar, Anm. 10 zu Art. 1. Dies ist jedoch keineswegs unumstritten, vgl. *Świeboda*, Konkurs- und Vergleichsrecht, Anm. 12 zu Art. 1 pln.KO, S. 13 f. im Anschluß an *Buber*, Polnisches Konkursrecht, S. 21, wonach nicht nur das Unvermögen zur Zahlung, sondern unabhängig davon auch die an die Außenwelt gerichtete Bekundung fehlenden Zahlungswillens eine Zahlungseinstellung i. S. des Art. 1 § 1 pln.KO begründet.

99 Siehe zum Paritätsgrundsatz des polnischen Zwangsvollstreckungsrechts Teil 2, Abschnitt A 3.

100 Zu der in Art. 159 pln.KO gemachten Einschränkung siehe Teil 2, Abschnitt D 1. b).

lungsverpflichtungen nicht nach, so werden die Gläubiger nämlich versucht sein, ihre Forderungen im Wege der Einzelzwangsvollstreckung durchzusetzen. Erfahrungsgemäß erreicht dabei aber der Verwertungserlös der einzelnen Vollstreckungsgegenstände nicht deren tatsächlichen Wert[101] und es entstehen Vollstreckungskosten, welche die Haftungsmasse zusätzlich belasten[102], so daß im Ergebnis selbst bei einem Überschuß des Aktivvermögens über die Gesamtsumme aller Verbindlichkeiten nicht sämtliche Forderungen vollständig befriedigt werden können und somit auch in diesem Fall ein Bedürfnis nach einer gleichmäßigen Verteilung des Liquidationserlöses unter allen Gläubigern vorbehaltlich der in Art. 204, 205 pln.KO vorgesehenen Privilegierung einzelner Forderungsgruppen besteht.

Umgekehrt wird die Überschuldung bei natürlichen Personen (Einzelunternehmern) und werbenden Personenhandelsgesellschaften nicht als Konkursgrund angesehen. Der geschäftliche Erfolg von Einzelunternehmern und Personenhandelsgesellschaften beruht nämlich typischerweise zu einem nicht unerheblichen Teil auf dem persönlichen Arbeitseinsatz der Gesellschafter bzw. des Unternehmers. Die aus dem in der Zukunft zu erbringenden Arbeitseinsatz erwachsenden Erträge stellen dabei zwar noch keinen bilanzierbaren Vermögenswert dar, der geeignet wäre, einen eventuellen Überschuß der Verbindlichkeiten über das Aktivvermögen auszugleichen. Solange jedoch die eingehenden Erträge ausreichen, um die jeweils fällig werdenden Verbindlichkeiten zu erfüllen, besteht keine hinreichende Gläubigergefährdung, welche die Durchführung eines Konkursverfahrens und die damit regelmäßig einhergehende Liquidation des gesamten Unternehmens rechtfertigen könnte. Tritt dagegen eine Personengesellschaft in das Liquidationsstadium ein, so ist für die Zukunft keine Wertschöpfung durch den persönlichen Arbeitseinsatz der Gesellschafter mehr zu erwarten, was bei Auftreten der Überschuldung einer Personengesellschaft in Liquidation eine vollständige Befriedigung aller Gläubigerforderungen aus dem Gesellschaftsvermögen als unwahrscheinlich erscheinen läßt, so daß die Durchführung eines Konkursverfahrens unter Ausschluß der Einzelzwangsvollstreckung (Art. 63 pln.KO) auch hier geboten ist.

---

[101] *Allerhand*, Konkursrecht mit Kommentar, Anm. 8 zu Art. 1; *Allerhand*, Entwurfsbegründung Konkursrecht, S. 14.

[102] *Korzonek*, Konkurs- und Vergleichsrecht I, S. 9.

Der Konkursgrund der Zahlungseinstellung bezieht sich grundsätzlich nur auf Geldforderungen. Jedoch kann auch die Nichterfüllung von fälligen Verbindlichkeiten, die auf die Lieferung von Waren gerichtet sind, eine Zahlungseinstellung i. S. des Art. 1 § 1 pln.KO darstellen, wenn es sich bei den geschuldeten Waren um vertretbare Sachen handelt, die von einem solventen Schuldner zu Marktpreisen beschafft werden könnten[103]. Eine Zahlungseinstellung liegt vor, wenn der Schuldner aus Geldmangel mit einem wesentlichen Teil seiner fälligen Zahlungs- und Lieferverbindlichkeiten in Verzug gerät[104]. Allerdings kann auch der durch das Fehlen liquider Mittel begründete Verzug des Schuldners bei der Erfüllung einer einzigen Verbindlichkeit eine Zahlungseinstellung i. S. des Art. 1 § 1 pln.KO bedeuten, wenn diese einen wesentlichen Teil der Gesamtsumme seiner Verbindlichkeiten ausmacht[105].

Handelt es sich bei dem Unternehmer um eine natürliche Person, so ist es für den Eintritt der Konkursreife nach Art. 1 § 1, Art. 2 pln.KO unerheblich, ob von der Zahlungseinstellung auch Geschäftsverbindlichkeiten betroffen sind oder ausschließlich die Zahlung auf private Verbindlichkeiten eingestellt wurde[106]. Da es im Falle des Einzelunternehmers keine getrennten Haftungsmassen für Geschäftsverbindlichkeiten einerseits und private Verbindlichkeiten andererseits gibt, bedeutet die durch die Zahlungseinstellung privater Verbindlichkeiten motivierte Einzelzwangsvollstreckung immer auch eine Minderung der Haftungsmasse für die Geschäftsgläubiger.

Eine auf vorübergehenden Schwierigkeiten beruhende kurzzeitige Aussetzung der Zahlungen stellt gemäß Art. 2 pln.KO keine Zahlungseinstellung dar, auf deren Grundlage ein Konkursverfahren eröffnet wer-

---

103 *Allerhand*, Konkursrecht mit Kommentar, Anm. 9 zu Art. 1; *Zedler*, Konkurs- und Vergleichsrecht, S. 72; *Świeboda*, Konkurs- und Vergleichsrecht, Anm. 10 zu Art. 1 pln.KO, S. 13.

104 *Korzonek*, Konkurs- und Vergleichsrecht I, S. 12.

105 *Altman*, PPC 1936, S. 343; *Allerhand*, Konkursrecht mit Kommentar, Anm. 10 zu Art. 1. Zur umstrittenen Frage, ob das Konkursverfahren auch dann eröffnet werden kann, wenn der Schuldner nur einen Gläubiger hat, siehe unten, Teil 3, Abschnitt B 3. b).

106 *Allerhand*, Konkursrecht mit Kommentar, Anm. 11 zu Art. 1; *Zedler*, Konkurs- und Vergleichsrecht, S. 72; Beschluß des Obersten Gerichts vom 29.2.1936 – II C 2907/35, OSP 1936, Pos. 309, teilweise abgedruckt bei *Gurgul*, Konkurs- und Vergleichsrecht, Rdnr. 40 zu Art. 1 pln.KO, S. 25.

den könnte. Diese Bestimmung dient auch dem Interesse der Gläubiger, denen nicht voreilig die Möglichkeit entzogen werden soll, Befriedigung auch aus zukünftigen Unternehmenseinkünften zu erlangen[107]. Art. 2 pln.KO setzt jedoch voraus, daß die Schwierigkeiten, die zur Aussetzung der Zahlungen geführt haben, vorübergehend, d. h. vom Schuldner zu beheben sind. Da für den Außenstehenden der Grund für die Aussetzung der Zahlungen oftmals nicht erkennbar ist, wird vom Gläubiger bei der Stellung eines Konkursantrags nicht verlangt, gemäß Art. 9 § 1 Nr. 3 pln.KO glaubhaft zu machen, daß der Grund nicht nur vorübergehend besteht. Die Nachweispflicht für das Vorliegen der Voraussetzungen des Art. 2 pln.KO trifft vielmehr den Schuldner, der sich unter Berufung auf Art. 2 pln.KO gegen den Konkursantrag eines Gläubigers wendet[108]. Ob der Schuldner die Schwierigkeiten zu vertreten hat oder ihn kein Verschulden hierfür trifft, ist unerheblich[109].

Zur Überschuldung kommt es nach dem Wortlaut des Art. 1 § 2 pln.KO dann, wenn das Vermögen der betroffenen juristischen Person oder in Liquidation befindlichen Personenhandelsgesellschaft nicht für die Befriedigung der Schulden ausreicht. Bei der Beurteilung, ob Überschuldung eingetreten ist, sind alle Vermögenswerte des betroffenen Unternehmers, auch wenn sie gemäß Art. 20 ff. pln.KO nicht in die Konkursmasse fallen, und alle Verbindlichkeiten, auch wenn sie bedingt oder noch nicht fällig sind, zu berücksichtigen[110]. Dem Schuldner gewährte Stundungen bleiben außer Betracht. Die Vermögensgegenstände des Unternehmers sind mit ihrem tatsächlichen und nicht mit ihrem in der Handelsbilanz ausgewiesenen Wert in Ansatz zu bringen. Für die Feststellung des Überschuldungsstatus ist daher eine eigene Konkursbilanz aufzustellen, die sämtliche stillen Reserven aufdeckt und bei der die Passivierungspflicht für das Grund- bzw. Stammkapital unberücksichtigt bleibt[111]. Ob für das Aktivvermögen des Unternehmers Liquidationswerte oder Fortführungswerte zugrunde zu legen sind oder eine zweistu-

---

[107] *Allerhand*, Konkursrecht mit Kommentar, Anm. 1 zu Art. 2; *Gurgul*, Konkurs- und Vergleichsrecht, Rdnr. 2 zu Art. 2 pln.KO, S. 28.

[108] *Allerhand*, Konkursrecht mit Kommentar, Anm. 3 zu Art. 2; *Gurgul*, Konkurs- und Vergleichsrecht, Rdnr. 4 zu Art. 2 pln.KO, S. 28 unter Hinweis auf die Beweislastregel des Art. 6 ZGB (s. o. Fn. 35).

[109] *Gurgul*, Konkurs- und Vergleichsrecht, Rdnr. 1 zu Art. 1 pln.KO, S. 28.

[110] *Korzonek*, Konkurs- und Vergleichsrecht I, S. 13.

[111] *Allerhand*, Konkursrecht mit Kommentar, Anm. 17 zu Art. 1.

fige Prüfung zu erfolgen hat[112], wird in der polnischen Literatur nicht erörtert.

b) Vorhandensein eines die Verfahrenskosten deckenden Vermögens

Gemäß Art. 13 § 1 Satz 1 pln.KO weist das Konkursgericht den Antrag auf Eröffnung des Konkursverfahrens als unbegründet ab, wenn offensichtlich ist, daß das Vermögen des Schuldners nicht zur Deckung der Kosten des Verfahrens ausreicht. Neben diesem zwingenden Abweisungsgrund stellt Art. 13 § 1 Satz 2 pln.KO die Abweisung des Antrags für den Fall in das Ermessen des Konkursgerichts, daß das Vermögen des Schuldners ohne die durch ein Pfandrecht, ein Registerpfandrecht oder eine Hypothek belasteten Vermögensgegenstände offensichtlich nicht zur Deckung der Verfahrenskosten ausreicht. Das Tatbestandsmerkmal der Offensichtlichkeit ist erfüllt, wenn ohne diesbezügliche Ermittlungen des Konkursgerichts feststeht, daß die Verfahrenskosten nicht vollständig gedeckt sind[113]. Dabei ist nur das konkursunterworfene Vermögen des Schuldners zu berücksichtigen[114].

Das Fehlen flüssiger Mittel zur Deckung der Verfahrenskosten rechtfertigt eine Abweisung des Konkursantrags nach Art. 13 § 1 pln.KO

---

[112] Im deutschen Recht geht § 19 Art. 2 InsO von einer zweistufigen Überschuldungsprüfung aus. Dabei wird zunächst festgestellt, ob bei Ansatz von Liquidationswerten eine rechnerische Überschuldung vorliegt. Wird dies bejaht, so ist gemäß § 19 Abs. 2 Satz 2 InsO eine Fortbestehensprognose für das Unternehmen zu stellen. Wenn diese positiv ausfällt, wird in einem zweiten Schritt die Überschuldung unter Zugrundelegung der meist höheren Fortführungswerte für das Unternehmensvermögen geprüft. Rechtliche Überschuldung liegt demnach vor, wenn rechnerische Überschuldung auf der Grundlage von Liquidationswerten bei negativer Fortbestehensprognose bejaht wird oder wenn auch bei Ansatz von Fortführungswerten die Summe der Verbindlichkeiten den Wert des Vermögens übersteigt. Die positive Fortführungsprognose allein schließt eine rechtliche Überschuldung nicht aus, BT-Drucks. 12/2443, S. 115; *Gottwald/Uhlenbruck*, Insolvenzrechtshandbuch (2001), § 6, Rdnr. 26 entgegen *K. Schmidt*, ZIP 1980, S. 233 [234 ff.]; *ders.*, JZ 1982, S. 165 [170]; *ders.*, ZIP 1985, S. 713 [719 ff.].

[113] *Allerhand*, Konkursrecht mit Kommentar, Anm. 2 zu Art. 13; *Korzonek*, Konkurs- und Vergleichsrecht I, S. 35; *Świeboda*, Konkurs- und Vergleichsrecht, Anm. 2 zu Art. 13 pln.KO, S. 40 f.

[114] *Korzonek*, Konkurs- und Vergleichsrecht I, S. 34 f.; *Świeboda*, Konkurs- und Vergleichsrecht, Anm. 11 zu Art. 13 pln.KO, S. 42.

nicht[115]. In diesem Fall bleibt nur die Anforderung eines Vorschusses auf die Verfahrenskosten gemäß Art. 11 § 1 pln.KO, sofern nicht der Schuldner, sondern ein Gläubiger Konkursantrag gestellt hat[116].

Seinem Wortlaut nach ordnet Art. 13 § 1 pln.KO die Abweisung des Konkursantrages nur für den Fall an, daß das Schuldnervermögen nicht zur Deckung der Verfahrenskosten genügt. Zu den Kosten des Konkursverfahrens gehören neben der Vergütung und den Auslagen des Konkursverwalters und eines eventuell bestellten besonderen Verwalters[117] (Art. 122 § 1 pln.KO) insbesondere auch die Auslagen der Mitglieder des Gläubigerausschusses (Art. 138 pln.KO), die Kosten für Bekanntmachungen und Zustellungen sowie die Kosten öffentlicher Versteigerungen[118]. Da aber nach Art. 204 § 1 Nr. 1 pln.KO auch die Arbeitnehmerforderungen, selbst wenn sie bereits vor Konkurseröffnung angefallen sind, in der Erlösverteilung dem gleichen Forderungsrang angehören wie die Verfahrenskosten und Art. 206 pln.KO für den Fall, daß die Konkursmasse nicht für die vollständige Befriedigung aller Verbindlichkeiten eines Ranges ausreicht, ihre anteilige Befriedigung anordnet, ist eine vollständige Befriedigung der Verfahrenskosten nur dann gewährleistet, wenn über die Verfahrenskosten hinaus auch sämtliche anderen in Art. 204 § 1 Nr. 1 pln.KO genannten Verbindlichkeiten vollständig aus der Konkursmasse beglichen werden können. Würde nämlich die Konkursmasse zwar zur vollständigen Zahlung der Verfahrenskosten, nicht aber auch zur Befriedigung aller anderen Verbindlichkeiten des ersten Ranges des Art. 204 § 1 pln.KO ausreichen, so könnten wegen der Gleichrangigkeit der Verfahrenskosten und der Arbeitnehmerforderungen nach der eindeutigen Regelung des Art. 206 pln.KO auch die Verfahrenskosten nur anteilig befriedigt werden[119]. Der Sinn und Zweck des Art. 13 pln.KO besteht jedoch darin, nur solche Konkursverfahren zu eröffnen, bei denen die vollständige Deckung der Verfahrenskosten zu

---

115 *Allerhand*, Konkursrecht mit Kommentar, Anm. 3 zu Art. 13; *Gurgul/Godlewska*, Konkurs- und Vergleichsrecht, Rdnr. 9 zu Art. 13 pln.KO, S. 78.

116 Vgl. Teil 3, Abschnitt B 1. b).

117 Vgl. Teil 2, Abschnitt C 1.

118 *Allerhand*, Konkursrecht mit Kommentar, Anm. 4 zu Art. 13; *Świeboda*, Konkurs- und Vergleichsrecht, Anm. 8 zu Art. 13 pln.KO, S. 41.

119 *Karasek*, TPP 4/2000, S. 61 [73]; *Zoll*, Przegląd Legislacyjny 3/2001, S. 11 [25]; anders, jedoch nicht mit Art. 206 pln.KO vereinbar: *Kohorewicz*, Prawo Spółek 3/1998, S. 37 [39].

erwarten ist. Daher ist der Konkursantrag gemäß Art. 13 § 1 Satz 1 pln.KO bereits dann abzuweisen, wenn das Schuldnervermögen offensichtlich nicht zur Befriedigung aller Verbindlichkeiten des ersten Forderungsranges (Art. 204 § 1 Nr. 1 pln.KO) genügen wird. Außerdem kann der Konkursantrag gemäß Art. 13 § 1 Satz 2 pln.KO abgewiesen werden, wenn das Schuldnervermögen ohne die mit dinglichen Sicherungsrechten belasteten Vermögensgegenstände offensichtlich nicht zur vollständigen Befriedigung aller Verbindlichkeiten des ersten Ranges ausreicht.

Bedenkt man, daß die in Art. 204 § 1 Nr. 1 pln.KO vorgesehene umfassende Privilegierung der Arbeitnehmerforderungen nur unter der Voraussetzung Platz greift, daß ein Konkursverfahren eröffnet und nicht gemäß Art. 218 § 1 Nr. 1 pln.KO mangels Masse wieder eingestellt wird[120], dient die Gleichstellung von Verfahrenskosten und Arbeitnehmerforderungen in Art. 204 § 1 Nr. 1 pln.KO nicht dem wohlverstandenen Interesse der Arbeitnehmer. Vielmehr wird hierdurch eine in geordneten Bahnen ablaufende Liquidation insolventer Unternehmen, wie sie nur das Konkursverfahren gewährleisten kann, in vielen Fällen verhindert. De lege ferenda könnte eine Aufteilung des bisherigen ersten Forderungsrangs in zwei Forderungsränge Abhilfe schaffen, wobei nur die Verfahrenskosten dem Rang 1 zuzuordnen und alle übrigen bisher von Art. 204 § 1 Nr. 1 pln.KO erfaßten Verbindlichkeiten innerhalb eines neu einzuführenden Forderungsrangs 1a nach den Verfahrenskosten und vor den Masseforderungen des Ranges 2 zu befriedigen wären[121].

Schwierigkeiten bereitet vor dem Hintergrund der aufgrund des Gesetzes vom 31.7.1997[122] veränderten Stellung dinglich gesicherter Gläubiger der durch das gleiche Gesetz neu eingeführte fakultative Ablehnungsgrund des Art. 13 § 1 Satz 2 pln.KO. Sieht man den Sinn und Zweck des Art. 13 pln.KO allein darin, die Entstehung von Verfahrenskosten zu verhindern, die aus dem Verwertungserlös der Konkursmasse nicht vollständig gedeckt werden können, so erweist sich Art. 13 § 1

[120] Siehe zur Verfahrenseinstellung Teil 5, Abschnitt E 1.

[121] Vgl. *Karasek*, TPP 4/2000, S. 61 [73]. Der in Przegląd Legislacyjny 1/2001, S. 133 ff. veröffentlichte Entwurf der Kodifizierungskommission für Zivilrecht für ein neues polnisches Konkursgesetz bleibt dagegen in Art. 327 Abs. 1 Nr. 1 bei der Gleichstellung von Verfahrenskosten und Arbeitnehmerforderungen, wobei Art. 329 des Entwurfs fast wörtlich dem geltenden Art. 206 pln.KO entspricht. Kritisch hierzu: *Zoll*, Przegląd Legislacyjny 3/2001, S. 11 [25].

[122] Dz.U. 1997, Nr. 117, Pos. 751.

Satz 2 pln.KO als zu weitgehend. Mit Wirkung für alle ab dem 3.1.1998 eröffneten Konkursverfahren wurden nämlich die bisherigen Absonderungsrechte abgeschafft und durch eine bevorrechtigte Beteiligung der dinglich gesicherten Gläubiger an der Erlösverteilung im Rahmen der neu eingeführten Forderungsränge 2a und 2b ersetzt[123]. Lediglich zugunsten der Inhaber von nach dem RegPfG begründeten Registerpfandrechten sieht der mit Wirkung zum 1.1.1998 durch Art. 45 RegPfG neu eingeführte Art. 117 § 4 pln.KO ein Absonderungsrecht vor. Der Erlös aus der Verwertung massezugehöriger Vermögensgegenstände, die mit einem anderen dinglichen Kreditsicherungsrecht als einem Registerpfandrecht belastet sind, gelangt daher nach geltendem Recht vollständig in die Konkursmasse und steht in voller Höhe zur Deckung der Verfahrenskosten zur Verfügung, denen bei der Erlösverteilung gemäß Art. 204 § 1 Nr. 1, Art. 205 pln.KO Vorrang vor den dinglich gesicherten Forderungen der Ränge 2a und 2b zukommt[124]. Mit Ausnahme des zur Absonderung berechtigenden Registerpfandrechts und des in Art. 13 § 1 Satz 2 pln.KO nicht erwähnten Sicherungseigentums, das nach in Polen herrschender Auffassung sogar zur Aussonderung gemäß Art. 28 § 1 pln.KO berechtigt[125], vermindern dingliche Belastungen des Schuldnervermögens die Aussicht auf eine vollständige Deckung der Verfahrenskosten und der anderen Verbindlichkeiten des ersten Forderungsranges somit nicht.

Trotz einem somit zu weiten Anwendungsbereich des Art. 13 § 1 Satz 2 pln.KO ist mit der Ablehnung der Konkurseröffnung in Fällen, in denen zwar das gesamte Vermögen des Schuldners einschließlich der dinglich belasteten Gegenstände zur Deckung aller Verbindlichkeiten des ersten Forderungsranges ausreichen würde, nicht aber das Vermögen des Schuldners unter Ausschluß dieser Gegenstände, ein Schutzreflex zugunsten der Inhaber der von Art. 204 § 1 Nr. 2a, 2b pln.KO erfaßten dinglichen Sicherungsrechte verbunden. Zu beachten ist nämlich, daß beim Verkauf massezugehöriger Gegenstände im Rahmen der Masseverwertung Art. 113 § 2, Art. 120 § 1 pln.KO zufolge alle an diesen Gegenständen bestehenden dinglichen Sicherungsrechte erlöschen[126]. In

---

[123] Siehe hierzu Teil 5, Abschnitt C 2. b).
[124] *Karasek*, TPP 4/2000, S. 61 [66].
[125] Vgl. Teil 4, Abschnitt E 3.
[126] Vgl. Teil 5, Abschnitt B 2.

der Situation des Art. 13 § 1 Satz 2 pln.KO ist die Gefahr deshalb sehr groß, daß die dinglich gesicherten Gläubiger ihre Sicherungsrechte bei der Durchführung der Masseverwertung verlieren und dennoch nicht oder nur mit einer geringen Quote an der Erlösverteilung partizipieren, da der Verwertungserlös weitestgehend oder sogar vollständig zur Begleichung der Verbindlichkeiten des ersten und zweiten Forderungsranges aufgebraucht wurde. Einen vollständigen Schutz vor einem Ausfall der dinglich gesicherten Gläubiger der Ränge 2a und 2b bietet Art. 13 § 1 Satz 2 pln.KO dennoch nicht, da diese Bestimmung einerseits die Abweisung des Konkursantrags in das Ermessen des Konkursgerichts stellt und sie andererseits keine Grundlage für die Ablehnung der Konkurseröffnung in dem Fall bietet, in dem das um die dinglich belasteten Gegenstände verminderte Schuldnervermögen zwar zur vollständigen Befriedigung der Verbindlichkeiten des ersten Ranges ausreicht, nicht aber auch zur Befriedigung der Verbindlichkeiten des den dinglich gesicherten Gläubigern[127] ebenfalls vorgehenden zweiten Ranges.

Dadurch, daß Art. 13 § 1 Satz 2 pln.KO die Ablehnung der Konkurseröffnung in das Ermessen des Konkursgerichts stellt, steht diese Bestimmung in einem Wertungswiderspruch zu Art. 218 § 1 Nr. 1 pln.KO, wonach das bereits eröffnete Konkursverfahren zwingend einzustellen ist, wenn sich herausstellt, daß die Konkursmasse ohne die mit einer Hypothek, einem Pfandrecht, einem Registerpfandrecht oder einer Eintragung im Schiffsregister belasteten Vermögensgegenstände nicht zur vollständigen Deckung der Verfahrenskosten ausreicht. Nimmt man diese Regelung beim Wort, so müßte das Konkursgericht ein Verfahren, das es trotz Vorliegen des fakultativen Ablehnungsgrundes des Art. 13 § 1 Satz 2 pln.KO nach pflichtgemäßem Ermessen eröffnet hat, gemäß Art. 218 § 1 Nr. 1 pln.KO sofort wieder einstellen[128]. Dieser Wertungswiderspruch zwischen Art. 13 § 1 Satz 2 und Art. 218 § 1 Nr. 1 pln.KO, der um so erstaunlicher ist, als die geltende Fassung beider Bestimmungen auf das Konkursrechtsänderungsgesetz vom 31.7.1997 zurückgeht, läßt sich letztlich nur im Wege einer einschränkenden Auslegung des Art. 218 § 1 Nr. 1 pln.KO beheben[129].

---

[127] Mit Ausnahme der Inhaber eines Registerpfandrechts (Art. 117 § 4 pln.KO) und der Sicherungseigentümer (Art. 128 § 1 pln.KO).

[128] *Karasek*, TPP 4/2000, S. 61 [68].

[129] Siehe dazu Teil 5, Abschnitt E 1.

Eine Ablehnung der Konkurseröffnung mangels Masse ist Art. 13 § 2 pln.KO zufolge in bezug auf ein staatliches Unternehmen oder eine Gesellschaft mit ausschließlicher Beteiligung des Staatsschatzes ausgeschlossen, wenn der „Minister des Staatsschatzes“[130] die fehlenden Mittel zur Deckung der Verfahrenskosten bereitstellt. Art. 13 pln.KO und Art. 218 § 1 Nr. 1 pln.KO gelten außerdem nicht im Bankkonkursverfahren (Art. 168 BankR).

Die Abweisung des Konkursantrags mangels Masse zieht gemäß Art. 41 Nr. 4 LGRegG die Eintragung dieser Tatsache in Abteilung 4 des Unternehmerregisters des Landes-Gerichtsregisters nach sich. Unbeschränkt persönlich haftende Gesellschafter des Schuldners werden gemäß Art. 55 Nr. 2 LGRegG in das Register zahlungsunfähiger Schuldner des Landes-Gerichtsregisters eingetragen. Ist der Schuldner selbst eine natürliche Person, so ist er im Falle der Abweisung eines Konkursantrags mangels Masse gemäß Art. 55 Nr. 1 LGRegG ebenfalls in das Register zahlungsunfähiger Schuldner einzutragen.

c) Gläubigermehrheit als Konkursvoraussetzung?

Während die österreichische Konkursordnung[131], die in Südpolen (Galizien und Teschener Schlesien) bis zum Inkrafttreten der polnischen Konkursverordnung am 1.1.1935 galt, in § 73 Abs. 1[132] bestimmte, daß der Antrag auf Konkurseröffnung bei Existenz nur eines einzigen Gläubigers abzuweisen ist, es sei denn, der Antragsteller macht die Anfechtbarkeit einer Rechtshandlung des Schuldners glaubhaft, und nach § 166 Abs. 1[133] das Verfahren aufzuheben war, wenn sich herausstellte, daß

---

[130] Polnische Bezeichnung: „Minister Skarbu Państwa“.

[131] Verkündet als Anlage zur Kaiserlichen Verordnung vom 10.12.1914, RGBl. Nr. 37, über die Einführung einer Konkursordnung, einer Ausgleichsordnung und einer Anfechtungsordnung.

[132] Aufgrund des IRÄG 1982 wurde § 73 zu § 72, dessen Absatz 1 folgenden Wortlaut hatte: „Ist nur ein persönlicher Gläubiger vorhanden, reicht aber das Vermögen zur Deckung der Kosten des Konkursverfahrens voraussichtlich hin, so ist dem Antrage auf Konkurseröffnung dennoch stattzugeben, wenn der Antragsteller den Bestand eines Anfechtungsanspruches glaubhaft macht. Vor Abweisung des Antrages ist der Antragsteller einzuvernehmen.“ Aufgrund des IRÄG 1997 ist diese Bestimmung mit Wirkung zum 1.10.1997 ersatzlos weggefallen.

[133] § 166 Abs. 1 der österreichischen Konkursordnung lautete: „Kommt im Laufe des Konkursverfahrens hervor, daß nur ein Konkursgläubiger an dem Verfahren teil-

sich nur ein Konkursgläubiger daran beteiligte[134], enthielt weder das in Kongreßpolen bis zum 31.12.1934 in seiner ursprünglichen Fassung geltende französische Handelsgesetzbuch vom 10.9.1807[135] noch die in den vormals preußischen Provinzen Posen und Westpreußen sowie in Ostoberschlesien bis zu ihrer Ablösung durch die pln.KO geltende deutsche Konkursordnung vom 10.2.1877[136] eine vergleichbare Regelung[137]. So verwundert es nicht, daß innerhalb der mit dem Entwurf für die polnische Konkursverordnung befaßten Kodifizierungskommission (Unterkommission Konkursverfahrensrecht) die Frage, ob ähnlich dem österreichischen Modell auch in der pln.KO das Bestehen einer Gläubigermehrheit zur Konkursvoraussetzung erklärt werden solle, kontrovers behandelt wurde. Während der von *Allerhand* vorgelegte Entwurf vorsah, daß das Konkursverfahren bei Existenz nur eines Gläubigers nicht zu eröffnen und, sofern nicht der Konkursverwalter beabsichtigte, die Unwirksamkeit einer vom Schuldner vor Konkurseröffnung vorgenommenen Rechtshandlung geltend zu machen, ein bereits eröffnetes Konkursverfahren einzustellen sei, trat *Namitkiewicz* dafür ein, die Eröffnung und Durchführung des Konkursverfahrens auch bei nur einem Gläubiger ausdrücklich zuzulassen. Bei den Kommissionsberatungen überwog die Ansicht, daß das Bestehen einer Gläubigermehrheit nicht zur Eröffnungsvoraussetzung erklärt werden solle[138].

Das schließlich als Verordnung des Präsidenten vom 24.10.1934 im polnischen Gesetzblatt[139] verkündete Konkursrecht enthielt keine aus-

---

nimmt, so ist der Konkurs nach Befriedigung der Massegläubiger aufzuheben." Aufgrund des IRÄG 1997 ist auch diese Bestimmung ersatzlos weggefallen.

134 Eine entsprechende Regelung sahen auch die §§ 87, 165 der ungarischen Konkursordnung von 1881 vor (*Allerhand*, Konkurs bei einem Gläubiger, S. 4), die auch nach dem Ersten Weltkrieg im polnischen Teil der Zips und Arwa galt (zur Topographie vgl. die Skizze in WGO 1960, S. 48), bis das ungarische Rechtsgebiet durch Verordnung des Ministerrates vom 14.9.1922 (Dz.U. 1922, Nr. 90, Pos. 833) mit Wirkung zum 25.11.1922 in das österreichische Rechtsgebiet eingegliedert wurde, vgl. *Geilke*, JOR IV (2/1963), S. 105 [115 f.].

135 Das Konkursrecht war dort im dritten Buch (Art. 437 bis 614) geregelt, vgl. *Gurgul*, Konkurs- und Vergleichsrecht, S. 3.

136 In der Fassung der Bekanntmachung vom 20.5.1898.

137 *Allerhand*, Konkurs bei einem Gläubiger, S. 5 f.

138 Zur Entstehungsgeschichte der polnischen Konkursverordnung: *Allerhand*, Konkurs bei einem Gläubiger, S. 9 f.; *Nazarewicz*, PPH 8/1997, S. 10 [12].

139 Dz.U. 1934, Nr. 93, Pos. 834.

drückliche Bestimmung über die Eröffnung eines Konkursverfahrens bei nur einem Gläubiger, so daß sich die mit dieser Frage verbundene Kontroverse in Literatur und Rechtsprechung bis in die heutige Zeit fortsetzen konnte[140]. Anlaß für die Weiterführung der Diskussion bot in jüngerer Zeit der Beschluß des Obersten Gerichts vom 27.5.1993[141]. Im Verfahren nach Art. 391 a. F. ZVGB[142] legte das Woiwodschaftsgericht Lublin dem Obersten Gericht unter anderem folgende Rechtsfrage zur Entscheidung vor: „Ist die Existenz von mindestens zwei Gläubigern des bankrotten Wirtschaftssubjekts eine obligatorische Voraussetzung für die Konkurseröffnung?"

Das Oberste Gericht gab zur Antwort, die Konkurseröffnung könne nur dann erfolgen, wenn das vom Konkursantrag betroffene Wirtschaftssubjekt[143] mindestens zwei Gläubiger habe. Zur Begründung verwies das Oberste Gericht auf die Funktion des Konkursverfahrens, die in der gleichmäßigen Befriedigung aller Gläubiger bestehe. Dem dienten die im Konkursrecht vorgesehenen Rechtshandlungen wie die Anmeldung von Forderungen zur Konkurstabelle und ihre Feststellung, die Möglichkeit des Abschlusses eines Zwangsvergleichs zwischen dem Gemeinschuldner und den nicht bevorrechtigten Konkursgläubigern sowie die Verteilung des Liquidationserlöses, was nach Auffassung des Obersten Gerichts im Falle nur eines Gläubigers gegenstandslos wäre. Außerdem könne ein einzelner Gläubiger seine Forderungen auch im Wege des

140 *Świeboda*, PS 7-8/1992, S. 51 [52]; *Magnuszewski*, PS 2/1995, S. 89 [94]; *Torbus*, PS 10/1995, S. 30 ff.; *Nazarewicz*, PPH 8/1997, S. 10 ff.; *Czajka*, Unternehmen in der Krise, S. 46.

141 III CZP 61/93, OSNCP 1/1994, Pos. 7, S. 42 ff. = OSP 6/1994, Pos. C 110, S. 280 ff.

142 Aufgrund des Gesetzes vom 1.3.1996 (Dz.U. 1996, Nr. 43, Pos. 189) wurde eine entsprechende Regelung in Art. 390 ZVGB aufgenommen, der folgenden Wortlaut hat:
„§ 1. Entsteht bei der Prüfung der Berufung in einer Sache, in der keine Kassation stattfindet, eine Rechtsfrage, die schwerwiegende Zweifel aufwirft, so kann das Gericht dem Obersten Gericht diese Frage zur Entscheidung vorlegen und die Entscheidung der Sache vertagen.
§ 2. Der die Rechtsfrage entscheidende Beschluß des Obersten Gerichts bindet in dieser Sache."

143 Nach der jetzt gültigen polnischen Rechtsterminologie wäre an die Stelle des Begriffs „Wirtschaftssubjekt" (podmiot gospodarczy) der Begriff „Unternehmer" (przedsiębiorca) zu setzen, siehe hierzu die Ausführungen in Teil 2, Abschnitt A 1.

Zivilprozesses und der anschließenden Zwangsvollstreckung durchsetzen[144].

In der Literatur werden weitere Argumente gegen die Eröffnung eines Konkursverfahrens mit nur einem Gläubiger vorgebracht[145]. Zum einen ergebe sich das Erfordernis mehrerer Gläubiger bereits aus der grammatikalischen Auslegung der Art. 1 § 1, Art. 2, 5 pln.KO, wo der Begriff Schuld (dług) im Plural verwendet werde. Zum anderen wiesen die Vorschriften über die Gläubigerorgane (Gläubigerversammlung, Art. 141 - 149 pln.KO[146], und Gläubigerausschuß, Art. 126 - 140 pln.KO[147]) darauf hin, daß die polnische Konkursverordnung von der Beteiligung mehrerer Gläubiger am Konkursverfahren ausgehe. Zudem sei eine Verhinderung der Einzelzwangsvollstreckung im Interesse einer grundsätzlichen Gleichbehandlung aller Gläubiger, wie es dem Zweck des Konkursrechts entspricht, bei Existenz nur eines Gläubigers nicht erforderlich[148].

Das auf Art. 1 § 1, Art. 2, 5 pln.KO gestützte Wortlautargument kann schon deshalb nicht überzeugen, weil der Schuldner auch gegenüber einem einzelnen Gläubiger mehrere Verbindlichkeiten („Schulden“) haben kann[149].

Auch die Bestimmungen über Gläubigerversammlung und Gläubigerausschuß sind nicht geeignet, die Möglichkeit der Eröffnung eines Konkursverfahrens bei nur einem Gläubiger auszuschließen. Auch bei der Forderungsanmeldung durch mehrere Gläubiger kann es nämlich vorkommen, daß bei der Gläubigerversammlung nur ein einziger Gläubiger erscheint. Auch dann ist sie beschlußfähig, da Art. 148 pln.KO hierfür keine Mindestzahl der bei der Versammlung anwesenden Gläubiger festlegt[150].

Zutreffend ist dagegen die Aussage, bei Beteiligung nur eines Gläubigers am Konkursverfahren sei die Bildung eines Gläubigerausschusses ausgeschlossen. Dies gilt wegen der in Art. 126 § 3 pln.KO vorgeschriebenen Mindestzahl von drei Ausschußmitgliedern aber auch dann, wenn

---

[144] Oberstes Gericht, OSNCP 1/1994, Pos. 7, S. 42 [48] = OSP 6/1994, Pos. C 110, S. 280 [282].

[145] Zusammenfassend: *Torbus*, PS 10/1995, S. 30 [33].

[146] Hierzu oben, Teil 2, Abschnitt D 1.

[147] Hierzu oben, Teil 2, Abschnitt D 2.

[148] *Magnuszewski*, PS 2/1995, S. 89 [94].

[149] *Nazarewicz*, PPH 8/1997, S. 10 [12].

[150] *Allerhand*, Konkurs bei einem Gläubiger, S. 12; *Torbus*, PS 10/1995, S. 30 [41].

am Konkursverfahren zwei Gläubiger beteiligt sind. Die Existenz von nur zwei Gläubigern steht aber der Eröffnung und Durchführung eines Konkursverfahrens unbestrittenermaßen nicht entgegen[151]. Aus Art. 126 § 3 pln.KO kann daher das Erfordernis einer Beteiligung von mindestens zwei Gläubigern am Konkursverfahren ebenfalls nicht hergeleitet werden.

Ebensowenig vermag im Ergebnis das Argument zu überzeugen, die Eröffnung eines Konkursverfahrens bei nur einem Gläubiger verbiete sich deshalb, weil in diesem Falle kein Bedürfnis nach einer konkursrechtlichen Gleichbehandlung der Gläubiger (par conditio creditorum) bestehe. Die wegen der zahlreichen in Art. 204 pln.KO vorgesehenen Privilegierungen nicht vollständig umgesetzte Gläubigergleichbehandlung stellt zwar einen wesentlichen, nicht aber den einzigen Zweck des Konkursverfahrens dar. Dieses ist nämlich nicht nur darauf gerichtet, die bereits vorhandenen Gläubiger gleichzubehandeln, sondern soll auch verhindern, daß weitere Teilnehmer des Rechtsverkehrs zu Gläubigern eines konkursreifen Unternehmers werden. Den Schutz des Rechtsverkehrs vor insolventen Schuldnern, der im Konkursverfahren bereits mit der Bekanntmachung der Konkurseröffnung im Gerichts- und Wirtschaftsanzeiger und in der lokalen Presse (Art. 16 § 1 pln.KO) sowie mit dem Übergang der Verwaltungs- und Verfügungsbefugnis auf den Konkursverwalter einsetzt, kann das Einzelzwangsvollstreckungsverfahren nicht in gleicher Weise herbeiführen[152].

Die Auffassung des Obersten Gerichts, wonach ein Konkursverfahren mit nur einem Gläubiger undurchführbar sei, müßte konsequenterweise auch zur Folge haben, daß ein bereits eröffnetes Konkursverfahren eingestellt werden muß, wenn sich herausstellt, daß nur ein einziger Gläubiger seine Forderung innerhalb der hierfür gesetzten Frist gemäß Art. 150 ff. pln.KO beim Richter-Kommissar angemeldet hat und keine weiteren Anmeldungen nach Ablauf der Frist (Art. 167 pln.KO) zu erwarten sind. Art. 218 pln.KO, der die Einstellung des Konkursverfahrens regelt, sieht diesen Fall jedoch nicht als Grund für eine Verfahrenseinstellung vor[153]. So hat denn auch das Oberste Gericht wiederum im Ver-

---

151 *Torbus*, PS 10/1995, S. 30 [41].
152 *Torbus*, PS 10/1995, S. 30 [34]; *Nazarewicz*, PPH 8/1997, S. 10 [12 f.].
153 *Altman*, PPC 1935, S. 763 [764].

fahren nach Art. 391 a.F. ZVGB[154] zu der ihm vom Woiwodschaftsgericht Posen vorgelegten Rechtsfrage, ob die im Laufe des Konkursverfahrens erfolgte Forderungsanmeldung durch nur einen Gläubiger einen Grund für die Verfahrenseinstellung bilde, durch Beschluß vom 9.11.1994[155] entschieden, das Konkursverfahren unterliege nur der Einstellung aus den in Art. 218 pln.KO genannten Gründen, und damit die Möglichkeit einer Verfahrenseinstellung wegen der Forderungsanmeldung durch nur einen Gläubiger verneint. Das Oberste Gericht scheint daher selbst die Möglichkeit der Durchführung eines Konkursverfahrens unter Beteiligung nur eines Gläubigers nicht mehr auszuschließen, so daß abzuwarten bleibt, ob das Gericht im Rahmen des Eröffnungsverfahrens auch in Zukunft an der umstrittenen Konkursvoraussetzung einer Gläubigermehrheit festhalten wird. Im übrigen hätte es ein einzelner Gläubiger selbst in der Hand, diese Konkursvoraussetzung herbeizuführen, indem er vor Konkursantragstellung einen wenn auch nur symbolischen Teil seiner Forderung gegen den Schuldner an eine andere Person abtritt, die dadurch in die Rolle des vom Obersten Gericht im Beschluß vom 27.5.1993[156] geforderten zweiten Gläubigers schlüpft[157].

C Sicherungsmaßnahmen

Der Eingang eines Konkursantrages bei Gericht läßt die Befugnis des Schuldners, über sein Vermögen zu verfügen oder neue Verpflichtungen einzugehen, unberührt. Zum Übergang der Verwaltungs- und Verfügungsbefugnis auf den Konkursverwalter kommt es erst mit Erlaß des Konkurseröffnungsbeschlusses (Art. 15, 20 ff. pln.KO). Für die Zeitspanne des Eröffnungsverfahrens besteht somit ein Bedürfnis danach, den Schuldner an einer Verringerung der Haftungsmasse oder einer Vergrößerung der Passivmasse zu Lasten der Gläubiger zu hindern.

Gemäß Art. 12 § 1 Satz 1 pln.KO kann das Konkursgericht daher auf Antrag eines Gläubigers solche einstweiligen Anordnungen treffen, die es zur Sicherung des Schuldnervermögens für angebracht hält. Eine

---

154 S. o. Fn. 142.
155 III CZP 139/94, OSNIC 3/1995, Pos. 44, S. 28 ff.
156 S. o. Fn. 141.
157 Vgl.: *Torbus*, PS 10/1995, S. 30 [34 f.]; *Nazarewicz*, PPH 8/1997, S. 10 [12].

amtswegige Anordnung von Sicherungsmaßnahmen ist somit ausgeschlossen[158]. Stellt allerdings ein Gläubiger, bei dem es sich nicht notwendigerweise um den Konkursantragsteller handeln muß[159], einen Antrag auf Erlaß einstweiliger Anordnungen, so ist das Gericht bezüglich der Art der anzuordnenden Sicherungsmaßnahmen nicht an den Antrag des Gläubigers gebunden. Der Gläubiger braucht in seinem Antrag darum keine konkrete Sicherungsmaßnahme zu benennen[160].

Die Sicherungsmaßnahmen dürfen sich nur auf das Vermögen des Schuldners beziehen. Zwangsmaßnahmen gegenüber der Person des Gemeinschuldners sind erst nach Konkurseröffnung zulässig (Art. 19 § 1 pln.KO)[161]. Bei der Auswahl der Sicherungsmaßnahmen braucht sich das Konkursgericht andererseits nicht auf die in Art. 747 ZVGB zur Sicherung von Geldforderungen vorgesehenen Anordnungen, nämlich die Pfändung beweglicher Sachen, Forderungen und anderer Rechte (Nr. 1), die Begründung von Zwangshypotheken an Grundstücken und die Eintragung von Pfandrechten in das Schiffsregister (Nr. 2)[162] sowie das Verbot der Veräußerung und Belastung eines grundbuchlosen Grundstücks (Nr. 3) zu beschränken. Als möglich wird beispielsweise auch eine Kontensperre[163] sowie die Verwaltung von Teilen oder des gesamten Vermögens des Schuldners durch einen Sequester angesehen[164]. Zulässig ist auch die Kombination mehrerer Maßnahmen[165].

---

158 *Altman*, Konkursrecht, S. 38; *Allerhand*, Konkursrecht mit Kommentar, Anm. 3 zu Art. 12; *Korzonek*, Konkurs- und Vergleichsrecht I, S. 32; *Piasecki*, Konkurs- und Vergleichsrecht, Anm. 2 zu Art. 12 pln.KO, S. 133.

159 *Allerhand*, Konkursrecht mit Kommentar, Anm. 3 zu Art. 12; *Gurgul/Godlewska*, Konkurs- und Vergleichsrecht, Rdnr. 4 zu Art. 12 pln.KO, S. 70 f.

160 *Allerhand*, Konkursrecht mit Kommentar, Anm. 5 zu Art. 12; *Gurgul/Godlewska*, Konkurs- und Vergleichsrecht, Rdnr. 7 zu Art. 12 pln.KO, S. 71.

161 *Allerhand*, Entwurfsbegründung Konkursrecht, S. 26; *ders.*, Konkursrecht mit Kommentar, Anm. 6 zu Art. 12; *Altman*, Konkursrecht, S. 39; *Buber*, Polnisches Konkursrecht, S. 28; *Gawlas/Jonsik*, Konkurs- und Vergleichsrecht, S. 25.

162 Da die Anordnung von Sicherungsmaßnahmen nach Art. 12 pln.KO dem Interesse aller Gläubiger dient, ist die Begründung einer Zwangshypothek oder einer Schiffshypothek zu Gunsten des antragstellenden Gläubigers ausgeschlossen, vgl. *Korzonek*, Konkurs- und Vergleichsrecht I, S. 33.

163 *Korzonek*, Konkurs- und Vergleichsrecht I, S. 33; *Gurgul/Godlewska*, Konkurs- und Vergleichsrecht, Rdnr. 8 zu Art. 12 pln.KO, S. 71.

164 *Altman*, Konkursrecht, S. 39; *Allerhand*, Konkursrecht mit Kommentar, Anm. 5 zu Art. 12; *Buber*, Polnisches Konkursrecht, S. 28; *Gawlas/Jonsik*, Konkurs- und Ver-

Der Vollzug der einstweiligen Anordnung kann von der Hinterlegung einer Kaution durch den Gläubiger abhängig gemacht werden (Art. 12 § 2 pln.KO). Die geleistete Kaution[166] dient zur Sicherung des Anspruchs auf Ersatz des dem Schuldner im Falle der Nichteröffnung des Konkursverfahrens durch den Vollzug der einstweiligen Anordnung entstehenden Schadens. Aus Art. 746 § 1 Satz 2, § 3 ZVGB i. V. m. Art. 68 pln.KO ist zu folgern, daß der Schadensersatzanspruch erlischt, wenn er vom Schuldner nicht innerhalb eines Jahres seit seinem Entstehen gerichtlich geltend gemacht wird, wobei die vom Gläubiger geleistete Kaution bereits dann zurückzugeben ist, wenn der Schuldner nicht innerhalb eines Monats ab dem Zeitpunkt der Entstehung des Schadensersatzanspruchs Klage erhebt[167].

Bei Gefahr im Verzug ist auch der Vorsitzende allein zum Erlaß einstweiliger Anordnungen berechtigt, die er jedoch bei der nächsten Sitzung des Konkursgerichts diesem zur Prüfung vorzulegen hat (Art. 12 § 1 Satz 2 pln.KO).

D Die Konkurseröffnung

1. Inhalt des Konkurseröffnungsbeschlusses

Sieht das Konkursgericht die Voraussetzungen für die Konkurseröffnung als erfüllt an, so erläßt es den Eröffnungsbeschluß, dessen Inhalt sich aus Art. 14 § 1 pln.KO ergibt. Neben der Angabe des Vor- und Nachnamens bzw. der Firma und des Wohn- oder Geschäftssitzes des Gemeinschuldners (Nr. 1) hat das Konkursgericht darin die Frist für die Forderungsanmeldung zu bestimmen und die Gläubiger des Gemeinschuldners zur Anmeldung ihrer Forderungen innerhalb dieser Frist auf-

---

gleichsrecht, S. 25; *Gurgul/Godlewska*, Konkurs- und Vergleichsrecht, Rdnr. 8 zu Art. 12 pln.KO, S. 71.

165 *Gawlas/Jonsik*, Konkurs- und Vergleichsrecht, S. 25; *Gurgul/Godlewska*, Konkurs- und Vergleichsrecht, Rdnr. 8 zu Art. 12 pln.KO, S. 71 f.

166 Als zulässig wird auch die Hinterlegung von Wertpapieren angesehen, vgl. *Allerhand*, Konkursrecht mit Kommentar, Anm. 15 zu Art. 12; *Gurgul/Godlewska*, Konkurs- und Vergleichsrecht, Rdnr. 16 zu Art. 12 pln.KO, S. 73.

167 *Allerhand*, Konkursrecht mit Kommentar, Anm. 17 zu Art. 12.

zufordern (Nr. 2) sowie den Richter-Kommissar und den Konkursverwalter zu bestellen (Nr. 3).

2. *Zeitpunkt der Konkurseröffnung*

Das gemäß Art. 361, 325 ZVGB i. V. m. Art. 68 pln.KO in der Entscheidungsformel anzugebende Datum des Eröffnungsbeschlusses gilt als Datum der Konkurseröffnung (Art. 15 pln.KO). Da anders als nach deutschem Recht (§ 27 Abs. 2 Nr. 3 InsO) nicht auch die Stunde des Eröffnungsbeschlusses angegeben wird, bestehen in der polnischen Literatur Meinungsverschiedenheiten darüber, ob die Eröffnungswirkungen mit Beginn[168] oder mit Ende[169] des Tages eintreten, an dem der Eröffnungsbeschluß ergangen ist. Die erstgenannte Auffassung entspricht nicht nur am ehesten dem Wortlaut des Art. 15 pln.KO, sondern verhindert zudem, daß der Gemeinschuldner noch nach Erlaß des Eröffnungsbeschlusses für einige Stunden in der Lage ist, über die Konkursmasse zu verfügen.

3. *Bekanntmachung der Konkurseröffnung*

Der gemäß Art. 16 § 2 pln.KO dem Konkursverwalter, dem Gemeinschuldner bzw. seinen Erben sowie dem antragstellenden Gläubiger zuzustellende Eröffnungsbeschluß ist unverzüglich durch Veröffentlichung im Gerichts- und Wirtschaftsanzeiger[170] und in der lokalen Presse bekanntzumachen (Art. 16 § 1 pln.KO). Gemäß Art. 44 Abs. 1 Nr. 5 LGRegG ist die Konkurseröffnung sowie die Person des Konkursverwalters in Abteilung 6 des Unternehmerregisters des Landes-Gerichtsregisters einzutragen. Diese Eintragung unterliegt gemäß Art. 13 Abs. 1 LGRegG ihrerseits der Bekanntmachung im Gerichts- und Wirtschaftsanzeiger. Nicht bekanntzumachen ist dagegen gemäß Art. 58 LGRegG die Eintragung einer natürlichen Person, über deren Vermögen das Kon-

---

[168] *Allerhand*, Entwurfsbegründung Konkursrecht, S. 27; *ders.*, Konkursrecht mit Kommentar, Anm. 1 zu Art. 15; *Korzonek*, Konkurs- und Vergleichsrecht I, S. 41.

[169] *Gurgul/Godlewska*, Konkurs- und Vergleichsrecht, Rdnr. 4 zu Art. 15 pln.KO, S. 89.

[170] Vgl. hierzu das Gesetz vom 22.12.1995 über die Herausgabe des Gerichts- und Wirtschaftsanzeigers (ustawa o wydawaniu Monitora Sądowego i Gospodarczego), Dz.U. 1996, Nr. 6 Pos. 42; 1997, Nr. 121, Pos. 770; 2000, Nr. 114, Pos. 1193.

kursverfahren eröffnet worden ist, sowie die Eintragung der unbeschränkt persönlich haftenden Gesellschafter einer in Konkurs gefallenen Personenhandelsgesellschaft in das Register zahlungsunfähiger Schuldner des Landes-Gerichtsregisters (Art. 55 Nr. 1, 2 LGRegG).

Teil 4

Die Wirkungen der Konkurseröffnung

A Überblick

Die Wirkungen der Konkurseröffnung sind Gegenstand des mit „Folgen der Konkurseröffnung“ überschriebenen II. Titels der polnischen Konkursverordnung (Art. 18 - 63 pln.KO).

Die polnische Konkursverordnung untergliedert diesen Regelungsbereich in die Folgen der Konkurseröffnung für die Person des Gemeinschuldners (Abschnitt I, Art. 18 - 19[1] pln.KO) sowie die Folgen für das Vermögen des Gemeinschuldners (Abschnitt II, Art. 20 - 63 pln.KO). Bezüglich der vermögensrechtlichen Folgen wird weiter unterschieden zwischen den Folgen der Konkurseröffnung für die Verwaltung des Vermögens und die Verfügung über das Vermögen (Kapitel I, Art. 20 - 27 pln.KO), der Aussonderung (Kapitel II, Art. 28 - 31 pln.KO), den Folgen hinsichtlich der Verbindlichkeiten des Gemeinschuldners (Kapitel III, Art. 32 - 52 pln.KO), dem Einfluß der Konkurseröffnung auf die Vermögensverhältnisse zwischen Ehegatten (Kapitel IV, Art. 53 pln.KO)[1], der Unwirksamkeit und Anfechtung von Handlungen des Gemeinschuldners (Kapitel V, Art. 54 - 59 pln.KO) sowie dem Einfluß des Konkurses auf laufende Verfahren (Kapitel VI, Art. 60 - 63 pln.KO).

Von zunehmender Bedeutung sind außerdem die Wirkungen eines außerhalb Polens eröffneten Konkurs- oder Insolvenzverfahrens auf das in Polen befindliche Vermögen des Gemeinschuldners und auf die Rechtsverhältnisse und laufenden Verfahren in Polen, an denen der Gemeinschuldner beteiligt ist, sowie die Auslandswirkungen eines in Polen eröffneten Konkursverfahrens (internationales Konkursrecht), worauf zunächst eingegangen wird.

---

[1] Diesem Bereich sind auch die Art. 21, 30 und 52 pln.KO zuzuordnen.

B Das polnische internationale Konkursrecht

Das internationale Konkurs- bzw. Insolvenzrecht regelt die Auslandswirkungen der Eröffnung eines Konkurs- bzw. Insolvenzverfahrens im Inland sowie die Inlandswirkungen einer Verfahrenseröffnung im Ausland. Man unterscheidet in diesem Zusammenhang zwischen zwei gegensätzlichen Regelungskonzepten, nämlich dem Territorialitätsprinzip, demzufolge sich die Konkurswirkungen auf das Gebiet des Staates beschränken, in dem das Verfahren eröffnet wurde, und dem Universalitätsprinzip, dem eine derartige Beschränkung fremd ist[2].

Während das deutsche internationale Insolvenzrecht in Art. 102 EGInsO eine wenn auch unvollständige[3], überwiegend dem Universalitätsprinzip folgende gesetzliche Regelung gefunden hat, die im Verhältnis zu den anderen EU-Mitgliedsstaaten seit dem 31.5.2002 durch die Verordnung (EG) Nr. 1346/2000 des Rates vom 29.5.2000 über Insolvenzverfahren[4], der ebenfalls das Universalitätsprinzip zu Grunde liegt, verdrängt wird, ist das polnische internationale Konkursrecht gesetzlich nicht geregelt[5]. Die polnischen Gerichte hatten bisher nur selten Gelegenheit, zu Fragen des internationalen Konkursrechts Stellung zu beziehen.

In einem Beschluß vom 29.7.1959[6] entschied das Woiwodschaftsgericht Danzig, daß eine ausländische juristische Person, über deren Vermögen in einem ausländischen Staat der Konkurs eröffnet wurde, nicht vor einem polnischen Gericht verklagt werden und einem Antrag auf Erlaß einer einstweiligen Verfügung gegen eine solche juristische Person nicht stattgegeben werden kann. Im konkreten Fall hatte die in Emden ansässige Firma Frachtkontor Junge & Co vor dem erstinstanzlichen

[2] *Siedlecki*, PPiA 1937, S. 105 ff. [106]; *ders.*, OSPiKA 1960, Pos. C 78, S. 169; *Piasecki*, Konkurs- und Vergleichsrecht, Anm. 6 zu Art. 20 pln.KO, S. 154; *Gurgul*, Konkurs- und Vergleichsrecht, Rdnr. 21 zu Art. 20 pln.KO, S. 136; *v. Redecker*, WiRO 2001, S. 372.

[3] *Leipold*, FS Henckel, S. 533 ff.; *Lüer,* Deutsches Internationales Insolvenzrecht, S. 298.

[4] Abgedruckt in ZInsO 2001, S. 111 ff., vgl. hierzu *Wimmer*, ZInsO 2001, S. 97 ff.

[5] *Allerhand*, Entwurfsbegründung Konkursrecht, S. 9; *Allerhand*, Konkursrecht mit Kommentar, Anm. 9 zu Art. 20; *Siedlecki*, PPiA 1937, S. 105 [113]; *Gurgul*, Konkurs- und Vergleichsrecht, Rdnr. 22 zu Art. 20 pln.KO, S. 136.

[6] Cz. 179/59, OSPiKA 1960, Pos. C 78, S. 167 f.

Kreisgericht[7] Gdingen im Wege der einstweiligen Verfügung zur Sicherung einer Forderung in Höhe von 11.693,60 DM die Pfändung des im Hafen von Gdingen vor Anker gegangenen Schiffes „Norba" der finnischen Reederei „Northern Steamshipping Co Ltd." erwirkt, über deren Vermögen zuvor in Finnland das Konkursverfahren eröffnet worden war. Auf die Beschwerde des Verfügungsschuldners hin hob das Woiwodschaftsgericht Danzig die einstweilige Verfügung mit der Begründung auf, nach polnischem Recht verliere der Schuldner mit der Eröffnung des Konkursverfahrens die Prozeßfähigkeit, deren Bestehen zu jedem Zeitpunkt des Verfahrens gemäß Art. 59 ZVGB 1930[8] durch das Gericht von Amts wegen geprüft werden müsse. Nach der in Art. 1 Nr. 3 IPR 1926[9] verankerten Sitztheorie richte sich zwar auch die Prozeßfähigkeit nach dem Recht des Sitzes der Gesellschaft, die Konkurseröffnung führe jedoch auch nach finnischem Recht zum Verlust der Prozeßfähigkeit in bezug auf das konkursunterworfene Vermögen, das sich sowohl nach polnischem Recht (Art. 20 pln.KO) als auch nach finnischem Recht nicht auf das im Inland befindliche Vermögen beschränke.

Durch Urteil vom 3.6.1987[10] bestätigte das polnische Oberste Gericht eine Entscheidung des Woiwodschaftsgerichts Warschau, mit der dieses den zugunsten einer GmbH (B.V.[11]) mit Sitz in den Niederlanden ergangenen Schiedsspruch des Schiedsgerichts bei der Polnischen Außenhandelskammer gemäß Art. 712 § 1 Nr. 5 ZVGB[12] i. V. m. Art. 401 Nr. 2

---

7 Polnische Bezeichnung: „Sąd Powiatowy". Zu den heute in Polen gültigen Gerichtsbezeichnungen vgl. Teil 2, Abschnitt B 1.

8 Verordnung des Präsidenten der Republik (Polen) vom 29.11.1930 – Zivilverfahrensgesetzbuch (kodeks postępowania cywilnego), Dz.U. 1930, Nr. 83, Pos. 651; 1932, Nr. 93, Pos. 802 und 803; bereinigte Fassung vom 1.12.1932, Dz.U. 1932, Nr. 112, Pos. 934; aufgehoben durch Art. III Nr. 1 der Einführungsvorschriften zum Zivilverfahrensgesetzbuch vom 17.11.1964, Dz.U. 1964, Nr. 43, Pos. 297.

9 Gesetz vom 2.9.1926 – Internationales Privatrecht (Międzynarodowe Prawo Prywatne), Dz.U. 1926, Nr. 101, Pos. 581; siehe jetzt Art. 9 § 2 IPR 1965, Dz.U. 1965, Nr. 46, Pos. 290; 1995, Nr. 83, Pos. 417; 1999, Nr. 52, Pos. 532.

10 Az.: I CR 120/87, OSNCP 12/1988, S. 36 ff., Pos. 174 mit Anm. *Tomaszewski*, PiP 7/1989, S. 147 ff.

11 Abkürzung für: „Besloten Vennootschap met beperkte aansprakelijkheid", vgl.: *Lutter/Hommelhoff*, GmbH-Gesetz, Rdnr. 11 zu Art. 12, S. 223.

12 Gemäß Art. 712 § 1 Nr. 5 ZVGB kann eine Partei die Aufhebung des Urteils eines Schiedsgerichts beantragen, wenn Gründe vorliegen, die nach dem ZVGB die Grundlage für die Wiederaufnahme des Verfahrens bilden.

ZVGB[13] mit der Begründung aufhob, das im Laufe des polnischen Schiedsverfahrens in den Niederlanden über das Vermögen der GmbH (B. V.) eröffnete Konkursverfahren habe dazu geführt, daß die GmbH im Schiedsverfahren nicht ordnungsgemäß vertreten war, da der niederländische Konkursverwalter das Schiedsgericht weder von der Konkurseröffnung in Kenntnis gesetzt noch sich persönlich oder durch einen Bevollmächtigten an dem Verfahren beteiligt hatte.

Beide Gerichtsentscheidungen bejahen in Teilbereichen die Inlandswirkung eines im Ausland eröffneten Konkursverfahrens und folgen damit im Gegensatz zu den Gesetzesmaterialien zur polnischen Konkursordnung[14] und der nahezu einhelligen Meinung in der Literatur[15] nicht dem Territorialitäts-, sondern dem Universalitätsprinzip. Beide Entscheidungen sind darum auf Kritik gestoßen[16].

Abgelehnt wird einerseits der vom Woiwodschaftsgericht Danzig gewählte Ansatz, die Inlandswirkung eines im Ausland eröffneten Konkursverfahrens aus der gemäß Art. 1 Nr. 3 IPR 1926 (Art. 9 § 2 IPR 1965) nach dem Recht des Sitzstaates zu beurteilenden Geschäfts- und Prozeßfähigkeit des Schuldners herzuleiten. Der gedankliche Fehler dieser Argumentation beruhe darauf, daß der Schuldner infolge der Konkurseröffnung nicht die Geschäfts- und Prozeßfähigkeit, sondern die Verfügungsbefugnis über das in die Konkursmasse fallende Vermögen verliere[17]. Als Anknüpfungspunkt für die Beantwortung der Frage, ob ein Auslandskonkurs auch zur Verstrickung des im Inland belegenen Vermögens führt und welche Auswirkungen die Eröffnung des Auslandskonkurses auf im Inland gegen den Schuldner anhängige Prozesse

---

[13] Gemäß Art. 401 Nr. 2 ZVGB kann die Wiederaufnahme des Verfahrens u. a. dann beantragt werden, wenn eine Partei nicht parteifähig, prozeßfähig oder nicht ordnungsgemäß vertreten war.

[14] *Allerhand*, Entwurfsbegründung Konkursrecht, S. 9 f.

[15] *Trammer*, Zur Reform des Konkursrechts (1924), S. 17 f.; *Allerhand*, Konkursrecht mit Kommentar, Anm. 9 zu Art. 20; *Siedlecki*, PPiA 1937, S. 105 [115]; *ders.*, OSPiKA 1960, Pos. C 78, S. 169; *Tomaszewski*, PiP 7/1989, S. 147 ff.; *Gurgul*, Konkurs- und Vergleichsrecht, Rdnrn. 23, 24 zu Art. 20 pln.KO, S. 136 f.; *Świeboda*, Konkurs- und Vergleichsrecht, Anm. 6 zu Art. 20 pln.KO, S. 58; *ders.*, PS 7-8/1992, S. 51 [54 f.]; abweichend: *Pawłyszcze*, PPH 6/1995, S. 7 ff.; vgl. auch *Weyde*, Anerkennung, S. 82.

[16] *Siedlecki*, OSPiKA 1960, Pos. C 78, S. 169 ff.; *Tomaszewski*, PiP 7/1989, S. 147 [148 ff.]; *Brol*, PPH 12/1998, S. 8 [15].

[17] *Siedlecki*, OSPiKA 1960, Pos. C 78, S. 169.

hat, eignet sich die Bestimmung des Art. 9 § 2 IPR 1965[18], die lediglich die Frage der Rechts-, Geschäfts- und Prozeßfähigkeit einer juristischen Person dem Recht des Sitzstaates unterstellt[19], in der Tat nicht. Folgte man der Auffassung des Woiwodschaftsgerichts Danzig, so würde der nicht ganz unwahrscheinliche Fall, daß über das Vermögen einer ausländischen juristischen Person außerhalb Polens und außerhalb ihres Sitzstaates ein Konkursverfahren eröffnet wird, kaum lösbare Schwierigkeiten bereiten. Der Argumentation des Woiwodschaftsgerichts Danzig entsprechend müßte in diesem Fall gemäß Art. 9 § 2 IPR 1965 dem Recht des Sitzstaates entnommen werden, ob und inwieweit die Konkurseröffnung in dem Drittstaat den Verlust der Prozeßfähigkeit der betroffenen juristischen Person außerhalb dieses Drittstaates zur Folge hat, was zu mehr oder weniger zufälligen Ergebnissen führen würde.

Andererseits wird darauf hingewiesen, daß dem polnischen Insolvenzrecht die automatische Anerkennung ausländischer Gerichtsentscheidungen, wie sie beiden Entscheidungen zugrunde liegt, fremd ist[20]. Ausländische Gerichtsentscheidungen, die sich nicht zur Durchsetzung im Wege der Zwangsvollstreckung eignen, müssen im Verfahren nach Art. 1145 - 1149 ZVGB anerkannt werden, um in Polen Wirkung zu entfalten. Bei ausländischen Gerichtsentscheidungen, die im Wege der Zwangsvollstreckung durchgesetzt werden können, ist dagegen die Erteilung einer Vollstreckungsklausel nach Art. 1150 - 1153 ZVGB erforderlich.

Sofern in der ausländischen Rechtsordnung ähnlich wie nach polnischem[21] und deutschem[22] Recht dem Eröffnungsbeschluß bzw. dem Be-

---

18 Zum Zeitpunkt der Entscheidung des Woiwodschaftsgerichts Danzig: Art. 1 Nr. 3 IPR 1926.

19 *Ludwiczak*, Internationales Privatrecht, S. 126 f.; *Sośniak*, Internationales Privatrecht, S. 103; *Tomaszewski*, PiP 7/1989, S. 147 [150].

20 *Tomaszewski*, PiP 7/1989, S. 147 [149].

21 Vgl. Art. 94 pln.KO, hierzu: *Allerhand*, Konkursrecht mit Kommentar, Anm. 4 zu Art. 94; *Gurgul*, Konkurs- und Vergleichsrecht, Rdnr. 6 zu Art. 94 pln.KO, S. 180 m. w. N.; *Pawłyszcze*, PPH 6/1995, S. 7 [11].

22 Vgl. § 148 Abs. 2 InsO, hierzu: *Wimmer/Wegener*, Frankfurter Kommentar, Rdnr. 11 zu § 148, S. 1216; *Nerlich/Römermann/Andres*, Insolvenzordnung, Rdnr. 2 zu § 148; *Smid/Smid*, Insolvenzordnung, Rdnr. 1 zu § 148; sowie auf der Grundlage von § 117 dt. KO: RG, Beschluß vom 19.5.1896 – Beschw.-Rep. III 101/96, RGZ 37, S. 398 [399]; BGH, Urteil vom 26.2.1954 – V ZR 135/52, BGHZ 12, S. 380 [389]; BGH, Urteil vom 23.5.1962 – ZR 187/60, KTS 1962, S. 171 = NJW 1962, S. 1392;

schluß über die Bestellung des Konkursverwalters die Eigenschaft eines Vollstreckungstitels des Konkursverwalters gegen den Gemeinschuldner gerichtet auf Herausgabe des gesamten konkursunterworfenen Vermögens zukommt, werden die Art. 1150 - 1153 ZVGB für anwendbar erachtet[23]. Sowohl die Erteilung einer Vollstreckungsklausel nach Art. 1150 ff. ZVGB als auch die Anerkennung einer ausländischen Entscheidung nach Art. 1145 ff. ZVGB setzen allerdings Gegenseitigkeit voraus, die gemäß Art. 1150 § 1 ZVGB in der zum Zeitpunkt der zuletzt genannten Entscheidung des Obersten Gerichts gültigen Fassung nur auf der Grundlage eines völkerrechtlichen Vertrages festgestellt werden konnte[24]. Völkerrechtliche Verträge, welche die Anerkennung oder Vollstreckbarkeit polnischer Konkurseröffnungsbeschlüsse im Ausland zum Gegenstand hätten, hat Polen jedoch bisher nicht abgeschlossen[25].

Anstelle des Antrags auf Erteilung einer Vollstreckungsklausel verweist *Pawłyszcze*[26] darum auf die Möglichkeit einer vor einem polnischen Gericht erhobenen Klage des ausländischen Konkursverwalters gegen den Gemeinschuldner auf Herausgabe seines auf polnischem Hoheitsgebiet befindlichen Vermögens. Der Konkursverwalter kann jedoch seine Aktivlegitimation für ein solches Klagebegehren einzig und allein auf den ausländischen Gerichtsbeschluß stützen, durch den er zum Konkursverwalter bestellt worden ist. Dieser Gerichtsbeschluß ist aber für das polnische Gericht, das über die Herausgabeklage des Konkursverwalters zu entscheiden hat, ohne eine vorherige Anerkennung

---

LG Düsseldorf, Beschluß vom 16.2.1957 – 14 T 875/56, KTS 1957, S. 143 f.; LG Düsseldorf, Beschluß vom 19.4.1963 – 14 T 877/62, KTS 1963, S. 190 ff. [191]; AG Hamburg, Beschluß vom 16.5.1977 – 65 N 111/76, KTS 1978, S. 58 f.; *Noack*, KTS 1955, S. 170; *ders.*, KTS 1966, S. 149; *Kuhn/Uhlenbruck*, Konkursordnung, Rdnr. 6 zu § 117; *Kilger/K. Schmidt*, Insolvenzgesetze, Anm. 2a) zu § 117 KO, S. 428.

23 *Pawłyszcze*, PPH 6/1995, S. 7 [11]; *Tomaszewski*, PiP 7/1989, S. 147 [149]; kritisch: *Brol*, PPH 12/1998, S. 8 [16].

24 Durch Gesetz vom 1.3.1996 (Dz.U. 1996, Nr. 3, Pos. 189) wurde Art. 1150 ZVGB dahingehend abgeändert, daß eine faktische Gegenseitigkeit genügt, vgl. *Brol*, PPH 12/1998, S. 8 [15].

25 *Tomaszewski*, PiP 7/1989, S. 147 [149]; *Brol*, PPH 12/1998, S. 8 [15].

26 PPH 6/1995, S. 7 [11].

(Art. 1145 ff. ZVGB)[27] unbeachtlich[28], so daß dieser Weg ebensowenig gangbar ist.

Die in Polen nach wie vor herrschende Meinung lehnt demgegenüber jede Inlandswirkung der Eröffnung eines ausländischen Konkursverfahrens ab. Dabei wird die Bestimmung des Art. 8 pln.KO als Hinweis darauf verstanden, daß die polnische Konkursverordnung von der Gültigkeit des Territorialitätsprinzips ausgehe. Art. 8 § 1 pln.KO erklärt in Fällen, in denen der Schuldner in Polen weder ein Unternehmen betreibt noch dort seinen Wohn- oder Geschäftssitz unterhält, wohl aber in Polen Vermögen hat, dasjenige (polnische) Gericht in bezug auf das Konkurseröffnungsverfahren für örtlich zuständig, in dessen Bezirk sich Vermögen des Schuldners befindet, was gedanklich die internationale Zuständigkeit der polnischen Gerichtsbarkeit in dieser Fallkonstellation voraussetzt[29]. Würde die polnische Rechtsordnung im Sinne des Universalitätsprinzips die Inlandswirkung eines Auslandskonkurses in bezug auf in Polen befindliches Schuldnervermögen zulassen, so wird argumentiert, könnte entgegen Art. 8 § 1 pln.KO ein Konkursverfahren über das in Polen befindliche Vermögen eines nicht in Polen ansässigen oder gewerblich tätigen ausländischen Schuldners nicht eröffnet werden[30].

Im Gegenzug wird einem polnischen Konkurseröffnungsbeschluß keine Auslandswirkung beigemessen, was in erster Linie mit der fehlenden Durchsetzbarkeit der Auslandswirkung ohne entsprechende völkerrechtliche Vereinbarung begründet wird[31]. Demnach kommt es analog Art. 20 pln.KO (Neuerwerb) erst dann zur Konkursverstrickung von Vermögensgegenständen des Schuldners, die sich zum Zeitpunkt der Konkurseröffnung im Ausland befanden, wenn diese auf polnisches Hoheitsgebiet gelangen. Rechtsgeschäfte, die der Gemeinschuldner über solche Vermögensgegenstände nach Konkurseröffnung, aber vor ihrer Verbringung auf polnisches Hoheitsgebiet abgeschlossen hat, bleiben

---

27 Kann die Vollstreckungsklausel für den ausländischen Gerichtsbeschluß nach Art. 1150 ff. ZVGB erteilt werden, so dürfte dem Konkursverwalter für eine Herausgabeklage vor einem polnischen Gericht zudem das Rechtsschutzbedürfnis fehlen.

28 *Brol*, PPH 12/1998, S. 8 [16].

29 Siehe bereits oben, Teil 2, Abschnitt B 1.

30 *Tomaszewski*, PiP 7/1989, S. 147 [150].

31 *Allerhand*, Entwurfsbegründung Konkursrecht, S. 10; *Siedlecki*, OSPiKA 1960, Pos. C 78, S. 169 [170]; *Świeboda*, Konkurs- und Vergleichsrecht, Anm. 6 zu Art. 20 pln.KO, S. 58.

wirksam[32]. Forderungen des Gemeinschuldners gelten solange als im Ausland belegenes und daher als nicht von einem in Polen eröffneten Konkursverfahren erfaßtes Vermögen, wie der Drittschuldner seinen Sitz im Ausland hat[33].

Mit dem Beitritt Polens zur EU wird das polnische internationale Konkursrecht einschließlich der internationalen Zuständigkeit der polnischen Gerichtsbarkeit für Konkursverfahren im Verhältnis zu den anderen EU-Mitgliedsstaaten grundlegende Veränderungen erfahren. Art. 3 Abs. 1 der Verordnung (EG) Nr. 1346/2000 des Rates vom 29.5.2000 über Insolvenzverfahren sieht die Eröffnung eines Hauptinsolvenzverfahrens in dem Mitgliedsstaat vor, in dessen Gebiet der Schuldner den Mittelpunkt seiner Hauptinteressen hat. Diesem Verfahren kommt eine EU-weite Universalwirkung zu, die Anerkennung erfolgt automatisch (Art. 16, Erwägungsgrund 22 VO). Die Eröffnung eines in seinen Wirkungen auf den Staat der Verfahrenseröffnung beschränkten Territorialverfahrens[34] setzt gemäß Art. 3 Abs. 2 VO bei Schuldnern, die ihre Hauptinteressen in einem anderen EU-Mitgliedsstaat haben, das Bestehen einer Niederlassung in dem Staat der Verfahrenseröffnung voraus. Die Anknüpfung der internationalen Zuständigkeit an das bloße Vorhandensein von Vermögensgegenständen eines Schuldners auf polnischem Territorium, wie sie derzeit aus Art. 8 § 1 pln.KO und Art. 1103 ZVGB i. V. m. Art. 68 pln.KO abgeleitet wird, läßt sich darum nach dem EU-Beitritt Polens in bezug auf die von Art. 3 Abs. 2 VO erfaßten Schuldner nicht mehr aufrecht erhalten. Wegen der unmittelbaren Geltung von EG-Verordnungen als innerstaatliches Recht der einzelnen Mitgliedsstaaten (Art. 249 Abs. 2 EGV)[35] besteht dennoch nicht die Notwendigkeit einer Rechtsangleichung durch den polnischen Gesetzgeber. Ob und in welcher Weise dieser jedoch die Verordnung Nr. 1346/2000 zum Anlaß

---

32 *Allerhand*, Konkursrecht mit Kommentar, Anm. 9 zu Art. 20; *Gurgul*, Konkurs- und Vergleichsrecht, Rdnr. 23 zu Art. 20 pln.KO, S. 137 unter Hinweis auf Art. 24 pln.KO, der diesen Fall nicht erfaßt.

33 *Allerhand*, Konkursrecht mit Kommentar, Anm. 9 zu Art. 20.

34 Die Verordnung (EG) Nr. 1346/2000 unterscheidet bei den Territorialverfahren zwischen Sekundärinsolvenzverfahren, die nach Eröffnung eines Hauptinsolvenzverfahrens eröffnet werden (Art. 3 Abs. 3 VO) und Partikularinsolvenzverfahren, die unter den Voraussetzungen des Art. 3 Abs. 4 VO vor der Eröffnung eines Hauptinsolvenzverfahrens eröffnet werden können.

35 *Callies/Ruffert/Ruffert*, EUV/EGV, Rdnr. 41 zu Art. 249 EGV, S. 1874 f.

nehmen wird, das polnische internationale Konkursrecht im Verhältnis zu Nichtmitgliedsstaaten der EU gesetzlich zu normieren, bleibt abzuwarten. Der von der Kodifizierungskommission für Zivilrecht ausgearbeitete Entwurf eines neuen Konkursgesetzes[36] sieht in Art. 393 - 427 eine Regelung vor, die sich in wesentlichen Punkten an dem Modellgesetz der UNCITRAL über grenzüberschreitende Insolvenzverfahren orientiert[37].

C Die Folgen der Konkurseröffnung für die Person des Schuldners

Mit der Konkurseröffnung verliert der Schuldner, den die polnische Konkursverordnung ab diesem Zeitpunkt als Gemeinschuldner (upadły) bezeichnet, zu Gunsten des Konkursverwalters die Nutzungs- und Verfügungsbefugnis über das konkursunterworfene Vermögen (Art. 20 § 1, 90 § 1 pln.KO)[38]. Die Konkursverordnung erlegt ihm jedoch die Pflicht auf, sein gesamtes Vermögen zu offenbaren und an den Konkursverwalter zusammen mit den Handelsbüchern, seiner Korrespondenz und anderen Urkunden herauszugeben (Art. 18 § 1 Satz 1 pln.KO), da die Entscheidung darüber, ob ein einzelner Vermögensgegenstand der Konkursmasse angehört, oder vom Konkursbeschlag ausgenommen ist, nicht dem Gemeinschuldner, sondern dem Konkursverwalter und dem Richter-Kommissar obliegt[39].

Seit dem 3.1.1998 muß der Gemeinschuldner die Erfüllung der Herausgabepflicht gegenüber dem Richter-Kommissar durch schriftliche Erklärung bestätigen (Art. 18 § 1 Satz 2 pln.KO[40]). Gibt er diese Erklärung ab, obwohl er dem Konkursverwalter einzelne Vermögensgegen-

---

36 Entwurf vom 20.2.2001, abgedruckt in Przegląd Legislacyjny 1/2001, S. 133 ff.

37 Siehe zum Modellgesetz der UNCITRAL: *Benning/Wehling*, EuZW 1997, S. 618 ff.; *Wimmer*, ZIP 1997, S. 2220 ff.; *Markus*, SZW/RSDA 1/1998, S. 15 ff.; *Vallens*, Recueil Dalloz 1998, S. 157 ff.; *Gottwald/Gottwald*, Insolvenzrechtshandbuch (2001), § 131, Rdnrn. 30 ff., S. 1731 ff.; *Rechberger/Thurner*, Insolvenzrecht, Rdnrn. 582 ff., S. 162.

38 Hierzu näher im folgenden Abschnitt D.

39 *Gurgul*, Konkurs- und Vergleichsrecht, Rdnr. 3 zu Art. 18 pln.KO, S. 126.

40 Eingefügt durch Gesetz vom 31.7.1997 (Dz.U 1997, Nr. 117, Pos. 751).

stände verschwiegen hat, so macht er sich wegen Falschaussage nach Art. 233 pln.StGB strafbar[41].

Der Gemeinschuldner ist gemäß Art. 18 § 2 pln.KO darüber hinaus verpflichtet, dem Richter-Kommissar und dem Konkursverwalter sämtliche für die Durchführung des Konkursverfahrens erforderlichen Auskünfte mit Ausnahme technischer Produktionsmethoden zu erteilen, die ein Geheimnis des Gemeinschuldners darstellen. Nicht als Geheimnis i. S. von Art. 18 § 2 pln.KO sind patentierte und zum Patent angemeldete Erfindungen ab dem Zeitpunkt der Bekanntmachung der Anmeldung anzusehen[42] (Art. 43, 44 RGE[43]). Durch den in Art. 18 § 2 pln.KO vorgesehenen Ausschluß technischer Produktionsgeheimnisse von der Auskunftspflicht kann die gemäß Art. 113 pln.KO von der polnischen Konkursverordnung angestrebte Verwertung durch Verkauf und Übertragung des gesamten entschuldeten Unternehmens des Gemeinschuldners auf einen anderen Rechtsträger (übertragende Sanierung) im Einzelfall wesentlich erschwert werden. Verweigert nämlich der Gemeinschuldner die Preisgabe technischer Produktionsgeheimnisse, so kann hierdurch die Fortsetzung der Produktionstätigkeit des Unternehmens so stark beeinträchtigt werden, daß eine Veräußerung des gesamten Unternehmens zu einem angemessenen Preis nicht gelingt und daher nur noch eine Verwertung durch Zerschlagung des Unternehmens in Betracht kommt.

Art. 18 § 3 pln.KO verbietet es dem Gemeinschuldner, sich von seinem Wohnort ohne Erlaubnis des Richter-Kommissars zu entfernen.

Verstöße gegen die Pflichten aus Art. 18 pln.KO einschließlich des Verbergens von Vermögen ziehen gemäß Art. 19^1 pln.KO die in Art. 17^2 pln.KO beschriebenen, vom Konkursgericht auszusprechenden strafähnlichen Sanktionen nach sich[44]. Darüber hinaus verleiht Art. 19 § 1 pln.KO dem Konkursgericht die Möglichkeit, zusammen mit dem Eröffnungsbeschluß gegen den Gemeinschuldner von Amts wegen Zwangs-

---

41 *Podlasin*, Prawo Spółek 9/1999, S. 31 [36]; *Gurgul*, Konkurs- und Vergleichsrecht, Rdnr. 11 zu Art. 18 pln.KO, S. 127.

42 Vgl. *Gurgul*, Konkurs- und Vergleichsrecht, Rdnr. 13 zu Art. 18 pln.KO, S. 128.

43 Gesetz vom 30.6.2000 – Recht des gewerblichen Eigentums (prawo własności przemysłowej), Dz.U. 2001, Nr. 49, Pos. 508. Kein technisches Produktionsgeheimnis stellen entsprechend Gebrauchsmuster ab der Bekanntmachung ihrer Anmeldung zwecks Erteilung eines Schutzrechts dar (vgl. Art. 100 Abs. 1 i. V. m. Art. 43, 44 RGE).

44 Vgl. hierzu Teil 3, Abschnitt A 3. c).

mittel anzuordnen, wenn der Verdacht besteht, daß der Gemeinschuldner sich oder sein Vermögen verborgen hält. Nach Eröffnung des Konkursverfahrens steht dem Konkursgericht die Befugnis zur Androhung von Zwangsmitteln nur noch auf Antrag des Richter-Kommissars zu, wenn der Gemeinschuldner seine Pflichten verletzt oder Handlungen vornimmt, die darauf gerichtet sind, sein Vermögen zu verbergen, es mit Scheinverbindlichkeiten zu belasten oder die Feststellung seines Vermögens zu erschweren (Art. 19 § 2 pln.KO). Die Gläubiger und der Konkursverwalter sind dagegen nicht berechtigt, gemäß Art. 19 § 2 pln.KO die Anordnung von Zwangsmitteln zu beantragen. Das Konkursgericht müßte einen solchen Antrag darum zurückweisen[45]. Die Anordnung von Zwangsmitteln erfolgt durch Beschluß, der für den Gemeinschuldner mit der Beschwerde anfechtbar ist (Art. 19 § 4 pln.KO). Bei Wegfall des Grundes hat das Konkursgericht die angeordneten Zwangsmittel von Amts wegen aufzuheben (Art. 19 § 3 pln.KO).

Die anzuordnenden Zwangsmittel sind gemäß Art. 19 § 5 pln.KO den Vorschriften des Zivilverfahrensgesetzbuches über die Vollstreckung nicht auf Geld gerichteter Leistungen zu entnehmen. In Betracht kommt die Festsetzung von Zwangsgeld (Art. 1050 § 3, Art. 1052, 1053 ZVGB) und Zwangshaft (Art. 1056 - 1059 ZVGB). Die Höchstsumme für ein einzelnes Zwangsgeld beträgt gemäß Art. 19 § 5 pln.KO 10.000 PLN[46], wobei die Gesamtsumme der wegen einer Pflichtverletzung[47] festgesetzten Zwangsgelder gemäß Art. 1052 Satz 2 ZVGB den Betrag von 100.000 PLN nicht überschreiten darf. Gleichzeitig mit der Anordnung von Zwangsgeld bestimmt das Gericht für den Fall der Uneinbringlichkeit den Umrechnungsmodus von Zwangsgeld in Zwangshaft, wobei Art. 1053 § 1 ZVGB zufolge ein Tag Zwangshaft an die Stelle von 5 bis 150 PLN Zwangsgeld tritt. Zwangshaft kann auch unmittelbar angeordnet werden, der Vollzug ist in Art. 1056 - 1059 ZVGB näher geregelt.

---

45 *Allerhand*, Konkursrecht mit Kommentar, Anm. 6 zu Art. 19; *Gurgul*, Konkurs- und Vergleichsrecht, Rdnr. 2 zu Art. 19 pln.KO, S. 129.

46 Art. 1052 ZVGB sieht demgegenüber für das Zwangsvollstreckungsverfahren grundsätzlich eine Höchstsumme von 1.000 PLN vor.

47 Dieser Höchstbetrag bezieht sich dagegen nicht auf die Summe der im gesamten Konkursverfahren gegen den Gemeinschuldner zu verhängenden Zwangsgelder, vgl. *Gurgul*, Konkurs- und Vergleichsrecht, Rdnr. 13 zu Art. 19 pln.KO, S. 131.

Art. 72 § 3 pln.KO schließt die Anordnung von Zwangsmitteln gegen den Erben des Gemeinschuldners und den Nachlaßpfleger aus[48].

Im Falle des Konkurses einer Personenhandelsgesellschaft oder einer juristischen Person treffen die in Art. 18 - 19[1] pln.KO normierten persönlichen Folgen der Konkurseröffnung gemäß Art. 85 § 1 pln.KO die unbeschränkt haftenden Gesellschafter, organschaftlichen Vertreter oder Liquidatoren. Zwangsmittel können gegen alle oder einzelne der genannten Personen verhängt werden (Art. 85 § 1 Satz 2 pln.KO).

D Die Verhinderung von obligatorischen und dinglichen Belastungen der Konkursmasse nach Konkurseröffnung

Der in Art. 20 § 1, Art. 90 pln.KO normierte Übergang der Verwaltungs- und Verfügungsbefugnis vom Gemeinschuldner auf den Konkursverwalter erfährt durch die Bestimmungen der Art. 24 - 27 pln.KO eine Konkretisierung.

Art. 24 pln.KO erklärt vom Gemeinschuldner nach Konkurseröffnung vorgenommene Rechtshandlungen, die massezugehörige Vermögensgegenstände betreffen, gegenüber der Konkursmasse für unwirksam. Ähnlich wie die Formulierung des früheren § 7 dt.KO deutet Art. 24 pln.KO damit auf eine relative Unwirksamkeit sowohl von Verpflichtungs- wie auch von Verfügungsgeschäften hin. Die nachteiligen Folgen einer nur relativen Unwirksamkeit von Verfügungsgeschäften des Gemeinschuldners, auf die vielfach in der deutschen Literatur und Rechtsprechung zu § 7 dt.KO hingewiesen wurde[49] und die zu einer Auslegung dieser Be-

---

48 *Gurgul*, Konkurs- und Vergleichsrecht, Rdnr. 5 zu Art. 19 pln.KO, S. 130.

49 Diskutiert wurden die Gefahr einer doppelten Leistungspflicht des Drittschuldners bei nur relativ unwirksamer Abtretung einer in die Konkursmasse fallenden Forderung des Gemeinschuldners (vgl.: RG, Entscheidung vom 18.2.1913 – II 447/12, LZ 1913, Sp. 395 [398]; *Zunft*, NJW 1956, S. 735 [736]; *Gerhardt*, FS Flume, S. 527 [528 f.]), die Frage, gegenüber wem eine Schadensersatzpflicht im Falle der schuldhaften Beschädigung oder Zerstörung einer massezugehörigen Sache durch einen Dritten bestünde, wenn ihre zuvor erfolgte Übereignung durch den Gemeinschuldner nur relativ unwirksam wäre (*Jaeger/Henckel*, Konkursordnung I, Rdnr. 21 zu § 7, S. 259 f.), sowie die fehlende Grundlage für eine Grundbuchsperre ab Konkurseröffnung, wenn die Konkurseröffnung nur eine relative Unwirksamkeit dennoch vorgenommener Verfügungen zur Folge hätte (*Jaeger/Henckel*, Konkursordnung I, Rdnr. 19 zu § 7, S. 259; *Gerhardt*, FS Flume, S. 527 [529]).

stimmung im Sinne einer auf den Zweck des Konkursverfahrens beschränkten absoluten Unwirksamkeit von Verfügungen und einer relativen Unwirksamkeit von Verpflichtungsgeschäften geführt haben[50], dürfen auch in bezug auf Art. 24 pln.KO nicht außer Acht gelassen werden. Zudem läßt sich bereits aus Art. 20 § 1 pln.KO eine absolute Unwirksamkeit von Verfügungen, die der Gemeinschuldner nach Konkurseröffnung vorgenommen hat, herleiten. Indem Art. 20 § 1 pln.KO dem Gemeinschuldner mit Konkurseröffnung generell die Fähigkeit abspricht, über das konkursunterworfene Vermögen zu verfügen, wird deutlich, daß für die in Art. 24 pln.KO angeordnete Rechtsfolge der relativen Unwirksamkeit nur für Verpflichtungsgeschäfte Raum bleibt[51]. Infolge der relativen Unwirksamkeit gegenüber der Konkursmasse können Forderungen, die aus einem von Art. 24 pln.KO erfaßten Verpflichtungsgeschäft herrühren, nicht nach Art. 150 ff. pln.KO zur Konkurstabelle angemeldet werden und damit auch nicht an der Erlösverteilung nach Art. 203 ff. pln.KO teilnehmen.

Die Unwirksamkeit von Verfügungen des Gemeinschuldners tritt von Gesetzes wegen unabhängig davon ein, ob der durch die Verfügung Begünstigte von der Konkurseröffnung Kenntnis hatte. Die sachenrechtlichen Bestimmungen über den Schutz des guten Glaubens vermögen einer nach Konkurseröffnung vorgenommenen Verfügung des Gemeinschuldners nicht zur Wirksamkeit zu verhelfen. Art. 169 § 1 ZGB bezieht sich nur auf die Veräußerung fremder beweglicher Sachen durch einen Nichtberechtigten und vermag die fehlende Fähigkeit des Veräußerers, über seine eigenen Sachen zu verfügen, nicht zu überwinden[52]. Anders als nach deutscher Rechtslage[53] sind Verfügungen über Grundstücke oder Grundstücksrechte auch bei Gutgläubigkeit des Erwerbers unabhängig davon unwirksam, ob die vom Konkursverwalter nach Art. 95

---

[50] RG, Urteil vom 21.10.1913 – Rep. II 275/13, RGZ 83, S. 184 [189]; *Jaeger/Lent*, Konkursordnung I, Rdnr. 8 zu § 7, S. 139 f.; *Zunft*, NJW 1956, S. 735 f.; *Kuhn/Uhlenbruck*, Konkursordnung, Rdnr. 6 zu § 7, S. 236. Inzwischen hat der deutsche Gesetzgeber durch § 81 Abs. 1 InsO eine Klarstellung im Sinne einer absoluten Unwirksamkeit herbeigeführt: BT-Drucks. 12/2443, S. 136; *Nerlich/Römermann/Wittkowski*, Insolvenzordnung, Rdnr. 12 zu § 81; *Kübler/Prütting/Lüke*, Insolvenzordnung, Rdnrn. 14 f. zu § 81.

[51] Vgl. *Zoll/Kraft/Thurner*, Polnisches Insolvenzrecht, S. 119.

[52] *Gurgul*, Konkurs- und Vergleichsrecht, Rdnr. 10 zu Art. 24 pln.KO, S. 150.

[53] Vgl. §§ 892, 893 BGB, 81 Abs. 1 Satz 2 InsO.

pln.KO zu bewirkende Eintragung der Konkurseröffnung in das Grundbuch bereits vorgenommen worden ist. Der nach Art. 5 GrBHypG[54] geschützte öffentliche Glauben in die Richtigkeit der Grundbücher erstreckt sich nicht auch auf die Konkursfreiheit mangels eines Konkursvermerks im Grundbuch. Die Bedeutung des Konkursvermerks reduziert sich damit auf eine bloße Warnfunktion ohne jede Auswirkung auf die materielle Rechtslage[55].

Wer einen nach Art. 24 pln.KO unwirksamen Vertrag erfüllt, kann vom Konkursverwalter die Rückgabe dessen verlangen, worum die Konkursmasse bereichert ist (Art. 24 a. E. pln.KO). Es handelt sich dabei um eine Masseforderung, die gemäß Art. 204 § 1 Nr. 2 pln.KO bei der Erlösverteilung im zweiten Rang zu befriedigen ist[56].

Gemäß Art. 25 pln.KO sind Zahlungen zu Händen des Gemeinschuldners, die nach Bekanntmachung der Konkurseröffnung vorgenommen werden, gegenüber der Masse unwirksam, es sei denn, daß ihr Gegenwert oder die Leistung selbst der Masse überwiesen wurde oder der Zahlende zum Zeitpunkt der Zahlung von der Konkurseröffnung keine Kenntnis haben konnte[57]. Die Bestimmung findet über ihren Wortlaut hinaus außer auf Geldzahlungen auch auf andere Leistungen an den Gemeinschuldner Anwendung[58]. Die Leistung ist nur im Verhältnis zur Konkursmasse unwirksam. Gegenüber dem Gemeinschuldner tritt hingegen Erfüllungswirkung ein, so daß diesem auch nach Einstellung

---

54 Gesetz vom 6.7.1982 über die Grundbücher und die Hypothek (ustawa o księgach wieczystych i hipotece), Dz.U. 1982, Nr. 19, Pos. 147 mit späteren Änderungen.

55 *Świeboda*, Konkurs- und Vergleichsrecht, Anm. 2 zu Art. 26 pln.KO, S. 66 und Anm. 3 zu Art. 95 pln.KO, S. 141; *Gurgul*, Konkurs- und Vergleichsrecht, Rdnr. 11 zu Art. 24 pln.KO, S. 150 und Rdnr. 8 zu Art. 95 pln.KO, S. 383.

56 *Gurgul*, Konkurs- und Vergleichsrecht, Rdnr. 7 zu Art. 204 pln.KO, S. 651.

57 Hiervon kann nur in Ausnahmefällen ausgegangen werden, etwa wenn die betreffende Ausgabe des Gerichts- und Wirtschaftsanzeigers verspätet an den Aufenthaltsort des Leistenden gelangt ist. Ob der Leistende andernfalls von der Bekanntmachung Kenntnis erlangt hätte, ist ohne Relevanz, vgl. *Allerhand*, Entwurfsbegründung Konkursrecht, S. 35. Die Unmöglichkeit der Kenntnisnahme muß bei Schickschulden bis zum Eintritt des Leistungserfolgs fortbestehen, *Korzonek*, Konkurs- und Vergleichsrecht I, S. 77; *Gurgul*, Konkurs- und Vergleichsrecht, Rdnr. 7 zu Art. 25 pln.KO, S. 152.

58 *Allerhand*, Konkursrecht mit Kommentar, Anm. 1 zu Art. 25; *Świeboda*, Konkurs- und Vergleichsrecht, Anm. 1 zu Art. 25 pln.KO, S. 65; *Piasecki*, Konkurs- und Vergleichsrecht, Anm. 2 zu Art. 25 pln.KO, S. 160; *Gurgul*, Konkurs- und Vergleichsrecht, Rdnr. 2 zu Art. 25 pln.KO, S. 151.

des Konkursverfahrens oder im Falle des Ausschlusses der Forderung aus der Konkursmasse nach Art. 121 § 1 pln.KO[59] eine nochmalige Geltendmachung verwehrt ist[60]. Für die Frage, ob die Leistung vor oder nach Bekanntmachung der Konkurseröffnung vorgenommen wurde, ist nicht der Zeitpunkt der Leistungshandlung, sondern der Zeitpunkt des Leistungserfolgs (Empfang des Leistungsgegenstandes durch den Gemeinschuldner im Falle einer Schickschuld) maßgebend[61]. War dem Leistenden die Konkurseröffnung bekannt, so tritt die Rechtsfolge des Art. 25 pln.KO über dessen Wortlaut hinaus auch dann ein, wenn die Leistung noch vor Bekanntmachung der Konkurseröffnung erfolgte[62]. Die Beweislast für diesen Umstand trägt der Konkursverwalter[63].

Art. 26 pln.KO zufolge finden Art. 24 und 25 pln.KO auch auf sog. hypothekarische Handlungen Anwendung, sofern die „hypothekarischen Bestimmungen" keine andere Regelung treffen. Der Begriff der hypothekarischen Handlung (czynność hipoteczna) stellt einen veralteten Rechtsbegriff dar, der Bezug nimmt auf die zur Zeit der Entstehung der polnischen Konkursverordnung in Polen übliche Bezeichnung der Grundbücher als „Hypothekenbücher" (księgi hipoteczne[64]). Der Anwendungsbereich des Art. 26 pln.KO ist daher nicht auf Hypotheken beschränkt. Erfaßt werden vielmehr alle Rechtshandlungen, die ein im Grundbuch eingetragenes oder einzutragendes Grundstücksrecht zum Gegenstand haben. Die Unwirksamkeit der Veräußerung eines Grundstücks oder eines beschränkt dinglichen Rechts an einem Grundstück sowie die Belastung mit einem beschränkt dinglichen Recht ergibt sich bereits aus Art. 20 § 1, Art. 24 pln.KO, ohne daß es für diese Fälle einer eigenen Verweisnorm in Art. 26 pln.KO bedurft hätte. Da das polnische Gesetz über die Grundbücher und die Hypothek an das Fehlen eines Konkursvermerks im Grundbuch keinen Schutz des guten Glaubens

59 Hierzu unten, Teil 4, Abschnitt E 2. f).

60 *Gurgul*, Konkurs- und Vergleichsrecht, Rdnr. 5 zu Art. 25 pln.KO, S. 151 f.

61 *Allerhand*, Konkursrecht mit Kommentar, Anm. 7 zu Art. 25.

62 *Gurgul*, Konkurs- und Vergleichsrecht, Rdnr. 8 zu Art. 25 pln.KO, S. 135; *Świeboda*, Konkurs- und Vergleichsrecht, Anm. 6 zu Art. 25 pln.KO, S. 65.

63 *Allerhand*, Konkursrecht mit Kommentar, Anm. 6 zu Art. 25.

64 Die heutige polnische Rechtsterminologie bezeichnet die Grundbücher dagegen als „księgi wieczyste".

knüpft, ist anders als zur Zeit der Entstehung der Konkursverordnung[65] auch der in Art. 26 pln.KO vorgesehene Vorbehalt gegenteiliger Regelungen in den grundbuchrechtlichen („hypothekarischen“) Bestimmungen heute bedeutungslos.

Art. 27 pln.KO schließt darüber hinaus den Erwerb eines Pfandrechts sowie die Erwirkung einer Grundbuch- oder Registereintragung zum Zwecke der Sicherung einer Forderung nach Konkurseröffnung auch für den Fall aus, daß die zu sichernde Forderung vor Konkurseröffnung entstanden ist. Da die rechtsgeschäftliche Bestellung eines Pfandrechts oder einer Hypothek durch den Gemeinschuldner nach Konkurseröffnung als eine Verfügung über konkursunterworfenes Vermögen bereits an Art. 20 § 1 pln.KO scheitert, kommt Art. 27 pln.KO insbesondere für diejenigen Fälle eigenständige Bedeutung zu, in denen die Entstehung des Sicherungsrechts von der Mitwirkung des Gemeinschuldners unabhängig ist[66], wie etwa bei Zwangshypotheken[67] oder gesetzlichen Pfandrechten[68].

---

65 Zur Zeit des Inkrafttretens der Konkursverordnung wurde beispielsweise für das Gebiet der vormals preußischen Provinzen Posen, Westpreußen sowie für Ostoberschlesien die Wirksamkeit sogenannter hypothekarischer Handlungen bei Fehlen des Konkursvermerks im Grundbuch zu Gunsten Gutgläubiger aus Art. 26 pln.KO i. V. m. §§ 892, 893 dt. BGB hergeleitet, vgl. *Korzonek*, Konkurs- und Vergleichsrecht I, S. 80.

66 *Korzonek*, Konkurs- und Vergleichsrecht I, S. 81; *Allerhand*, Konkursrecht mit Kommentar, Anm. 1 zu Art. 27; *Piasecki*, Konkurs- und Vergleichsrecht, Anm. 1 zu Art. 27 pln.KO, S. 161 f.

67 Vgl. Art. 109 ff. des Gesetzes über die Grundbücher und die Hypothek, hierzu: *Tracz/Cierpiał/Thurner*, WiRO 1997, S. 86 [88].

68 Gesetzliche Pfandrechte sehen insbesondere die Art. 432 § 2, Art. 588 § 2, Art. 670 § 1, Art. 671, 686, 701, 702, 763, 773 § 1, Art. 802, 857 ZGB sowie Art. 47 des Gesetzes vom 23.11.1990 über das Fernmeldewesen (ustawa o łączności, Dz.U. 1995, Nr. 117, Pos. 564 mit späteren Änderungen) und Art. 11 Abs. 2 Satz 2 GKZivilSG vor, vgl. *Gurgul*, Konkurs- und Vergleichsrecht, Rdnr. 18 zu Art. 27 pln.KO, S. 158. Demgegenüber fand Art. 27 pln.KO auf die Eintragung einer vor Konkurseröffnung entstandenen gesetzlichen Hypothek, wie sie das Gesetz vom 19.12.1980 über Steuerverbindlichkeiten (ustawa o zobowiązaniach podatkowych, Dz.U. 1993, Nr. 108, Pos. 486 mit späteren Änderungen) vorsah, nach Konkurseröffnung keine Anwendung, da hier die Eintragung ausnahmsweise rein deklaratorischer Natur war (Beschluß des Obersten Gerichts vom 27.4.1994 – III CZP 56/94, OSNCP 11/1994, Pos. 216, S. 89 ff.). Die seit dem 1.1.1998 geltende pln.AO (ordynacja podatkowa, Gesetz vom 29.8.1997, Dz.U. 1997, Nr. 137, Pos. 926 mit späteren Änderungen) enthielt in ihrer ursprünglichen Fassung in Art. 35 ff. eine insoweit modifizierte Regelung, als die gesetzliche Hypothek zwar mit Zustellung des Steuerbescheids entstand,

Aber auch im Falle der rechtsgeschäftlichen Bestellung einer Hypothek bedarf es als Grundlage für die Ablehnung der Eintragung einer Hypothek durch das Grundbuchamt nach Konkurseröffnung eines Rückgriffs auf Art. 27 pln.KO, wenn alle seitens der Parteien für die Begründung der Hypothek erforderlichen Rechtshandlungen einschließlich der Stellung des Eintragungsantrags bereits vor Konkurseröffnung vorgenommen worden sind[69]. Als Register i. S. des Art. 27 pln.KO sind nach heutiger Rechtslage die von den Finanzämtern geführten Register der Fiskalpfandrechte[70] sowie das auf der Grundlage der Art. 1, 2, 36 - 44 RegPfG[71] von den Registergerichten geführte landeseinheitliche Pfandregister anzusehen[72].

Die Frage des Fortbestandes der vor Konkurseröffnung vom späteren Gemeinschuldner erteilten Vollmachten regelt die polnische Konkursverordnung nicht ausdrücklich. Lediglich für die vor Konkurseröffnung vom Gemeinschuldner erteilten Prokuren ordnet Art. 64 § 2 pln.HGB[73] das Erlöschen mit Konkurseröffnung an[74]. Da der Bevollmächtigte seine Befugnisse vom Vollmachtgeber ableitet, können diese jedoch auch bei

---

aber wieder erlosch, wenn nicht innerhalb eines Monats Antrag auf Grundbucheintragung beim zuständigen Rayongericht gestellt wurde, vgl. *Kubas/Kos*, WiRO 1999, S. 241 [245]. Durch Gesetz vom 11.4.2001 (Dz.U. 2001, Nr. 39. Pos. 459) wurde die bisherige gesetzliche Hypothek (hipoteka ustawowa) durch eine Zwangshypothek (hipoteka przymusowa) ersetzt, für deren Entstehung gemäß Art. 35 § 1 n. F. pln.AO eine konstitutive Grundbucheintragung erforderlich ist.

69 Auch in diesem Fall ist der Erwerb einer Hypothek kraft konstitutiver Grundbucheintragung nach Konkurseröffnung ausgeschlossen. Das Oberste Gericht begründet dies in seinem Beschluß vom 18.2.1994 – III CZP 4/94, OSNCP 9/1994, Pos. 170, S. 24 [27] mit der Funktion des Art. 27 pln.KO, die in der Einfrierung des Restes des schuldnerischen Vermögens ab dem Tag der Konkurseröffnung bestehe.

70 Polnische Bezeichnung: „rejestry zastawów skarbowych", vgl. Art. 43 § 1 pln.AO, s. o. Fn. 68.

71 Gesetz vom 6.12.1996 über das Registerpfandrecht und das Pfandregister (ustawa o zastawie rejestrowym i rejestrze zastawów), Dz.U. 1996, Nr. 149, Pos. 703 mit späteren Änderungen, vgl. hierzu: *Gralla*, JOR XXXVIII (1/1997), S. 11 ff., 173 ff.; *Cierpiał/Thurner*, WiRO 1997, S. 346 ff.; *Schulze*, WGO-MfOR 1997, S. 175 [188]; *Schulte*, RIW 1998, S. 291 ff.; *Paintner*, OER 1999, S. 136 ff.; *Franek*, WiRO 1999, S. 17 [21 f.].

72 *Gurgul*, Konkurs- und Vergleichsrecht, Rdnr. 10 zu Art. 27 pln.KO, S. 159.

73 Gemäß Art. 632 i. V. m. 631 Nr. 1 GBHG gelten auch nach Inkrafttreten des Gesetzbuchs der Handelsgesellschaften am 1.1.2001 die Bestimmungen des pln.HGB über Firma und Prokura bis auf weiteres fort.

74 *Pokora*, PPH 3/1998, S. 31 f.

der zivilrechtlichen Vollmacht nicht über diejenigen des Vollmachtgebers hinausgehen. Ist der Vollmachtgeber mit Eröffnung des Konkursverfahrens über sein Vermögen gemäß Art. 20, 24 pln.KO daran gehindert, mit Wirkung für die Konkursmasse Verpflichtungen einzugehen oder über massezugehörige Gegenstände zu verfügen, so muß dies auch für die von ihm bevollmächtigten Personen gelten. Dem Gemeinschuldner vor Konkurseröffnung erteilte Vollmachten und Prokuren erlöschen demgegenüber nicht automatisch mit Erlaß des Konkurseröffnungsbeschlusses. Jedoch können sowohl die zivilrechtliche Vollmacht gemäß Art. 101 § 1 ZGB wie auch die Prokura gemäß Art. 64 § 1 pln.HGB jederzeit widerrufen werden.

E Die Konkursmasse

1. Überblick

Gemäß Art. 20 § 1 pln.KO umfaßt die Konkursmasse das Vermögen, das dem Gemeinschuldner zum Zeitpunkt der Konkurseröffnung gehört, sowie den bis zur Beendigung des Konkursverfahrens getätigten Neuerwerb. Allerdings fallen bestimmte Vermögensgegenstände des Gemeinschuldners von vornherein nicht in die Konkursmasse und sind damit von der Verwaltungs- und Verfügungszuständigkeit des Konkursverwalters ausgenommen. In engen Grenzen läßt die polnische Konkursverordnung auch eine Freigabe von zunächst konkursunterworfenem Schuldnervermögen zu. Darüber hinaus vermindert sich das zum Zeitpunkt der Konkurseröffnung beim Gemeinschuldner vorgefundene Vermögen im Wege der Aussonderung nach Art. 28 ff. pln.KO um diejenigen Vermögensgegenstände, die dem Gemeinschuldner nicht gehören und damit den Gläubigern nicht als Haftungsmasse zugewiesen sind.

Eine Einbeziehung von nicht oder nicht ausschließlich dem Gemeinschuldner gehörenden Vermögensgegenständen in die Konkursmasse sieht die polnische Konkursverordnung in Art. 21, 53 im Falle des Konkurses einer verheirateten natürlichen Person vor[75]. Nur am Rande erwähnt sei der in § 10 Sätze 3 und 4, § 11 der Verordnung vom

[75] Hierzu unten, Teil 4, Abschnitt E 4.

10.1.1935[76] vorgesehene Sonderfall der Einbeziehung schuldnerfremden Vermögens in die Konkursmasse, wonach die in der öffentlichen Versteigerung vom Ersteigerer geleistete Anzahlung in Höhe von einem Fünftel des Preises auch dann in der Konkursmasse verbleibt, wenn der Ersteigerer nicht bis um zwölf Uhr des nächsten Tages auch die Restsumme begleicht und der Zuschlag darum wirkungslos wird.

2. *Von der Konkursmasse ausgenommene Vermögensgegenstände des Gemeinschuldners*

a) Von der Zwangsvollstreckung befreites Vermögen

Ähnlich wie § 36 Abs. 1 InsO nimmt Art. 20 § 2 pln.KO dasjenige Vermögen von der Konkursmasse aus, das nicht der Zwangsvollstreckung unterliegt. Beschränkungen der gerichtlichen Zwangsvollstreckung enthalten die Art. 829 - 833 ZVGB.

Art. 829 ZVGB hat die von der Zwangsvollstreckung ausgenommenen beweglichen Sachen zum Gegenstand und trifft eine mit den Bestimmungen der § 811 Nr. 1 - 4, 5, 7, 8, § 812 dt. ZPO vergleichbare Regelung, die sozialpolitisch motiviert ist, und darum zugunsten juristischer Personen keine Anwendung finden kann.

Art. 830 ZVGB ermächtigt den Justizminister, im Einvernehmen mit dem Landwirtschaftsminister die bei einem landwirtschaftlichen Betrieb von der Zwangsvollstreckung ausgenommenen Gegenstände zu bestimmen. Die in der Verordnung vom 16.5.1996[77] vorgesehenen Vollstreckungsbeschränkungen greifen jedoch gemäß § 5 VO dann nicht ein, wenn die Zwangsvollstreckung in das gesamte unbewegliche Vermögen des Landwirts betrieben wird. Da auch im Konkursverfahren das gesamte unbewegliche Vermögen der Liquidation unterliegt, führen diese Vollstreckungsbeschränkungen im Konkursverfahren nicht zum Aus-

---

76 Verordnung des Justizministers, erlassen im Einvernehmen mit dem Industrie- und Handels- sowie mit dem Finanzminister, über das Verfahren der Durchführung der öffentlichen Versteigerung von beweglichen Sachen im Konkursverfahren (Dz.U. 1935, Nr. 3, Pos. 19).

77 Verordnung des Justizministers betreffend die Bestimmung der einem Landwirt, der einen Hof betreibt, gehörenden Gegenstände, die nicht der gerichtlichen Vollstreckung unterliegen, Dz.U. 1996, Nr. 63, Pos. 300.

schluß aus der Konkursmasse[78]. Zudem ist ein Landwirt nur dann ausnahmsweise als konkursfähig anzusehen, wenn er neben seiner landwirtschaftlichen Tätigkeit einer Wirtschaftstätigkeit nachgeht[79].

Die Art. 831 - 833 ZVGB sehen Beschränkungen oder den Ausschluß der Zwangsvollstreckung in die Erstattung von Auslagen wegen dienstlicher Angelegenheiten (Art. 831 § 1 Nr. 1 ZVGB), in zweckgebundene Bezüge wie Stipendien (Art. 831 § 1 Nr. 2)[80], in von Gesetzes wegen nicht übertragbare Rechte (Art. 831 § 1 Nr. 3)[81], in 75% der Forderungen gegen staatliche Organisationseinheiten aus Lieferungen, Bauarbeiten und Dienstleistungen (Art. 831 § 1 Nr. 4)[82], in Versicherungsleistungen (Art. 831 § 1 Nr. 5)[83], ausbezahlte Beträge zur Unterstützung Hinterbliebener (Art. 832 ZVGB) sowie in Arbeitslohn (Art. 833 ZVGB i. V. m. Art. 87 ArbGB) vor.

Weitere Vollstreckungsbeschränkungen enthalten die Art. 139 - 142 des Gesetzes vom 17.12.1998 über die Pensionen und Renten aus dem

---

78 *Zedler*, Konkurs- und Vergleichsrecht, S. 189; *Pogonowski*, Prawo Spółek 6/1999, S. 35 [38].

79 Die landwirtschaftliche Urproduktion selbst stellt gemäß Art. 3 RWiT keine Wirtschaftstätigkeit dar, siehe oben, Teil 2, Abschnitt A 1.

80 Gemäß Art. 831 § 2 ZVGB beziehen sich die in Art. 831 § 1 Nr. 1 und 2 ZVGB genannten Vollstreckungsbeschränkungen sowohl auf die ausbezahlten Geldbeträge als auch auf die hierauf gerichteten Forderungen.

81 Von Gesetzes wegen nicht übertragbar sind neben den höchstpersönlichen Rechten u. a. der Nießbrauch (Art. 254 ZGB), die persönliche Dienstbarkeit (Art. 300 ZGB), das Wiederkaufsrecht (Art. 595 ZGB), das Vorkaufsrecht (Art. 602 ZGB) sowie das Recht auf eine Leibrente (Art. 912 ZGB), vgl. *Pogonowski*, Prawo Spółek 6/1999, S. 35 [37]. Der sog. Erbnießbrauch (użytkowanie wieczyste) an Grundstücken des Staatsschatzes nach Art. 232 ff. ZGB ist dagegen übertragbar (Art. 237 ZGB).

82 Lohnforderungen der Arbeitnehmer in Zusammenhang mit der Vornahme solcher Lieferungen, Arbeiten oder Dienstleistungen unterliegen nicht dieser Vollstreckungsbeschränkung. Nach Art. 831 § 3 ZVGB ist außerdem die Pfändung des Betrages, der dem Schuldner nach Abschluß der Lieferung, der Arbeiten oder der Dienstleistung zufällt, ungeachtet Art. 831 § 1 Nr. 4 ZVGB zulässig.

83 Vgl. hierzu die Verordnung des Finanz- und des Justizministers vom 4.7.1986 betreffend die Bestimmung der Grenzen, innerhalb derer Leistungen von Personenversicherungen und Schadensersatzleistungen von Vermögensversicherungen nicht der gerichtlichen Zwangsvollstreckung unterliegen (Dz.U. 1986, Nr. 26, Pos. 128).

Sozialversicherungsfonds[84], sowie Art. 8 - 10, 88 des Gesetzes vom 17.6.1966 über das Vollstreckungsverfahren in der Verwaltung[85].

Gegenüber natürlichen Personen schließt Art. 56 Abs. 1 BankR außerdem die Pfändung von Spareinlagen in Höhe des dreifachen durchschnittlichen Monatslohns aus.

b) Nicht konkursunterworfener Neuerwerb

Neben dem Vermögen, in das die Zwangsvollstreckung nicht betrieben werden kann, fällt gemäß Art. 20 § 2 pln.KO der auf den persönlichen Einkünften des Gemeinschuldners beruhende Neuerwerb während des Konkursverfahrens insoweit nicht in die Konkursmasse, wie er zur Deckung der unerläßlichen Bedürfnisse des Gemeinschuldners und derjenigen Personen erforderlich ist, die dieser unterhält. Zu den persönlichen Einkünften wird nicht nur der Arbeitslohn, sondern jeder Verdienst gezählt, der auf einer Tätigkeit des Gemeinschuldners beruht, selbst wenn er sich hierbei der Unterstützung anderer Personen bedient. Keine persönlichen Einkünfte i. S. des Art. 20 § 2 pln.KO stellen dagegen Schenkungen, Vermächtnisse und Erbschaften dar[86].

c) Zur Unterstützung der Arbeitnehmer vorgesehenes Vermögen des Gemeinschuldners

Gemäß Art. 22 § 1 pln.KO fällt das Vermögen des Gemeinschuldners nicht in die Konkursmasse, das zur Unterstützung seiner Arbeitnehmer und deren Familien bestimmt ist, sofern eine wirtschaftliche und buchungstechnische Trennung von seinem sonstigen Vermögen besteht. Eine solche Vermögenstrennung ist bereits dann zu bejahen, wenn der Unternehmer die für die Unterstützung der Arbeitnehmer und ihrer Familien vorgesehenen Vermögenswerte wie etwa einen bestimmten Geldbetrag auf einem genau bezeichneten Konto oder bestimmte Wertpapiere

---

84 Ustawa o emeryturach i rentach z Funduszu Ubezpieczeń Społecznych (Dz.U 1998, Nr. 162, Pos. 1118 mit späteren Änderungen).

85 Ustawa o postępowaniu egzekucyjnym w administracji (bereinigte Fassung: Dz.U. 1991, Nr. 36, Pos. 161; Änderungen: 1992, Nr. 20, Pos. 78; 1993, Nr. 28, Pos. 127; 1995, Nr. 85, Pos. 426; 1996, Nr. 43, Pos. 189; Nr. 146, Pos. 680; 1997, Nr. 137, Pos. 926; Nr. 141, Pos. 943 und 944; 1998, Nr. 162, Pos. 1126; 2000; Nr. 114, Pos. 1193; Nr. 120, Pos. 1268; Nr. 122, Pos. 1315; 2001, Nr. 76, Pos. 809).

86 *Allerhand*, Konkursrecht mit Kommentar, Anm. 14 zu Art. 20.

in einem eigenen Bilanzposten ausweist. Eine getrennte Aufbewahrung etwa bei Wertpapieren ist ebensowenig erforderlich wie eine eigenständige Verwaltung dieser Vermögenswerte durch die begünstigten Arbeitnehmer[87]. Die Bestimmung des getrennten Vermögens obliegt dem Konkursverwalter.

Diese Regelung ist vor dem Hintergrund der Entstehungszeit der Konkursverordnung zu sehen, als sich ein umfassendes staatliches Sozialversicherungssystem in Polen noch nicht ausgeprägt hatte und die Sozialvorsorge für die Arbeitnehmer und deren Angehörigen von den Arbeitgebern nur durch die Bildung innerbetrieblicher Sozialfonds sichergestellt werden konnte. Die wirtschaftlich den Arbeitnehmern zustehenden Mittel dieser Sozialfonds verblieben in der Vermögenszuständigkeit des Arbeitgebers, so daß sie, um auch im Konkurs des Arbeitgebers ihren Zweck erfüllen zu können, der an die Gläubiger zu verteilenden Konkursmasse entzogen werden mußten[88].

Da erst im Jahre 1998 von der in Art. 22 § 2 pln.KO vorgesehenen Verordnungsermächtigung zur näheren Bestimmung des Umfangs und der Art und Weise der Verwaltung und Liquidation dieses Vermögens Gebrauch gemacht wurde[89], bestand auch in jüngerer Zeit in der Literatur Uneinigkeit über den Anwendungsbereich von Art. 22 pln.KO. Während der Vorschrift des Art. 22 pln.KO zum Teil jede praktische Bedeutung abgesprochen wurde[90], war bei den Vertretern der Gegenansicht umstritten, ob auf der Grundlage von Art. 2 Nr. 4 des Gesetzes vom 4.3.1994 über den Betriebsfonds für Sozialleistungen[91] auch Betriebs-

---

87 *Allerhand*, Konkursrecht mit Kommentar, Anm. 3, 4 zu Art. 22.

88 Zur Entstehungsgeschichte: *Allerhand*, Entwurfsbegründung Konkursrecht, S. 32 f.

89 Vgl. die Verordnung des Ministers für Arbeit und Sozialpolitik vom 25. Mai 1998 betreffend die Bestimmung des Umfangs des für die Unterstützung der Arbeitnehmer des gemeinschuldnerischen Unternehmers und ihrer Familien vorgesehenen ausgeschlossenen Vermögens und über die Art der Verwaltung und der Liquidation dieses Vermögens (Dz.U. 1998, Nr. 69, Pos. 453).

90 *Nazarewicz*, PPH 7-8/1994, S. 1 [4].

91 Ustawa o zakładowym funduszu świadczeń socjalnych, Dz.U. 1996, Nr. 70, Pos. 335; Nr. 118, Pos. 561; Nr. 139, Pos. 647; Nr. 147, Pos. 686; 1997, Nr. 82, Pos. 518; Nr. 121, Pos. 770; 1998, Nr. 75, Pos. 486; Nr. 113, Pos. 717. Dieses Gesetz ist an die Stelle des Gesetzes vom 24.10.1986 über den betrieblichen Sozial- und Wohnungsfonds in den Einheiten der vergesellschafteten Wirtschaft (ustawa o zakładowych funduszach socjalnym i mieszkanowym w jednostkach gospodarki uspo-

wohnungen, betriebliche Erholungsheime und Kulturzentren sowie betriebliche Kinderkrippen und Vorschulen gemäß Art. 22 pln.KO der Konkursmasse entzogen sind, oder ob sich das nach Art. 22 pln.KO nicht der Konkursmasse zuzurechnende Vermögen auf die Geldmittel des nach dem Gesetz vom 4.3.1994[92] gebildeten betrieblichen Fonds für Sozialleistungen beschränkt[93].

Die auf der Grundlage von Art. 22 § 2 pln.KO ergangene Verordnung vom 25.5.1998[94] stellt nunmehr klar, daß das zur Unterstützung der Arbeitnehmer und deren Familien vorgesehene getrennte Vermögen keine Immobilien, sondern lediglich die auf einem gesonderten Bankkonto am Tage der Konkurseröffnung angesammelten Geldmittel des nach dem Gesetz vom 4.3.1994[95] gebildeten Betriebsfonds für Sozialleistungen zuzüglich der Rückzahlungen der aus dem Betriebsfonds zu Wohnzwecken gewährten Darlehen, Bankzinsen und Beiträgen umfaßt (§ 1 VO). Aufgrund dieser Bestimmung ist auch die bisher umstrittene Frage eindeutig zu verneinen, ob über die zum Zeitpunkt der Konkurseröffnung tatsächlich in den Betriebsfonds für Sozialleistungen eingezahlten Geldmittel hinaus der Konkursverwalter verpflichtet ist, nach Konkurseröffnung die Einzahlungen in den Fonds, die der Gemeinschuldner unter Verstoß gegen das Gesetz vom 4.3.1994 unterlassen hatte, für die letzten drei Jahre[96] nachzuholen, so daß auch diese Mittel der Konkursmasse nach Art. 22 § 1 pln.KO entzogen wären[97]. Diese Auffassung ist bereits mit dem Wortlaut von Art. 22 § 1 pln.KO nicht vereinbar, der sich nur auf das bereits getrennte Vermögen bezieht und nicht auch auf das Vermögen erstreckt werden kann, das von Gesetzes wegen zu Gunsten der Arbeitnehmer und ihrer Familien wirtschaftlich und buchungstechnisch hätte getrennt werden müssen. Zudem würde diese Auffassung

---

łecznionej, Dz.U. 1990, Nr. 58, Pos. 343; 1991, Nr. 80, Pos. 350; 1992, Nr. 21, Pos. 85) getreten.

92 S. o. Fn. 91.

93 Hierzu: *Brol*, Gerichtspraxis, S. 110 f.; *Gurgul*, Konkurs- und Vergleichsrecht, Rdnr. 9 zu Art. 22 pln.KO, S. 143 f.

94 S. o. Fn. 89.

95 S. o. Fn. 91.

96 Diese Beschränkung wird aus Art. 118 ZGB hergeleitet, wonach vorbehaltlich spezieller Regelungen die Verjährungsfrist für wiederkehrende Leistungen drei Jahre beträgt.

97 Hierzu: *Gurgul*, Konkurs- und Vergleichsrecht, Rdnr. 11 zu Art. 23 pln.KO, S. 144.

in vielen Fällen zur Einstellung des Konkursverfahrens mangels Masse führen, was zwangsläufig ein Versagen des auf das Konkursverfahren beschränkten Arbeitnehmerschutzes nach Art. 22 pln.KO zur Folge hätte, so daß sich eine zu weite Auslegung von Art. 22 pln.KO im Ergebnis auch für die Arbeitnehmer nachteilig auswirken würde.

§ 2 der Verordnung vom 25.5.1998 beläßt die Verwaltung des Betriebsfonds für Sozialleistungen in der Zuständigkeit des gemeinschuldnerischen Unternehmers, sofern zu diesem Zweck nicht ein Liquidator, Pfleger oder Repräsentant bestellt worden ist. Die Geldmittel des Betriebsfonds sind nach den im Gesetz vom 4.3.1994[98] bestimmten Grundsätzen an die Begünstigten zu verteilen. Nicht ausbezahlte Mittel stehen ebenfalls nicht den Konkursgläubigern zur Verfügung, sondern sind gemäß § 3 VO an den auf der Grundlage von Art. 12 ArbnFSchG gegründeten überbetrieblichen Fonds für die Garantierten Arbeitnehmerleistungen zu überweisen, der als Zweckfonds i. S. von Art. 22 ÖffFinG Rechtspersönlichkeit besitzt und der Gewährleistung des den Arbeitnehmern zustehenden Konkursausfallgeldes dient.

d) Erbschaften

Anders als nach § 83 Abs. 1 Satz 1 dt. InsO obliegt die Entscheidung über die Annahme oder Ausschlagung einer dem Gemeinschuldner angefallenen Erbschaft dem Konkursverwalter, der hierfür der Zustimmung des Gläubigerausschusses (Art. 131 § 1 Nr. 7 pln.KO) bzw. des Richter-Kommissars (Art. 140 pln.KO) bedarf und dafür Sorge zu tragen hat, daß die Haftung auf den Wert des Nachlasses beschränkt wird (Art. 23 § 1 pln.KO)[99]. Nimmt der Konkursverwalter die Erbschaft nicht an, so hat der Gemeinschuldner seinerseits die Möglichkeit zur Annahme der Erbschaft, die dann gemäß Art. 23 § 3 pln.KO nicht in die Konkursmasse fällt[100]. Vermächtnisse zu Gunsten des Gemeinschuldners werden von

---

[98] S. o. Fn.91.

[99] Die Haftungsbeschränkung auf den Wert des Nachlasses wird gemäß Art. 1031 § 2 ZGB durch Inventarerrichtung bewirkt. Eine Haftungsbeschränkung auf die konkreten Nachlaßgegenstände wird dadurch allerdings nicht erreicht, vgl. *Gurgul*, Konkurs- und Vergleichsrecht, Rdnrn. 3, 4 zu Art. 23 pln.KO, S. 146.

[100] *Pogonowski*, Prawo Spółek 6/1999, S. 35 [39]; *Gurgul*, Konkurs- und Vergleichsrecht, Rdnrn. 7, 9 zu Art. 23 pln.KO, S. 146 f.

Art. 23 pln.KO nicht erfaßt[101]. Sie fallen gemäß Art. 20 § 1 pln.KO als Neuerwerb in die Konkursmasse.

e) Streitbefangenes Vermögen

Art. 61 pln.KO zufolge fällt ein Vermögensgegenstand des Gemeinschuldners, über den während des Konkursverfahrens ein Rechtsstreit anhängig ist, dann nicht in die Konkursmasse, wenn der Konkursverwalter gegenüber dem Gericht[102] erklärt, nicht in das Verfahren an Stelle des Gemeinschuldners eintreten oder dieses nicht mehr fortführen zu wollen. In diesem Fall kann der Gemeinschuldner im Verfahren selbst als Partei auftreten. Ein Prozeßerfolg kommt ihm persönlich und nicht der Konkursmasse zu Gute.

f) Durch Beschluß der Gläubigerversammlung ausgeschlossene Vermögensgegenstände

Nicht zur Konkursmasse gehören außerdem im Hinblick auf ihren Bestand und ihre Realisierbarkeit zweifelhafte Forderungen und Rechte des Gemeinschuldners, die die Gläubigerversammlung gemäß Art. 121 § 1 Satz 1 pln.KO auf einen vom Gläubigerausschuß bzw. vom Richter-Kommissar (Art. 140 pln.KO) genehmigten Antrag des Konkursverwalters hin durch einen mit Dreiviertelmehrheit gefaßten Beschluß aus der Konkursmasse ausgeschlossen hat[103]. Über solche Forderungen und Rechte kann der Gemeinschuldner frei verfügen (Art. 121 § 1 Satz 2 pln.KO). Diese Regelung gilt seit dem 3.1.1998 entsprechend auch für bewegliche Sachen und für Liegenschaften des Gemeinschuldners, die sich nicht verkaufen lassen und zu deren Übernahme unter Anrechnung der Hälfte des Schätzwertes bei beweglichen Sachen bzw. von zwei Dritteln des Schätzwertes bei Liegenschaften auf seine Forderungen kein Gläubiger bereit ist (Art. 121 § 3 pln.KO)[104].

---

[101] *Gurgul*, Konkurs- und Vergleichsrecht, Rdnr. 1 zu Art. 23 pln.KO, S. 146.

[102] *Allerhand*, Konkursrecht mit Kommentar, Anm. 4 zu Art. 61.

[103] Siehe hierzu bereits oben, Teil 2, Abschnitt E 1. a) und c).

[104] Die Bestimmung des Art. 121 § 3 pln.KO ist insofern mißverständlich formuliert, als die Anrechnung ganz sicher nicht auf den Nominalwert der vom Gläubiger zur Tabelle angemeldeten Forderungen erfolgen kann, sondern nur auf den auf ihn entfallenden Verteilungserlös aus der Konkursmasse.

3. *Die Aussonderung aus der Konkursmasse*

Zur gemeinsamen Befriedigung ihrer Forderungen steht den Gläubigern im Konkursverfahren grundsätzlich nur das Vermögen des Gemeinschuldners zur Verfügung[105]. Nur in bezug auf dieses Vermögen tritt die Beschlagnahmewirkung der Konkurseröffnung einhergehend mit der Übernahme der Verwaltungs- und Verfügungsbefugnis durch den Konkursverwalter ein. Dennoch werden insbesondere bei der Inbesitznahme des schuldnerischen Unternehmens durch den Konkursverwalter regelmäßig auch Vermögensgegenstände zunächst in die Konkursmasse einbezogen, die mangels Eigentums bzw. sonstiger dinglicher Berechtigung des Gemeinschuldners nicht gemäß Art. 20 § 1 pln.KO den Konkursgläubigern wirtschaftlich zugewiesen sind und daher aus der Konkursmasse nach Art. 28 ff. pln.KO ausgesondert werden müssen[106]. Über die Aussonderungsansprüche entscheidet der Richter-Kommissar nach Anhörung des Konkursverwalters durch Beschluß, der im Falle der Ablehnung unanfechtbar ist, wobei dem Betroffenen jedoch die Möglichkeit der Klageerhebung bleibt (Art. 31 §§ 1, 3 pln.KO)[107].

Die Aussonderung bezieht sich nach dem Wortlaut des Art. 28 § 1 pln.KO auf „Sachen, die dem Gemeinschuldner nicht gehören". Dennoch ist in der polnischen Rechtsprechung und Literatur anerkannt, daß neben körperlichen Gegenständen i. S. von Art. 45 ZGB auch Forderungen und andere Rechte, die nicht in die Vermögenszuständigkeit des Gemeinschuldners fallen, der Aussonderung nach Art. 28 ff. pln.KO unterliegen[108]. Allerdings kann der Aussonderungsberechtigte nach Art. 28 § 1 pln.KO vom Konkursverwalter grundsätzlich nicht die Abtretung einer

---

105 Zu den wenigen Ausnahmen siehe Teil 4, Abschnitt E 1. und 4.

106 *Korzonek*, PPC 1935, S. 97.

107 Da die Konkursmasse selbst keine Parteifähigkeit i. S. von Art. 64 ZVGB besitzt, ist die Klage entgegen dem Wortlaut von Art. 31 § 3 pln.KO gegen den Konkursverwalter und nicht gegen die Konkursmasse zu richten.

108 Beschluß des Obersten Gerichts vom 17.3.1967 – I Cz 146/66, OSNCP 11/1967, Pos. 203, S. 54 f. mit zustimmender Anm. *Sobkowski*, Nowe Prawo 6/1970, S. 946 ff.; Beschluß des Obersten Gerichts vom 20.12.1994 – III CZP 134/94, OSNIC 4/1995, Pos. 58, S. 21 ff.; *Allerhand*, Konkursrecht mit Kommentar, Anm. 1 zu Art. 28; *Korzonek*, PPC 1935, S. 97 [99]; *Piasecki*, Konkurs- und Vergleichsrecht, Anm. 2 zu Art. 28 pln.KO, S. 167; *Świeboda*, Konkurs- und Vergleichsrecht, Anm. 2 zu Art. 28 pln.KO, S. 68; *Gurgul*, Konkurs- und Vergleichsrecht, Rdnr. 7 zu Art. 28 pln.KO, S. 161 f.; *Świeszkowski*, PS 7-8, S. 30 [34].

Forderung verlangen. Ist der Gemeinschuldner zum Zeitpunkt der Konkurseröffnung Inhaber der Forderung, so fehlt es an der von Art. 28 § 1 pln.KO aufgestellten Voraussetzung einer dem Gemeinschuldner nicht gehörenden Sache. Der bloße Anspruch auf Abtretung einer Forderung kann nämlich kein Recht auf ihre Aussonderung begründen[109]. Ist dagegen der Gemeinschuldner nicht Forderungsinhaber, so fehlt es an einem geeigneten Gegenstand für eine Abtretung. Eine Aussonderung kommt bei Forderungen daher grundsätzlich nur in Betracht, wenn der Konkursverwalter eine Forderung unberechtigterweise als Teil der Konkursmasse behandelt[110]. Mit der Aussonderung kann dann lediglich die Feststellung erreicht werden, daß die Forderung dem Aussonderungsberechtigten und nicht dem Gemeinschuldner zusteht[111].

Einen Sonderfall stellt insoweit allerdings der Konkurs des Kommissionärs dar. Nach Art. 766 Satz 1 ZGB hat der Kommissionär dem Kommittenten das bei der Ausführung des Auftrags Erlangte herauszugeben und insbesondere die auf dessen Rechnung erworbenen Forderungen abzutreten. Gemäß Art. 766 Satz 2 ZGB sind die in Satz 1 genannten Rechte auch gegenüber den Gläubigern des Kommissionärs wirksam. Im Anschluß an die Vorgängervorschrift (Art. 582 § 2 pln.HGB[112]), die ausdrücklich diese Rechte gegenüber den Gläubigern des Kommissionärs und dessen Konkursmasse für wirksam erklärte, wird Art. 766 Satz 2 ZGB dahingehend ausgelegt, daß auch im Konkurs des Kommissionärs die von ihm auf Rechnung des Kommittenten erworbenen Sachen und Forderungen im Verhältnis zu den Gläubigern als nicht zur Konkursmasse gehörig zu behandeln und daher nach Art. 28 § 1 pln.KO auszusondern sind[113]. Da im Verhältnis zum Kommittenten jedoch weiterhin der Kommissionär Inhaber der in seinem Namen, aber auf Rech-

---

109 *Korzonek*, Konkurs- und Vergleichsrecht I, S. 84.

110 Vgl. in der deutschen Literatur: *Nerlich/Römermann/Andres*, Insolvenzordnung, Rdnr. 30 zu § 47; *Kilger/K. Schmidt*, Insolvenzgesetze, Anm. 6 zu § 43 KO, S. 244.

111 *Jaeger/Lent*, Konkursordnung I, Anm. 9 zu § 43, S. 602; vgl. auch *Allerhand*, Konkursrecht mit Kommentar, Anm. 1 zu Art. 28.

112 Durch Art. VI § 1 der Einführungsvorschriften zum ZGB (Dz.U. 1964, Nr. 16, Pos. 94) wurden grundsätzlich alle Bestimmungen des polnischen Handelsgesetzbuchs, die nicht die OHG, AG und GmbH betrafen, mit Wirkung zum 1.1.1965 außer Kraft gesetzt.

113 *Tracz/Zoll*, PPH 4/1998, S. 24 [27]; *Gurgul*, Konkurs- und Vergleichsrecht, Rdnr. 13 zu Art. 28 pln.KO, S. 163 f.

nung des Kommittenten erworbenen Forderungen ist, geht die Aussonderung dieser Forderungen hier ausnahmsweise einher mit ihrer Abtretung durch den Konkursverwalter an den Kommittenten[114].

Auch die Aussonderung beschränkt dinglicher Rechte reduziert sich grundsätzlich auf einen feststellenden Beschluß des Richter-Kommissars nach Art. 31 § 1 pln.KO über ihre Nichtzugehörigkeit zur Konkursmasse. Dagegen kann der Inhaber eines Erbnießbrauchrechts an einem Grundstück (Art. 232 ff. ZGB), bei dem es sich um ein eigentumsähnliches Recht handelt[115], vom Konkursverwalter die Herausgabe dieses Grundstücks verlangen.

Im Bereich des gewerblichen Rechtsschutzes[116] kann der Berechtigte die Patentvindikation nach Art. 74 RGE als Aussonderungsanspruch gegenüber dem Konkursverwalter geltend machen, wenn der Gemeinschuldner die Erfindung zu Unrecht zum Patent angemeldet hatte. Art. 74 RGE findet auf das Schutzrecht für ein Gebrauchsmuster (Art. 100 Abs. 1 RGE), das Recht aus der Eintragung eines gewerblichen Musters (Art. 118 Abs. 1 RGE) und einer Halbleitertopographie (Art. 221 Abs. 1 RGE) entsprechende Anwendung. Ein Schutzrecht für ein Warenzeichen kann unter den Voraussetzungen des Art. 161 RGE ausgesondert werden. Aussonderungsrechte gewähren zudem die sich aus dem Eigentum, aus beschränkt dinglichen Rechten und aus gewerblichen Schutzrechten ergebenden Unterlassungsansprüche[117], nicht dagegen Schadensersatzansprüche sowie Folgenbeseitigungsansprüche[118],

---

[114] Entsprechend erfolgt die Aussonderung der vom Kommissionär in seinem Namen und auf Rechnung des Kommittenten erworbenen Sachen durch Übereignung und Übergabe. Zu beachten ist dabei, daß Art. 766 Satz 2 ZGB im Gegensatz zu § 392 Abs. 2 dt.HGB seinem Anwendungsbereich nach nicht auf Forderungen beschränkt ist.

[115] Vgl. nur Art. 237 ZGB, wonach auf die Übertragung eines Erbnießbrauchrechts die Vorschriften über die Eigentumsübertragung bei Grundstücken entsprechende Anwendung finden.

[116] Vgl. zur deutschen Rechtslage *Gottwald/Gottwald*, Insolvenzrechtshandbuch (2001), § 40, Rdnr. 20, S. 542.

[117] Vgl. Art. 222 § 2, Art. 251 ZGB, 287, 292, 293, 296 RGE.

[118] Der Folgenbeseitigungsanspruch ist im Falle der Eigentumsstörung aus Art. 222 § 2 ZGB und im Falle der Störung eines beschränkt dinglichen Rechts aus Art. 251 i. V. m. Art. 222 § 2 ZGB herzuleiten. Nach Art. 222 § 2 ZGB kann der Eigentümer, dessen Eigentum anders als durch faktischen Entzug der Sachherrschaft gestört wird,

sofern die Folgenbeseitigung einen wirtschaftlichen Aufwand zu Lasten der Konkursmasse bedeutet.

Unter der Voraussetzung fehlender dinglicher Berechtigung des Gemeinschuldners kann die Aussonderung einer Sache nicht nur auf das Eigentum oder Miteigentum (Art. 209 ZGB), sondern auch auf schuldrechtliche Herausgabeansprüche wie etwa die des Werkbestellers (Art. 633 ZGB), des Vermieters (Art. 675 ZGB), des Verpächters (Art. 694 i. V. m. Art. 675 ZGB), des Verleihers (Art. 718 ZGB) oder des Hinterlegers im Falle der Verwahrung (Art. 844 § 1 ZGB) gestützt werden. Reine Verschaffungsansprüche berechtigen dagegen nicht zur Aussonderung[119].

Zur Aussonderung nach Art. 28 § 1 pln.KO berechtigt auch das Sicherungseigentum[120] im Konkurs des Sicherungsgebers[121]. Die Behandlung des Sicherungseigentums ähnlich einem Pfandrecht im Konkurs einer der Parteien hat sich in Polen bisher nicht durchgesetzt[122]. Darum steht dem Sicherungsgeber im Konkurs des Sicherungsnehmers nach überwiegender Auffassung kein Aussonderungsrecht an der sicherungsübereigneten Sache zu[123].

Wurde ein Gegenstand, der nach Art. 28 § 1 pln.KO hätte ausgesondert werden können, veräußert, so räumt Art. 28 §§ 2 - 4 pln.KO dem Aussonderungsberechtigten die Möglichkeit der Ersatzaussonderung ein. Dabei ist zu unterscheiden, ob die Veräußerung durch den Schuldner

---

vom Störer neben der Unterlassung auch die Wiederherstellung des rechtmäßigen Zustandes verlangen.

119 *Świeszkowski*, PPH 11/2000, S. 11 ff.; *ders.*, PS 7-8/2000, S. 30 [34]; *Korzonek*, Konkurs- und Vergleichsrecht I, S. 83 f.; *Allerhand*, Konkursrecht mit Kommentar, Anm. 2 zu Art. 28; *Gurgul*, Konkurs- und Vergleichsrecht, Rdnrn. 10, 11 zu Art. 28 pln.KO, S. 162 f.

120 Vertragsformulare für die Begründung von Sicherungseigentum sind bei *Niemirka*, MoP 10/1995, S. 315 [317 ff.] abgedruckt.

121 *Zedler*, Prawo Bankowe 2/1994, S. 55 [56]; *Sikorski*, PS 5/1997, S. 15 [36]; *Świeszkowski*, PPH 11/2000, S. 38 [42]; *Gurgul*, Konkurs- und Vergleichsrecht, Rdnr. 41 zu Art. 28 pln.KO, S. 172.

122 Ausführungen zur deutschen Rechtslage finden sich bei *Tracz/Zoll*, Sicherungsübereignung, S. 26; *Gurgul*, Konkurs- und Vergleichsrecht, Rdnr. 43 zu Art. 28 pln.KO, S. 172.

123 *Sikorski*, PS 5/1997, S. 15 [35 f.]; *Gurgul*, Konkurs- und Vergleichsrecht, Rdnr. 42 zu Art. 28 pln.KO, S. 172; für ein Aussonderungsrecht des Sicherungsgebers dagegen *Świeszkowski*, PPH 11/2000, S. 38 [43].

oder durch den Konkursverwalter erfolgte. Im Falle der Veräußerung durch den Schuldner kann der Aussonderungsberechtigte nach Art. 28 § 2 pln.KO die Gegenleistung nur dann aus der Konkursmasse verlangen, wenn sie sich dort noch getrennt vom anderen Vermögen befindet. Bei einer Veräußerung durch den Konkursverwalter ist die Ersatzaussonderung der Gegenleistung Art. 28 § 3 Satz 1 pln.KO zufolge bereits dann möglich, wenn sie der Konkursmasse zugeflossen ist. Wußte der Konkursverwalter, daß der betreffende Gegenstand der Aussonderung unterliegt, und hat er ihn dennoch veräußert, so kann der Aussonderungsberechtigte zudem Schadensersatz aus der Konkursmasse verlangen (Art. 28 § 3 Satz 2 pln.KO)[124]. Für den dadurch der Konkursmasse entstehenden Schaden haftet der Konkursverwalter seinerseits nach Art. 102 pln.KO[125]. Wurde die Gegenleistung für die Veräußerung des aussonderungsfähigen Gegenstandes noch nicht erbracht, so steht dem Aussonderungsberechtigten gemäß Art. 28 § 4 pln.KO ein Anspruch auf Abtretung der Forderung auf die Gegenleistung unabhängig davon zu, ob die Veräußerung vom Schuldner oder vom Konkursverwalter vorgenommen worden ist. Auch im Falle der Veräußerung durch den Schuldner fällt nämlich der Anspruch auf die Gegenleistung gemäß Art. 20 § 1 pln.KO in die Konkursmasse[126].

Teilweise wird vertreten, daß eine Ersatzaussonderung gemäß Art. 28 § 2 pln.KO anders als nach § 48 InsO nur bei einer Veräußerung nach Konkurseröffnung in Betracht komme[127]. Hierfür könnte sprechen, daß Art. 28 § 2 pln.KO nicht den Begriff „Schuldner“ (dłużnik), sondern den Begriff „Gemeinschuldner“ (upadły) gebraucht, und dieser Begriff

---

[124] *Allerhand*, Konkursrecht mit Kommentar, Anm. 16 zu Art. 28.

[125] Teilweise wird Art. 102 pln.KO zudem als Grundlage für eine Schadensersatzhaftung des Konkursverwalters unmittelbar gegenüber dem Aussonderungsberechtigten angesehen, vgl. *Korzonek*, Konkurs- und Vergleichsrecht I, S. 87; *Allerhand*, Konkursrecht mit Kommentar, Anm. 16 zu Art. 28; *Świeszkowski*, PS 7-8/2000, S. 31 [37].

[126] *Korzonek*, Konkurs- und Vergleichsrecht I, S. 87.

[127] Für eine Beschränkung auf die Veräußerung nach Konkurseröffnung: *Korzonek*, Konkurs- und Vergleichsrecht I, S. 85. Für die Ersatzaussonderung gemäß Art. 28 § 3 pln.KO folgt diese Beschränkung bereits daraus, daß der Konkursverwalter erst mit dem Eröffnungsbeschluß bestellt wird (Art. 14 § 1 Nr. 3 pln.KO), vgl. *Gurgul*, Konkurs- und Vergleichsrecht, Rdnr. 49 zu Art. 28 pln.KO, S. 174; *Świeszkowski*, PS 7-8/2000, S. 30 [37].

grundsätzlich dem Zeitraum ab Konkurseröffnung vorbehalten ist[128]. Außerdem wäre ein solches Veräußerungsgeschäft nicht nach Art. 20 § 1 pln.KO unwirksam, da es sich gerade nicht auf konkursunterworfene Gegenstände des Gemeinschuldners bezieht[129]. Dennoch kann aus dem Wortlaut von Art. 28 § 2 pln.KO keine Beschränkung der Ersatzaussonderung auf den Sonderfall der Veräußerung durch den Gemeinschuldner nach Konkurseröffnung hergeleitet werden, da die polnische Konkursverordnung im Bereich der Bestimmungen über die Folgen der Konkurseröffnung (Art. 18 ff. pln.KO) die Parteibezeichnung „Gemeinschuldner" auch an anderer Stelle in bezug auf Vorgänge verwendet, die zeitlich der Konkurseröffnung vorgelagert sind[130]. Im übrigen wird das Bedürfnis der Konkursgläubiger nach Schutz vor einer Auszehrung der Konkursmasse auch bei einer weiten Auslegung von Art. 28 § 2 pln.KO durch das Erfordernis des Vorhandenseins der Gegenleistung getrennt vom sonstigen Schuldnervermögen hinreichend gewahrt[131].

Bei den Ansprüchen auf Ersatzaussonderung nach Art. 28 §§ 2 - 4 pln.KO handelt es sich nicht um aus der „Soll-Masse" zu befriedigende Konkursforderungen, sondern wie auch bei der Aussonderung nach Art. 28 § 1 pln.KO um eine Abschöpfung von in der „Ist-Masse"[132] befindlichem, jedoch nicht den Konkursgläubigern zum Zwecke der Befriedigung ihrer Forderungen zugewiesenem Vermögen[133]. Demgegen-

---

[128] Vgl. Art. 6, 8 § 1, Art. 9, 10 § 1 Satz 2, Art. 12, 13 pln.KO einerseits und Art. 14 § 1 Nr. 1, Art. 16 § 2, Art. 17 § 1 sowie Art. 18 ff. pln.KO andererseits.

[129] Die Unwirksamkeit ergibt sich jedoch im Falle beweglicher Sachen bei Bösgläubigkeit des Erwerbers bezüglich des fehlenden Eigentums des Gemeinschuldners aus Art. 169 ZGB.

[130] Vgl. etwa Art. 39 § 1 pln.KO (Erfüllung eines gegenseitigen Vertrages durch den Gemeinschuldner vor Konkurseröffnung) oder Art. 43 pln.KO (vom Gemeinschuldner oder dem Gemeinschuldner vor Konkurseröffnung erteilte Aufträge bzw. Kommissionsaufträge) sowie Art. 49 pln.KO (vom Gemeinschuldner vor Konkurseröffnung im voraus empfangener Mietzins).

[131] Für eine Ersatzaussonderung nach Art. 28 § 2 pln.KO auch bei Veräußerung vor Konkurseröffnung: *Gurgul*, Konkurs- und Vergleichsrecht, Rdnr. 49 zu Art. 28 pln.KO, S. 174; *Świeszkowski*, PS 7-8/2000, S. 30 [35].

[132] Vgl. zu den Begriffen der „Ist-" und „Soll-Masse" etwa *Gottwald/Gottwald*, Insolvenzrechtshandbuch (2001), § 39, Rdnr. 1, S. 536. In der polnischen Literatur ist eine vergleichbare terminologische Differenzierung nicht anzutreffen.

[133] Vgl. *Korzonek*, Konkurs- und Vergleichsrecht I, S. 87: „Die in Art. 28 §§ 2 - 4 vorgesehene Herausgabe der Gegenleistung für die veräußerte Sache an den Berechtigten bzw. die Abtretung des Rechts auf eine solche Leistung ist als tatsächliche

über ist der Schadensersatzanspruch aus Art. 28 § 3 Satz 2 pln.KO als bevorrechtigte Masseforderung gemäß Art. 204 § 1 Nr. 2 pln.KO (Verbindlichkeiten, die aufgrund von Handlungen des Konkursverwalters entstanden sind) zu befriedigen[134].

Der Aussonderungsberechtigte hat gemäß Art. 29 pln.KO Zug um Zug gegen Herausgabe des Aussonderungsgegenstandes bzw. der Gegenleistung (Art. 28 §§ 2, 3 pln.KO) oder gegen Abtretung der Forderung auf die Gegenleistung (Art. 28 § 4 pln.KO)[135] die vom Gemeinschuldner oder der Konkursmasse getragenen Aufwendungen zur Erhaltung der Sache oder zur Erlangung der Gegenleistung der Konkursmasse zu erstatten. Bis dahin steht dem Konkursverwalter ein Zurückbehaltungsrecht zu, das er, solange der Aussonderungsberechtigte nicht wenigstens eine ausreichende Sicherheit auf den Aufwendungsersatzanspruch geleistet hat, nicht nur geltend machen kann, sondern zur Vermeidung einer Schadensersatzhaftung gegenüber den Gläubigern nach Art. 102 pln.KO auch gelten machen muß[136].

4. Die Auswirkungen der Konkurseröffnung auf die vermögensrechtlichen Beziehungen zwischen Eheleuten

Im Falle des Konkurses über das Vermögen einer verheirateten natürlichen Person, die im gesetzlichen Güterstand der Errungenschaftsgemeinschaft gemäß Art. 31 FamVormGB lebt oder die durch Ehevertrag nach Art. 47 § 1 FamVormGB das Gesamtgut über den ehelichen Zugewinn hinaus erweitert oder beschränkt aber nicht ausgeschlossen hat, fällt neben dem in der alleinigen Vermögenszuständigkeit des Gemeinschuldners stehenden Sondergut[137] gemäß Art. 53 pln.KO auch das

---

Aussonderung von Vermögen aus der Masse zu behandeln, das nicht zu ihr gehört, entsprechend der Aussonderung einer Sache nach Art. 28 § 1."

134 *Allerhand*, Konkursrecht mit Kommentar, Anm. 16 zu Art. 28.

135 Vgl. *Gurgul*, Konkurs- und Vergleichsrecht, Rdnr. 1 zu Art. 29 pln.KO, S. 175.

136 *Gurgul*, Konkurs- und Vergleichsrecht, Rdnr. 3 zu Art. 29 pln.KO, S. 176.

137 Zum Sondergut zählen im gesetzlichen Güterstand gemäß Art. 33 FamVormGB insbesondere die vor Entstehen des gesetzlichen Güterstandes erworbenen Vermögensgegenstände (Art. 33 Nr. 1 FamVormGB) sowie Erbschaften, Vermächtnisse und Schenkungen vorbehaltlich einer anderen Zweckbestimmung des Erblassers oder Schenkers (Art. 33 Nr. 2 FamVormGB) und die mit den Mitteln erworbenen Vermö-

Gesamtgut beider Eheleute in die Konkursmasse[138]. Ein während der Ehe gemäß Art. 47 § 1 FamVormGB durch Ehevertrag innerhalb der letzten zwei Jahre vor Konkurseröffnung über das Vermögen eines Ehegatten herbeigeführter Ausschluß oder eine Beschränkung des Gesamtguts ist Art. 52 pln.KO zufolge im Konkursverfahren ohne Wirkung. Eheverträge, die gemäß Art. 47 § 1 Satz 3 FamVormGB vor Eingehung der Ehe geschlossen werden, bleiben allerdings von Art. 52 pln.KO unberührt[139].

Art. 21 Satz 1 pln.KO weist außerdem diejenigen beweglichen Sachen der Konkursmasse zu, die sich im gemeinsamen Gewahrsam der Eheleute befinden. Wurde die eheliche Hausgemeinschaft[140] innerhalb des letzten Jahres vor Konkurseröffnung beendet, so fallen gemäß Art. 21 Satz 2 pln.KO auch die im Gewahrsam des anderen Ehegatten befindlichen Sachen in die Konkursmasse, sofern sie nicht zu dessen persönlichem Gebrauch bestimmt sind.

Gleichzeitig normiert Art. 30 pln.KO in der Fassung des Gesetzes vom 24.2.1990[141] zwei Aussonderungstatbestände, deren Anwendung erhebliche Schwierigkeiten bereitet.

Art. 30 Satz 1 pln.KO zufolge kann der Ehegatte des Gemeinschuldners die Aussonderung derjenigen Sachen aus der Konkursmasse verlangen, die Bestandteil seines Sonderguts sind. Dabei stellt sich die Frage nach dem Verhältnis zu Art. 21 pln.KO. Nach überwiegender Ansicht wird Art. 21 pln.KO im Sinne einer gesetzlichen Vermutung verstanden, derzufolge die in dieser Bestimmung genannten beweglichen Sachen bis zum Beweis des Gegenteils nicht als Bestandteile des Sonderguts des Ehegatten des Gemeinschuldners angesehen werden und darum gemäß

---

gensgegenstände, die ihrerseits im Austausch für die in Art. 33 Nr. 1 und 2 FamVormGB genannten Gegenstände erlangt worden sind (Art. 33 Nr. 3 FamVormGB).

138 Zur Auslegung des durch Art. VI des Dekrets vom 29.5.1946 – Einführungsvorschriften zum Ehegüterrecht (Dz.U. 1946, Nr. 31, Pos. 197) – in die Konkursverordnung eingefügten Art. 53 pln.KO auf der Grundlage des derzeit geltenden Familienrechts vgl. den Beschluß des Obersten Gerichts vom 10.10.1995 – II CRN 122/95, OSNIC 12/1995, Pos. 186, S. 93 ff. mit Anm. *Gajda*, MoP 6/1996, S. 210 f.

139 *Świeszkowski*, PS 7-8/2000, S. 30 [43].

140 Dem Begriff der Hausgemeinschaft (wspólność domowa) in Art. 21 Satz 2 pln.KO entspricht im Familien- und Vormundschaftsgesetzbuch (FamVormGB) der Begriff des Zusammenlebens (wspólne pożycie) der Eheleute, vgl. *Gajda*, MoP 1/1994, S. 7.

141 Dz.U. 1990, Nr. 13, Pos. 87.

Art. 20 § 1, Art. 53 pln.KO in die Konkursmasse fallen[142]. Gelingt dem Ehegatten des Gemeinschuldners der Beweis seines Alleineigentums an einer von Art. 21 pln.KO erfaßten beweglichen Sache, so erlaubt ihm Art. 30 Satz 1 pln.KO ihre Aussonderung[143].

Da Art. 21 pln.KO anders als etwa Art. 7, 9, 31 f. ZGB nicht ausdrücklich als Beweislastregel formuliert ist[144], erscheint es überzeugender, Art. 21 pln.KO als lex specialis gegenüber Art. 30 Satz 1 pln.KO anzusehen, so daß die Aussonderung nach Art. 30 Satz 1 pln.KO im Ergebnis auf diejenigen Gegenstände beschränkt ist, die nicht von den beiden Tatbeständen des Art. 21 pln.KO erfaßt werden[145]. Nach Art. 30 Satz 1 pln.KO aussonderungsfähig sind dann nur Immobilien, Forderungen und Rechte[146], die dem Sondergut des Ehegatten des Gemeinschuldners zuzurechnen sind, sowie diesem Sondergut zuzurechnende bewegliche Sachen, soweit sie sich im Falle des Fortbestehens der häuslichen Gemeinschaft zum Zeitpunkt der Konkurseröffnung nicht im gemeinsamen Gewahrsam beider Eheleute befanden bzw. die unter der Voraussetzung des Art. 21 Satz 2 pln.KO ausschließlich dem Ehegatten des Gemeinschuldners zum Gebrauch dienen. Diejenigen beweglichen Sachen, die Art. 21 pln.KO ausdrücklich der Konkursmasse zuordnet und die somit als Teil der den Konkursgläubigern wirtschaftlich zugewiesenen „Soll-Masse“ anzusehen sind, unterliegen dagegen nach dieser Auffassung auch dann nicht der Aussonderung nach Art. 30 Satz 1 pln.KO, wenn sie nachweislich Sondergut des Ehegatten des Gemeinschuldners darstellen.

Der zweite Aussonderungstatbestand bewirkt eine Einschränkung der aus Art. 53 pln.KO folgenden Einbeziehung des Gesamtguts in die Konkursmasse. Nach Art. 30 Satz 2 pln.KO kann der Ehegatte des Gemeinschuldners die Aussonderung solcher Sachen verlangen, bezüglich derer

---

142 *Zoll*, PPH 5/1998, S. 25 [26]; *Świezkowski*, PS 7-8/2000, 30 [40]; *Gurgul*, Konkurs- und Vergleichsrecht, Rdnr. 2 zu Art. 21 pln.KO, S. 140 sowie Rdnr. 1 zu Art. 30 pln.KO, S. 177.

143 *Gurgul*, Konkurs- und Vergleichsrecht, Rdnr. 2 zu Art. 21 pln.KO, S. 140.

144 Weitere ausdrückliche Beweislastregeln enthalten die Art. 154 § 1, 197, 339 - 341, 449^4, 466, 527 §§ 3, 4, Art. 529, 571 § 3, Art. 781 § 2, Art. 861 § 2, Art. 1025 § 2 ZGB.

145 Diese Auslegungsmöglichkeit wird angedeutet bei *Zoll*, PPH 5/1998, S. 25 [26].

146 Der Begriff „Sache“ ist in Art. 30 pln.KO ebenso wie in Art. 28 § 1 pln.KO weit auszulegen, siehe oben, Teil 4, Abschnitt E 3.

die Bestimmungen des Familien- und Vormundschaftsgesetzbuchs die Möglichkeit einer Beschränkung der Haftung des Gesamtguts vorsehen. Von der Grundregel des Art. 41 § 1 FamVormGB, wonach auch diejenigen Gläubiger Befriedigung aus dem Gesamtgut verlangen können, denen gegenüber nur ein Ehegatte als Schuldner haftet, macht Art. 41 §§ 2, 3 FamVormGB folgende Ausnahmen: Bei einer Forderung, die vor dem Eintritt in den gesetzliche Güterstand entstanden ist oder ausschließlich das Sondergut eines Ehegatten betrifft, kann der Gläubiger nur Befriedigung aus dem Sondergut des Schuldners sowie aus dessen Arbeitslohn und vergleichbaren Einkünften verlangen, auch wenn diese gemäß Art. 31 ff. FamVormGB dem Gesamtgut zuzurechnen sind (Art. 41 § 2 FamVormGB). Darüber hinaus kann das Gericht die Möglichkeit der Befriedigung eines Gläubigers, dem nur ein Ehegatte als Schuldner haftet, aus dem Gesamtgut beschränken oder ausschließen, wenn in Ansehung des Charakters der Forderung oder des Grades des Beitrags des als Schuldner haftenden Ehegatten zum Gesamtgut die Befriedigung aus dem Gesamtgut als mit den guten Sitten unvereinbar erscheint (Art. 41 § 3 FamVormGB).

Die Einbeziehung dieser materiell-rechtlichen Haftungsbeschränkungen mit Hilfe des Aussonderungstatbestandes des Art. 30 Satz 2 pln.KO in das Konkursverfahren stellt sich als wenig praktikabel dar. Während die in Art. 41 §§ 2, 3 FamVormGB vorgesehenen Beschränkungen der Befriedigung aus dem Gesamtgut mit Ausnahme von Art. 41 § 3 Var. 2 FamVormGB (geringer Beitrag des Schuldners zum Gesamtgut) an den Entstehungszeitpunkt, den Gegenstand oder den Charakter einer einzelnen konkreten Forderung anknüpfen, ist es Aufgabe des Konkursrechts, das zur quotenmäßigen Befriedigung aller Konkursforderungen vorgesehene Vermögen zu bestimmen. Da in der Regel nicht alle, sondern nur einzelne Konkursforderungen von der Beschränkung der Befriedigung aus dem Gesamtgut gemäß Art. 41 §§ 2, 3 FamVormGB betroffen sein werden, stellt sich die Frage, wie sich dies auf die Möglichkeit einer Aussonderung von Gegenständen des Gesamtguts aus der Konkursmasse nach Art. 30 Satz 2 pln.KO auswirkt.

Würde man eine Aussonderung bereits dann zulassen, wenn nur einzelne Konkursforderungen von der Beschränkung nach Art. 41 §§ 2, 3 FamVormGB erfaßt sind, so würden alle anderen, von Art. 41 §§ 2, 3 FamVormGB nicht betroffenen Gläubiger im Konkurs grundlos eines

Teils der ihnen außerhalb des Konkurses gemäß Art. 41 § 1 FamVormGB von Rechts wegen zustehenden Haftungsmasse beraubt. Diesen Gläubigern müßte darum die Möglichkeit der Einzelzwangsvollstreckung in die nach Art. 30 Satz 2 pln.KO ausgesonderten Gegenstände belassen werden, was einerseits zu einer Vielzahl zusätzlicher Erkenntnis- und Zwangsvollstreckungsverfahren parallel zum Konkursverfahren führen würde und damit ganz offensichtlich dem Sinn und Zweck des Konkursverfahrens als einem Gesamtvollstreckungsverfahren widerspräche und andererseits dem Aussonderungsberechtigten den mit der Aussonderung verbundenen wirtschaftlichen Vorteil wieder nähme.

Eine andere denkbare Vorgehensweise, die darauf beruht, eine Aussonderung nach Art. 30 Satz 2 pln.KO nur im Verhältnis zu denjenigen Konkursgläubigern zuzulassen, deren Forderungen von Art. 41 §§ 2, 3 FamVormGB erfaßt werden, und im Verhältnis zu den übrigen Konkursgläubigern das Gesamtgut gemäß Art. 53 pln.KO vollständig in der Konkursmasse zu belassen, erscheint ebensowenig praktikabel, zumal die polnische Konkursverordnung keinerlei Grundlage für die Bildung von Sondermassen neben der eigentlichen Konkursmasse für die Befriedigung bestimmter Gläubigergruppen vorsieht[147]. Im übrigen hätte auch hier die Aussonderung nach Art. 30 Satz 2 pln.KO für den nach der Intention des Gesetzgebers gemäß Art. 41 §§ 2, 3 FamVormGB zu schützenden Ehegatten des Schuldners keinerlei wirtschaftlichen Vorteil.

Am ehesten vorstellbar erscheint es daher noch, die Aussonderung nach Art. 30 Satz 2 pln.KO nur unter der Bedingung zuzulassen, daß die aus Art. 41 §§ 2, 3 FamVormGB folgende Beschränkung der Befriedigung aus dem Gesamtgut gegenüber allen Konkursforderungen eingreift[148]. Ist diese Bedingung nicht erfüllt, so führt diese Lösung allerdings zugunsten der von Art. 41 §§ 2, 3 FamVormGB erfaßten Gläubiger im Konkursverfahren zu einer nach materiellem Recht nicht gerechtfer-

---

147 Ablehnend auch *Zoll*, PPH 5/1998, S. 25 [26 f.].

148 Ein solcher Fall kann beispielsweise vorliegen, wenn das Konkursverfahren kurz nach Eheschließung eröffnet wurde, da dann möglicherweise alle Konkursforderungen aus der Zeit vor Eintritt in den gesetzlichen Güterstand herrühren (Art. 41 § 2 Var. 1 FamVormGB). Allerdings ist in diesem Fall der Wert des Gesamtguts, der im gesetzlichen Güterstand grundsätzlich aus dem Zugewinn beider Eheleute seit der Eheschließung besteht (Art. 31 ff. FamVormGB), regelmäßig noch so gering, daß eine Aussonderung nach Art. 30 Satz 2 pln.KO wirtschaftlich von nur geringer Bedeutung ist.

tigten Erweiterung der Haftungsmasse[149]. Praktisch wirft diese Lösung außerdem das Problem auf, daß erst zum Zeitpunkt der letzten Forderungsanmeldung Klarheit darüber besteht, ob tatsächlich alle Konkursforderungen der Beschränkung nach Art. 41 §§ 2, 3 FamVormGB unterliegen. Allerdings wird man Forderungen, die gemäß Art. 167 § 1 pln.KO nach Ablauf der im Eröffnungsbeschluß bestimmten Frist (Art. 14 § 1 Nr. 2 pln.KO) angemeldet wurden, nicht mehr zu berücksichtigen haben. Vielmehr müssen diese Konkursgläubiger nach Art. 30 Satz 2 pln.KO vorgenommene Aussonderungen auch dann gemäß Art. 167 § 2 pln.KO gegen sich gelten lassen, wenn ihnen gegenüber die Beschränkung aus Art. 41 §§ 2, 3 FamVormGB nicht eingreift.

Vergleichbare Schwierigkeiten bei der Abgrenzung der Haftungsmassen im Konkursverfahren können sich auch ergeben, wenn die Eheleute das Gesamtgut durch Ehevertrag beschränkt oder ausgeschlossen haben und die Unwirksamkeit dieser Beschränkung im Konkursverfahren nicht bereits aus Art. 52 pln.KO folgt. Hierauf können sich die Eheleute gegenüber Dritten gemäß Art. 47 § 2 FamVormGB nämlich nur berufen, wenn diesen die aus dem Ehevertrag folgende Beschränkung bzw. der Ausschluß des Gesamtguts bekannt war. Gegenüber nicht über den Ehevertrag informierten Gläubigern wird somit außerhalb des Konkursverfahrens das Bestehen eines den Zugewinn der Eheleute und damit insbesondere den Zugewinn des Ehegatten des Schuldners[150] umfassenden Gesamtguts fingiert. Im Konkurs eines Ehegatten stellt sich die Frage, ob diese im materiellen Recht begründete Erweiterung der Haftungsmasse zugunsten einzelner Gläubiger im Konkursverfahren auch zu einer Erweiterung der Konkursmasse führt und ob diese Erweiterung allen oder nur den nach Art. 47 § 2 FamVormGB geschützten Konkursgläubigern zugute kommt. Da einerseits die Nichtberücksichtigung der Erweiterung der Haftungsmasse im Konkursverfahren die Zulassung von Zwangsvollstreckungsverfahren parallel zum eröffneten Konkursverfahren nötig machen würde, das polnische Konkursrecht aber andererseits die Bildung von einzelnen Gläubigergruppen vorbehaltenen Sondermassen nicht vorsieht, wird man eine Einbeziehung der zugunsten einzelner Konkursgläubiger nach Art. 47 § 2 FamVormGB mithaftenden Vermö-

---

149 *Zoll*, PPH 5/1998, S. 25 [27].

150 Das in das nach Art. 47 § 2 FamVormGB zu fingierende Gesamtgut fallende Vermögen des Schuldners selbst haftet den Gläubigern bereits nach allgemeinen Regeln.

gensgegenstände in die allgemeine Konkursmasse als die am ehesten praktikable Lösung ansehen müssen. Ein das Gesamtgut beschränkender oder ausschließender Ehevertrag entfaltet – vorbehaltlich Art. 52 pln.KO – daher im Konkursverfahren nur dann Wirkung, wenn er allen Konkursgläubigern bei Abschluß des die Forderung begründenden Rechtsgeschäfts bekannt war[151]. Dies zu erreichen wird seit dem 1.1.2001 durch die Bestimmung des Art. 45 Abs. 6 LGRegG erleichtert. Danach können Angaben über den Güterstand natürlicher Personen, die als Unternehmer[152] oder als Gesellschafter von Personenhandelsgesellschaften im Landes-Gerichtsregister eingetragen sind, von der eingetragenen Person selbst oder von ihrem Ehegatten zur Eintragung in Abteilung 1 des Unternehmerregisters (Art. 38 Nr. 2 LGRegG) angemeldet werden. Da eine solche Eintragung nach Art. 13 Abs. 2 LGRegG nicht der Pflicht zur Bekanntmachung im Gerichts- und Wirtschaftsanzeiger unterliegt, richtet sich die materielle Publizität der Eintragung nach der Bestimmung des Art. 16 LGRegG, derzufolge sich niemand auf seine Unkenntnis vom Inhalt der Eintragung berufen kann, es sei denn, daß er trotz Wahrung der notwendigen Sorgfalt von der Eintragung keine Kenntnis erlangen konnte.

Insgesamt beruhen die aufgezeigten Auslegungsschwierigkeiten auf einer mangelhaften Abstimmung der ehegüterrechtlichen Vorschriften des Familien- und Vormundschaftsgesetzbuchs mit den entsprechenden konkursrechtlichen Regelungen. Der gesellschaftspolitische Kontext der Entstehungszeit des Familien- und Vormundschaftsgesetzbuches vom 25.2.1964 macht klar, daß der damalige Gesetzgeber keinerlei Anlaß dazu hatte, das Ehegüterrecht den Erfordernissen einer unternehmerischen Tätigkeit eines oder beider Eheleute anzupassen. Leitbild des Gesetzgebers war vielmehr der nur mit den notwendigsten Gütern des täglichen Lebens versorgte Staatsbürger, der den Unterhalt seiner Familie mit den Einkünften aus seiner Berufstätigkeit in einem der Sektoren der ver-

---

[151] *Zoll*, PPH 5/1998, S. 25 [27 f.].

[152] Zu beachten ist, daß Unternehmer, die natürliche Personen sind, einschließlich der Gesellschafter von Gesellschaften des Zivilrechts nach derzeitigem Stand erst ab dem 1.1.2004 in das Unternehmerregister des Landes-Gerichtsregisters eingetragen werden (vgl. Art. 1a der Einführungsvorschriften zum LGRegG in der Fassung des Gesetzes vom 14.12.2001, Dz.U. 2002, Nr. 1, Pos. 2).

gesellschafteten Wirtschaft bestritt[153]. Die sich hieraus für die heutige Zeit ergebenden Schwierigkeiten[154] wurden durch den Reformgesetzgeber des Jahres 1990 aufgrund der wenig gelungenen Neufassung des Art. 30 pln.KO noch verschärft. Im Hinblick auf eine unternehmerische Tätigkeit verheirateter natürlicher Personen ist neben einer besseren Abstimmung ehegüterrechtlicher und wirtschaftsrechtlicher Regelungen eine stärkere Ausrichtung der Gesetzgebung im Bereich des Ehegüterrechts an den Erfordernissen der Sicherheit des Rechtsverkehrs zu fordern. Ein erster Schritt in diese Richtung ist mit der in Art. 45 Abs. 6, Art. 38 Nr. 2 LGRegG vorgesehenen Eintragung von Angaben über Eheverträge verbunden mit einer wenn auch mangels Bekanntmachung nur eingeschränkten Publizität getan.

F Die Auswirkungen der Konkurseröffnung auf Forderungen, Verbindlichkeiten und Verträge des Gemeinschuldners

Regelungsgegenstand der Art. 32 - 51 pln.KO sind die inhaltlichen Veränderungen, welche die bis zum Zeitpunkt der Konkurseröffnung vom späteren Gemeinschuldner begründeten Schuldverhältnisse aufgrund des Konkurseröffnungsbeschlusses erfahren und die Art. 225 pln.KO zufolge auch über die Einstellung oder Beendigung des Konkursverfahrens hinaus Wirkung entfalten. Nicht von Art. 32 - 51 pln.KO erfaßt werden dagegen die nach Konkurseröffnung vom Konkursverwalter begründeten sogenannten Masseverbindlichkeiten[155], die im übrigen ohne das Erfordernis einer Anmeldung zur Konkurstabelle[156] gemäß Art. 204 § 1 Nr. 2, Art. 205 pln.KO vorrangig befriedigt werden.

---

153 *Zoll*, PPH 5/1998, S. 25.

154 Diese betreffen neben dem Konkursrecht insbesondere auch das Gesellschaftsrecht, vgl. hierzu *Dyoniak*, RPEiS 3/1991, S. 28 ff.; *Jędrejek*, Prawo Spółek 11/1999, S. 28 ff.; *Jędrzejewska*, KPP 3/1996, S. 511 ff.; *Wręczycka*, PPH 8/2001, S. 35 ff.

155 Die polnische Konkursverordnung gebraucht den Begriff der Masseverbindlichkeit (zobowiązanie masy upadłości) sowie den Begriff der Massegläubiger (wierzyciele masy upadłości) nur vereinzelt, und zwar in Art. 174, 196 pln.KO, vgl. *Gurgul*, Konkurs- und Vergleichsrecht, Rdnr. 1 zu Art. 203 pln.KO, S. 637.

156 Ausweislich des Wortlauts von Art. 150 § 1 pln.KO haben nur die Gläubiger des Gemeinschuldners ihre Forderungen anzumelden, was Massegläubiger nicht mit einschließt, *Gurgul*, Konkurs- und Vergleichsrecht, Rdnr. 3 zu Art. 150 pln.KO, S. 513.

1. Auswirkungen auf Fälligkeit, Leistungsgegenstand und Verzinsung

Um eine gleichzeitige Befriedigung aller zur Tabelle angemeldeten Konkursforderungen im Rahmen eines einheitlichen Erlösverteilungsverfahrens zu ermöglichen, ordnet Art. 32 § 1 pln.KO mit der Eröffnung des Konkursverfahrens die Fälligstellung aller auf Geld gerichteten Verbindlichkeiten des Gemeinschuldners an, sofern sie nicht ohnehin bereits zum Zeitpunkt der Konkurseröffnung fällig waren. Die Fälligkeit wird aber wegen Art. 458 ZGB meist zu bejahen sein, da nach dieser Bestimmung der Gläubiger im Falle der Zahlungsunfähigkeit des Schuldners oder einer von diesem verschuldeten Minderung einer Forderungssicherung nicht den vereinbarten Fälligkeitstermin abwarten muß, sondern sofort die Erbringung der geschuldeten Leistung verlangen kann.

Außerdem dürfen sich die einzelnen Konkursforderungen nur noch in ihrer Höhe, nicht aber mehr in ihrem Gegenstand unterscheiden, soll die Bestimmung der quotalen Beteiligung jedes einzelnen Gläubigers am Verteilungserlös nicht auf unüberwindliche Schwierigkeiten stoßen. Gemäß Art. 32 § 2, Art. 155 pln.KO werden daher mit Konkurseröffnung die bisher auf einen anderen Leistungsgegenstand als Geld lautenden Verbindlichkeiten des Gemeinschuldners in Geldforderungen umgewandelt. Entsprechend werden Art. 160 pln.KO zufolge auf eine Fremdwährung lautende Geldforderungen in polnische Währung unter Zugrundelegung des Umrechnungskurses an der Warschauer Börse[157] am Tage der Konkurseröffnung[158] in die Konkurstabelle aufgenommen[159].

Eine Vergleichbarkeit der einzelnen Konkursforderungen und damit eine gerechte Bestimmung des Anteils der Forderung am Verteilungserlös bezweckt auch die Bestimmung des Art. 156 pln.KO. Da gemäß Art. 33 § 1 pln.KO ab dem Datum der Konkurseröffnung betagte verzinsliche Konkursforderungen im Verhältnis zur Konkursmasse nicht

[157] Mangels eines solchen Börsenkurses ist der vom Präsidenten der Polnischen Nationalbank festgestellte mittlere Kurs bzw. der Marktpreis am Tag der Konkurseröffnung maßgebend.

[158] Dieser sehr frühe Stichtag wirkt sich bei der bisher sehr hohen Inflation für die betroffenen Gläubiger nachteilig aus, vgl. *Pfaff/Linsmeier*, WiRO 1998, S. 41 [46] mit Hinweis auf die abweichenden Regelungen in Rumänien, der Ukraine und Ungarn.

[159] *Halpern*, PPC 1935, S. 231.

mehr zu verzinsen sind[160], entsteht den Gläubigern solcher Forderungen ein Ausfall, den die Gläubiger betagter unverzinslicher Forderungen nicht erleiden. Art. 156 pln.KO ordnet daher an, daß betagte unverzinsliche Forderungen nur unter Abzug des gesetzlichen Zinssatzes[161] für die Zeit ab Konkurseröffnung bis zu dem ursprünglichen Fälligkeitstermin in die Konkurstabelle aufzunehmen sind, wobei der Abzug auf 6 % p. a. und einen Höchstzeitraum von zwei Jahren beschränkt ist. Diese Abzinsung wird auch dann vorgenommen, wenn die Erlösauskehr erst nach dem ursprünglichen Fälligkeitstermin erfolgt und der Gläubiger darum trotz der aus Art. 32 § 1 pln.KO folgenden Fälligstellung keine vorzeitige Befriedigung erlangt[162]. Zur Berechnung der Abzinsung nach Art. 156 pln.KO soll nach herrschender Meinung nicht die Hoffmannsche Methode[163], sondern die Methode von Carpzow Anwendung finden[164]. Dies ist wegen der Begrenzung des Abzinsungszeitraums auf maximal zwei Jahre unbedenklich[165].

Nach Art. 32 § 3 Satz 1 pln.KO finden die Bestimmungen der Art. 32 §§ 1, 2 pln.KO auf dinglich gesicherte Verbindlichkeiten auch dann Anwendung, wenn der Sicherungsgegenstand in die Konkursmasse fällt,

---

160 Eine Ausnahme von diesem Grundsatz stellt Art. 33 § 2 pln.KO für dinglich gesicherte Forderungen auf.

161 Der gesetzliche Zinssatz wird auf der Grundlage von Art. 359 § 3 ZGB durch Rechtsverordnung festgesetzt und unterliegt häufigen Änderungen. Nach der Verordnung des Ministerrates vom 20.1.1999 über die Bestimmung der Höhe der gesetzlichen Zinsen (Dz.U. 1999, Nr. 7, Pos. 52) wurde er mit Wirkung zum 1.2.1999 auf 24 % p. a. festgesetzt, vgl. *Gurgul*, Konkurs- und Vergleichsrecht, Rdnr. 2 zu Art. 156 pln.KO, S. 534 ff. Davor betrug er 33 % p. a. (Dz.U. 1998, Nr. 45, Pos. 270).

162 *Allerhand*, Konkursrecht mit Kommentar, Anm. 4 zu Art. 156; *Gurgul*, Konkurs- und Vergleichsrecht, Rdnr. 5 zu Art. 156 pln.KO, S. 535.

163 Hierzu: BGH, Urteil vom 10.10.1991 – III ZR 308/89, BGHZ 115, S. 307 [309 ff.], mit Anm. *Keller*, EWiR § 252 BGB 1/91, S. 1169 f.

164 *Allerhand*, Konkursrecht mit Kommentar, Anm. 5 zu Art. 156; ders., PPC 1935, S. 641 [648 f.]; *Zedler*, Konkurs- und Vergleichsrecht, S. 198; a. A. *Piasecki*, Konkurs- und Vergleichsrecht, Anm. 8 zu Art. 34 pln.KO, S. 176.

165 Der Hauptunterschied beider Berechnungsmethoden besteht darin, daß nach der Methode von Carpzow der abgezinste Forderungsbetrag bei einem Zinssatz von 6 % p. a. nach $16\frac{2}{3}$ Jahren den Wert Null erreichen würde, während nach der Hoffmannschen Methode die abgezinste Forderung diesen Wert selbst bei einem sehr langen Abzinsungszeitraum nicht erreicht. Den Zinseszins (Anatozismus) berücksichtigen beide Methoden nicht.

der Gemeinschuldner aber nicht auch persönlich haftet. Diese Bestimmung geht auf das Reformgesetz vom 31.7.1997[166] zurück, das unter anderem weitreichende Veränderungen bezüglich der Stellung dinglich gesicherter Gläubiger im Konkursverfahren mit sich gebracht hat[167]. Zum Zwecke einer effektiveren Verwertung des in die Konkursmasse fallenden Vermögens[168] wurde auch den persönlichen Gläubigern des Gemeinschuldners, deren Forderung an einem massezugehörigen Gegenstand dinglich gesichert ist[169], die Möglichkeit der Zwangsvollstreckung in den Sicherungsgegenstand während des eröffneten Konkursverfahrens genommen[170]. Gleichzeitig wurde in Art. 117 § 5, Art. 118 § 2 pln.KO festgelegt, daß mit Ausnahme des Registerpfandrechts der Erlös aus dem Verkauf des Sicherungsgegenstandes vollständig in die Konkursmasse fällt. Zum Ausgleich dafür wurde allen dinglich gesicherten Gläubigern einschließlich derer, denen gegenüber der Gemeinschuldner nicht auch persönlich haftet, das Recht auf Beteiligung an der allgemeinen Erlösverteilung mit der durch Art. 204 § 1 Nr. 2a, 2b pln.KO neu eingeführten Privilegierung eingeräumt, was eine Ausweitung des Anwendungsbereichs von Art. 32 §§ 1, 2 pln.KO auch auf die nur dinglichen Gläubiger, die bisher nicht an der allgemeinen Erlösverteilung beteiligt waren, erforderlich machte[171].

---

166 Dz.U. 1997, Nr. 117, Pos. 751.

167 Vgl. hierzu insbesondere Teil 4, Abschnitt H 2. sowie Teil 5, Abschnitt C 2. b).

168 *Jakubecki*, PS 1/1998, S. 22 [23].

169 Zur Veränderung der Stellung dinglich gesicherter Gläubiger aufgrund des Gesetzes vom 31.7.1997 vgl. Teil 4, Abschnitt H 2. sowie *Brol*, MoP 10/1997, S. 385 [390 f.]; *Jakubecki*, PS 1/1998, S. 22 ff.; *Lowitzsch*, IWB Nr. 5 vom 10.3.1999, S. 213 [218 f.]; *Lowitzsch/Pacherová*, ROW 1998, S. 211 [216].

170 Nach Art. 63 § 1 a. F. pln.KO hinderte die Konkurseröffnung nur die Fortführung der Zwangsvollstreckung zur Durchsetzung persönlicher Verbindlichkeiten des Gemeinschuldners. Diese Rechtslage war vor allem insofern mißlich, als nach Art. 23 des Gesetzes vom 19.12.1980 über Steuerverbindlichkeiten (Dz.U 1980, Nr. 27, Pos. 111 mit späteren Änderungen, vgl. jetzt Art. 41 ff. pln.AO) dem Staatsschatz zur Sicherung von Steuerforderungen ein gesetzliches Pfandrecht an allen beweglichen Sachen des Gemeinschuldners zustand, so daß sich wegen der parallel zum Konkursverfahren ungehindert ablaufenden Verwaltungsvollstreckung insbesondere die von Art. 113 pln.KO angestrebte übertragende Sanierung durch Verkauf des gesamten entschuldeten Unternehmens in den meisten Fällen als illusorisch erwies. Vgl. zur Problematik der Vollstreckung gesetzlicher Pfandrechte im Konkursverfahren auch *Brol*, MoP 10/1997, S. 385 [390 f.].

171 *Gurgul*, Konkurs- und Vergleichsrecht, Rdnr. 27 zu Art. 32 pln.KO, S. 191.

Art. 32 § 3 Satz 2 pln.KO, wonach eine Befriedigung aus der Konkursmasse nur insoweit möglich ist, wie der Gläubiger von seinem persönlichen Schuldner keine Befriedigung erlangt hat, ist nicht in dem Sinne zu verstehen, daß der Gläubiger vorrangig seinen persönlichen Schuldner in Anspruch nehmen müßte, und er gegenüber der Konkursmasse nur seinen dabei erlittenen Ausfall geltend machen könnte. Es soll lediglich eine doppelte Befriedigung des dinglich gesicherten Gläubigers sowohl aus der Konkursmasse als auch durch den persönlichen Schuldner ausgeschlossen werden[172].

2. *Aufrechnung*

Die einmal gemäß Art. 498 ff. ZGB entstandene Aufrechnungsbefugnis des Konkursgläubigers wird Art. 34 § 1 pln.KO zufolge durch die Konkurseröffnung nicht berührt, sofern der Konkursgläubiger seine Aufrechnungserklärung spätestens zusammen mit der Anmeldung seiner Forderung (Art. 37, 150 § 1 pln.KO) abgibt. Die Konkurseröffnung führt darüber hinaus in bestimmten Fällen zu einer Erweiterung der Aufrechnungsbefugnis.

Einerseits setzt Art. 34 § 1 pln.KO anders als Art. 498 § 1 ZGB nicht die Fälligkeit der gegeneinander aufzurechnenden Forderungen zum Zeitpunkt der Konkurseröffnung voraus[173]. Rechnet der Konkursgläubiger mit seiner unverzinslichen betagten Forderung auf, so wird diese gemäß Art. 34 § 2 Satz 2 pln.KO allerdings nur mit ihrem Wert nach Abzug der Zwischenzinsen in Ansatz gebracht[174]. Andererseits ergibt sich eine zusätzliche Erweiterung der Aufrechnungsbefugnis aus dem Umstand, daß nach Art. 498 § 1 ZGB für das Bestehen einer Aufrechnungslage die Gleichartigkeit beider Forderungen notwendig ist, diese Gleichartigkeit aber dann, wenn sich eine Geldforderung des späteren Gemeinschuldners und eine auf Sachleistung gerichtete Forderung des

---

[172] *Brol*, MoP 10/1997, S. 385 [391]; *Jakubecki*, PS 1/1998, S. 22 [29]; *Świeboda*, Konkurs- und Vergleichsrecht, Anm. 6 zu Art. 32 pln.KO, S. 75; *Gurgul*, Konkurs- und Vergleichsrecht, Rdnr. 29 zu Art. 32 pln.KO, S. 191.

[173] *Korzonek*, Konkurs- und Vergleichsrecht I, S. 97; *Stępniak*, OSP 4/1996, S. 206 [207]; *Kaliczyńska*, Forderung im Konkursverfahren, S. 128.

[174] Für die Berechnung der Zwischenzinsen nach Art. 34 § 2 Satz 2 pln.KO gelten die gleichen Regeln wie nach Art. 156 pln.KO, siehe hierzu, Teil 4, Abschnitt F 1 sowie *Stochel*, Prawo Spółek 5/2001, S. 47 [52].

späteren Konkursgläubigers gegenüberstehen, auch durch die in Art. 32 § 2, Art. 155 pln.KO angeordnete Umwandlung der Konkursforderung in eine Geldforderung herbeigeführt wird[175]. Anders als § 95 Abs. 1 Satz 2 InsO schließen die Art. 34 - 37 pln.KO die Aufrechnung im Konkurs nämlich nicht deshalb aus, weil die Aufrechnungslage allein aufgrund der Fälligstellung (Art. 31 § 1 pln.KO) oder der Umwandlung der auf Sachleistung gerichteten Konkursforderungen in Geldforderungen (Art. 32 § 2, Art. 155 pln.KO) eingetreten ist. Dagegen kann auch nach Konkurseröffnung eine auf Geld gerichtete Konkursforderung nicht gegen eine auf Sachleistung gerichtete massezugehörige Forderung aufgerechnet werden, da sich letztere nicht nach Art. 32 § 2, Art. 155 pln.KO in eine Geldforderung umwandelt[176].

Schwierigkeiten bereitet vor dem Hintergrund des in Art. 34 § 1 pln.KO verankerten Vertrauensschutzes in die einmal eingetretene Aufrechnungslage der Sonderfall, daß die zunächst bestehende Aufrechnungslage bei zwei sich gegenüberstehenden, auf die gleiche Sachleistung gerichteten Forderungen aufgrund der in Art. 32 § 2, Art. 155 pln.KO angeordneten Umwandlung der Konkursforderung in eine Geldforderung mit Konkurseröffnung wieder entfällt. Da die Anwendung von Art. 32 § 2 pln.KO der Entwurfsbegründung zufolge[177] eine Erweiterung der Aufrechnungsmöglichkeiten im Konkursverfahren gegenüber der materiellen Rechtslage und keine Beschränkung der Aufrechnung herbeiführen soll, erscheint ein Ausschluß der Aufrechnung in diesem Fall als ungerechtfertigt. Eine Auslegung von Art. 32 § 2 pln.KO, die dazu führt, daß einerseits bestimmte Gläubiger aufgrund der Konkurseröffnung eine vorher nicht vorhandene Aufrechnungsmöglichkeit erlangen, andere hingegen eine bereits vor Konkurseröffnung redlich erworbene Aufrechnungsmöglichkeit wieder einbüßen, wäre zudem mit dem Grundsatz der Gläubigergleichbehandlung nicht zu vereinbaren[178].

---

[175] *Altman*, Konkursrecht, S. 87 f.; *Korzonek*, Konkurs- und Vergleichsrecht I, S. 97; *Kaliczyńska*, Forderung im Konkursverfahren, S. 129.

[176] *Allerhand*, Konkursrecht mit Kommentar, Anm. 6 zu Art. 34. Vgl. zu diesem Problem auch *Häsemeyer*, KTS 1982, S. 507 [566]; *ders.*, JuS 1986, S. 851 [853]; *Gottwald/Gottwald*, Insolvenzrechtshandbuch (1990), § 47, Rdnr. 22, S. 488.

[177] *Allerhand*, Entwurfsbegründung Konkursrecht, S. 39.

[178] *Torbus*, PS 7-8/1997, S. 87 [96].

Art. 32 § 2 pln.KO steht daher in diesem Sonderfall der Aufrechnung nach Eröffnung des Konkurses nicht entgegen[179].

Nicht ausdrücklich in Art. 34 pln.KO geregelt ist die Zulässigkeit der Aufrechnung mit einer aufschiebend bedingten Konkursforderung. *Allerhand*[180] spricht sich für die Behandlung einer aufschiebend bedingten Forderung entsprechend einer nicht fälligen Forderung aus und läßt analog Art. 34 § 1 pln.KO auch insoweit die Aufrechnung im eröffneten Konkursverfahren zu, allerdings mit der Maßgabe, daß der mit einer aufschiebend bedingten Konkursforderung aufrechnende Konkursgläubiger der Masse in Höhe des aufgerechneten Betrages für den Fall des Nichteintritts der Bedingung Sicherheit leisten muß[181]. Dagegen ist die Aufrechnung mit einer auflösend bedingten Forderung ohne diese Einschränkung möglich, sofern nicht aus dem Verhältnis zwischen Konkursgläubiger und Gemeinschuldner eine Pflicht des Konkursgläubigers zur Leistung einer Sicherheit für den Fall des Eintritts der auflösenden Bedingung folgt (vgl. Art. 213 § 1 a. E. pln.KO)[182].

Mangels gegenteiliger Sonderregeln in Art. 34 - 37 pln.KO gelten die in Art. 505 ZGB vorgesehenen Aufrechnungsverbote auch nach der Konkurseröffnung[183]. Daher ist die Aufrechnung eines Konkursgläubigers gegen eine unpfändbare Forderung (Art. 505 Nr. 1 ZGB), gegen eine Forderung auf Unterhaltsleistung (Art. 505 Nr. 2 ZGB), eine deliktische Schadensersatzforderung (Art. 505 Nr. 3 ZGB) oder eine Forderung, hinsichtlich derer die Aufrechnung durch besondere Vorschriften ausgeschlossen ist[184], nicht möglich. Demgegenüber unterliegt das Aufrechnungsverbot des Art. 504 ZGB im Konkursverfahren bestimmten Einschränkungen. Art. 504 ZGB schließt die Aufrechnung gegen eine gepfändete Forderung dann aus, wenn der Aufrechnende seine Gegen-

---

179 *Allerhand*, Konkursrecht mit Kommentar, Anm. 5 zu Art. 34; *Kaliczyńska*, Forderung im Konkursverfahren, S. 130; *Torbus*, PS 7-8/1997, S. 87 [96].

180 Konkursrecht mit Kommentar, Anm. 18 zu Art. 34.

181 Dem zustimmend: *Gurgul*, Konkurs- und Vergleichsrecht, Rdnr. 33 zu Art. 34 pln.KO, S. 208.

182 *Allerhand*, a. a. O. (Fn. 180).

183 Vgl. *Korzonek*, Konkurs- und Vergleichsrecht I, S. 97.

184 Aufrechnungsverbote sehen etwa Art. 122 § 1 ZVGB sowie Art. 14 § 4 GBHG als Nachfolgevorschrift zu dem allerdings auf die Rechtsform der Aktiengesellschaft beschränkten Art. 341 § 3 pln.HGB vor. Vgl. *Pietrzykowski/Zawada*, ZGB-Kommentar I, Rdnr. 5 zu Art. 505.

forderung erst nach der Pfändung erworben hat oder seine Gegenforderung erst nach der Pfändung und später als die gepfändete Forderung fällig geworden ist. Art. 63 § 1 Satz 2 pln.KO zufolge wird jedoch ein gegen den späteren Gemeinschuldner eingeleitetes Zwangsvollstreckungsverfahren mit Rechtskraft des Konkurseröffnungsbeschlusses eingestellt, was gemäß Art. 826 ZVGB die Aufhebung sämtlicher bis dahin vorgenommener Vollstreckungshandlungen einschließlich Forderungspfändungen bewirkt. Da eine vor Konkurseröffnung im Wege der Zwangsvollstreckung herbeigeführte Pfändung einer Forderung des späteren Gemeinschuldners nach Rechtskraft des Konkurseröffnungsbeschlusses gemäß Art. 63 § 1 Satz 1 pln.KO i. V. m. Art. 826 ZVGB somit wirkungslos ist, steht Art. 504 ZGB einer Aufrechnung in diesem Fall nicht entgegen[185].

Weitere, jedoch auf die Situation des Konkursverfahrens beschränkte Aufrechnungsverbote enthalten Art. 35, 36 pln.KO, die allerdings nur dann Anwendung finden, wenn der Konkursgläubiger gegen eine massezugehörige Forderung des Gemeinschuldners aufrechnet. Die Zulässigkeit der Aufrechnung richtet sich dagegen bezüglich nicht massezugehöriger Forderungen des Gemeinschuldners ausschließlich nach den allgemeinen Regeln der Art. 498 - 505 ZGB[186]. Gleiches gilt auch für den Fall, daß sowohl die massezugehörige Forderung als auch die Gegenforderung des Gläubigers nach Konkurseröffnung entstanden ist. Hat beispielsweise eine Bank nach Konkurseröffnung dem Konkursverwalter ein Darlehen gewährt und hat der Konkursverwalter Erlöse aus der Liquidation der Konkursmasse auf ein Konto bei derselben Bank eingezahlt, so stehen Art. 35, 36 pln.KO der Aufrechnung durch die Bank bei Fälligkeit ihrer Rückzahlungsforderung nicht entgegen[187].

---

185 *Allerhand*, Konkursrecht mit Kommentar, Anm. 9 zu Art. 34; *Kalicińska*, Forderung im Konkursverfahren, S. 132 f.; *Gurgul*, Konkurs- und Vergleichsrecht, Rdnr. 28 zu Art. 34 pln.KO, S. 207; *Świeboda*, Konkurs- und Vergleichsrecht, Anm. 5 zu Art. 34 pln.KO, S. 77 f. Vgl. demgegenüber zum bisherigen deutschen Konkursrecht *Gottwald/Gottwald*, Insolvenzrechtshandbuch (1990), § 47, Rdnr. 21, S. 488.

186 *Gurgul*, Konkurs- und Vergleichsrecht, Rdnr. 4 zu Art. 34 pln.KO, S. 202.

187 So bereits *Altman*, Konkursrecht, S. 92. Vgl. in neuerer Zeit das Urteil des Obersten Gerichts vom 20.2.1997 – I CKN 3/97, OSNIC 8/1997, Pos. 109, S. 56 ff.; dem grundsätzlich zustimmend: *Bednarek*, Gazeta Prawna Nr. 24 (223) vom 16.-22.6.1998, S. 37; *Torbus*, PS 3/1998, S. 90 ff.; *Wąsowicz*, PiP 3/1998, S. 109 ff.; *Gurgul*, Konkurs- und Vergleichsrecht, Rdnr. 9 ff. zu Art. 34 pln.KO, S. 203 f.;

Art. 35 § 1 pln.KO schließt die Aufrechnung für den Fall aus, daß der Konkursgläubiger und gleichzeitige Schuldner des Gemeinschuldners seine Forderung innerhalb eines Jahres vor Konkurseröffnung, obwohl er vom Bestehen eines Konkursgrundes Kenntnis hatte[188], oder nach Konkurseröffnung im Wege der Abtretung (Art. 509 ff. ZGB) oder des Indossaments (Art. 921[9] ZGB, 11 - 20 WechselR, 14 - 24 ScheckR) erworben hat. Eine Ausnahme von diesem Aufrechnungsverbot sieht Art. 35 § 2 pln.KO lediglich für die gegen den Gemeinschuldner gerichtete Rückgriffsforderung etwa des Wechselbürgen (Art. 32 Abs. 3 WechselR), des Wechselausstellers oder des Wechselindossanten (Art. 49 WechselR) bzw. für die jeweils aus Art. 518 § 1 Nr. 1 ZGB folgende Rückgriffsforderung des Bürgen oder des Bestellers einer Hypothek oder eines Pfandrechts vor, wenn der Rückgriffsgläubiger die Mithaftung für die Verbindlichkeit des späteren Gemeinschuldners entweder spätestens bis sechs Monate vor Konkurseröffnung übernommen hat oder wenn er – bei späterer Übernahme der Mithaftung – zum Zeitpunkt der Übernahme keine Kenntnis vom Bestehen eines Konkursgrundes hatte[189].

Entsprechend einem Urteil des Obersten Gerichts vom 15.12.1994[190] soll das Aufrechnungsverbot des Art. 35 § 1 pln.KO nur dann eingreifen, wenn die Aufrechnung vom Konkursgläubiger nach Konkurseröffnung erklärt wurde. Eine vor Konkurseröffnung erklärte Aufrechnung ist hingegen nach Meinung des Obersten Gerichts selbst dann als wirksam anzusehen, wenn der spätere Konkursgläubiger seine Forderung bei Kenntnis der wirtschaftlichen Lage des Schuldners innerhalb eines Jahres[191] vor Konkurseröffnung erworben hat. Das Gericht begründet diese Ansicht damit, der Regelungsbereich der Art. 34 ff. pln.KO beschränke

---

Świeboda, Konkurs- und Vergleichsrecht, Anm. 9 zu Art. 34 pln.KO, S. 78; *Litwińska*, PPH 12/1997, S. 34.

188 Die diesbezügliche Beweislast trägt gemäß Art. 6 ZGB nicht der Aufrechnende, sondern der Konkursverwalter, vgl. *Gurgul*, Konkurs- und Vergleichsrecht, Rdnr. 12 zu Art. 35 pln.KO, S. 214.

189 Vgl. zur deutschen Rechtslage in diesem Bereich vor und nach Inkrafttreten der Insolvenzordnung: *v. Olshausen*, KTS 2000, S. 1 ff.

190 I CRN 149/94, OSP 4/1996, Pos. C 84, S. 203 ff., mit Anm. *Zedler*, a. a. O., S. 205 f. und *Stępniak*, a. a. O., S. 206 ff.

191 Die in Art. 35 § 1 pln.KO genannte Frist wurde erst durch Gesetz vom 31.7.1997 mit Wirkung zum 3.1.1998 von sechs Monaten auf ein Jahr verlängert. In dem zitierten Urteil ist daher noch von einer Halbjahresfrist die Rede.

sich auf die Aufrechnung von Forderungen, die Bestandteil der Konkursmasse sind. Die Zulässigkeit einer vor Konkurseröffnung erklärten Aufrechnung richte sich dagegen ausschließlich nach Art. 498 ff. ZGB. Eine nach diesen Bestimmungen wirksame Aufrechnung habe das Erlöschen der Forderung des späteren Gemeinschuldners zur Folge, so daß diese nicht mehr Bestandteil der Konkursmasse werden könne und sich damit ein Rückgriff auf die Regelung des Art. 35 § 1 pln.KO verbiete[192].

Neben vereinzelt gebliebener Zustimmung[193] ist diese Entscheidung in der Literatur mehrheitlich auf Kritik gestoßen[194]. Aufmerksam gemacht wird insbesondere auf die praktischen Auswirkungen dieser Rechtsprechung, die einer bewußten Auszehrung der späteren Konkursmasse durch offensichtlich mißbräuchliches Verhalten Tür und Tor öffnet[195]. Begreift man die nach Konkurseröffnung erklärte Aufrechnung gemäß Art. 35 § 1 pln.KO als eine unter Vertrauensschutzaspekten dann nicht mehr zu rechtfertigende Minderung der Konkursmasse zu Lasten der anderen Konkursgläubiger, wenn die Aufrechnungslage kurz vor Konkurseröffnung bewußt durch Ankauf einer wertlosen Forderung gegen den bereits insolventen Schuldner herbeigeführt wurde, um sich der eigenen Zahlungspflicht auf „preisgünstige" Weise zu entziehen, so vermag es in der Tat nicht einzuleuchten, inwiefern sich an dieser Einschätzung allein deshalb etwas ändern soll, weil die Aufrechnungserklärung nicht nach, sondern wenige Tage vor Konkurseröffnung abgegeben wurde.

Zu bedenken ist jedoch, daß vor Erlaß des Konkurseröffnungsbeschlusses selbst bei erkennbarer Insolvenz des Schuldners noch gar nicht feststeht, ob überhaupt ein Konkurseröffnungsbeschluß nach Art. 14 ff. pln.KO ergehen wird und damit die Wirkungen der Art. 20 ff., 34 - 37 pln.KO ausgelöst werden, oder ob die Konkurseröffnung etwa mangels Masse gemäß Art. 13 pln.KO abgelehnt werden muß. Zudem hängt vom Datum der Konkurseröffnung (Art. 15 pln.KO) ab, ob der Erwerb der Gegenforderung, mit der aufgerechnet wird, in die Jahresfrist des Art. 35

---

192 Oberstes Gericht, a. a. O. (Fn. 190), S. 204.

193 *Zedler*, OSP 4/1996, S. 205 f.

194 *Stępniak*, OSP 4/1996, S. 206 ff.; *Torbus*, PS 7-8/1997, S. 87 [94 f.]; *Stochel*, Prawo Spółek 5/2001, S. 47 [48]; ohne eigene Stellungnahme: *Gurgul*, Konkurs- und Vergleichsrecht, Rdnrn. 14 f. zu Art. 35 pln.KO, S. 214 f.

195 Vgl.: *Torbus*, PS 7-8/1997, S. 87 [94 f.].

§ 1 pln.KO fällt. Andernfalls wäre die Aufrechnung nämlich ohne weiteres zulässig. Nicht zuletzt aufgrund dieser Unsicherheiten kann aus Art. 35 § 1 pln.KO nicht die Unzulässigkeit und damit Unwirksamkeit einer Aufrechnungserklärung im Vorfeld der Konkurseröffnung hergeleitet werden. Eine vor Konkurseröffnung unter den Voraussetzungen der Art. 498 ff. ZGB erklärte Aufrechnung muß damit zunächst als wirksam angesehen werden, mit der Wirkung des Erlöschens der dem späteren Gemeinschuldner zustehenden Forderung bis zur Höhe des Nominalwertes der wirtschaftlich weitgehend wertlosen Gegenforderung des Aufrechnenden (Art. 498 § 2 ZGB).

Dieser Befund schließt es jedoch nicht aus, Art. 35 pln.KO in der Weise erweiternd auszulegen, daß unter den dort genannten Voraussetzungen mit dem Zeitpunkt der Konkurseröffnung nicht nur die wirksame Abgabe einer Aufrechnungserklärung ausgeschlossen wird, sondern daß dem Drittschuldner, der innerhalb des letzten Jahres vor Konkurseröffnung bösgläubig seine Gegenforderung erworben und schon vor Konkurseröffnung damit aufgerechnet hat, das Recht versagt wird, sich im Konkursverfahren auf die Aufrechnungswirkungen zu berufen[196]. Eine solche erweiternde Auslegung erweist sich als um so dringlicher, als die mit „Unwirksamkeit und Anfechtung von Handlungen des Gemeinschuldners" überschriebenen Art. 54 ff. pln.KO einschließlich der Art. 527 ff. ZGB, auf die in Art. 56 pln.KO verwiesen wird, die Herbeiführung einer Aufrechnungslage und die Aufrechnungserklärung durch den Drittschuldner unberührt lassen[197].

Gegen die hier vorgeschlagene erweiternde Auslegung des Art. 35 § 1 pln.KO spricht insbesondere nicht dessen Stellung innerhalb des die Folgen der Konkurseröffnung regelnden Kapitels III der polnischen

---

[196] So auch die Rechtsprechung zum früheren § 55 Satz 1 Nr. 3 dt. KO, der seinem Wortlaut nach ebenfalls auf die Aufrechnung nach Konkurseröffnung beschränkt war: OLG Celle, Urteil vom 1.11.1913, LZ 1914, Sp. 507 f.; RG, Urteil vom 24.3.1914 – Rep. VII 509/13, LZ 1914, Sp. 1909 ff.; Urteil vom 12.5.1914 – Rep. III 93/14, RGZ 85, S. 38 [40 ff.]; Urteil vom 22.12.1914 – Rep. II 458/14, LZ 1915, Sp. 510; Urteil vom 18.2.1933 – V 380/32, RGZ 140, S. 43 [46 f.]; BGH, Urteil vom 3.6.1981 – VIII ZR 171/80, BGHZ 81, S. 15 [19]; dazu: *Jaeger/Lent*, Konkursordnung I, Rdnr. 17 zu § 55, S. 785; *Gottwald/Gottwald*, Insolvenzrechtshandbuch (1990), § 47, Rdnr. 47, S. 494.

[197] Vgl. *Torbus*, PS 7-8/1997, S. 87 [97].

Konkursverordnung[198], da das aus dieser Bestimmung abzuleitende Verbot, sich auf die Wirkungen einer unter Verstoß gegen Art. 35 pln.KO ermöglichten und schon vor Konkurseröffnung erklärten Aufrechnung zu berufen, auf das eröffnete Konkursverfahren beschränkt bleibt und damit seinerseits eine Folge der Konkurseröffnung darstellt.

Während das Aufrechnungsverbot des Art. 35 pln.KO an den Zeitpunkt des Erwerbs der Konkursforderung anknüpft, hat Art. 36 pln.KO die Verbindlichkeit des aufrechnungswilligen Drittschuldners zum Gegenstand. Gemäß Art. 36 pln.KO ist die Aufrechnung dann unzulässig, wenn der Gläubiger Schuldner der Konkursmasse geworden ist, was soviel heißt, daß der Konkursgläubiger nicht gegen eine gegen ihn gerichtete massezugehörige Forderung aufrechnen kann, die nach Konkurseröffnung entstanden ist[199]. Der Sinn und Zweck dieser Bestimmung besteht in erster Linie darin zu verhindern, daß ein Konkursgläubiger eine Leistung, die er während des Konkursverfahrens aus der Konkursmasse erhalten hat, mit einer geringwertigen Konkursforderung bezahlt[200]. Hieraus ergibt sich, daß ein Massegläubiger trotz Art. 36 pln.KO nicht gehindert ist, gegen eine nach Konkurseröffnung entstandene Verbindlichkeit aufzurechnen. Bei Masseforderungen handelt es sich nämlich gemäß Art. 204 § 1 Nr. 2 pln.KO um privilegierte Forderungen, die Art. 205 pln.KO zufolge bereits während der laufenden Verwertung der Konkursmasse aus den eingehenden Liquidationserlösen vom Konkursverwalter zu befriedigen sind. Fällt aufgrund der Aufrechnung eine Masseforderung weg, so bedeutet dies für die Konkursmasse und damit für alle Konkursgläubiger einen wirtschaftlichen Vorteil, der etwa dem Nominalwert der zur Aufrechnung gestellten Masseforderung entspricht, so daß es in diesem Fall eines Aufrechnungsverbotes nicht bedarf. Art. 36

---

198 Auf diesen Aspekt scheint das Oberste Gericht, a. a. O (Fn. 190), S. 204 seine Entscheidung maßgeblich zu stützen.

199 *Allerhand*, Konkursrecht mit Kommentar, Anm. 1 zu Art. 36; *Świeboda*, Konkurs- und Vergleichsrecht, Anm. 1 zu Art. 36 pln.KO, S. 80; *Piasecki*, Konkurs- und Vergleichsrecht, S. 177; *Kalicińska*, Forderung im Konkursverfahren, S. 135.

200 Hat sich ein Konkursgläubiger dagegen während des Konkursverfahrens gegenüber der Konkursmasse aufgrund einer unerlaubten Handlung schadenersatzpflichtig gemacht, so folgt das Verbot, gegen die Schadensersatzforderung aufzurechnen, bereits aus Art. 505 Nr. 3 ZGB, ohne daß es eines Rückgriffs auf Art. 36 pln.KO bedürfte.

pln.KO findet daher auf die Aufrechnung mit einer Masseforderung keine Anwendung[201].

Zusammenfassend ist festzustellen, daß die Zulässigkeit der Aufrechnung in der Krise und im Konkurs eines Unternehmers aus gesetzgeberischer Sicht einen nicht ganz unbedeutenden Ansatzpunkt darstellt, dem auch in Polen an Häufigkeit zunehmenden Phänomen des masselosen Konkurses zu begegnen[202]. Jede im Vorfeld der Konkurseröffnung wirksam erklärte Aufrechnung mindert den Bestand des schuldnerischen Aktivvermögens und trägt auf diese Weise möglicherweise entscheidend dazu bei, daß ein Konkursantrag mangels eines die Kosten des Verfahrens deckenden Vermögens gemäß Art. 13 pln.KO abgewiesen werden muß. Die durch Gesetz vom 31.7.1997[203] herbeigeführte Verlängerung der den Zeitpunkt des Erwerbs der Gegenforderung betreffenden Frist in Art. 35 § 1 pln.KO von einem halben auf ein ganzes Jahr bringt diesbezüglich keinerlei Entlastung, solange nicht auch die Möglichkeit der vorkonkurslichen Aufrechnung von der Rechtsprechung oder notfalls durch eine gesetzliche Klarstellung wirksam eingeschränkt wird. Im eröffneten Verfahren erklärte Aufrechnungen sind demgegenüber dazu geeignet, den Wert der Konkursmasse, die ja auch die Außenstände des Gemeinschuldners umfaßt, so weit herabzumindern, daß im Einzelfall eine Einstellung des Verfahrens nach Art. 218 § 1 Nr. 1 pln.KO unumgänglich werden kann. Dabei stellt die dem aufrechnenden Gläubiger ermöglichte vollständige Befriedigung seiner Forderung bei gleichzeitiger Minderung des Wertes der Konkursmasse und damit der für die übrigen Gläubiger zu erwartenden Konkursquote eine Durchbrechung des insolvenzrechtlichen Grundsatzes der Gläubigergleichbehandlung (par

---

201 *Altman*, Konkursrecht, S. 92; Urteil des Obersten Gerichts vom 20.2.1997 – I CKN 3/97, OSNIC 8/1997, Pos. 109, S. 56 ff.; *Bednarek*, Gazeta Prawna, Nr. 24 (223) vom 16.-22.6.1998, S. 37; *Torbus*, PS 3/1998, S. 90 ff.; *Wąsowicz*, PiP 3/1998, S. 109 ff; *Litwińska*, PPH 12/1997, S. 34; *Świeboda*, Konkurs- und Vergleichsrecht, Anm. 9 zu Art. 34 pln.KO, S. 78.

202 Nach Angaben von *Lowitzsch*, IWB, Nr. 5 vom 10.3.1999, S. 213 sank in Polen der Anteil der eröffneten Verfahren bei stark ansteigender Anzahl der Konkursanträge von ca. 45 % im Jahre 1991 auf etwa 29 % im Jahre 1997, wobei von 2368 im Jahre 1997 gestellten Konkursanträgen 680 Anträge mangels Masse abgelehnt wurden. 1999 wurden von 2986 gestellten Konkursanträgen 710 Verfahren eröffnet und 766 Anträge mangels Masse abgelehnt (*Lowitzsch/Bormann*, WiRO 2001, S. 357).

203 Dz.U. 1997, Nr. 117, Pos. 751.

conditio creditorum) dar, die einer unter dem Gesichtspunkt des Vertrauensschutzes begründeten Rechtfertigung bedarf. Soweit die polnische Konkursverordnung, vergleichbar übrigens mit der Rechtslage in Deutschland vor Inkrafttreten der Insolvenzordnung[204], in nicht unerheblichem Umfang mit dem Zeitpunkt der Konkurseröffnung über die zivilrechtliche Regelung hinaus zusätzliche Aufrechnungsmöglichkeiten zuläßt, stellt sich die Frage nach einer Rechtfertigung der damit einhergehenden Durchbrechung des Grundsatzes der Gläubigergleichbehandlung in besonderer Weise. Geschützt wird dann nämlich nicht mehr das Vertrauen auf den Fortbestand einer bereits vor Konkurseröffnung entstandenen Aufrechnungslage, sondern allenfalls das Vertrauen auf eine „Aufrechnungsanwartschaft". Eine solche besteht jedoch nur dann, wenn auch ohne die Konkurseröffnung eine Aufrechnungslage eingetreten wäre und dies nicht vom Aufrechnungsgegner durch frühzeitige Geltendmachung seiner Forderung hätte verhindert werden können[205]. Diese Voraussetzungen sind jedoch im Falle der Zulassung der Aufrechnung allein aufgrund der in Art. 32 § 2, Art. 155 pln.KO angeordneten Umwandlung von nicht auf Geld gerichteten Konkursforderungen in Geldforderungen ganz offensichtlich nicht erfüllt, da hier für den Gläubiger abgesehen von der Perspektive der Entstehung eines auf Geld gerichteten Schadensersatzanspruchs wegen Verzugs oder Nichterfüllung (Art. 471, 477 ZGB) außerhalb eines Konkursverfahrens keinerlei Aussicht auf den Eintritt einer Aufrechnungslage i. S. der Art. 498 ff. ZGB bestand. Soweit Art. 34 § 1 pln.KO die Aufrechnung auch insoweit zuläßt, als die Konkursforderung zum Zeitpunkt der Konkurseröffnung noch nicht fällig war und ohne Konkurseröffnung später fällig geworden wäre als die massezugehörige Forderung, ist das Vertrauen des Gläubigers auf den Eintritt einer Aufrechnungslage ebensowenig schutzwürdig, da es ohne Eröffnung des Konkursverfahrens der Schuldner in der Hand gehabt hätte, durch frühzeitige Geltendmachung seiner Forderung den Eintritt einer Aufrechnungslage zu verhindern. Hieraus ergibt sich, daß das polnische Recht, ähnlich wie die frühere deutsche Konkursordnung, die

---

[204] Vgl. § 54 dt. KO.

[205] Vgl. *Häsemeyer*, Aufrechnung nach der Insolvenzordnung, S. 645 [651]; *Gottwald/Gottwald*, Insolvenzrechtshandbuch (2001), § 45, Rdnr. 38, S. 655 f.; bloße „Aufrechnungshoffnungen" sind dagegen nicht schutzwürdig, vgl. *v. Olshausen*, KTS 2000, S. 1 [13].

Aufrechnung im Konkursverfahren über das unter dem Gesichtspunkt des Vertrauensschutzes gebotene Maß hinaus zuläßt, was zusätzlich zu der nach polnischer höchstrichterlicher Rechtsprechung unbeschränkt zulässigen vorkonkurslichen Aufrechnung unnötig das Problem der Nichteröffnung oder Verfahrenseinstellung mangels Masse verschärft und gleichzeitig zu einer nicht gerechtfertigten Minderung der Konkursquote zu Lasten der nicht aufrechnungsberechtigten Konkursgläubiger führt. Ein akuter Reformbedarf in diesem Bereich kann darum nicht geleugnet werden[206].

3. Die Bindung des Konkursverwalters an Angebote des Gemeinschuldners

Art. 38 pln.KO schränkt für die Zwecke des Konkursverfahrens die in Art. 66 f. ZGB sehr ähnlich wie in §§ 145 - 147 dt. BGB geregelte Bindung an Angebote, die auf den Abschluß eines Vertrages gerichtet sind, ein. Gemäß Art. 38 pln.KO ist die Konkursmasse und somit der Konkursverwalter[207] nicht an ein vor Konkurseröffnung abgegebenes Angebot des Gemeinschuldners gebunden, wenn dessen Annahme durch den Erklärungsempfänger dem Gemeinschuldner nicht vor Konkurseröffnung zugegangen ist. Die Wirksamkeit eines Verpflichtungsvertrages bleibt daher im Verhältnis zwischen Gemeinschuldner und Erklärungsempfänger auch bei nach Konkurseröffnung zugegangener Annahmeerklärung unberührt, sofern die Annahme dem Gemeinschuldner gemäß Art. 66 f. ZGB rechtzeitig zugegangen ist[208].

Da Art. 15 pln.KO zufolge als Zeitpunkt der Konkurseröffnung das Datum des dem Konkursantrag stattgebenden Gerichtsbeschlusses gilt, muß die Annahmeerklärung spätestens bis 24.00 Uhr des diesem Datum vorangehenden Tages dem Gemeinschuldner zugegangen sein[209]. An-

---

[206] Der Konkursrechtsentwurf der Kodifizierungskommission für Zivilrecht vom 20.2.2001 sieht demgegenüber in Art. 89 - 92 eine fast wörtliche Übernahme der bisherigen Art. 34 - 37 pln.KO vor. Lediglich die bisher in Art. 35 § 2 Satz 2 pln.KO vorgesehene Frist von sechs Monaten soll auf ein Jahr verlängert werden (Art. 90 Abs. 2 Satz 2 Entw.), vgl. Przegląd Legislacyjny 1/2001, S. 133 [153 f.].

[207] *Świeboda*, Konkurs- und Vergleichsrecht, Anm. 2 zu Art. 38 pln.KO, S. 81; *Gurgul*, Konkurs- und Vergleichsrecht, Rdnr. 5 zu Art. 38 pln.KO, S. 222.

[208] *Zedler*, Konkurs- und Vergleichsrecht, S. 199.

[209] *Altman*, Konkursrecht, S. 93 f.; *Korzonek*, Konkurs- und Vergleichsrecht I, S. 103.

dernfalls entfällt die Bindung an das Angebot des Gemeinschuldners gemäß Art. 38 pln.KO jedoch nur für die Konkursmasse, also für den Konkursverwalter. Der Erklärungsempfänger bleibt demgegenüber an seine bereits auf den Weg gebrachte, aber beim Gemeinschuldner erst nach Konkurseröffnung eingegangene Annahme gebunden und kann sich auch nicht auf den Wegfall der Bindung des vom Gemeinschuldner vor Konkurseröffnung abgegebenen Angebots berufen[210]. Der Konkursverwalter kann daher ungeachtet Art. 38 pln.KO das Angebot des Gemeinschuldners aufrecht erhalten, so daß der Vertrag wirksam zustande kommt und die sich hieraus ergebenden vertraglichen Ansprüche des Gemeinschuldners gemäß Art. 20 § 1 pln.KO als Neuerwerb in die Konkursmasse fallen. Für den Erklärungsempfänger, der bereits seine Annahmeerklärung abgegeben hat, ergibt sich hieraus ein Schwebezustand ähnlich der Situation des in Art. 39 pln.KO geregelten beiderseits noch nicht vollständig erfüllten gegenseitigen Vertrages[211]. Es erscheint daher angebracht, dem Erklärungsempfänger analog Art. 39 § 2 pln.KO die Möglichkeit einzuräumen, diesen Schwebezustand dadurch zu beenden, daß auf seinen Antrag hin der Richter-Kommissar dem Konkursverwalter eine Frist setzt, innerhalb derer er zu erklären hat, ob er das Angebot des Gemeinschuldners aufrecht erhält. Gibt der Konkursverwalter diese Erklärung nicht ab, so kann er sich seinerseits nach Ablauf der Frist nicht mehr auf den Antrag des Gemeinschuldners und dessen Annahme durch den Erklärungsempfänger berufen[212].

Das Erlöschen der Bindungswirkung nach Art. 38 pln.KO bewirkt keinerlei Schadensersatzansprüche des Erklärungsempfängers gegen die Konkursmasse, die als Konkursforderungen angemeldet werden könnten[213]. Im Vorfeld der Konkurseröffnung gegenüber dem Gemeinschuldner abgegebene Angebote bleiben von Art. 38 pln.KO unberührt und können innerhalb der aus Art. 66 f. ZGB folgenden zeitlichen Grenzen nach Konkurseröffnung vom Konkursverwalter angenommen werden[214].

210 *Gurgul*, Konkurs- und Vergleichsrecht, Rdnr. 5 zu Art. 38 pln.KO, S. 222.

211 Siehe hierzu unten, Teil 4, Abschnitt F 4. a).

212 *Allerhand*, Konkursrecht mit Kommentar, Anm. 4 zu Art. 38; *Świeboda*, Konkurs- und Vergleichsrecht, Anm. 3 zu Art. 38 pln.KO, S. 82.

213 *Altman*, Konkursrecht, S. 94; *Korzonek*, Konkurs- und Vergleichsrecht I, S. 104.

214 *Allerhand*, Konkursrecht mit Kommentar, Anm. 6 zu Art. 38; *Piasecki*, Konkurs- und Vergleichsrecht, Anm. 3 zu Art. 38 pln.KO, S. 178.

4. *Die Auswirkungen der Konkurseröffnung auf bestehende Vertragsverhältnisse*

a) Auswirkungen auf gegenseitige Verträge im Allgemeinen

Vorbehaltlich der gegenteiligen Bestimmungen für Aufträge[215], Kauf-, Kommissions-, Agentur-, Miet- und Pachtverträge in Art. 43 ff. pln.KO sowie für Arbeitsverträge in Art. 41[1] ArbGB und vorbehaltlich des durch Gesetz vom 23.9.2001[216] neu gefaßten Art. 103 BankR betreffend sog. Nettingverträge verleiht Art. 39 § 1 pln.KO dem Konkursverwalter bezüglich gegenseitiger Verträge[217], die der spätere Gemeinschuldner vor Konkurseröffnung eingegangen ist und die zum Zeitpunkt der Konkurseröffnung von beiden Vertragsparteien noch nicht oder zumindest noch nicht vollständig erfüllt worden sind, das Recht, entweder Erfüllung zu verlangen, so daß die Gegenforderung der anderen Vertragspartei ihrerseits gemäß Art. 204 § 1 Nr. 2, Art. 205 pln.KO als Masseforderung zu befriedigen ist, oder vom Vertrag zurückzutreten.

Diese eindeutige Formulierung läßt keinen Zweifel daran aufkommen, daß Art. 39 § 1 pln.KO dem Konkursverwalter ein originäres Gestaltungsrecht einräumt im Sinne eines Rücktritts von einem über den Zeitpunkt der Konkurseröffnung hinaus fortbestehenden Vertrag. Für die in der deutschen Rechtsprechung seit einiger Zeit angewandte „Erlöschenstheorie“[218], wonach das Erfüllungsverlangen des Konkurs- bzw.

---

[215] Die polnische Rechtsterminologie unterscheidet nicht zwischen unentgeltlichen Aufträgen und entgeltlichen Geschäftsbesorgungsverträgen. Vielmehr schuldet der Auftraggeber dem Beauftragten gemäß Art. 735 § 1 ZGB im Zweifel ein Entgelt, so daß nach polnischem Recht auch der Auftrag (zlecenie) im Regelfall einen gegenseitigen (synallagmatischen) Vertrag darstellt.

[216] Gesetz über die Änderung des Bankrechtsgesetzes sowie über die Änderung anderer Gesetze (ustawa o zmianie ustawy – Prawo bankowe oraz o zmianie innych ustaw), Dz.U. 2001, Nr. 111, Pos. 1195.

[217] Gemäß Art. 487 § 2 ZGB liegt ein gegenseitiger Vertrag dann vor, wenn sich beide Parteien in der Weise verpflichten, daß die Leistung der einen Partei die Entsprechung der Leistung der anderen Partei sein soll, vgl. *Kasprzyk*, Prawo Spółek 1/2000, S. 35.

[218] Vgl. hierzu: Urteil vom 14.12.1983 – VIII ZR 352/82, BGHZ 89, S. 189 ff.; Urteil vom 11.2.1988 – IX ZR 36/87, BGHZ 103, S. 250 ff. mit Anm. *Marotzke*, EWiR 1988, S. 285 f.; Urteil vom 20.12.1988 – IX ZR 50/88, BGHZ 106, S. 236 ff. mit Anm. *Pape*, EWiR 1989, S. 283 f.; Urteil vom 21.11.1991 – IX ZR 290/90, BGHZ 116, S. 156 ff. mit Anm. *Uhlenbruck*, JZ 1992, S. 425 f.; Urteil vom 4.5.1995 – IX ZR 256/93, BGHZ 129, S. 336 ff. = ZIP 1995, S. 926 ff. mit Anm. *Bork*,

Insolvenzverwalters einen neuen, von Vorausabtretungen, Aufrechnungsmöglichkeiten und Verpfändungen unbelasteten Erfüllungsanspruch zu Gunsten der Konkursmasse entstehen läßt, wobei die ursprünglichen vertraglichen Ansprüche bereits mit Konkurseröffnung ipso iure ohne die Notwendigkeit einer Rücktrittserklärung erloschen sind[219], bietet der Wortlaut des Art. 39 § 1 pln.KO keine Grundlage. Das dem Konkursverwalter ausdrücklich eingeräumte Rücktrittsrecht macht deutlich, daß der polnische Verordnungsgeber von einem Fortbestand des gegenseitigen Vertrages über den Zeitpunkt der Konkurseröffnung hinaus ausgegangen ist. Eine Auslegung des Art. 39 § 1 pln.KO im Sinne der „Erlöschenstheorie" wurde in Polen denn auch soweit ersichtlich bisher nicht vertreten[220].

Dabei ist jedoch zu bedenken, daß der unveränderte Fortbestand der Forderungen über den Zeitpunkt der Konkurseröffnung hinaus bei Einräumung eines Rücktrittsrechts die faktische Wahlmöglichkeit des Konkursverwalters oftmals in der Weise einschränkt, daß er auch bei einem für die Konkursmasse objektiv vorteilhaften Vertrag von seinem Rücktrittsrecht Gebrauch machen muß und nicht Erfüllung verlangen kann, will er sich nicht der Haftung wegen Schädigung der Konkursmasse nach Art. 102 pln.KO aussetzen. Hatte beispielsweise der Gemeinschuldner vor Konkurseröffnung seine Forderung aus dem gegenseitigen

JZ 1996, S. 51 ff. und *Uhlenbruck*, EWiR 1995, S. 691 f. Vgl. auch *Gerhardt*, FS Merz 1992, S. 117 ff.; *Bork*, FS Zeuner 1994, S. 297 ff.; *Tintelnot*, ZIP 1995, S. 616 ff. [618]; *Kreft*, ZIP 1997, S. 865 ff. Eine Stellungnahme in der polnischen Literatur zur „Erlöschenstheorie" des BGH findet sich bei *Torbus*, Rejent 7-8/1997, S. 160 [178 ff.].

219 Der BGH schränkt in seinem Urteil vom 4.5.1995 (BGHZ 129, S. 336 ff.) diese Wirkung freilich insoweit ein, als der Gemeinschuldner bereits vor Verfahrenseröffnung Teilleistungen auf seine vertragliche Verpflichtung erbracht hat. Im Falle einer vor Verfahrenseröffnung eingetretenen Aufrechnungslage soll die andere Vertragspartei dann gegen die vertragliche Forderung des Gemeinschuldners auch im eröffneten Verfahren bis zu der Höhe aufrechnen können, die anteilsmäßig der Teilleistung des Gemeinschuldners entspricht. Im Falle der vorkonkurslichen Abtretung gebührt die abgetretene Gegenforderung insoweit dem Zessionar, wie sie bereits durch die vor Verfahrenseröffnung vom Gemeinschuldner erbrachte Leistung werthaltig geworden ist (*Kreft*, ZIP 1997, S. 865 [870]; *Nerlich/Römermann/Balthasar*, Insolvenzordnung, Rdnr. 59 zu § 103).

220 Auch *Torbus*, Rejent 7-8/1997, S. 160 [180] lehnt unter Hinweis auf den eindeutigen Wortlaut des Art. 39 § 1 pln.KO eine Übertragung der „Erlöschenstheorie" (teoria wygaśnięcia roszczeń) auf das polnische Recht ab.

Vertrag abgetreten, so würde ein Erfüllungsverlangen des Konkursverwalters letztlich dazu führen, daß die Leistung der anderen Vertragspartei nicht der Konkursmasse, sondern dem Zessionar zufließt, während die Gegenleistung aus Mitteln der Konkursmasse zu erbringen wäre[221]. Eine vergleichbare Situation liegt dann vor, wenn die andere Vertragspartei gegen die vertragliche Forderung des Gemeinschuldners mit einer Konkursforderung aufrechnen kann, sofern der Konkursverwalter Erfüllung verlangt. Die Schädigung der Konkursmasse auch bei objektiver Vorteilhaftigkeit des Vertrages ergibt sich in diesem Fall daraus, daß die Leistung an die andere Vertragspartei aus Mitteln der Konkursmasse erbracht werden müßte, ohne daß der Konkursmasse dafür ein Vermögenswert zufließt, da die andere Vertragspartei diese Leistung durch Aufrechnung mit einer weitestgehend entwerteten Konkursforderung „bezahlen" wird. Ginge man dagegen von einem Erlöschen der aus dem gegenseitigen Vertrag herrührenden vertraglichen Forderungen mit Konkurseröffnung und von ihrer Neubegründung aufgrund des Erfüllungsverlangens des Konkursverwalters aus, so liefe einerseits eine vor Konkurseröffnung vorgenommene Abtretung der vertraglichen Forderung des späteren Gemeinschuldners ins Leere, da sich eine solche Abtretung nicht auf die nach Konkurseröffnung durch das Erfüllungsverlangen neu

[221] So in der Konsequenz OLG Hamm, Urteil vom 20.9.1984 – 27 U 393/83, ZIP 1985, S. 298 ff.; OLG Hamm, Urteil vom 7.10.1986 – 27 U 86/86, NJW-RR 1987, S. 1014; zum vergleichbaren Fall der Überweisung der Forderung vor Konkurseröffnung zur Einziehung: RG, Urteil vom 15.2.1884 – Rep. III 286/83, RGZ 11, S. 49 ff. Die in der deutschen Rechtsprechung erstmals im Urteil des RG vom 12.6.1906 – Rep. VIII 512/05, RGZ 63, S. 361 [362 ff.] vorgenommene Korrektur dieses Ergebnisses mit Hilfe eines Bereicherungsanspruchs der Konkursmasse (des Konkursverwalters) gegen den Zessionar (zustimmend auch OLG Frankfurt a.M. vom 9.12.1912 – III U 195/12, LZ 1913, Sp. 324; *Gerhardt*, EWiR 1987, S. 269 [270]; *Henckel/Jaeger*, Konkursordnung I, Rdnr. 145 zu § 17; *Kuhn/Uhlenbruck*, Konkursordnung, Rdnr. 34 zu § 17; *Marotzke*, JR 1990, S. 331 [334 f.]) läuft auf die Anerkennung der nach §§ 812 ff. BGB im deutschen Recht nicht mehr zulässigen Versionsklage des gemeinen Rechts hinaus (hierzu *Wieling*, Bereicherungsrecht, S. 44). Da der Konkursverwalter ausschließlich den Zweck verfolgt, eine Masseschuld gegenüber der anderen Vertragspartei zu erfüllen, kann von einer Leistung an den Zessionar im Sinne einer zweckgerichteten Mehrung fremden Vermögens nicht gesprochen werden. Gleichzeitig schließt die unbestreitbare Leistung des Konkursverwalters an die andere Vertragspartei einen allenfalls in Frage kommenden Anspruch des Konkursverwalters gegen den Zessionar nach § 812 Abs. 1 Satz 1, 2. Fall BGB wegen Bereicherung in sonstiger Weise aus.

entstandene Forderung erstreckt, andererseits wäre gemäß Art. 36 pln.KO die Aufrechnung einer Konkursforderung gegen eine nach Konkurseröffnung entstandene massezugehörige Forderung unzulässig[222]. Den Betroffenen wird hierdurch keine geschützte Rechtsposition entzogen, denn ohne das Erfüllungsverlangen des Konkursverwalters, auf das kein Anspruch besteht[223], würde zu Lasten des Zessionars wie auch des Aufrechnungsberechtigten genau der gleiche Effekt eintreten. Auch nach der geltenden Regelung des Art. 39 § 1 pln.KO hat es der Konkursverwalter nämlich in der Hand, diese Rechtspositionen durch Ausübung des Rücktrittsrechts zu zerstören. Der aus dem Wortlaut des Art. 39 § 1 pln.KO zwingend zu folgernde Fortbestand der ursprünglichen vertraglichen Forderungen über die Konkurseröffnung hinaus[224] hat somit zur Konsequenz, daß der Konkursverwalter in den genannten Fällen den Rücktritt auch bei für sich betrachtet vorteilhaften Verträgen zur Vermeidung einer Schädigung der Konkursmasse erklären muß, während ihm bei Anerkennung der „Erlöschenstheorie" die Entscheidung, Erfüllung zu verlangen oder diese abzulehnen, freigestellt bliebe. Die geltende Rechtslage erweist sich damit insbesondere bei der Fortführung des schuldnerischen Unternehmens im Konkursverfahren (Art. 114 pln.KO) als Hindernis. Da der spätere Gemeinschuldner in der Krise seines Unternehmens in aller Regel auch die aus lukrativen Aufträgen herrührenden Zahlungsansprüche schon vor Erbringung seiner Gegenleistung als Sicherheit abgetreten oder verpfändet haben wird, ist der Konkursverwalter auf der Grundlage von Art. 39 § 1 pln.KO im Hinblick auf die über die Konkurseröffnung hinaus fortbestehende Wirksamkeit solcher Abtretungen und Verpfändungen gezwungen, die betreffenden vor Konkurseröffnung beim Unternehmen eingegangenen Bestellungen nicht auszuführen, sondern von diesen Verträgen zurückzutreten, was vielfach eine frühzeitige Einstellung der Unternehmenstätigkeit notwendig macht und damit im Einzelfall auch die gemäß Art. 113 pln.KO anzustrebende übertragende Sanierung des Unternehmens behindern kann[225]. Eine un-

---

222 Vgl. noch auf der Grundlage von §§ 17, 55 Nr. 1 dt. KO: BGHZ 116, S. 156 ff.; zustimmend: *Uhlenbruck*, JZ 1992, S. 425 f.

223 Vgl. *Kreft*, ZIP 1997, S. 865 [870].

224 *Torbus*, Rejent 7-8/1997, S. 160 [180].

225 Selbstverständlich könnte der Konkursverwalter auch von den Verträgen zurücktreten und dann versuchen, mit den Vertragspartnern des Gemeinschuldners neue Ver-

zweideutig der „Erlöschenstheorie" folgende gesetzliche Ausgestaltung unter Abkehr von dem bisher ausdrücklich eingeräumten Rücktrittsrecht würde daher die Entscheidungsspielräume des Konkursverwalters zu Gunsten eines effizienteren Verfahrensablaufs erheblich erweitern, ohne in geschützte Rechtspositionen Dritter einzugreifen.

Das in Art. 39 § 1 pln.KO vorgesehene Wahlrecht des Konkursverwalters, Erfüllung zu verlangen oder vom Vertrag zurückzutreten, besteht nur für den Fall, daß keine der Vertragsparteien ihre vertraglichen Verpflichtungen zum Zeitpunkt der Konkurseröffnung vollständig erfüllt hat. Wurde die Leistung der anderen Vertragspartei bereits vollständig erbracht, so kann diese ihre Gegenforderung nur als einfache Konkursforderung zur Tabelle anmelden[226]. Steht dagegen zum Zeitpunkt der Konkurseröffnung noch ein wenn auch nur unbedeutender Teil der vertraglich vereinbarten Leistung an den Gemeinschuldner aus, und hat auch dieser seine Gegenleistung noch nicht vollständig erbracht, so hat der Konkursverwalter das Wahlrecht nach Art. 39 § 1 pln.KO auszuüben[227]. Wählt er Erfüllung, so wird die gesamte noch ausstehende Gegenforderung der anderen Vertragspartei mangels einer § 105 dt. InsO entsprechenden Bestimmung gemäß Art. 204 § 1 Nr. 2 pln.KO zu einer Masseforderung. Auch im Falle eines Sukzessivlieferungsvertrages hat der Konkursverwalter, der Erfüllung verlangt, auch die noch ausstehende Gegenleistung für bereits vor Konkurseröffnung an den Gemeinschuldner erbrachte Teillieferungen aus der Masse zu zahlen[228]. Da hierbei das Erfüllungsverlangen zur Folge hätte, daß einem verhältnismäßig geringen Vermögenszufluß in die Masse die Belastung durch eine gemäß Art. 204 § 1 Nr. 2, Art. 205 pln.KO vorrangig zu befriedigende Masse-

---

träge gleichen Inhalts abzuschließen. Sofern sich die Vertragspartner auf Rechtsgeschäfte mit einem in Konkurs geratenen Unternehmen einlassen, was trotz der Privilegierung von Masseforderungen nach Art. 204 § 1 Nr. 2, Art. 205 pln.KO bezweifelt werden muß, wäre der Effekt der gleiche wie unter Zugrundelegung der „Erlöschenstheorie".

226 *Allerhand*, Konkursrecht mit Kommentar, Anm. 2 zu Art. 39; *Altman*, Konkursrecht, S. 95; *Czajka*, Unternehmen in der Krise, S. 125; *Gurgul*, Konkurs- und Vergleichsrecht, Rdnr. 12 zu Art. 39 pln.KO, S. 226; *Kalicińska*, Forderung im Konkursverfahren, S. 58; *Świeboda*, Konkurs- und Vergleichsrecht, Anm. 2 zu Art. 39 pln.KO, S. 83.

227 *Buber*, Polnisches Konkursrecht, S. 59; *Korzonek*, Konkurs- und Vergleichsrecht I, S. 104; *Kalicińska*, Forderung im Konkursverfahren, S. 58.

228 *Allerhand*, Konkursrecht mit Kommentar, Anm. 5 zu Art. 39.

forderung in Höhe der vollen noch nicht vom Gemeinschuldner erbrachten vertraglichen Gegenforderung gegenübersteht, ist der Konkursverwalter in diesen Fällen in aller Regel gezwungen, zur Vermeidung einer Schädigung der Konkursmasse gemäß Art. 39 § 1 pln.KO den Rücktritt vom Vertrag zu erklären. Sinnvoll wäre es daher, de lege ferenda nur den Teil der aus der Konkursmasse zu erbringenden Gegenleistung zur Masseforderung zu erklären, welcher der nach Konkurseröffnung auf das Erfüllungsverlangen des Konkursverwalters hin vom Vertragspartner des Gemeinschuldners erbrachten Teilleistung entspricht. Die noch ausstehende Gegenleistung des Gemeinschuldners für vor Konkurseröffnung erbrachte Teilleistungen könnte die andere Vertragspartei dann nur als einfache Konkursforderung zur Tabelle anmelden. Dem Konkursverwalter wäre es damit möglich, Erfüllung zu verlangen, ohne die Entstehung überproportional hoher Masseforderungen und damit eine Schädigung der Konkursmasse befürchten zu müssen. Für die andere Vertragspartei, die in Vorleistung getreten ist, realisiert sich genauso wie für alle anderen Konkursgläubiger durch die Uneinbringlichkeit der Gegenforderung das allgemeine Insolvenzrisiko, dem sie im übrigen durch Geltendmachung des in Art. 488 § 2, Art. 490 ZGB vorgesehenen Zurückbehaltungsrechts[229] hätte begegnen können. Die Tatsache, daß der Konkursverwalter nach Konkurseröffnung die Erfüllung einer noch ausstehenden Teilleistung aus demselben gegenseitigen Vertrag verlangt, rechtfertigt es daher nicht, die andere Vertragspartei bezüglich der auf die vor Konkurseröffnung erbrachte Teilleistung entfallenden Forderung gegenüber den übrigen Konkursgläubigern gemäß Art. 204 § 1 Nr. 2, Art. 205 pln.KO zu deren Nachteil zu privilegieren.

Das Erfüllungsverlangen wie auch der Rücktritt des Konkursverwalters steht gemäß Art. 131 § 1 Nr. 8 pln.KO unter dem Zustimmungsvorbehalt des Gläubigerausschusses. Das Fehlen der Zustimmung führt zur

[229] Art. 490 ZGB gewährt auch dem vorleistungspflichtigen Vertragspartner ein Zurückbehaltungsrecht bis zur Erbringung der Gegenleistung oder der Leistung einer angemessenen Sicherheit durch die Gegenseite, wenn die Erfüllung in Hinblick auf die Vermögenslage der anderen Vertragspartei als zweifelhaft erscheint (§ 1), sofern dem vorleistungspflichtigen Vertragspartner der schlechte Vermögenszustand der Gegenseite nicht schon bei Vertragsschluß bekannt war (§ 2).

Unwirksamkeit des Erfüllungsverlangens bzw. des Rücktritts[230]. Entscheidet der Gläubigerausschuß nicht innerhalb der ihm hierfür vom Richter-Kommissar gesetzten Frist über die Zustimmung, so tritt der Richter-Kommissar an seine Stelle (Art. 132 pln.KO). Gleiches gilt gemäß Art. 140 pln.KO, wenn kein Gläubigerausschuß gebildet wurde. Der in Art. 131 § 1 Nr. 8 pln.KO vorgesehene Zustimmungsvorbehalt kann vom Konkursverwalter umgangen werden, wenn der Richter-Kommissar diesem auf Antrag der anderen Vertragspartei gemäß Art. 39 § 2 Satz 1 pln.KO eine Frist für die dann schriftlich[231] der anderen Vertragspartei gegenüber abzugebende Erklärung über das Erfüllungsverlangen bzw. den Rücktritt vom Vertrag setzt. Bleibt der Konkursverwalter in diesem Fall nämlich bis zum Ablauf der Frist untätig, so gilt dies Art. 39 § 2 Satz 2 pln.KO zufolge als Rücktritt vom Vertrag. Da Art. 39 § 2 pln.KO den Zweck hat, der anderen Vertragspartei die Möglichkeit einzuräumen, den mit der noch ausstehenden Erklärung des Konkursverwalters einhergehenden Schwebezustand zu beenden, greift die Rücktrittsfiktion des Art. 39 § 2 Satz 2 pln.KO unabhängig davon ein, ob der Gläubigerausschuß bzw. der Richter-Kommissar gemäß Art. 131 § 1 Nr. 8 pln.KO einem Rücktritt des Konkursverwalters zugestimmt hat[232].

Die Rücktrittserklärung des Konkursverwalters nach Art. 39 § 1 pln.KO bzw. die Rücktrittsfiktion nach Art. 39 § 2 Satz 2 pln.KO bewirkt das Erlöschen der beiderseitigen vertraglichen Ansprüche[233]. Die

---

[230] *Allerhand*, Konkursrecht mit Kommentar, Anm. 19 zu Art. 39; *Torbus*, Rejent 7-8/1997, S. 160 [172]; *Kasprzyk*, Prawo Spółek 1/2000, S. 35 [36]; siehe auch bereits oben, Teil 2, Abschnitt D 2.

[231] Die Nichtbeachtung der Schriftform führt nach *Allerhand*, Konkursrecht mit Kommentar, Anm. 16 zu Art. 39; *Torbus*, Rejent 7-8/1997, S. 160 [172]; *Kalicińska*, Forderung im Konkursverfahren, S. 59; *Gurgul*, Konkurs- und Vergleichsrecht, Rdnr. 20 zu Art. 39 pln.KO, S. 227 zur Unwirksamkeit der Erklärung, während nach *Świeboda*, Konkurs- und Vergleichsrecht, Anm. 5 zu Art. 39 pln.KO, S. 83 dem Schriftformerfordernis des Art. 39 § 2 pln.KO bloße Beweisfunktion im Sinne von Art. 74 ZGB zukommt.

[232] *Allerhand*, Konkursrecht mit Kommentar, Anm. 19 zu Art. 39; *Korzonek*, Konkurs- und Vergleichsrecht I, S. 105; *Kalicińska*, Forderung im Konkursverfahren, S. 62.

[233] *Korzonek*, Konkurs- und Vergleichsrecht I, S. 107; *Świeboda*, Konkurs- und Vergleichsrecht, Anm. 1 zu Art. 40 pln.KO, S. 85; *Piasecki*, Konkurs- und Vergleichsrecht, Anm. 1 zu Art. 40 pln.KO, S. 180; *Kalicińska*, Forderung im Konkursverfahren, S. 62.

nach zivilrechtlichen Grundsätzen[234] damit einhergehende Umwandlung des Vertragsverhältnisses in ein Rückgewährschuldverhältnis wird jedoch durch Art. 40 § 1 pln.KO eingeschränkt. Nach dieser Bestimmung kann die andere Vertragspartei die von ihr bereits erbrachte Teilleistung nicht zurückverlangen, selbst wenn sich diese noch in der Konkursmasse befindet, sondern ist darauf beschränkt, die auf diese Teilleistung entfallende Gegenforderung zusammen mit eventuellen Schadensersatzforderungen als gewöhnliche Konkursforderung zur Konkurstabelle anzumelden[235].

Umstritten ist die Frage, ob der Konkursverwalter aufgrund des nach Art. 39 § 1 pln.KO erklärten bzw. nach Art. 39 § 2 Satz 2 pln.KO fingierten Rücktritts eine vom Gemeinschuldner vor Konkurseröffnung erbrachte Teilleistung von der anderen Vertragspartei zurückverlangen kann. *Allerhand*[236] vertritt die Ansicht, dem Konkursverwalter könne ein solches Recht deswegen nicht zugesprochen werden, weil der Rücktritt des Konkursverwalters nicht mit einer Auflösung des Vertrages gleichzusetzen sei. Dem ist entgegenzuhalten, daß die zivilrechtlichen Vorschriften über die Folgen der Ausübung sowohl eines vertraglichen (Art. 395 § 2 ZGB) wie auch eines gesetzlichen Rücktrittsrechts (Art. 494 ZGB) die beiderseitige Rückgewähr der bereits erbrachten Leistungen vorsehen und Art. 40 § 1 pln.KO von diesem allgemeinen zivilrechtlichen Grundsatz ersichtlich nur in bezug auf die von Seiten der anderen Vertragspartei vor Konkurseröffnung an den späteren Gemeinschuldner erbrachte Leistung abweicht[237]. Zudem hätte die Ablehnung eines Rückforderungsrechts des Konkursverwalters dann, wenn die andere Vertragspartei ihrerseits noch keine Gegenleistung erbracht hätte, zur Folge, daß der Konkursverwalter wegen des durch seinen Rücktritt bewirkten Wegfalls der beiderseitigen vertraglichen Ansprüche eine vom Gemeinschuldner bereits vor Konkurseröffnung erbrachte Teilleistung der anderen Vertragspartei ohne jede Gegenleistung überlassen müßte[238].

---

[234] Vgl. Art. 395 § 2, Art. 494, 496 ZGB.

[235] *Torbus*, Rejent 7-8/1997, S. 160 [169]; *Kalicińska*, Forderung im Konkursverfahren, S. 63.

[236] Konkursrecht mit Kommentar, Anm. 1 zu Art. 40.

[237] *Kalicińska*, Forderung im Konkursverfahren, S. 63; *Gurgul*, Konkurs- und Vergleichsrecht, Rdnr. 5 zu Art. 40 pln.KO, S. 232.

[238] *Kalicińska*, Forderung im Konkursverfahren, S. 64; *Gurgul*, Konkurs- und Vergleichsrecht, Rdnr. 5 zu Art. 40 pln.KO, S. 232.

Dies aber würde der Wertung des Art. 54 § 1 pln.KO widersprechen, der ausdrücklich unentgeltliche Geschäfte, die der Gemeinschuldner innerhalb eines Jahres vor Konkursantragstellung vorgenommen hat, von Gesetzes wegen und damit ohne die Notwendigkeit einer Anfechtung für unwirksam erklärt.

Haben sowohl der Gemeinschuldner als auch die andere Vertragspartei vor Konkurseröffnung eine Teilleistung erbracht, so hätte die vorbehaltlose Anerkennung eines Rückforderungsrechts des Konkursverwalters zur Folge, daß der anderen Vertragspartei, ohne selbst in Vorleistung getreten zu sein und damit auf den Schutz des Synallagmas verzichtet zu haben[239], die Teilleistung des Gemeinschuldners wieder genommen werden könnte, sie aber wegen Art. 40 § 1 pln.KO daran gehindert wäre, ihre Gegenleistung aus der Masse zurückzufordern. Die Aufbürdung eines solchen, nicht durch das Verhalten der anderen Vertragspartei begründeten Insolvenzrisikos erscheint ungerechtfertigt. Es entspricht daher allgemeiner Auffassung, daß in diesem Fall der Konkursverwalter der anderen Vertragspartei die vor Konkurseröffnung erbrachte Leistung des Gemeinschuldners in dem der Teilleistung der anderen Vertragspartei entsprechenden Umfang belassen muß[240]. Hierbei sind nach einer in der polnischen Literatur vielfach anzutreffenden Formulierung Aufrechnungsgrundsätze anzuwenden[241]. Dies ist dahingehend zu verstehen, daß die hypothetischen Rückforderungsansprüche beider Seiten ihrem Geldwert nach gegeneinander aufgerechnet werden. Verbleibt dabei ein Überschuß zu Gunsten des Konkursverwalters, so kann er den diesem Überschuß entsprechenden Teil der vor Konkurseröffnung vom Gemeinschuldner erbrachten Leistung von der anderen Vertragspartei zurückverlangen. Ist die Leistung des Gemeinschuldners jedoch nicht teilbar, so wird man dem Konkursverwalter zubilligen müssen, von der anderen Vertragspartei die Zahlung eines entsprechenden Geldbetra-

239 Vgl. *Jaeger/Henckel*, Konkursordnung I, Rdnr. 70 zu § 17.

240 *Altman*, Konkursrecht, S. 99; *Kalicińska*, Forderung im Konkursverfahren, S. 64; *Kasprzyk*, Prawo Spółek 1/2000, S. 35 [37 f.]; *Świeboda*, Konkurs- und Vergleichsrecht, Anm. 3 zu Art. 40 pln.KO, S. 85.

241 *Altman*, Konkursrecht, S. 99; *Gurgul*, Konkurs- und Vergleichsrecht, Rdnr. 6 zu Art. 40 pln.KO, S. 232; *Kalicińska*, Forderung im Konkursverfahren, S. 64; *Kasprzyk*, Prawo Spółek 1/2000, S. 35 [37 f.].

ges zu verlangen[242]. Bei einem Überschuß zugunsten der anderen Vertragspartei ist diese dagegen aufgrund von Art. 40 § 1 pln.KO gehindert, vom Konkursverwalter die Rückgabe des vor Konkurseröffnung an den Gemeinschuldner Geleisteten entsprechend diesem Überschuß zu fordern. Da die andere Vertragspartei insoweit gegenüber dem Gemeinschuldner in Vorleistung getreten war und damit auch das Insolvenzrisiko übernommen hat, ist sie darauf beschränkt, den überschießenden Betrag als einfache Konkursforderung zur Tabelle anzumelden (Art. 40 § 1 pln.KO).

Erklärt der Konkursverwalter nach Art. 39 § 1 pln.KO den Rücktritt von einem gegenseitigen Vertrag oder wird der Rücktritt nach Art. 39 § 2 Satz 2 pln.KO fingiert, so behält dieser auch über die Beendigung oder Einstellung des Konkursverfahrens hinaus seine Wirksamkeit (Art. 225 pln.KO)[243]. Verlangt der Konkursverwalter dagegen von der anderen Vertragspartei Erfüllung, so setzt sich das Zurückbehaltungsrecht der eigentlich vorleistungspflichtigen Vertragspartei nach Art. 490 ZGB im Konkursverfahren in Form des Art. 39 § 3 pln.KO fort[244]. Dabei unterscheidet sich die konkursrechtliche Regelung insofern von der in Art. 490 ZGB, als sie ein Zurückbehaltungsrecht für den Fall ausschließt, daß die nach dem Vertrag vorleistungspflichtige Vertragspartei vom Bestehen eines Konkursgrundes wußte oder hätte wissen können, wohingegen Art. 490 § 2 ZGB ein Zurückbehaltungsrecht dann ausschließt, wenn die Partei bei Abschluß des Vertrages vom schlechten Vermögenszustand ihres Gegenübers Kenntnis hatte[245], wobei allerdings fahrlässige Unkenntnis anders als nach Art. 39 § 3 pln.KO nicht ausreicht.

---

242 Vgl. in der deutschen Literatur: *Jaeger/Henckel*, Konkursordnung I, Rdnr. 74 zu § 17; *Nerlich/Römermann/Balthasar*, Insolvenzordnung, Rdnr. 69 zu § 103.

243 *Allerhand*, Konkursrecht mit Kommentar, Anm. 9 zu Art. 39; *Korzonek*, Konkurs- und Vergleichsrecht I, S. 108; *Kalicińska*, Forderung im Konkursverfahren, S. 65.

244 Vgl. *Gurgul*, Konkurs- und Vergleichsrecht, Rdnr. 35 zu Art. 39 pln.KO, S. 230; *Piasecki*, Konkurs- und Vergleichsrecht, Anm. 5 zu Art. 39 pln.KO, S. 179.

245 *Torbus*, Rejent 7-8/1997, S. 160 [169]; *Kalicińska*, Forderung im Konkursverfahren, S. 61; *Świeboda*, Konkurs- und Vergleichsrecht, Anm. 6 zu Art. 39 pln.KO, S. 83 f.

b) Das Rückforderungsrecht des Verkäufers und des Einkaufskommissionärs

Im Falle der Konkurseröffnung über das Vermögen des Käufers räumt Art. 41 § 1 Satz 1 pln.KO dem Verkäufer das Recht ein, die Rückgabe der verkauften beweglichen Sachen oder Wertpapiere zu verlangen, die bereits an den Käufer versendet wurden, sofern er noch nicht den Kaufpreis hierfür erhalten hat und die Sachen nicht vom Käufer selbst oder einer von ihm zur Verfügung über die Sachen ermächtigten Person vor Konkurseröffnung entgegengenommen worden sind. Das gleiche Rückforderungsrecht spricht Art. 41 § 1 Satz 2 pln.KO auch dem Einkaufskommissionär im Konkurs des Kommittenten zu. Dagegen findet Art. 41 § 1 pln.KO auf den Konkurs des Verkäufers keine Anwendung. Insoweit bleibt es bei den allgemeinen Regeln der Art. 39, 40 pln.KO[246]. Aber auch im Konkurs des Käufers ist der Anwendungsbereich des Art. 41 § 1 pln.KO auf die Situation beschränkt, in der die Kaufsache nicht unmittelbar aus der Hand des Verkäufers in die des Käufers gelangt, sondern ein Lieferunternehmen zwischengeschaltet ist[247]. Auf Platzgeschäfte soll Art. 41 pln.KO nach umstrittener Auffassung ebenfalls keine Anwendung finden[248].

Das Rückforderungsrecht des Verkäufers nach Art. 41 § 1 pln.KO besteht unabhängig davon, ob vor Konkurseröffnung bereits das Eigentum an der Kaufsache auf den Käufer übergegangen ist[249]. Gemäß Art. 155 § 1 ZGB bewirkt bereits der Abschluß eines Kaufvertrages über eine individuell bestimmte Sache vorbehaltlich einer abweichenden vertraglichen Abrede deren Eigentumsübergang auf den Käufer. Dieser Eigentumsübergang schließt das gegen den Gemeinschuldner bzw. den Konkursverwalter gerichtete Rückforderungsrecht nach Art. 41 pln.KO nicht aus. Gegen einen Dritten, dem der Käufer die Sache vor Konkurseröffnung als Berechtigter übereignen kann, greift der Rückforderungsan-

---

246 *Kalicińska*, Forderung im Konkursverfahren, S. 68.

247 *Allerhand*, Konkursrecht mit Kommentar, Anm. 4 zu Art. 41; *Kalicińska*, Forderung im Konkursverfahren, S. 68.

248 *Altman*, Konkursrecht, S. 102; *Korzonek*, Konkurs- und Vergleichsrecht I, S. 109; a. A.: *Gurgul*, Konkurs- und Vergleichsrecht, Rdnr. 7 zu Art. 41 pln.KO, S. 234.

249 *Korzonek*, Konkurs- und Vergleichsrecht I, S. 109.

spruch des Art. 41 § 1 pln.KO hingegen nicht durch[250] und auch ein Vindikationsanspruch nach Art. 222 § 1 ZGB besteht aufgrund der bereits mit Abschluß des Kaufvertrages möglichen Verfügung des Käufers über den Kaufgegenstand als Berechtigter in diesem Fall nicht[251].

Das Rückforderungsrecht aus Art. 41 § 1 pln.KO ist darüber hinaus dann ausgeschlossen, wenn der Verkäufer den vollen Kaufpreis erhalten hat. Auch Erfüllungssurrogate wie die Aufrechnung (Art. 498 ff. ZGB) oder die Leistung an Erfüllungs Statt (Art. 453 ZGB) schließen, wenn sie zu einem vollständigen Erlöschen der Kaufpreisforderung führen, das Rückforderungsrecht des Verkäufers nach Art. 41 § 1 pln.KO aus[252]. Bereits auf die Kaufpreisforderung erbrachte Teilleistungen lassen das Rückforderungsrecht des Verkäufers hingegen unberührt, allerdings sind diese gemäß Art. 41 § 2 pln.KO ebenso wie die Vertragskosten im Falle der Geltendmachung des Rückforderungsrechts zu Gunsten der Konkursmasse zu erstatten[253].

Als Ersatz für das dem Konkursverwalter bei gegenseitigen, zum Zeitpunkt der Konkurseröffnung beiderseits noch nicht vollständig erfüllten Verträgen gemäß Art. 39 pln.KO grundsätzlich zustehende Wahlrecht gewährt Art. 41 § 3 pln.KO dem Konkursverwalter das Recht, die Sache zu behalten, sofern er die noch offene Kaufpreisforderung aus der Masse begleicht oder in dieser Höhe gemäß Art. 82 pln.KO Sicherheit leistet. Art. 41 § 3 Satz 2 pln.KO räumt dem Konkursverwalter insoweit eine Entscheidungsfrist von einem Monat ab Geltendmachung des Rückforderungsrechts durch den Verkäufer ein. Verbraucht der Konkursverwalter die Sache trotz eines dem Verkäufer nach Art. 41 § 1 pln.KO zustehenden Rückforderungsrechts, so ist die ausstehende Kaufpreisforderung ebenfalls aus der Masse zu begleichen[254]. Den Zeitraum, inner-

---

250 *Allerhand*, Konkursrecht mit Kommentar, Anm. 11 zu Art. 41; *Kalicińska*, Forderung im Konkursverfahren, S. 71.

251 Vgl. *Gurgul*, Konkurs- und Vergleichsrecht, Rdnr. 11 zu Art. 41 pln.KO, S. 235.

252 *Korzonek*, Konkurs- und Vergleichsrecht I, S. 109; *Kalicińska*, Forderung im Konkursverfahren, S. 70; *Gurgul*, Konkurs- und Vergleichsrecht, Rdnr. 6 zu Art. 41 pln.KO, S. 234.

253 *Allerhand*, Konkursrecht mit Kommentar, Anm. 6 zu Art. 41; *Korzonek*, Konkurs- und Vergleichsrecht I, S. 109; *Świeboda*, Konkurs- und Vergleichsrecht, Anm. 4 zu Art. 41 pln.KO, S. 86; *Gurgul*, Konkurs- und Vergleichsrecht, Rdnr. 5 zu Art. 41 pln.KO, S. 234.

254 *Allerhand*, Konkursrecht mit Kommentar, Anm. 18 zu Art. 41.

halb dessen sich der Verkäufer entscheiden muß, ob er von seinem Rückforderungsrecht aus Art. 41 § 1 pln.KO Gebrauch macht, beschränkt Art. 41 pln.KO nicht. Entgegen *Allerhand*[255] ergibt sich jedoch für den Verkäufer hieraus wegen der regelmäßig niedrigen Konkursquoten selbst bei einem deutlichen Rückgang der Marktpreise keine gewinnträchtige Spekulationsmöglichkeit. Macht der Verkäufer sein Rückforderungsrecht nach Art. 41 § 1 pln.KO nämlich nicht geltend, so wird die noch ausstehende Kaufpreisforderung nur als einfache Konkursforderung gemäß Art. 150 ff. pln.KO und nicht als Masseforderung befriedigt.

Für die Behandlung solcher Fälle, in denen der Verkäufer nur einen Teil der nach dem Kaufvertrag geschuldeten Ware vor Konkurseröffnung abgeschickt hat und diese Teillieferung nicht vor Konkurseröffnung entgegengenommen wurde, müssen die Vorschriften der Art. 39, 40 pln.KO und des Art. 41 pln.KO sachgerecht aufeinander abgestimmt werden. Macht der Verkäufer bezüglich der vor Konkurseröffnung abgeschickten, jedoch erst danach entgegengenommenen Teilleistung sein Rückforderungsrecht aus Art. 41 § 1 pln.KO geltend, so kann der Konkursverwalter die Rückgabe unter der Voraussetzung des Art. 41 § 3 pln.KO verweigern. Bezüglich der noch ausstehenden Lieferung kann der Konkursverwalter dann gemäß Art. 39 pln.KO entweder Erfüllung verlangen oder vom Kaufvertrag zurücktreten, wobei in letzterem Fall die vom Verkäufer bereits erbrachte Teillieferung gemäß Art. 40 § 1 pln.KO in der Konkursmasse verbleibt und der darauf entfallende Anteil der vertraglich vereinbarten Kaufpreissumme gemäß Art. 41 § 3 Satz 1, Art. 204 § 1 Nr. 2 pln.KO als Masseforderung zu befriedigen ist. Das Wahlrecht des Konkursverwalters aus Art. 39 pln.KO bleibt auch dann bestehen, wenn der Verkäufer seine vor Konkurseröffnung abgeschickte Teilleistung nicht nach Art. 41 § 1 pln.KO zurückfordert. Verweigert der Konkursverwalter die Rückgabe der erst nach Konkurseröffnung entgegengenommenen Teillieferung nicht gemäß Art. 41 § 3 pln.KO, so bewirkt das nach Art. 41 § 1 Satz 1 pln.KO von Verkäuferseite erklärte Rückgabeverlangen die Auflösung des Kaufvertrages[256]. Die Möglich-

[255] Konkursrecht mit Kommentar, Anm. 20 zu Art. 41.

[256] Vgl.: *Allerhand*, Konkursrecht mit Kommentar, Anm. 11 zu Art. 41; *Kalicińska*, Forderung im Konkursverfahren, S. 71.

keit, gemäß Art. 39 pln.KO Erfüllung des Kaufvertrages zu verlangen, ist dem Konkursverwalter dann verwehrt.

Das Verfahren zur Geltendmachung des Rückforderungsrecht aus Art. 41 § 1 pln.KO ist in der polnischen Literatur umstritten. Während das Rückforderungsrecht nach Art. 41 § 1 pln.KO teilweise als Sonderfall des Aussonderungsrechts angesehen wird, mit der Folge, daß zunächst der Richter-Kommissar im Verfahren nach Art. 31 pln.KO[257] über das Rückgabebegehren des Verkäufers entscheidet und erst im Falle einer Abweisung des Begehrens durch den Richter-Kommissar gemäß Art. 31 § 3 pln.KO der Klageweg beschritten werden kann[258], lehnen andere Autoren eine analoge Anwendung der Bestimmungen über die Aussonderung auf das Rückforderungsrecht des Verkäufers und des Einkaufskommissionärs aus Art. 41 § 1 pln.KO ab[259]. Gegen eine Einordnung des Rückforderungsrechts aus Art. 41 § 1 pln.KO als Sonderfall der Aussonderung spricht entscheidend, daß Art. 41 § 1 pln.KO auch in Fällen eingreift, in denen der auf den Weg gebrachte Kaufgegenstand bereits aufgrund des Kaufvertrages gemäß Art. 155 § 1 ZGB in das Eigentum des Käufers und Gemeinschuldners übergegangen ist, während notwendige Voraussetzung für ein Aussonderungsrecht das Fehlen einer dinglichen Berechtigung des Gemeinschuldners und damit der Konkursmasse an dem auszusondernden Gegenstand ist[260].

Art. 41 pln.KO begünstigt denjenigen Verkäufer, der bereit war, bereits vor Erhalt der Gegenleistung und damit unter Verzicht auf die ihm nach Art. 488 § 2, 490 ZGB zustehenden Zurückbehaltungsrechte, die von ihm geschuldete Leistung zu erbringen. Der Anwendungsbereich des Art. 41 § 1 Satz 1 pln.KO beschränkt sich somit auf einen Verkauf „auf Kredit“[261]. Gerade in diesem Fall vermag jedoch allein die verspätete Entgegennahme der Lieferung, die meist auf einem von Verkäuferseite unbeeinflußbaren Zufall beruht, die mit der Einräumung eines „Quasi-Aussonderungsrechts“ einhergehende Privilegierung zu Lasten der

---

[257] Siehe hierzu Teil 4, Abschnitt E 3.

[258] *Allerhand*, Konkursrecht mit Kommentar, Anm. 22 zu Art. 41; *Altman*, Konkursrecht, S. 100.

[259] *Korzonek*, Konkurs- und Vergleichsrecht I, S. 110; *Gurgul*, Konkurs- und Vergleichsrecht, Rdnr. 10 zu Art. 41 pln.KO, S. 235.

[260] *Gurgul*, a. a. O. (Fn. 259).

[261] *Kalicińska*, Forderung im Konkursverfahren, S. 70.

anderen Konkursgläubiger nicht zu rechtfertigen. Die fast wörtliche Übernahme des Art. 41 pln.KO in Art. 96 des Konkursrechtsentwurfs der Kodifizierungskommission vom 20.2.2001[262] erscheint vor diesem Hintergrund als kritikwürdig.

c) Auswirkungen der Konkurseröffnung bei Verkauf unter Eigentumsvorbehalt

Gemäß Art. 42 pln.KO erlischt ein im Kaufvertrag vereinbarter Eigentumsvorbehalt im Konkurs des Erwerbers nicht, wenn er gegenüber dessen Gläubigern nach den zivilrechtlichen Bestimmungen wirksam ist. Art. 590 § 1 Satz 2 ZGB zufolge ist ein Eigentumsvorbehalt dann gegenüber den Gläubigern des Käufers wirksam, wenn die schriftliche Vereinbarung über den Eigentumsvorbehalt ein sog. feststehendes („sicheres“) Datum[263] aufweist. Dies setzt gemäß Art. 81 ZGB die amtliche oder notarielle Beglaubigung des auf dem Schriftstück angegebenen Datums voraus. Liegt diese Voraussetzung vor, so behält der Verkäufer ungeachtet Art. 155 § 1 ZGB bis zur vollständigen Kaufpreiszahlung auch im Konkurs des Käufers das Eigentum an der Kaufsache. Ein Eigentumsvorbehalt ist gemäß Art. 157, 589 ZGB nur für bewegliche Sachen zulässig.

Da aufgrund des Eigentumsvorbehalts der Kaufvertrag beiderseits noch nicht vollständig erfüllt ist, steht dem Konkursverwalter das Wahlrecht nach Art. 39 pln.KO zu. Wählt er Erfüllung, so fällt das Eigentum erst mit vollständiger Zahlung der Kaufpreisforderung, die nunmehr zur Masseforderung geworden ist (Art. 204 § 1 Nr. 2, Art. 205 pln.KO), der Konkursmasse zu. Im Falle des Rücktritts hat der Verkäufer dagegen ein Aussonderungsrecht (Art. 28, 31 pln.KO).

Die Regelung des Art. 42 pln.KO betrifft nur den Konkurs des Vorbehaltskäufers[264]. Die Wirkungen einer Konkurseröffnung über das Vermögen des Vorbehaltsverkäufers bleiben dagegen ungeklärt. Nach den Ausführungen von *Allerhand*[265] bleibt der Eigentumsvorbehalt auch von der Konkurseröffnung über das Vermögen des Vorbehaltsverkäufers

---

262 Przegląd Legislacyjny 1/2001, S. 133 [155].
263 Polnische Bezeichnung: „data pewna“.
264 *Gurgul*, Konkurs- und Vergleichsrecht, Rdnr. 11 zu Art. 42 pln.KO, S. 238.
265 Konkursrecht mit Kommentar, Anm. 5 zu Art. 42.

unberührt und dem Konkursverwalter steht angesichts des beiderseits noch nicht vollständig erfüllten Vertrages das Wahlrecht nach Art. 39 pln.KO auch dann zu, wenn sich der Käufer vertragstreu verhalten hat[266]. In diesem Fall hat nach Ansicht von *Allerhand*[267] der Konkursverwalter jedoch dem Käufer die bereits gezahlten Kaufpreisraten als Masseforderung zu erstatten. Diese Auffassung setzt sich zwar einem Widerspruch zu Art. 40 § 1 pln.KO aus, wonach der Vertragspartner des Gemeinschuldners im Falle des Rücktritts des Konkursverwalters seine bereits erbrachten Teilleistungen nicht zurückverlangen kann. Läßt man jedoch einen Rücktritt des Konkursverwalters nach Art. 39 pln.KO im Konkurs des Vorbehaltsverkäufers auch bei jeweils pünktlicher Zahlung der fälligen Kaufpreisraten zu und nimmt man dem Vorbehaltskäufer damit die in der deutschen Literatur mit dem Begriff des Anwartschaftsrechts umschriebene Möglichkeit, den allein von seinem eigenen Verhalten abhängigen Eintritt der aufschiebenden Bedingung für den Vollrechtserwerb herbeizuführen[268], so erscheint die Aufbürdung eines weitergehenden Insolvenzrisikos unbillig, zumal der Vorbehaltskäufer anders als in dem Art. 40 § 1 pln.KO zugrundeliegenden Normalfall keine Vorleistung unter Verzicht auf ein ihm nach Gesetz oder Vertrag zustehendes Zurückbehaltungsrecht erbracht hat. Eine Pflicht des Konkursverwalters, im Falle des Rücktritts nach Art. 39 § 1 pln.KO dem Vorbehaltskäufer die bereits gezahlten Kaufpreisraten aus der Masse zu erstatten, ist daher trotz Art. 40 § 1 pln.KO anzuerkennen.

Darüber hinaus ist dem Konkursverwalter im Konkurs des Vorbehaltsverkäufers bei Ausübung des Rücktrittsrechts aus Art. 39 § 1 pln.KO die Geltendmachung des Ersatzanspruchs wegen Abnutzung oder Beschädigung der Sache (Art. 591 ZGB) verwehrt, da der Vorbehaltskäufer, der pünktlich die fälligen Kaufpreisraten zahlt, darauf vertrauen darf, die verkaufte Sache behalten und deshalb auch nach Belieben abnutzen zu dürfen[269].

---

[266] Demgegenüber schließt § 107 Abs. 1 Satz 1 dt. InsO in diesem Fall die Erfüllungsablehnung des Insolvenzverwalters aus, vgl. hierzu BT-Drucks. 12/2443, S. 146.

[267] Konkursrecht mit Kommentar, Anm. 5 zu Art. 42.

[268] *Westermann/H.P. Westermann*, Sachenrecht, § 5 III 4a, S. 38.

[269] Vgl.: *Allerhand*, Konkursrecht mit Kommentar, Anm. 5 zu Art. 42.

d) Auftrags- und Kommissionsverträge

Art. 43 pln.KO hat die Wirkung der Konkurseröffnung auf bestehende Auftragsverhältnisse (Art. 734 ff. ZGB) und Kommissionsverträge (Art. 765 ff. ZGB) zum Gegenstand. Unterschieden wird danach, ob das Konkursverfahren über das Vermögen des Auftraggebers bzw. Kommittenten (Art. 43 § 1 pln.KO) oder des Beauftragten bzw. Kommissionärs (Art. 43 § 2 pln.KO) eröffnet wurde. Im Konkurs des Auftraggebers bzw. Kommittenten erlöschen Aufträge und Kommissionsverträge gemäß Art. 43 § 1 pln.KO von Gesetzes wegen. Ein Wahlrecht nach Art. 39 pln.KO steht dem Konkursverwalter nicht zu[270]. Art. 43 § 1 Satz 2 pln.KO spricht dem Beauftragten bzw. dem Kommissionär die Möglichkeit zu, den Schaden, den er durch das Erlöschen des Kommissionsvertrags bzw. des gemäß Art. 735 § 1 ZGB im Regelfall entgeltlichen Auftragsvertrags erleidet, als Konkursforderung geltend zu machen. Als Sicherheit für diese Forderung dient dem Kommissionär sein gesetzliches Pfandrecht aus Art. 773 § 1 ZGB an der Sache des Gemeinschuldners, sofern dieses vor Konkurseröffnung entstanden ist (Art. 27 pln.KO)[271]. Die Schadensersatzforderung wird dann in Höhe des auf diese Sachen entfallenden Liquidationserlöses im Verteilungsverfahren gemäß Art. 204 § 1 Nr. 2b pln.KO vorrangig befriedigt. Der Einkaufskommissionär kann darüber hinaus unter den Voraussetzungen des Art. 41 pln.KO die an den Gemeinschuldner versandten Sachen zurückverlangen[272].

Der Konkurs des Beauftragten bzw. des Kommissionärs bewirkt demgegenüber kein automatisches Erlöschen des Auftrags oder des Kommissionsvertrages. Jedoch können die Verträge gemäß Art. 43 § 2 pln.KO sowohl vom Auftraggeber bzw. Kommittenten als auch vom

---

[270] *Altman*, Konkursrecht, S. 107; *Korzonek*, Konkurs- und Vergleichsrecht I, S. 113 f.; *Gurgul*, Konkurs- und Vergleichsrecht, Rdnr. 21 zu Art. 43 pln.KO, S. 240; *Kalicińska*, Forderung im Konkursverfahren, S. 74.

[271] *Allerhand*, Konkursrecht mit Kommentar, Anm. 9 zu Art. 43; *Altman*, Konkursrecht, S. 107 f.; *Gurgul*, Konkurs- und Vergleichsrecht, Rdnr. 17 zu Art. 43 pln.KO, S. 240; *Kalicińska*, Forderung im Konkursverfahren, S. 74.

[272] Siehe oben, Teil 4, Abschnitt F 4. b).

Konkursverwalter[273] ohne eine Verpflichtung zum Schadensersatz gekündigt werden kann.

e) Agenturverträge

Art. 758 § 1 ZGB zufolge verpflichtet sich der Beauftragte (Agent) durch Abschluß eines Agenturvertrages, gegen Provision zur ständigen Vermittlung von Verträgen einer bestimmten Art für den Auftraggeber oder zum Abschluß solcher Verträge in dessen Namen. Damit entspricht der Agent weitestgehend dem Handelsvertreter nach deutschem Recht (§ 84 Abs. 1 Satz 1 dt. HGB).

Gemäß Art. 44 § 1 pln.KO bewirkt die Konkurseröffnung über das Vermögen einer der Vertragsparteien das Erlöschen des Agenturvertrages von Gesetzes wegen. Für eine Anwendbarkeit der Art. 39, 40 pln.KO bleibt damit kein Raum. Allerdings hat der Konkursverwalter die Möglichkeit, mit der anderen Vertragspartei einen neuen Agenturvertrag abzuschließen. Die hieraus erwachsenden Forderungen der anderen Vertragspartei stellen dann Masseforderungen i. S. der Art. 204 § 1 Nr. 2, Art. 205 pln.KO dar[274].

Art. 44 § 2 pln.KO räumt dem Agenten im Konkurs des Auftraggebers, nicht jedoch dem Auftraggeber im Konkurs des Agenten das Recht ein, den ihm durch die Auflösung des Agenturvertrages entstandenen Schaden als einfache Konkursforderung (Art. 204 § 1 Nr. 6 pln.KO) anzumelden[275]. Mangels Arbeitnehmereigenschaft des Agenten kommt ihm die Privilegierung des Art. 204 § 1 Nr. 1 pln.KO nicht zugute[276]. Hat der Agent allerdings vor Konkurseröffnung nach Art. 764 ZGB ein gesetzliches Pfandrecht an Sachen des Gemeinschuldners erworben, so

---

[273] Vgl. *Zedler*, Konkurs- und Vergleichsrecht, S. 202, der darauf hinweist, daß der Formulierung des Art. 43 § 2 pln.KO eine Beschränkung des Rücktrittsrechts auf den Vertragspartner des Gemeinschuldners nicht zu entnehmen ist.

[274] *Allerhand*, Konkursrecht mit Kommentar, Anm. 1 zu Art. 44; *Korzonek*, Konkurs- und Vergleichsrecht I, S. 114; *Kalicińska*, Forderung im Konkursverfahren, S. 76; *Gurgul*, Konkurs- und Vergleichsrecht, Rdnr. 8 zu Art. 44 pln.KO, S. 242.

[275] *Altman*, Konkursrecht, S. 109 f.; *Korzonek*, Konkurs- und Vergleichsrecht I, S. 114 f.; *Piasecki*, Konkurs- und Vergleichsrecht, Anm. 3 zu Art. 44 pln.KO.

[276] *Allerhand*, Konkursrecht mit Kommentar, Anm. 3 zu Art. 44; *Gurgul*, Konkurs- und Vergleichsrecht, Rdnr. 7 zu Art. 44 pln.KO, S. 242.

genießt er mit seiner Schadensersatzforderung gemäß Art. 204 § 1 Nr. 2b pln.KO Vorrang[277].

f) Leihverträge

Der gemäß Art. 710 ZGB auf unentgeltliche Überlassung einer Sache gerichtete Leihvertrag wird im Falle der Konkurseröffnung über das Vermögen des Verleihers oder des Entleihers auf Verlangen der anderen Vertragspartei sofort aufgelöst, Art. 47 § 1 pln.KO. Im Konkurs des Entleihers kann der Verleiher dann sein Aussonderungsrecht nach Art. 718 § 1 ZGB i. V. m. Art. 28, 31 pln.KO geltend machen[278]. Wurde die Sache noch nicht übergeben, so kommt Art. 47 § 2 pln.KO zufolge eine Erfüllung des Leihvertrages nicht in Betracht. Der Leihvertrag erlischt in diesem Fall bereits von Gesetzes wegen[279]. Ein Erfüllungsverlangen des Konkursverwalters nach Art. 39 pln.KO scheitert bereits am Fehlen eines gegenseitigen Vertrages i. S. von Art. 487 § 2 ZGB.

g) Darlehensverträge

Art. 48 pln.KO hat den zum Zeitpunkt der Konkurseröffnung des Darlehensnehmers oder des Darlehensgebers noch nicht erfüllten Darlehensvertrag zum Gegenstand, der in Art. 720 § 1 ZGB nicht als Real-, sondern als Konsensualvertrag ausgestaltet ist. Art. 48 pln.KO ordnet das Erlöschen des noch nicht erfüllten Darlehensvertrages mit Konkurseröffnung von Gesetzes wegen an. Anders als nach Art. 721 Satz 1 ZGB bedarf es hier keiner Rücktrittserklärung der anderen Vertragspartei. Entsprechend braucht der Darlehensgeber nach Eröffnung des Konkurses über das Vermögen des Darlehensnehmers die Darlehensvaluta selbst dann nicht auszuzahlen, wenn er bei Abschluß des Darlehensvertrages

---

277 *Gurgul*, a. a. O. (Fn. 276).

278 *Altman*, Konkursrecht, S. 114; *Korzonek*, Konkurs- und Vergleichsrecht I, S. 118; *Kalicińska*, Forderung im Konkursverfahren, S. 79; *Gurgul*, Konkurs- und Vergleichsrecht, Rdnr. 5 zu Art. 47 pln.KO, S. 251.

279 *Altman*, Konkursrecht, S. 114; *Allerhand*, Konkursrecht mit Kommentar, Anm. 5 zu Art. 47; *Korzonek*, Konkurs- und Vergleichsrecht I, S. 119; *Kalicińska*, Forderung im Konkursverfahren, S. 80; *Piasecki*, Konkurs- und Vergleichsrecht, Anm. 4 zu Art. 47 pln.KO, S. 198; *Świeboda*, Konkurs- und Vergleichsrecht, Anm. 5 zu Art. 47 pln.KO, S. 92; a. A.: *Gurgul*, Konkurs- und Vergleichsrecht, Rdnr. 5 zu Art. 47 pln.KO, S. 252.

den schlechten Vermögenszustand kannte oder mit Leichtigkeit hätte erkennen können, da auch Art. 721 Satz 2 ZGB von Art. 48 pln.KO verdrängt wird[280]. Hatte der Darlehensgeber bis zur Konkurseröffnung nur einen Teil der vereinbarten Darlehensvaluta ausgezahlt, so erlischt der Darlehensvertrag gemäß Art. 48 pln.KO nur bezüglich des noch ausstehenden Darlehensbetrages. Soweit die Darlehensvaluta vor Konkurseröffnung ausbezahlt worden ist, bleibt es bei den allgemeinen Regeln[281].

h) Miet- und Pachtverträge

Die Auswirkungen der Konkurseröffnung auf Mietverträge (Art. 659 ff. ZGB) und Pachtverträge (Art. 693 ff. ZGB) sind den Art. 49 - 51 pln.KO zu entnehmen. Art. 49 pln.KO schließt im Falle der Konkurseröffnung über das Vermögen des Vermieters einer beweglichen Sache die Bindungswirkung der Einziehung des Mietzinses im voraus für eine Zeit von mehr als sechs Monaten gerechnet ab dem Tag der Konkurseröffnung gegenüber der Konkursmasse aus. Es fällt auf, daß Art. 49 pln.KO anders als Art. 50 § 2 pln.KO, der sich auf die Vermietung und Verpachtung von Liegenschaften durch den Gemeinschuldner bezieht, seinem Wortlaut nach nur der Einziehung, nicht aber auch anderen Formen der Verfügung über den Mietzins die Bindungswirkung gegenüber der Konkursmasse abspricht, obwohl sich solche Verfügungen für die Konkursmasse als ebenso nachteilig erweisen. Neben der Einziehung des Mietzinses durch den Vermieter wird darum nach überwiegender Ansicht auch die Aufrechnung, die Leistung an Erfüllungs Statt, die Abtretung des Mietzinses und selbst die Gewährung eines Zahlungsaufschubs durch den späteren Gemeinschuldner zu Gunsten der anderen Vertragspartei gemäß Art. 49 pln.KO gegenüber der Konkursmasse als unwirksam angesehen, soweit hiervon der Mietzins für die Zeit ab dem

---

280 *Kalicińska*, Forderung im Konkursverfahren, S. 82.

281 *Altman*, Konkursrecht, S. 115; *Kalicińska*, Forderung im Konkursverfahren, S. 83. Nicht überzeugend dagegen *Korzonek*, Konkurs- und Vergleichsrecht I, S. 120 und *Świeboda*, Konkurs- und Vergleichsrecht, Anm. 5 zu Art. 48 pln.KO, S. 93, wonach in diesem Fall der Konkursverwalter gemäß Art. 39 pln.KO das Recht haben soll, Erfüllung des gesamten Darlehensvertrages zu verlangen.

siebten Monat seit Konkurseröffnung betroffen ist[282]. Konsequenterweise muß dies auch für die Verpfändung solcher Mietzinsforderungen gelten.

Ist die Einziehung des Mietzinses gemäß Art. 49 pln.KO der Konkursmasse gegenüber unwirksam, so kann der Konkursverwalter vom Mieter die nochmalige Zahlung des Mietzinses verlangen. In der polnischen Literatur besteht Streit darüber, in welcher Weise der Mieter den ihm hieraus erwachsenden Schaden geltend machen kann. Mit dem Argument, ein Schadensersatz- bzw. Bereicherungsanspruch entstehe dem Mieter erst nach Konkurseröffnung, da die erste, vor Konkurseröffnung erbrachte Zahlung des Mietzinses gegenüber dem Vermieter geschuldet war[283], schließen *Korzonek*[284] und *Gurgul*[285] die Geltendmachung eines Schadensersatz- oder Bereicherungsanspruchs durch den Mieter gegenüber der Konkursmasse sowohl als Masseforderung wie auch als einfache Konkursforderung aus und verweisen ihn darauf, diese Forderung unmittelbar gegen den Gemeinschuldner geltend zu machen, was nach *Gurgul* auch während des laufenden Konkursverfahrens geschehen könne, da Art. 169 pln.KO hier „aus offensichtlichen Gründen" nicht in Betracht komme. Überzeugender erscheint es dagegen, den Rechtsgedanken des Art. 59 § 2 Satz 1 pln.KO heranzuziehen, wonach im Falle einer nach Art. 54 ff. pln.KO unwirksamen Rechtshandlung der hiervon Betroffene die von ihm an den Gemeinschuldner erbrachte Gegenleistung vom Konkursverwalter als Masseforderung zurückverlangen kann, sofern sich diese Gegenleistung noch getrennt vom übrigen Vermögen in der Konkursmasse befindet oder soweit die Konkursmasse durch die Gegenleistung bereichert ist und er gemäß Art. 59 § 2 Satz 2 pln.KO andernfalls seinen Erstattungsanspruch als einfache Konkursforderung zur Konkurstabelle anmelden kann[286]. Bei der gemäß Art. 49 pln.KO der Konkursmasse gegenüber unwirksamen Einziehung einer Mietzinsforderung durch den Gemeinschuldner handelt es sich letztlich um einen Sonderfall der ansonsten in Titel II, Kapitel V der polnischen Konkursver-

---

[282] *Allerhand*, Konkursrecht mit Kommentar, Anm. 2 zu Art. 49; *Gurgul*, Konkurs- und Vergleichsrecht, Rdnrn. 3 und 6 zu Art. 49 pln.KO, S. 256 f.

[283] Vgl. auch *Allerhand*, Konkursrecht mit Kommentar, Anm. 9 zu Art. 49.

[284] Konkurs- und Vergleichsrecht I, S. 121.

[285] Konkurs- und Vergleichsrecht, Rdnr. 7 zu Art. 49 pln.KO, S. 257.

[286] Auf die Parallele zu Art. 59 § 2 pln.KO weist auch *Allerhand*, Konkursrecht mit Kommentar, Anm. 9 zu Art. 49 hin.

ordnung geregelten Unwirksamkeit von Rechtshandlungen des Gemeinschuldners, was zumindest eine analoge Anwendung des Art. 59 § 2 pln.KO nahelegt. Soweit sich der zuerst gezahlte Mietzins noch getrennt vom sonstigen Vermögen in der Konkursmasse befindet oder die Konkursmasse um den gezahlten Mietzins bereichert ist, erscheint eine nochmalige Inanspruchnahme des Mieters durch den Konkursverwalter nicht gerechtfertigt[287], so daß man dem Mieter hier sogar die Möglichkeit einräumen muß, gegen die vom Konkursverwalter geltend gemachte Mietzinsforderung mit der Masseforderung aus Art. 59 § 2 Satz 1 pln.KO aufzurechnen[288], wobei Art. 36 pln.KO der Aufrechnung einer Masseforderung gegen eine erst mit oder nach Konkurseröffnung entstandene massezugehörige Forderung nicht entgegensteht[289].

Abgesehen von der Frage der Wirksamkeit der Einziehung von Mietzinsforderungen durch den späteren Gemeinschuldner stellen die Art. 49 ff. pln.KO keine Sonderregelungen für Mietverträge über bewegliche Sachen auf. Die allgemeinen Bestimmungen der Art. 39, 40 pln.KO werden daher im Bereich der Mietverträge über bewegliche Sachen von Art. 49 ff. pln.KO nicht verdrängt[290].

Bezüglich der Auswirkungen der Konkurseröffnung auf Miet- und Pachtverträge über unbewegliche Sachen ist zunächst danach zu unterscheiden, ob das Konkursverfahren über das Vermögen des Vermieters bzw. Verpächters (Art. 50 pln.KO) oder über das Vermögen des Mieters bzw. Pächters (Art. 51 pln.KO) eröffnet wurde. In beiden Fällen ist dann zu fragen, ob bereits vor Konkurseröffnung eine Gebrauchsüberlassung an den Mieter bzw. Pächter stattgefunden hat[291].

Art. 50 pln.KO, der die Wirkungen der Konkurseröffnung über das Vermögen des Vermieters oder Verpächters einer Liegenschaft zum Gegenstand hat, stellt für den Fall, daß der Vertragsgegenstand vor Konkurseröffnung nicht von der anderen Vertragspartei in Besitz genommen wurde, keine Sonderregelungen auf. Es bleibt hier bei den allgemeinen

---

[287] Vgl. auch *Altman*, Konkursrecht, S. 116, der den Mieter in diesem Fall durch eine Analogie zu Art. 25 pln.KO vor einer nochmaligen Inanspruchnahme durch den Konkursverwalter schützen will.

[288] *Świeboda*, Konkurs- und Vergleichsrecht, Anm. 4 zu Art. 49 pln.KO, S. 94.

[289] Siehe oben, Teil 4, Abschnitt F 2. sowie Fn. 201.

[290] *Allerhand*, Konkursrecht mit Kommentar, Anm. 1 zu Art. 49; *Kalicińska*, Forderung im Konkursverfahren, S. 85, 94.

[291] *Kalicińska*, Forderung im Konkursverfahren, S. 85.

Bestimmungen der Art. 39, 40 pln.KO[292]. Da die miet- oder pachtweise Überlassung einer massezugehörigen Liegenschaft an einen Dritten die Verwertung der Konkursmasse in aller Regel eher erschwert, wird sich der Konkursverwalter meist für den Rücktritt gemäß Art. 39 § 1 pln.KO zu entscheiden haben.

Hat vor Eröffnung des Konkursverfahrens über das Vermögen des Vermieters oder Verpächters die Gebrauchsüberlassung stattgefunden, so bleibt der Miet- oder Pachtvertrag gemäß Art. 50 § 1 pln.KO in Kraft. Art. 50 § 2 pln.KO schließt gegenüber der Konkursmasse die Bindungswirkung einer Einziehung des Mietzinses durch den Gemeinschuldner bereits für die Zeit ab dem vierten Monat nach Konkurseröffnung aus und erstreckt diese Rechtsfolge ausdrücklich auch auf andere Verfügungen des Gemeinschuldners über den auf diese Zeit entfallenden Mietzins. Bei Pachtverträgen gilt dies erst für den Pachtzins, der auf die Zeit ab dem siebten Monat nach Konkurseröffnung entfällt. Wurde der Mieter oder Pächter aufgrund von Art. 50 § 2 pln.KO vom Konkursverwalter zur nochmaligen Zahlung des Miet- bzw. Pachtzinses herangezogen, so kann er ebenso wie der Mieter einer beweglichen Sache analog Art. 59 § 2 Satz 2 pln.KO seinen Anspruch auf Erstattung der ersten, gegenüber der Konkursmasse unwirksamen Zahlung als Konkursforderung zur Tabelle anmelden, oder, soweit sich die erste Zahlung noch getrennt vom übrigen Vermögen in der Konkursmasse befindet oder soweit die Konkursmasse hierdurch bereichert ist, analog Art. 59 § 2 Satz 1 pln.KO seinen Bereicherungsanspruch als Masseforderung geltend machen und mit dieser Masseforderung gegen die noch nicht mit Wirkung gegenüber Konkursmasse erfüllte Miet- bzw. Pachtzinsforderung aufrechnen.

Gemäß Art. 50 § 3 pln.KO hat der Verkauf der Liegenschaft durch den Konkursverwalter im Verlauf des Konkursverfahrens die gleichen Wirkungen auf den Miet- oder Pachtvertrag wie der Verkauf im Zwangsvollstreckungsverfahren. Verwiesen wird mit dieser Bestimmung auf Art. 1002 ZVGB, wonach der Erwerber mit dem Zeitpunkt der Rechtskraft des Beschlusses über den Zuschlag des Eigentums in die sich aus einem bestehenden Miet- oder Pachtverhältnis ergebenden

---

[292] *Estryn*, PPC 1936, S. 37 [38]; *Altman*, Konkursrecht, S. 117; *Allerhand*, Konkursrecht mit Kommentar, Anm. 4 zu Art. 49; *Korzonek*, Konkurs- und Vergleichsrecht I, S. 124; *Kalicińska*, Forderung im Konkursverfahren, S. 85; *Gurgul*, Konkurs- und Vergleichsrecht, Rdnr. 19 zu Art. 50 pln.KO, S. 262.

Pflichten gemäß denjenigen Vorschriften eintritt, welche die Rechtsverhältnisse im Falle der Veräußerung einer vermieteten oder verpachteten Sache regeln[293]. Die Rechtsfolgen der Veräußerung einer vermieteten oder verpachteten Sache sind den Art. 678, 692 und 694 ZGB zu entnehmen. Gemäß Art. 678 § 1 ZGB kann der Erwerber, der in den Miet- bzw. Pachtvertrag (Art. 694 ZGB) eintritt, den Vertrag unter Einhaltung der in Art. 673 § 2, Art. 704 ZGB geregelten gesetzlichen Kündigungsfristen[294] kündigen. Wurde der Vertrag für eine bestimmte Zeit in Schriftform und mit einem feststehenden („sicheren") Datum i. S. des Art. 81 ZGB[295] abgeschlossen, so besteht gemäß Art. 678 § 2 ZGB kein Kündigungsrecht des Erwerbers nach Art. 678 § 1 ZGB. Dies gilt Art. 694 ZGB zufolge für den Pachtvertrag entsprechend. Bei der Vermietung von Wohnraum schließt Art. 692 ZGB das Kündigungsrecht des Erwerbers nach Art. 673 § 1 ZGB ebenfalls aus.

Wurde über das Vermögen des Mieters oder Pächters einer Liegenschaft das Konkursverfahren eröffnet, so können gemäß Art. 51 § 1 pln.KO sowohl der Konkursverwalter als auch der Vermieter/Verpächter innerhalb von zwei Wochen ab dem Datum der Konkurseröffnung (Art. 15 pln.KO) vom Vertrag zurücktreten, sofern es bis zur Konkurseröffnung noch nicht zur Gebrauchsüberlassung der Liegenschaft an den Gemeinschuldner gekommen ist[296]. Die genannte Frist kann aufgrund ihres materiell-rechtlichen Charakters weder nach Art. 166 ZVGB verkürzt oder verlängert werden noch unterliegt sie nach Art. 168 ff. ZVGB der Wiedereinsetzung[297]. Der Konkursverwalter bedarf gemäß Art. 131

---

293 *Kalicińska*, Forderung im Konkursverfahren, S. 89; *Gurgul*, Konkurs- und Vergleichsrecht, Rdnr. 13 zu Art. 50 pln.KO, S. 261.

294 Gemäß Art. 673 § 2 ZGB beträgt die gesetzliche Kündigungsfrist für ein Mietverhältnis drei Monate zum Schluß des Kalendervierteljahres, wenn der Mietzins in längeren Zeitabständen als in Monaten bemessen ist. Bei einer Bemessung in Monaten beträgt die Frist einen Monat zum Schluß eines Kalendermonats. Bei kürzerer Bemessung der Mietzinsen als in Monaten beträgt die Frist drei Tage und bei täglich zahlbarem Mietzins einen Tag. Bei einem Pachtverhältnis über ein landwirtschaftliches Grundstück beträgt die gesetzliche Kündigungsfrist gemäß Art. 704 ZGB ein Jahr zum Schluß des Pachtjahres und bei einem sonstigen Pachtverhältnis sechs Monate zum Schluß des Pachtjahres.

295 Siehe hierzu Teil 4, Abschnitt F 4. c).

296 *Estryn*, PPC 1936, S. 37 [43].

297 *Kalicińska*, Forderung im Konkursverfahren, S. 91; *Gurgul*, Konkurs- und Vergleichsrecht, Rdnr. 4 zu Art. 51 pln.KO, S. 264.

§ 1 Nr. 8 pln.KO zur Ausübung seines Rücktrittsrechts der Zustimmung des Gläubigerausschusses bzw. des Richter-Kommissars (Art. 132, 140 pln.KO)[298]. Gemäß Art. 51 § 2 pln.KO zieht der Rücktritt keine Schadensersatzansprüche nach sich. Jedoch kann der Konkursverwalter bereits im voraus vom Gemeinschuldner entrichtete Miet- oder Pachtzinsen im Falle des Rücktritts von der anderen Vertragspartei zurückverlangen[299]. Wird der Rücktritt nicht innerhalb der zweiwöchigen Frist erklärt und der Vertrag auch nicht nach Ablauf dieser Frist einverständlich aufgehoben, so hat die andere Vertragspartei die Liegenschaft dem Konkursverwalter zu überlassen. Im Gegenzug kann sie den Miet- bzw. Pachtzins als Masseforderung gemäß Art. 204 § 1 Nr. 2, Art. 205 pln.KO geltend machen[300].

Hat der Gemeinschuldner die an ihn vermietete oder verpachtete Liegenschaft dagegen bis zur Konkurseröffnung bereits in Besitz genommen, so billigt Art. 51 § 3 pln.KO nur dem Konkursverwalter ein Sonderkündigungsrecht zu. Anders als das Rücktrittsrecht nach Art. 51 § 1 pln.KO unterliegt das Sonderkündigungsrecht nach Art. 51 § 3 pln.KO keiner Ausschlußfrist[301]. Im Falle eines Miet- oder Pachtvertrages über die Liegenschaft, auf der das Unternehmern geführt wurde, wird die Kündigung nach Ablauf einer sechsmonatigen Kündigungsfrist wirksam, in allen anderen Fällen mit Ablauf der gesetzlichen Kündigungsfrist nach Art. 673 § 2, Art. 704 ZGB, jeweils vorbehaltlich der Vereinbarung einer kürzeren vertraglichen Kündigungsfrist. Unabhängig davon kann gemäß Art. 51 § 4 pln.KO die Auflösung des Vertrages nicht vor Ablauf des Zeitraums erfolgen, für den der Gemeinschuldner den Miet- oder Pachtzins bereits im voraus entrichtet hatte. Dem Vermieter bzw. Verpächter

---

[298] *Altman*, Konkursrecht, S. 120; *Allerhand*, Konkursrecht mit Kommentar, Anm. 5 zu Art. 51; *Piasecki*, Konkurs- und Vergleichsrecht, Anm. 2 zu Art. 51 pln.KO, S. 201; *Kalicińska*, Forderung im Konkursverfahren, S. 91; *Gurgul*, Konkurs- und Vergleichsrecht, Rdnr. 5 zu Art. 51 pln.KO, S. 264.

[299] *Altman*, Konkursrecht, S. 120; *Allerhand*, Konkursrecht mit Kommentar, Anm. 9 zu Art. 51; *Korzonek*, Konkurs- und Vergleichsrecht I, S. 126; *Gurgul*, Konkurs- und Vergleichsrecht, Rdnr. 6 zu Art. 51 pln.KO, S. 264; *Kalicińska*, Forderung im Konkursverfahren, S. 92.

[300] *Allerhand*, Konkursrecht mit Kommentar, Anm. 8 zu Art. 51; *Gurgul*, Konkurs- und Vergleichsrecht, Rdnr. 7 zu Art. 51 pln.KO, S. 264.

[301] *Allerhand*, Konkursrecht mit Kommentar, Anm. 12 zu Art. 51; *Świeboda*, Konkurs- und Vergleichsrecht, Anm. 7 zu Art. 51 pln.KO, S. 97; *Kalicińska*, Forderung im Konkursverfahren, S. 92.

räumt Art. 51 § 3 pln.KO zwar kein Sonderkündigungsrecht ein, dessen gesetzliche oder vertraglich vereinbarte Kündigungsrechte bleiben aber unangetastet[302].

Macht der Konkursverwalter von seinem Sonderkündigungsrecht aus Art. 51 § 3 pln.KO Gebrauch, so steht dem Vermieter gemäß Art. 51 § 5 pln.KO ein Schadensersatzanspruch zu, der auf den Schaden beschränkt ist, der in den ersten zwei Jahren ab dem Zeitpunkt der Beendigung des Vertrages eintritt. Macht der Konkursverwalter nicht von seinem Sonderkündigungsrecht aus Art. 51 § 3 pln.KO, sondern von einem vertraglich vereinbarten Kündigungsrecht Gebrauch, so steht der anderen Vertragspartei kein Schadensersatzanspruch nach Art. 51 § 5 zu[303].

Umstritten ist die Frage, ob der Schadensersatzanspruch des Vermieters oder Verpächters aus Art. 51 § 5 pln.KO als Masseforderung oder als einfache Konkursforderung geltend zu machen ist. Während als Argument für die Bejahung einer Masseforderung angeführt wird, daß die Entstehung des Schadensersatzanspruchs wie von Art. 204 § 1 Nr. 2 pln.KO vorausgesetzt auf einer Handlung des Konkursverwalters, nämlich der Kündigung beruht[304], erkennen die Vertreter der Gegenansicht nur eine einfache Konkursforderung unter Hinweis darauf an, daß der Schadensersatzanspruch bereits mit Konkurseröffnung entstehe und lediglich durch die Ausübung des Sonderkündigungsrechts durch den Konkursverwalter aufschiebend bedingt sei[305]. Ungeachtet derartiger konstruktiver Überlegungen darf nicht übersehen werden, daß das Kündigungsrecht des Konkursverwalters nach Art. 51 § 3 pln.KO die systematische Entsprechung des allgemeinen Rücktrittsrechts im Falle des beiderseits nicht vollständig erfüllten gegenseitigen Vertrags nach Art. 39 § 1 pln.KO darstellt. Hierbei ist jedoch allgemein anerkannt, daß

---

302 *Gurgul*, Konkurs- und Vergleichsrecht, Rdnr. 11, 13 zu Art. 51 pln.KO, S. 265.

303 *Allerhand*, Konkursrecht mit Kommentar, Anm. 21 zu Art. 51; *Gurgul*, Konkurs- und Vergleichsrecht, Rdnr. 15 zu Art. 51 pln.KO, S. 266.

304 Für eine Masseforderung sprechen sich daher aus: *Korzonek*, Konkurs- und Vergleichsrecht I, S. 128; *Gurgul*, Konkurs- und Vergleichsrecht, Rdnr. 15 zu Art. 51 pln.KO, S. 266. Unklar dagegen *Świeboda*, Konkurs- und Vergleichsrecht, Anm. 9 zu Art. 51 pln.KO, S. 98, der eine Befriedigung „nach den in Art. 204 vorgesehenen Grundsätzen" befürwortet.

305 Nur eine einfache Konkursforderung erkennen an: *Altman*, Konkursrecht, S. 121; *Allerhand*, Konkursrecht mit Kommentar, Anm. 23 zu Art. 51; *Kalicińska*, Forderung im Konkursverfahren, S. 94.

der Schadensersatzanspruch der anderen Vertragspartei aus Art. 40 § 1 pln.KO nur als einfache Konkursforderung und nicht als Masseforderung i. S. des Art. 204 § 1 Nr. 2 pln.KO befriedigt wird[306]. Dies muß in gleicher Weise für den Schadensersatzanspruch nach Art. 51 § 5 pln.KO gelten, da die andere Vertragspartei auch hier keine Leistung an die Konkursmasse erbringt. Genauso wie durch den Rücktritt nach Art. 39 § 1 pln.KO wird sie vielmehr durch die vom Konkursverwalter nach Art. 51 § 3 pln.KO ausgesprochene Kündigung von ihrer Leistungspflicht gegenüber der Konkursmasse befreit.

Nicht erörtert wird dagegen die Frage, ob der auf die Zeit nach Konkurseröffnung entfallende Miet- oder Pachtzins von der anderen Vertragspartei als Masseforderung oder nur als Konkursforderung geltend gemacht werden kann. Lediglich für den Fall, daß vor Konkurseröffnung eine Gebrauchsüberlassung noch nicht stattgefunden hat und weder der Konkursverwalter noch die andere Vertragspartei von ihrem Rücktrittsrecht nach Art. 51 § 1 pln.KO Gebrauch machen, wird in der Literatur die Behandlung der Miet- und Pachtzinsforderungen als Masseforderung ausdrücklich anerkannt[307]. Da der Zweck des Art. 204 § 1 Nr. 2 pln.KO darin besteht, demjenigen Gläubiger, der seine vollwertige Leistung über die Konkurseröffnung hinaus der Masse zugute kommen läßt, die volle Gegenleistung zu gewähren und ihn nicht auf eine einfache Konkursforderung zu beschränken, muß die ab dem Datum der Konkurseröffnung erbrachte Gebrauchsüberlassung auch dann als Masseforderung i. S. des Art. 204 § 1 Nr. 2 pln.KO behandelt werden, wenn die Verpflichtung hierzu weder auf einem Erfüllungsverlangen nach Art. 39 § 1 pln.KO noch auf einer sonstigen Handlung des Konkursverwalters, sondern lediglich auf den in Art. 51 § 3 pln.KO vorgesehenen Kündigungsfristen oder der Nichtabgabe einer Kündigungserklärung beruht[308].

---

306 *Altman*, Konkursrecht, S. 99; *Allerhand*, Konkursrecht mit Kommentar, Anm. 4 zu Art. 40; *Korzonek*, Konkurs- und Vergleichsrecht I, S. 107; *Piasecki*, Konkurs- und Vergleichsrecht, Anm. 3 zu Art. 41 pln.KO, S. 180; *Torbus*, Rejent 7-8/1997, S. 160 [175]; *Kalicińska*, Forderung im Konkursverfahren, S. 106; *Gurgul*, Konkurs- und Vergleichsrecht, Rdnr. 2 zu Art. 40 pln.KO, S. 231.

307 *Allerhand*, Konkursrecht mit Kommentar, Anm. 8 zu Art. 51; *Gurgul*, Konkurs- und Vergleichsrecht, Rdnr. 7 zu Art. 51 pln.KO, S. 264.

308 So auf der Grundlage des früheren § 59 Abs. 1 Nr. 2 dt. KO: BGH, Urteil vom 6.11.1978 – VII ZR 179/77, BGHZ 72, S. 263 [265] und Urteil vom 15.2.1984 –

i) Leasingverträge

Der Leasingvertrag hat in Polen aufgrund der ZGB-Novelle vom 26.7.2000[309] in Form der Art. 709^1 - 709^{18} ZGB eine gesetzliche Ausgestaltung erfahren, an einer ausdrücklichen Regelung der Konkurswirkungen auf ein bestehendes Leasingverhältnis fehlt es jedoch ähnlich wie in Deutschland weiterhin. Es stellt sich daher die Frage nach der Anwendbarkeit der Art. 49 - 51 pln.KO, die dann im Bereich des Immobilienleasings die Bestimmungen der Art. 39, 40 pln.KO vollständig verdrängen würden. Im Ergebnis wird man die Anwendbarkeit der mietrechtlichen Bestimmungen der Art. 49 ff. pln.KO nicht nur auf das sog. Operating-Leasing, sondern auch auf das Finanzierungsleasing zu bejahen haben, und zwar selbst dann, wenn dem Leasingnehmer eine Kaufoption i. S. von Art. 709^{16} ZGB eingeräumt wurde. Trotz der Möglichkeit, in der Zukunft eine Kaufoption ausüben zu können, liegt nämlich auch hier der Schwerpunkt des Rechtsgeschäfts in der Gebrauchsüberlassung und damit im mietrechtlichen Bereich[310]. Beim Immobilienleasing erweist sich dies im Konkurs des Leasinggebers für den Leasingnehmer sogar als Vorteil, da gemäß Art. 709^{14} § 1 ZGB i. V. m. Art. 50 § 3 pln.KO, 1002 ZVGB im Falle der Veräußerung der Sache durch den Leasinggeber der Erwerber an dessen Stelle in das Leasingverhältnis eintritt. Da der Eintritt des Erwerbers in das Leasingverhältnis gemäß Art. 709^{14} § 1 ZGB alle vertraglichen Abreden umfaßt, erweist sich eine Kaufoption des Leasingnehmers (Art. 709^{16} ZGB) im Rahmen des Finanzierungsleasings im Konkurs des Leasinggebers unter der Voraussetzung, daß die Liegenschaft bereits vor Verfahrenseröffnung dem Leasingnehmer zum Gebrauch überlassen wurde[311], als konkursfest, zu-

---

VIII ZR 213/82, BGHZ 90, S. 145 [150]; *Gottwald/Huber*, Insolvenzrechtshandbuch (1990), § 38, Rdnrn. 16 und 19, S. 379 f.

309 Dz.U. 2000, Nr. 74, Pos. 857, vgl. hierzu: *Niewerth/Schlichte*, WiRO 2001, S. 74 ff.

310 So die herrschende Meinung in der deutschen Literatur und Rechtsprechung, vgl.: BGH, Urteil vom 14.12.1989 - IX ZR 283/88, BGHZ 109, S. 368 [374]; *Gottwald/Huber*, Insolvenzrechtshandbuch (1990), § 38, Rdnr. 20, S. 380; *Jaeger/Henckel*, Konkursordnung, Rdnr. 17 zu § 19; *Kuhn/Uhlenbruck*, Konkursordnung, Rdnrn. 23 ff. zu § 19, S. 414 f.

311 Nur dann wird nämlich das Rücktrittsrecht des Konkursverwalters aus Art. 39 § 1 pln.KO durch Art. 50 pln.KO verdrängt, vgl.: *Kalicińska*, Forderung im Konkursverfahren, S. 85; *Gurgul*, Konkurs- und Vergleichsrecht, Rdnr. 19 zu Art. 50 pln.KO, S. 262.

mal Art. 709^{14} ZGB anders als Art. 678 § 1 ZGB dem Erwerber kein Kündigungsrecht einräumt. Würde man dagegen das Finanzierungsleasing mit Kaufoption als Kaufvertrag mit Ratenvereinbarung behandeln, so könnte der Konkursverwalter auch bei bereits vor Konkurseröffnung erfolgter Gebrauchsüberlassung der Liegenschaft gemäß Art. 39 § 1 pln.KO vom Vertrag zurücktreten und damit auch die Kaufoption des Leasingnehmers zerstören[312].

Beim Leasing beweglicher Sachen werden die Art. 39, 40 pln.KO nicht von der mietrechtlichen Sonderbestimmung des Art. 49 pln.KO verdrängt. Der Konkursverwalter ist damit sowohl im Konkurs des Leasingnehmers wie auch des Leasinggebers zum Rücktritt nach Art. 39 § 1 pln.KO berechtigt[313].

Die Konkurseröffnung über das Vermögen des Leasingnehmers schließt weder im Falle des Immobilienleasings noch des Leasings einer beweglichen Sache das Recht des Leasinggebers aus, bei Zahlungsverzug mit mindestens einer Rate unter der Voraussetzung einer Nachfristsetzung mit Kündigungsandrohung gemäß Art. 709^{13} § 2 Satz 1 ZGB mit sofortiger Wirkung zu kündigen. Art. 709^{13} § 2 Satz 1 ZGB stellt insoweit eine zwingende Vorschrift dar, als für den Leasingnehmer ungünstigere vertragliche Abreden nach Art. 709^{13} § 2 Satz 2 ZGB unwirksam sind. Eine Kündigungsfrist kann dagegen vertraglich vereinbart werden und ist dann vom Leasinggeber zu beachten (Art. 709^{13} § 2 Satz 1 ZGB). Anders als nach § 112 InsO im deutschen Recht hindert auch die Stellung des Konkursantrags die Ausübung des Kündigungsrechts durch den Leasinggeber nicht.

Im Konkurs des Leasinggebers finden Art. 49 bzw. 50 § 2 pln.KO auf Vorausverfügungen über Leasingraten einschließlich ihrer Einziehung Anwendung.

j) Arbeitsverträge

Art. 45 pln.KO, der bestimmte, daß die Eröffnung des Konkursverfahrens über das Vermögen des Arbeitgebers nicht die Auflösung der Arbeitsverträge bewirkt, und der dem Konkursverwalter ein Kündi-

---

[312] *Hutor*, PPH 4/2002, S. 29 [31].

[313] *Łojek*, Prawo Spółek 6/1997, S. 40 [43]; *Gurgul*, Konkurs- und Vergleichsrecht, Rdnr. 31 zu Art. 39 pln.KO, S. 229.

gungsrecht unter Einhaltung der gesetzlichen Kündigungsfristen einräumte, während der Arbeitnehmer die Möglichkeit hatte, seinen Arbeitsvertrag innerhalb des ersten Monats nach Konkurseröffnung unter Einhaltung einer einwöchigen Frist zu kündigen, wurde durch Art. 20 Nr. 1 des Gesetzes vom 29.12.1993 über den Schutz der Arbeitnehmeransprüche im Falle der Insolvenz des Arbeitgebers (ArbnFSchG) aufgehoben[314]. Auch nach geltendem Recht bewirkt die Konkurseröffnung über das Vermögen des Arbeitgebers nicht die Auflösung des Arbeitsverhältnisses, jedoch ermöglichen die arbeitsrechtlichen Bestimmungen im Falle der Konkurseröffnung dem Konkursverwalter eine Kündigung unter erleichterten Bedingungen.

Während die gesetzliche Kündigungsfrist gegenüber dem Arbeitnehmer für ein Arbeitsverhältnis, das auf unbestimmte Zeit eingegangen ist und mindestens drei Jahre bestanden hat, gemäß Art. 36 § 1 Nr. 3 ArbGB drei Monate beträgt[315], kann diese Kündigungsfrist gemäß Art. 36[1] ArbGB auf einen Monat verkürzt werden, wenn die Kündigung aufgrund des Konkurses oder der Liquidation des Arbeitgebers oder zur Verringerung der Beschäftigtenzahlen aus Gründen erfolgt, die den Arbeitgeber betreffen und in besonderen Vorschriften geregelt sind[316]. Dem Arbeitnehmer steht in diesem Falle eine Entschädigung in Höhe der Entlohnung für die restlichen zwei Monate der gesetzlichen Kündigungsfrist zu (Art. 36[1] § 1, 2. Halbsatz ArbGB). Die Kündigungsfrist für einen auf bestimmte Zeit oder für die Dauer der Ausführung einer bestimmten Arbeit abgeschlossenen Arbeitsvertrag beträgt Art. 41[1] § 2 ArbGB zufolge im Falle des Konkurses oder der Liquidation des Arbeitgebers für beide Seiten zwei Wochen[317].

---

314 *Kirczuk-Antończak*, PiZS 1/2001, S. 13 [19 f.]; *Piasecki*, Konkurs- und Vergleichsrecht, S. 183; *Świeboda*, Konkurs- und Vergleichsrecht, Anm. 1 zu Art. 45 pln.KO, S. 90; *Gurgul*, Konkurs- und Vergleichsrecht, Rdnr. 1 zu Art. 45 pln.KO, S. 243.

315 Bei einem Arbeitsverhältnis, das auf unbestimmte Zeit eingegangen ist und weniger als sechs Monate bestand, beträgt die gesetzliche Kündigungsfrist zwei Wochen (Art. 36 § 1 Nr. 1 ArbGB) und wenn das Arbeitsverhältnis mindestens sechs Monate, aber weniger als drei Jahre bestand, einen Monat (Art. 36 § 1 Nr. 2 ArbGB).

316 Siehe hierzu Art. 1 des Gesetzes vom 28.12.1989 über die besonderen Bedingungen der Lösung von Arbeitsverhältnissen aus Gründen, die den Arbeitsbetrieb betreffen und über die Änderung einiger Gesetze (bereinigte Fassung vom 4.7.2002, Dz.U. 2002, Nr. 112, Pos. 980).

317 *Kalicińska*, Forderung im Konkursverfahren, S. 98.

Des weiteren finden im Falle des Konkurses oder der Liquidation des Arbeitgebers gemäß Art. 41^1 § 1 ArbGB weder die Bestimmungen der Art. 38, 39 und 41 ArbGB noch die besonderen Kündigungsschutzbestimmungen Anwendung. Die Kündigungsabsicht muß daher nicht nach Art. 38 § 1 ArbGB der den betroffenen Arbeitnehmer repräsentierenden betrieblichen Gewerkschaftsorganisation unter Angabe der Gründe mitgeteilt und die Angelegenheit mangels Einspruchsmöglichkeit dieser Organisation auch nicht einer landesweiten Gewerkschaftsorganisation im Verfahren nach Art. 38 §§ 2 - 5 ArbGB vorgelegt werden. Entgegen Art. 39 ArbGB ist die Kündigung auch gegenüber Arbeitnehmern zulässig, denen bis zum Erreichen des Rentenalters nicht mehr als zwei Jahre fehlen. Darüber hinaus kann die Kündigung ungeachtet Art. 41 ArbGB auch während des Urlaubs des Arbeitnehmers oder während einer anderen entschuldigten Abwesenheit erfolgen[318].

Außerdem sind im Falle des Konkurses und der Liquidation des Arbeitgebers Kündigungen unter den Voraussetzungen des Art. 177 § 4 ArbGB auch während der Schwangerschaft und des Mutterschaftsurlaubs einer Arbeitnehmerin sowie gemäß Art. 196 Nr. 2 ArbGB gegenüber Auszubildenden zulässig. Nach dem Urteil des Obersten Gerichts vom 24.3.1994[319] wird auch der aus Art. 32 des Gesetzes über die Gewerkschaften[320] folgende Kündigungsschutz für Arbeitnehmer in der Funktion eines Mitglieds des Gründungskomitees, des Vorstands oder der Revisionskommission einer betrieblichen Gewerkschaftsorganisation gemäß Art. 41^1 § 1 ArbGB im Konkurs oder in der Liquidation des Arbeitgebers aufgehoben.

Fehlen dem in Konkurs oder in Liquidation befindlichen Arbeitsbetrieb für die Entlohnung der Arbeitnehmer die ausreichenden Mittel, so kann der Konkursverwalter bzw. der Liquidator gemäß Art. 7a Abs. 1 des Gesetzes vom 28.12.1989 über die besonderen Grundsätze der Lösung von Arbeitsverhältnissen aus Gründen, die den Arbeitsbetrieb betreffen, sowie über die Änderung einiger Gesetze[321] Arbeitsverträge ohne

---

318 *Kalicińska*, Forderung im Konkursverfahren, S. 97.

319 I PZP 5/94, teilweise abgedruckt bei *Gurgul*, Konkurs- und Vergleichsrecht, Rdnr. 7 zu Art. 45 pln.KO, S. 246 f.

320 Ustawa o związkach zawodowych, Gesetz vom 23.5.1991, Dz.U. 1991, Nr. 55, Pos. 234 mit späteren Änderungen.

321 Vgl. hierzu Art. 6 Abs. 2 Nr. 3 Buchst. i ArbnFSchG sowie Fn. 316.

die Einhaltung einer Kündigungsfrist unter der aufschiebenden Bedingung auflösen, daß der Arbeitnehmer hiergegen nicht innerhalb von fünf Tagen ab Zugang der Unterrichtung von der beabsichtigten Lösung des Arbeitsverhältnisses Einspruch einlegt. Dem Arbeitnehmer steht gemäß Art. 7a Abs. 1 Satz 3 unabhängig von der in Art. 8 des Gesetzes vom 28.12.1989 geregelten Abfindung ein Schadensersatzanspruch in Höhe des Lohns für die Dauer der gesetzlichen Kündigungsfrist zu[322].

Die Arbeitnehmerforderungen werden im Konkurs des Arbeitgebers gemäß Art. 204 § 1 Nr. 1, Art. 205 pln.KO vorrangig befriedigt, unabhängig davon, ob sie vor oder nach Konkurseröffnung entstanden sind[323]. Erfaßt werden von Art. 204 § 1 Nr. 1 pln.KO neben den eigentlichen Lohnforderungen auch Schadensersatz- und Abfindungsansprüche[324].

Vor einem Ausfall ihrer Forderungen in der Insolvenz des Arbeitgebers werden die Arbeitnehmer zudem nach den Grundsätzen des ArbnFSchG vom 29.12.1993 geschützt[325]. Der Begriff der Insolvenz (niewypłacalność[326]) umfaßt in diesem Zusammenhang gemäß Art. 3 ArbGB neben der Eröffnung des Konkursverfahrens über das Vermögen des Arbeitgebers den Fall, daß der Konkursantrag nach Art. 11 § 2 pln.KO zurückgewiesen[327] oder nach Art. 13 pln.KO mangels einer die Kosten des Verfahrens deckenden Masse abgewiesen wird oder daß es zur Einstellung des eröffneten Konkursverfahrens nach Art. 218 § 1 Nr. 1 bzw. Nr. 2 pln.KO kommt. Gemäß Art. 3 Abs. 2 ArbnFSchG gilt auch die Nichterfüllung von Arbeitnehmerforderungen wegen Fehlens finanzieller Mittel als Insolvenz i. S. des ArbnFSchG, wenn dies zur Löschung des Unternehmers, der eine natürliche Person ist, aus dem Gewerbeverzeichnis oder zur Rücknahme einer gewerberechtlichen

---

322 *Kalicińska*, Forderung im Konkursverfahren, S. 98.

323 *Kijowski*, PS 1/1993, S. 17 [21]; *Gurgul*, Konkurs- und Vergleichsrecht, Rdnr. 6 zu Art. 204 pln.KO, S. 648; zur abweichenden Rechtslage vor der Novellierung der pln.KO durch Gesetz vom 24.2.1990 (Dz.U. 1990, Nr. 14, Pos. 87): *M. Barzycka-Banaszczyk/Z. Banaszczyk*, MoP 4/1994, S. 104.

324 *Cieślak*, PPH 5/1996, S. 8 [11].

325 Vgl. hierzu: *Florek/Zieliński*, Arbeitsrecht, § 18, Rdnrn. 277 - 281.

326 Teilweise wird dieser Begriff mit „Zahlungsunfähigkeit" übersetzt. Daß diese Übersetzung in manchen Fällen zu eng ist, zeigt Art. 130 GenR, wo der Zustand, in dem der Gesamtwert der Aktiva einer Genossenschaft nicht zur Befriedigung sämtlicher Verbindlichkeiten ausreicht, mit dem Begriff „niewypłacalność" belegt wird.

327 Vgl. hierzu Teil 3, Abschnitt B 1. b).

Konzession geführt hat, oder wenn der Arbeitgeber, der Arbeitnehmerforderungen nicht erfüllt, liquidiert wird oder seine Tätigkeit faktisch eingestellt hat.

Der nach Art. 12 ArbnFSchG gebildete Fonds für die Garantierten Arbeitnehmerleistungen, der sich gemäß Art. 13 Nr. 1 ArbnFSchG in erster Linie aus Beiträgen der (konkursfähigen) Arbeitgeber finanziert[328], ersetzt in der Insolvenz des Arbeitgebers den nach Art. 5 ArbnFSchG anspruchsberechtigten Personen die in Art. 6 ArbnFSchG genannten Arbeitnehmerforderungen bis zu den in Art. 6a ArbnFSchG bestimmten Höchstbeträgen.

Nach Art. 5 Abs. 1, 2 ArbnFSchG anspruchsberechtigt sind Arbeitnehmer und andere Erwerbstätige, die einer Sozialversicherungspflicht unterliegen, ehemalige Arbeitnehmer des insolventen Arbeitgebers sowie deren familienrentenberechtigten Verwandten bzw. Hinterbliebenen[329]. Zu den garantierten Arbeitnehmeransprüchen zählen gemäß Art. 6 Abs. 2 ArbnFSchG neben einmaligen Ansprüchen wegen Arbeitsunfällen und Berufskrankheiten, die Art. 6a Abs. 1 ArbnFSchG zufolge in voller Höhe aus dem Fonds befriedigt werden, und neben den ausstehenden Arbeitslöhnen, den Ansprüchen auf Lohnfortzahlung in Fällen entschuldigter Arbeitsabwesenheit und Urlaub sowie dem Anspruch auf Abgeltung des für das Kalenderjahr der Insolvenz des Arbeitgebers zustehenden Urlaubsanspruchs auch die aus Art. 7a, 8 des Gesetzes vom 28.12.1989[330] sowie aus Art. 36^1 § 1 ArbGB folgenden Entschädigungs- und Abfindungsansprüche im Falle der betriebsbedingten Kündigung oder Auflösung des Arbeitsverhältnisses. Die gegen den insolventen Arbeitgeber gerichteten Forderungen der Arbeitnehmer gehen, soweit sie aus dem Fonds der Garantierten Arbeitnehmerleistungen befriedigt wer-

---

328 Gemäß Art. 2 Abs. 1 ArbnFSchG sind die nicht konkursfähigen Budgetbetriebe (Art. 19 ÖffFinG), Hilfsbetriebe (Art. 20 ÖffFinG) und Budgeteinheiten (Art. 18 ÖffFinG) keine Arbeitgeber i. S. des ArbnFSchG und damit auch nicht nach Art. 13 Nr. 1 ArbnFSchG beitragspflichtig, vgl. hierzu bereits oben, Teil 2, Abschnitt A 5. a). Das ArbnFSchG findet gemäß Art. 2 Abs. 2 des weiteren keine Anwendung auf Arbeitgeber, über die weder das Konkurs- noch nach gesonderten Vorschriften ein Liquidationsverfahren eröffnet werden kann, vgl. *Kordasiewicz*, PiP 3/2000, S. 70 [72].

329 Art. 5 Abs. 3, 4 ArbnFSchG schließt bestimmte, dem Arbeitgeber familiär nahestehende Personen aus dem Kreis der Anspruchsberechtigten aus.

330 S. o. Fn. 316.

den, gemäß Art. 10 Abs. 1 ArbnFSchG im Wege der Legalzession auf den Fonds über. Der Fonds kann sie dann im Konkursverfahren des Arbeitgebers seinerseits als privilegierte Forderungen nach Art. 204 § 1 Nr. 1, Art. 205 pln.KO geltend machen[331].

k) Nettingverträge

In den letzten Jahren haben Finanztermingeschäfte, die über Finanzprodukte wie Devisen, Wertpapiere, Edelmetalle, Forderungen oder Optionen abgeschlossen werden, immer weiter an Bedeutung zugenommen[332]. Die Zulässigkeit von Finanztermingeschäften folgt im polnischen Recht aus Art. 5 Abs. 2 Nr. 4 BankR, eine nähere gesetzliche Regelung besteht bisher allerdings nicht. Die aus insolvenzrechtlicher Sicht zu beachtenden Besonderheiten solcher Vertragsverhältnisse beruhen darauf, daß regelmäßig zwischen beiden Vertragsparteien nicht nur ein einzelnes, sondern eine Vielzahl von Finanztermingeschäften geschlossen werden, von denen gleichzeitig mehrere in der Schwebe sind. Zusammengefaßt werden diese einzelnen Geschäfte in der Praxis durch einen Rahmenvertrag, der es den Parteien ermöglicht, Gewinne und Verluste aus den einzelnen Transaktionen zu verrechnen, weswegen diese auch als Nettingverträge bezeichnet werden[333]. Außerdem ist zu beachten, daß die solvente Vertragspartei immer dann einen Ausfallschaden erleidet, wenn ein für sie günstiges Geschäft aufgrund der Insolvenz ihres Vertragspartners nicht durchgeführt wird[334]. Die Nichtdurchführung eines ungünstigen Geschäfts stellt sich dagegen für die betreffende Partei als vorteilhaft dar. Würde man daher dem Konkursverwalter die Möglichkeit einräumen, ungeachtet der Nettingabrede bezüglich jedes einzelnen Vertrages das Wahlrecht nach Art. 39 § 1 pln.KO auszuüben, so könnte er bezüglich aller für die Konkursmasse günstigen und damit für die andere Vertragspartei verlustträchtigen Einzelverträge Erfüllung verlangen und von den übrigen Verträgen zurücktreten.

---

331 *Cieślak*, Aufteilung, S. 82.

332 Vgl. die Angaben bei *Bosch*, WM 1995, S. 365 [366].

333 Abgeleitet wird dieser Begriff vom englischen Verb „to net", was soviel wie „auf den Nettobetrag zurückführen" (vgl. *Bosch*, WM 1995, S. 365 [367]) oder freier übersetzt „gegeneinander verrechnen" bedeutet.

334 *Bosch*, WM 1995, S. 365 [366].

Diese mit dem Begriff des „Kirschenpickens" (engl.: cherry picking) umschriebene Vorgehensweise[335] erhöht das mit dem Konkurs einer Partei verbundene Risiko in unzumutbarer Weise und kann auch für die (noch) solvente Vertragspartei ein ernsthaftes Insolvenzrisiko heraufbeschwören. Der dem Sejm am 8.1.2001 vorgelegte Entwurf eines Gesetzes zur Änderung des Bankrechts[336] sah darum u. a. die Neufassung von Art. 103 BankR[337] vor, dessen Abs. 1 das aus Art. 39 § 1 pln.KO folgende Wahlrecht des Konkursverwalters bezüglich der einzelnen Finanztermingeschäfte ausschloß und ihm statt dessen die Möglichkeit einräumte, den Rahmenvertrag unter Beachtung seiner diesbezüglichen Vertragsbestimmungen zu kündigen. Die Entwurfsbegründung verweist auf die Notwendigkeit, den Konkursverwalter an der Verfolgung der auch hier als „cherry picking" bezeichneten Strategie der Erfüllungswahl bei allen für die Konkursmasse günstigen und des Rücktritts von allen für die Konkursmasse nachteiligen Einzelverträgen zu hindern. Da der Rahmenvertrag seinem Charakter nach ein Dauerschuldverhältnis darstellt, sollte dem Konkursverwalter aber auch bezüglich des Rahmenvertrags kein Rücktrittsrecht nach Art. 39 § 1 pln.KO, sondern nur das

---

335 Vgl. *Bosch*, WM 1995, S. 413 [425]; *Nerlich/Römermann/Balthasar*, Insolvenzordnung, Rdnr. 46 zu § 104.

336 Drucksache Nr. 2535. Diese war im Internet unter http://ks.sejm.gov.pl:8009/proc3/opisy/2535.htm einsehbar.

337 Nach dem Entwurf sollte Art. 103 BankR folgenden Wortlaut erhalten: „(1) Sieht ein Rahmenvertrag mit einer Bank, deren Gegenstand Finanzterminverträge sind, vor, daß alle Finanzterminverträge, die unter Beachtung seiner Bestimmungen abgeschlossen wurden, eine Vertragsbeziehung darstellen und die Nichterfüllung oder nicht ordnungsgemäße Erfüllung irgendeines von ihnen die Nichterfüllung oder nicht ordnungsgemäße Erfüllung aller übrigen Verträge bedeutet, so stehen dem Konkursverwalter die in Art. 39 § 1 der Verordnung des Präsidenten der Republik vom 24. Oktober 1934 – Konkursrecht (Dz.U 1992, Nr. 118, Pos. 512 [...]) genannten Berechtigungen in bezug auf den Rahmenvertrag an Stelle der Berechtigungen in bezug auf die unter Beachtung der Bestimmungen dieses Rahmenvertrags geschlossenen Finanzterminverträge zu, wobei der Konkursverwalter statt des Rücktritts vom Vertrag den Rahmenvertrag in Einklang mit seinen Bestimmungen kündigen kann.
(2) Im Falle des Konkurses einer Partei des in Abs. 1 genannten Rahmenvertrages oder der nicht ordnungsgemäßen Erfüllung dieses Vertrages durch sie, kann die Bank diesen Vertrag in Einklang mit seinen Bestimmungen kündigen.
(3) Im Falle des Konkurses einer Partei des Rahmenvertrages kann die Bank den Rahmenvertrag kündigen nach Abgabe der Erklärung des Konkursverwalters über das Erfüllungsverlangen bezüglich dieses Vertrages im Verfahren nach Art. 39 § 1 und 2 der in Abs. 1 genannten Verordnung."

Recht eingeräumt werden, den Rahmenvertrag unter Beachtung der Vertragsbestimmungen zu kündigen[338].

Die schließlich am 23.8.2001 vom polnischen Sejm verabschiedete Fassung des Art. 103 BankR enthält gegenüber der Entwurfsfassung wesentliche Abweichungen. Art. 103 Abs. 1 BankR in der Fassung des Gesetzes vom 23.8.2001[339] schließt nicht mehr die Ausübung des Wahlrechts des Konkursverwalters nach Art. 39 § 1 pln.KO bezüglich der Einzelverträge aus, sondern verbietet dem Konkursverwalter lediglich, nach Art. 39 § 1 pln.KO vom Rahmenvertrag zurückzutreten. Gemäß Art. 103 Abs. 2 BankR darf der Konkursverwalter statt dessen den Rahmenvertrag mit sofortiger Wirkung lösen, dies allerdings unter Beachtung der für die Verrechnung der gegenseitigen Forderungen vorgesehenen vertraglichen Bestimmungen. Art. 103 Abs. 3 BankR räumt schließlich der Bank die Möglichkeit ein, den Rahmenvertrag ihrerseits unter Beachtung der die Vertragsbeendigung und die Endabrechnung betreffenden vertraglichen Bestimmungen zu lösen, auch wenn der Konkursverwalter bezüglich bestimmter Einzelverträge Erfüllung verlangt hat, wobei die Erklärung der Bank unverzüglich nach Erklärung des Erfüllungsverlangens durch den Konkursverwalter abgegeben werden muß.

Hieraus ergibt sich, daß Art. 103 BankR in seiner gültigen Fassung im Gegensatz zur Entwurfsfassung den Konkursverwalter grundsätzlich

---

338 Drucksache Nr. 2535, s. o. Fn. 336.

339 Dz.U. 2001, Nr. 111, Pos. 1195. Aufgrund dieses Gesetzes hat Art. 103 BankR folgenden Wortlaut erhalten: „(1) Bestimmt ein Rahmenvertrag mit einer Bank, daß einzelne Vereinbarungen, die Finanztermingeschäfte zum Gegenstand haben, in Erfüllung des Rahmenvertrages geschlossen werden, und daß die Lösung des Rahmenvertrages die Lösung sämtlicher in Erfüllung dieses Vertrages geschlossener Vereinbarungen bewirkt, so steht im Konkursverfahren dem Konkursverwalter nicht die Berechtigung aus Art. 39 § 1 der Verordnung des Präsidenten der Republik vom 24. Oktober 1934 – Konkursrecht (Dz.U 1992, Nr. 118, Pos. 512 [...]) zum Rücktritt vom Rahmenvertrag zu.
(2) Der Konkursverwalter kann den in Abs. 1 genannten Rahmenvertrag mit sofortiger Wirkung lösen unter Beachtung der in diesem Vertrag für den Fall seiner Lösung festgelegten Art und Weise der gegenseitigen Abrechnung zwischen den Parteien.
(3) Die Bank kann den Rahmenvertrag lösen unter Beachtung des in diesem Vertrag zu seiner Lösung und zur gegenseitigen Abrechnung zwischen den Parteien im Falle seiner Lösung festgelegten Verfahrens, obwohl der Konkursverwalter die Erfüllung einzelner Vereinbarungen fordert, wobei die Erklärung der Bank über die Lösung des Rahmenvertrages unverzüglich nach dem Erfüllungsverlangen des Konkursverwalters bezüglich einzelner Vereinbarungen erfolgen muß."

nicht daran hindert, sein Wahlrecht nach Art. 39 § 1 pln.KO auch bezüglich der durch den Rahmenvertrag zusammengefaßten Einzelverträge auszuüben. Nur wenn die solvente Vertragspartei eine Bank ist, kann sie durch unverzügliche Erklärung der Lösung vom Rahmenvertrag nach Art. 103 Abs. 3 BankR ein „Kirschenpicken“ des Konkursverwalters verhindern, da dann die Bestimmungen des Rahmenvertrages über die Beendigung des Vertragsverhältnisses und die Endabrechnung dem Erfüllungsverlangen des Konkursverwalters vorgehen. Fehlt der solventen Vertragspartei dagegen die Eigenschaft einer Bank i. S. der Art. 2, 12 ff. BankR, so schützt sie Art. 103 BankR nicht davor, auf Verlangen des Konkursverwalters alle für sie verlustreichen Einzelgeschäfte erfüllen zu müssen, während ihr gleichzeitig die Gewinne aus den für sie vorteilhaften Transaktionen durch den Rücktritt des Konkursverwalters entzogen werden. Eine derart einseitige Bevorzugung von Banken gegenüber anderen Marktteilnehmern dürfte nur sehr schwer mit dem in Art. 32 der Verfassung vom 2.4.1997[340] verankerten Gleichbehandlungsgrundsatz zu vereinbaren sein. Der Verzicht auf einen ausdrücklichen Ausschluß der Anwendbarkeit des Art. 39 § 1 pln.KO auf die im Rahmenvertrag zusammengefaßten Einzelverträge stellt darum gegenüber der Entwurfsfassung eine deutliche Verschlechterung dar.

G Unwirksamkeit und Anfechtbarkeit von Rechtshandlungen des Gemeinschuldners

1. Überblick

Die Konkurswirkungen wie beispielsweise der Verlust der Verwaltungs- und Verfügungsbefugnis des Gemeinschuldners treten gemäß Art. 15 pln.KO erst mit dem Tag des Konkurseröffnungsbeschlusses ein. Rechtshandlungen, die der Gemeinschuldner vor Konkurseröffnung vorgenommen hat, bleiben mangels Rückwirkung des Konkurseröffnungsbeschlusses von der Konkurseröffnung grundsätzlich unberührt[341]. Des-

---

[340] Dz.U. 1997, Nr. 78, Pos. 483.

[341] *Allerhand*, Konkursrecht mit Kommentar, Anm. 1 zu Art. 54; *Kalicińska*, Forderung im Konkursverfahren, S. 102. Demgegenüber sah das frühere französische Insolvenzrecht für die materiell-rechtlichen Folgen der Verfahrenseröffnung eine umfassende

sen ungeachtet besteht die Notwendigkeit, dasjenige Vermögen, das den Gläubigern vor Konkurseröffnung aufgrund von gläubigerschädigenden Rechtshandlungen entzogen wurde, wieder der Haftungsmasse zuzuführen. Die polnische Konkursverordnung erklärt zu diesem Zweck in Art. 54, 55 bestimmte Rechtshandlungen des Gemeinschuldners gegenüber der Konkursmasse von Rechts wegen für unwirksam. Diese Unwirksamkeitstatbestände werden gemäß Art. 56 pln.KO ergänzt durch die im Zivilgesetzbuch geregelten Tatbestände der Gläubigeranfechtung, deren Geltendmachung im Konkursverfahren Art. 57, 58 zufolge dem Konkursverwalter obliegt. Alle Vermögensgegenstände, die ein Dritter aufgrund einer unwirksamen Rechtshandlung erlangt hat, müssen gemäß Art. 59 § 1 pln.KO der Masse notfalls durch Zahlung eines ihrem Wert entsprechenden Geldbetrages erstattet werden, unabhängig davon, ob die Rechtshandlung der Konkursmasse gegenüber gemäß Art. 54, 55 pln.KO von Rechts wegen unwirksam ist oder im gerichtlichen Verfahren aufgrund einer Anfechtung für unwirksam erklärt wurde.

Den Unwirksamkeitstatbeständen der Art. 54, 55 pln.KO und den Anfechtungstatbeständen des Zivilgesetzbuchs, auf die Art. 56 pln.KO verweist, ist gemein, daß sie nur vom Gemeinschuldner vorgenommene Rechtshandlungen betreffen[342]. Minderungen der Haftungsmasse, die ein einzelner Gläubiger zu Lasten der anderen ohne Zutun des späteren Gemeinschuldners bewirkt, wie etwa die Herbeiführung einer Aufrechnungslage, werden dagegen nicht erfaßt[343].

2. *Von Rechts wegen unwirksame Rechtshandlungen des Gemeinschuldners*

a) Unentgeltliche Rechtshandlungen

Art. 54 § 1 pln.KO erklärt unentgeltliche Rechtshandlungen, die der Gemeinschuldner innerhalb eines Jahres vor Stellung des Konkursantra-

---

Rückwirkung auf den Zeitpunkt der Zahlungseinstellung („cessation des paiments") vor. Alle danach vorgenommenen Rechtshandlungen des Schuldners waren den Konkursgläubigern gegenüber unwirksam („inopposabilité à la masse"), vgl. *Soinne*, Procédures collectives, Anm. 805, S. 695; *Zierau*, Französisches Sanierungsverfahren, S. 82.

342 Vgl. zum früheren Recht: *Korzonek/Rosenblüth*, Obligationengesetzbuch I, S. 757.

343 Vgl. Teil 4, Abschnitt F 2.

ges vornimmt, gegenüber der Konkursmasse für unwirksam. Unentgeltlich i. S. von Art. 54 § 1 pln.KO sind neben Schenkungen solche Rechtshandlungen des Gemeinschuldners, auf deren Grundlage dieser einen Vermögensverlust zu Gunsten eines Dritten erleidet, ohne eine Gegenleistung zu erhalten. Darüber hinaus wird Unentgeltlichkeit nach überwiegender Ansicht auch bei unverhältnismäßig geringwertiger Gegenleistung bejaht[344]. Der Begriff der Rechtshandlung umfaßt auch Prozeßhandlungen und Unterlassungen[345], wie etwa die Herbeiführung eines Versäumnisurteils (Art. 339 ff. ZVGB). Verzichtet der spätere Gemeinschuldner allerdings in einem Prozeß auf eine ihm tatsächlich nicht zustehende Forderung oder erkennt er die begründete Klageforderung an, so geht damit kein Vermögensverlust einher, so daß sich die Frage nach der Unentgeltlichkeit nicht stellt[346]. Auch der gerichtliche Vergleich[347], der gemäß Art. 917 ZGB[348] auf einem gegenseitigen Nachgeben der Parteien beruht, kann, wenn er nicht offensichtlich den Gemeinschuldner benachteiligt, nicht als unentgeltliche Rechtshandlung angesehen werden.

Erwächst dem durch eine im Sinne von Art. 54 § 1 pln.KO unentgeltliche Prozeßhandlung Begünstigten ein Exekutionstitel gegen den Gemeinschuldner, so ist der Konkursverwalter gemäß Art. 164 pln.KO berechtigt, die Unwirksamkeit der diesem Titel zugrundeliegenden Prozeßhandlung bzw. Unterlassung im Verfahren der Forderungsfeststellung

---

344 *Altman*, Konkursrecht, S. 125; *Korzonek*, Konkurs- und Vergleichsrecht I, S. 130; *Czajka*, Unternehmen in der Krise, S. 139; *Kalicińska*, Forderung im Konkursverfahren, S. 104; *Gurgul*, Konkurs- und Vergleichsrecht, Rdnr. 38 zu Art. 54 pln.KO, S. 278; *Zedler*, Konkurs- und Vergleichsrecht, S. 214; ablehnend wohl *Allerhand*, Konkursrecht mit Kommentar, Anm. 7 zu Art. 54.

345 *Allerhand*, Konkursrecht mit Kommentar, Anm. 5 zu Art. 54; *Korzonek*, Konkurs- und Vergleichsrecht I, S. 130 f.; *Czajka*, Unternehmen in der Krise, S. 139 f.; *Kalicińska*, Forderung im Konkursverfahren, S. 104 f.

346 Vgl. *Henckel*, Insolvenzanfechtung, S. 822.

347 Der gerichtliche Vergleich ist geregelt in Art. 10, 73 § 2, Art. 91 Nr. 4, Art. 104, 158 § 1 Nr. 3, Art. 184 - 186, 223 § 1, Art. 468 § 2 Nr. 2, Art. 469 f., 477[12], 479[13] § 2, Art. 711 §§ 2, 3, Art. 777 § 1 Nr. 1, 2, Art. 781 § 4, Art. 786 § 2, Art. 1152 ZVGB.

348 Auch der gerichtliche Vergleich ist ein Vergleich i. S. der Art. 917 f. ZGB. Ihm kommt daher eine Doppelnatur als Prozeßhandlung einerseits und als materiellrechtlicher Vertrag andererseits zu, vgl. *Broniewicz*, Zivilverfahren, S. 214.

geltend zu machen[349]. Auch die Rechtskraft eines gegen den Gemeinschuldner ergangenen Urteils hindert den Konkursverwalter hieran nicht, sofern die diesem Urteil vorausgehende Verhandlung zur Sache bereits vor Konkurseröffnung abgeschlossen wurde. Gemäß Art. 163 pln.KO können nämlich im Verfahren der Forderungsfeststellung Einwendungen gegen eine durch rechtskräftiges Urteil zugesprochene Forderung dann geltend gemacht werden, wenn sie auf Ereignissen beruhen, die nach Abschluß der Verhandlung zur Sache eingetreten sind. Die Unwirksamkeit einer Rechts- oder Prozeßhandlung des Gemeinschuldners gegenüber der Konkursmasse nach Art. 54, 55 pln.KO besteht jedoch nicht von vornherein, sondern tritt erst mit dem Datum der Konkurseröffnung ein. War die Verhandlung zur Sache bei Konkurseröffnung dagegen noch nicht abgeschlossen, so hat der Konkursverwalter die Möglichkeit, in das Verfahren gemäß Art. 60 pln.KO einzutreten und auf diese Weise die Interessen der Konkursgläubiger zu wahren.

Unwirksam ist die unentgeltliche Rechtshandlung gegenüber der Konkursmasse dann, wenn sie der Gemeinschuldner innerhalb eines Jahres vor Konkursantragstellung vorgenommen hat. Die Unwirksamkeitsfolge tritt aber auch dann ein, wenn die Rechtshandlung in die Zeit zwischen Konkursantragstellung und Konkurseröffnung fällt[350]. Auf die Kenntnis der Konkursreife oder der gläubigerschädigenden Wirkung der Rechtshandlung auf Seiten des Gemeinschuldners oder des durch die Rechtshandlung Begünstigten kommt es im Rahmen des Art. 54 § 1 pln.KO nicht an[351], wie auch Art. 54 § 1 pln.KO nicht voraussetzt, daß der Gemeinschuldner zum Zeitpunkt der Vornahme der Rechtshandlung bereits die Zahlungen eingestellt hat oder überschuldet war.

b) Sicherung und Befriedigung einer nicht fälligen Schuld

Art. 54 § 2 Satz 1 pln.KO erklärt die Sicherung und Befriedigung einer noch nicht fälligen Verbindlichkeit durch den Gemeinschuldner innerhalb von zwei Monaten vor Stellung des Konkursantrags gegenüber

349 *Allerhand*, Konkursrecht mit Kommentar, Anm. 5 zu Art. 54; *Gurgul*, Konkurs- und Vergleichsrecht, Rdnr. 3 zu Art. 164 pln.KO, S. 556.
350 *Altman*, Konkursrecht, S. 126.
351 *Kalicińska*, Forderung im Konkursverfahren, S. 105; *Gurgul*, Konkurs- und Vergleichsrecht, Rdnr. 39 zu Art. 54 pln.KO, S. 278.

der Konkursmasse[352] für unwirksam. Dies gilt ebenso für eine Sicherung oder Befriedigung in der Zeit zwischen Konkursantragstellung und Konkurseröffnung[353]. Als nicht fällige Forderung i. S. von Art. 54 § 2 Satz 1 pln.KO ist auch eine aufschiebend bedingte Forderung vor Eintritt der Bedingung anzusehen[354].

Gemäß Art. 458 ZGB führt die Zahlungsunfähigkeit des Schuldners unabhängig von der Eröffnung eines Konkursverfahrens zur Fälligstellung betagter Forderungen. Diese aus Art. 458 ZGB folgende Fälligstellung muß jedoch im Rahmen des Art. 54 § 2 Satz 1 pln.KO außer Betracht bleiben, da für die Anwendung der letztgenannten Bestimmung sonst kein Raum bliebe[355].

Leistet der spätere Gemeinschuldner dagegen eine Sicherheit für eine unabhängig von Art. 458 ZGB fällige Forderung und gewährt ihm der Gläubiger deshalb eine Stundung, so greift Art. 54 § 2 Satz 1 pln.KO nicht ein[356]. Dieser Fall läßt erkennen, daß der Unwirksamkeitstatbestand des Art. 54 § 2 Satz 1 pln.KO enger ist als der Anfechtungstatbestand der inkongruenten Deckung nach § 131 dt. InsO. Während nach deutschem Recht die Leistung einer Sicherheit auch bezüglich einer fälligen Forderung eine inkongruente Deckung darstellt, sofern der Gläubiger keinen Anspruch auf die Gewährung einer Sicherheit dieser Art hatte[357], läßt Art. 54 § 2 Satz 1 pln.KO die Sicherung fälliger Forderungen durch den Gemeinschuldner unberührt[358]. Die Gewährung einer Sicherheit für eine

---

352 Daß es sich auch hier nur um eine relative Unwirksamkeit handelt, läßt sich dem Gebrauch des Wortes „auch“ (również) in Art. 54 § 2 Satz 1 pln.KO entnehmen, womit auf die in Art. 54 § 1 pln.KO angeordnete Rechtsfolge verwiesen wird, vgl. *Allerhand*, Konkursrecht mit Kommentar, Anm. 13 zu Art. 54; *Świeboda*, Konkurs- und Vergleichsrecht, Anm. 5 zu Art. 54 pln.KO, S. 101; *Zedler*, Prawo Bankowe 1/1995, S. 97.

353 *Altman*, Konkursrecht, S. 127.

354 *Altman*, Konkursrecht, S. 127; *Allerhand*, Konkursrecht mit Kommentar, Anm. 16 zu Art. 54.

355 Vgl. *Allerhand*, Konkursrecht mit Kommentar, Anm. 17 zu Art. 54.

356 *Allerhand*, Konkursrecht mit Kommentar, Anm. 16 zu Art. 54; *Gurgul*, Konkurs- und Vergleichsrecht, Rdnr. 47 zu Art. 54 pln.KO, S. 279.

357 Vgl. *Gottwald/Huber*, Insolvenzrechtshandbuch (1990), § 49, Rdnrn. 39 ff., S. 533 f.; *Kilger/K. Schmidt*, Insolvenzgesetze, Anm. 20 zu § 30 KO, S. 181 f.; *Jaeger/Henckel*, Konkursordnung I, Rdnr. 5 zu § 30; vgl. auch *Gottwald/Huber*, Insolvenzrechtshandbuch (2001), § 47, Rdnr. 36, S. 714 f.; *Nerlich/Römermann/Nerlich*, Insolvenzordnung, Rdnr. 13 zu § 131.

358 *Korzonek*, Konkurs- und Vergleichsrecht I, S. 132.

nicht fällige Forderung soll außerdem nur dann nach Art. 54 § 2 Satz 1 pln.KO der Konkursmasse gegenüber unwirksam sein, wenn die Forderung bereits vor Einräumung der Sicherheit bestand. Gewährt dagegen ein Dritter dem späteren Gemeinschuldner innerhalb der letzten zwei Monate vor Antragstellung ein Darlehen und läßt er sich von ihm gleichzeitig eine Sicherheit einräumen, so ist nach einer vielfach in der polnischen Literatur anzutreffenden Auffassung Art. 54 § 2 Satz 1 pln.KO nicht anwendbar[359].

Art. 54 § 2 Satz 1 pln.KO erfaßt nur die Gewährung von Sicherheiten für eigene Verbindlichkeiten des späteren Gemeinschuldners[360]. Gewährt dieser dagegen eine Sicherheit für eine fremde Schuld, so ergibt sich die Unwirksamkeit einer solchen Rechtshandlung, wenn sie ohne (angemessene) Gegenleistung erfolgt, bereits aus der Bestimmung des Art. 54 § 1 pln.KO mit ihrem gegenüber Art. 54 § 2 Satz 1 pln.KO deutlich längeren zeitlichen Anwendungsbereich. Ansonsten ist eine Anfechtbarkeit nach Art. 527 ff. ZGB i. V. m. Art. 56 pln.KO in Betracht zu ziehen[361].

Gemäß Art. 54 § 2 Satz 2 pln.KO kann der Dritte, dem der spätere Gemeinschuldner Sicherheit oder Befriedigung gewährt hat, im Klagewege verlangen, daß diese Rechtshandlung für wirksam erklärt wird, sofern er zum Zeitpunkt ihrer Vornahme vom Bestehen eines Konkursgrundes keine Kenntnis hatte. Diese Klage hat selbst bei grob fahrlässiger Unkenntnis des Begünstigten Erfolg[362]. Erlegt man allerdings entsprechend der Auffassung von *Allerhand*[363] die Beweislast für die Unkenntnis vom Bestehen eines Konkursgrundes dem Begünstigten auf, so wird ihm dieser Nachweis in einer Situation, in der sich ihm die Konkursreife des späteren Gemeinschuldners förmlich aufdrängen mußte, in

---

359 *Allerhand*, Konkursrecht mit Kommentar, Anm. 15 zu Art. 54; *Czajka*, Unternehmen in der Krise, S. 141; *Świeboda*, Konkurs- und Vergleichsrecht, Anm. 5 zu Art. 54 pln.KO, S. 101; *Gurgul*, Konkurs- und Vergleichsrecht, Rdnr. 45 zu Art. 54 pln.KO, S. 279.

360 *Allerhand*, Konkursrecht mit Kommentar, Anm. 14 zu Art. 54; *Korzonek*, Konkurs- und Vergleichsrecht I, S. 132; *Kalicińska*, Forderung im Konkursverfahren, S. 107; *Gurgul*, Konkurs- und Vergleichsrecht, Rdnr. 43 zu Art. 54 pln.KO, S. 279.

361 *Gurgul*, Konkurs- und Vergleichsrecht, Rdnr. 43 zu Art. 54 pln.KO, S. 279.

362 Vgl. *Korzonek*, Konkurs- und Vergleichsrecht I, S. 132; *Czajka*, Unternehmen in der Krise, S. 141; *Gurgul*, Konkurs- und Vergleichsrecht, Rdnr. 48 zu Art. 54 pln.KO, S. 279.

363 Konkursrecht mit Kommentar, Anm. 19 zu Art. 54.

aller Regel nicht gelingen. Geht man dagegen mit *Gurgul*[364] von dem Grundsatz aus, daß negative Tatsachen nicht bewiesen, sondern nur durch den Nachweis gegenteiliger Tatsachen widerlegt werden können und somit nicht der Begünstigte die Beweislast für seine Unkenntnis, sondern der Konkursverwalter die Beweislast für die Kenntnis des Begünstigten trägt[365], so erweist sich Art. 54 § 2 Satz 2 pln.KO als eine allzu große Einschränkung der aus Gründen des Gläubigerschutzes gebotenen Unwirksamkeit der in Art. 54 § 2 Satz 1 genannten Rechtshandlungen gegenüber der Konkursmasse.

Bei der Klage des Begünstigten nach Art. 54 § 2 Satz 2 pln.KO handelt es sich trotz des insoweit nicht eindeutigen Wortlauts dieser Bestimmung nicht um eine Gestaltungs-, sondern um eine Feststellungsklage i. S. des Art. 189 ZVGB[366]. Hieraus folgt, daß unabhängig von einer Klageerhebung nach Art. 54 § 2 Satz 2 pln.KO die von Art. 54 § 2 Satz 1 pln.KO erfaßten Rechtshandlungen des späteren Gemeinschuldners bei Unkenntnis des Begünstigten wirksam sind. Dabei kann der Begünstigte seine Unkenntnis auch einredeweise etwa in einem vom Konkursverwalter gegen ihn angestrengten Herausgabeprozeß geltend machen[367]. Ist somit die Kenntnis des Begünstigten vom Bestehen eines Konkursgrundes auf Seiten des späteren Gemeinschuldners Voraussetzung für die Unwirksamkeit einer Sicherung oder Befriedigung nach Art. 54 § 2 Satz 1 pln.KO, so ergibt sich hieraus als weiteres ungeschriebenes Tatbestandsmerkmal des Art. 54 § 2 Satz 1 pln.KO, daß zum Zeitpunkt der Gewährung der Sicherung oder Befriedigung beim späteren Gemeinschuldner überhaupt bereits ein Konkursgrund i. S. des

---

364 Konkurs- und Vergleichsrecht, Rdnr. 49 zu Art. 54 pln.KO, S. 279 f.

365 Daß dieser Grundsatz im polnischen Recht keine ausnahmslose Geltung genießt, zeigt Art. 527 §§ 3, 4 ZGB, demzufolge die Kenntnis des Begünstigten davon, daß der Schuldner im Bewußtsein der gläubigerschädigenden Wirkung handelte, in bestimmten Fällen widerleglich vermutet wird und der Begünstigte seine diesbezügliche Unkenntnis somit im Anfechtungsprozeß beweisen muß. Vgl. zu Art. 527 § 4 ZGB auch *Brol*, MoP 10/1997, S. 385 [389 f.].

366 *Allerhand*, Konkursrecht mit Kommentar, Anm. 19 zu Art. 54; *Gurgul*, Konkurs- und Vergleichsrecht, Rdnr. 50 zu Art. 55 pln.KO, S. 280.

367 *Altman*, Konkursrecht, S. 126; *Allerhand*, Konkursrecht mit Kommentar, Anm. 20 zu Art. 54; *Korzonek*, Konkurs- und Vergleichsrecht I, S. 133; *Czajka*, Unternehmen in der Krise, S. 141; *Gurgul*, Konkurs- und Vergleichsrecht, Rdnr. 51 zu Art. 54 pln.KO, S. 280.

Art. 5 pln.KO vorlag, da andernfalls eine Kenntnis des Begünstigten vom Bestehen eines Konkursgrundes zwingend ausgeschlossen ist.

Es zeigt sich damit, daß sich der Unwirksamkeitstatbestand des Art. 54 § 2 Satz 1 pln.KO im Vergleich zum Anfechtungstatbestand des § 131 dt. InsO nicht nur durch einen wesentlich engeren Anwendungsbereich auszeichnet, was die erfaßten Rechtshandlungen und auch den erfaßten Zeitraum betrifft, sondern daß er die Unwirksamkeitsfolge auch an strengere Voraussetzungen knüpft, als sie § 131 dt. InsO für die Anfechtbarkeit im Falle der inkongruenten Deckung aufstellt.

c) Die Unwirksamkeit entgeltlicher Rechtshandlungen

Art. 55 § 1 pln.KO erklärt entgeltliche Rechtshandlungen, die der Gemeinschuldner innerhalb von sechs Monaten vor Konkursantragstellung[368] mit seinem Ehegatten, einem Verwandten oder Verschwägerten in gerader Linie oder Seitenlinie bis zweiten Grades, seinem Adoptivkind oder seinen Adoptiveltern vorgenommen hat, gegenüber der Konkursmasse für unwirksam. Diese Bestimmung, deren Anwendungsbereich sich auf den Konkurs natürlicher Personen beschränkt[369], wurde durch Gesetz vom 31.7.1997[370] in Form des neu eingefügten Art. 55 § 2 pln.KO auf Rechtshandlungen einer Gesellschaft gegenüber ihren Gesellschaftern und Repräsentanten ausgedehnt[371].

Die Aufzählung der dem Gemeinschuldner nahestehenden Personen in Art. 55 § 1 pln.KO ist nach übereinstimmender Auffassung in der polnischen Literatur abschließend und einer Erweiterung im Wege der Analogie nicht zugänglich[372]. Allerdings hat das Appellationsgericht

---

368 Erfaßt werden wie auch in den Fällen der Art. 54 §§ 1, 2 pln.KO ebenso die zwischen Konkursantragstellung und Konkurseröffnung vorgenommenen Rechtshandlungen, vgl. *Altman*, Konkursrecht, S. 128.

369 *Altman*, Konkursrecht, S. 127; *Korzonek*, Konkurs- und Vergleichsrecht I, S. 135; *Świeboda*, Konkurs- und Vergleichsrecht, Anm. 4 zu Art. 55 pln.KO, S. 102; *Kalicińska*, Forderung im Konkursverfahren, S. 109.

370 Dz.U. 1997, Nr. 117, Pos. 751.

371 *Brol*, MoP 10/1997, S. 385 [389]; *Kalicińska*, Forderung im Konkursverfahren, S. 111; *Gurgul*, Konkurs- und Vergleichsrecht, Rdnr. 20 zu Art. 55 pln.KO, S. 284.

372 *Altman*, Konkursrecht, S. 127; *Allerhand*, Konkursrecht mit Kommentar, Anm. 6 zu Art. 54; *Korzonek*, Konkurs- und Vergleichsrecht I, S. 135; *Świeboda*, Konkurs- und Vergleichsrecht, Anm. 6 zu Art. 55 pln.KO, S. 102; *ders.*, OSP 10/1993, Pos. 196,

Danzig in einem Urteil vom 26.11.1992[373] eine analoge Anwendung des Art. 55 (§ 1) pln.KO für den Fall befürwortet, daß der spätere Gemeinschuldner mit einer Kapitalgesellschaft einen Vertrag abschließt, die er dabei selbst als organschaftlicher Vertreter vertritt. *Świeboda*[374] schlägt statt dessen im Anschluß an eine Entscheidung des Obersten Gerichts vom 30.5.1990[375] für diesen Fall die Anwendung der Bestimmung des Art. 108 ZGB vor, die ähnlich § 181 dt. BGB ein grundsätzliches Verbot des Insichgeschäfts statuiert.

Auf Rechtsgeschäfte, die eine unentgeltliche Leistung des Gemeinschuldners an die in Art. 55 § 1 bzw. § 2 pln.KO genannten Personen zum Gegenstand haben, findet nicht Art. 55, sondern Art. 54 § 1 pln.KO Anwendung[376].

3. *Anfechtbare Rechtshandlungen*

a) Anwendbare Vorschriften

Für die Anfechtung von gläubigerschädigenden Rechtshandlungen des Gemeinschuldners erklärt Art. 56 pln.KO die Vorschriften des Zivilgesetzbuchs vorbehaltlich der in Art. 57, 58 pln.KO vorgesehenen Modifikationen für entsprechend anwendbar. Das ZGB verwendet allerdings im Gegensatz zum früheren Obligationengesetzbuch[377] den Begriff der Anfechtung (zaskarżenie) nicht mehr. Es stellt sich daher die Frage, welche Bestimmungen des Zivilgesetzbuchs von der Verweisnorm des Art. 56 pln.KO erfaßt werden.

Als unzweifelhaft ist die Anwendbarkeit der in Art. 527 - 534 ZGB geregelten actio pauliana[378] im Konkursverfahren anzusehen. Es handelt sich hierbei um die Nachfolgevorschriften der mit „Anfechtung von zum

---

S. 456 ff.; *Kalicińska*, Forderung im Konkursverfahren, S. 110; *Gurgul*, Konkurs- und Vergleichsrecht, Rdnr. 18 zu Art. 55 pln.KO, S. 283.

373 ACr 459/92, OSP 10/1993, Pos. 196, S. 455 f. mit ablehnender Anm. *Świeboda.*

374 OSP 10/1993, Pos. 196, S. 456 ff.; *ders.*, und Konkurs- und Vergleichsrecht, Anm. 6 zu Art. 55 pln.KO, S. 102.

375 III CZP 8/90, OSNCP 10-11/1990, Pos. 124, S. 9 ff.

376 *Allerhand*, Konkursrecht mit Kommentar, Anm. 1 zu Art. 55; *Korzonek*, Konkurs- und Vergleichsrecht I, S. 133; *Kalicińska*, Forderung im Konkursverfahren, S. 109; *Gurgul*, Konkurs- und Vergleichsrecht, Rdnr. 1 zu Art. 55 pln.KO, S. 280.

377 Verordnung des Präsidenten vom 27.10.1933, Dz.U. 1933, Nr. 82, Pos. 598.

378 Zur Herkunft dieser Bezeichnung: *Kaser*, Römisches Privatrecht, § 9 III, S. 59.

Nachteil der Gläubiger bewirkten Rechtshandlungen des Schuldners" überschriebenen Art. 288 - 293 des früheren Obligationengesetzbuchs[379], die es den Gläubigern erlauben, die Befriedigung ihrer Forderungen auch aus Vermögensgegenständen zu suchen, die sich aufgrund einer gläubigerschädigenden Rechtshandlung des Schuldners nicht mehr in dessen Vermögen befinden[380]. Weiterhin entspricht es einhelliger Meinung, daß auch die erbrechtliche Bestimmung des Art. 1024 ZGB, welche die Gläubigeranfechtung der Ausschlagung einer Erbschaft unter bestimmten Voraussetzungen[381] ermöglicht, gemäß Art. 56 pln.KO im Konkursverfahren entsprechend anzuwenden ist[382]. Zu beachten ist dabei, daß Art. 1024 § 1 ZGB nur denjenigen Gläubigern ein Anfechtungsrecht einräumt, deren Forderungen bereits zum Zeitpunkt der Ausschlagung bestanden, wohingegen die Konkursanfechtung nach Art. 56 ff. pln.KO i. V. m. Art. 1024 ZGB der Konkursmasse und damit allen am Konkursverfahren beteiligten Gläubigern zugute kommt.

Uneinheitlich beantwortet wird dagegen die Frage, ob die in ihrer Struktur den Art. 527 ff., 1024 ZGB ähnlichen Art. 59 und 916 ZGB ebenfalls von der Verweisnorm des Art. 56 pln.KO erfaßt werden. Schließt der Schuldner mit einer anderen Person einen Vertrag, dessen Durchführung ihm die Erfüllung des Anspruchs eines Dritten ganz oder teilweise unmöglich machen würde, so kann der Dritte gemäß Art. 59 ZGB innerhalb eines Jahres gegen den Vertragspartner des Schuldners Klage erheben und beantragen, daß der Vertrag ihm gegenüber für unwirksam erklärt wird, sofern den Parteien dieses Vertrages der Anspruch des Dritten bekannt war oder es sich dabei um einen unentgeltlichen Vertrag handelt[383]. Wichtigster Anwendungsfall des Art. 59 ZGB ist der

---

[379] Vgl. hierzu die Kommentierung von *Korzonek/Rosenblüth*, Obligationengesetzbuch I, S. 756 - 779.

[380] *Rachwał*, TPP 3/2000, S. 61.

[381] Vgl. hierzu nachfolgend Punkt b).

[382] *Kalicińska*, Forderung im Konkursverfahren, S. 103; *Rachwał*, TPP 3/2000, S. 61 [63]; *Gurgul*, Konkurs- und Vergleichsrecht, Rdnr. 6 zu Art. 54 pln.KO, S. 271.

[383] Art. 59 ZGB stellt eine gesetzliche Ausformung des *ius ad rem* (Recht zur Sache) dar, das sich erst in spätrömischer Zeit auf dem Gebiete des Fideikommißrechts herausgebildet hat (*Mitteis*, Römisches Privatrecht, S. 88) und im 18. und frühen 19. Jahrhundert Eingang in verschiedene Privatrechtskodifikationen wie auch in das Allgemeine Landrecht für die Preußischen Staaten gefunden hat (vgl. für den Doppelverkauf: I 10 § 25; I 19 §§ 5, 6; im Lehnrecht: I 18 § 461 sowie für Miete und Pacht: I 21 § 359; hierzu: *Dernburg*, Preußisches Privatrecht, S. 450 ff.; *Erler/Kauf-*

Verkauf einer individuell bestimmten Sache an einen Dritten unter Abbedingung der verfügenden Wirkung eines solchen schuldrechtlichen Vertrages (Art. 155 § 1 ZGB), wenn der Verkäufer, statt seiner Pflicht aus dem Kaufvertrag nachzukommen, diese Sache an eine andere Person veräußert[384]. Der Dritte kann in diesem Fall den die Durchsetzung seines Anspruchs behindernden schuldrechtlichen Vertrag durch gerichtliches Urteil ihm gegenüber für unwirksam erklären lassen, womit mangels Abstraktionsprinzips im polnischen Recht eine aufgrund dieses Vertrages erfolgte Übereignung der Sache ebenfalls unwirksam wird (Art. 155 § 1, Art. 156 ZGB). Da Art. 59 ZGB anders als Art. 527 ff., 1024 ZGB den Betroffenen somit nicht vor der Verschlechterung der allgemeinen Vermögenslage des Schuldners, sondern lediglich vor dem Eintritt des subjektiven Unvermögens schützt, eine konkrete Leistungspflicht zu erfüllen[385], stellt sich die Frage, ob auch im Konkursverfahren die Gläubiger eines solchen Schutzes bedürfen, zumal das subjektive Unvermögen zur Lieferung einer individuell bestimmten Sache für sich genommen keinen Konkursgrund darstellt. Zu berücksichtigen ist dabei, daß sich gemäß Art. 32 § 2 pln.KO die nicht auf Geld gerichteten Forderungen der Gläubiger mit dem Tag der Konkurseröffnung in Geldforderungen umwandeln, so daß der betroffene Gläubiger ab dem Zeitpunkt der Konkurseröffnung keinerlei Interesse an der Unwirksamkeit des seiner ursprünglichen Forderung zuwiderlaufenden Vertrages hat[386]. Art. 32 § 2 pln.KO greift allerdings nicht im Falle eines beiderseits nicht vollständig erfüllten gegenseitigen Vertrages ein, wenn der Konkursverwalter Erfüllung verlangt und der Gemeinschuldner nach dem Vertragsinhalt zur Übereignung einer individuell bestimmten Sache verpflichtet war. Auch in diesem Fall kommt jedoch eine Anwendung des Art. 59 ZGB i. V. m. Art. 56 pln.KO nicht in Betracht, da dies nur dem wegen des Rücktrittsrechts des Konkursverwalters nach 39 § 1 pln.KO rechtlich nicht geschützten individuellen Interesse eines einzelnen Gläubigers an der Erfüllung des gegenseitigen Vertrages dienen würde, wohingegen der

---

mann/Ogris, HRG II, Sp. 490 [491]). Dem deutschen BGB ist das *ius ad rem* ebenso fremd wie dem früheren polnischen Obligationengesetzbuch.

384 *Ohanowicz*, PiP 11/1966, S. 685; *Szer*, NP 12/1966, S. 1513 [1515 f.]; vgl. auch den Übungsfall bei *Pisuliński/Zoll*, Zivilrechtsfälle mit Lösungen, Fall 3, S. 17 ff.

385 *Szer*, NP 12/1966, S. 1513 [1518]; *Rachwał*, TPP 3/2000, S. 61 [65].

386 *Rachwał*, TPP 3/2000, S. 61 [65].

Zweck der Konkursanfechtung darin besteht, im Interesse aller Gläubiger Minderungen der Haftungsmasse entgegenzuwirken. Art. 59 ZGB kann daher keine Grundlage für die Konkursanfechtung nach Art. 56 ff. pln.KO bilden und wird von der Verweisnorm des Art. 56 pln.KO somit nicht erfaßt[387].

Fraglich erscheint außerdem die Anwendbarkeit des Art. 916 ZGB im Rahmen der Konkursanfechtung. Regelungsgegenstand dieser Vorschrift ist der Leibrentenvertrag, der gemäß Art. 908 § 1 ZGB darauf gerichtet ist, daß sich der Veräußerer einer Liegenschaft vom Erwerber als Gegenleistung lebenslangen Unterhalt gewähren läßt. Ist der leibrentenberechtigte Veräußerer der Liegenschaft seinerseits gegenüber einem Dritten von Gesetzes wegen zur Unterhaltsleistung verpflichtet, so kann der Dritte gemäß Art. 916 ZGB im Klagewege innerhalb von fünf Jahren ab Vertragsschluß beantragen, daß der Leibrentenvertrag ihm gegenüber für unwirksam erklärt wird, wenn der Leibrentenberechtigte aufgrund des Leibrentenvertrages nicht mehr in der Lage ist, seine Unterhaltspflichten zu erfüllen. Art. 916 ZGB findet nur zugunsten des von Gesetzes wegen Unterhaltsberechtigten und nicht auch zugunsten anderer durch die Veräußerung der Liegenschaft geschädigter Gläubiger des Leibrentenberechtigten Anwendung, die gegen den Leibrentenvertrag jedoch nach Art. 527 ff. ZGB vorgehen können. Art. 916 ZGB privilegiert damit den von Gesetzes wegen Unterhaltsberechtigten insofern, als dieser anders als bei einer Gläubigeranfechtung nach Art. 527 ff. ZGB nicht nachweisen muß, daß der Schuldner bei Abschluß des Vertrages mit dem Bewußtsein der Gläubigerschädigung gehandelt hat[388]. Für die Konkursanfechtung eines Leibrentenvertrages ergeben sich hierfür folgende Schlußfolgerungen: Ist der Leibrentenvertrag bereits nach Art. 527 ff. ZGB anfechtbar, so hat der Konkursverwalter dieses Anfechtungsrecht gemäß Art. 56 ff. pln.KO zugunsten aller am Konkursverfahren beteiligten Gläubiger geltend zu machen. Für eine Anfechtung nach Art. 916 ZGB bleibt dann kein Raum. Gelingt es dem Konkursverwalter dagegen nicht, den nach Art. 527 §§ 1, 2 ZGB erforderlichen Nachweis zu erbringen, daß der spätere Gemeinschuldner bei Abschluß des Leibrentenver-

---

[387] So *Rachwał*, TPP 3/2000, S. 61 [64 ff.]; anders wohl *Gurgul*, Konkurs- und Vergleichsrecht, Rdnr. 5 zu Art. 54 pln.KO, S. 270 f.; *Zoll/Kraft/Thurner*, Polnisches Insolvenzrecht, S. 173 f.

[388] *Bieniek/Dmowski*, ZGB-Kommentar Schuldrecht II, Anm. 4 zu Art. 916, S. 537.

trages mit dem Bewußtsein der Gläubigerschädigung[389] gehandelt hat und daß seinem Vertragspartner dies bekannt war oder er dies bei Beachtung der erforderlichen Sorgfalt hätte erkennen müssen, so besteht ein Anfechtungsrecht gemäß Art. 916 ZGB nur zugunsten des von Gesetzes wegen Unterhaltsberechtigten. In diesem Fall verbietet sich eine Geltendmachung des Anfechtungsrechts nach Art. 56 pln.KO i. V. m. Art. 916 ZGB durch den Konkursverwalter zugunsten aller Gläubiger[390]. Art. 916 ZGB wird daher von der Verweisnorm des Art. 56 pln.KO ebenfalls nicht erfaßt, was jedoch nicht ausschließt, daß der von Gesetzes wegen Unterhaltsberechtigte in diesem Fall das Anfechtungsrecht aus Art. 916 ZGB analog Art. 61 pln.KO[391] außerhalb des Konkursverfahrens geltend machen kann, wenn der Konkursverwalter erklärt, den Anfechtungsprozeß nicht aufnehmen oder fortsetzen zu wollen[392].

Zusammenfassend ist somit festzuhalten, daß die Regelung der Konkursanfechtung den Art. 56 - 59 pln.KO i. V. m. Art. 527 - 534, 1024 ZGB zu entnehmen ist.

b) Tatbestandsvoraussetzungen der Konkursanfechtung

Hat infolge einer Rechtshandlung des Schuldners, die mit einer Schädigung seiner Gläubiger verbunden war, ein Dritter einen Vermögensvorteil erlangt, so kann gemäß Art. 527 § 1 ZGB jeder Gläubiger verlangen, daß diese Handlung ihm gegenüber für unwirksam erklärt wird, wenn der Schuldner im Bewußtsein der Gläubigerschädigung handelte und der Dritte dies wußte oder bei Beachtung der erforderlichen Sorgfalt hätte erkennen können.

Die sowohl in Art. 527 § 1, Art. 528, 531 § 1, Art. 533 ZGB als auch in Art. 1024 § 1 ZGB anzutreffende Tatbestandsvoraussetzung der gläubigerschädigenden Rechtshandlung ist gemäß Art. 527 § 2 ZGB dann erfüllt, wenn die Rechtshandlung beim Schuldner eine Zahlungsunfähig-

---

389 Näheres zum Begriff der Gläubigerschädigung im folgenden unter Punkt b).

390 *Rachwał*, TPP 3/2000, S. 61 [64].

391 Eine direkte Anwendung des Art. 61 pln.KO (vgl. hierzu Teil 4, Abschnitt E 2. e) ist deshalb ausgeschlossen, weil der Konkursverwalter den Anfechtungsprozeß nicht an Stelle des Gemeinschuldners, sondern an Stelle der anfechtungsberechtigten Gläubiger führt, vgl. *Gurgul*, Konkurs- und Vergleichsrecht, Rdnr. 8 zu Art. 58 pln.KO, S. 291.

392 *Rachwał*, TPP 3/2000, S. 61 [64].

keit hervorgerufen oder eine bereits bestehende Zahlungsunfähigkeit verstärkt hat. Dabei kann die Zahlungsunfähigkeit i. S. des Art. 527 § 2 ZGB nicht gleichgesetzt werden mit den Konkursgründen der Zahlungseinstellung und der Überschuldung i. S. der Art. 1, 2 pln.KO[393]. Dies folgt unmittelbar aus den unterschiedlichen Funktionen der in Art. 1, 2 pln.KO geregelten Konkursgründe einerseits und der Gläubigeranfechtung nach Art. 527 ff., 1024 ZGB andererseits. Während den Konkursgründen der Art. 1, 2 pln.KO die Aufgabe zukommt, den Zeitpunkt im Verlauf der wirtschaftlichen Abwärtsentwicklung eines Unternehmens in justiziabler Weise zu bestimmen, ab dessen Eintritt im Interesse einer gleichmäßigen Verteilung der noch vorhandenen Haftungsmasse an die Gläubiger die Zulässigkeit der Einzelzwangsvollstreckung ausgeschlossen werden muß[394], hat die Gläubigeranfechtung nach Art. 527 ff., 1024 ZGB zum Ziel, einen einzelnen Gläubiger davor zu schützen, seine Forderung im Wege der Einzelzwangsvollstreckung aufgrund böswilliger Vermögensverschiebungen durch den Schuldner nicht oder nicht vollständig realisieren zu können[395]. Eine Zahlungsunfähigkeit im Sinne von Art. 527 § 2 ZGB liegt daher bereits dann vor, wenn aufgrund der schlechten Vermögenslage des Schuldners die Durchsetzung der Geldforderung desjenigen Gläubigers, der die Anfechtungsklage nach Art. 527 ff. oder 1024 ZGB erhebt, aller Voraussicht nach erfolglos sein wird[396]. Da die Tatbestandsvoraussetzung der Zahlungsunfähigkeit nach Art. 527 § 2 ZGB somit auf eine einzelne Forderung zu beziehen ist[397], ist eine nicht nur vorübergehende Einstellung der Zahlung eines wesentlichen Teils aller gegen den Schuldner gerichteten fälligen Forderungen

---

393 Urteil des Obersten Gerichts vom 18.9.1998 – III CKN 612/97, OSNIC 2/1999, Pos. 56, S. 47 [49 f.]; *Rachwał*, TPP 3/2000, S. 61 [67].

394 Siehe bereits oben, Teil 3, Abschnitt 3. a).

395 *Pyziak-Szafnicka*, Studia Prawnicze 1-4/1994, S. 5.

396 Die Gläubigeranfechtung nach Art. 527 ff., 1024 ZGB setzt keinen vorausgehenden fehlgeschlagenen Vollstreckungsversuch voraus (*Karnicka-Kawczyńska/Kawczyński*, Prawo Spółek 1/1999, S. 18 [19]) und die Forderung des anfechtenden Gläubigers muß weder fällig noch tituliert sein, vgl. *Pietrzykowski/Popiołek*, ZGB-Kommentar I, Anm. 10 zu Art. 527, S. 1128; *Bieniek/Sychowicz*, ZGB-Kommentar Schuldrecht I, Anm. 6 zu Art. 527, S. 508; *Pyziak-Szafnicka*, Studia Prawnicze 1-4/1994, S. 5 [14 f.].

397 Vgl. das Urteil des Obersten Gerichts vom 18.9.1998 – III CLN 612/97, OSNIC 2/1999, Pos. 56, S. 47 [50]; *Pyziak-Szafnicka*, Studia Prawnicze 1-4/1994, S. 5 [27]; *Rachwał*, TPP 3/2000, S. 61 [67].

im Rahmen des Art. 527 § 2 ZGB nicht erforderlich. Die für die Beurteilung der Zahlungsunfähigkeit des Schuldners i. S. von Art. 527 § 2 ZGB gefundenen Maßstäbe gelten im Rahmen der Gläubigeranfechtung ebenso wie im Rahmen der Konkursanfechtung durch den Konkursverwalter nach Art. 56 ff. pln.KO[398]. Auch hier genügt für die Bejahung der Zahlungsunfähigkeit nach Art. 527 § 2 ZGB der Nachweis darüber, daß aufgrund der schlechten Vermögenslage des Schuldners ein einzelner Gläubiger nicht in der Lage gewesen wäre, eine ihm zustehende Geldforderung im Wege der Einzelzwangsvollstreckung zu realisieren.

Aus dem Umstand, daß das Konkursgericht einem Konkursantrag stattgegeben hat, kann nicht gefolgert werden, daß eine Rechtshandlung des Gemeinschuldners den Tatbestand der Gläubigerschädigung i. S. des Art. 527 § 2 ZGB erfüllt. Das Konkursgericht stellt mit dem Konkurseröffnungsbeschluß lediglich das Bestehen der Zahlungseinstellung oder Überschuldung zum Zeitpunkt seines Erlasses fest, ohne daß dies unmittelbare Rückschlüsse auf die Vermögenslage des Schuldners zum Zeitpunkt der Vornahme des angefochtenen Rechtsgeschäfts oder auf das Bestehen eines Kausalzusammenhangs zwischen dem Rechtsgeschäft und dem Eintritt der Zahlungsunfähigkeit erlauben würde[399]. Gemäß Art. 527 § 2 ZGB setzt eine Gläubigerschädigung nämlich auch voraus, daß die einzelforderungsbezogene Zahlungsunfähigkeit durch die angefochtene Rechtshandlung ausgelöst oder eine zum Zeitpunkt der Vornahme dieser Rechtshandlung bereits bestehende Zahlungsunfähigkeit verstärkt wurde[400]. Dies kann insbesondere darauf beruhen, daß die mit der angefochtenen Rechtshandlung des Gemeinschuldners einhergehenden Aufwendungen höher sind als die im Gegenzug erzielten Einnahmen[401]. Allerdings genügt auch der Verzicht auf einen dem Schuldner zustehenden Vermögenszuwachs, wenn dieser eine bestehende Zahlungsunfähigkeit abgeschwächt hätte oder der Schuldner bei Realisierung des Vermögenszuwachses seine Zahlungsfähigkeit wiedererlangt

---

398 Dies läßt sich der Bestimmung des Art. 58 § 1 pln.KO entnehmen, wonach der Konkursverwalter in ein bereits vor Konkurseröffnung begonnenes Anfechtungsverfahren anstelle des Klägers eintritt, ohne daß hiermit eine Veränderung der Voraussetzungen für eine erfolgreiche Anfechtung einherginge, vgl. *Rachwał*, TPP 3/2000, S. 61 [72].

399 *Rachwał*, TPP 3/2000, S. 61 [70].

400 *Pietrzykowski/Popiołek*, ZGB-Kommentar I, Anm. 16 zu Art. 527, S. 1129 f.

401 *Rachwał*, TPP 3/2000; S. 61 [72].

hätte, was insbesondere im Falle der Ausschlagung einer Erbschaft (Art. 1024 ZGB)[402] sowie im Falle einer anfechtbaren Unterlassung[403] von Bedeutung ist.

Von dem Grundsatz, daß der Tatbestand der Gläubigerschädigung (Art. 527 § 2 ZGB) per saldo eine durch das angefochtene Rechtsgeschäft verursachte Minderung des Schuldnervermögens verlangt, läßt die polnische Rechtsprechung folgende Ausnahme zu: In einem Urteil vom 8.4.1998[404] hat das Oberste Gericht entschieden, daß die Verstärkung einer bereits bestehenden Zahlungsunfähigkeit i. S. des Art. 527 § 2 ZGB auch dann vorliegt, wenn der Schuldner, statt seine fälligen Geldverbindlichkeiten zu erfüllen, sein noch vorhandenes Geldvermögen für den Kauf einer Liegenschaft einsetzt, wenn der Kaufpreis zwar dem objektiven Wert des Grundstücks entspricht, der Erlös aus dem Verkauf des Grundstücks im Rahmen der Verwertung der Konkursmasse jedoch nicht den Kaufpreis zuzüglich der mit der Verwertung verbundenen Kosten deckt. Für den Konkursverwalter läßt sich aus diesem Urteil die Pflicht ableiten, im Rahmen der Verwertung der Konkursmasse an Stelle des Verkaufs eines massezugehörigen Vermögensgegenstandes zu einem niedrigen Preis auch die Konkursanfechtung des dem Erwerb dieses Gegenstandes zugrundeliegenden Rechtsgeschäfts in Erwägung zu ziehen. Übersieht der Konkursverwalter diese ihm durch die Rechtsprechung des Obersten Gerichts eröffnete Möglichkeit und entsteht der Konkursmasse dadurch ein Schaden, so muß er damit rechnen, nach Art. 102 pln.KO für den Schaden haftbar gemacht zu werden.

Dagegen steht die polnische Lehre schon seit langer Zeit auf dem Standpunkt, daß die Erfüllung einer fälligen Verbindlichkeit keine gläubigerschädigende Rechtshandlung darstellt[405]. Als Argument gegen eine Anfechtbarkeit der Erfüllung fälliger Verbindlichkeiten wird vorge-

---

[402] Vgl. *Skowrońska*, ZGB-Kommentar Erbrecht, Anm. 3a) zu Art. 1024, S. 181.

[403] Die Anfechtbarkeit von Unterlassungen wird aus dem Wortlaut des Art. 532 ZGB abgeleitet, wo von Vermögensgegenständen die Rede ist, die aufgrund der für unwirksam erklärten Rechtshandlung dem Vermögen des Schuldners entzogen wurden oder nicht in dessen Vermögen gelangt sind, vgl. *Pyziak-Szafnicka*, Studia Prawnicze 1-4/1994, S. 5 [20].

[404] III CKN 450/97, wiedergegeben bei *Gurgul*, Konkurs- und Vergleichsrecht, Rdnr. 13 zu Art. 54 pln.KO, S. 272; vgl. auch *Rachwał*, TPP 3/2000, S. 61 [74].

[405] *Longchamps de Berier*, Obligationen IV, S. 435; *Fiema*, Gläubigeranfechtung, S. 116 ff.

bracht, dem Schuldner könne nicht die Pflicht auferlegt werden, die Erfüllung fälliger Verbindlichkeiten zu verzögern. Gleichzeitig könne von einem Gläubiger nicht verlangt werden, allein aufgrund der Existenz weiterer Gläubiger die vom Schuldner angebotene Erfüllung seiner fälligen Forderung nicht anzunehmen[406]. Bis zum Zeitpunkt der Konkurseröffnung könne der Schuldner autonom über die Reihenfolge der Tilgung seiner fälligen Verbindlichkeiten entscheiden[407]. Es ergibt sich daraus, daß diejenigen Rechtshandlungen, die nach deutschem Recht eine kongruente Deckung i. S. des § 130 dt. InsO darstellen, nach polnischem Recht nicht anfechtbar sind, sondern die vom Schuldner vor Konkurseröffnung herbeigeführte Ungleichbehandlung der Gläubiger vom Konkursverwalter und damit auch von den benachteiligten Gläubigern hingenommen werden muß.

Zwingend ist dieses Ergebnis auch auf der Grundlage des geltenden polnischen Rechts jedoch keineswegs. Wird nämlich mit der Erfüllung einzelner fälliger Verbindlichkeiten durch den Schuldner sein der Zwangsvollstreckung unterworfenes Aktivvermögen so stark gemindert, daß die Durchsetzbarkeit der Forderungen anderer Gläubiger in voller Höhe illusorisch wird, so ist der Tatbestand der Gläubigerschädigung (Art. 527 § 2 ZGB) seinem Wortlaut nach erfüllt, wobei weder die polnische Konkursverordnung noch das Zivilgesetzbuch Anhaltspunkte dafür enthalten, daß die hierdurch geschädigten Gläubiger dies dulden müßten. Im übrigen läßt sich die – soweit ersichtlich – in der polnischen Literatur bisher nicht bestrittene Auffassung, die Erfüllung fälliger Forderungen durch den Schuldner stelle keine gläubigerschädigende Rechtshandlung i. S. des Art. 527 § 2 ZGB dar, nur schwerlich mit der Bestimmung des Art. 302 § 1 pln.StGB in Einklang bringen. Als Nachfolgevorschrift von Art. 8 des Gesetzes über den Schutz des Wirtschaftsverkehrs und die Änderung einiger Vorschriften des Strafrechts[408] bedroht Art. 302 § 1

---

406 *Fiema*, a. a. O. (Fn. 405), S. 118 f.; *Pyziak-Szafnicka*, Studia Prawnicze 1-4/1994, S. 5 [18].

407 *Pyziak-Szafnicka*, Studia Prawnicze 1-4/1994, S. 5 [18].

408 Ustawa o ochronie obrotu gospodarczego i zmianie niektórych przepisów prawa karnego, Gesetz vom 12.10.1994 (Dz.U. 1994, Nr. 126, Pos. 615). Aufgehoben durch Art. 3 des Gesetzes vom 6.6.1997 – Einführungsvorschriften zum Strafgesetzbuch, Dz.U. 1997, Nr. 88, Pos. 554. Vgl. zur früheren Rechtslage aus strafrechtlicher Sicht: *Majewski*, PUG 6/1995, S. 2 [5 f.].

pln.StGB denjenigen mit Geldstrafe, Freiheitsbeschränkung[409] oder Freiheitsentzug von bis zu zwei Jahren, der ohne in der Lage zu sein, alle seine Gläubiger zu befriedigen, im Falle einer ihm drohenden Zahlungsunfähigkeit oder eines ihm drohenden Konkurses die Forderungen einzelner Gläubiger tilgt oder ihnen Sicherheit gewährt und dabei die übrigen Gläubiger schädigt. Wäre die Auffassung zutreffend, die nachteiligen Folgen der Befriedigung einzelner Gläubiger dürften nicht als Schaden der übrigen Gläubiger angesehen werden, da der Schuldner zur Befriedigung fälliger Forderungen verpflichtet sei[410], bliebe für die Anwendbarkeit des Art. 302 § 1 pln.StGB kein Raum. Der Straftatbestand des Art. 302 § 1 pln.StGB zwingt daher zu dem Schluß, daß der polnische Gesetzgeber die gläubigerschädigende Wirkung der Befriedigung einzelner fälliger Forderungen bei gleichzeitiger Minderung der für die übrigen Gläubiger zur Verfügung stehenden Haftungsmasse in einer Situation drohender Insolvenz anerkennt. Dieser Tatsache kann sich die insolvenzrechtliche Praxis bei der Rechtsanwendung nicht verschließen.

Anders stellt sich der Meinungsstand in der polnischen Literatur bei denjenigen nach deutschem Recht dem Tatbestand der inkongruenten Deckung (§ 131 dt. InsO) zuzuordnenden Rechtshandlungen dar, deren Unwirksamkeit sich nicht bereits aus Art. 54 § 2 pln.KO[411] ergibt. Erbringt der Schuldner für eine fällige Forderung eine Leistung an Erfüllungs Statt (Art. 453 ZGB) oder bestellt er für eine solche Forderung eine Sicherheit, die der Gläubiger nach dem Inhalt des Schuldverhältnisses nicht verlangen kann, so greift zwar der Unwirksamkeitstatbestand des Art. 54 § 2 pln.KO nicht ein, jedoch wird die Anfechtbarkeit einer solchen Rechtshandlung nach Art. 527 ff. ZGB als möglich angesehen[412]. Darüber hinaus müssen dann konsequenterweise auch die Tilgung und die Bestellung von Sicherheiten für betagte Forderungen der Konkursanfechtung nach Art. 527 ff. ZGB i. V. m. Art. 56 pln.KO unterliegen, wenn diese Rechtshandlungen nicht innerhalb der letzten zwei Monate vor Konkursantragstellung oder in der Zeit zwischen Konkursan-

---

409 Vgl. Art. 32 Nr. 2, Art. 36 pln.StGB.

410 *Pyziak-Szafnicka*, Studia Prawnicze 1-4/1994, S. 5 [18].

411 Vgl. hierzu Teil 4, Abschnitt G 2. b).

412 Vgl. *Pyziak-Szafnicka*, Studia Prawnicze 1-4/1994, S. 5 [18 f.]; auf der Grundlage des früheren Rechts: *Korzonek/Rosenblüth*, Obligationengesetzbuch I, S. 768.

tragstellung und Konkurseröffnung[413] vorgenommen wurden und darum nicht bereits nach Art. 54 § 2 pln.KO von Rechts wegen unwirksam sind.

Auf subjektiver Tatbestandsseite muß der Schuldner gemäß Art. 527 § 1 ZGB im Bewußtsein der gläubigerschädigenden Wirkung handeln und dieser Umstand muß dem Begünstigten zum Zeitpunkt der Vornahme der Rechtshandlung bekannt oder zumindest bei Beachtung der notwendigen Sorgfalt für ihn erkennbar sein. Im Falle einer anfechtbaren Unterlassung müssen diese subjektiven Voraussetzungen zum letztmöglichen Zeitpunkt einer schadenabwendenden Handlung vorliegen[414]. Wurden durch die Rechtshandlung nur zukünftige Gläubiger geschädigt, so setzt Art. 530 ZGB auf Seiten des Schuldners Schädigungsabsicht und auf Seiten des Begünstigten Kenntnis bzw. fahrlässige Unkenntnis dieses Umstandes voraus.

Die Bestimmungen des Art. 527 §§ 3, 4 ZGB sehen zugunsten des Anfechtungsberechtigten Erleichterungen für den Nachweis der subjektiven Tatbestandsvoraussetzungen auf Seiten des Begünstigten vor. Steht der Begünstigte in einer Nähebeziehung zum Schuldner[415], so wird gemäß Art. 527 § 3 ZGB seine Kenntnis vom Schädigungsbewußtsein bzw. der Schädigungsabsicht (Art. 530 ZGB) des Schuldners vermutet. Gleiches gilt nach dem durch Gesetz vom 31.7.1997[416] eingefügten Art. 527 § 4 ZGB, wenn Begünstigter der angefochtenen Rechtshandlung ein Unternehmer ist, der mit dem Schuldner in ständigen Geschäftsbeziehungen steht. Dagegen kommt es gemäß Art. 528 ZGB im Falle einer unentgeltlichen Rechtshandlung auf die Kenntnis oder fahrlässige Unkenntnis des Begünstigten vom Schädigungsbewußtsein bzw. der Schädigungsabsicht des Schuldners nicht an[417]. Art. 528 ZGB hat allerdings

---

413 Vgl. *Altman*, Konkursrecht, S. 127.

414 *Bieniek/Sychowicz*, ZGB-Kommentar Schuldrecht I, Anm. 7 zu Art. 527, S. 509.

415 Diese im Gesetz nicht definierte Nähebeziehung kann auf verwandtschaftlicher Bindung oder auf sonstiger persönlicher Verbundenheit oder gemeinsamen wirtschaftlichen Interessen beruhen. Befindet sich eine Personenhandelsgesellschaft in der Rolle des Schuldners, so genügt nach einem Urteil des Appellationsgerichts Danzig vom 10.1.1995 – ACr 1014/94, OSP 10/1995, Pos. 206, S. 459 f. die Nähebeziehung des Begünstigten zu einem Gesellschafter, selbst wenn dieser an der Vornahme der gläubigerschädigenden Rechtshandlung nicht beteiligt war.

416 Dz.U. 1997, Nr. 117, Pos. 751, hierzu *Brol*, MoP 10/1997, S. 385 [389].

417 *Bieniek/Sychowicz*, ZGB-Kommentar Schuldrecht I, Anm. 1 zu Art. 528, S. 511; *Pietrzykowski/Popiołek*, ZGB-Kommentar I, Rdnr. 1 zu Art. 528, S. 1132.

im eröffneten Konkursverfahren nur Bedeutung für diejenigen Rechtshandlungen, die spätestens ein Jahr vor Konkursantragstellung vorgenommen wurden und daher nicht schon nach Art. 54 § 1 pln.KO von Rechts wegen unwirksam sind[418]. Bezüglich der subjektiven Tatbestandsvoraussetzung auf Seiten des Schuldners sieht Art. 529 ZGB eine Beweislastumkehr zugunsten des Anfechtenden vor. Im Falle einer Schenkung – die bloße Unentgeltlichkeit der Rechtshandlung genügt hier anders als für Art. 528 ZGB nicht[419] – wird das Schädigungsbewußtsein bzw. die Schädigungsabsicht (Art. 530 ZGB) des Schuldners vermutet.

Für die Anfechtbarkeit der Ausschlagung einer Erbschaft gelten kraft des Verweises in Art. 1024 § 1 ZGB die Art. 527 ff. ZGB entsprechend[420]. Wegen der Unentgeltlichkeit des Vermögenszuwachses, den die von der Ausschlagung begünstigten Erben erfahren, greift zugunsten des Anfechtungsberechtigten Art. 528 ZGB ein[421], nicht jedoch Art. 529 ZGB, da die Ausschlagung keine Schenkung i. S. der Art. 888 ff. ZGB darstellt[422].

Grundsätzlich ist die Anfechtbarkeit des Rechtsgeschäfts gegen den unmittelbar Begünstigten geltend zu machen (Art. 531 § 1 ZGB). Hat dagegen der durch die Rechtshandlung Begünstigte über den erworbenen Vermögensgegenstand verfügt, so kann gemäß Art. 531 § 2 ZGB auch derjenige in Anspruch genommen werden, zu dessen Gunsten die Verfügung erfolgte, sofern diesem die Umstände, welche die Anfechtbarkeit der Rechtshandlung begründen, bekannt waren oder es sich um eine unentgeltliche Verfügung handelte[423].

c) Konkursrechtliche Modifikationen der Anfechtungstatbestände

Die von der Verweisnorm des Art. 56 pln.KO erfaßten Bestimmungen des Zivilgesetzbuchs über die Gläubigeranfechtung (Art. 527 ff.,

---

418 *Kalicińska*, Forderung im Konkursverfahren, S. 115.

419 *Winiarz/Stecki*, Zivilgesetzbuch I, Anm. 2 zu Art. 529, S. 538; *Bieniek/Sychowicz*, ZGB-Kommentar Schuldrecht I, Anm. 1 zu Art. 529, S. 512.

420 *Skowrońska*, ZGB-Kommentar Erbrecht, Anm. 2 zu Art. 1024 ZGB, S. 181; *Pyziak-Szafnicka*, NP 2-3/1989, S. 35 [43 f.].

421 *Winiarz/Stecki*, Zivilgesetzbuch II, Anm. 2 zu Art. 1024, S. 885.

422 *Pyziak-Szafnicka*, NP 2-3/1989, S. 35 [46].

423 Vgl. zum früheren Art. 290 des Obligationengesetzbuchs: *Korzonek/Rosenblüth*, Obligationengesetzbuch I, S. 770 f.

1024 ZGB) unterliegen im Konkursverfahren bestimmten Modifikationen. So steht das Recht zur Konkursanfechtung gemäß Art. 57 § 1 pln.KO anders als nach Art. 527 § 1, Art. 1024 § 1 ZGB nicht den Gläubigern, sondern allein dem Konkursverwalter zu. Wenn zum Zeitpunkt der Konkurseröffnung bereits ein Verfahren der Gläubigeranfechtung anhängig war, kann der Konkursverwalter anstelle des Gläubigers in das Anfechtungsverfahren eintreten. Lehnt er dies ab, so ist das Anfechtungsrecht analog Art. 61 pln.KO nicht mehr als Bestandteil der Konkursmasse anzusehen. Der Anfechtungsprozeß kann dann vom ursprünglichen Kläger fortgeführt werden, wobei dieser im Erfolgsfall in den Vermögensgegenstand, den der Begünstigte aufgrund der anfechtbaren Rechtshandlung erworben hat, vollstrecken kann[424].

Art. 58 § 1 Satz 2 pln.KO zufolge sind zur Vermeidung von Insichprozessen Anfechtungsverfahren, in denen der Gemeinschuldner als Beklagter auftritt, mit Rechtskraft des Konkurseröffnungsbeschlusses einzustellen. Dieser Fall wird jedoch in der Praxis nicht eintreten, da die Unwirksamkeit einer anfechtbaren Rechtshandlung nicht gegenüber dem Schuldner, sondern gegenüber dem Begünstigten (Art. 531 § 1 ZGB)[425] oder im Falle einer Verfügung über den Gegenstand der Begünstigung gemäß Art. 531 § 2 ZGB auch gegenüber dem Erwerber geltend zu machen ist[426].

Tritt der Konkursverwalter in den Anfechtungsprozeß ein, so hat er im Erfolgsfall aus dem für die Konkursmasse wiedererlangten Vermögen dem ursprünglichen Kläger die von ihm getragenen Prozeßkosten zu ersetzen (Art. 58 § 2 pln.KO). Für den Fall der Einstellung des Konkursverfahrens (Art. 218 ff. pln.KO) oder der Aufhebung des Konkurseröffnungsbeschlusses (Art. 223 pln.KO) erlaubt Art. 58 § 3 pln.KO dem

---

424 *Allerhand*, Konkursrecht mit Kommentar, Anm. 8 zu Art. 58; *Rachwał*, TPP 3/2000, S. 61 [64]; a. A.: *Gurgul*, Konkurs- und Vergleichsrecht, Rdnr. 8 zu Art. 58 pln.KO, S. 291.

425 Vgl. bereits zum alten Recht *Korzonek/Rosenblüth*, Obligationengesetzbuch I, S. 759. Im Falle der Ausschlagung sind dies diejenigen, die anstelle des Schuldners die Erbschaft antreten, vgl. *Winiarz/Stecki*, Zivilgesetzbuch II, Anm. 3 zu Art. 1024, S. 885.

426 Art. 58 § 1 Satz 2 pln.KO ist als Relikt der Rechtsspaltung Polens infolge der polnischen Teilungen anzusehen, vgl.: *Allerhand*, Konkursrecht mit Kommentar, Anm. 7 zu Art. 58; *Gurgul*, Konkurs- und Vergleichsrecht, Rdnr. 16 zu Art. 57 pln.KO, S. 288.

ursprünglichen Kläger den Wiedereintritt in den Anfechtungsprozeß in der Lage, in der er sich zu diesem Zeitpunkt befindet. Eine Befriedigung, die ein Gläubiger vor Konkurseröffnung aufgrund eines im Wege der Gläubigeranfechtung erstrittenen Urteils erlangt hat, bleibt von der Konkurseröffnung unberührt (Art. 58 § 4 pln.KO). Ist der Anfechtungsprozeß zum Zeitpunkt der Konkurseröffnung bereits abgeschlossen und wurde der Klage des Gläubigers stattgegeben, so kann der Konkursverwalter dennoch vom Begünstigten Herausgabe des von ihm aufgrund der angefochtenen Rechtshandlung Erlangten insoweit verlangen, als der Gläubiger noch nicht im Wege der Einzelzwangsvollstreckung aus diesem Vermögen befriedigt wurde, da der Gläubiger nach Konkurseröffnung daran gehindert ist, die Zwangsvollstreckung in das vom Begünstigten aufgrund der angefochtenen Rechtshandlung Erlangte zu betreiben (arg. e Art. 58 § 4 pln.KO)[427].

Als Frist für die Geltendmachung der Anfechtbarkeit einer Rechtshandlung sieht Art. 534 ZGB eine Ausschlußfrist von fünf Jahren beginnend ab dem Datum der Rechtshandlung vor. Die Ausschlagung einer Erbschaft kann gemäß Art. 1024 § 2 ZGB nur innerhalb von sechs Monaten ab Kenntnisnahme des Gläubigers von der Ausschlagung angefochten werden, wenn seit der Ausschlagung nicht mehr als drei Jahre vergangen sind. Für die Konkursanfechtung ist gemäß Art. 57 § 2 Satz 1 pln.KO darüber hinaus eine Zweijahresfrist einzuhalten, die mit dem Datum der Konkurseröffnung beginnt[428]. Nach Ablauf dieser Frist ist die Klageerhebung durch den Konkursverwalter auch dann ausgeschlossen, wenn die Fristen der Art. 534 bzw. 1024 § 2 ZGB noch nicht abgelaufen sind[429]. Gemäß Art. 57 § 2 Satz 2 pln.KO erfährt die Möglichkeit der einredeweisen Geltendmachung der Anfechtbarkeit durch die Zweijahresfrist des Art. 57 § 2 Satz 1 pln.KO keine Einschränkung. Insoweit gelten allein die Fristen der Art. 534, 1024 § 2 ZGB.

Hat die Konkursanfechtung Erfolg oder ist eine Rechtshandlung bereits nach Art. 54, 55 pln.KO unwirksam, so hat der Begünstigte gemäß Art. 59 § 1 pln.KO all das, was er aufgrund dieser Rechtshandlung aus

---

427 *Allerhand*, Konkursrecht mit Kommentar, Anm. 19 zu Art. 58; *Gurgul*, Konkurs- und Vergleichsrecht, Rdnr. 14 zu Art. 59 pln.KO, S. 292.

428 Diese Frist wurde durch Gesetz vom 31.7.1997 (Dz.U. 1997, Nr. 117, Pos. 751) von ursprünglich einem Jahr auf zwei Jahre verlängert.

429 *Allerhand*, Konkursrecht mit Kommentar, Anm. 7 zu Art. 57.

dem Vermögen des Gemeinschuldners erlangt hat oder was infolge dieser Rechtshandlung nicht in das Vermögen des Gemeinschuldners gelangt ist, an den Konkursverwalter herauszugeben. Ist eine Herausgabe in Natur nicht möglich, so schuldet er Wertersatz in Geld. Dem Begünstigten steht ein Anspruch auf Erstattung der von ihm erbrachten Gegenleistung zu, den er, soweit sich die Gegenleistung noch getrennt vom übrigen Vermögen in der Konkursmasse befindet oder die Konkursmasse noch um sie bereichert ist, gemäß Art. 59 § 2 pln.KO als Masseforderung und ansonsten als einfache Konkursforderung geltend machen kann[430].

H Auswirkungen der Konkurseröffnung auf laufende Prozesse und die Zwangsvollstreckung

1. Prozeßrechtliche Folgen der Konkurseröffnung

Gemäß Art. 60 können Verfahren, die das massezugehörige Vermögen des Gemeinschuldners betreffen, ab dem Zeitpunkt der Konkurseröffnung nur noch vom oder gegen den Konkursverwalter fortgeführt oder neu begonnen werden. Mit der Konkurseröffnung verliert der Gemeinschuldner insoweit die Prozeßführungsbefugnis[431]. Nicht gefolgt werden kann dagegen der im Beschluß des Woiwodschaftsgerichts Danzig vom 29.7.1959[432] vertretenen Ansicht, der Gemeinschuldner büße mit Konkurseröffnung seine Prozeßfähigkeit ein[433]. Wäre dies zutreffend, so könnte auch eine natürliche Person in der Rolle des Gemeinschuldners ohne gesetzlichen Vertreter im eröffneten Konkursverfahren keine Prozeßhandlungen vornehmen. Demgegenüber erlaubt es die polnische Konkursverordnung dem Gemeinschuldner aber, gegen den Konkurseröffnungsbeschluß Beschwerde einzulegen (Art. 17 § 1), gegen zur

430 *Kalicińska*, Forderung im Konkursverfahren, S. 112 f.; *Gurgul*, Konkurs- und Vergleichsrecht, Rdnrn. 6, 7 zu Art. 59 pln.KO, S. 293.

431 *Nazarewicz*, PPH Oktober 1992, S. 13 [18].

432 Cz. 179/59, OSPiKA 1960, Pos. 78, S. 167 [168] mit abl. Anm. *Siedlecki*, a. a. O., S. 169 ff.; vgl. zu diesem Beschluß die Ausführungen in Teil 4, Abschnitt B.

433 Gegen einen Verlust der Prozeßfähigkeit sprechen sich ausdrücklich auch *Altman*, Konkursrecht, S. 135 sowie *Gurgul*, Konkurs- und Vergleichsrecht, Rdnr. 4 zu Art. 60 pln.KO, S. 296 aus.

Konkurstabelle angemeldete Forderungen Widerspruch zu erheben (Art. 162 § 2) oder im eröffneten Konkursverfahren mit den nicht bevorrechtigten Konkursgläubigern einen Zwangsvergleich abzuschließen (Art. 171), ohne daß dieser hierfür eines gesetzlichen Vertreters bedürfte. Gegen die Annahme, die Konkurseröffnung bewirke den Verlust der Prozeßfähigkeit des Gemeinschuldners, spricht auch, daß der Gemeinschuldner diejenigen anhängigen Verfahren, die nicht sein konkursunterworfenes Vermögen betreffen, und darum nicht von Art. 60 pln.KO erfaßt werden, ungeachtet der Konkurseröffnung in eigenem Namen weiterführen kann[434].

Art. 60 pln.KO gilt unabhängig davon, ob sich der Gemeinschuldner in der Rolle des Klägers (Antragstellers) oder des Beklagten (Antragsgegners) befindet[435]. Neben dem zivilprozessualen Erkenntnisverfahren erfaßt Art. 60 pln.KO auch Zwangsvollstreckungsverfahren mit dem Gemeinschuldner in der Rolle des Vollstreckungsgläubigers[436] sowie verwaltungsbehördliche und verwaltungsgerichtliche Verfahren[437].

Ein anhängiger Zivilprozeß wird gemäß Art. 174 § 1 Nr. 4 ZVGB von Amts wegen ausgesetzt, wenn über das Vermögen einer Partei das Konkursverfahren eröffnet wurde und der Rechtsstreit einen massezugehörigen Gegenstand betrifft[438]. Unter welchen Voraussetzungen ein nach Art. 174 § 1 Nr. 4 ZVGB ausgesetzter Zivilprozeß wieder aufzunehmen ist, wird weder in Art. 60 ff. pln.KO noch im ZVGB abschließend geregelt. Auf der Grundlage der §§ 85 f. dt. InsO unterscheidet die deutsche Literatur zwischen den drei Fallgruppen des „Teilungsmassestreits", in dem ein Recht für die Masse in Anspruch genommen wird, des „Schuldenmassestreits", bei dem die Klageforderung des Prozeßgegners die Schuldenmasse vergrößert, und des „Teilungsmasse-Gegenstreits", in

---

434 *Altman*, Konkursrecht, S. 135; *Allerhand*, Konkursrecht mit Kommentar, Anm. 7 zu Art. 60; *Gurgul*, Konkurs- und Vergleichsrecht, Rdnr. 7 zu Art. 60 pln.KO, S. 297 f.

435 *Gurgul*, Konkurs- und Vergleichsrecht, Rdnr. 2 zu Art. 60 pln.KO, S. 294.

436 Für Zwangsvollstreckungsverfahren mit dem Gemeinschuldner in der Rolle des Vollstreckungsschuldners ist Art. 63 pln.KO zu beachten, siehe dazu die Ausführungen unter Punkt 2.

437 Vgl. *Allerhand*, Konkursrecht mit Kommentar, Anm. 1 zu Art. 60; *Świeboda*, Konkurs- und Vergleichsrecht, Anm. 10 zu Art. 60 pln.KO, S. 111.

438 *Piasecki*, Konkurs- und Vergleichsrecht, Anm. 7 zu Art. 60 pln.KO, S. 213; *Świeboda*, Konkurs- und Vergleichsrecht, Anm. 4 zu Art. 60 pln.KO, S. 109; *Gurgul*, Konkurs- und Vergleichsrecht, Rdnr. 4 zu Art. 60 pln.KO, S. 295.

dem das in Streit befindliche Recht des Prozeßgegners die Aktivmasse mindert[439]. Eine solche Unterscheidung erweist sich auch im polnischen Recht als hilfreich.

Grundsätzlich ist davon auszugehen, daß das Prozeßgericht das nach Art. 174 § 1 Nr. 4 ZVGB ausgesetzte Verfahren sowohl auf Antrag des Konkursverwalters wie auch des Prozeßgegners wieder aufzunehmen hat[440]. Bei Passivprozessen des Gemeinschuldners erfährt dieser Grundsatz jedoch Durchbrechungen. Ist Streitgegenstand eine Forderung, die im Konkursverfahren nach Art. 150 ff. pln.KO zur Konkurstabelle anzumelden ist, handelt es sich also um einen Schuldenmassestreit, so kann das ausgesetzte Verfahren Art. 62 pln.KO zufolge nur dann gegen den Konkursverwalter aufgenommen werden, wenn der Richter-Kommissar die vom Gläubiger angemeldete Forderung gemäß Art. 161 § 2 pln.KO nicht anerkannt oder das Konkursgericht auf einen nach Art. 162 pln.KO erhobenen Widerspruch hin die Anerkennung der Forderung gemäß Art. 165 pln.KO abgelehnt hat. Lehnt der Richter-Kommissar die Anerkennung der Forderung nach Art. 161 § 2 pln.KO ab, so ist das Verhältnis zwischen dem konkursinternen Rechtsbehelf des Widerspruchs nach Art. 162 § 1 pln.KO und der Aufnahme des ausgesetzten Zivilprozesses gegen den Konkursverwalter nach Art. 62 pln.KO umstritten. Während *Allerhand*[441] die Ansicht vertritt, daß der Konkursgläubiger, der bereits vor Konkurseröffnung Klage erhoben hat, daran gehindert sei, gegen die Ablehnung der Anerkennung seiner Forderung durch den Richter-Kommissar Widerspruch zu erheben, sondern sein Recht nur durch Aufnahme des aufgrund der Konkurseröffnung ausgesetzten Verfahrens nach Art. 62 pln.KO weiterverfolgen könne, entspricht es der überwiegenden Auffassung, daß die Aufnahme des Verfahrens nach Art. 62 pln.KO erst nach Rechtskraft der Ablehnungsentscheidung des Richter-Kommissars erfolgen könne[442]. Dies bedeutet im Ergebnis, daß der Gläubiger die

---

[439] Vgl. *Gottwald/Gerhardt*, Insolvenzrechtshandbuch (1990), § 33, Rdnrn. 17 f., S. 318 f.

[440] *Korzonek*, Konkurs- und Vergleichsrecht I, S. 146 f.; *Nazarewicz*, PPH Oktober 1992, S. 13 [14 f.]; *Gurgul*, Konkurs- und Vergleichsrecht, Rdnr. 5 zu Art. 60 pln.KO, S. 297.

[441] Konkursrecht mit Kommentar, Anm. 2 zu Art. 62; zustimmend: *Gurgul*, Konkurs- und Vergleichsrecht, Rdnrn. 11, 12 zu Art. 62 pln.KO, S. 304.

[442] *Korzonek*, Konkurs- und Vergleichsrecht I, S. 149; *Nazarewicz*, PPH Oktober 1992, S. 13 [15]; *Pawłyszcze*, PPH 7-8/1994, S. 10.

Wahl hat, entweder zunächst gegen die Ablehnung des Richter-Kommissars Widerspruch nach Art. 162 § 1 pln.KO zu erheben oder die zweiwöchige Widerspruchsfrist des Art. 162 § 1 pln.KO und damit den Eintritt der Rechtskraft des Ablehnungsbeschlusses abzuwarten, um dann unmittelbar den ausgesetzten Zivilprozeß gegen den Konkursverwalter aufnehmen zu können[443]. Dieser Auffassung ist zu folgen, da der polnischen Konkursverordnung keinerlei Anhaltspunkte dafür zu entnehmen sind, daß dem Gläubiger in dieser Fallkonstellation der konkursinterne Rechtsbehelf des Widerspruchs nach Art. 162 § 1 pln.KO zu verweigern sei.

War die ursprüngliche Forderung des Konkursgläubigers nicht auf Geld gerichtet, so ist bei Wiederaufnahme des Zivilprozesses nach Art. 62 pln.KO eine Klageänderung (Art. 193 ZVGB) erforderlich, da sich die Forderung des Konkursgläubigers mit Konkurseröffnung nach Art. 32 § 2 pln.KO in eine Geldforderung umgewandelt hat[444].

Art. 62 pln.KO läßt die Wiederaufnahme eines vom Gläubiger vor Konkurseröffnung durch Klageerhebung[445] begonnenen Zivilverfahrens zu, nicht jedoch die Erhebung einer neuen Klage gegen den Konkursverwalter während des laufenden Konkursverfahrens[446]. Derjenige Gläubiger, der schon vor Konkurseröffnung wegen seiner Forderung Klage erhoben hat, ist also in dem Fall, daß die Anerkennung seiner Forderung im Verfahren nach Art. 150 ff. pln.KO rechtskräftig abgelehnt wird,

---

443 *Broniewicz*, PiP 2/1993, S. 41 [45 f.]. Die Aufnahme des Zivilprozesses gegen den Konkursverwalter nach Art. 62 pln.KO setzt allerdings voraus, daß der Gläubiger seine Forderung überhaupt nach Art. 150 ff. pln.KO zur Konkurstabelle angemeldet hat, da sonst der Richter-Kommissar nicht über die Anerkennung dieser Forderung entscheidet und ihre Anerkennung dann auch nicht wie von Art. 62 pln.KO vorausgesetzt ablehnen kann, vgl. *Altman*, Konkursrecht, S. 138; *Korzonek*, Konkurs- und Vergleichsrecht I, S. 149; *Świeboda*, Konkurs- und Vergleichsrecht, Anm. 5 zu Art. 62 pln.KO, S. 113; *Gurgul*, Konkurs- und Vergleichsrecht, Rdnr. 10 zu Art. 62 pln.KO, S. 303 f.

444 *Allerhand*, Konkursrecht mit Kommentar, Anm. 5 zu Art. 62; *Gurgul*, Konkurs- und Vergleichsrecht, Rdnr. 14 zu Art. 62 pln.KO, S. 304.

445 Nicht vorausgesetzt wird, daß die Klage auch vor Konkurseröffnung dem Gemeinschuldner zugestellt wurde, vgl. *Nazarewicz*, PPH Oktober 1992, S. 13 [14]; *Gurgul*, Konkurs- und Vergleichsrecht, Rdnr. 4 zu Art. 60 pln.KO, S. 295.

446 Urteil des Obersten Gerichts vom 28.10.1937 – C I 179/37, OSP 1/1938, Pos. 57, S. 64 [65] mit zustimmender Anmerkung *Namitkiewicz*, OSP 1938, S. 64 f.; vgl. auch *Gurgul*, Konkurs- und Vergleichsrecht, Rdnr. 3 ff. zu Art. 62 pln.KO, S. 301 ff.

gegenüber einem solchen Gläubiger privilegiert, der vor Konkurseröffnung noch keine Klage erhoben hat und dessen Forderung ebenfalls im Verfahren nach Art. 150 ff. pln.KO trotz Widerspruch nicht anerkannt wurde. Letzterem bleibt nur die wenig aussichtsreiche Möglichkeit, seine im Konkursverfahren nicht anerkannte Forderung gemäß Art. 169 pln.KO gegen den Gemeinschuldner nach Beendigung des Konkursverfahrens geltend zu machen[447], sofern die Beendigung des Konkursverfahrens nicht den Verlust der Rechtssubjektivität des Gemeinschuldners zur Folge hat.

Kontrovers werden in der polnischen Literatur die Voraussetzungen für die Wiederaufnahme eines nach Art. 174 § 1 Nr. 4 ZVGB ausgesetzten Passivprozesses behandelt, der ein Aussonderungsrecht nach Art. 28 ff. pln.KO zum Gegenstand hat und damit der Fallgruppe des „Teilungsmasse-Gegenstreits" zuzuordnen ist. Es stellt sich in diesem Zusammenhang nämlich die Frage, ob zunächst der Richter-Kommissar nach Art. 31 § 1 pln.KO über den Aussonderungsanspruch zu entscheiden hat und eine Wiederaufnahme des Passivprozesses erst im Falle einer ablehnenden Entscheidung in Betracht kommt[448], oder ob die Wiederaufnahme sofort erfolgen kann, ohne daß zuvor das Verfahren nach Art. 31 pln.KO durchlaufen werden müßte[449]. Eine Anwendung von Art. 62 pln.KO auf den Fall des um ein Aussonderungsrecht geführten Passivprozesses verbietet sich zwar, da ein Aussonderungsrecht nicht wie von Art. 62 pln.KO vorausgesetzt „zur Masse", d. h. zur Konkurstabelle anzumelden ist[450]. Jedoch erscheint es ungeachtet dessen aus Gründen der Verfahrensökonomie sinnvoll, zunächst die in aller Regel schnell herbeizuführende Entscheidung des Richter-Kommissars im konkursin-

447 *Pawłyszcze*, PPH 7-8/1994, S. 10 [11] empfindet dieses Ergebnis als ungerecht und befürwortet für diesen Fall in Analogie zu Art. 62 pln.KO die Möglichkeit der Klageerhebung gegen den Konkursverwalter während des eröffneten Konkursverfahrens. *Gurgul*, Konkurs- und Vergleichsrecht, Rdnr. 8 zu Art. 62 pln.KO, S. 303 gibt demgegenüber zu bedenken, daß die Privilegierung des Gläubigers, der bereits vor Konkurseröffnung Klage erhoben hat, dem Grundsatz „ius civile scriptum est vigilantibus" entspreche und daher nicht ungerechtfertigt sei.

448 So *Allerhand*, Konkursrecht mit Kommentar, Anm. 12 zu Art. 31; *Nazarewicz*, PPH Oktober 1992, S. 13 [15].

449 Diese Ansicht vertreten *Altman*, Konkursrecht, S. 80 f. sowie *Gurgul*, Konkurs- und Vergleichsrecht, Rdnr. 12 zu Art. 31 pln.KO, S. 181.

450 *Gurgul*, Konkurs- und Vergleichsrecht, Rdnr. 12 zu Art. 31 pln.KO, S. 181.

ternen Verfahren nach Art. 31 § 1 pln.KO abzuwarten, da sich dann die Wiederaufnahme eines zeit- und kostenaufwendigeren Parallelverfahrens neben dem Konkursverfahren in vielen Fällen erübrigen wird.

Erklärt der Konkursverwalter, nicht bereit zu sein, anstelle des Gemeinschuldners in das Verfahren einzutreten, so hört das in diesem Verfahren streitbefangene Vermögen gemäß Art. 61 pln.KO auf, Teil der Konkursmasse zu sein, und das Verfahren kann mit dem Gemeinschuldner als Partei weitergeführt werden. Art. 61 pln.KO gilt auch für den Fall, daß der Konkursverwalter ein nach Konkurseröffnung von ihm als Kläger/Antragsteller oder gegen ihn als Beklagten/Antragsgegner begonnenes Verfahren nicht mehr fortführen will[451]. Dagegen kann Art. 61 pln.KO auf den Schuldenmassestreit keine Anwendung finden, da es der Konkursverwalter sonst in der Hand hätte zu verhindern, daß ein Konkursgläubiger die Aufnahme seiner Forderung in die Konkurstabelle nach Art. 62 pln.KO erzwingt. Art. 61 pln.KO paßt für den Schuldenmassestreit auch insofern nicht, als hier gerade nicht um massezugehöriges Vermögen gestritten wird, das aufgrund der Verweigerung des Konkursverwalters, in den Rechtsstreit einzutreten, vom Konkursbeschlag befreit werden könnte.

Für die gegenüber dem Gericht bzw. der Verwaltungsbehörde abzugebende Erklärung, das Verfahren nicht aufnehmen bzw. fortführen zu wollen, bedarf der Konkursverwalter der Zustimmung des Gläubigerausschusses nach Art. 131 § 1 Nr. 10 pln.KO[452], die in den Fällen der Art. 132, 140 pln.KO durch die Zustimmung des Richter-Kommissars ersetzt wird und ohne die die Erklärung unwirksam ist[453].

---

[451] *Nazarewicz*, PPH Oktober 1992, S. 13 [16 f.]; *Gurgul*, Konkurs- und Vergleichsrecht, Rdnr. 2 zu Art. 61 pln.KO, S. 300 f.

[452] *Allerhand*, Konkursrecht mit Kommentar, Anm. 27 zu Art. 131; *Gurgul*, Konkurs- und Vergleichsrecht, Rdnr. 24 zu Art. 131 pln.KO, S. 483.

[453] *Altman*, Konkursrecht, S. 240; *Allerhand*, Konkursrecht mit Kommentar, Anm. 1 zu Art. 131; *Korzonek*, Konkurs- und Vergleichsrecht II, S. 81; *Piasecki*, Konkurs- und Vergleichsrecht, Anm. 1 zu Art. 131 pln.KO, S. 266 f.; *Świeboda*, Konkurs- und Vergleichsrecht, Anm. 1 zu Art. 131 pln.KO, S. 176; *Gurgul*, Konkurs- und Vergleichsrecht, Rdnr. 1 zu Art. 131 pln.KO, S. 479. Anders stellt sich dagegen die Rechtslage in Deutschland dar, vgl. § 160 Abs. 2 Nr. 3, § 164 dt. InsO im Anschluß an § 133 Nr. 2, § 136 dt. KO.

2. Zwangsvollstreckungsrechtliche Folgen der Konkurseröffnung

Betreibt der Gemeinschuldner zum Zeitpunkt der Konkurseröffnung als Gläubiger die Zwangsvollstreckung gegen einen Drittschuldner, so ergeben sich die Folgen der Konkurseröffnung allein aus Art. 60, 61 pln.KO: Der Konkursverwalter tritt an Stelle des Gemeinschuldners in das Zwangsvollstreckungsverfahren ein, sofern er dies nicht nach Art. 61 pln.KO dem Vollstreckungsgericht gegenüber ablehnt, wozu er nach Art. 131 § 1 Nr. 10 pln.KO der Zustimmung des Gläubigerausschusses bzw. des Richter-Kommissars (Art. 132, 140 pln.KO) bedarf.

Art. 63 pln.KO betrifft dagegen ausschließlich diejenigen Zwangsvollstreckungsverfahren, die ein persönlicher Gläubiger gegen den Gemeinschuldner betreibt. Art. 63 pln.KO in der Fassung des Gesetzes vom 31.7.1997[454], der für alle seit dem 3.1.1998 eröffneten Konkursverfahren gilt[455], bestimmt in § 1, daß eine vor Konkurseröffnung gegen den Gemeinschuldner in Verfolgung einer persönlichen Verbindlichkeit eingeleitete Zwangsvollstreckung mit der Konkurseröffnung ausgesetzt und mit Rechtskraft des Konkurseröffnungsbeschlusses eingestellt wird[456]. Gemäß Art. 63 § 2 pln.KO fällt der im ausgesetzten Zwangsvollstreckungsverfahren erzielte und noch nicht ausgekehrte Vollstreckungserlös der Konkursmasse zu.

Vor dem 3.1.1998 eröffnete Konkursverfahren führten dagegen nach Art. 63 § 1 a. F. pln.KO nur zur Aussetzung und Einstellung solcher Zwangsvollstreckungsverfahren, mit denen nicht durch Hypothek, Pfand- oder Zurückbehaltungsrecht[457] gesicherte persönliche Forderungen gegen den Gemeinschuldner verfolgt wurden. In der Neufassung des

---

454 Dz.U. 1997, Nr. 117, Pos. 751.

455 Vgl. die Art. 5, 7 des Konkursrechtsänderungsgesetzes vom 31.7.1997.

456 Die Einstellung des Zwangsvollstreckungsverfahrens hat nach Art. 826 Satz 1 ZVGB die Aufhebung aller bis dahin vorgenommenen Vollstreckungshandlungen zur Folge.

457 Gemeint war nur das handelsrechtliche Zurückbehaltungsrecht nach Art. 524 ff. pln.HGB, das ähnlich wie § 371 dt. HGB dem Berechtigten ein Befriedigungsrecht aus dem zurückbehaltenen Gegenstand gewährte. Aus dem zivilrechtlichen Zurückbehaltungsrecht nach Art. 461 § 1, Art. 496 ZGB folgt dagegen kein Befriedigungsrecht, vgl. *Allerhand*, Konkursrecht mit Kommentar, Anm. 6 zu Art. 63. Mit Wirkung zum 1.1.1965 galten die Art. 524 ff. pln.HGB nur noch im Außenhandel (Art. VI § 2 der Einführungsvorschriften zum ZGB, Dz.U. 1964, Nr. 16, Pos. 94) und wurden mit Wirkung zum 1.1.2001 durch Art. 631 Nr. 1 GBHG vollständig aufgehoben.

Art. 63 § 1 pln.KO findet die Konzeption des Reformgesetzgebers seinen Niederschlag, die bisherigen Absonderungsrechte (Art. 117, 118 a. F. pln.KO) durch eine Privilegierung der gesicherten Gläubiger im Erlösverteilungsverfahren (Art. 204 § 1 Nr. 2a, 2b pln.KO) zu ersetzen[458]. Auch die vor Konkurseröffnung eingeleiteten Zwangsvollstreckungsverfahren zur Durchsetzung dinglich gesicherter Forderungen werden nunmehr mit Erlaß des Konkurseröffnungsbeschlusses ausgesetzt und mit dessen Rechtskraft eingestellt (Art. 63 § 1 pln.KO). Nicht erfaßt wird vom Wortlaut des Art. 63 § 1 pln.KO demgegenüber nach wie vor die Vollstreckung durch Pfand- oder Hypothekengläubiger, denen der Gemeinschuldner nur dinglich und nicht auch persönlich haftet[459]. Allerdings können auch diese Gläubiger den Erlös aus der nach Konkurseröffnung fortgeführten Zwangsvollstreckung nicht einbehalten, sondern müssen ihn gemäß Art. 117 § 5, Art. 118 § 2 pln.KO in voller Höhe an die Konkursmasse auskehren und werden erst im Rahmen der Endverteilung gemäß Art. 204 § 1 Nr. 2a, 2b pln.KO bevorzugt berücksichtigt[460]. Die Fortsetzung eines Zwangsvollstreckungsverfahrens bringt diesen Gläubigern daher keinen wirtschaftlichen Vorteil, sondern belastet sie nur mit zusätzlichen Kosten.

Dagegen läßt Art. 117 § 4 pln.KO[461] zugunsten des Inhabers eines Registerpfandrechts an einem massezugehörigen Gegenstand[462] eine abgesonderte Befriedigung zu[463]. Nach dieser Bestimmung dient nämlich der um die Kosten der Verwertung verminderte Erlös, den der mit einem Registerpfandrecht belastete Gegenstand erbracht hat, zunächst der Befriedigung der registerpfandrechtlich gesicherten Forderung, und nur der

---

458 *Lowitzsch*, IWB Nr. 5 vom 10.3.1999, S. 213 [218] = IWB, Polen, Gruppe 3, S. 113 [118]; *Brol*, MoP 10/1997, S. 385 [390 f.]; *Jakubecki*, PS 1/1998, S. 22 ff.

459 Dieser Fall liegt etwa vor, wenn der Gemeinschuldner vor Konkurseröffnung ein hypothekarisch belastetes Grundstück von einem Dritten zu Eigentum erworben hat, vgl. *Jakubecki*, PS 1/1998, S. 22 [25]; *Gurgul*, Konkurs- und Vergleichsrecht, Rdnr. 15 zu Art. 63 pln.KO, S. 309.

460 *Jakubecki*, PS 1/1998, S. 22 [25 f.]; *Gurgul*, Konkurs- und Vergleichsrecht, Rdnr. 16 zu Art. 63 pln.KO, S. 309.

461 Eingefügt durch Art. 45 RegPfG.

462 Die möglichen Haftungsobjekte eines Registerpfandrechts sind in Art. 7 RegPfG geregelt, hierzu: *Paintner*, OER 1999, S. 136 [141 f.].

463 *Gralla*, JOR XXXVII (1/1997), S. 11 [15 f.].

überschießende Betrag wird der Konkursmasse zugeführt[464]. Die Verwertung ist auch hier dem Konkursverwalter übertragen, sofern sich der Gegenstand des besitzlosen (vgl. Art. 2 Abs. 2 RegPfG) Registerpfandrechts im Gewahrsam des Konkursverwalters befindet. Wegen der privilegierten Position des durch ein Registerpfandrecht gesicherten Gläubigers nach Art. 117 § 4 pln.KO – seine Stellung ist im Konkursverfahren wesentlich günstiger als im Zwangsvollstreckungsverfahren[465] – hat allerdings auch er kein wirtschaftliches Interesse daran, ein vor Konkurseröffnung begonnenes Zwangsvollstreckungsverfahren parallel zum Konkursverfahren fortzusetzen.

Seinem Wortlaut nach regelt Art. 63 pln.KO nur die Auswirkungen der Konkurseröffnung auf Zwangsvollstreckungsverfahren, die bereits vor Erlaß des Eröffnungsbeschlusses eingeleitet worden sind. Ein ausdrückliches Verbot der Zwangsvollstreckung in die Konkursmasse während der Dauer des Konkursverfahrens stellt die polnische Konkursverordnung dagegen nicht auf. Ein solches Verbot wird jedoch bezüglich der Durchsetzung vor Konkurseröffnung entstandener Forderungen nach einhelliger Meinung aus dem Sinn und Zweck des Art. 63 pln.KO hergeleitet: Die durch die Konkurseröffnung bewirkte Aussetzung und Einstellung der Zwangsvollstreckung wegen einer persönlichen Verbindlichkeit des Gemeinschuldners wäre letztlich wirkungslos, könnte der Konkursgläubiger während des eröffneten Konkursverfahrens erneut die Zwangsvollstreckung in die Konkursmasse betreiben[466].

---

[464] *Niezbecka/Mojak*, RegPfG, Anm. III zu Art. 45, S. 154; *Jakubecki*, PS 1/1998, S. 22 [26 f.]; *Gurgul*, Konkurs- und Vergleichsrecht, Rdnrn. 35 ff. zu Art. 117 pln.KO, S. 446 f.

[465] Während dem Registerpfandgläubiger im Konkursverfahren gemäß Art. 117 § 4 pln.KO nur die Kosten der Verwertung des verpfändeten Gegenstandes vorgehen, haben im Zwangsvollstreckungsverfahren gemäß Art. 1025 § 1 Nr. 5 ZVGB in der Fassung des Gesetzes vom 6.9.2001 (Dz.U. 2001, Nr. 125, Pos. 1368) neben den (regelmäßig höheren) Kosten des Zwangsvollstreckungsverfahrens (Art. 1025 § 1 Nr. 1 ZVGB) auch die gegen den Schuldner gerichteten Unterhaltsforderungen (Art. 1025 § 1 Nr. 2 ZVGB), Lohnforderungen für einen Zeitraum von höchstens drei Monaten, Leibrentenforderungen als Schadensersatz für Gesundheitsschäden, Arbeitsunfähigkeit, Invalidität oder Tod sowie die Kosten für ein gewöhnliches Begräbnis des Schuldners (Art. 1025 § 1 Nr. 3 ZVGB) Vorrang vor der durch das Registerpfandrecht gesicherten Forderung des Gläubigers.

[466] *Altman*, Konkursrecht, S. 139; *Allerhand*, Konkursrecht mit Kommentar, Anm. 10 zu Art. 63; *Korzonek*, Konkurs- und Vergleichsrecht I, S. 151; *Świeboda*, Konkurs- und

Art. 63 pln.KO bezieht sich nicht auf die Zwangsvollstreckung in das konkursfreie Vermögen des Gemeinschuldners[467]. Zu beachten ist allerdings, daß sich dieses gemäß Art. 20 § 2 pln.KO in erster Linie aus dem nicht der Zwangsvollstreckung unterworfenen Vermögen zusammensetzt, so daß eine Fortsetzung der Zwangsvollstreckung in das konkursfreie Vermögen des Gemeinschuldners wenig Aussicht auf Erfolg verspricht. Als möglich anzusehen ist aber die Zwangsvollstreckung in Vermögensgegenstände, die auf der Grundlage der Art. 61, 121 pln.KO aus der Konkursmasse in das konkursfreie Vermögen übergegangen sind[468].

Auch Aussonderungsansprüche i. S. der Art. 28 ff. pln.KO[469] können grundsätzlich im Wege der Zwangsvollstreckung gegen den Konkursverwalter durchgesetzt werden[470], dies jedoch erst, nachdem das Verfahren nach Art. 31 pln.KO erfolglos durchlaufen wurde. Bis dahin sind solche Zwangsvollstreckungsverfahren auszusetzen[471].

Streit besteht im polnischen Schrifttum bezüglich der Frage, ob das aus Art. 63 pln.KO hergeleitete Verbot der Zwangsvollstreckung in die Konkursmasse auch für Massegläubiger gilt[472]. Überwiegend wird die Zulässigkeit der Zwangsvollstreckung zur Durchsetzung von Masseforderungen gegen den Konkursverwalter bejaht. Neben dem Wortlautargument, daß hierbei keine Verbindlichkeiten des Gemeinschuldners, sondern vom Konkursverwalter begründete Verbindlichkeiten durchgesetzt würden und daß allein schon von daher Art. 63 pln.KO nicht eingreife[473], wird zum einen darauf verwiesen, daß derjenige, der an den Konkursverwalter eine Leistung erbringe, darauf müsse vertrauen dürfen, die ihm zustehende Gegenleistung notfalls auch zwangsweise durch-

---

Vergleichsrecht, Anm. 3 zu Art. 63 pln.KO, S. 114; *Piasecki*, Konkurs- und Vergleichsrecht, Anm. 1 zu Art. 63 pln.KO, S. 216; *Gurgul*, Konkurs- und Vergleichsrecht, Rdnr. 1 zu Art. 63 pln.KO, S. 306.

467 *Allerhand*, Konkursrecht mit Kommentar, Anm. 13 zu Art. 63; *Gurgul*, Konkurs- und Vergleichsrecht, Rdnr. 6 zu Art. 63 pln.KO, S. 307.

468 *Allerhand*, a. a. O. (Fn. 467); *Gurgul*, a. a. O. (Fn. 467).

469 Siehe hierzu Teil 4, Abschnitt E 3.

470 *Allerhand*, Konkursrecht mit Kommentar, Anm. 12, 13 zu Art. 63.

471 Umstritten, vgl. die Ausführungen unter Punkt 1.

472 Vgl. hierzu im deutschen Recht §§ 90, 210 InsO.

473 Vgl. *Allerhand*, Konkursrecht mit Kommentar, Anm. 5 zu Art. 205; *Jodłowski*, Palestra 2/1938, S. 131 [132].

setzen zu können, wenn der Konkursverwalter die Befriedigung der Masseforderung verzögert und sie nicht, wie in Art. 205 pln.KO vorgeschrieben, aus den der Masse zufließenden Geldbeträgen begleicht[474].

Zum anderen wird die Zulässigkeit der Zwangsvollstreckung in die Konkursmasse zur Durchsetzung einer Masseforderung aus Art. 780 Satz 1 ZVGB abgeleitet. Wurde ein Verwalter für eine Vermögensmasse oder ein Nachlaßpfleger bestellt oder ein Testamentsvollstrecker eingesetzt, so ist nach dem Wortlaut dieser Bestimmung für die Vollstreckung in das in ihre Obhut gegebene Vermögen ein gegen diese Personen gerichteter Vollstreckungstitel erforderlich. Da neben dem in Art. 780 Satz 1 ZVGB ausdrücklich erwähnten Nachlaß die Konkursmasse das einzige Sondervermögen darstellt, für das die polnische Rechtsordnung die Einsetzung eines Verwalters vorsieht, der nicht im Namen des Vermögensträgers, sondern in eigenem Namen als Partei kraft Amtes handelt, könne sich, so wird argumentiert, die in Art. 780 ZVGB enthaltene Wendung „wenn ein Verwalter einer Vermögensmasse eingesetzt wurde"[475] nur auf die Zwangsvollstreckung in die Konkursmasse beziehen, von deren Zulässigkeit der Gesetzgeber des Zivilverfahrensgesetzbuches somit zumindest in bestimmten Fällen ausgehe[476].

Die Aussagekraft des Art. 780 ZVGB für die Frage der Zulässigkeit der Zwangsvollstreckung in die Konkursmasse zur Durchsetzung von Masseforderungen ist jedoch vor dem Hintergrund der Entstehungszeit des polnischen Zivilverfahrensgesetzbuchs in Zweifel zu ziehen. Da das Konkursrecht in der Zeit um 1964 in Polen nur eine untergeordnete Rolle spielte[477], ist davon auszugehen, daß der Gesetzgeber diese Frage durch die Wahl der Formulierung in Art. 780 ZVGB nicht entscheiden wollte. Gegen die Zulässigkeit der Vollstreckung wegen einer Masseforderung spricht die Tatsache, daß die polnische Konkursverordnung diese Frage nicht regelt und damit auch keinerlei Bestimmungen über Voraussetzungen und Grenzen ihrer Zulässigkeit enthält[478]. So bleibt das Problem der

---

474 *Jodłowski*, Palestra 2/1938, S. 131 [132]; *Pawłyszcze*, PPH 7-8/1994, S. 10 [12].

475 Polnisch: „jeżeli ustanowiono zarządcę masy majątkowej".

476 *Pawłyszcze*, PPH 7-8/1994, S. 10 [12].

477 Vgl.: *Tigges/Lachmann-Becker*, WiRO 1994, S. 126; *Brol*, JOR XXXVII (2/1997), S. 305; *Lowitzsch*, IWB Nr. 5 vom 10.3.1999, S. 213 = IWB, Polen, Gruppe 3, S. 113. *Breyer*, PiP 12/1964, S. 887 bezeichnet den Konkurs als „pathologische Erscheinung insbesondere in der sozialistischen Planwirtschaft".

478 *Pałys*, Rzeczpospolita vom 24.2.1998.

Masseunzulänglichkeit, die Situation also, in der zwar die Kosten des Insolvenzverfahrens, nicht aber die fälligen sonstigen Masseverbindlichkeiten gedeckt sind[479], in der polnischen Konkursverordnung ungeklärt. Es fehlt damit auch an einer Bestimmung, die ähnlich wie § 210 dt. InsO die Vollstreckung wegen einer Masseforderung in der Situation der Masseunzulänglichkeit ausdrücklich verbieten würde. Fraglich bleibt dann wiederum, nach welchen Bestimmungen die Verteilung des nicht für alle fälligen Masseverbindlichkeiten ausreichenden Vollstreckungserlöses vonstatten gehen soll.

Wenn auch das polnische Zwangsvollstreckungsrecht, wie schon an anderer Stelle ausgeführt, nicht dem Prioritätsprinzip folgt[480], könnten bei einer Anwendung der Bestimmungen über die Erlösverteilung im Zwangsvollstreckungsverfahren (Art. 1023 ff. ZVGB) grundsätzlich nur diejenigen Gläubiger an der Erlösverteilung beteiligt werden, die einen Vollstreckungstitel gegen den Konkursverwalter[481] besitzen. Alle anderen Inhaber von Forderungen der zweiten Kategorie des Art. 204 § 1 pln.KO müßten dagegen leer ausgehen. Vorgeschlagen wird daher, auf die Verteilung des Vollstreckungserlöses im Falle der in die Konkursmasse betriebenen Zwangsvollstreckung statt der eigentlich einschlägigen Bestimmungen des Zivilverfahrensgesetzbuches die Bestimmungen der Art. 206 ff. i. V. m. Art. 204 pln.KO über die Erlösverteilung im Konkursverfahren anzuwenden[482]. Der Gerichtsvollzieher hätte dann den Vollstreckungserlös zwecks Verteilung nicht an das Vollstreckungsgericht, sondern an das Konkursgericht zu überweisen[483]. Konsequent weitergedacht bedeutet die Anwendung der Art. 206 ff. i. V. m. Art. 204 pln.KO, daß der Konkursverwalter, gegen den zuvor die Zwangsvollstreckung betrieben wurde, nach Art. 207 § 1 pln.KO für den Erlös aus der Vollstreckung einen eigenen Verteilungsplan aufzustellen hätte, den der Richter-Kommissar nach Art. 210 pln.KO unter Berücksichtigung eventueller Einwendungen bestätigen würde. Nach Rechtskraft der Bestätigung des Verteilungsplans hätte der Konkursverwalter diesen gemäß

---

479 Vgl. §§ 208 ff. dt. InsO.

480 Vgl. Teil 2, Abschnitt A 3.

481 Gemäß Art. 780 ZVGB würde ein Vollstreckungstitel gegen den Gemeinschuldner nicht genügen.

482 *Jodłowski*, Palestra 2/1938, S. 131 [133].

483 *Jodłowski*, a. a. O.

Art. 211 pln.KO auszuführen, wofür ihm genau diejenigen Mittel, die zuvor im Wege der Zwangsvollstreckung seiner Verwaltung entzogen wurden, vom Konkursgericht wieder zurückgegeben werden müßten[484]. Es liegt auf der Hand, daß eine solche Vorgehensweise für die Massegläubiger keinerlei Vorteil gegenüber dem normalen Ablauf des Konkursverfahrens bedeutet, sondern daß hierdurch lediglich eine Verfahrensverzögerung bewirkt und die Konkursmasse zusätzlich mit den Kosten der Zwangsvollstreckung belastet wird, die ebenfalls gemäß Art. 204 § 1 Nr. 2 pln.KO als Masseforderungen zu befriedigen wären und damit eine eventuelle Masseunzulänglichkeit noch weiter vertiefen würden.

Vor diesem Hintergrund stellt sich die Frage, ob überhaupt ein Bedürfnis für die Zulässigkeit der Zwangsvollstreckung in die Konkursmasse wegen Masseforderungen besteht, um einer Verschleppung der Befriedigung fälliger Masseforderungen durch den Konkursverwalter zu begegnen. Festzuhalten ist dabei, daß Art. 205 pln.KO den Konkursverwalter nur verpflichtet, die Forderungen der ersten und zweiten Kategorie des Art. 204 § 1 pln.KO nach Maßgabe der der Konkursmasse zufließenden Geldbeträge zu erfüllen. Befürchtet der Konkursverwalter den Eintritt einer Masseunzulänglichkeit, so muß er die Möglichkeit haben, im Interesse einer wenigstens anteiligen Befriedigung auch der im weiteren Verlauf des Konkursverfahrens noch zu erwartenden Masseforderungen einen bestimmten Anteil der zufließenden Verwertungserlöse und sonstigen Geldeinnahmen zunächst zurückzuhalten. Nur wenn die Gefahr einer Masseunzulänglichkeit nicht besteht, verpflichtet ihn Art. 205 pln.KO, die eingehenden Geldbeträge dazu zu verwenden, unverzüglich die fälligen privilegierten Forderungen der ersten und zweiten Kategorie zu erfüllen[485]. Der Konkursverwalter untersteht dabei einer allumfassenden Rechtsaufsicht des Richter-Kommissars nach Art. 99 ff. pln.KO. Bei einem Rechtsverstoß – einen solchen stellt unzweifelhaft auch die grundlose Verschleppung der Auszahlung an die bevorrechtigten Gläubiger des ersten und zweiten Forderungsranges dar – kann der Richter-Kommissar und das Konkursgericht die in Art. 100, 101 pln.KO vorgesehenen Disziplinarmaßnahmen verhängen[486]. Der von einer gegen

484 *Pałys*, Rzeczpospolita vom 24.2.1998.
485 Vgl. *Korzonek*, Konkurs- und Vergleichsrecht II, S. 200.
486 Siehe hierzu Teil 2, Abschnitt C 3.

Art. 205 pln.KO verstoßenden Verschleppung der Auszahlung betroffene Gläubiger kann sich an den Richter-Kommissar wenden, damit dieser dem Konkursverwalter eine entsprechende Anweisung erteilt und ihm notfalls Disziplinarmaßnahmen androht[487]. Die nicht nach Art. 205 pln.KO im voraus befriedigten Forderungen des ersten und zweiten Ranges sind im Verteilungsplan nach Art. 207 pln.KO zu berücksichtigen. Wird ein Massegläubiger dabei übergangen, so steht ihm der Rechtsbehelf der Einwendung nach Art. 209, 211 pln.KO zu Gebote. Er ist also auch ohne die Zulassung einer Zwangsvollstreckung in die Konkursmasse nicht rechtlos gestellt, sondern kann seine Rechte im Konkursverfahren verfolgen, so daß nicht zuletzt auch im Interesse der anderen Gläubiger des ersten und zweiten Ranges die Möglichkeit der Durchsetzung von Masseforderungen gegen den Konkursverwalter im Wege der Zwangsvollstreckung abzulehnen ist[488].

Eine andere Beurteilung drängt sich allerdings für die Fälle auf, in denen dem Massegläubiger aus einem mit dem Konkursverwalter abgeschlossenen gegenseitigen Vertrag oder einem Vertrag, dessen Erfüllung der Konkursverwalter nach Art. 39 § 1 pln.KO gewählt hat, ein Anspruch auf Übergabe einer individuell bestimmten Sache zusteht. Auf die Vollstreckung zur Durchsetzung einer solchen Forderung würden hier nicht die mit „Vollstreckung von Geldleistungen" überschriebenen Bestimmungen des II. Titels des zweiten Buches des polnischen Zivilverfahrensgesetzbuches (Art. 844 ff.) und damit auch nicht die für ein parallel zu einem eröffneten Konkursverfahren betriebenen Zwangsvollstreckungsverfahren erkennbar ungeeigneten Bestimmungen der Art. 1023 ff. ZVGB über die Verteilung des Vollstreckungserlöses Anwendung finden, sondern die Bestimmungen über die Herausgabevollstreckung einer beweglichen Sache (Art. 1041 ff. ZVGB) bzw. einer unbeweglichen Sache oder eines Schiffs (Art. 1046 ZVGB). Muß die Sache nicht nur übergeben, sondern trotz Art. 155 § 1 ZGB auch über-

---

487 Vgl. *Korzonek*, Konkurs- und Vergleichsrecht II, S. 201; *Kohorewicz*, Prawo Spółek 11/2001, S. 43 [46] unter Hinweis auf den Beschluß des Obersten Gerichts vom 18.4.2000 – III CZP 3/2000.

488 So *Pałys*, Rzeczpospolita vom 24.2.1998; *Kohorewicz*, Prawo Spółek 11/2001, S. 43 [46] und offensichtlich auch *Korzonek*, Konkurs- und Vergleichsrecht II, S. 201, der im Falle einer Verzögerung der Auszahlung nur die Möglichkeit einer Gegenvorstellung beim Richter-Kommissar, nicht aber auch die Möglichkeit einer Durchsetzung der Masseforderung im Wege der Zwangsvollstreckung erwähnt.

eignet werden, so tritt neben die Herausgabevollstreckung nach Art. 1041 ff., 1046 ZVGB die Vollstreckung einer auf Übereignung der Sache gerichteten Willenserklärung des Konkursverwalters nach Art. 1047 § 1 ZVGB, die durch eine rechtskräftige gerichtliche Entscheidung ersetzt wird. Da die Pflicht zur Abgabe der Willenserklärung abhängig ist von einer Gegenleistung des Gläubigers, tritt die Wirkung des Art. 1047 § 1 ZVGB erst mit Rechtskraft der Erteilung einer Vollstreckungsklausel ein (Art. 1047 § 2 ZVGB). Dadurch, daß der Konkursmasse eine Gegenleistung des Gläubigers in der Regel in Form der Kaufpreiszahlung zufließt, wird der Wert der Konkursmasse durch die Erfüllung der vom Konkursverwalter eingegangenen vertraglichen Verpflichtung nicht zu Lasten anderer nach Art. 204 § 1 Nr. 1, 2, Art. 205 pln.KO privilegierter Gläubiger geschmälert, vorausgesetzt, der Konkursverwalter hat nicht die Erfüllung eines für die Konkursmasse ungünstigen Vertrages verlangt oder einen für die Konkursmasse ungünstigen Vertrag abgeschlossen, was ihn aber nach Art. 102 pln.KO einer Schadensersatzpflicht aussetzen würde. Dabei steht dem Massegläubiger im Falle der rechtswidrigen Weigerung des Konkursverwalters, den vertraglichen Sachleistungsanspruch zu erfüllen, nicht die Möglichkeit der Erhebung von Einwendungen gegen den Erlösverteilungsplan nach Art. 209, 211 pln.KO zu Gebote, da dieser Plan nur die Verteilung der bei der Verwertung der Konkursmasse erlösten Geldbeträge zum Gegenstand hat und nicht die Überlassung von Sachen an bestimmte Gläubiger vorsehen kann[489]. Es besteht daher ein Bedürfnis nach der Möglichkeit einer zwangsweisen Durchsetzung einer auf Sachleistung gerichteten Forderung, insbesondere um zu verhindern, daß der Konkursverwalter die geschuldete Sache im Zuge der Verwertung der Konkursmasse an eine andere Person veräußert. Ist dies aber bereits geschehen, so kann der Gläubiger seinen hieraus erwachsenden Schadensersatzanspruch gegen die Konkursmasse nur im Verfahren nach Art. 204 ff. pln.KO als Masseforderung geltend machen, wobei eine Durchsetzung dieser auf Geld gerichteten Forderung im Wege der Zwangsvollstreckung in die Konkursmasse ausgeschlossen ist.

---

[489] Vgl. den Beschluß des Obersten Gerichts vom 7.2.1997 – III CZP 125/96, OSNIC 5/1997, Pos. 51, S. 19 [21 f.]; *Allerhand*, Konkursrecht mit Kommentar, Anm. 4 zu Art. 207; *Gurgul*, Konkurs- und Vergleichsrecht, Rdnr. 10 zu Art. 207 pln.KO, S. 659.

Zusammenfassend bleibt festzuhalten, daß nach der hier vertretenen Auffassung während des eröffneten Konkursverfahrens die Zwangsvollstreckung wegen Geldforderungen in die Konkursmasse immer ausgeschlossen ist, auch wenn es sich um eine Masseforderung handelt. Zuzulassen ist die Herausgabevollstreckung im Konkursverfahren dagegen wegen einer auf Sachleistung gerichteten Forderung, die aus einem mit dem Konkursverwalter abgeschlossenen Vertrag oder aus einem solchen Vertrag herrührt, dessen Erfüllung der Konkursverwalter nach Art. 39 § 1 pln.KO gewählt hat. Von Art. 63 pln.KO unberührt bleibt auch die Möglichkeit, während des eröffneten Konkursverfahrens in das nach Art. 61, 121 pln.KO konkursfreie Vermögen des Gemeinschuldners zu vollstrecken. Aussonderungsansprüche können nur dann im Wege der Zwangsvollstreckung gegen den Konkursverwalter durchgesetzt werden, wenn zuvor das Verfahren nach Art. 31 pln.KO erfolglos durchlaufen wurde.

J Die Behandlung von Gesellschafterdarlehen im Konkurs der Kapitalgesellschaft

Gemäß Art. 14 § 3 GBHG wird die Forderung eines Gesellschafters oder Aktionärs aus dem der Kapitalgesellschaft gewährten Darlehen als Gesellschaftseinlage behandelt, wenn innerhalb von zwei Jahren nach Abschluß des Darlehensvertrages über das Vermögen der Kapitalgesellschaft der Konkurs eröffnet wurde. Diese Bestimmung gilt gleichermaßen für die AG (Art. 301 ff. GBHG) wie für die GmbH (Art. 151 ff. GBHG), nicht jedoch für die durch das GBHG in Polen neu eingeführte Kommanditgesellschaft auf Aktien[490], da diese nach polnischem Recht keine Kapitalgesellschaft, sondern eine Personengesellschaft darstellt (Art. 125 GBHG).

Die Rechtsfolge des Art. 14 § 3 GBHG beschränkt sich darauf, daß der Gesellschafter im Konkurs der Kapitalgesellschaft seinen Rückzahlungsanspruch nicht geltend machen kann, bevor sämtliche anderen Forderungen vollständig befriedigt worden sind[491]. Sicherheiten, welche

490 Polnische Bezeichnung: „Spółka komandytowo-akcyjna".
491 *Sołtysiński/Szumański*, Handelsgesellschaften I, Rdnr. 30 zu Art. 14, S. 171.

die Kapitalgesellschaft dem Gesellschafter für seinen Rückzahlungsanspruch bestellt hat, verlieren im Konkurs der Kapitalgesellschaft ihre Wirkung[492]. Art. 14 § 3 GBHG gilt unabhängig davon, ob das Darlehen in einer Krise der Gesellschaft gewährt oder stehen gelassen wurde[493].

Wird das Gesellschafterdarlehen vor Konkurseröffnung zurückgezahlt, so greift Art. 14 § 3 GBHG nicht ein. Im Falle der GmbH sind unabhängig von Art. 14 § 3 GBHG jedoch gemäß Art. 189 § 2 GBHG jedwede Auszahlungen von Mitteln an die Gesellschafter unzulässig, die zur vollständigen Deckung des Stammkapitals der GmbH erforderlich sind[494], und unzulässigerweise ausgezahlte Mittel sind nach Art. 198 § 1 GBHG der Gesellschaft zu erstatten. Für den Rückzahlungsanspruch haften diejenigen Mitglieder der Gesellschaftsorgane, die für die Auszahlung verantwortlich sind, gesamtschuldnerisch mit dem durch die Auszahlung begünstigten Gesellschafter (Art. 198 § 1 Satz 2 GBHG). Die übrigen Gesellschafter haften nur subsidiär (Art. 198 § 2 GBHG). Da Art. 189 § 2 GBHG nicht nur die Einlagenrückgewähr, sondern ausdrücklich die Auszahlung egal aus welchem Rechtsgrund an die Gesellschafter verbietet, wird auch die Rückzahlung solcher Gesellschafterdarlehen von Art. 189 § 2 erfaßt, denen kein eigenkapitalersetzender Charakter zukommt. Ob das Darlehen während einer Krise der Gesellschaft gewährt oder stehengelassen wurde, in einer Phase also, in der nach Meinung des deutschen Gesetzgebers „ordentliche Kaufleute Eigenkapital zugeführt hätten“[495], ist somit für die Anwendbarkeit der Art. 189 § 2, Art. 198 GBHG ebenso irrelevant wie die Frage, ob über das Vermögen der GmbH das Konkursverfahren eröffnet wurde, und bejahendenfalls, wie groß der zeitliche Abstand zwischen Darlehensgewährung und Konkurseröffnung war.

Auf der Rechtsfolgenseite entsprechen die Art. 189 § 2, Art. 198 GBHG weitgehend den im deutschen Recht vom BGH auf der Grundlage der §§ 30, 31 dt. GmbHG entwickelten Rechtsprechungsgrundsät-

---

492 *Sołtysiński/Szumański*, Handelsgesellschaften I, Rdnr. 37 zu Art. 14, S. 174.

493 *Sołtysiński/Szumański*, Handelsgesellschaften I, Rdnrn. 12, 13 zu Art. 14, S. 172.

494 Das Stammkapital einer GmbH beträgt gemäß Art. 154 § 1 GBHG mindestens 50.000 PLN, was einem Gegenwert von etwa 13.500 Euro entspricht.

495 Vgl. die vielfach kritisierte Formulierung des § 32a Abs. 1 dt. GmbHG.

zen[496]. Insbesondere verpflichten die Art. 189 § 2, Art. 198 GBHG den Gesellschafter nicht nur insoweit zur Erstattung des an ihn zurückgezahlten Darlehens, wie hierdurch eine Unterbilanz hervorgerufen oder verstärkt wurde, sondern erst recht auch insoweit, wie die an den Gesellschafter zurückgezahlte Darlehensvaluta erforderlich wäre, um eine bilanzielle Überschuldung auszugleichen[497]. Art. 198 GBHG beschränkt die Haftung des Gesellschafters nämlich nicht auf die Summe des Stammkapitals.

Das Aktienrecht[498] enthält keine Art. 189 § 2 GBHG entsprechende Bestimmung[499]. Die Kapitalerhaltungsvorschrift des Art. 344 § 1 GBHG verbietet ausdrücklich nur die Rückzahlung der auf die Aktien geleisteten Einzahlungen an die Aktionäre. Da der Rückzahlungsanspruch aus einem Gesellschafterdarlehen nach Art. 14 § 3 GBHG jedoch erst ab dem Zeitpunkt der Konkurseröffnung über die Kapitalgesellschaft als Einlage zu behandeln ist, schließt Art. 344 § 1 GBHG die Rückzahlung eines Gesellschafterdarlehens vor Konkurseröffnung selbst dann nicht aus, wenn hierdurch eine Unterbilanz oder bilanzielle Überschuldung der AG herbeigeführt oder verstärkt wird.

In Betracht zu ziehen sind allerdings neben den gesellschaftsrechtlichen Bestimmungen über die Kapitalerhaltung für AG und GmbH gleichermaßen auch die Vorschriften über die Unwirksamkeit und Anfechtbarkeit von Rechtshandlungen des Gemeinschuldners (Art. 54 ff. pln.KO, Art. 527 ff. ZGB). Sofern der Rückzahlungsanspruch des Aktionärs bzw. Gesellschafters nicht fällig war – eine aus Art. 458 ZGB

---

[496] Vgl. die Urteile des BGH vom 14.12.1959 – II ZR 187/57, BGHZ 31, S. 258 [268 ff.]; vom 27.9.1976 – II ZR 162/75, BGHZ 67, S. 171 [174 f.]; vom 26.11.1979 – II ZR 104/77, BGHZ 75, S. 334 [336 ff.]; vom 24.3.1980 – II ZR 213/77, BGHZ 76, S. 326 [328 ff.]; vom 13.7.1981 – II ZR 256/79; BGHZ 81, S. 252 [255 ff.]; vom 21.9.1981 – II ZR 104/80, BGHZ 81, S. 311 [313 ff.] sowie vom 28.9.1981 – II ZR 223/80, BGHZ 81, S. 365 [366 ff.]. Siehe hierzu in der polnischen Literatur: *Oplustil*, Gesellschafterdarlehen, S. 42 ff.

[497] Vgl. im deutschen Recht: BGHZ 76, S. 326 [335]; *Lutter/Hommelhoff*, GmbH-Gesetz, Rdnr. 102 zu §§ 32a/b, S. 448.

[498] Vgl. zur Problematik der eigenkapitalersetzenden Aktionärsdarlehen im deutschen Recht das Urteil des BGH vom 26.3.1984 – II ZR 171/83, BGHZ 90, S. 381 ff.; *K. Schmidt*, Gesellschaftsrecht, § 29 I 2, S. 884 ff. m. w. N.

[499] *Oplustil*, Gesellschafterdarlehen, S. 135.

abgeleitete Fälligkeit bleibt unberücksichtigt[500] – ist eine Rückzahlung, die zwei Monate vor Konkursantragstellung vorgenommen wurde, nach Art. 54 § 2 pln.KO von Rechts wegen unwirksam und daher gemäß Art. 59 pln.KO der Konkursmasse zu erstatten. Darüber hinaus greift aber auch Art. 55 pln.KO mit seinem durch Gesetz vom 31.7.1997[501] hinzugefügten § 2 bei einer Rückzahlung innerhalb der letzten sechs Monate vor Konkursantragstellung unabhängig von der Fälligkeit der Rückzahlungsforderung ein. Die Rückzahlung des Darlehens ist nicht als unentgeltliche Rechtshandlung i. S. des Art. 54 § 1 pln.KO, sondern als entgeltliche Rechtshandlung zu behandeln, da der Darlehensgeber seinen Rückzahlungsanspruch im Falle einer wirksamen Rückzahlung verlieren würde[502]. Die actio pauliana (Art. 527 ff. ZGB) läßt dagegen nach herrschender Meinung die Rückzahlung einer fälligen Forderung unberührt[503] und ermöglicht nur die Anfechtung der Erfüllung einer betagten Forderung[504].

---

500 *Allerhand*, Konkursrecht mit Kommentar, Anm. 17 zu Art. 54; siehe Teil 4, Abschnitt G 2. b).

501 Dz.U. 1997, Nr. 117, Pos. 751.

502 Anders *Oplustil*, Gesellschafterdarlehen, S. 89 mit dem Argument, die Abgrenzung entgeltlicher und unentgeltlicher Rechtshandlungen betreffe nur schuldrechtliche Verträge, nicht aber auch Erfüllungshandlungen, so daß weder Art. 54 § 1 noch Art. 55 pln.KO auf die Rückzahlung eines Darlehens anwendbar seien.

503 Vgl. zur Kritikwürdigkeit dieser Auffassung: Teil 4, Abschnitt G 3. b).

504 *Pyziak-Szafnicka*, Studia Prawnicze 1-4/1994, S. 5 [18 f.].

Teil 5
DAS ERÖFFNETE KONKURSVERFAHREN

Nach den materiell-rechtlichen Folgen der Konkurseröffnung und ihren Auswirkungen auf anhängige Zivilprozesse, Verwaltungsverfahren und die Zulässigkeit der Zwangsvollstreckung ist nunmehr das Augenmerk auf den Ablauf des Konkursverfahrens nach Erlaß des Eröffnungsbeschlusses zu richten. Einen zwingenden Bestandteil eines jeden Konkursverfahrens bildet die Anmeldung und Feststellung der Konkursforderungen nach Art. 150 ff. pln.KO. Grundsätzlich mündet das Konkursverfahren in die Verwertung (Liquidation) der Konkursmasse (Art. 110 ff. pln.KO) und in die Erlösverteilung (Art. 203 ff. pln.KO), wenn nicht die Liquidation durch die Annahme und Bestätigung eines Zwangsvergleichs zwischen dem Gemeinschuldner und den nicht bevorrechtigten Konkursgläubigern abgewendet wird (Art. 110 § 2, Art. 171 ff. pln.KO). Der Abschluß des Konkursverfahrens ist in Art. 217 ff. pln.KO geregelt. Er kann entweder auf der Aufhebung des Eröffnungsbeschlusses, der Verfahrenseinstellung oder der Beendigung des Verfahrens nach Annahme und Bestätigung eines Zwangsvergleichs (Art. 224 pln.KO) bzw. nach Ausführung der abschließenden Erlösverteilung (Art. 217 pln.KO) beruhen.

A Anmeldung und Feststellung der Forderungen

1. Die Forderungsanmeldung

Bereits im Eröffnungsbeschluß fordert das Konkursgericht die Gläubiger des Gemeinschuldners auf, ihre Forderungen anzumelden, und setzt ihnen hierfür eine Frist (Art. 14 § 1 Nr. 2 pln.KO). Dementsprechend bestimmt Art. 150 § 1 pln.KO, daß jeder Gläubiger des Gemeinschuldners, der an solchen Verfahrenshandlungen teilnehmen will, für die die Feststellung seiner Forderung erforderlich ist[1], diese innerhalb

[1] Die Forderungsanmeldung ist außer für die Beteiligung an der Erlösverteilung (Art. 203 ff. pln.KO) auch für die Beteiligung an den Abstimmungen in der Gläubigerversammlung (Art. 145 pln.KO), für eine Mitgliedschaft im Gläubigerausschuß

der hierfür gesetzten Frist anmelden muß, selbst wenn sie hypothekarisch oder durch ein Pfandrecht gesichert ist oder sich zur Aufrechnung eignet. Aus der sowohl in Art. 14 § 1 Nr. 2 als auch in Art. 150 § 1 pln.KO anzutreffenden Formulierung „Gläubiger des Gemeinschuldners“[2] wird hergeleitet, daß nur Forderungen, die schon zum Zeitpunkt der Konkurseröffnung bestanden, der Anmeldung nach Art. 150 ff. pln.KO unterliegen[3], während die erst nach Konkurseröffnung nicht vom Gemeinschuldner[4] begründeten Masseforderungen der Nr. 1 und Nr. 2 des Art. 204 § 1 pln.KO unabhängig von dem in Art. 150 ff. pln.KO geregelten Verfahren der Forderungsanmeldung und Feststellung der Konkurstabelle gemäß Art. 205 pln.KO befriedigt werden. Zu beachten ist aber, daß Art. 204 § 1 Nr. 1 pln.KO seit seiner Novellierung durch Gesetz vom 24.2.1990[5] anders als in seiner ursprünglichen Fassung neben den im Konkursverfahren entstandenen auch die bereits vor Konkurseröffnung begründeten Arbeitnehmerforderungen privilegiert[6], bei denen es sich eigentlich um Konkursforderungen handelt. Diese Forde-

---

(Art. 127 § 1 pln.KO), für einen Antrag auf Änderung der Zusammensetzung des Gläubigerausschusses (Art. 128 § 1 pln.KO), für einen Widerspruch gegen die Anerkennung der Forderung eines anderen Gläubigers durch den Richter-Kommissar (Art. 162 § 1 pln.KO), für den Antrag auf Aufhebung eines Zwangsvergleichs nach Art. 198 § 1 pln.KO, für die Inanspruchnahme der gemäß Art. 182 pln.KO von Dritten zur Absicherung der Ansprüche aus einem Zwangsvergleich gewährten Sicherheiten (Art. 195 pln.KO) sowie für einen Antrag auf Einstellung des Konkursverfahrens nach Art. 218 § 1 Nr. 3 pln.KO erforderlich, vgl. *Korzonek*, Konkurs- und Vergleichsrecht II, S. 106 f.; *Piasecki*, Konkurs- und Vergleichsrecht, Anm. 3 zu Art. 150 pln.KO, S. 279; *Kalicińska*, Forderung im Konkursverfahren, S. 139.

2 Polnisch: „wierzyciele upadłego“.

3 *Altman*, Konkursrecht, S. 268; *Allerhand*, Konkursrecht mit Kommentar, Anm. 3 zu Art. 150; *Korzonek*, Konkurs- und Vergleichsrecht II, S. 105; *Świeboda*, Konkurs- und Vergleichsrecht, Anm. 8 zu Art. 150 pln.KO, S. 190; *Piasecki*, Konkurs- und Vergleichsrecht, Anm. 2 zu Art. 150 pln.KO, S. 278; *Kalicińska*, Forderung im Konkursverfahren, S. 130; *Gurgul*, Konkurs- und Vergleichsrecht, Rdnr. 3 zu Art. 150 pln.KO, S. 513.

4 Forderungen, die der Gemeinschuldner nach Konkurseröffnung begründet hat, sind gemäß Art. 24 pln.KO der Masse gegenüber unwirksam und nehmen daher nicht an der Erlösverteilung im Konkursverfahren teil, vgl. Teil 4, Abschnitt D; *Korzonek*, Konkurs- und Vergleichsrecht II, S. 105 sowie *Kalicińska*, Forderung im Konkursverfahren, S. 139 f.

5 Dz.U. 1990, Nr. 14, Pos. 87.

6 *Brol*, Gerichtspraxis, S. 152; *Cieślak*, Aufteilung, S. 80; *Gurgul*, Konkurs- und Vergleichsrecht, Rdnr. 6 zu Art. 204 pln.KO, S. 648.

rungen hat der Konkursverwalter jedoch gemäß Art. 7a Abs. 5 des Gesetzes vom 28.12.1989[7] von Amts wegen in den von ihm nach Art. 153 ff. pln.KO aufzustellenden Entwurf einer Konkurstabelle[8] aufzunehmen, ohne daß jeder einzelne Arbeitnehmer seine Forderungen nach Art. 150 pln.KO anmelden müßte.

Nach Art. 150 § 1 pln.KO anzumelden sind auch gegen den Gemeinschuldner gerichtete persönliche Forderungen, für die eine Sicherheit bestellt wurde, sowie Forderungen, die sich zur Aufrechnung eignen. Gemäß Art. 37 pln.KO muß der Gläubiger die Absicht, von seinem Aufrechnungsrecht Gebrauch zu machen, spätestens bei der Anmeldung der Forderung erklären. Danach kann die Aufrechnung im Konkursverfahren nicht mehr erklärt werden, selbst wenn die im Eröffnungsbeschluß gemäß Art. 14 § 1 Nr. 2 pln.KO gesetzte Frist für die Forderungsanmeldung noch nicht abgelaufen ist[9].

Mit Wirkung für alle seit dem 3.1.1998 eröffneten Konkursverfahren[10] sind gemäß Art. 150 § 2 pln.KO auch durch eine Hypothek, ein Pfandrecht, ein Registerpfandrecht sowie durch Eintragung im Schiffsregister oder durch ein Zurückbehaltungsrecht an einem massezugehörigen Gegenstand gesicherte Forderungen anzumelden, für die der Gemeinschuldner nicht auch persönlich haftet. Diese Neuregelung ist vor dem Hintergrund der Ersetzung der Absonderungsrechte gesicherter Gläubiger durch die Privilegierung im allgemeinen Erlösverteilungsverfahren nach Art. 204 § 1 Nr. 2a, 2b pln.KO zu sehen. Während bisher die gesicherten Gläubiger nur insoweit an der allgemeinen Erlösverteilung nach Art. 203 ff. pln.KO teilnahmen, wie ihre persönlichen Forderungen gegen den Gemeinschuldner nicht bereits im Wege der abgesonderten Befriedigung erfüllt werden konnten, so daß bei einer nur dinglichen Haftung des Gemeinschuldners eine Beteiligung des Gläubigers am all-

---

7 Gesetz über die besonderen Grundsätze der Auflösung von Arbeitsverhältnissen mit den Arbeitnehmern aus Gründen, die den Arbeitsbetrieb betreffen und über die Änderung einiger Gesetze (ustawa o szczególnych zasadach rozwiązywania z pracownikami stosunków pracy z przyczyn dotyczących zakładu pracy oraz o zmianie niektórych ustaw), Dz.U 1990, Nr. 4, Pos. 19 mit späteren Änderungen, vgl. *Gurgul*, Konkurs- und Vergleichsrecht, Rdnr. 6 zu Art. 45 pln.KO, S. 245 f.

8 Vgl. hierzu nachfolgend Punkt 2.

9 *Gurgul*, Konkurs- und Vergleichsrecht, Rdnr. 3 zu Art. 37 pln.KO, S. 219 f.

10 Vgl. Art. 5, 7 des Konkursrechtsänderungsgesetzes vom 31.7.1997, Dz.U. 1997, Nr. 117, Pos. 751.

gemeinen Erlösverteilungsverfahren von vornherein ausgeschlossen war, fällt nunmehr auch der Erlös aus den massezugehörigen, mit dinglichen Sicherungsrechten belasteten Gegenständen zunächst vollständig der Konkursmasse zu und wird erst im allgemeinen Erlösverteilungsverfahren unter Berücksichtigung der in Art. 204 § 1 Nr. 2a, 2b pln.KO vorgesehenen Privilegierung an die Gläubiger ausgekehrt. Wie bereits an anderer Stelle dargelegt[11], gilt dies jedoch nicht für massezugehörige Gegenstände, die mit einem Registerpfandrecht belastet sind. Gemäß Art. 117 § 4 Satz 2, § 5 Satz 2 pln.KO besteht insoweit zugunsten des Pfandrechtsinhabers ein Absonderungsrecht. Mit dem Liquidationserlös aus dem registerpfandrechtlich belasteten Gegenstand wird nämlich nach Abzug der Verwertungskosten zunächst die gesicherte Forderung des Registerpfandgläubigers befriedigt und nur der Rest des Erlöses gelangt zum Zwecke der Erlösverteilung nach Art. 203 ff. pln.KO in die Konkursmasse. Ein Registerpfandgläubiger, dem der Gemeinschuldner nicht auch persönlich haftet, nimmt daher niemals am Erlösverteilungsverfahren nach Art. 203 ff. pln.KO teil, so daß die ausdrückliche Erwähnung des Registerpfandrechts in Art. 150 § 2 pln.KO als inkonsequent bezeichnet werden muß[12].

Meldet ein Konkursgläubiger seine Forderung erst nach Ablauf der vom Konkursgericht im Eröffnungsbeschluß hierfür bestimmten Frist an, so wird die Anmeldung gemäß Art. 167 § 1 pln.KO dennoch berücksichtigt und die bereits festgestellte Konkurstabelle vom Richter-Kommissar ergänzt (Art. 168 pln.KO)[13]. Jedoch hat der Gläubiger die hierdurch entstehenden Mehrkosten zu tragen und er ist an alle bis dahin vorgenommenen Verfahrenshandlungen gebunden. Außerdem wird er nur bei den Erlösverteilungen berücksichtigt, die nach Anerkennung

11 Siehe Teil 4, Abschnitt H 2.

12 Ein Registerpfandgläubiger, dem der Gemeinschuldner nicht auch persönlich haftet, kann auch an anderen Verfahrenshandlungen nicht teilnehmen, für die eine Forderungsanmeldung nötig wäre: Art. 145 § 2 pln.KO schließt die Teilnahme eines nur dinglichen Gläubigers an der Gläubigerversammlung aus (vgl. Teil 2, Abschnitt D 1. b) und auch ein Zwangsvergleich wird gemäß Art. 171 pln.KO nur zwischen dem Gemeinschuldner und den nicht bevorrechtigten Gläubigern geschlossen.

13 *Golanowski*, MoP 4/1997, S. 173 [174].

seiner verspätet angemeldeten Forderung stattfinden (Art. 167 § 2 pln.KO)[14].

Die gegenüber dem Richter-Kommissar vorzunehmende Forderungsanmeldung[15] bedarf der Schriftform. Neben den die Forderung rechtfertigenden Urkunden im Original oder in beglaubigter Abschrift (Art. 151 pln.KO) hat der Gläubiger seinen Vor- und Nachnamen, seine Firma und seinen Wohnort bzw. Geschäftssitz anzugeben, die Forderung samt Nebenforderungen und ihrem Wert zu benennen, falls die Forderung nicht auf Geld gerichtet ist, sowie Beweise für die Forderung anzugeben, den Rang, dem die Forderung zugerechnet werden soll, zu bezeichnen und die für die Forderung bestellten Sicherheiten anzugeben einschließlich einer Erklärung darüber, in welcher Höhe die Forderung wahrscheinlich aus den Sicherheiten nicht befriedigt werden kann, und einer Erklärung über einen beabsichtigten vollständigen oder teilweisen Verzicht auf die Sicherheiten. Außerdem hat sich der Gläubiger über den Stand eines eventuell wegen der Forderung anhängigen gerichtlichen oder verwaltungsbehördlichen Verfahrens zu erklären (Art. 152 § 1 pln.KO). Ein im Ausland ansässiger Gläubiger ist gemäß Art. 152 § 2 pln.KO darüber hinaus verpflichtet, eine Zustelladresse in Polen zu bestimmen. Andernfalls wird gemäß Art. 1135 § 2 ZVGB i. V. m. Art. 68 pln.KO die Zustellung durch Hinterlegung der Schriftstücke in der Gerichtsakte ersetzt[16]. Die Anmeldung muß außerdem den allgemeinen Formerfordernissen für Prozeßschriftsätze gemäß Art. 126 ZVGB genügen[17].

---

14 *Kalicińska*, Forderung im Konkursverfahren, S. 140; *Zedler*, Konkurs- und Vergleichsrecht, S. 227 f.

15 Gemäß § 174 Abs. 1 dt. InsO wird die Forderungsanmeldung nach deutschem Recht gegenüber dem Insolvenzverwalter vorgenommen.

16 *Allerhand*, Konkursrecht mit Kommentar, Anm. 15 zu Art. 152; *Gurgul*, Konkurs- und Vergleichsrecht, Rdnr. 14 zu Art. 152 pln.KO, S. 529.

17 *Allerhand*, Konkursrecht mit Kommentar, Anm. 16 zu Art. 152; *Golanowski*, MoP 4/1997, S. 173 [174]; *Gurgul*, MoP 11/1999, S. 14 [19 f.]; *Kalicińska*, Forderung im Konkursverfahren, S. 141; *Zedler*, Konkurs- und Vergleichsrecht, S. 225. Formulare für die Forderungsanmeldung sind bei *Golanowski*, MoP 4/1997, S. 173 [175 f.] abgedruckt.

2. *Aufstellung des Entwurfs einer Konkurstabelle („Forderungsliste")*

Der Richter-Kommissar hat die bei ihm eingehenden Forderungsanmeldungen zunächst auf die Einhaltung der aus Art. 151, 152 pln.KO, Art. 126 ZVGB i. V. m. Art. 68 pln.KO folgenden formalen Erfordernisse hin zu überprüfen[18]. Stellt er insoweit Mängel fest, so fordert er den Anmeldenden gemäß Art. 130 § 1 ZVGB i. V. m. Art. 68 pln.KO dazu auf, diese zur Vermeidung der Rückgabe[19] der Forderungsanmeldung innerhalb einer Woche zu beheben[20]. Kommt der Gläubiger dieser Aufforderung fristgerecht nach, so gilt als Zeitpunkt der Forderungsanmeldung das Eingangsdatum der ursprünglichen unvollständigen Anmeldung (Art. 130 § 3 ZVGB), was entscheidend sein kann für die Frage, ob die Forderungsanmeldung fristgerecht erfolgt ist oder ob sie als nachträgliche Anmeldung nach Art. 167, 168 pln.KO behandelt werden muß. Kommt der Gläubiger der Aufforderung dagegen nicht rechtzeitig nach, so gibt ihm der Richter-Kommissar die Anmeldung zurück, die damit ohne Rechtswirkung bleibt, aber wiederholt werden kann (Art. 130 § 2 ZVGB)[21].

Die den Formerfordernissen entsprechenden bzw. gemäß Art. 130 ZVGB rechtzeitig vervollständigten Anmeldungen leitet der Richter-Kommissar an den Konkursverwalter weiter[22], der unverzüglich nach Ablauf der Anmeldefrist den Entwurf einer Konkurstabelle erstellt (Art. 153 Satz 1 pln.KO). Zuvor fordert der Konkursverwalter jedoch den Gemeinschuldner auf, sich innerhalb einer bestimmten Frist zu den einzelnen angemeldeten Forderungen zu erklären, insbesondere aber zu der Frage, ob er die Forderungen anerkennt (Art. 153 Satz 2 pln.KO)[23]. Der vom Konkursverwalter aufzustellende Entwurf einer Konkurstabelle

---

[18] *Korzonek*, Konkurs- und Vergleichsrecht II, S. 111.

[19] Das polnische Zivilprozeßrecht unterscheidet bei unzulässigen Anträgen zwischen der Rückgabe (zwrócenie, vgl. z.B. Art. 130 ZVGB) und der Zurückweisung (odrzucenie, vgl. z.B. Art. 370 ZVGB).

[20] *Kalicińska*, Forderung im Konkursverfahren, S. 142; *Zedler*, Konkurs- und Vergleichsrecht, S. 228; *Świeboda*, Konkurs- und Vergleichsrecht, Anm. 2 zu Art. 151 pln.KO, S. 192; *Gurgul*, Konkurs- und Vergleichsrecht, Rdnr. 6 zu Art. 32 pln.KO, S. 528.

[21] *Zedler*, Konkurs- und Vergleichsrecht, S. 229.

[22] *Kalicińska*, Forderung im Konkursverfahren, S. 142.

[23] *Korzonek*, Konkurs- und Vergleichsrecht II, S. 111; *Kalicińska*, Forderung im Konkursverfahren, S. 142 f.; *Zedler*, Konkurs- und Vergleichsrecht, S. 229.

ist in Rubriken gegliedert und enthält gemäß Art. 154 pln.KO für jede einzelne Forderung Angaben darüber,

1. ob und in welcher Höhe und in welchem Rang die Forderung anerkannt werden kann,
2. ob für die Forderung Sicherheiten bestehen,
3. ob die Forderung bedingt ist,
4. ob dem Gläubiger eine Aufrechnungsmöglichkeit zusteht,
5. in welcher Lage sich ein eventuelles gerichtliches oder verwaltungsbehördliches Verfahren befindet, das die angemeldete Forderung, ihre Sicherung oder Aufrechenbarkeit betrifft[24].

Widerspricht der Konkursverwalter den Erklärungen eines Anmeldenden, so hat er in einer gesonderten Rubrik seine Gründe hierfür anzugeben (Art. 154 § 1 Satz 2 pln.KO). Vorbehaltlich Art. 157 pln.KO darf der Konkursverwalter die Aufnahme einer angemeldeten Forderung in den Entwurf der Konkurstabelle allerdings nicht verweigern, da die Entscheidung über die Anerkennung oder ihre Ablehnung dem Richter-Kommissar vorbehalten bleibt (Art. 161 § 2 pln.KO)[25]. In einer weiteren Rubrik sind die Erklärungen des Gemeinschuldners aufzunehmen (Art. 154 § 2 pln.KO). Alle in den Entwurf der Konkurstabelle eingehenden Angaben dienen dem Richter-Kommissar bei der Entscheidung über die Anerkennung der Forderungen und die Feststellung der Konkurstabelle als Entscheidungsgrundlage, der Richter-Kommissar ist jedoch nicht an die Stellungnahme des Konkursverwalters oder die Erklärung des Gemeinschuldners gebunden[26].

Bezüglich der Forderungshöhe hat der Konkursverwalter bei der Erstellung des Entwurfs einer Konkurstabelle die Art. 155 ff. pln.KO zu beachten. Nicht auf Geld gerichtete Forderungen[27] sind mit ihrem Geldwert am Tage der Konkurseröffnung aufzunehmen (Art. 155 pln.KO). Am Tage der Konkurseröffnung noch nicht fällige unverzinsliche Forde-

---

24 *Kalicińska*, Forderung im Konkursverfahren, S. 143; *Zedler*, Konkurs- und Vergleichsrecht, S. 229.

25 *Kalicińska*, Forderung im Konkursverfahren, S. 146.

26 *Allerhand*, Konkursrecht mit Kommentar, Anm. 1 zu Art. 154; *Korzonek*, Konkurs- und Vergleichsrecht II, S. 113; *Gurgul*, Konkurs- und Vergleichsrecht, Rdnr. 4 zu Art. 154 pln.KO, S. 533.

27 Vgl. Art. 32 § 2 pln.KO, dazu Teil 4, Abschnitt F 1.

rungen sind gemäß Art. 156 pln.KO um den gesetzlichen Zinssatz bis höchstens 6% p.a. für den Zeitraum zwischen Konkurseröffnung und dem Fälligkeitstermin, jedoch für nicht mehr als zwei Jahre abzuzinsen (Art. 156 pln.KO)[28].

Die Rückgriffsforderung eines Gesamtschuldners oder Bürgen kann gemäß Art. 157 pln.KO nur insoweit im Entwurf der Konkurstabelle Berücksichtigung finden, wie dieser bereits den Gläubiger befriedigt hat. Die Berücksichtigung einer erst in der Zukunft entstehenden Regreßforderung im Konkursverfahren ist damit ausgeschlossen[29]. Wird der Gesamtschuldner oder Bürge jedoch während des Konkursverfahrens in Anspruch genommen, so hat er die Möglichkeit, seine Regreßforderung auch nach Ablauf der Anmeldefrist gemäß Art. 167 pln.KO anzumelden. Art. 157 pln.KO gilt auch entsprechend für Personen, die mit bestimmten Vermögensgegenständen für eine Verbindlichkeit des Gemeinschuldners haften, wie etwa der Eigentümer eines hypothekarisch belasteten Grundstücks oder einer mit einem Pfandrecht belasteten beweglichen Sache[30]. Anspruchsgrundlage für die Regreßforderung des Gesamtschuldners ist Art. 376 § 1 bzw. Art. 380 § 3 ZGB. Entscheidend für die Frage, ob der vom Gläubiger in Anspruch genommene Gesamtschuldner den Gemeinschuldner in Regreß nehmen kann, ist danach das zwischen den Gesamtschuldnern bestehende Innenverhältnis. Ergibt sich hieraus nichts Gegenteiliges, so haften die Gesamtschuldner zu gleichen Teilen (Art. 376 § 1 Satz 2 ZGB). Zugunsten des Bürgen bzw. einer für die Verbindlichkeit mit bestimmten Vermögensgegenständen haftenden Person sieht Art. 518 § 1 Nr. 1 ZGB dagegen einen gesetzlichen Forderungsübergang in Höhe der Befriedigung des Gläubigers vor.

Die Behandlung wiederkehrender Leistungen ist in Art. 158 pln.KO geregelt. Für Forderungen in ausländischer Währung ist Art. 160 pln.KO zu beachten[31].

Zur Verhinderung einer zweimaligen Geltendmachung[32] kann gemäß Art. 159 pln.KO eine Konkursforderung, die durch eine Hypothek oder

---

[28] Vgl. Teil 4, Abschnitt F 1.

[29] *Allerhand*, Konkursrecht mit Kommentar, Anm. 1 zu Art. 157; vgl. auch Art. 213 § 3 pln.KO für das Erlösverteilungsverfahren.

[30] *Gurgul*, Konkurs- und Vergleichsrecht, Rdnr. 3 zu Art. 157 pln.KO, S. 538.

[31] Siehe zu Art. 158, 160 pln.KO, Teil 4, Abschnitt F 1.

ein anderes in ein Register eingetragenes Recht an im Ausland befindlichem Vermögen des Gemeinschuldners gesichert ist, nur unter der Voraussetzung in den Entwurf der Konkurstabelle aufgenommen werden, daß der Anmeldende einen Nachweis über die Löschung der Eintragung des Sicherungsrechts vorlegt[33].

3. *Die Feststellung der Konkurstabelle*

Den unter Beachtung der Art. 153 - 160 pln.KO erstellten Entwurf einer Konkurstabelle legt der Konkursverwalter gemäß Art. 161 § 1 pln.KO dem Richter-Kommissar vor, woraufhin dieser den Konkursverwalter sowie den Gemeinschuldner, nicht aber die Gläubiger[34] zu einem Termin lädt und nach ihrer Anhörung einen Beschluß über die teilweise oder vollständige Anerkennung der angemeldeten Forderungen erläßt (Art. 161 § 2 pln.KO)[35]. Die so festgestellte Konkurstabelle kann von jedem Interessierten in der Geschäftsstelle des Gerichts eingesehen werden, was durch den Richter-Kommissar bekanntzumachen ist (Art. 161 § 3 Satz 1 pln.KO). Eine Zustellung der festgestellten Konkurstabelle an die einzelnen Gläubiger ist dagegen nicht vorgesehen[36].

Innerhalb von zwei Wochen ab der Bekanntmachung kann jeder Gläubiger gegen die Anerkennung der Forderung eines anderen Gläubigers sowie gegen die Ablehnung der Anerkennung seiner eigenen ordnungsgemäß angemeldeten Forderung Widerspruch einlegen (Art. 162 § 1 pln.KO). Ein Gläubiger, der seine Forderung nachträglich angemeldet hat, ist jedoch gemäß Art. 167 § 2 pln.KO daran gehindert, gegen

---

32 *Allerhand*, Konkursrecht mit Kommentar, Anm. 1 zu Art. 159; *Gurgul*, Konkurs- und Vergleichsrecht, Rdnr. 3 zu Art. 159 pln.KO, S. 542.

33 *Kalicińska*, Forderung im Konkursverfahren, S. 145; *Zedler*, Konkurs- und Vergleichsrecht, S. 231.

34 *Piasecki*, Konkurs- und Vergleichsrecht, Anm. 3 zu Art. 161 pln.KO, S. 289; *Gurgul*, Konkurs- und Vergleichsrecht, Rdnr. 3 zu Art. 161 pln.KO, S. 546.

35 Die Anhörung hat im Termin zu erfolgen und kann nicht gemäß Art. 73 pln.KO durch die Aufnahme eines Protokolls außerhalb des Termins ersetzt werden, vgl. *Altman*, Konkursrecht, S. 283; *Allerhand*, Konkursrecht mit Kommentar, Anm. 2 zu Art. 161; *Korzonek*, Konkurs- und Vergleichsrecht II, S. 120; *Gurgul*, Konkurs- und Vergleichsrecht, Rdnr. 2 zu Art. 161 pln.KO, S. 545.

36 *Allerhand*, Konkursrecht mit Kommentar, Anm. 6 zu Art. 161.

eine zu diesem Zeitpunkt bereits erfolgte Anerkennung einer Forderung Widerspruch nach Art. 162 § 1 pln.KO zu erheben[37].

Innerhalb der in Art. 162 § 1 pln.KO genannten zweiwöchigen Frist steht gemäß Art. 162 § 2 Satz 1 pln.KO auch dem Konkursverwalter und dem Gemeinschuldner ein Widerspruchsrecht zu, soweit die vom Richter-Kommissar nach Art. 161 § 2 pln.KO festgestellte Konkurstabelle von ihren nach Art. 153 Satz 2 und Art. 154 § 1 Satz 2 pln.KO abgegebenen Erklärungen abweicht. Im Falle des Konkurses eines staatlichen Unternehmens können auch das Gründungsorgan (Art. 7 StUG) und das zur Vertretung des Staatsschatzes (Art. 34 ZGB) berechtigte Organ Widerspruch erheben (Art. 162 § 2 Satz 2 pln.KO).

Ein rechtskräftiges, das Bestehen einer Forderung bestätigendes Urteil hindert einen Widerspruch gegen die Anerkennung dieser Forderung nicht, allerdings kann der Widerspruch in diesem Fall gemäß Art. 163 Satz 1 pln.KO nur auf Ereignisse gestützt werden, die nach Abschluß der dem Urteil vorausgehenden mündlichen Verhandlung eingetreten sind. Art. 163 Satz 2 pln.KO verlangt zum Nachweis eines solchen Ereignisses einen schriftlichen Beweis. Der Widerspruch kann auch darauf beruhen, daß die Forderung durch eine nach Art. 54 ff. pln.KO unwirksame oder anfechtbare Rechtshandlung begründet wurde. Dem steht auch die Titulierung der Forderung nicht entgegen, allerdings kann der Widerspruch in diesem Fall nur vom Konkursverwalter erhoben werden (Art. 164 pln.KO)[38]. Hieraus ist zu folgern, daß ungeachtet Art. 57 pln.KO, wonach im Konkursverfahren eine Anfechtungsklage nur vom Konkursverwalter erhoben werden kann, neben dem Konkursverwalter auch jeder Gläubiger die Möglichkeit hat, gegen die Anerkennung einer Forderung, die auf einer anfechtbaren Rechtshandlung beruht, Widerspruch einzulegen[39], sofern diese Forderung nicht tituliert ist.

Der Entscheidung des Konkursgerichts über den Widerspruch geht eine mündliche Verhandlung voraus, zu der neben dem Konkursverwal-

---

37 *Allerhand*, Konkursrecht mit Kommentar, Anm. 7 zu Art. 162; *Nazarewicz*, PPH Juni 1993, S. 7 [9].

38 *Buber*, Polnisches Konkursrecht, S. 142 f.

39 *Allerhand*, Konkursrecht mit Kommentar, Anm. 3 zu Art. 164; *Korzonek*, Konkurs- und Vergleichsrecht II, S. 127; *Świeboda*, Konkurs- und Vergleichsrecht, Anm. 2 zu Art. 164 pln.KO, S. 203; *Gurgul*, Konkurs- und Vergleichsrecht, Rdnr. 4 zu Art. 164 pln.KO, S. 556.

ter und dem Gemeinschuldner auch der Gläubiger, der Widerspruch erhoben hat und der Gläubiger, gegen dessen Forderung sich der Widerspruch richtet, zu laden sind. Das Ausbleiben dieser Personen bei der mündlichen Verhandlung hindert das Konkursgericht jedoch nicht daran, über den Widerspruch zu entscheiden (Art. 165 § 1 pln.KO).

Gemäß Art. 170 § 1 pln.KO bildet ein Auszug aus der festgestellten Konkurstabelle, aus dem die Forderung und die bereits erfüllte Teilsumme hervorgehen, nach Abschluß des Konkursverfahrens durch Beendigung (Art. 217 pln.KO) oder Einstellung (Art. 218 ff. pln.KO) einen Exekutionstitel i. S. der Art. 776, 777 § 1 Nr. 3 ZVGB[40]. Soweit der Gemeinschuldner die Forderung allerdings im Konkursverfahren nicht anerkannt hatte und auch kein die Forderung bestätigendes rechtskräftiges Urteil ergangen ist, kann der Gemeinschuldner gemäß Art. 170 § 2 pln.KO innerhalb eines Jahres ab Rechtskraft der Beendigung oder Einstellung des Konkursverfahrens die Aufhebung der bindenden Wirkung des Exekutionstitels beantragen.

B Die Verwertung der Konkursmasse

1. Beginn der Liquidation

Gemäß Art. 105 § 1 Satz 1 pln.KO hat der Konkursverwalter unverzüglich, spätestens aber innerhalb eines Monats nach seiner Bestellung – dies ist gemäß Art. 15 i. V. m. Art. 14 § 1 Nr. 3 pln.KO der Tag der Konkurseröffnung[41] – ein Inventarverzeichnis des konkursunterworfenen Vermögens zu erstellen und dieses Vermögen zu schätzen. Nur wenn die Einhaltung der Monatsfrist aufgrund des Umfangs der Konkursmasse oder anderer erheblicher Schwierigkeiten nicht möglich ist, kann der Richter-Kommissar auf Antrag des Konkursverwalters die Frist verlängern (Art. 105 § 1 Satz 2 pln.KO). Auf der Grundlage des Inventarverzeichnisses stellt der Konkursverwalter eine dem Richter-Kommissar vorzulegende Bilanz auf (Art. 109 Satz 1 pln.KO). Wurde die Frist für

---

40 *Brol*, Gerichtspraxis, S. 152; *Kalicińska*, Forderung im Konkursverfahren, S. 146 f.; *Zedler*, Konkurs- und Vergleichsrecht, S. 234.

41 *Allerhand*, Konkursrecht mit Kommentar, Anm. 2 zu Art. 105; *Buber*, Polnisches Konkursrecht, S. 127.

die Inventarisierung und Schätzung gemäß Art. 105 § 1 Satz 2 pln.KO verlängert, so hat der Konkursverwalter dennoch innerhalb eines Monats ab Konkurseröffnung einen allgemeinen schriftlich abgefaßten Bericht über den Bestand der Konkursmasse und die Aussichten für die Befriedigung der Gläubiger vorzulegen, was ihn allerdings nicht von der Pflicht zur Erstellung des Inventarverzeichnisses und der Bilanz entbindet (Art. 109 Sätze 2, 3 pln.KO). Erst nach Aufnahme des Inventarverzeichnisses und Aufstellung der Bilanz bzw. nach Vorlage des in Art. 109 Satz 2 pln.KO genannten Berichts und damit spätestens einen Monat nach Konkurseröffnung[42] hat der Konkursverwalter mit der Liquidation der Konkursmasse zu beginnen (Art. 110 § 1 pln.KO)[43].

Der Konkurseröffnungsbeschluß ist gemäß Art. 360 ZVGB i. V. m. Art. 68 pln.KO sofort vollziehbar[44], jedoch kann der Richter-Kommissar nach Art. 110 § 2 pln.KO die Liquidation bis zum Eintritt der Rechtskraft des Eröffnungsbeschlusses aufschieben. Gleiches gilt, wenn der Gemeinschuldner einen Antrag auf Zulassung zum Abschluß eines Zwangsvergleichs gestellt hat. Der Richter-Kommissar kann den Aufschub der Liquidation in diesen beiden Fällen von Amts wegen oder auf Antrag anordnen, wobei er bei seiner Entscheidung die Erfolgsaussichten eines Rechtsmittels gegen den Eröffnungsbeschluß bzw. des Antrags auf Zulassung zum Abschluß eines Zwangsvergleichs (Art. 175 ff. pln.KO) und den mit einem sofortigen Beginn der Verwertungshandlungen möglicherweise einhergehenden Schaden abzuwägen hat[45]. Nur wenn dem Antrag des Gemeinschuldners auf Zulassung zum Abschluß eines Zwangsvergleichs bereits stattgegeben wurde, muß der Richter-Kommissar auf Antrag des Gemeinschuldners die Liquidation aufschieben (Art. 110 § 2 Satz 2 pln.KO)[46].

Auch vor dem Beginn der Liquidation nach Art. 110 § 1 pln.KO und ungeachtet eines vom Richter-Kommissar nach Art. 110 § 2 pln.KO

---

42 Vgl. Art. 105 § 1, Art. 109 Satz 2, Art. 14 § 1 Nr. 3 pln.KO.

43 *Altman*, Konkursrecht, S. 203; *Gurgul*, Konkurs- und Vergleichsrecht, Rdnr. 3 zu Art. 110 pln.KO, S. 414 f.

44 *Gawlas/Jonsik*, Konkurs- und Vergleichsrecht, S. 123; *Nazarewicz*, PPH 7-8/1994, S. 1.

45 *Korzonek*, Konkurs- und Vergleichsrecht II, S. 41 f.; *Gurgul*, Konkurs- und Vergleichsrecht, Rdnr. 5 zu Art. 110 pln.KO, S. 415.

46 *Altman*, Konkursrecht, S. 204; *Nazarewicz*, PPH 7-8/1994, S. 1; *Zedler*, Konkurs- und Vergleichsrecht, S. 246.

angeordneten Aufschubs[47] kann der Konkursverwalter massezugehörige bewegliche Sachen verkaufen, soweit dies zur Deckung der Verfahrenskosten notwendig ist oder sofern diese Sachen verderblich sind, sie durch verspäteten Verkauf an Wert verlieren würden oder ihre Aufbewahrung in Relation zu ihrem Wert zu hohe Kosten verursacht (Art. 111 pln.KO)[48]. Beginnt der Konkursverwalter bereits vor dem in Art. 110 § 1 pln.KO genannten Zeitpunkt oder trotz eines nach Art. 110 § 2 pln.KO angeordneten Aufschubs mit der Liquidation, ohne daß diese Maßnahmen von Art. 111 pln.KO gedeckt wären, so setzt er sich der disziplinarischen Haftung nach Art. 100, 101 pln.KO sowie einer Schadensersatzpflicht nach Art. 102 pln.KO aus. Die Wirksamkeit eines ansonsten ordnungsgemäß durchgeführten Verkaufs soll davon allerdings nach einer in der polnischen Literatur weit verbreiteten Meinung unberührt bleiben[49]. Diskutabel erscheint jedoch eine Unwirksamkeit wegen Gesetzesverstoßes gemäß Art. 58 § 1 ZGB.

2. *Die Arten der Verwertung*

Die Liquidation umfaßt gemäß Art. 112 pln.KO den Verkauf beweglicher Sachen (Art. 115 - 117 pln.KO), den Verkauf von unbeweglichen Sachen und Schiffen (Art. 118, 119 pln.KO), die Eintreibung massezugehöriger Forderungen und die Wahrnehmung anderer Vermögensrechte. Zum vorzugswürdigen Weg der Masseverwertung erklärt Art. 113 pln.KO den Verkauf des schuldnerischen Unternehmens als Ganzes.

a) Der Verkauf beweglicher Sachen

Der Verkauf beweglicher Sachen erfolgt entweder im Wege der öffentlichen Versteigerung oder freihändig (Art. 115 § 1 pln.KO). Der freihändige Verkauf bedarf grundsätzlich der Zustimmung des Richter-

---

47 *Altman*, Konkursrecht, S. 205; *Allerhand*, Konkursrecht mit Kommentar, Anm. 11 zu Art. 111; *Korzonek*, Konkurs- und Vergleichsrecht II, S. 43.

48 *Buber*, Polnisches Konkursrecht, S. 127.

49 *Allerhand*, Konkursrecht mit Kommentar, Anm. 13 zu Art. 110; *Nazarewicz*, PPH 7-8/1994, S. 1; *Gurgul*, Konkurs- und Vergleichsrecht, Rdnr. 8 zu Art. 110 pln.KO, S. 416.

Kommissars, ohne die er unwirksam ist (Art. 58 § 1 ZGB)[50]. Hat die bewegliche Sache dagegen einen Börsen- oder Marktpreis, so ist sie gemäß Art. 115 § 3 pln.KO freihändig zum Tageskurs zu verkaufen, ohne daß der Konkursverwalter der Zustimmung des Richter-Kommissars bedürfte[51]. Eine öffentliche Versteigerung wird nur durchgeführt, wenn der freihändige Verkauf zum Tageskurs nicht gelingt. Bei zum Börsenverkehr zugelassenen beweglichen Sachen kommt gemäß Art. 115 § 2 pln.KO auch der Verkauf durch einen vereidigten Börsenmakler in Betracht.

Auf den Verkauf beweglicher Sachen in öffentlicher Versteigerung finden gemäß Art. 116 pln.KO nicht die vollstreckungsrechtlichen Bestimmungen der Art. 864 ff. ZVGB, sondern die Verordnung des Justizministers vom 10.1.1935 über das Verfahren der öffentlichen Versteigerung beweglicher Sachen im Konkursverfahren[52] Anwendung. Die Versteigerung wird auf Antrag des Konkursverwalters von einem Notar[53] oder einem Gerichtsvollzieher[54] durchgeführt (Art. 115 § 1 Satz 2 pln.KO, § 1 VO). Gemäß § 5 Abs. 1 VO beträgt das Mindestgebot die Hälfte des vom Konkursverwalter nach Art. 105 § 1 Satz 1 pln.KO geschätzten Wertes. Dagegen dürfen Gold-, Platin- und Silbersachen nur zu einem Preis zugeschlagen werden, der mindestens den geschätzten Wert erreicht (§ 5 Abs. 2 VO). Der Meistbietende, dem der Zuschlag erteilt wird (§ 9 VO), hat ein Fünftel des Kaufgeldes, mindestens aber 5000 PLN und bei einem niedrigeren Preis das gesamte Kaufgeld sofort nach Erteilung des Zuschlags zu zahlen. Der Rest ist bis um 12 Uhr des Folgetages zu entrichten. Andernfalls wird die Versteigerung für unwirksam erklärt und die bereits geleistete Anzahlung in die Konkursmasse überführt (§§ 10, 11 VO)[55].

---

[50] *Nazarewicz*, PPH 7-8/1994, S. 1 [7]; *Gurgul*, Konkurs- und Vergleichsrecht, Rdnr. 6 zu Art. 115 pln.KO, S. 435.

[51] *Altman*, Konkursrecht, S. 211; *Allerhand*, Konkursrecht mit Kommentar, Anm. 6 zu Art. 115; *Nazarewicz*, PPH 7-8/1994, S. 1 [7].

[52] Rozporządzenie Ministra Sprawiedliwości wydane w porozumieniu z Ministrami Przemysłu i Handlu oraz Skarbu o trybie dokonywania licytacji publicznej ruchomości w postępowaniu upadłościowym, Dz.U. 1935, Nr. 3, Pos. 19.

[53] *Pokora*, Rejent 7-8/1997, S. 183 [187 f.].

[54] *Suchecki*, PS 4/1994, S. 28 [35].

[55] Siehe bereits Teil 4, Abschnitt E 1.

Sonderregeln sieht Art. 117 pln.KO bei der Verwertung beweglicher Sachen vor, an denen ein Pfand- oder Zurückbehaltungsrecht[56] besteht. Gemäß Art. 117 § 1 pln.KO haben Pfandgläubiger, in deren Besitz sich eine solche Sache befindet, diese innerhalb einer ihnen vom Richter-Kommissar zu setzenden Frist in der gesetzlich vorgeschriebenen Weise zu verkaufen, wenn nicht der Konkursverwalter von der in Art. 131 § 1 Nr. 9 pln.KO vorgesehenen Möglichkeit Gebrauch macht, das Pfand mit Zustimmung des Gläubigerausschusses bzw. des Richter-Kommissars (Art. 132, 140 pln.KO) einzulösen[57]. Art. 117 § 1 pln.KO verweist damit insbesondere auf die Bestimmung des Art. 312 ZGB, wonach die Befriedigung des Pfandgläubigers nach den Vorschriften über das gerichtliche Zwangsvollstreckungsverfahren zu erfolgen hat[58]. Der Pfandgläubiger müßte sich also einen Exekutionstitel erstreiten, sich eine Vollstreckungsklausel gemäß Art. 776 ff. ZVGB erteilen lassen und schließlich beim Gerichtsvollzieher die Durchführung der Zwangsvollstreckung beantragen[59]. Die Zulässigkeit einer solchen Vorgehensweise scheitert jedoch zumeist an Art. 63 pln.KO, der seit seiner Novellierung durch Gesetz vom 31.7.1997[60] auch die Zwangsvollstreckung wegen dinglich gesicherter persönlicher Forderungen erfaßt. Raum bleibt für Art. 117 § 1 pln.KO nach geltender Rechtslage daher nur dann, wenn der Gemeinschuldner dem Pfandgläubiger nicht auch persönlich haftet[61] oder wenn nach den zivilrechtlichen Bestimmungen eine Verwertung des verpfändeten Gegenstandes durch den Pfandgläubiger ausnahmsweise auch außerhalb eines Zwangsvollstreckungsverfahrens möglich ist. Neben dem in der heutigen Wirtschaftsordnung Polens äußerst seltenen Fall[62], daß die verpfändete Sache einen behördlich festgesetzten Preis hat

---

[56] Gemeint ist genauso wie in Art. 63 pln.KO alter Fassung (vgl. hierzu Teil 4, Abschnitt H 2.) nur das handelsrechtliche Zurückbehaltungsrecht nach Art. 524 ff. des früheren pln.HGB, das dem Berechtigten ein Befriedigungsrecht aus dem zurückbehaltenen Gegenstand gewährte, und nicht auch das zivilrechtliche Zurückbehaltungsrecht nach Art. 461 § 1, Art. 496 ZGB (*Allerhand*, Konkursrecht mit Kommentar, Anm. 3 zu Art. 117).

[57] *Nazarewicz*, PPH 7-8/1994, S. 1 [9].

[58] *Gurgul*, Konkurs- und Vergleichsrecht, Rdnr. 1 zu Art. 117 pln.KO, S. 439.

[59] *Nazarewicz*, PPH 7-8/1994, S. 1 [8].

[60] Dz.U. 1997, Nr. 117, Pos. 751. Vgl. Teil 4, Abschnitt H 2.

[61] Diesen Fall erfaßt der Wortlaut des Art. 63 pln.KO nicht, siehe oben, Teil 4, Abschnitt H 2.

[62] *Rudnicki*, ZGB-Kommentar Sachenrecht, S. 368.

– allein dann ist gemäß Art. 313 ZGB bei einem Faustpfandrecht die Vereinbarung des Verfalls der verpfändeten Sache zulässig –, hat Art. 117 § 1 pln.KO noch Bedeutung für das Registerpfandrecht, da hier im Verpfändungsvertrag durch eine Verwertungsvereinbarung nach Art. 22 ff. RegPfG[63] von dem aus Art. 21 RegPfG folgenden Grundsatz der Verwertung im Wege der gerichtlichen Zwangsvollstreckung abgewichen werden kann[64]. Gelingt die Verwertung durch den Pfandgläubiger nicht innerhalb der vom Richter-Kommissar gesetzten Frist, so hat dieser die Sache an den Konkursverwalter zwecks Verwertung herauszugeben (Art. 117 § 1 Satz 3 pln.KO).

Für die Verwertung massezugehöriger Gegenstände, die mit einem Registerpfandrecht belastet sind, ist überdies die Sonderregelung des Art. 117 § 4 pln.KO zu beachten[65]. Befindet sich – wie in der Regel – der Gegenstand des besitzlosen Registerpfandrechts im Gewahrsam des Konkursverwalters, so hat dieser die Sache im Wege der öffentlichen Versteigerung oder mit Zustimmung des Richter-Kommissars freihändig zu verkaufen[66], wobei auf die öffentliche Versteigerung anders als nach Art. 116 pln.KO die Bestimmungen des ZVGB über die gerichtliche Zwangsvollstreckung anzuwenden sind und nicht die Verordnung vom

---

63 Art. 22 ff. RegPfG nennen (abschließend) folgende Verwertungsvereinbarungen: die Übernahme des Eigentums am Pfandgegenstand durch den Pfandgläubiger (Art. 22, 23 RegPfG), die öffentliche Versteigerung des Pfandgegenstandes durch einen Notar oder Gerichtsvollzieher (Art. 24 RegPfG), die Anordnung der Verwaltung oder Verpachtung des Unternehmens, dessen Bestandteil der Gegenstand des Registerpfandrechts ist, mit der Maßgabe, daß die dabei erzielten Einnahmen an den Pfandgläubiger überwiesen werden (Art. 27 RegPfG), vgl. *Gralla*, JOR XXXVIII (1/1997), S. 11 [16]; *Stawecki*, Prawo Spółek 3/1997, S. 18 [25]; *Dietrich*, MoP 5/1998, S. 178 [181]; *Paintner*, OER 1999, S. 136 [147 f.].

64 *Pogonowski*, Verfahrensorgane, S. 182.

65 Der Gebrauch des Wortes „Gegenstand" (przedmiot) in Art. 117 § 4 pln.KO statt des Wortes „Sache" (rzecz) in Art. 117 §§ 1, 2 pln.KO deutet darauf hin, daß neben beweglichen Sachen auch alle anderen nach Art. 7 RegPfG möglichen Gegenstände eines Registerpfandrechts von Art. 117 § 4 pln.KO erfaßt werden sollen, vgl. *Strus/Strus-Wołos*, RegPfG, Anm. 13 zu Art. 45, S. 131. Allerdings läßt sich bei den in Art. 7 Nr. 4, 5 RegPfG genannten Rechten anders als bei Sachen kaum bestimmen, ob sich diese wie von Art. 117 § 4 pln.KO vorausgesetzt „im Gewahrsam" des Konkursverwalters befinden.

66 *Leśniak*, Rejent 5/1998, S. 122 [127].

10.1.1935[67]. Nach Art. 22 ff. RegPfG zwischen dem späteren Gemeinschuldner und dem Registerpfandgläubiger abgeschlossene Verwertungsvereinbarungen[68] sind damit in dem von Art. 117 § 4 pln.KO erfaßten Fall, daß sich der Gegenstand des besitzlosen Registerpfandrechts im Gewahrsam des Konkursverwalters befindet, nicht konkursfest[69]. Wegen der in Art. 117 § 4 Satz 2, § 5 Satz 2 pln.KO vorgesehenen abgesonderten Befriedigung aus dem Verwertungserlös muß diese Einschränkung der Rechte des Registerpfandgläubigers im Konkurs des Verpfänders allerdings als zumutbar angesehen werden. Der Vorteil dieser Regelung besteht darin, daß der Konkursverwalter selbst darüber entscheiden kann, zu welchem Zeitpunkt er den in seinem Gewahrsam befindlichen registerpfandrechtlich belasteten Gegenstand veräußern will, was im Interesse einer reibungslosen Unternehmensfortführung im Falle einer angestrebten Veräußerung des Unternehmens als Ganzes nach Art. 113 pln.KO von Bedeutung ist, da so verhindert wird, daß der Konkursmasse von Seiten der Registerpfandgläubiger zur Unzeit die für die Fortführung des Unternehmens erforderlichen Maschinen, Einrichtungsgegenstände, Rohmaterialien und Warenlager mit wechselndem Bestand (Art. 7 Nr. 3 RegPfG) entzogen werden[70].

Befindet sich der Gegenstand des Registerpfandrechts dagegen nicht im Gewahrsam des Konkursverwalters, so werden vor Konkurseröffnung zwischen dem Pfandgläubiger und dem Verpfänder gemäß Art. 22 ff. RegPfG abgeschlossene Verwertungsvereinbarungen von Art. 117 § 4 pln.KO nicht verdrängt. Insbesondere die Vereinbarung einer Übernahme des verpfändeten Gegenstandes in das Eigentum des Pfandgläubigers (Art. 22, 23 RegPfG) muß dann als konkursfest angesehen wer-

---

67 Der Hauptunterschied besteht darin, daß das Mindestgebot nach Art. 867 § 2 ZVGB im ersten Versteigerungstermin drei Viertel und nach § 5 Abs. 1 der VO vom 10.1.1935 (s. o. Fn. 52) grundsätzlich nur die Hälfte des geschätzten Wertes beträgt.

68 S. o. Fn. 63.

69 *Niezbecka/Mojak*, RegPfG, Anm. IV zu Art. 45, S. 154.

70 Dieser Schutz der Konkursmasse ist allerdings insofern unvollkommen, als das Sicherungseigentum nach in Polen herrschender Meinung ein Aussonderungsrecht i. S. des Art. 28 § 1 pln.KO begründet, das von den Berechtigten jederzeit geltend gemacht werden kann, vgl. Teil 4, Abschnitt E 3. sowie *Zedler*, Prawo Bankowe 2/1994, S. 55 [56]; *Sikorski*, PS 5/1997, S. 15 [36]; *Świeszkowski*, PPH 11/2000, S. 38 [42]; *Gurgul*, Konkurs- und Vergleichsrecht Rdnr. 41 zu Art. 28 pln.KO, S. 172.

den. Liegt der nach Art. 23 Abs. 1, 2 RegPfG zu bestimmende Wert des Sicherungsgegenstandes über dem Betrag der gesicherten Forderung, so hat der Pfandgläubiger innerhalb von 14 Tagen nach Übernahme des Pfandgegenstandes in sein Eigentum die Differenz in die Konkursmasse einzuzahlen (Art. 23 Abs. 3 RegPfG). Dagegen kann aus naheliegenden Gründen die in Art. 27 RegPfG vorgesehene Verwertungsvereinbarung, die auf eine Art Zwangsverwaltung des Unternehmens hinausläuft, dessen Bestandteil der Gegenstand des Registerpfandrechts ist, durch einen Verwalter, auf den sich Verpfänder und Pfandgläubiger geeinigt haben, unter keinen Umständen als konkursfest angesehen werden.

Gemäß Art. 120 § 1 pln.KO sind die Wirkungen des Verkaufs sowohl beweglicher Sachen als auch von Liegenschaften und eingetragenen Seehandels- und Binnenschiffen[71] im Konkursverfahren die gleichen wie diejenigen des Verkaufs im Zwangsvollstreckungsverfahren. Für den Verkauf beweglicher Sachen wird damit insbesondere auf die Regelung des Art. 879 ZVGB verwiesen[72]. Danach wird der Ersteigerer Eigentümer der Sache ohne jede Belastungen und ist verpflichtet, die Sache sofort entgegenzunehmen. Ihm stehen keine Sachmängelgewährleistungsrechte zu, andererseits können gegen ihn keine Einwendungen bezüglich der Wirksamkeit des Eigentumserwerbs erhoben werden. Hierdurch werden sowohl Einwendungen ausgeschlossen, die auf Verstöße gegen prozessuale Bestimmungen etwa bei der Durchführung der öffentlichen Versteigerung gestützt werden, wie auch aus dem materiellen Recht folgende Einwendungen[73]. Der Erwerb im Konkursverfahren wird nach Art. 120 § 1 pln.KO i. V. m. Art. 879 ZVGB als originärer Erwerb behandelt, der unabhängig von der Eigentümerstellung des Gemeinschuldners eintritt[74].

b) Der Verkauf von Liegenschaften und Schiffen

Liegenschaften sowie im Schiffsregister eingetragene Seehandels- oder Binnenschiffe sind gemäß Art. 118 § 1 pln.KO grundsätzlich im

---

[71] Hierzu nachfolgend unter Punkt b).

[72] *Nazarewicz*, PPH 7-8/1994, S. 1 [9]; *Świeboda*, Konkurs- und Vergleichsrecht, Anm. 1 zu Art. 120 pln.KO, S. 165.

[73] *Gurgul*, Konkurs- und Vergleichsrecht, Rdnr. 4 zu Art. 120 pln.KO, S. 456.

[74] *Gurgul*, a. a. O. (Fn. 73).

Wege der öffentlichen Versteigerung nach den zwangsvollstreckungsrechtlichen Bestimmungen des ZVGB zu verkaufen. Art. 118 § 2 pln.KO in der Fassung des Gesetzes vom 31.7.1997 stellt dabei klar, daß auf die Erlösverteilung nicht die Art. 1023 ff. ZVGB, sondern die Art. 203 ff. pln.KO Anwendung finden[75]. Ansonsten beschränkt sich der Verweis des Art. 118 § 1 pln.KO nicht auf die Bestimmungen über die Versteigerung unbeweglicher Sachen in Art. 972 - 986 ZVGB, sondern bezieht sich auf alle Bestimmungen über die Immobiliarzwangsvollstreckung (Art. 921 ff. ZVGB) mit Ausnahme derjenigen Bestimmungen, die bei einer im Rahmen eines Konkursverfahrens durchgeführten öffentlichen Versteigerung gegenstandslos sind, wie beispielsweise Art. 923 ZVGB, der das Erfordernis einer der Verwertung vorausgehenden Pfändung aufstellt[76]. Im Konkursverfahren wird diese Pfändung nämlich durch die Inbesitznahme des gesamten konkursunterworfenen Vermögens durch den Konkursverwalter (Art. 90 pln.KO) ersetzt.

Auf die öffentliche Versteigerung von im Schiffsregister eingetragenen Seehandelsschiffen finden aufgrund des Doppelverweises durch Art. 118 § 1 pln.KO und Art. 1014 ZVGB grundsätzlich die Bestimmungen über die Immobiliarzwangsvollstreckung Anwendung, vorbehaltlich von Sonderregelungen in den Art. 1015 - 1022 ZVGB. Dagegen gelten für die öffentliche Versteigerung von im Schiffsregister eingetragenen Binnenschiffen aufgrund des Verweises in Art. 118 § 1 pln.KO die Bestimmungen des ZVGB über die Zwangsvollstreckung in bewegliche Sachen. Die Verwertung aller nicht im Schiffsregister eingetragenen Schiffe im Konkursverfahren regelt nicht Art. 118 pln.KO, sondern es finden insoweit die Bestimmungen über die Verwertung beweglicher Sachen (Art. 115 - 117 pln.KO) Anwendung[77].

Für den freihändigen Verkauf einer Liegenschaft bzw. eines eingetragenen Seehandels- oder Binnenschiffs bedarf der Konkursverwalter der Zustimmung des Gläubigerausschusses (Art. 131 § 1 Nr. 4 pln.KO) bzw. des Richter-Kommissars (Art. 132, 140 pln.KO). Im übrigen hat der Konkursverwalter die Verordnung des Justizministers vom 16.4.1998

---

[75] Zur früheren Rechtslage: *Nazarewicz*, PPH 9/1994, S. 18 [19].

[76] Oberstes Gericht, Beschluß vom 23.1.1996 – II CRN 188/95, PPH 12/1996, S. 38 mit zustimmender Anmerkung *Litwińska*, PPH 12/1996, S. 39 f.

[77] *Gurgul*, Konkurs- und Vergleichsrecht, Rdnr. 14 zu Art. 118 pln.KO, S. 451; *Zedler*, Konkurs- und Vergleichsrecht, S. 260 ff.

betreffend das Verfahren des freihändigen Verkaufs einer unbeweglichen Sache, eines Seehandelsschiffs oder eines Binnenschiffs im Konkursverfahren[78] zu beachten. Gemäß § 1 VO bestimmt der Konkursverwalter nach Erhalt der für den freihändigen Verkauf erforderlichen Zustimmung des Gläubigerausschusses bzw. des Richter-Kommissars Zeitpunkt und Ort des Verkaufs, informiert hierüber den Richter-Kommissar und macht diese Angaben in mindestens einer Tageszeitung mit landesweiter Verbreitung bekannt. Der Verkauf hat zu einem Preis zu erfolgen, der den nach Art. 105 § 1 pln.KO vom Konkursverwalter geschätzten Wert nicht unterschreitet. Nur wenn dies nicht möglich ist, kann der Gläubigerausschuß bzw. der Richter-Kommissar den Verkauf zu einem niedrigeren Preis zulassen (§ 2 VO). Der Konkursverwalter, der Richter-Kommissar sowie der Gemeinschuldner und ihnen nahestehende Personen sind von der Abgabe eines Angebots ausgeschlossen (§ 3 VO). Der Konkursverwalter wählt unter mehreren Angeboten das günstigste aus, nimmt hierüber ein Protokoll auf und vereinbart mit dem Meistbietenden einen Termin zum Vertragsschluß (§§ 4, 5 Abs. 1 VO). Mangels gegenteiliger vertraglicher Vereinbarung ist der gesamte Kaufpreis bei Vertragsschluß zu zahlen (§ 5 Abs. 2 VO)[79].

Bei Konkursverfahren, die vor dem 3.1.1998 eröffnet wurden[80], bewirkt nur der Verkauf im Wege der öffentlichen Versteigerung, nicht aber auch der freihändige Verkauf ein Erlöschen der an der Liegenschaft bzw. dem eingetragenen Seehandels- oder Binnenschiff bestehenden dinglichen Rechte (Art. 120 § 2 a. F. pln.KO)[81]. Diese Unterscheidung wurde durch Gesetz vom 31.7.1997 aufgegeben. Nunmehr entsprechen die Wirkungen des Verkaufs einer Sache im Konkursverfahren gemäß Art. 120 § 1 pln.KO immer denjenigen eines Verkaufs im Zwangsvoll-

78 Rozporządzenie Ministra Sprawiedliwości w sprawie trybu sprzedaży z wolnej ręki nieruchomości, handlowego statku morskiego lub statku żeglugi śródlądowej w postępowaniu upadłościowym, Dz.U. 1998, Nr. 55, Pos. 360.

79 Vgl. *Gurgul*, Konkurs- und Vergleichsrecht, Rdnr. 15 zu Art. 118 pln.KO, S. 451 f.

80 Vgl. Art. 5, 7 des Konkursrechtsänderungsgesetzes vom 31.7.1997, Dz.U. 1997, Nr. 117, Pos. 751.

81 Zur alten Rechtslage: *Altman*, Konkursrecht, S. 222 f.; *Allerhand*, Konkursrecht mit Kommentar, Anm. 2 zu Art. 120; *Korzonek*, Konkurs- und Vergleichsrecht II, S. 65; *Nazarewicz*, PPH 9/1994, S. 18 [21].

streckungsverfahren, egal ob der Verkauf in öffentlicher Versteigerung oder freihändig erfolgte[82].

Für die Wirkungen des Verkaufs einer Liegenschaft im Konkursverfahren verweist Art. 120 § 1 pln.KO damit auf Art. 1000 ZVGB. Die entsprechende Anwendung dieser Vorschrift auf das Konkursverfahren bereitet allerdings insofern Schwierigkeiten, als ihr Inhalt auf die Bestimmungen über die Erlösverteilung im Zwangsvollstreckungsverfahren (Art. 1023 ff. ZVGB) abgestimmt ist, die Erlösverteilung im Konkursverfahren aber infolge des neu gefaßten Art. 118 § 2 pln.KO nunmehr ausnahmslos nach den konkursrechtlichen Bestimmungen der Art. 203 ff. pln.KO erfolgt[83].

Art. 1000 § 1 ZVGB stellt den Grundsatz auf, daß alle auf der Liegenschaft lastenden dinglichen Rechte mit Rechtskraft des Zuschlags im Zwangsvollstreckungsverfahren erlöschen und an ihre Stelle das Recht auf den nach Art. 1023 ff. ZVGB zu ermittelnden Anteil am Erlös aus der Zwangsvollstreckung tritt. Ausnahmen von diesem Grundsatz sieht Art. 1000 § 2 Nr. 2 ZVGB insbesondere für Notwegerechte, Dienstbarkeiten wegen Grenzüberbaus und bestimmte andere Grunddienstbarkeiten vor. Außerdem bleiben gemäß Art. 1000 § 3 ZVGB der Nießbrauch, die nicht bereits von § 2 erfaßten Dienstbarkeiten sowie die Rechte eines Leibrentenberechtigten[84] bestehen, wenn ihnen Vorrang vor allen Hypotheken zukommt oder die Liegenschaft nicht hypothekarisch belastet ist oder wenn ihr Wert vollständig vom Meistgebot gedeckt ist, wobei ihr Wert in diesem Fall vom Meistgebot abgezogen wird[85]. Ob die in Art. 1000 § 3 ZVGB genannten beschränkt dinglichen Rechte vom

---

82 *Gurgul*, Konkurs- und Vergleichsrecht, Rdnr. 3 zu Art. 120 pln.KO, S. 456.

83 *Jakubecki*, PS 1/1998, S. 22 [33]; *Gurgul*, Konkurs- und Vergleichsrecht, Rdnr. 15 zu Art. 120 pln.KO, S. 459 f. Dagegen verwies Art. 118 § 2 a. F. pln.KO für die Verteilung des Erlöses aus der Verwertung einer Liegenschaft bzw. eines eingetragenen Seehandels- oder Binnenschiffs auf die Bestimmungen des Zwangsvollstreckungsrechts.

84 Vgl. Art. 908 ff. ZGB.

85 Bezüglich solcher Grunddienstbarkeiten, die keine volle Deckung im Meistgebot finden und daher nach Art. 1000 § 3 ZVGB nicht fortbestehen, kann das Gericht gemäß Art. 1001 ZVGB auf Antrag des Eigentümers des herrschenden Grundstücks, der spätestens drei Tage vor dem Versteigerungstermin gestellt werden muß, anordnen, daß diese Grunddienstbarkeit bestehen bleibt. Voraussetzung hierfür ist, daß die Grunddienstbarkeit für die Benutzung des herrschenden Grundstücks erforderlich ist und sie den Wert des belasteten Grundstücks nicht wesentlich herabmindert.

Meistgebot gedeckt sind, ergibt sich aus dem nach Art. 1025, 1035 ff. ZVGB zu erstellenden Verteilungsplan[86]. Da nach Art. 118 § 2 pln.KO in der Fassung des Gesetzes vom 31.7.1997 für die Erlösverteilung jedoch nicht mehr die Art. 1023 ff. ZVGB, sondern ausschließlich die Art. 203 ff. pln.KO gelten, wird ein solcher eigens für die Verteilung des Erlöses aus der Verwertung der Liegenschaft bestimmter Verteilungsplan im Konkursverfahren nicht mehr aufgestellt, so daß sich nach Art. 120 § 1 pln.KO i. V. m. Art. 1000 ZVGB die Frage, welche dinglichen Rechte an einer im Konkursverfahren verwerteten Liegenschaft fortbestehen und welche erlöschen, nach geltender Rechtslage nicht mehr eindeutig beantworten läßt[87].

Eine weitere Schwierigkeit ergibt sich daraus, daß zwar nach Zwangsvollstreckungsrecht die Inhaber aller gemäß Art. 1000 ZVGB erlöschenden beschränkt dinglichen Rechte entsprechend ihrer Rangstellung bei der Erlösverteilung privilegiert werden[88], daß aber nach den gemäß Art. 120 § 2 pln.KO allein anwendbaren konkursrechtlichen Bestimmungen der Art. 203 ff. pln.KO die Inhaber der erlöschenden dinglichen Rechte mit Ausnahme der Hypothekengläubiger bei der Erlösverteilung keine privilegierte Stellung einnehmen. Art. 204 § 1 Nr. 2a, 2b pln.KO erfaßt nämlich nur Hypotheken, nicht aber auch andere beschränkt dingliche Rechte an Liegenschaften[89]. Ein Erlöschen dieser Rechte ohne eine gleichzeitige Privilegierung bei der Erlösverteilung muß jedoch als unangemessen bezeichnet werden.

Die aufgezeigten Schwierigkeiten beruhen darauf, daß aufgrund des Reformgesetzes vom 31.7.1997 die beiden Verweisnormen des Art. 118 § 2 und des Art. 120 § 1 pln.KO nicht mehr hinreichend aufeinander abgestimmt sind. De lege ferenda schlägt *Jakubecki*[90] daher vor, bei der Verwertung von Liegenschaften im Konkursverfahren nur Hypotheken erlöschen zu lassen und alle anderen dinglichen Rechte aufrecht zu erhalten. Dieser Vorschlag hätte allerdings den Nachteil, daß dann einer

---

86 *Jakubecki*, PS 1/1998, S. 22 [34].

87 *Jakubecki*, PS 1/1998, S. 22 [34]; *Gurgul*, Konkurs- und Vergleichsrecht, Rdnr. 15 zu Art. 120 pln.KO, S. 459 f.

88 Vgl. Art. 1025 § 1 Nr. 6, Art. 1026 § 1 a. F. ZVGB. Art. 1025 § 1 Nr. 5 ZVGB in der Fassung des Gesetzes vom 6.9.2001 (Dz.U. 2001, Nr. 125, Pos. 1368) erwähnt die anderen auf dem Grundstück lastenden beschränkt dinglichen Rechte nicht mehr.

89 *Jakubecki*, PS 1/1998, S. 22 [33].

90 PS 1/1998, S. 22 [35].

bestehenden Hypothek im Rang nachfolgende beschränkt dingliche Rechte mit dem Erlöschen der Hypothek im Rang aufrücken würden, was die Inhaber solcher nachrangigen Rechte zu Lasten des für die Konkursmasse aus der Liegenschaft erzielbaren Verwertungserlöses in ungerechtfertigter Weise begünstigt. Einen anderen Weg geht der von der Kodifizierungskommission für Zivilrecht ausgearbeitete Konkursrechtsentwurf vom 20.2.2001[91], dessen Art. 300 Abs. 2 vom Grundsatz des Erlöschens aller dinglichen Grundstücksrechte ausgeht, wobei Art. 300 Abs. 3 von diesem Grundsatz nur in bezug auf Notwegerechte und Grunddienstbarkeiten wegen Grenzüberbaus Ausnahmen vorsieht. Art. 300 Abs. 4 enthält eine Art. 1001 ZVGB entsprechende Regelung[92]. Der bisherige Verweis auf die Bestimmungen des Zwangsvollstreckungsrechts bezüglich der Wirkungen eines Verkaufs im Konkursverfahren würde damit entfallen. Neu ist auch, daß nach Art. 332 des Entwurfs alle Inhaber der im Zuge der Verwertung erlöschenden Rechte bei der Verteilung desjenigen Erlöses, den die Verwertung des betreffenden Gegenstandes erbracht hat, eine privilegierte Stellung einnehmen. Eine solche Regelung wäre geeignet, die derzeit bestehende Rechtsunsicherheit bei der Frage des Fortbestehens beschränkt dinglicher Rechte zu beheben. Dies ist nicht zuletzt deshalb von großer Bedeutung, weil sich die beschriebenen Auslegungsschwierigkeiten in der Praxis auch nachteilig auf den zu erzielenden Verwertungserlös auswirken können, wenn für einen möglichen Erwerber nicht eindeutig feststeht, welche Grundstücksbelastungen er übernehmen muß.

c) Die Einziehung von Forderungen und die Wahrnehmung anderer Vermögensrechte

Zur Verwertung der Konkursmasse gehört gemäß Art. 112 pln.KO auch die Einziehung von Forderungen und die Wahrnehmung anderer Vermögensrechte. Der Konkursverwalter fordert zu diesem Zweck alle Drittschuldner auf, ihre fälligen Verbindlichkeiten[93] gegenüber der Kon-

---

91 Abgedruckt in Przegląd Legislacyjny 1/2001, S. 133 - 234.

92 S. o. Fn. 85.

93 Eine Fälligstellung aufgrund der Konkurseröffnung findet nicht statt, da sich Art. 32 § 1 pln.KO nur auf gegen den Gemeinschuldner gerichtete Forderungen und nicht auch auf Forderungen des Gemeinschuldners bezieht.

kursmasse zu erfüllen. Bleibt diese Aufforderung ohne Erfolg, so hat der Konkursverwalter den Rechtsweg zu beschreiten. Mit Zustimmung des Gläubigerausschusses bzw. des Richter-Kommissars (Art. 132, 140 pln.KO) kann der Konkursverwalter wegen strittiger Forderungen einen gerichtlichen Vergleich abschließen, ein Schiedsgericht anrufen oder auf die Forderung verzichten (Art. 131 § 1 Nr. 10 pln.KO)[94]. Art. 131 § 1 Nr. 5 pln.KO erlaubt dem Konkursverwalter – wiederum unter der Voraussetzung der Zustimmung des Gläubigerausschusses bzw. des Richter-Kommissars – auch den Verkauf von Forderungen und Rechten, was insbesondere bei der Verwertung betagter Forderungen in Betracht kommt[95].

Die Art und Weise der Wahrnehmung anderer Vermögensrechte hängt vom Inhalt dieser Rechte ab. Insbesondere bei GmbH- und Genossenschaftsanteilen wird die Verwertung in aller Regel durch Verkauf erfolgen[96], wobei das Zustimmungserfordernis des Art. 131 § 1 Nr. 5 pln.KO zu beachten ist[97].

d) Der Verkauf des Unternehmens als Ganzes

Vorrangiges Ziel des polnischen Konkursverfahrens ist die bestmögliche Befriedigung der Gläubiger durch eine möglichst einträgliche Verwertung der Konkursmasse[98]. Art. 113 § 1 pln.KO, demzufolge das Unternehmen des Gemeinschuldners „wenn möglich" als Ganzes zu verkaufen ist, steht dem nicht entgegen. Ausweislich der Gesetzesmaterialien[99] ist der Verordnungsgeber nämlich davon ausgegangen, daß durch den Verkauf eines lebenden Unternehmens in aller Regel ein höherer Verwertungserlös zu erzielen sei, als durch den Verkauf der einzelnen Vermögensgegenstände[100]. Der in Art. 113 § 1 pln.KO ausge-

---

94 *Nazarewicz*, PPH 9/1994, S. 18 [21].

95 Die vereinzelt gebliebene Auffassung, wonach ein Forderungsverkauf nach Art. 131 § 1 Nr. 5 pln.KO nur zulässig sei, wenn eine Einziehung der Forderung mangels Fälligkeit ausgeschlossen ist (*Korzonek*, Konkurs- und Vergleichsrecht II, S. 43, 82), läßt sich mit dem Gesetzeswortlaut nicht vereinbaren. Ablehnend daher auch *Gurgul*, Konkurs- und Vergleichsrecht, Rdnr. 9 zu Art. 112 pln.KO, S. 418.

96 *Gurgul*, Konkurs- und Vergleichsrecht, Rdnr. 5 zu Art. 113 pln.KO, S. 418.

97 *Gurgul*, Konkurs- und Vergleichsrecht, Rdnr. 15 zu Art. 131 pln.KO, S. 481.

98 *Brol*, PS 7-8/1994, S. 27 [28].

99 *Allerhand*, Entwurfsbegründung Konkursrecht, S. 77.

100 So auch *Korzonek*, Konkurs- und Vergleichsrecht II, S. 44.

sprochene Vorrang der übertragenden Sanierung besteht damit nach dem Willen des Verordnungsgebers im Interesse der Gläubiger. Eine übertragende Sanierung des Unternehmens zu Lasten der Gläubiger wird daher von Art. 113 § 1 pln.KO nicht gedeckt[101]. Da die Gläubiger beim Verkauf des Unternehmens als Ganzes allein aus dem Verkaufserlös befriedigt werden und Art. 113 § 2 pln.KO eine Haftung des Erwerbers für bestehende Unternehmensverbindlichkeiten ausschließt, hat der Konkursverwalter von einer Unternehmensveräußerung zu einem „symbolischen Preis" abzusehen, selbst wenn die Aussicht besteht, daß hierdurch Arbeitsplätze gerettet werden.

Auch wenn in Art. 113 § 1 pln.KO vom Verkauf des Unternehmens als Ganzes die Rede ist, versteht sich von selbst, daß der Konkursverwalter auch berechtigt sein muß, einzelne rentable Unternehmensteile zusammenhängend zu veräußern und andere unrentable Unternehmensteile nach Art. 115 ff. pln.KO zu liquidieren[102].

Um das Unternehmen als Ganzes oder zumindest einen Unternehmensteil als funktionsfähige Einheit verkaufen zu können, ist die Möglichkeit einer Unternehmensfortführung über den Zeitpunkt der Konkurseröffnung hinaus von zentraler Bedeutung. Eine zwischenzeitliche Stillegung würde zu einem Abbruch der bestehenden Geschäftsbeziehungen und zu einer Abwanderung qualifizierter Arbeitskräfte führen und damit den Wert des Unternehmens empfindlich schmälern. Die polnische Konkursverordnung unterscheidet zwischen einer Unternehmensfortführung von bis zu drei Monaten und einer solchen von mehr als drei Monaten ab Konkurseröffnung. Für eine Unternehmensfortführung von bis zu drei Monaten bedarf der Konkursverwalter gemäß Art. 131 § 1 Nr. 1 pln.KO der Zustimmung des Gläubigerausschusses, die in den Fällen der Art. 132, 140 pln.KO durch die Zustimmung des Richter-Kommissars ersetzt wird. Für eine Unternehmensfortführung von mehr als drei Monaten ist dagegen nach Art. 114 pln.KO die Zustimmung des Konkursgerichts erforderlich. Verweigert der Gläubigerausschuß bzw. der Richter-Kommissar die Zustimmung nach Art. 131 § 1 Nr. 1 pln.KO,

---

[101] Nach *Świeboda*, Konkurs- und Vergleichsrecht, Anm. 2 zu Art. 113 pln.KO, S. 155 kommt ein Verkauf des Unternehmens als Ganzes nur in Betracht, wenn sich hierdurch ein höherer Verwertungserlös erzielen läßt als bei einer Verwertung der Einzelbestandteile.

[102] *Gurgul*, Konkurs- und Vergleichsrecht, Rdnrn. 20 f. zu Art. 113 pln.KO, S. 423 f.

so hat der Konkursverwalter dies gemäß Art. 131 § 1a pln.KO[103] dem Leiter des für das Unternehmen örtlich zuständigen Woiwodschaftsarbeitsamtes mitzuteilen, der hiergegen innerhalb von 14 Tagen ab Erhalt der Benachrichtigung beim Konkursgericht Widerspruch erheben kann[104]. Bis zur Entscheidung über den Widerspruch hat der Konkursverwalter das Unternehmen fortzuführen (Art. 131 § 1a Satz 2 pln.KO). Ersucht der Konkursverwalter dagegen den Gläubigerausschuß von vornherein nicht um eine Zustimmung nach Art. 131 § 1 Nr. 1 pln.KO, da er eine Unternehmensfortführung nicht für zweckdienlich erachtet, so kann der Leiter des Woiwodschaftsarbeitsamtes hiergegen nicht nach Art. 131 § 1a pln.KO vorgehen. Ebensowenig erfaßt Art. 131 § 1a pln.KO den Fall, daß das Konkursgericht die Genehmigung der Unternehmensfortführung für einen Zeitraum von mehr als drei Monaten verweigert. Die Einflußmöglichkeiten der Arbeitsverwaltung auf die Entscheidung über die Frage einer Unternehmensfortführung sind daher trotz Art. 131 § 1a pln.KO sehr gering. Zuzustimmen ist daher der Auffassung von *Brol*[105], daß das polnische Konkursrecht mit der Einführung des Art. 131 § 1a pln.KO durch Gesetz vom 29.12.1993[106] keinen Paradigmenwechsel weg vom Vorrang des Gläubigerschutzes hin zur Arbeitsplatzsicherung als vorrangigem Verfahrensziel vollzogen hat.

Das Unternehmen des Gemeinschuldners ist freihändig zu verkaufen. Die Möglichkeit eines Verkaufs im Wege der öffentlichen Versteigerung wird in der polnischen Literatur mehrheitlich abgelehnt[107]. Wegen der Notwendigkeit umfangreicher Vertragsverhandlungen im Vorfeld einer Unternehmensveräußerung erscheint eine öffentliche Versteigerung in der Tat als wenig praktikabel.

---

[103] Eingefügt durch Art. 20 Nr. 2 ArbnFSchG (Dz.U. 1994, Nr. 1, Pos. 1).

[104] Vgl. Teil 2, Abschnitt B 3.

[105] PS 7-8/1994, S. 27 [29].

[106] Dz.U. 1994, Nr. 1, Pos. 1 (ArbnFSchG).

[107] *Allerhand*, Konkursrecht mit Kommentar, Anm. 2 zu Art. 113; *Pałys*, Rejent 1/1998, S. 27 [36 f.]; *Gurgul*, Konkurs- und Vergleichsrecht, Rdnr. 44 zu Art. 113 pln.KO, S. 430; *Czajka*, Unternehmen in der Krise, S. 329 spricht sich für einen freihändigen Verkauf mit vorausgehender öffentlicher Ausschreibung aus. Für die Möglichkeit eines Unternehmensverkaufs in öffentlicher Versteigerung dagegen: *Buber*, Polnisches Konkursrecht, S. 129 und *Nazarewicz*, PPH 9/1994, S. 18 [23].

Da der gegenständliche Unternehmensbegriff[108] gemäß Art. 55[1] ZGB neben beweglichen Sachen auch Liegenschaften, Rechte und Forderungen einschließt, stellt sich die Frage nach der Anwendbarkeit der Art. 115, 118, 131 § 1 Nr. 4, 5 pln.KO auf die Unternehmensveräußerung durch den Konkursverwalter. Wurde ein Gläubigerausschuß gebildet, so bedürfte der Konkursverwalter, bejahte man die uneingeschränkte Anwendbarkeit dieser Bestimmungen auf die Unternehmensveräußerung, sowohl der Zustimmung des Richter-Kommissars (freihändiger Verkauf von beweglichen Sachen, Art. 115 pln.KO) als auch der Zustimmung des Gläubigerausschusses (Verkauf von Forderungen und Rechten, freihändiger Verkauf von Liegenschaften, Art. 118, 131 § 1 Nr. 4, 5 pln.KO). Zur Vermeidung sich widersprechender Voten des Richter-Kommissars einerseits und des Gläubigerausschusses andererseits erklärte das Oberste Gericht in einem Beschluß vom 14.12.1995[109] die Zustimmung des Gläubigerausschusses für ausreichend. In den Fällen der Art. 132, 140 pln.KO wird diese allerdings durch die Zustimmung des Richter-Kommissars ersetzt[110].

Der Kaufvertrag über das Unternehmen ist gemäß Art. 75[1] § 1 ZGB in Schriftform mit notariell beglaubigter Unterschrift abzuschließen. Ist eine Liegenschaft Bestandteil des Unternehmens, so muß der Vertrag gemäß Art. 75[1] § 4, Art. 158 ZGB notariell beurkundet werden. Die Nichteinhaltung dieser qualifizierten Formerfordernisse führt nach Art. 73 § 2 ZGB zur Nichtigkeit des Vertrages[111]. Mangels gegenteiliger Absprache bewirkt der Unternehmenskaufvertrag die Übertragung des Eigentums an dem Unternehmen auf den Erwerber (Art. 155 § 1 ZGB).

---

[108] Der gegenständliche Unternehmensbegriff ist zu unterscheiden vom subjektiven Unternehmensbegriff der Art. 1, 46 Abs. 2 StUG, die das staatliche Unternehmen zu einem Träger von Rechten und Pflichten erklären, vgl. *Nazarewicz*, PPH 9/1994, S. 18 [22]; *Gurgul*, Konkurs- und Vergleichsrecht, Rdnrn. 1 ff. zu Art. 113 pln.KO, S. 419 f. Veräußert werden kann niemals das staatliche Unternehmen (Rechtssubjekt), sondern nur das von ihm betriebene Unternehmen im gegenständlichen Sinne, vgl. *Pałys*, Rejent 1/1998, S. 27 ff.

[109] III CZP 176/95, OSNIC 3/1996, Pos. 41, S. 40 [44].

[110] *Pałys*, Rejent 1/1998, S. 27 [37 f.] und *Gurgul*, Konkurs- und Vergleichsrecht, Rdnr. 45 zu Art. 113 pln.KO, S. 430 lehnen dagegen ein solches Zustimmungserfordernis ab und verweisen darauf, daß die Aufzählung der zustimmungsbedürftigen Rechtshandlungen in Art. 131 § 1 pln.KO abschließend sei und die Unternehmensveräußerung dort nicht erwähnt werde.

[111] *Nazarewicz*, PPH 9/1994, S. 18 [23].

Da es sich bei einem Unternehmen um eine Gesamtheit von Sachen und Rechten handelt (Art. 55^1 ZGB), findet eine Universalsukzession statt[112]. Allerdings geht das Recht zur Fortführung der Firma nicht auf den Erwerber über, wenn die Firma den Nachnamen des Gemeinschuldners trägt und dieser einer Firmenfortführung durch den Erwerber nicht zustimmt (Art. 113 § 1 Satz 2 pln.KO). Außerdem haftet der Erwerber gemäß Art. 113 § 2 pln.KO nicht für die Verbindlichkeiten des Gemeinschuldners, selbst wenn diese durch Hypotheken, Pfand- und Registerpfandrechte sowie durch Eintragungen im Schiffsregister gesichert sind. Dieser Haftungsausschluß gilt auch für die vom Konkursverwalter im Rahmen der Unternehmensfortführung begründeten Masseverbindlichkeiten[113]. Art. 113 § 2 pln.KO stellt damit eine Durchbrechung des aus Art. 526 ZGB, 23^1 § 2 ArbGB folgenden Grundsatzes dar, daß der Erwerber eines Unternehmens gesamtschuldnerisch mit dem Veräußerer für bestehende Unternehmensverbindlichkeiten haftet[114].

Die Masseforderungen wie auch die gesicherten und ungesicherten Konkursforderungen sind aus dem vom Erwerber für das Unternehmen gezahlten Kaufpreis gemäß Art. 203 ff. pln.KO zu befriedigen. Nach Auffassung von *Gurgul*[115] sollen im Falle der Unternehmensveräußerung nach Art. 113 § 1 pln.KO auch die durch ein Registerpfandrecht an einem unternehmenszugehörigen Gegenstand gesicherten Forderungen ausnahmsweise gemäß Art. 204 § 1 Nr. 2a, 2b pln.KO im Rahmen der allgemeinen Erlösverteilung und nicht nach Art. 117 § 4 Satz 2 pln.KO abgesondert befriedigt werden, da mangels einer Einzelverwertung eine abgesonderte Befriedigung aus dem Verwertungserlös des betreffenden Gegenstandes nicht möglich sei. Gegen diese Auffassung spricht jedoch, daß es nicht von der Art der Masseverwertung abhängen kann, ob den durch Registerpfandrecht gesicherten Gläubigern gemäß Art. 117 § 4 Satz 2 pln.KO Vorrang vor den Masseforderungen gebührt, oder ob die in Art. 204 § 1 Nr. 1 und 2 pln.KO genannten Forderungen den Regi-

---

[112] *Nazarewicz*, PPH 9/1994, S. 18 [24].

[113] *Allerhand*, Konkursrecht mit Kommentar, Anm. 5 zu Art. 113; *Korzonek*, Konkurs- und Vergleichsrecht II, S. 46; *Nazarewicz*, PPH 9/1994, S. 18 [24 f.].

[114] Art. 526 § 1 ZGB zufolge haftet der Erwerber allerdings nicht für solche Verbindlichkeiten, die er bei Abschluß des Kaufvertrages nicht kannte und auch nicht kennen konnte. Für Verbindlichkeiten aus Arbeitsverhältnissen gilt diese Einschränkung gemäß Art. 23^1 § 2 ArbGB nicht.

[115] Konkurs- und Vergleichsrecht, Rdnr. 35 zu Art. 113 pln.KO, S. 426.

sterpfandgläubigern vorgehen, was die Konsequenz der von *Gurgul* geforderten entsprechenden Anwendung des Art. 204 § 1 Nr. 2b pln.KO wäre. Im übrigen spricht nichts dagegen, den Geldbetrag, der auf den Gegenstand des Registerpfandrechts entfällt, aus dem Erlös, den die Unternehmensveräußerung erbracht hat, herauszurechnen und aus diesem Betrag eine abgesonderte Befriedigung nach Art. 117 § 4 Satz 2 pln.KO zuzulassen.

C Die Erlösverteilung

1. Überblick

Die Erlösverteilung ist in Art. 203 - 217 pln.KO geregelt. Gemäß Art. 203 § 1 pln.KO erfolgt die Verteilung der Barmasse nach Feststellung der Konkurstabelle[116] je nach Fortschritt der Masseverwertung entweder auf einmal oder im Wege mehrerer Abschlagsverteilungen. Grundsätzlich hat jeder Verteilung die Erstellung eines Verteilungsplans durch den Konkursverwalter und dessen Bestätigung durch den Richter-Kommissar vorauszugehen (Art. 210 pln.KO)[117]. Gemäß Art. 212 pln.KO darf ein solcher Plan erst durchgeführt werden, wenn der Konkurseröffnungsbeschluß in Rechtskraft erwachsen ist. Dagegen werden die in Art. 204 § 1 Nr. 1 und 2 pln.KO genannten Forderungen gemäß Art. 205 pln.KO soweit möglich außerhalb des formellen Verteilungsverfahrens ohne das Erfordernis eines Verteilungsplans aus den laufenden Verwertungserlösen oder den Erlösen aus der Unternehmensfortführung befriedigt[118], unabhängig davon, ob die Frist für die Forderungsanmeldung bereits abgelaufen ist[119].

---

[116] Vgl. Art. 161 pln.KO, dazu: Teil 5, Abschnitt A 3.

[117] *Korzonek*, Konkurs- und Vergleichsrecht II, S. 203; *Gurgul*, Konkurs- und Vergleichsrecht, Rdnrn. 6 f. zu Art. 207 pln.KO, S. 659; *Zedler*, Konkurs- und Vergleichsrecht, S. 280.

[118] *Altman*, Konkursrecht, S. 363; *Allerhand*, Konkursrecht mit Kommentar, Anm. 3 zu Art. 203; *Cieślak*, PPH 5/1996, S. 8 [15]; *Gurgul*, Konkurs- und Vergleichsrecht, Rdnr. 6 zu Art. 207 pln.KO, S. 659.

[119] *Korzonek*, Konkurs- und Vergleichsrecht II, S. 202; *Cieślak*, PPH 5/1996, S. 8 [15]; *Gurgul*, Konkurs- und Vergleichsrecht, Rdnr. 4 zu Art. 205 pln.KO, S. 656.

Bei der Verteilung nicht berücksichtigt werden Art. 167 § 2 pln.KO zufolge verspätet angemeldete Konkursforderungen, die noch nicht im Wege der Ergänzung der Konkurstabelle nach Art. 168 pln.KO vom Richter-Kommissar anerkannt worden sind[120]. Dagegen wird der Anteil an der zu verteilenden Barmasse, der auf Forderungen entfällt, wegen derer nach Art. 162 pln.KO Widerspruch erhoben wurde, bis zur Entscheidung über den Widerspruch gerichtlich hinterlegt (Art. 203 § 2 pln.KO). Dies gilt auch im Falle des Widerspruchs eines Gläubigers gegen die Weigerung des Richter-Kommissars, eine rechtzeitig angemeldete Forderung nach Art. 161 pln.KO anzuerkennen[121].

2. *Die Rangordnung der Forderungen*

Die Rangordnung der Forderungen ergibt sich aus Art. 204 § 1 Nr. 1 - 9 pln.KO. Das geltende Recht unterscheidet zehn Forderungsränge („Kategorien“)[122]. Die Forderungen der Ränge 1, 2, 2a, 2b, 3 und 5 gelten gemäß Art. 204 § 2 pln.KO als bevorrechtigt, was im Rahmen des Art. 174 pln.KO beim Abschluß eines Zwangsvergleichs von Bedeutung ist[123]. Gemäß Art. 206 pln.KO erfolgt die Befriedigung von Forderungen eines nachgeordneten Ranges erst nach vollständiger Befriedigung der Forderungen der vorangehenden Ränge. Vorbehaltlich Art. 204 § 1 Nr. 2b und Nr. 7 pln.KO gilt innerhalb jeder Forderungsklasse das Paritätsprinzip.

a) Die Masseverbindlichkeiten

Die Forderungen des ersten und zweiten Ranges werden in der polnischen Literatur mit dem Begriff der Masseverbindlichkeit (zobowiązanie

---

120 *Allerhand*, Konkursrecht mit Kommentar, Anm. 4 zu Art. 203.

121 *Allerhand*, Konkursrecht mit Kommentar, Anm. 5 zu Art. 203; *Gurgul*, Konkurs- und Vergleichsrecht, Rdnr. 33 zu Art. 203 pln.KO, S. 643.

122 Art. 204 § 1 Nr. 4 pln.KO wurde durch Gesetz vom 22.6.1995 (Dz.U. 1995, Nr. 85, Pos. 426) aufgehoben und Art. 204 § 1 Nr. 2a und 2b pln.KO durch Gesetz vom 31.7.1997 (Dz.U. 1997, Nr. 17, Pos. 751) eingefügt.

123 *Altman*, Konkursrecht, S. 302, 362; *Allerhand*, Konkursrecht mit Kommentar, Anm. 2 zu Art. 174; *Korzonek*, Konkurs- und Vergleichsrecht II, S. 200; *Gurgul*, Konkurs- und Vergleichsrecht, Rdnr. 32 zu Art. 204 pln.KO, S. 655.

masy upadłości) überschrieben[124]. Im ersten Rang sind allerdings neben Massekosten und Masseschulden auch bestimmte, bereits vor Konkurseröffnung entstandene Konkursforderungen zu befriedigen.

Im einzelnen erfaßt der *erste Rang* (Art. 204 § 1 Nr. 1 pln.KO) folgende Forderungen:

- die Kosten des Konkursverfahrens,
- die Kosten eines Vergleichsverfahrens, das der Konkurseröffnung vorausgegangen ist;
- Ausgaben, die in Zusammenhang stehen mit der Verwaltung und Liquidation der Konkursmasse einschließlich Steuern und anderen öffentlichen Abgaben;
- Verbindlichkeiten aus Arbeit;
- Renten als Entschädigung für Krankheit, Arbeitsunfähigkeit, Behinderung oder Tod;
- die Unterstützung für den Gemeinschuldner und seine Familie;
- die auf dem Gemeinschuldner lastenden Unterhaltspflichten;
- die Kosten der letzten Krankheit und des den örtlichen Sitten entsprechenden Begräbnisses des Gemeinschuldners.

Zu den Kosten des Konkursverfahrens zählt auch der aus Art. 86 § 1 Satz 2 pln.KO folgende Anspruch des Gläubigers und Konkursantragstellers auf Erstattung des ihm gemäß Art. 75 pln.KO vom Richter-Kommissar abverlangten Kostenvorschusses[125].

Damit die gemäß Art. 18 pln.VglO grundsätzlich vom Schuldner zu tragenden Kosten des Vergleichsverfahrens als Massekosten i. S. des Art. 204 § 1 Nr. 1 pln.KO gelten können, wird das Bestehen eines Zusammenhangs zwischen dem Vergleichsverfahren und dem sich anschließenden Konkursverfahren verlangt. Ein solcher Zusammenhang ist zu bejahen, wenn das Vergleichs- und das Konkursverfahren durch die gleiche wirtschaftliche Krise des Unternehmens ausgelöst wurden[126].

---

124 *Gurgul*, Konkurs- und Vergleichsrecht, Rdnr. 5 zu Art. 204 pln.KO, S. 646; *Cieślak*, PPH 5/1996, S. 8 ff. verwendet dagegen den Oberbegriff der „Masseschuld im weiteren Sinne".

125 *Altman*, Konkursrecht, S. 159; *Korzonek*, Konkurs- und Vergleichsrecht I, S. 180; *Piasecki*, Konkurs- und Vergleichsrecht, Anm. 5 zu Art. 75 pln.KO, S. 224; *Gurgul*, Konkurs- und Vergleichsrecht, Rdnr. 6 zu Art. 204 pln.KO, S. 646.

126 Vgl.: *Cieślak*, Aufteilung, S. 75; *Gurgul*, Konkurs- und Vergleichsrecht, Rdnr. 6 zu Art. 204 pln.KO, S. 647.

Den Masseverbindlichkeiten gleichgestellt wurden aufgrund des Gesetzes vom 24.2.1990[127] alle Arbeitnehmerforderungen, selbst wenn sie bereits vor Konkurseröffnung durch den späteren Gemeinschuldner begründet worden sind[128]. Soweit aus dem Fonds der Garantierten Arbeitnehmerleistungen an die Arbeitnehmer Konkursausfallgeld gezahlt wurde, gehen die betreffenden Arbeitnehmerforderungen gemäß Art. 10 Abs. 1 ArbnFSchG auf den Fonds über und behalten ihre nach Art. 204 § 1 Nr. 1 pln.KO privilegierte Stellung[129].

Über die Höhe der ebenfalls von Art. 204 § 1 Nr. 1 pln.KO erfaßten Unterstützung des Gemeinschuldners und seiner Familie entscheidet gemäß Art. 131 § 1 Nr. 3 pln.KO der Konkursverwalter mit Zustimmung des Gläubigerausschusses bzw. des Richter-Kommissars[130]. Unterstützt werden können neben einer natürlichen Person in der Rolle des Gemeinschuldners auch die unbeschränkt persönlich haftenden Gesellschafter einer Personenhandelsgesellschaft, über die der Konkurs eröffnet wurde, und deren Familienangehörige, nicht aber die Gesellschafter einer Kapitalgesellschaft[131].

Im *zweiten Rang* (Art. 204 § 1 Nr. 2 pln.KO) werden folgende Masseschulden befriedigt:

- Verbindlichkeiten, die aufgrund von Handlungen des Konkursverwalters oder des Verwalters eines gesonderten Vermögens[132] entstanden sind;
- Verbindlichkeiten aus Verträgen, die der Gemeinschuldner vor Konkurseröffnung geschlossen hat und deren Erfüllung der Konkursverwalter verlangt hat;
- Verbindlichkeiten wegen einer ungerechtfertigten Bereicherung der Konkursmasse sowie

---

[127] Dz.U. 1990, Nr. 14, Pos. 87.

[128] *Kijowski*, PS 1/1993, S. 17 [21]; *M. Barzycka-Banaszczyk/Z. Banaszczyk*, MoP 4/1994, S. 104, dort Fn. 7; *Glabas*, Prawo Spółek 2/1997, S. 24 [25].

[129] Vgl. Teil 4, Abschnitt F 4. j).

[130] *Allerhand*, Konkursrecht mit Kommentar, Anm. 7 zu Art. 204; *Korzonek*, Konkurs- und Vergleichsrecht II, S. 195; *Cieślak*, PPH 5/1996, S. 8 [12]; *Gurgul*, Konkurs- und Vergleichsrecht, Rdnr. 6 zu Art. 204 pln.KO, S. 649.

[131] *Allerhand*, Konkursrecht mit Kommentar, Anm. 10 zu Art. 131; *Cieślak*, PPH 5/1996, S. 8 [12]; *Gurgul*, Konkurs- und Vergleichsrecht, Rdnr. 6 zu Art. 204 pln.KO, S. 649.

[132] Vgl. Art. 91 pln.KO sowie Teil 2, Abschnitt C 1.

- während eines innerhalb der letzten drei Monate vor Konkurseröffnung beendeten oder eingestellten Vergleichsverfahrens vom späteren Gemeinschuldner mit Einverständnis des gerichtlichen Aufsehers[133] oder vom gerichtlichen Aufseher selbst begründete Verbindlichkeiten.

Unter Handlungen des Konkursverwalters und des Verwalters eines gesonderten Vermögens ist sowohl rechtsgeschäftliches und prozessuales als auch reales Handeln zu verstehen, das zur Entstehung von Verbindlichkeiten geführt hat. Erfaßt werden auch Verbindlichkeiten, die auf von Angestellten des vom Konkursverwalter fortgeführten Unternehmens nach Konkurseröffnung begangenen unerlaubten Handlungen beruhen[134]. Auch Forderungen aus Dauerschuldverhältnissen, die vor Konkurseröffnung begründet wurden, können Masseschulden i. S. des Art. 204 § 1 Nr. 2 sein[135]. Beruht der Fortbestand eines solchen Dauerschuldverhältnisses auf der Erfüllungswahl des Konkursverwalters nach Art. 39 § 1 pln.KO, so sind auch die auf die Zeit vor Konkurseröffnung entfallenden offenen Forderungen der anderen Vertragspartei aus dem Dauerschuldverhältnis als Masseschulden i. S. des Art. 204 § 1 Nr. 2 pln.KO zu behandeln[136]. Beruht der Fortbestand des Dauerschuldverhältnisses über den Zeitpunkt der Konkurseröffnung hinaus dagegen nicht auf der Entscheidung des Konkursverwalters, sondern auf einer vom Konkursverwalter einzuhaltenden Kündigungsfrist (Art. 51 § 3 pln.KO), so stellen nur die auf die Zeit nach Konkurseröffnung entfallenden Verbindlichkeiten Masseschulden i. S. des Art. 204 § 1 Nr. 2 pln.KO dar[137].

Bereicherungsansprüche gegen die Konkursmasse sieht die polnische Konkursverordnung ausdrücklich in den Fällen der Art. 24 und 59 § 2 Satz 1 vor. Im übrigen sind die Art. 405 ff. ZGB anzuwenden. Der Anspruch ist auf Rückgabe des Gegenstandes der Bereicherung gerichtet, falls dieser noch als solcher in der Konkursmasse vorhanden ist. Anson-

---

133 Vgl. Teil 2, Abschnitt C 1.

134 *Cieślak*, PPH 5/1996, S. 8 [13]; *Gurgul*, Konkurs- und Vergleichsrecht, Rdnr. 7 zu Art. 204 pln.KO, S. 651.

135 Mit Ausnahme der Arbeitnehmerforderungen, da diese bereits von Art. 204 § 1 Nr. 1 pln.KO erfaßt werden, *Cieślak*, PPH 5/1996, S. 8 [13].

136 Vgl. Teil 4, Abschnitt F 4.

137 *Cieślak*, PPH 5/1996, S. 8 [13].

sten kann die Zahlung eines dem Wert der Bereicherung entsprechenden Geldbetrages verlangt werden (Art. 405 ZGB)[138].

Im Vergleichsverfahren bedarf der Schuldner gemäß Art. 28 § 1 pln.VglO nur für solche Handlungen der Genehmigung des gerichtlichen Aufsehers, die über die gewöhnliche Verwaltung hinausgehen. Handlungen, welche die Grenze der gewöhnlichen Verwaltung nicht überschreiten, kann der Schuldner ohne Genehmigung des gerichtlichen Aufsehers wirksam vornehmen. Die dabei begründeten Verbindlichkeiten stellen auch dann keine Masseschulden dar, wenn das Konkursverfahren innerhalb von drei Monaten nach Beendigung oder Einstellung des Vergleichsverfahrens eröffnet wurde[139].

b) Dinglich gesicherte Forderungen

Für die durch Hypothek[140], Pfandrecht, Eintragung im Schiffsregister oder durch ein Zurückbehaltungsrecht[141] gesicherten Forderungen sieht die polnische Konkursverordnung an Stelle der bisherigen Absonderungsrechte die Befriedigung im Rahmen des allgemeinen Erlösverteilungsverfahrens innerhalb der beiden durch Gesetz vom 31.7.1997[142] neu eingeführten Forderungsklassen des Art. 204 § 1 Nr. 2a und Nr. 2b vor.

Nicht von Art. 204 § 1 Nr. 2a, 2b pln.KO erfaßt werden die durch ein nach dem RegPfG bestelltes Registerpfandrecht gesicherten Forderungen (Art. 117 § 4 pln.KO), sehr wohl aber die durch ein sog. Fiskalpfand-

---

138 *Korzonek*, Konkurs- und Vergleichsrecht I, S. 76; *Cieślak*, Aufteilung, S. 99; *Gurgul*, Konkurs- und Vergleichsrecht, Rdnr. 7 zu Art. 204 pln.KO, S. 651 f. Nach *Allerhand*, Konkursrecht mit Kommentar, Anm. 8 zu Art. 24 ist die Bereicherung dagegen immer in Geld herauszugeben.

139 *Cieślak*, PPH 5/1996, S. 8 [14]; *Gurgul*, Konkurs- und Vergleichsrecht, Rdnr. 7 zu Art. 204 pln.KO, S. 652.

140 Vgl. zur Hypothek im polnischen Recht: *Tracz/Cierpiał/Thurner*, WiRO 1997, S. 86 ff.; *Schulze*, WGO-MfOR 1997, S. 175 [183 ff.]; *Franek*, WiRO 1999, S. 17 [20 f.]; *Drewicz-Tulodziecka/Soergel/Stöcker*, WM 2002, S. 891 ff.

141 Erfaßt wurde nur das handelsrechtliche Zurückbehaltungsrecht nach Art. 524 ff. pln.HGB und nicht auch das zivilrechtliche Zurückbehaltungsrecht nach Art. 461 § 1, Art. 496 ZGB, da letzteres kein Befriedigungsrecht aus der zurückbehaltenen Sache begründet, vgl. *Cieślak*, Aufteilung, S. 117. Mit der fast vollständigen Aufhebung des polnischen Handelsgesetzbuchs vom 27.6.1934 ist daher die Nennung des Zurückbehaltungsrechts in Art. 204 § 1 Nr. 2a, 2b pln.KO bedeutungslos geworden.

142 Dz.U. 1997, Nr. 117, Pos. 751.

recht[143] gesicherten Steuerforderungen[144]. Es handelt sich bei diesem in Art. 41 - 46 pln.AO[145] und Art. 24b pln.UStG[146] geregelten Fiskalpfandrecht um ein besitzloses Pfandrecht, für dessen Entstehung eine konstitutive Eintragung in das bei den Finanzbehörden geführte Register der Fiskalpfandrechte erforderlich ist. Ein zentrales Register der Fiskalpfandrechte führt zudem das Finanzministerium (Art. 43 § 2 pln.AO). Im Falle des Zusammentreffens von an ein und derselben Sache bestellten Fiskalpfandrechten i. S. der Art. 41 ff. pln.AO, 24b pln.UStG einerseits und Registerpfandrechten i. S. des RegPfG andererseits hat gemäß Art. 42 § 4 pln.AO das früher eingetragene Pfandrecht Vorrang vor dem später eingetragenen. Diese Rangfolge wird jedoch im Konkursverfahren nicht eingehalten, da Registerpfandrechte unabhängig davon, ob ihnen nach Art. 42 § 4 pln.AO ein Fiskalpfandrecht im Rang vorgeht, gemäß Art. 117 § 4 pln.KO zur Absonderung berechtigen, während die durch Fiskalpfandrecht gesicherten Forderungen gemäß Art. 204 § 1 Nr. 2a pln.KO aus der nach abgesonderter Befriedigung der Registerpfandgläubiger und nach vollständiger Erfüllung der Masseverbindlichkeiten verbleibenden Barmasse zu befriedigen sind[147].

Dagegen haben unabhängig von ihrem Entstehungszeitpunkt Zwangshypotheken, die gemäß Art. 34 § 1, Art. 35 § 1 pln.AO zur Sicherung von Steuerforderungen des Staatsschatzes oder einer territorialen Selbstverwaltungseinheit an allen Liegenschaften des Steuerschuldners durch konstitutive Eintragung im Grundbuch begründet werden, wenn die Steuerverbindlichkeit gemäß Art. 21 § 1 Nr. 2 pln.AO durch Steuerbescheid festgesetzt wurde, Vorrang vor allen anderen an derselben Liegenschaft zur Sicherung anderer Forderungen begründeten Hypotheken (Art. 36 § 1 pln.AO). Dieser Vorrang gilt gemäß Art. 36 § 2 pln.AO nicht gegenüber Hypotheken zur Sicherung von Bankkrediten[148]. Die genannten Bestimmungen der polnischen Abgabenordnung gelten gemäß Art. 26 Abs. 4 des Gesetzes über das System der Sozialversiche-

---

143 Polnische Bezeichnung: „zastaw skarbowy".

144 *Cieślak*, Aufteilung, S. 125.

145 Ordynacja podatkowa, Gesetz vom 29.8.1997, Dz.U. 1997, Nr. 137, Pos. 926 mit späteren Änderungen.

146 Ustawa o podatku od towarów i usług oraz o podatku akcyzowym, Gesetz vom 8.1.1993, Dz.U. 1993, Nr. 11, Pos. 50 mit späteren Änderungen.

147 *Karasek*, TPP 4/2000, S. 61 [63].

148 Eine Definition des Bankkreditvertrages befindet sich in Art. 69 Abs. 1 BankR.

rungen[149] für die zur Sicherung von Beitragsforderungen der Sozialversicherungsanstalt begründeten Zwangshypotheken entsprechend.

Für die Beteiligung dinglich gesicherter Gläubiger an der allgemeinen Erlösverteilung gilt im einzelnen folgendes:

Im *Rang 2a* werden dinglich gesicherte[150] Steuerforderungen des Staatsschatzes sowie dinglich gesicherte Beitragsforderungen der Sozialversicherungsanstalt (ZUS[151]) in einer Höhe von bis zu 50% des aus der Verwertung des belasteten Gegenstandes erzielten Erlöses befriedigt.

Im *Rang 2b* werden alle übrigen dinglich gesicherten Forderungen bis zur Höhe des aus der Verwertung des belasteten Gegenstandes erzielten Erlöses befriedigt.

Es fällt auf, daß Rang 2a zwar die dinglich gesicherten Steuerforderungen des Staatsschatzes[152] erfaßt, nicht aber auch die Steuerforderungen der territorialen Selbstverwaltungseinheiten. Würde man diese Steuerforderungen dem Rang 2b zuordnen[153], so könnten die territorialen Selbstverwaltungseinheiten anders als der Staatsschatz nicht nur auf 50%, sondern auf den gesamten Verwertungserlös, den der jeweilige Sicherungsgegenstand erbracht hat, zurückgreifen. Die vom Reformgesetz des Jahres 1997[154] ganz offensichtlich verfolgte Konzeption, die Vorrangstellung von Zwangshypotheken der öffentlichen Hand zugunsten hypothekarisch gesicherter Privatgläubiger auf die Hälfte des Verwertungserlöses zu beschränken, wäre dann nur unvollständig umgesetzt. Auch innerhalb des Ranges 2b käme den durch Zwangshypothek gesi-

---

149 Ustawa o systemie ubezpieczeń społecznych, Gesetz vom 13.10.1998, Dz.U. 1998, Nr. 137, Pos. 887; Nr. 162, Pos. 1118 und 1126; 1999, Nr. 26, Pos. 228; Nr. 60, Pos. 636; Nr. 72, Pos. 802; Nr. 78, Pos. 875; Nr. 110, Pos. 1256; 2000, Nr. 9, Pos. 118; Nr. 95, Pos. 1041; Nr. 104, Pos. 1104; Nr. 119, Pos. 1249; 2001, Nr. 8, Pos. 64; Nr. 27, Pos. 298; Nr. 39, Pos. 459; Nr. 72, Pos. 748; Nr. 100, Pos. 1080; Nr. 110, Pos. 1189; Nr. 111, Pos. 1194; Nr. 130, Pos. 1452; Nr. 154, Pos. 1792.

150 Soweit im folgenden die Rede ist von dinglichen Sicherheiten, so sind damit Hypotheken und Pfandrechte einschließlich Fiskalpfandrechten, nicht aber Registerpfandrechte nach dem RegPfG oder das zur Aussonderung berechtigende Sicherungseigentum gemeint.

151 Abkürzung für „Zakład Ubezpieczeń Społecznych".

152 Gemäß Art. 34 ZGB ist der Staatsschatz (skarb państwa) das Zuordnungssubjekt von Rechten und Pflichten, die das staatliche Vermögen betreffen, das nicht anderen staatlichen juristischen Personen gehört.

153 Diese Konsequenz zieht *Cieślak*, Aufteilung, S. 139.

154 Dz.U. 1997, Nr. 117, Pos. 751.

cherten Steuerforderungen der territorialen Selbstverwaltungseinheiten nämlich wegen Art. 36 § 1 pln.AO grundsätzlich Vorrang vor allen anderen am gleichen Gegenstand hypothekarisch gesicherten Forderungen zu[155], ohne daß insoweit eine Beschränkung des Zugriffs der öffentlichen Hand auf die Hälfte des Verwertungserlöses stattfinden würde. Da ein nachvollziehbarer Grund für eine unterschiedliche Behandlung von Steuerforderungen des Staatsschatzes einerseits und der territorialen Selbstverwaltungseinheiten andererseits nicht ersichtlich ist, spricht einiges dafür, auch die dinglich gesicherten Steuerforderungen der territorialen Selbstverwaltungseinheiten nicht im Rang 2b, sondern im – teilweise ungünstigeren – Rang 2a zu befriedigen.

Anders als im Falle der Absonderung nach Art. 117 § 4 pln.KO werden die dinglich gesicherten Forderungen der Ränge 2a und 2b nicht notwendigerweise aus dem Erlös des Sicherungsgegenstandes beglichen, sondern es kann auf die gesamte nach Befriedigung der Masseverbindlichkeiten des Art. 204 § 1 Nr. 1, 2 pln.KO verbleibende Barmasse zurückgegriffen werden, wobei der Erlös, den der jeweilige Sicherungsgegenstand erbracht hat, eine Obergrenze für den Anteil der an diesem Gegenstand gesicherten Gläubiger am Verteilungserlös darstellt[156]. Bestehen an ein und demselben Gegenstand neben dinglichen Sicherheiten für Steuerforderungen bzw. Beitragsforderungen zur Sozialversicherung auch Sicherungsrechte anderer, nicht von Art. 204 § 1 Nr. 2a pln.KO erfaßter Gläubiger, so entfallen maximal 50% der Erlössumme auf die Steuer- und Beitragsforderungen des Ranges 2a und der übrige Teil der Erlössumme auf die Gläubiger des Ranges 2b[157]. Soweit ein dinglich gesicherter persönlicher Gläubiger des Gemeinschuldners aufgrund dieser Obergrenzen einen Ausfall erleidet, wird seine Restforderung bei der Erlösverteilung im Rahmen der Ränge 3 - 9 berücksichtigt[158]. Der Restbetrag einer von Rang 2a erfaßten Steuer- oder Beitragsforderung kann niemals im Rang 2b befriedigt werden[159], da sonst die in Art. 204 § 1

155 Eine Ausnahme bilden die hypothekarisch gesicherten Forderungen der Banken aus Bankkrediten, Art. 36 § 2 pln.AO.

156 *Cieślak*, Aufteilung, S. 140; *Zoll/Kokott*, ZInsO 2001, S. 302.

157 *Brol*, MoP 10/1997, S. 385 [391]; *Gurgul*, Konkurs- und Vergleichsrecht, Rdnr. 13 zu Art. 204 pln.KO, S. 653.

158 *Brol*, MoP 10/1997, S. 385 [391]; *Cieślak*, Aufteilung, S. 138.

159 Vgl.: *Cieślak*, Aufteilung, S. 138; anders wohl *Zoll/Kokott*, ZInsO 2001, S. 302, dort Fn. 1.

Nr. 2a pln.KO vorgesehene Beschränkung auf die Hälfte des Verwertungserlöses zu Lasten der nicht öffentlich-rechtlichen Gläubiger umgangen würde. Im übrigen stünde dem auch der Wortlaut des Art. 204 § 1 Nr. 2b pln.KO entgegen, wo von den „übrigen Verbindlichkeiten", d. h. von denjenigen dinglich gesicherten Forderungen die Rede ist, die nicht bereits von Art. 204 § 1 Nr. 2a pln.KO erfaßt werden.

Schwierigkeiten bereitet die Frage, wie innerhalb der Ränge 2a und 2b der Erlös zu verteilen ist, wenn er nicht für die vollständige Befriedigung aller dinglich gesicherten Forderungen ausreicht. Dieses Problem kann aus zwei Gründen auftreten, nämlich

1. weil die Erlössumme (bzw. im Rang 2a die Hälfte dieser Summe), welche die Verwertung des Sicherungsgegenstandes erbracht hat, nicht genügt, um alle an diesem Gegenstand gesicherten Gläubiger in Höhe des Nennbetrags ihres Sicherungsrechts zu befriedigen, oder
2. weil die nach Begleichung der Masseverbindlichkeiten (Ränge 1 und 2) verbleibende Barmasse insgesamt nicht genügt, um alle dinglich gesicherten Forderungen jeweils in Höhe des Nennbetrags des Sicherungsrechts vollständig zu befriedigen.

Im ersten Fall ist innerhalb des Ranges 2b in Abweichung vom Grundsatz der paritätsmäßigen Befriedigung aller Forderungen eines Ranges (Art. 206 pln.KO) die Priorität des einzelnen dinglichen Sicherungsrechts maßgeblich (Art. 204 § 1 Nr. 2b, 2. Halbsatz pln.KO). Für Rang 2a ist eine derartige Ausnahme vom Paritätsprinzip des Art. 206 pln.KO nicht ausdrücklich vorgesehen. Auch wenn innerhalb des Ranges 2a ausschließlich Hoheitsträger als Gläubiger miteinander konkurrieren, sollte dennoch zweckmäßigerweise die Priorität der einzelnen Kreditsicherungsrechte auch innerhalb dieses Ranges berücksichtigt werden[160]. Mehrere an einer Liegenschaft nach der pln.AO begründete Zwangshypotheken sind allerdings wegen Art. 36 § 1 pln.AO und Art. 26 Abs. 4 des Gesetzes über das System der Sozialversicherungen[161] als gleichrangig anzusehen.

Im zweiten Fall kann die Priorität der einzelnen Kreditsicherungsrechte nicht alleinentscheidend sein für die Verteilung des Erlöses inner-

---

[160] *Zoll/Kokott*, ZInsO 2001, S. 302; a.A.: *Cieślak*, Aufteilung, S. 137 f.
[161] S. o. Fn. 149.

halb des Ranges 2a bzw. 2b. Beschränkt dingliche Rechte stehen nämlich nur dann zueinander im Verhältnis der Priorität, wenn sie an ein und demselben Gegenstand begründet wurden. Einer im Jahr 01 an Grundstück A bestellten Hypothek kann dagegen kein Vorrang vor einer im Jahr 02 an Grundstück B bestellten Hypothek zukommen. Würde man andererseits alle dinglich gesicherten Forderungen des Ranges 2a bzw. 2b gemäß Art. 206 pln.KO paritätsmäßig befriedigen, so würden nachrangige Sicherungsrechte gegenüber am gleichen Gegenstand bestellten vorrangigen Sicherungsrechten in ungerechtfertigter Weise bevorzugt. Außerdem würde der unterschiedliche Wert der einzelnen Sicherungsgegenstände und damit auch der unterschiedliche Wert der an diesen Gegenständen bestellten Sicherungsrechte verwischt.

Ist der nach vollständiger Befriedigung der Masseverbindlichkeiten zur Verteilung bereitstehende Erlös zwar höher als 50% des Erlöses, den die Verwertung derjenigen Gegenstände insgesamt erbracht hat, an denen Steuerforderungen und Beitragsforderungen der Sozialversicherungsanstalt gesichert waren, aber geringer als der Verwertungserlös aller mit dinglichen Sicherungsrechten zugunsten der Gläubiger des Ranges 2b belasteten Gegenstände, so sind zunächst die Forderung des Ranges 2a zu befriedigen. Für die Verteilung des Restbetrages unter den Gläubigern des Ranges 2b empfiehlt sich dann folgende Berechnungsmethode:

In einem ersten Schritt sind die auf die einzelnen Sicherungsgegenstände entfallenden Teilbeträge zu ermitteln. Gegenstände, an denen nur Sicherheiten zugunsten von Forderungen des Ranges 2a bestanden, bleiben dabei unberücksichtigt. Die Aufteilung ist so vorzunehmen, daß jeweils der Quotient aus dem auf einen Sicherungsgegenstand entfallenden Teilbetrag und der insgesamt für den Rang 2b noch zur Verfügung stehenden Barmasse gleich ist dem Quotienten aus dem Verwertungserlös dieses Gegenstandes und dem Gesamtverwertungserlös aller zur Sicherung von Forderungen des Ranges 2b belasteten Gegenstände. Ein Gegenstand, an dem sowohl Forderungen des Ranges 2a als auch des Ranges 2b gesichert sind, geht in diese Rechnung nicht mit seinem vollen Verwertungserlös ein, sondern sein Verwertungserlös ist um den Betrag zu vermindern, der an die an diesem Gegenstand gesicherten Gläubiger des Ranges 2a ausgekehrt wird. Der auf jeden Sicherungsgegenstand entfallende Teilbetrag ist in einem zweiten Schritt jeweils unter den Gläubigern des Ranges 2b aufzuteilen, deren Forderungen an dem betreffenden Gegenstand gesichert sind. Dabei ist die Priorität der Sicherungsrechte maßgeblich.

Zur Verdeutlichung soll folgendes Beispiel dienen: Die Konkursmasse besteht neben anderen nicht dinglich belasteten Gegenständen aus zwei Grundstücken und einem LKW. Am ersten Grundstück, das einen Verwertungserlös von 30.000 PLN erbracht hat, besteht zugunsten der Bank A eine erstrangige Hypothek in Höhe von 14.000 PLN und zugunsten der Bank B eine zweitrangige Hypothek in Höhe von 20.000 PLN. Das zweite Grundstück, dessen Verwertungserlös 110.000 PLN betrug, ist mit einer Hypothek in Höhe von 40.000 PLN zur Sicherung einer Beitragsforderung der Sozialversicherungsanstalt und einer Hypothek in Höhe von 80.000 PLN zu Gunsten der Bank C belastet. Am LKW – sein Verwertungserlös betrug nach Abzug der Verwertungskosten 10.000 PLN – wurde im August 2001 ein Fiskalpfandrecht des Staatsschatzes in Höhe von 4.000 PLN und im Februar 2002 ein Registerpfandrecht zugunsten der Bank D in Höhe von 8.000 PLN bestellt. Nach vollständiger Befriedigung der Masseverbindlichkeiten stehen noch 91.000 PLN zur Verteilung an die dinglich gesicherten Gläubiger zur Verfügung.

In diesem Fall erhält die Bank D vom Erlös des LKWs 8.000 PLN im Wege der abgesonderten Befriedigung (Art. 117 § 4 pln.KO). Die Priorität des Fiskalpfandrechts nach Art. 42 § 4 pln.AO spielt dabei keine Rolle. Im Rang 2a erhält der Staatsschatz 1.000 PLN, also die Hälfte des gemäß Art. 117 § 4 Satz 3 pln.KO an die Konkursmasse überwiesenen Restes des Erlöses aus dem Verkauf des LKWs. Die Sozialversicherungsanstalt erhält 40.000 PLN[162]. Im Rang 2b sind noch 50.000 PLN (91.000 PLN abzüglich der auf Rang 2a entfallenden 41.000 PLN) zu verteilen. Dieser Betrag ist zunächst auf die Sicherungsgegenstände aufzuteilen, wobei der LKW unberücksichtigt bleibt. Grundstück 1 geht mit dem vollen Verwertungserlös von 30.000 PLN und Grundstück 2 mit dem um 40.000 PLN geminderten Verwertungserlös, also mit 70.000 PLN in die Rechnung ein. Dies ergibt einen im Rang 2b zu berücksichtigenden Gesamtverwertungserlös von 100.000 PLN. Die auf die an Grundstück 1 gesicherten Banken A und B entfallende Verteilungssumme folgt damit aus der Gleichung x : 50.000 PLN = 30.000 PLN : 100.000 PLN und beträgt 15.000 PLN. Auf die erstrangige Hypothek der Bank A entfallen damit 14.000 PLN und auf die

[162] Die von Art. 204 § 1 Nr. 2a pln.KO gezogene Obergrenze in Höhe der Hälfte des Verkaufserlöses, nämlich 55.000 PLN wird hier nicht erreicht.

zweitrangige Hypothek der Bank B der Rest von 1.000 PLN. Der auf die Hypothek der Bank C an Grundstück 2 entfallende Betrag ergibt sich aus der Gleichung x : 50.000 PLN = 70.000 PLN : 100.000 PLN, so daß Bank C 35.000 PLN erhält.

Ist der nach vollständiger Erfüllung der Masseverbindlichkeiten verbleibende Betrag kleiner als 50% des Gesamtverwertungserlöses aller Gegenstände, an denen Forderungen des Ranges 2a gesichert waren, und reicht er nicht zur Befriedigung aller Forderungen des Ranges 2a jeweils in Höhe des Nennbetrages der für sie bestellten dinglichen Sicherheiten aus, so ist bereits innerhalb des Ranges 2a der zu verteilende Gesamtbetrag auf die einzelnen zur Sicherung von Forderungen dieses Ranges belasteten Gegenstände im Verhältnis ihres jeweiligen Verwertungserlöses aufzuteilen.

Beträgt im oben genannten Beispielsfall der an die dinglich gesicherten Gläubiger der Ränge 2a, 2b zu verteilende Verwertungserlös nicht 91.000 PLN, sondern nur 30.000 PLN, so ist die auf die Sozialversicherungsanstalt entfallende Summe der Gleichung x : 30.000 PLN[163] = 110.000 PLN[164] : 112.000 PLN[165] zu entnehmen, so daß die Sozialversicherungsanstalt 29.464,29 PLN erhält. Der auf den Staatsschatz entfallende Verteilungserlös ergibt sich aus der Gleichung x : 30.000 PLN = 2.000 PLN : 112.000 PLN, was zu einem Endergebnis von 535,71 PLN führt. Die Gläubiger des Ranges 2b, nämlich die Banken A, B und C gehen leer aus, da die zu verteilende Barmasse von 30.000 PLN bereits vollständig aufgebraucht ist.

Auf die Konkursquote der einzelnen gesicherten Gläubiger darf es keinen Einfluß haben, ob die Erlösverteilung durch mehrere Abschlagsverteilungen oder eine einheitliche Verteilung erfolgt. Ist zu befürchten, daß die im Konkursverfahren insgesamt zu erzielende Barmasse nicht zur vollständigen Befriedigung der Forderungen der Ränge 2a und 2b ausreichen wird, und werden dennoch Abschlagsverteilungen durchgeführt, so ist eine überproportionale Befriedigung einzelner Gläubiger, die

163 Zur Verteilung bereitstehender Betrag.

164 Verwertungserlös, den Grundstück 2 erbracht hat.

165 Summe aus dem Verwertungserlös von Grundstück 2 und dem Betrag von 2.000 PLN, der aus der Verwertung des LKWs nach abgesonderter Befriedigung der Bank D in die Konkursmasse geflossen ist. Das Grundstück 1 bleibt bei dieser Rechnung unberücksichtigt, da an diesem keine Forderungen des Ranges 2a gesichert sind.

durch spätere Abschlagsverteilungen nicht mehr ausgeglichen werden kann, zu vermeiden. Dies ist insbesondere dann zu beachten, wenn noch nicht alle mit dinglichen Sicherungsrechten belasteten Gegenstände verwertet worden sind und somit die oben beschriebene Berechnung der auf die einzelnen Sicherungsgegenstände entfallenden Teilbeträge noch nicht durchgeführt werden kann. Auch Abschlagsverteilungen an die Gläubiger der Ränge 3 - 9 können grundsätzlich erst nach erfolgter Verwertung aller mit dinglichen Sicherungsrechten belasteten Gegenstände vorgenommen werden, da vorher nicht feststeht, welcher Betrag an die Gläubiger der Ränge 2a und 2b auszukehren ist[166].

Wird das Unternehmen des Gemeinschuldners gemäß Art. 113 pln.KO als Ganzes verkauft, so muß der auf die einzelnen mit dinglichen Sicherungsrechten belasteten unternehmenszugehörigen Gegenstände entfallende Anteil am Erlös, den der Verkauf des Unternehmens erbracht hat, im Rahmen der Aufstellung des Verteilungsplans ermittelt werden. Dies ist mit großen Unsicherheiten verbunden, zumal auch die Unternehmensbilanzen, so sie denn ordnungsgemäß geführt worden sind, etwa wegen möglicher Wertsteigerungen von Grundstücken nur sehr eingeschränkt als Grundlage herangezogen werden können. Insgesamt dürfte diese Frage dinglich gesicherten Gläubigern nicht selten Anlaß dazu bieten, gemäß Art. 209, 77 pln.KO gegen den Verteilungsplan vorzugehen[167].

Aufgrund der Ersetzung der bisherigen Absonderungsrechte durch die privilegierte Beteiligung an der allgemeinen Erlösverteilung im Rahmen des Art. 204 § 1 Nr. 2a, 2b pln.KO hat sich die Stellung der dinglich gesicherten Gläubiger mit Ausnahme der Inhaber des etwa zur gleichen Zeit eingeführten Registerpfandrechts[168] insgesamt verschlechtert. Die dinglich gesicherten Gläubiger laufen verstärkt Gefahr, daß sie trotz des Erlöschens ihrer Sicherheiten infolge der Verwertung der Sicherungsgegenstände[169] überhaupt nicht am Verwertungserlös beteiligt werden, weil

---

166 Vgl. zu dieser Problematik auch *Zoll/Kokott*, ZInsO 2001, S. 302 f.

167 Kritisch zur geltenden Rechtslage äußert sich *Zedler*, PS 1/1999, S. 33 [54 f.].

168 Das Gesetz über das Registerpfandrecht und das Pfandrechtsregister (RegPfG) ist zusammen mit der Neufassung des Art. 117 §§ 4, 5 pln.KO durch Art. 45 RegPfG am 1.1.1998 in Kraft getreten (Art. 52 RegPfG), während das Konkursrechtsänderungsgesetz vom 31.7.1997 für alle ab dem 3.1.1998 eröffneten Konkursverfahren gilt.

169 Vgl. Art. 113 § 2, Art. 120 § 1 pln.KO.

das Konkursverfahren entweder bereits zu einem Zeitpunkt, bevor es zu einer Erlösverteilung gekommen ist, gemäß Art. 218 § 1 pln.KO eingestellt wird, oder weil sämtliche Verwertungserlöse bereits zur Befriedigung der Masseverbindlichkeiten einschließlich der ihnen gleichgestellten Arbeitnehmerforderungen aufgebraucht wurden[170]. Es ist somit festzustellen, daß mit Ausnahme des zur Absonderung berechtigenden Registerpfandrechts und des Sicherungseigentums, das nach in Polen herrschender Meinung sogar zur Aussonderung berechtigen soll[171], die polnische Rechtsordnung derzeit keine dinglichen Kreditsicherheiten bereitstellt, die den Gläubigern eine akzeptable Absicherung ihrer Forderungen ermöglicht. Statt jedoch die dinglichen Kreditsicherheiten durch eine konsequente Rückführung der viel zu weitgehenden Privilegien öffentlich-rechtlicher Forderungen und der Regreßforderungen des Fonds der Garantierten Arbeitnehmerleistungen insgesamt aufzuwerten, ist die polnische Gesetzgebung den Weg gegangen, die dinglichen Kreditsicherheiten in den Bereichen, in denen auf die Möglichkeit einer wirksamen Forderungssicherung schlechterdings nicht verzichtet werden kann, durch die Einführung von Ausnahmeregelungen zu stärken.

So bestimmte Art. 24 Abs. 5 HypBankG[172], daß der Vorrang der Zwangshypotheken zur Sicherung von Steuerforderungen gegenüber Hypotheken der Hypothekenbanken nicht gilt. Im Zwangsvollstreckungsrecht wurde den in das von den Hypothekenbanken zu führende Register der Absicherung von Pfandbriefen[173] einzutragenden, notwendigerweise erstrangigen (Art. 20 Abs. 1 HypBankG) Hypotheken der Hypothekenbanken durch Art. 1025 § 1 Nr. 2a ZVGB[174] Vorrang vor den Steuerforderungen eingeräumt, während die hypothekarisch gesicherten Forderungen „gewöhnlicher Gläubiger" gemäß Art. 1025 § 1

---

170 Siehe auch Teil 3, Abschnitt B 3. b).

171 *Zedler*, Prawo Bankowe 2/1994, S. 55 [56]; *Sikorski*, PS 5/1997, S. 15 [36]; *Świeszkowski*, PPH 11/2000, S. 38 [42]; *Gurgul*, Konkurs- und Vergleichsrecht Rdnr. 41 zu Art. 28 pln.KO, S. 172; vgl. auch Teil 4, Abschnitt E 3.

172 Gesetz vom 29.8.1997 über die Pfandbriefe und die Hypothekenbanken (ustawa o listach zastawnych i bankach hipotecznych), Dz.U. 1997, Nr. 140, Pos. 940 mit späteren Änderungen.

173 Polnische Bezeichnung: „Rejestr zabezpieczenia listów zastawnych", vgl. Art. 24 Abs. 1 HypBankG.

174 Art. 1025 § 1 Nr. 2a ZVGB wurde eingefügt durch Art. 40 HypBankG (Dz.U. 1997, Nr. 140, Pos. 940).

Nr. 6 ZVGB im Zwangsvollstreckungsrecht erst nach den Steuerforderungen rangierten. Erst das Gesetz vom 6.9.2001[175] hat insoweit eine Änderung herbeigeführt, als nunmehr gemäß Art. 1025 § 1 n.F. ZVGB die hypothekarisch gesicherten Forderungen der Hypothekenbanken im Zwangsvollstreckungsrecht im 4. Rang und die hypothekarisch oder registerpfandrechtlich gesicherten Forderungen anderer Gläubiger im 5. Rang und damit noch vor den ungesicherten Steuerforderungen (Art. 1025 § 1 Nr. 7 n.F. ZVGB) und einem Großteil der Arbeitnehmerforderungen[176] befriedigt werden. Auf das Konkursrecht hat diese sehr zu begrüßende Gesetzesänderung jedoch keinerlei Auswirkungen. Nimmt man Art. 24 Abs. 5 HypBankG beim Wort, so kann bei der Erlösverteilung im Konkursverfahren der – wenn auch auf 50% des Erlöses beschränkte – Vorrang hypothekarisch gesicherter Steuer- und Beitragsforderungen im Rahmen der Erlösverteilung im Konkursverfahren nicht zu Lasten der im Register der Absicherung von Pfandbriefen eingetragenen hypothekarisch gesicherten Forderungen der Hypothekenbanken gehen[177]. Selbst eine Befriedigung dieser Forderungen innerhalb des Ranges 2a des Art. 204 § 1 pln.KO bei gleichzeitiger Rückstufung der am gleichen Gegenstand gesicherten öffentlich-rechtlichen Forderungen in den Rang 2b würde jedoch wegen des Vorrangs der Masseverbindlichkeiten nicht die Gefahr eines Totalausfalls der Hypothekenbank mangels nach Befriedigung sämtlicher Masseverbindlichkeiten verbleibender Verteilungsmasse ausschließen[178]. Nicht zuletzt die Unvereinbarkeit des Art. 24 Abs. 5 HypBankG mit Art. 204 § 1 Nr. 2a, 2b pln.KO dürfte den polnischen Gesetzgeber dazu bewogen haben, Art. 24 Abs. 5 HypBankG aufzuheben[179].

---

[175] Gesetz über die Änderung des Gesetzes über das Vollstreckungsverfahren in der Verwaltung sowie einiger anderer Gesetze (ustawa o zmianie ustawy o postępowaniu egzekucyjnym w administracji oraz niektórych innych ustaw), Dz.U. 2001, Nr. 125, Pos. 1368.

[176] Im Zwangsvollstreckungsrecht werden nunmehr nur noch die Arbeitnehmerforderungen, die auf die letzten drei Monate entfallen, bis zur Höhe des gesetzlichen Mindestlohnes im 3. Rang des Art. 1025 § 1 ZVGB befriedigt und alle übrigen Arbeitnehmerforderungen erst im 6. Rang.

[177] Vgl. *Zoll/Kokott*, ZInsO 2001, S. 302 [303 f.].

[178] *Zoll/Kokott*, ZInsO 2001, S. 302 [304].

[179] So geschehen durch das Gesetz vom 5.7.2002 über die Änderung des Gesetzes über die Pfandbriefe und die Hypothekenbanken und über die Änderung einiger Gesetze

c) Weitere bevorrechtigte Konkursforderungen

Neben den Masseverbindlichkeiten der Ränge 1 und 2 sowie den dinglich gesicherten Forderungen der Ränge 2a und 2b gelten gemäß Art. 204 § 2 pln.KO auch die Forderungen der Ränge 3 und 5 als bevorrechtigte Forderungen. Art. 204 § 1 Nr. 4 pln.KO wurde durch Gesetz vom 22.6.1995[180] aufgehoben.

Der *dritte Rang* erfaßt Steuern und andere öffentliche Abgaben sowie Beitragsforderungen zur Sozialversicherung für das letzte Jahr vor Konkurseröffnung einschließlich Nebenforderungen, Zinsen und Vollstreckungskosten, wobei unter „anderen öffentlichen Abgaben“ (inne daniny publiczne) öffentliche Gebühren und Zölle zu verstehen sind[181]. Ungesicherte Steuer-, Abgaben- und Beitragsverbindlichkeiten des Gemeinschuldners, die ein Jahr vor dem Datum der Konkurseröffnung entstanden sind, gehören dem sechsten Rang an[182].

Im *fünften Rang* werden die Kosten der letzten Krankheit und des den örtlichen Sitten entsprechenden Begräbnisses des Gemeinschuldners beglichen, sofern der Gemeinschuldner innerhalb der letzten sechs Monate vor Konkurseröffnung verstorben ist. Art. 204 § 1 Nr. 5 pln.KO ist in Zusammenhang mit Art. 7 pln.KO zu sehen, wonach die Erben eines Unternehmers innerhalb eines Jahres ab dem Todesfall Nachlaßkonkurs beantragen können.

d) Nicht bevorrechtigte Konkursforderungen

Im *sechsten Rang* werden andere Forderung zusammen mit den Zinsen für das letzte Jahr vor Konkurseröffnung und einschließlich Vertragsstrafen sowie Verfahrens- und Vollstreckungskosten befriedigt. Art. 204 § 3 pln.KO sieht darüber hinaus eine Herabstufung aller Forderungen der Ränge 1 - 5 zu Forderungen des sechsten Ranges vor, wenn sie nach Konkurseröffnung abgetreten oder indossiert werden. Im Falle des gesetzlichen Forderungsübergangs findet eine solche Herabstufung

(ustawa o zmianie ustawy o listach zastawnych i bankach hipotecznych oraz o zmianie niektórych innych ustaw), Dz.U. 2002, Nr. 126, Pos. 1070.

180 Dz.U. 1995, Nr. 85, Pos. 426.

181 *Cieślak*, Aufteilung, S. 153 ff.

182 *Cieślak*, Aufteilung, S. 153.

nicht statt[183]. Betroffen sind auch Masseforderungen sowie die dinglich gesicherten Forderungen der Ränge 2a und 2b[184]. Die Abtretung und Indossierung nach Konkurseröffnung führt damit zur vollständigen Entwertung der für die Forderung bestellten dinglichen Sicherheiten.

Durch Art. 204 § 3 pln.KO dürfte die Bereitschaft, Geschäftsbeziehungen mit einem nach Konkurseröffnung weitergeführten Unternehmen aufrecht zu erhalten, nicht unerheblich geschmälert werden, da es aufgrund dieser Bestimmung faktisch unmöglich ist, die aus solchen Geschäftsbeziehungen erwachsenden Masseforderungen beispielsweise an eine Inkassostelle abzutreten. Ob die in der Entwurfsbegründung zur polnischen Konkursverordnung zum Ausdruck gebrachte Sorge, interessierte Personen könnten zu einem niedrigen Preis bevorrechtigte Forderungen erwerben[185], diese Konsequenzen rechtfertigt, muß in Zweifel gezogen werden.

Der *siebte Rang* umfaßt alle Zinsforderungen, die nicht den Rängen 1 - 6 zugehören. Innerhalb dieses Ranges gilt in Abweichung von Art. 206 pln.KO nicht das Paritätsprinzip. Vielmehr richtet sich die Reihenfolge, in der die Zinsforderungen innerhalb des Ranges 7 zu befriedigen sind, nach der Rangzugehörigkeit der Hauptforderungen[186]. Zu beachten ist, daß ungesicherte persönliche Forderungen, die der spätere Gemeinschuldner begründet hat, gemäß Art. 33 § 1 pln.KO ab dem Zeitpunkt der Konkurseröffnung im Verhältnis zur Konkursmasse nicht mehr verzinst werden. Dies gilt nicht für die im Konkursverfahren entstandenen Masseforderungen[187]. Außerdem können im Falle einer dinglich gesicherten Forderung gemäß Art. 33 § 2 pln.KO auch die nach Konkurseröffnung anfallenden Zinsen im Konkursverfahren geltend gemacht werden. Sie sind jedoch nur aus dem Sicherungsgegenstand zu befriedigen, also innerhalb der Ränge 2a und 2b, soweit der Verwertungserlös, den der Sicherungsgegenstand erbracht hat, bzw. die Hälfte dieses Wertes ausreicht.

---

[183] *Cieślak*, Aufteilung, S. 160 f.; *Gurgul*, Konkurs- und Vergleichsrecht, Rdnr. 34 zu Art. 204 pln.KO, S. 656.

[184] *Cieślak*, Aufteilung, S. 159.

[185] *Allerhand*, Entwurfsbegründung Konkursrecht, S. 116.

[186] *Allerhand*, Konkursrecht mit Kommentar, Anm. 32 zu Art. 204; *Korzonek*, Konkurs- und Vergleichsrecht II, S. 200; *Cieślak*, Aufteilung, S. 163.

[187] *Gurgul*, Konkurs- und Vergleichsrecht, Rdnr. 15 zu Art. 33 pln.KO, S. 199.

Ohne jede Aussicht auf Befriedigung im Rahmen der Erlösverteilung im Konkursverfahren sind die Forderungen des *achten Ranges* (Geldstrafen und Geldbußen) sowie des *neunten Ranges* (Schenkungen und Vermächtnisse).

3. *Der Verteilungsplan*

a) Aufstellung

Jeder Verteilung von Barmasse an die Gläubiger der Forderungsklassen 2a - 9 geht die Aufstellung eines Verteilungsplans voraus. Diese Aufgabe übernimmt Art. 207 § 1 pln.KO zufolge der Konkursverwalter, der in dem Plan die zu verteilende Geldsumme feststellt, die Forderungen und Rechte der an der Verteilung beteiligten Personen aufführt, die auf den einzelnen Gläubiger entfallende Summe bestimmt und festlegt, welche dieser Geldbeträge an die Gläubiger auszuzahlen sind und welche Beträge gerichtlich hinterlegt werden müssen[188]. Den so erstellten Verteilungsplan legt der Konkursverwalter dem Richter-Kommissar vor, der ihn erforderlichenfalls ändert oder ergänzt (Art. 207 § 2 pln.KO). Der Verteilungsplan kann dann in der Geschäftsstelle des Gerichts eingesehen werden. Diese Tatsache sowie die Möglichkeit der Erhebung von Einwendungen gegen den Verteilungsplan ist gemäß Art. 209 § 1 pln.KO öffentlich bekanntzumachen[189]. Außerdem bestimmt Art. 209 § 1 pln.KO ausdrücklich, daß der Konkursverwalter, der Gemeinschuldner sowie die Gläubiger persönlich hierüber zu benachrichtigen sind[190]. Im

---

[188] Der Grund für die gerichtliche Hinterlegung ist im Verteilungsplan anzugeben. Neben Art. 203 § 2 pln.KO sieht auch Art. 213 § 2 pln.KO eine gerichtliche Hinterlegung vor, vgl. *Gurgul*, Konkurs- und Vergleichsrecht, Rdnr. 11 zu Art. 207 pln.KO, S. 660.

[189] Für die öffentliche Bekanntmachung gilt Art. 81 pln.KO. Sie erfolgt daher grundsätzlich durch Aushang im Gerichtsgebäude und durch Veröffentlichung in mindestens einer Tageszeitung mit landesweiter Verbreitung, vgl. *Gurgul*, Konkurs- und Vergleichsrecht, Rdnr. 8 zu Art. 81 pln.KO, S. 350. Nach *Allerhand*, Konkursrecht mit Kommentar, Anm. 3 zu Art. 81 soll dagegen eine Verbreitung der Tageszeitung im Gerichtsbezirk des Konkursgerichts genügen.

[190] Art. 76 § 3 pln.KO, wonach Beschlüsse, welche die Allgemeinheit der Gläubiger betreffen, nicht den einzelnen Gläubigern zuzustellen sind, findet keine Anwendung, da es sich bei der Benachrichtigung nach Art. 209 § 1 pln.KO nicht um einen Beschluß handelt, vgl. *Gurgul*, Konkurs- und Vergleichsrecht, Rdnr. 2 zu Art. 209 pln.KO, S. 662 entgegen *Korzonek*, Konkurs- und Vergleichsrecht II, S. 206.

Falle des Konkurses eines staatlichen Unternehmens ist auch das Gründungsorgan (Art. 7 StUG) über die erfolgte Aufstellung des Verteilungsplans in Kenntnis zu setzen, Art. 209 § 2 pln.KO.

b) Rechtsbehelf

Die Frist für die Erhebung von Einwendungen beträgt zwei Wochen ab der in Art. 209 § 1 pln.KO vorgesehenen Bekanntmachung. Einwendungen können außer vom Konkursverwalter und vom Gemeinschuldner auch von den Gläubigern erhoben werden, deren Forderungen vom Richter-Kommissar anerkannt worden sind, bzw. die gegen die Nichtanerkennung ihrer rechtzeitig angemeldeten Forderungen nach Art. 162 § 1 pln.KO Widerspruch eingelegt haben. Voraussetzung für die Zulässigkeit der Einwendungen von Gläubigerseite ist das Bestehen eines rechtlichen Interesses an der Abänderung des Verteilungsplans. Hieran fehlt es, wenn die Einwendungen auch im Erfolgsfall nicht zu einer höheren Erlösbeteiligung des betreffenden Gläubigers führen können[191].

Da die Rangstellung der angemeldeten Konkursforderungen gemäß Art. 154 § 1 Satz 1 pln.KO bereits im Entwurf der Konkurstabelle bestimmt wird, kann die Zuordnung einer Forderung zu einer bestimmten Forderungsklasse nach Eintritt der Bestandskraft der festgestellten Konkurstabelle auch nicht mehr im Wege der Einwendung gegen den Verteilungsplan angegriffen werden[192]. Hat der Gläubiger jedoch gegen die Festsetzung der Rangstellung seiner Forderung in der Konkurstabelle gemäß Art. 162 § 1 pln.KO Widerspruch eingelegt und ist darüber noch nicht entschieden, so ist die Forderung bei Aufstellung des Verteilungsplans in dem Rang zu berücksichtigen, der ihr bei Erfolg des Widerspruchs zukommen würde, und der somit auf die Forderung entfallende Geldbetrag ist gerichtlich zu hinterlegen (Art. 203 § 2 pln.KO). Liegt dem Verteilungsplan die in der Konkurstabelle festgestellte niedrigere Forderungsklasse zugrunde, so kann sich der Gläubiger in seiner Ein-

---

[191] Vgl. *Altman*, Konkursrecht, S. 367; *Allerhand*, Konkursrecht mit Kommentar, Anm. 8 zu Art. 209; *Korzonek*, Konkurs- und Vergleichsrecht II, S. 207; dagegen soll nach *Gurgul*, Konkurs- und Vergleichsrecht, Rdnr. 7 zu Art. 209 pln.KO, S. 662 die niedrige Rangstellung der Gläubigerforderung die Zulässigkeit von Einwendungen nicht ausschließen.

[192] *Allerhand*, Konkursrecht mit Kommentar, Anm. 9 zu Art. 209.

wendung gegen den Verteilungsplan auf die ihm gebührende höhere Forderungsklasse berufen, da die Konkurstabelle wegen des anhängigen Widerspruchs insoweit noch nicht bestandskräftig geworden ist. Von dieser Möglichkeit sollte der Gläubiger auch Gebrauch machen, um einer Bestandskraft des Verteilungsplans zuvorzukommen. Nach Ablauf der zweiwöchigen Ausschlußfrist des Art. 209 § 1 pln.KO könnte der Gläubiger nämlich trotz erfolgreichen Widerspruchs gegen die Konkurstabelle eine angemessene Berücksichtigung seiner Forderung im Verteilungsplan nicht mehr durchsetzen.

Umstritten ist die Frage, unter welchen Voraussetzungen der Konkursverwalter gegen den Verteilungsplan Einwendungen erheben kann. Da der Konkursverwalter den Verteilungsplan selbst aufstellt, sollten von seiner Seite Einwendungen analog Art. 162 § 2 Satz 1 pln.KO[193] nur insoweit zugelassen werden, wie der Richter-Kommissar am Verteilungsplan gemäß Art. 207 § 2 pln.KO Änderungen und Ergänzungen vorgenommen hat[194].

Nach *Korzonek*[195] soll die Berechtigung des Gemeinschuldners zur Erhebung von Einwendungen gegen den Verteilungsplan unabhängig davon bestehen, ob er die betroffene Forderung gemäß Art. 153 pln.KO bei der Aufstellung des Entwurfs der Konkurstabelle gegenüber dem Konkursverwalter bestritten und gegen ihre Anerkennung durch den Richter-Kommissar Widerspruch nach Art. 162 § 2 pln.KO eingelegt hat. Dieser Auffassung ist jedoch nicht zu folgen, da auch der Gemeinschuldner die Bestandskraft der Konkurstabelle gegen sich gelten lassen muß.

c) Ausführung des Verteilungsplans

Wurden keine Einwendungen erhoben, so wird der Verteilungsplan durch Beschluß des Richter-Kommissars bestätigt und die Erlösvertei-

---

[193] Diese Bestimmung betrifft die Zulässigkeit des Widerspruchs von Seiten des Konkursverwalters gegen die festgestellte Konkurstabelle.

[194] *Altman*, Konkursrecht, S. 367; *Korzonek*, Konkurs- und Vergleichsrecht II, S. 207; anders: *Allerhand*, Konkursrecht mit Kommentar, Anm. 7 zu Art. 209; *Cieślak*, PS 7-8/1997, S. 73 [78 f.]; *Gurgul*, Konkurs- und Vergleichsrecht, Rdnr. 8 zu Art. 209 pln.KO, S. 663, die Einwendungen des Konkursverwalters unbeschränkt zulassen mit dem Argument, der Konkursverwalter verfolge mit den Einwendungen nicht seine eigenen Interessen, sondern die der Gläubiger.

[195] Konkurs- und Vergleichsrecht II, S. 207.

lung entsprechend dem Verteilungsplan ausgeführt (Art. 210 pln.KO). Andernfalls lädt der Richter-Kommissar die Gläubiger, die Einwendungen erhoben haben oder deren Rechte von den Einwendungen berührt sind, sowie den Konkursverwalter und den Gemeinschuldner zu einem Termin und entscheidet über die Einwendungen durch Beschluß (Art. 211 § 1 pln.KO). Gegen diesen Beschluß des Richter-Kommissars findet die Beschwerde zum Konkursgericht statt (Art. 77 pln.KO)[196]. Der Verteilungsplan wird nach Rechtskraft der über die Einwendungen bzw. Beschwerden entscheidenden Beschlüsse berichtigt und danach ausgeführt (Art. 211 § 2 pln.KO). Allerdings kann nach Art. 211 § 3 pln.KO schon vorher mit der Verteilung begonnen werden, soweit der Verteilungsplan von den Einwendungen und Beschwerden nicht betroffen ist.

Bei der Ausführung des Verteilungsplans sind die auf eine auflösend bedingte Forderung entfallenden Geldbeträge grundsätzlich ohne Sicherheit an den Gläubiger auszukehren, es sei denn, im Verhältnis zwischen Gläubiger und Gemeinschuldner war die Leistung einer Sicherheit vereinbart (Art. 213 § 1 pln.KO). Dagegen sind die auf aufschiebend bedingte Forderungen entfallenden Beträge gemäß Art. 213 § 2 pln.KO gerichtlich zu hinterlegen.

Art. 213 § 3 pln.KO betrifft die Auskehr von Geldbeträgen, die auf durch Bürgschaft gesicherte Forderungen entfallen. Gemäß Art. 518 § 1 Nr. 1 ZGB geht eine solche Forderung insoweit auf den Bürgen über, wie er den Gläubiger befriedigt hat. Art. 213 § 3 pln.KO zufolge sind Gläubiger und Bürge aus dem auszukehrenden Geldbetrag im Verhältnis des am Tage der Aufstellung des Verteilungsplans noch offenen Teils der Forderung zu dem vom Bürgen erfüllten und auf ihn übergegangenen Teil der Forderung zu befriedigen. Diese Regelung steht in Widerspruch zu Art. 518 § 3 ZGB, der ganz ähnlich wie § 774 Abs. 1 Satz 2 dt. BGB

---

196 Die Zulässigkeit einer Beschwerde gegen die Bestätigung des Verteilungsplans nach Art. 210 pln.KO wird dagegen trotz Art. 77 pln.KO nach herrschender Ansicht in der polnischen Literatur abgelehnt, da sonst die in Art. 209 § 1 pln.KO vorgesehene zweiwöchige Ausschlußfrist für die Erhebung von Einwendungen umgangen werden könnte und der Rechtsbehelf der Einwendung gegen den Verteilungsplan bedeutungslos würde, vgl.: *Altman*, Konkursrecht, S. 368; *Allerhand*, Konkursrecht mit Kommentar, Anm. 4 zu Art. 210; *Korzonek*, Konkurs- und Vergleichsrecht II, S. 208; *Świeboda*, Konkurs- und Vergleichsrecht, Anm. 2 zu Art. 210 pln.KO, S. 254; *Gurgul*, Konkurs- und Vergleichsrecht, Rdnr. 3 zu Art. 210 pln.KO, S. 663. Die gegenteilige Auffassung vertreten *Gawlas/Jonsik*, Konkurs- und Vergleichsrecht, S. 220.

dem Gläubiger Vorrang vor der Rückgriffsforderung des Bürgen einräumt[197]. Die Anwendung des Art. 213 § 3 pln.KO führt nämlich dazu, daß der Bürge aus der Erlösverteilung etwas erlangt, was er aufgrund seiner fortbestehenden Bürgenstellung sofort an den nicht vollständig befriedigten Gläubiger herauszugeben hat. Letztlich wird man jedoch über die eindeutige Regelung des Art. 213 § 3 pln.KO nicht hinweggehen können, sondern den Gläubiger darauf verweisen müssen, wegen des Ausfalls, den er mit seiner Forderung im Konkursverfahren erlitten hat, den Bürgen in Anspruch zu nehmen, sofern dieser zahlungsfähig ist[198].

Haftet der Gemeinschuldner mit einem Dritten gesamtschuldnerisch für eine Gläubigerforderung und hat der Dritte den Gläubiger teilweise befriedigt, so treten die noch offene Teilforderung des Gläubigers mit der Regreßforderung des Dritten in Konkurrenz, wobei sich die Höhe der Regreßforderung Art. 376 § 1 ZGB zufolge grundsätzlich aus dem zwischen den Gesamtschuldnern bestehenden Rechtsverhältnis ergibt und hilfsweise im Innenverhältnis eine Haftung zu gleichen Teilen anzunehmen ist. Art. 213 § 4 pln.KO bestimmt, daß bei der Erlösverteilung im Konkursverfahren der auf eine Forderung entfallende Betrag, für die der Gemeinschuldner mit einem Dritten gesamtschuldnerisch haftet, zwischen dem Gläubiger und dem Dritten im Verhältnis des am Tage der Aufstellung des Verteilungsplans noch offenen Forderungsbetrags zu dem vom Dritten beglichenen Forderungsbetrag aufgeteilt wird. Ähnlich wie der Bürge im Fall des Art. 213 § 3 pln.KO erhält der Dritte nach Art. 213 § 4 pln.KO im Rahmen der Erlösverteilung somit einen Geldbetrag, der ihm nach der materiellen Rechtslage aufgrund seiner Stellung

---

197 Eine Art. 518 § 3 ZGB entsprechende Regelung enthielt auch Art. 181 des früheren Obligationengesetzbuchs vom 27.10.1933, Dz.U. 1933, Nr. 82, Pos. 598, vgl. hierzu: *Korzonek/Rosenblüth*, Obligationengesetzbuch I, S. 475 f.

198 Vgl. *Altman*, Konkursrecht, S. 373. Demgegenüber spricht sich *Allerhand*, Konkursrecht mit Kommentar, Anm. 8 zu Art. 213 für eine proportionale Aufteilung des Erlöses gemäß Art. 213 § 3 pln.KO für den Fall aus, daß der Bürge an den Gläubiger nach Konkurseröffnung, aber vor dem Zeitpunkt der Forderungsanmeldung geleistet hat. Der aus Art. 518 § 3 ZGB folgende Vorrang des Gläubigers vor dem Bürgen soll nach Meinung *Allerhands* dagegen dann der Regelung des Art. 213 § 3 pln.KO vorgehen, wenn die Teilzahlung des Bürgen an den Gläubiger erst nach Forderungsanmeldung erfolgt ist. Eine solche Differenzierung findet jedoch in der Konkursverordnung keine Grundlage und führt zudem zu zufälligen Ergebnissen.

als Gesamtschuldner im Verhältnis zum nicht vollständig befriedigten Gläubiger nicht zusteht.

4. Schlußverteilung

Ist die Verwertung der Konkursmasse abgeschlossen, was nicht auch den Abschluß sämtlicher vom Konkursverwalter geführter Aktivprozesse voraussetzt[199], so ist gemäß Art. 215 pln.KO die Schlußverteilung durchzuführen. Der für die Schlußverteilung nach Art. 207 pln.KO aufzustellende Verteilungsplan umfaßt das gesamte nach den bis dahin vorgenommenen Abschlagsverteilungen verbliebene massezugehörige Vermögen[200].

Findet sich nach Durchführung der Schlußverteilung weiteres Vermögen des Gemeinschuldners, so kann dieses bis zur Beendigung des Konkursverfahrens Gegenstand einer weiteren Verteilung sein[201]. Nach der Beendigung des Verfahrens[202] (Art. 217 pln.KO) ist anders als nach deutschem Recht (§ 203 InsO) eine Nachtragsverteilung nicht mehr möglich[203]. Sofern der Gemeinschuldner seine Rechtssubjektivität infolge des Konkursverfahrens nicht verliert, kann er nämlich gemäß Art. 221 i. V. m. Art. 223 pln.KO nach Beendigung des Konkursverfahrens wieder frei über sein Vermögen verfügen. Die nach Art. 203 § 2, Art. 213 § 2 pln.KO gerichtlich hinterlegten Beträge, die bis zur Beendigung des Konkursverfahrens nicht den im betreffenden Verteilungsplan

---

199 *Altman*, Konkursrecht, S. 375; *Allerhand*, Konkursrecht mit Kommentar, Anm. 1 zu Art. 215 und *Korzonek*, Konkurs- und Vergleichsrecht II, S. 215 begründen dies mit der Bestimmung des Art. 222 § 2 pln.KO, wonach der Gemeinschuldner nach Einstellung, Beendigung oder Aufhebung des Konkursverfahrens in noch nicht abgeschlossene gerichtliche Verfahren eintritt.

200 *Gurgul*, Konkurs- und Vergleichsrecht, Rdnr. 2 zu Art. 215 pln.KO, S. 668.

201 *Korzonek*, Konkurs- und Vergleichsrecht II, S. 215; *Świeboda*, Konkurs- und Vergleichsrecht, Anm. 1 zu Art. 215 pln.KO, S. 257; *Gurgul*, Konkurs- und Vergleichsrecht, Rdnr. 2 zu Art. 215 pln.KO, S. 668.

202 Die deutsche Insolvenzordnung gebraucht in diesem Zusammenhang den Begriff der „Aufhebung des Insolvenzverfahrens“ (§ 200 InsO). Dagegen meint „Aufhebung des Verfahrens“ (uchylenie postępowania) im polnischen Konkursrecht die Aufhebung des Konkurseröffnungsbeschlusses (vgl. die Überschrift vor Art. 218 pln.KO i. V. m. Art. 223 pln.KO sowie *Kohorewicz*, Prawo Spółek 1/2001, S. 41 [42]).

203 *Korzonek*, a. a. O. (Fn. 201); *Świeboda*, a. a. O. (Fn. 201); *Gurgul*, Konkurs- und Vergleichsrecht, Rdnr. 3 zu Art. 215 pln.KO, S. 668.

bezeichneten Gläubigern zufallen, unterliegen anders als nach § 203 Abs. 1 Nr. 1 dt. InsO keiner Nachtragsverteilung, sondern sind gemäß Art. 216 pln.KO an den Gemeinschuldner herauszugeben.

D Der Zwangsvergleich

1. Der Zwangsvergleichsantrag

Mit der Konkurseröffnung ist für den Gemeinschuldner der Verlust seines Unternehmens noch nicht endgültig besiegelt. Dem Gemeinschuldner verbleibt die Möglichkeit, durch den Abschluß eines Zwangsvergleichs mit den nicht bevorrechtigten Konkursgläubigern die Verwertung seines konkursunterworfenen Vermögens abzuwenden und die Verfügungsbefugnis hierüber wiederzuerlangen. Die zeitlichen Grenzen für den Abschluß eines Zwangsvergleichs bildet die Feststellung der Konkurstabelle durch den Richter-Kommissar (Art. 171 i. V. m. Art. 161 pln.KO) einerseits und die Schlußverteilung andererseits[204]. Den Antrag auf Zulassung zum Zwangsvergleich kann der Gemeinschuldner allerdings auch schon vor Feststellung der Konkurstabelle einreichen[205]. Erst nach Stellung dieses Antrags hat er nämlich die Möglichkeit, gemäß Art. 110 § 2 Satz 1 pln.KO die Aussetzung der Verwertung seines Vermögens zu bewirken[206].

Antragsberechtigt ist grundsätzlich nur der Gemeinschuldner. Ausnahmen hiervon sieht das Bankrecht vor, wonach neben der in Konkurs gefallenen Bank selbst auch Aktionäre bzw. Mitglieder einen Zwangsvergleichsantrag stellen können, sofern sie zusammen einen Kapitalanteil von zwei Dritteln repräsentieren. Im Falle einer Genossenschaftsbank steht auch der Regionalbank, deren Aktionärin die Genossenschaftsbank ist, ein Antragsrecht zu (Art. 164 Abs. 1 BankR)[207]. Im Konkursverfahren über das Vermögen eines staatlichen Unternehmens können gemäß Art. 176 § 1 pln.KO auch das Gründungsorgan und das

---

[204] *Nazarewicz*, PPH 1/1994, S. 1; *Gurgul*, Konkurs- und Vergleichsrecht, Rdnr. 6 zu Art. 171 pln.KO, S. 573.

[205] *Altman*, Konkursrecht, S. 299; *Korzonek*, Konkurs- und Vergleichsrecht II, S. 135.

[206] *Allerhand*, Konkursrecht mit Kommentar, Anm. 6 zu Art. 171; *Świeboda*, Konkurs- und Vergleichsrecht, Anm. 3 zu Art. 171 pln.KO, S. 212.

[207] *Gurgul*, Konkurs- und Vergleichsrecht, Rdnr. 10 zu Art. 171 pln.KO, S. 574.

zur Vertretung des Staatsschatzes berechtigte Organ Zwangsvergleichsantrag stellen.

Der Antrag hat gemäß Art. 175 § 1 pln.KO Vergleichsvorschläge zu enthalten und diese zu begründen. Die von den Wirkungen des bestätigten Zwangsvergleichs betroffenen, nicht bevorrechtigten Konkursgläubiger sind dabei gleichzubehandeln, soweit nicht einzelne Gläubiger ungünstigeren Bedingungen zustimmen (Art. 175 § 2 pln.KO). Die Zugehörigkeit der nicht bevorrechtigten Konkursgläubiger zu unterschiedlichen Forderungsrängen innerhalb des Art. 204 § 1 Nr. 6 - 9 pln.KO rechtfertigt keine Differenzierung[208]. Dagegen erlaubt es Art. 175 § 3 pln.KO dem Gemeinschuldner, Gläubigern geringfügiger Forderungen Sondervorteile einzuräumen. Dabei hat der Gemeinschuldner wiederum alle Gläubiger mit geringfügigen Forderungen gleichzubehandeln[209]. Wann eine Forderung als geringfügig einzustufen ist, regelt die polnische Konkursverordnung nicht ausdrücklich. Letztlich wird Geringfügigkeit i. S. des Art. 175 § 3 pln.KO für solche Forderungen anzunehmen sein, deren Betrag deutlich hinter der Durchschnittshöhe aller nicht bevorrechtigten Konkursforderungen zurückbleibt[210]. Art. 175 § 3 pln.KO erleichtert es dem Gemeinschuldner, die Inhaber geringfügiger Forderungen durch das Angebot von Sondervorteilen für eine Zustimmung zu den Vergleichsvorschlägen in der Gläubigerversammlung zu gewinnen, was zwar keine wesentlichen Auswirkungen auf das Erreichen der gemäß Art. 186 § 1 pln.KO erforderlichen Summenmehrheit von zwei Dritteln der festgestellten Forderungssumme hat, wohl aber auf die Erreichbarkeit der außerdem erforderlichen Kopfmehrheit der in der Gläubigerversammlung abstimmenden Gläubiger[211].

---

208 *Zoll/Kraft/Thurner*, Polnisches Insolvenzrecht, S. 244.

209 *Altman*, Konkursrecht, S. 307; *Korzonek*, Konkurs- und Vergleichsrecht II, S. 143; *Nazarewicz*, PPH 1/1994, S. 1 [3]; *Świeboda*, Konkurs- und Vergleichsrecht, Anm. 4 zu Art. 175 pln.KO, S. 215; *Gurgul*, Konkurs- und Vergleichsrecht, Rdnr. 10 zu Art. 175 pln.KO, S. 584. Anders *Allerhand*, Konkursrecht mit Kommentar, Anm. 11 zu Art. 175, der innerhalb der Gruppe der Gläubiger mit geringfügigen Forderungen eine Unterscheidung nach der Forderungshöhe für zulässig erachtet.

210 Vgl. auch *Altman*, Konkursrecht, S. 307; *Korzonek*, Konkurs- und Vergleichsrecht II, S. 142; *Świeboda*, Konkurs- und Vergleichsrecht, Anm. 4 zu Art. 175 pln.KO, S. 215.

211 Dagegen sollen nach *Piasecki*, Konkurs- und Vergleichsrecht, Anm. 3 zu Art. 186 pln.KO, S. 311 die Gläubiger geringfügiger Forderungen von der Abstimmung ausgeschlossen sein. Da es sich jedoch bei den von Art. 175 § 3 pln.KO erfaßten Gläu-

Da die polnische Konkursverordnung im Gegensatz zu Art. 20 pln.VglO keine abschließende Aufzählung der möglichen Vergleichsvorschläge enthält, hängt ihr Inhalt grundsätzlich vom Willen des Gemeinschuldners ab[212]. Solange er das Gebot der Gläubigergleichbehandlung wahrt, kann der Gemeinschuldner neben einem teilweisen Schuldenerlaß und einer Stundung oder Ratenzahlung beispielsweise auch die Gewährung von Personal- oder Realsicherheiten durch Dritte (Art. 182 pln.KO) oder die Umwandlung von Forderungen in eine Eigenkapitalbeteiligung vorschlagen[213]. Eine Mindestquote, die der Gemeinschuldner nicht unterschreiten darf, stellt die polnische Konkursverordnung nicht auf. Art. 224 pln.KO zufolge können die Vergleichsvorschläge auch eine Beschränkung der Verfügungsbefugnis des Gemeinschuldners über sein Vermögen für die Zeit nach Beendigung des Konkursverfahrens vorsehen. Diese können auf einem Verbot der Veräußerung oder Belastung bestimmter Vermögensgegenstände, der Aufnahme von Darlehen ab einer bestimmten Höhe oder auf der Bestellung eines Aufsehers für die Zeit bis zur vollständigen Vergleichserfüllung beruhen[214].

2. *Die Zulassung des Gemeinschuldners zum Zwangsvergleich*

Über den Antrag des Gemeinschuldners auf Zulassung zum Abschluß eines Zwangsvergleichs entscheidet der Richter-Kommissar im Beschlußwege. Enthält der Antrag keine Vergleichsvorschläge oder kann der Gemeinschuldner nicht zum Abschluß eines Zwangsvergleichs zugelassen werden, so weist der Richter-Kommissar den Antrag zurück (Art. 177 pln.KO). Gemäß Art. 173 pln.KO kann der Gemeinschuldner nicht zum Abschluß eines Zwangsvergleichs zugelassen werden, wenn er sich verborgen hält oder wenn er wegen einer Konkursstraftat, die mit einer Gläubigerschädigung verbunden war, rechtskräftig verurteilt wor-

bigern geringfügiger Forderungen nicht um von den Wirkungen des Zwangsvergleichs ausgenommene bevorrechtigte Gläubiger i. S. des Art. 204 § 2 pln.KO handelt, ist diese Auffassung abzulehnen, vgl. *Nazarewicz*, PPH 1/1994, S. 1 [8]; *Zoll/Kraft/Thurner*, Polnisches Insolvenzrecht, S. 247.

212 *Allerhand*, Konkursrecht mit Kommentar, Anm. 2 zu Art. 175; *Gurgul*, Konkurs- und Vergleichsrecht, Rdnrn. 3 f. zu Art. 175 pln.KO, S. 582 f.

213 Vgl. *Gurgul*, Konkurs- und Vergleichsrecht, Rdnr. 4. zu Art. 175 pln.KO, S. 583.

214 *Allerhand*, Konkursrecht mit Kommentar, Anm. 2 zu Art. 224; *Gurgul*, Konkurs- und Vergleichsrecht, Rdnrn. 1 f. zu Art. 224 pln.KO, S. 689.

den ist. Der Gemeinschuldner hält sich verborgen, wenn er sich von seinem Wohnort entfernt, ohne vorher den Konkursverwalter, den Richter-Kommissar oder Mitglieder des Gläubigerausschusses über seinen Aufenthaltsort zu informieren, und sein Verhalten darauf hindeutet, daß er seinen Aufenthaltsort nicht preisgeben will[215]. Sobald sich der Gemeinschuldner freiwillig stellt oder gegen seinen Willen gestellt wird, greift Art. 173 Nr. 1 pln.KO nicht mehr ein, allerdings kann das Verhalten des Gemeinschuldners dann immer noch als Verweigerung der Zusammenarbeit bei der Feststellung des Vermögensbestandes der Konkursmasse gemäß Art. 178 Nr. 5 pln.KO gewertet werden, was den Richter-Kommissar zur Ablehnung des Antrags berechtigt, aber nicht verpflichtet[216]. Die Konkursstraftaten sind in Art. 300 - 302 pln.StGB geregelt. Ob die Verurteilung wegen einer solchen Straftat vor oder nach Konkurseröffnung rechtskräftig geworden ist, spielt für die Anwendbarkeit des Art. 173 Nr. 2 pln.KO keine Rolle[217].

Handelt es sich beim Gemeinschuldner um eine Personenhandelsgesellschaft oder eine juristische Person, so sind die Ausschlußgründe des Art. 173 pln.KO entsprechend auf die unbeschränkt persönlich haftenden Gesellschafter bzw. die organschaftlichen Vertreter („Repräsentanten") anzuwenden (Art. 85 § 1 pln.KO)[218]. Allerdings muß dem zuständigen Organ der juristischen Person Gelegenheit gelassen werden, einen sich verborgen haltenden oder rechtskräftig wegen einer Konkursstraftat verurteilten Repräsentanten abzusetzen und gemäß Art. 85 § 2 pln.KO an seiner Stelle einen neuen Vertreter zu bestimmen, um so den Weg zum Abschluß eines Zwangsvergleichs freizumachen.

Der Antrag auf Zulassung zum Zwangsvergleich ist gemäß Art. 177 i. V. m. Art. 174 pln.KO außerdem dann zurückzuweisen, wenn die

---

215 *Gurgul*, Konkurs- und Vergleichsrecht, Rdnr. 3 zu Art. 173 pln.KO, S. 576; vgl. auch *Altman*, Konkursrecht, S. 301; *Allerhand*, Konkursrecht mit Kommentar, Anm. 2 zu Art. 173; *Gawlas/Jonsik*, Konkurs- und Vergleichsrecht, S. 185; *Korzonek*, Konkurs- und Vergleichsrecht II, S. 137.

216 *Gurgul*, Konkurs- und Vergleichsrecht, Rdnr. 4 zu Art. 173 pln.KO, S. 577.

217 *Gurgul*, Konkurs- und Vergleichsrecht, Rdnr. 9 zu Art. 173 pln.KO, S. 578.

218 *Allerhand*, Konkursrecht mit Kommentar, Anm. 8 zu Art. 173. Die von *Korzonek*, Konkurs- und Vergleichsrecht II, S. 138 vertretene Gegenansicht, die rechtskräftige Verurteilung bzw. das sich Verborgenhalten des organschaftlichen Vertreters einer juristischen Person schade nicht, da diese Person nicht der Gemeinschuldner sei, ist mit der Wertung des Art. 85 § 1 pln.KO nicht vereinbar.

Befriedigung der bevorrechtigten Gläubiger und der Massegläubiger[219] nicht gewährleistet ist, es sei denn, daß sich diese dennoch mit dem Abschluß eines Zwangsvergleichs einverstanden erklären. Art. 174 pln.KO setzt nicht voraus, daß der Gemeinschuldner die bevorrechtigten Gläubiger bis zur Entscheidung über seinen Antrag auf Zulassung zum Zwangsvergleich vollständig befriedigt oder ihnen am eigenen Vermögen Sicherheit gewährt[220]. Hierzu wäre der Gemeinschuldner aufgrund der Konkurswirkungen der Art. 20, 24, 27 pln.KO auch gar nicht in der Lage. Es genügt darum der Nachweis, daß das Aktivvermögen des Gemeinschuldners zur vollständigen Befriedigung der von Art. 204 § 1 Nr. 1 - 5 pln.KO erfaßten Forderungen ausreicht.

Zurückzuweisen ist der Vergleichsantrag auch dann, wenn die Vergleichsvorschläge eine nach Art. 175 pln.KO unzulässige Ungleichbehandlung der Gläubiger vorsehen[221].

Neben den zwingenden Gründen für eine Zurückweisung des Antrags benennt Art. 178 pln.KO fünf fakultative Ablehnungsgründe. Danach kann der Richter-Kommissar nach Anhörung des Konkursverwalters sowie der Mitglieder des Gläubigerausschusses die Zulassung des Gemeinschuldners zum Abschluß eines Zwangsvergleichs ablehnen, wenn über das Vermögen des Gemeinschuldners innerhalb der letzten fünf Jahre bereits einmal der Konkurs eröffnet wurde (Nr. 1)[222], wenn der

---

219 Da gemäß Art. 204 § 2 pln.KO auch die Massegläubiger zu den bevorrechtigten Gläubigern zählen, ist ihre Nennung in Art. 174 pln.KO überflüssig, *Altman*, Konkursrecht, S. 302.

220 *Korzonek*, Konkurs- und Vergleichsrecht II, S. 140; *Warm*, Palestra 6/1938, S. 781 [782]; *Nazarewicz*, PPH 1/1994, S. 1 [2].

221 *Altman*, Konkursrecht, S. 308; *Stein/Thaler/Bulwa*, Konkurs- und Vergleichsrecht, S. 121; *Nazarewicz*, PPH 1/1994, S. 1 [4].

222 Die Frage, auf welches Datum die Fünfjahresfrist zu beziehen ist, wird in der polnischen Literatur unterschiedlich behandelt. *Altman*, Konkursrecht, S. 309; *Allerhand*, Konkursrecht mit Kommentar, Anm. 3 zu Art. 178 sowie *Piasecki*, Konkurs- und Vergleichsrecht, Anm. 4 zu Art. 178 pln.KO, S. 303 stellen hierbei auf das Datum der Eröffnung des laufenden Konkursverfahrens ab. Eher mit dem Wortlaut des Art. 178 Nr. 1 pln.KO vereinbar erscheint die von *Korzonek*, Konkurs- und Vergleichsrecht II, S. 145 vertretene Gegenansicht, wonach Art. 178 Nr. 1 pln.KO eingreift, wenn zwischen der Beendigung des letzten Konkursverfahrens und der Entscheidung über den Antrag auf Zulassung zum Zwangsvergleich im laufenden Verfahren weniger als fünf Jahre liegen. Ein aufgehobener früherer Eröffnungsbeschluß löst die Wirkung des Art. 178 Nr. 1 pln.KO nicht aus, vgl. *Altman*, Konkursrecht, S. 309.

Gemeinschuldner schon einmal einen Vergleich im Konkurs- oder Vergleichsverfahren abgeschlossen hat (Nr. 2)[223], wenn der Gemeinschuldner seiner Pflicht zur Rechnungslegung nicht oder nicht ordnungsgemäß nachgekommen ist (Nr. 3), wenn er nicht fristgemäß Konkursantrag gestellt hat (Nr. 4) oder wenn er die Mitwirkung bei der Feststellung des Vermögensbestandes der Konkursmasse verweigert hat (Nr. 5). Ein weiterer fakultativer Ablehnungsgrund ergibt sich aus Art. 189 pln.KO, demzufolge der Gemeinschuldner im Falle eines Scheiterns des Abschlusses eines Zwangsvergleichs im weiteren Verlauf des Konkursverfahrens zwar erneute Vergleichsvorschläge unterbreiten darf, der Richter-Kommissar jedoch nach Anhörung des Konkursverwalters sowie des Gläubigerausschusses die erneute Zulassung des Gemeinschuldners zum Zwangsvergleich ablehnen kann[224].

Gegen die Zurückweisung oder Ablehnung des Antrags kann nach überwiegender Ansicht nur der Gemeinschuldner Beschwerde einlegen[225], da nach der Wertung des Art. 171 pln.KO die Initiative zum Abschluß eines Zwangsvergleichs immer vom Gemeinschuldner ausgehen muß[226]. Der Beschluß des Richter-Kommissars, mit dem der Gemein-

---

223 Entgegen *Altman*, Konkursrecht, S. 309; *Korzonek*, Konkurs- und Vergleichsrecht II, S. 146, 165 und *Świeboda*, Konkurs- und Vergleichsrecht, Anm. 4 zu Art. 178 pln.KO, S. 218 erfaßt Art. 178 Nr. 2 pln.KO nur den Fall, daß der Vergleich gemäß Art. 190 pln.KO bzw. Art. 63 pln.VglO bestätigt wurde, *Allerhand*, Konkursrecht mit Kommentar, Anm. 6 zu Art. 178. Nur dann kann nämlich dem Gemeinschuldner entgegengehalten werden, daß es trotz Vergleichsschluß nicht zu einer Abwendung der Unternehmenskrise gekommen ist. Der zeitliche Abstand zwischen der Bestätigung des Vergleichs und der erneuten Insolvenz des Gemeinschuldners hat bei der Anwendung des Art. 178 Nr. 2 pln.KO keine Bedeutung, *Gurgul*, Konkurs- und Vergleichsrecht, Rdnr. 7 zu Art. 178 pln.KO, S. 588.

224 Nach *Allerhand*, Konkursrecht mit Kommentar, Anm. 1 und 5 zu Art. 189 greift Art. 189 pln.KO sowohl bei Verfehlen der erforderlichen Mehrheiten in der Gläubigerversammlung als auch bei Verweigerung der Bestätigung des Zwangsvergleichs durch das Konkursgericht ein. Anders *Korzonek*, Konkurs- und Vergleichsrecht II, S. 165, der im letzteren Fall Art. 178 Nr. 2 pln.KO für anwendbar erachtet, s. o. Fn. 223.

225 *Allerhand*, Konkursrecht mit Kommentar, Anm. 4 zu Art. 179; *Gawlas/Jonsik*, Konkurs- und Vergleichsrecht, S. 189; *Korzonek*, Konkurs- und Vergleichsrecht II, S. 149; *Gurgul*, Konkurs- und Vergleichsrecht, Rdnr. 2 zu Art. 179 pln.KO, S. 590; *Piasecki*, Konkurs- und Vergleichsrecht, Anm. 4 zu Art. 179 pln.KO, S. 304; *Świeboda*, Konkurs- und Vergleichsrecht, Anm. 2 zu Art. 179 pln.KO, S. 219; a. A. *Altman*, Konkursrecht, S. 311; *Nazarewicz*, PPH 1/1994, S. 1 [5].

226 *Allerhand*, a. a. O. (Fn. 225); *Gurgul*, a. a. O. (Fn. 225).

schuldner zum Abschluß eines Zwangsvergleichs zugelassen wird, ist dagegen gemäß Art. 179 pln.KO gänzlich unanfechtbar.

3. Die Annahme des Zwangsvergleichs

Gleichzeitig mit der Zulassung des Gemeinschuldners zum Abschluß eines Zwangsvergleichs bestimmt der Richter-Kommissar den Termin für die Gläubigerversammlung, zu dem er neben den Gläubigern auch den Gemeinschuldner[227] und den Konkursverwalter lädt (Art. 180 § 1 pln.KO). Darüber hinaus setzt der Richter-Kommissar dem Konkursverwalter eine Frist zur Abgabe einer Stellungnahme über die Vergleichsvorschläge des Gemeinschuldners. Der Termin der Gläubigerversammlung sowie die Tatsache, daß sich interessierte Personen über die Vergleichsvorschläge des Gemeinschuldners und die Stellungnahme des Konkursverwalters informieren können, wird außerdem durch Aushang im Gerichtsgebäude und Veröffentlichung in mindestens einer verbreiteten Tageszeitung bekanntgemacht (Art. 180 § 3 i. V. m. Art. 81 pln.KO)[228]. Als interessierte Personen i. S. des Art. 180 § 3 pln.KO sind alle nicht bevorrechtigten Konkursgläubiger anzusehen, auch wenn sie ihre Forderungen nicht angemeldet haben, da auch sie von den Wirkungen des bestätigten Zwangsvergleichs betroffen sind[229]. Denjenigen nicht bevorrechtigten Konkursgläubigern, deren Forderungen vom Richter-Kommissar gemäß Art. 161 pln.KO anerkannt worden sind, ist eine Abschrift des Vergleichsantrags des Gemeinschuldners mit den Vergleichsvorschlägen zuzustellen (Art. 180 § 4 pln.KO). Im Falle des Konkurses eines staatlichen Unternehmens sind gemäß Art. 181 § 2 Satz 1 pln.KO auch das Gründungsorgan (Art. 7 StUG) sowie das zur Vertretung des Staatsschatzes berechtigte Organ zu laden, da für den Abschluß eines Zwangsvergleichs ihre Zustimmung erforderlich ist (Art. 181 § 2 Satz 2 pln.KO).

---

227 Bleibt der Gemeinschuldner der Versammlung ohne berechtigten Grund fern, so kann der Richter-Kommissar den bereits zugelassenen Vergleichsantrag gemäß Art. 183 pln.KO noch nachträglich zurückweisen.

228 *Nazarewicz*, PPH 1/1994, S. 1 [5 f.].

229 *Allerhand*, Konkursrecht mit Kommentar, Anm. 9 zu Art. 180; *Gurgul*, Konkurs- und Vergleichsrecht, Rdnr. 8 zu Art. 180 pln.KO, S. 592.

Sehen die Vergleichsvorschläge die Leistung einer Real- oder Personalsicherheit durch einen Dritten vor, so hat der Gemeinschuldner dem Richter-Kommissar noch vor Beginn der Gläubigerversammlung eine schriftliche Erklärung des Dritten mit notariell beglaubigter Unterschrift vorzulegen, in der sich dieser für den Fall der Bestätigung des Zwangsvergleichs zur Leistung der Sicherheit verpflichtet (Art. 182 pln.KO). Umstritten ist die Behandlung des Falles, daß der Gemeinschuldner die von Art. 182 pln.KO geforderte Erklärung des Dritten nicht vorlegt. Das Meinungsspektrum reicht hier von der zwingenden Zurückweisung des Vergleichsantrags[230] über die Einordnung dieses Falles als Rücknahme des Vergleichsantrags durch den Gemeinschuldner[231] bis hin zur Behandlung als Änderung der Vergleichsvorschläge gemäß Art. 185 pln.KO[232]. Am überzeugendsten erscheint es, die Gläubigerversammlung ungeachtet der fehlenden Verpflichtungserklärung des Dritten einzuberufen und den Gläubigern die Entscheidung darüber zu überlassen, ob der Zwangsvergleich dennoch angenommen werden soll[233].

Anders als im Vergleichsverfahren, wo der Gemeinschuldner gemäß Art. 23 § 1 pln.VglO den Antrag auf Eröffnung des Vergleichsverfahrens noch bis zum Zeitpunkt der Annahme des Vergleichs zurücknehmen kann, ist der Gemeinschuldner im Konkursverfahren gemäß Art. 181 § 1 pln.KO an seine Vergleichsvorschläge bereits mit dem Beginn der Gläubigerversammlung gebunden, die für die Entscheidung über die Annahme des Zwangsvergleichs einberufen wurde[234]. Als Beginn der Gläubigerversammlung ist der Zeitpunkt anzusehen, zu dem der Richter-Kommissar dem Konkursverwalter das Wort zur Berichterstattung nach Art. 184 pln.KO erteilt[235]. Kommt es dagegen gemäß Art. 185 § 3 pln.KO zu einer erneuten Einberufung der Gläubigerversammlung, so

---

230 *Allerhand*, Konkursrecht mit Kommentar, Anm. 6 zu Art. 182.

231 *Buber*, Polnisches Konkursrecht, S. 155.

232 *Gawlas/Jonsik*, Konkurs- und Vergleichsrecht, S. 191.

233 So im Ergebnis *Altman*, Konkursrecht, S. 316; *Korzonek*, Konkurs- und Vergleichsrecht II, S. 153; *Nazarewicz*, PPH 1/1994, S. 1 [7].

234 *Gurgul*, Konkurs- und Vergleichsrecht, Rdnr. 2 zu Art. 181 pln.KO, S. 593.

235 *Allerhand*, Konkursrecht mit Kommentar, Anm. 3 zu Art. 181; *Piasecki*, Konkurs- und Vergleichsrecht, Anm. 4 zu Art. 181 pln.KO, S. 307; *Gurgul*, Konkurs- und Vergleichsrecht, Rdnr. 2 zu Art. 181 pln.KO, S. 593.

kann der Gemeinschuldner seine Vergleichsvorschläge bis zum Beginn dieser zweiten Versammlung zurückziehen[236].

Gemäß Art. 185 § 3 pln.KO ist über den Zwangsvergleich dann in einer erneut einberufenen Gläubigerversammlung abzustimmen, wenn der Gemeinschuldner oder einzelne Gläubiger Änderungen oder Ergänzungen zu den Vergleichsvorschlägen vorgebracht haben, die nicht für alle Gläubiger ausschließlich vorteilhaft sind[237]. Über Änderungen und Ergänzungen, die den Gläubigern nur Vorteile gegenüber den ursprünglichen Vergleichsvorschlägen einräumen, kann dagegen in der gleichen Versammlung abgestimmt werden. Änderungs- und Ergänzungsvorschläge von Gläubigerseite werden gemäß Art. 185 § 2 pln.KO nur dann Gegenstand der Diskussion und Abstimmung, wenn sich der Gemeinschuldner mit ihnen einverstanden erklärt. In der nach Art. 185 § 3 pln.KO erneut einberufenen Gläubigerversammlung sind Änderungs- und Ergänzungsvorschläge nicht mehr zulässig (Art. 185 § 5 pln.KO).

Über die Annahme des Zwangsvergleichs stimmen die Gläubiger ab, deren vom Richter-Kommissar gemäß Art. 161 pln.KO anerkannte Forderungen den Forderungsrängen 6 bis 9 des Art. 204 § 1 pln.KO angehören, mit Ausnahme der in Art. 186 § 2 pln.KO genannten, dem Gemeinschuldner nahestehenden Personen[238]. Von der Abstimmung ausgeschlossen sind gemäß Art. 147 pln.KO auch die Gläubiger, die ihre Forderungen gegen den Gemeinschuldner erst nach Konkurseröffnung im Wege der Abtretung oder des Indossaments erworben haben[239]. Zur Annahme des Zwangsvergleichs ist gemäß Art. 186 § 1 pln.KO eine Summenmehrheit von zwei Dritteln sowie eine einfache Kopfmehrheit der abstimmenden Gläubiger erforderlich[240].

Kommen die nach Art. 186 § 1 pln.KO erforderlichen Mehrheiten nicht zustande, so steht gemäß Art. 187 § 1 pln.KO ausschließlich dem Gemeinschuldner das Recht zu, beim Richter-Kommissar eine Verta-

---

236 *Altman*, Konkursrecht, S. 314; *Korzonek*, Konkurs- und Vergleichsrecht II, S. 151; *Nazarewicz*, PPH 1/1994, S. 1 [6]; *Gurgul*, Konkurs- und Vergleichsrecht, Rdnr. 3 zu Art. 181 pln.KO, S. 593.

237 *Gurgul*, Konkurs- und Vergleichsrecht, Rdnr. 8 zu Art. 185 pln.KO, S. 601.

238 *Gurgul*, Konkurs- und Vergleichsrecht, Rdnrn. 8 f. zu Art. 186 pln.KO, S. 603; *Świeboda*, Konkurs- und Vergleichsrecht, Anm. 5 zu Art. 186 pln.KO, S. 227.

239 Vgl. Teil 2, Abschnitt D 1. b).

240 Siehe zum Abstimmungsverfahren in der Gläubigerversammlung Teil 2, Abschnitt D 1. b) und c).

gung der Versammlung um maximal zwei Wochen zu beantragen. Gibt der Richter-Kommissar dem Antrag statt[241], so wird erneut über die Vergleichsanträge abgestimmt, ohne die Möglichkeit aus Sicht der Gläubiger nachteiliger Änderungen oder Ergänzungen[242]. Die Gläubiger sind dabei an ihre Stimmabgabe in der ersten Versammlung nicht gebunden. Erscheint allerdings ein Gläubiger, der in der ersten Versammlung seine Stimme abgegeben hat, in der zweiten Versammlung nicht, so wird Art. 187 § 2 pln.KO zufolge seine Stimme aus der ersten Versammlung bei der zweiten Abstimmung mitgezählt. Ohne diese Regelung wäre die nach Art. 186 § 1 pln.KO erforderliche Summenmehrheit bei einem Fernbleiben vergleichsbereiter Gläubiger in der zweiten Versammlung nur schwer zu erreichen.

Über den Inhalt des Zwangsvergleichs und das Abstimmungsverhalten der einzelnen Gläubiger ist gemäß Art. 188 pln.KO ein Protokoll aufzunehmen, das die Unterschrift des Richter-Kommissars und des Schriftführers trägt.

4. *Die Bestätigung des Zwangsvergleichs*

Der in der Gläubigerversammlung angenommene Zwangsvergleich erlangt erst mit seiner Bestätigung durch das Konkursgericht Wirksamkeit (Art. 190 § 1 Satz 1 pln.KO). Dabei hängt sowohl das der Bestätigung vorausgehende Verfahren wie auch der Prüfungsumfang davon ab, ob von Gläubigerseite gemäß Art. 190 § 2 Satz 1 pln.KO Einwendungen erhoben werden. Bleiben Einwendungen aus, so entscheidet das Konkursgericht nach Art. 190 § 1 Satz 2 pln.KO in nicht öffentlicher Sitzung über die Bestätigung des Zwangsvergleichs[243]. Ob zuvor einzelne Gläubiger, der Konkursverwalter oder der Gemeinschuldner angehört werden, steht im Ermessen des Konkursgerichts[244]. Der Prüfungsumfang ist in diesem Fall ausschließlich Art. 191 pln.KO zu entnehmen. Danach ver-

---

[241] Der Richter-Kommissar hat bei seiner Entscheidung nach eigenem Ermessen die Aussichten einer Annahme des Zwangsvergleichs bei einer erneuten Abstimmung der Gläubigerversammlung zu beurteilen, vgl. *Allerhand*, Entwurfsbegründung Konkursrecht, S. 104.

[242] *Altman*, Konkursrecht, S. 324; *Nazarewicz*, PPH 1/1994, S. 1 [9].

[243] *Nazarewicz*, PPH 2/1994, S. 1.

[244] *Allerhand*, Konkursrecht mit Kommentar, Anm. 4 zu Art. 190.

sagt das Konkursgericht dem angenommenen Zwangsvergleich die Bestätigung, wenn dieser nach den konkursrechtlichen Bestimmungen nicht zulässig war (Nr. 1), die Einberufung der Gläubigerversammlung oder die Abstimmung unter Verletzung konkursrechtlicher Bestimmungen erfolgte, soweit dies wesentlichen Einfluß auf das Abstimmungsergebnis haben konnte (Nr. 2), oder wenn der Zwangsvergleich den guten Sitten oder der öffentlichen Ordnung widerspricht (Nr. 3).

Art. 191 Nr. 1 pln.KO verweist damit auf die in Art. 173 - 175 pln.KO genannten Gründe, aus denen bereits der Antrag des Gemeinschuldners auf Zulassung zum Abschluß eines Zwangsvergleichs zurückzuweisen ist[245]. Dabei hat das Konkursgericht gemäß Art. 316 § 1 ZVGB i. V. m. Art. 68 pln.KO die zum Zeitpunkt seiner Entscheidung über die Bestätigung des Zwangsvergleichs bestehende Sachlage zu beurteilen[246]. Ist also beispielsweise zwischen der Zulassung des Gemeinschuldners zum Abschluß eines Zwangsvergleichs und der Entscheidung des Konkursgerichts über die Bestätigung des Zwangsvergleichs eine Verurteilung des Gemeinschuldners wegen einer Konkursstraftat in Rechtskraft erwachsen, so hat das Konkursgericht die Bestätigung abzulehnen[247]. Hat der Richter-Kommissar dagegen bei seiner Entscheidung über die Zulassung des Gemeinschuldners zum Abschluß eines Zwangsvergleichs Ausschlußgründe übersehen und sind diese bis zur Entscheidung des Konkursgerichts über die Bestätigung des Zwangsvergleichs weggefallen, so stehen diese einer Bestätigung nicht mehr entgegen[248].

Wurden von mindestens einem Gläubiger Einwendungen gegen den angenommenen Zwangsvergleich erhoben, so beraumt das Konkursgericht gemäß Art. 190 § 2 pln.KO eine mündliche Verhandlung an, zu der es den Gläubiger, der Einwendungen erhoben hat, sowie den Konkursverwalter und den Gemeinschuldner und im Falle des Konkurses eines

---

245 *Altman*, Konkursrecht, S. 331; *Nazarewicz*, PPH 2/1994, S. 1 [2].

246 *Nazarewicz*, PPH 2/1994, S. 1 [2]; vgl. auch *Allerhand*, Konkursrecht mit Kommentar, Anm. 3 zu Art. 191; a. A. *Altman*, Konkursrecht, S. 331, der aus der Formulierung „unzulässig *war*" in Art. 191 Nr. 1 pln.KO schließt, daß die Nichtzulassungsgründe der Art. 173 - 175 pln.KO nur dann eine Bestätigung des Zwangsvergleichs ausschließen, wenn sie zum Zeitpunkt der Entscheidung des Richter-Kommissars über die Zulassung des Gemeinschuldners zum Abschluß eines Zwangsvergleichs bereits bestanden, selbst wenn die Gründe später weggefallen sind.

247 *Allerhand*, Konkursrecht mit Kommentar, Anm. 3 zu Art. 191.

248 *Nazarewicz*, PPH 2/1994, S. 1 [2]; anders *Altman*, Konkursrecht, S. 331.

staatlichen Unternehmens auch das Gründungsorgan und das zur Vertretung des Staatsschatzes berechtigte Organ lädt. Die Erhebung von Einwendungen gegen den angenommenen Zwangsvergleich und damit die Erzwingung einer mündlichen Verhandlung ist allen Gläubigern möglich, denen das Recht zugestanden hätte, an der Abstimmung in der Gläubigerversammlung teilzunehmen[249], sofern sie nicht in der Gläubigerversammlung für die Annahme des Zwangsvergleichs gestimmt haben[250].

Werden die Einwendungen von einem Gläubiger erhoben, der in der Gläubigerversammlung gegen die Annahme des Zwangsvergleichs gestimmt hat, was gemäß Art. 188 § 1 Satz 2 pln.KO aus dem Versammlungsprotokoll ersichtlich ist, so erweitert sich der Prüfungsumfang des Konkursgerichts gemäß Art. 192 pln.KO. Das Konkursgericht kann die Bestätigung des Zwangsvergleichs in diesem Fall nämlich auch dann ablehnen, wenn sich der Vergleich für die Gläubiger, die gegen die Annahme gestimmt haben, als zu nachteilig erweist. Art. 192 pln.KO setzt nicht voraus, daß der Zwangsvergleich die Gläubiger, die gegen die Annahme gestimmt haben, schlechter stellt, als die übrigen Gläubiger. In einem solchen Fall wäre dem Zwangsvergleich nämlich bereits zwingend die Bestätigung nach Art. 191 Nr. 1 i. V. m. Art. 175 pln.KO zu versagen[251]. Im Rahmen des Art. 192 pln.KO hat das Konkursgericht zu prüfen, ob der Gemeinschuldner wirtschaftlich in der Lage wäre, den Gläubigern eine höhere Quote oder kürzere Zahlungsfristen anzubieten[252]. Eine Gläubigerbenachteiligung ist danach immer dann anzunehmen, wenn eine Verwertung der Konkursmasse bei anschließender Erlösverteilung die nicht bevorrechtigten Konkursgläubiger aller Voraussicht nach deutlich besser stellen würde, als der angenommene Zwangs-

---

249 *Allerhand*, Konkursrecht mit Kommentar, Anm. 5 zu Art. 190; *Zedler*, Konkurs- und Vergleichsrecht, S. 156.

250 *Altman*, Konkursrecht, S. 330; *Korzonek*, Konkurs- und Vergleichsrecht II, S. 168; *Świeboda*, Konkurs- und Vergleichsrecht, Anm. 3 zu Art. 190 pln.KO, S. 231 f.; a. A. *Gurgul*, Konkurs- und Vergleichsrecht, Rdnr. 11 zu Art. 190 pln.KO, S. 611; *Zedler*, Konkurs- und Vergleichsrecht, S. 156.

251 *Altman*, Konkursrecht, S. 335; *Nazarewicz*, PPH 2/1994, S. 1 [4].

252 *Allerhand*, Konkursrecht mit Kommentar, Anm. 1 zu Art. 192; *Korzonek*, Konkurs- und Vergleichsrecht II, S. 171; *Świeboda*, Konkurs- und Vergleichsrecht, Anm. 1 zu Art. 192 pln.KO, S. 234; *Gurgul*, Konkurs- und Vergleichsrecht, Rdnr. 2 zu Art. 192 pln.KO, S. 615.

vergleich[253]. Bei besonders augenfälliger Disproportionalität zwischen der Leistungsfähigkeit des Gemeinschuldners einerseits und dem Vergleichsinhalt andererseits kann aber bereits ein Verstoß des Zwangsvergleichs gegen die guten Sitten vorliegen, der das Konkursgericht gemäß Art. 191 Nr. 3 pln.KO unabhängig von Einwendungen zur Ablehnung der Bestätigung zwingt[254].

Gegen den Beschluß, in dem das Konkursgericht den Zwangsvergleich bestätigt oder seine Bestätigung ablehnt, findet die Beschwerde statt (Art. 78 pln.KO). Gegen die Ablehnung der Bestätigung durch das Beschwerdegericht erklärt Art. 193 pln.KO die Kassation für zulässig[255].

5. *Die Wirkungen des bestätigten Zwangsvergleichs*

Der bestätigte Zwangsvergleich bindet gemäß Art. 194 § 1 pln.KO alle Gläubiger, deren Forderungen gegen den Gemeinschuldner vor Konkurseröffnung entstanden sind, auch wenn sie ihre Forderungen nicht bis zum Abschluß des Zwangsvergleichs zur Konkurstabelle angemeldet haben[256]. In diesem Fall sind sie allerdings Art. 195 pln.KO zufolge daran gehindert, die Sicherheiten in Anspruch zu nehmen, die ein Dritter gemäß Art. 182 pln.KO für den Fall der Bestätigung des Zwangsvergleichs versprochen hat. Das Ziel, den Umfang der abzusichernden Forderungen für den Dritten berechenbar zu machen, erreicht diese Regelung nur unvollständig, da auch diejenigen Gläubiger die Sicherheit des Dritten in Anspruch nehmen können, die ihre Forderungen nach Abgabe des Sicherungsversprechens durch den Dritten, aber noch vor der Beendigung der Abstimmung in der Gläubigerversammlung angemeldet haben[257].

Da der Zwangsvergleich gemäß Art. 171 pln.KO nur mit den nicht bevorrechtigten Konkursgläubigern geschlossen wird, beschränken sich seine Wirkungen ungeachtet der zu weit gefaßten Formulierung des

---

253 *Altman*, Konkursrecht, S. 335.

254 *Allerhand*, Konkursrecht mit Kommentar, Anm. 8 zu Art. 192; *Gawlas/Jonsik*, Konkurs- und Vergleichsrecht, S. 200; *Korzonek*, Konkurs- und Vergleichsrecht II, S. 171; *Gurgul*, Konkurs- und Vergleichsrecht, Rdnr. 3 zu Art. 192 pln.KO, S. 616.

255 Vgl. Teil 2, Abschnitt B 3.

256 *Nazarewicz*, PPH 2/1994, S. 4.

257 *Allerhand*, Konkursrecht mit Kommentar, Anm. 2 zu Art. 195.

Art. 194 § 1 pln.KO auf die Forderungen der Ränge 6 - 9[258]. Unberührt bleiben vom Zwangsvergleich die dinglichen Sicherheiten an massezugehörigen und massefremden Gegenständen. Auch Bürgen und Mitschuldner haften weiterhin für den vollen Forderungsbetrag (Art. 194 § 2 pln.KO). Dabei besteht in der polnischen Literatur und Rechtsprechung Einigkeit darüber, daß Bürgen, Mitschuldner sowie dinglich haftende Dritte, wenn sie vom Gläubiger in Anspruch genommen werden, gegen den Gemeinschuldner nur bis zur Höhe der Vergleichsquote und nicht in Höhe des Bezahlten Rückgriff nehmen können[259].

Gemäß Art. 196 pln.KO erklärt das Konkursgericht das Konkursverfahren im Beschlußwege für beendet, sobald der Beschluß über die Bestätigung des Zwangsvergleichs rechtskräftig geworden ist und alle bevorrechtigten Forderungen einschließlich der Masseforderungen beglichen worden sind oder zumindest Sicherheit geleistet wurde. Zu den bevorrechtigten Gläubigern i. S. des Art. 196 pln.KO gehören auch die Inhaber der von Art. 204 § 1 Nr. 2a, 2b pln.KO erfaßten dinglich gesicherten Forderungen (Art. 204 § 2 pln.KO). Dadurch, daß der Zwangsvergleich den Bestand ihrer Sicherungsrechte gemäß Art. 194 § 2 pln.KO unberührt läßt, müssen ihnen vor Beendigung des Konkursverfahrens nach Art. 196 pln.KO weder neue Sicherheiten eingeräumt, noch ihre Forderungen befriedigt werden. Etwas anderes gilt nur dann, wenn der Konkursverwalter vor Zulassung des Gemeinschuldners zum Abschluß eines Zwangsvergleichs bereits mit der Verwertung der Konkursmasse begonnen hat und dabei auch mit dinglichen Sicherungsrechten belastete Gegenstände verkauft wurden. Da ein solcher Verkauf gemäß Art. 120 § 1, Art. 113 § 2 pln.KO das Erlöschen der dinglichen Sicherheiten zur Folge hat, müssen den betroffenen Gläubigern dann entweder gleichwertige Sicherheiten neu eingeräumt werden, oder der Erlös aus der Verwertung der dinglich belasteten Gegenstände ist an sie

---

[258] *Nazarewicz*, PPH 2/1994, S. 1 [4]; *Gurgul*, Konkurs- und Vergleichsrecht, Rdnr. 4 zu Art. 194 pln.KO, S. 617 f.

[259] Urteil des Obersten Gerichts vom 13.5.1938 – C I 2647/37, Zb. orzecz. SN 2/1939, Pos. 92, S. 245 ff.; *Allerhand*, Konkursrecht mit Kommentar, Anm. 10 zu Art. 194; *Korzonek*, Konkurs- und Vergleichsrecht II, S. 174; *Świeboda*, Konkurs- und Vergleichsrecht, Anm. 7 zu Art. 194 pln.KO, S. 236; *Nazarewicz*, PPH 2/1994, S. 1 [5]; *Strzępka*, Prawo Spółek 5/1997, S. 24 [28]; *Gurgul*, Konkurs- und Vergleichsrecht, Rdnr. 12 zu Art. 194 pln.KO, S. 619. Siehe zum früheren deutschen Recht: *Gottwald/Eickmann*, Insolvenzrechtshandbuch (1990), § 66, Rdnr. 89, S. 653.

entsprechend dem Rang und dem Nennbetrag ihrer erloschenen Sicherungsrechte auszukehren.

Die in Art. 20 ff. pln.KO angeordneten Konkurswirkungen bestehen bis zur Beendigung des Konkursverfahrens fort. Vorher ist der Gemeinschuldner daher selbst weder in der Lage, an die bevorrechtigten Gläubiger Zahlungen zu leisten, noch ihnen an seinem Vermögen Sicherheiten zu bestellen[260]. Ebensowenig kann der Gemeinschuldner vor Beendigung des Konkursverfahrens nach Art. 196 pln.KO selbständig seine Verpflichtungen aus dem Zwangsvergleich erfüllen. Gelingt es dem weiterhin verfügungsberechtigten Konkursverwalter daher nicht, allen bevorrechtigten Gläubigern, die sich nicht nach Art. 174 pln.KO mit dem Abschluß eines Zwangsvergleichs einverstanden erklärt haben, Sicherheit zu leisten[261] oder ihre Forderungen zu erfüllen, so droht nicht nur die mit dem Abschluß des Zwangsvergleichs angestrebte Unternehmenssanierung zu scheitern. Es besteht darüber hinaus auch die Gefahr eines ewigen Konkursbeschlags des Schuldnervermögens[262], solange einerseits eine Beendigung des Konkursverfahrens nach Art. 196 pln.KO mangels Absicherung oder Befriedigung der bevorrechtigten Gläubiger nicht möglich ist und andererseits eine Fortsetzung der nach Art. 110 § 2 pln.KO unterbrochenen Verwertung der Konkursmasse mit anschließender Erlösverteilung aufgrund des bestätigten Zwangsvergleichs, der gemäß Art. 198, 199 pln.KO nur auf Antrag nicht bevorrechtigter Konkursgläubiger[263], nicht aber von Amts wegen aufgehoben werden kann, nicht in Betracht kommt. Um diesem Problem zu entgehen, müßte dem Konkursgericht de lege ferenda die Möglichkeit eingeräumt werden, den Zwangsvergleich von Amts wegen aufzuheben und die Fortsetzung der

260 *Warm*, Palestra 6/1938, S. 781 [783]; *Nazarewicz*, PPH 2/1994, S. 1 [5 f.].

261 Auf die Sicherheitsleistung nach Art. 196 pln.KO findet Art. 82 §§ 1, 2 pln.KO, wonach im Konkursverfahren Sicherheiten durch Hinterlegung eines entsprechenden Geldbetrages in bar, in Wertpapieren oder in Sparbüchern mündelsicherer Institute bei Gericht zu leisten sind und über die Herausgabe der Sicherheit der Richter-Kommissar nach Anhörung des Konkursverwalters und interessierter Personen entscheidet, keine Anwendung (Art. 82 § 3 pln.KO), vgl. *Allerhand*, Konkursrecht mit Kommentar, Anm. 8 zu Art. 82 und Anm. 4 zu Art. 196; *Gurgul*, Konkurs- und Vergleichsrecht, Rdnr. 9 zu Art. 82 pln.KO, S. 353 und Rdnr. 6 zu Art. 196 pln.KO, S. 622; a. A. *Świeboda*, Konkurs- und Vergleichsrecht, Anm. 2 zu Art. 196 pln.KO, S. 237.

262 *Warm*, Palestra 6/1938, S. 781 [785].

263 *Allerhand*, Konkursrecht mit Kommentar, Anm. 11 und 30 zu Art. 198.

Masseverwertung anzuordnen, wenn es dem Konkursverwalter aufgrund der Vermögenslage des Gemeinschuldners nicht möglich ist, innerhalb einer bestimmten Frist nach Bestätigung des Zwangsvergleichs die bevorrechtigten Forderungen zu erfüllen oder für sie Sicherheiten zu bestellen.

Gemäß Art. 197 § 1 pln.KO stellt nach Beendigung des Konkursverfahrens der Auszug aus der Konkurstabelle zusammen mit der Abschrift des rechtskräftigen Beschlusses über die Bestätigung des Zwangsvergleichs einen Exekutionstitel i. S. der Art. 776, 777 § 1 Nr. 3 ZVGB gegen den Gemeinschuldner sowie gegen den Dritten dar, der nach Art. 182 pln.KO Sicherheit geleistet hat, sofern bei Gericht ein Nachweis über die Sicherheitsleistung hinterlegt wurde. Keinen Exekutionstitel bildet Art. 197 § 2 pln.KO zufolge die Konkurstabelle in Verbindung mit der Abschrift des rechtskräftigen Bestätigungsbeschlusses für solche Forderungen, die der Gemeinschuldner im Verfahren der Forderungsanmeldung nach Art. 153 Satz 2 pln.KO bestritten hat. Aus dem Wortlaut des Art. 197 § 2 pln.KO ist nach überwiegender Ansicht zu folgern, daß im Falle der Beendigung des Konkursverfahrens nach Art. 196 pln.KO der im Konkursverfahren von Seiten des Gemeinschuldners erklärte Widerspruch gegen eine angemeldete Forderung ausreicht, um der Konkurstabelle in Verbindung mit der Abschrift des Bestätigungsbeschlusses die Wirkung eines Exekutionstitels zu nehmen, und die Erhebung einer Klage auf Aufhebung dieser Wirkung durch den Gemeinschuldner nach Art. 170 § 2 pln.KO in diesem Fall nicht erforderlich ist[264].

6. *Die Aufhebung des Zwangsvergleichs*

Das Konkursgericht hebt auf Antrag von Gläubigern, die zusammen ein Viertel der Gesamtsumme der anerkannten nicht bevorrechtigten

---

264 *Altman*, Konkursrecht, S. 342 f.; *Buber*, Polnisches Konkursrecht, S. 169; *Gawlas/Jonsik*, Konkurs- und Vergleichsrecht, S. 203 f.; *Nazarewicz*, PPH 2/1994, S. 1 [7]; *Zedler*, Konkurs- und Vergleichsrecht, S. 295; *Piasecki*, Konkurs- und Vergleichsrecht, Anm. 5 zu Art. 197 pln.KO, S. 321; *Gurgul*, Konkurs- und Vergleichsrecht, Rdnr. 8 zu Art. 197 pln.KO, S. 625; a. A. *Korzonek*, Konkurs- und Vergleichsrecht II, S. 180; *Świeboda*, Konkurs- und Vergleichsrecht, Anm. 3 zu Art. 197 pln.KO, S. 238.

Forderungen[265] repräsentieren, den bestätigten Zwangsvergleich gemäß Art. 198 § 1 pln.KO auf, wenn der Gemeinschuldner nach Abschluß des Zwangsvergleichs rechtskräftig wegen einer Konkursstraftat i. S. der Art. 300 § 1, Art. 302 § 2 oder Art. 303 pln.StGB verurteilt worden ist[266]. Der Antrag muß innerhalb von zwei Jahren ab Rechtskraft der Bestätigung des Zwangsvergleichs gestellt werden (Art. 198 § 1 Satz 3 pln.KO)[267].

Während die Aufhebung des Zwangsvergleichs bei Vorliegen der Voraussetzungen des Art. 198 § 1 pln.KO zwingend ist, stellt Art. 198 § 2 pln.KO die Aufhebung in das Ermessen des Konkursgerichts, wenn der Gemeinschuldner die sich aus dem Zwangsvergleich ergebenden Verpflichtungen nicht erfüllt und ein nicht bevorrechtigter Konkursgläubiger[268] die Aufhebung beantragt. Eine Aufhebung des bestätigten Zwangsvergleichs aus anderen Gründen schließt Art. 199 pln.KO ausdrücklich aus.

Die Aufhebung zieht die Wiederaufnahme des Konkursverfahrens nach sich, sofern die Konkursmasse noch ein die Kosten des Verfahrens deckendes Vermögen aufweist oder die Gläubiger einen vom Konkursgericht zu bestimmenden Kostenvorschuß leisten (Art. 198 § 1 Satz 2, § 2 Satz 1 pln.KO). Die Aufhebung hat gemäß Art. 200 § 1 pln.KO nicht zur Folge, daß auf der Grundlage des Zwangsvergleichs an die Gläubiger gezahlte Beträge zu erstatten wären. Im wiederaufgenommenen Konkursverfahren können nicht bevorrechtigte Konkursgläubiger den Teil ihrer ursprünglichen Konkursforderung geltend machen, der dem nicht erfüllten Teil der durch den Zwangsvergleich verringerten Forderung entspricht (Art. 200 § 1 pln.KO)[269]. Hatte ein Gläubiger beispielsweise eine nicht bevorrechtigte Konkursforderung von 3.000 PLN und wurde diese durch den Zwangsvergleich auf 2.100 PLN reduziert, so kann er, wenn der Gemeinschuldner ihm ein Drittel der Vergleichssumme, näm-

---

265 *Allerhand*, Konkursrecht mit Kommentar, Anm. 11 zu Art. 198; *Korzonek*, Konkurs- und Vergleichsrecht II, S. 183; *Świeboda*, Konkurs- und Vergleichsrecht, Anm. 3 zu Art. 198 pln.KO, S. 240; *Gurgul*, Konkurs- und Vergleichsrecht, Rdnr. 7 zu Art. 198 pln.KO, S. 627.

266 *Gurgul*, Konkurs- und Vergleichsrecht, Rdnr. 3 zu Art. 198 pln.KO, S. 627.

267 *Allerhand*, Konkursrecht mit Kommentar, Anm. 26 zu Art. 198.

268 *Allerhand*, Konkursrecht mit Kommentar, Anm. 30 zu Art. 198.

269 Zur Entstehungsgeschichte dieser Bestimmung: *Allerhand*, PPC 1935, S. 577 [580 ff.].

lich 700 PLN bezahlt hat, im wiederaufgenommenen Konkursverfahren nicht 2.300 PLN, sondern nur zwei Drittel seiner ursprünglichen Forderungssumme, also 2000 PLN geltend machen[270]. Hat der Gemeinschuldner an den Gläubiger noch keinerlei Zahlungen geleistet, so nimmt der Gläubiger mit seiner vollständigen Konkursforderung in ihrer ursprünglichen Höhe am wiederaufgenommenen Konkursverfahren teil[271].

Von dritter Seite gemäß Art. 182 pln.KO gewährte Sicherheiten bleiben von der Aufhebung des Zwangsvergleichs grundsätzlich unberührt, es sei denn, daß sich aus den Bedingungen der Sicherheitsleistung etwas anderes ergibt (Art. 200 § 2 pln.KO).

An dem wiederaufgenommenen Konkursverfahren nehmen auch die Gläubiger solcher Forderungen teil, die der Gemeinschuldner nach Wiedererlangung seiner Verfügungsbefugnis bis zum Zeitpunkt der Wiederaufnahme begründet hat (Art. 201 § 1 pln.KO). Daß diese Gläubiger nicht auf die von dritter Seite gemäß Art. 182 pln.KO bestellten Sicherheiten zurückgreifen können (Art. 201 § 1, 2. Halbsatz pln.KO), versteht sich von selbst.

Auf eine Teilaufhebung des Zwangsvergleichs läuft die Regelung des Art. 202 pln.KO hinaus, wonach in dem Fall, daß der Gemeinschuldner einem oder mehreren Gläubigern Vorteile gewährt, die der Zwangsvergleich nicht vorsieht, jeder andere Gläubiger innerhalb von zwei Jahren ab Rechtskraft der Bestätigung des Zwangsvergleichs im Klagewege den Gemeinschuldner und die unzulässig bevorzugten Gläubiger als Gesamtschuldner auf den Betrag in Anspruch nehmen kann, um den seine ursprüngliche Konkursforderung durch den Zwangsvergleich vermindert wurde, wobei die Haftung der vom Gemeinschuldner unzulässigerweise bevorzugten Gläubiger auf den Betrag ihres nicht vom Zwangsvergleich gedeckten Vorteils beschränkt ist. Der Gemeinschuldner haftet dann jedem Gläubiger, der erfolgreich nach Art. 202 pln.KO Klage erhoben hat, wieder in Höhe des ursprünglichen Forderungsbetrags.

---

[270] Vgl. auch *Altman*, Konkursrecht, S. 350; *Allerhand*, Konkursrecht mit Kommentar, Anm. 6 zu Art. 200; *ders.*, PPC 1935, S. 577 [583]; *Buber*, Polnisches Konkursrecht, S. 173; *Gawlas/Jonsik*, Konkurs- und Vergleichsrecht, S. 209; *Korzonek*, Konkurs- und Vergleichsrecht II, S. 186; *Nazarewicz*, PPH 2/1994, S. 1 [8 f.]; *Glabas*, Prawo Spółek 5/1997, S. 32 [36]; *Gurgul*, Konkurs- und Vergleichsrecht, Rdnr. 5 zu Art. 200 pln.KO, S. 632 mit weiteren Rechenbeispielen.

[271] *Gawlas/Jonsik*, Konkurs- und Vergleichsrecht, S. 209; *Nazarewicz*, PPH 2/1994, S. 1 [9].

E Die Einstellung, Beendigung und Aufhebung des Konkursverfahrens[272]

1. *Die Verfahrenseinstellung*

Gemäß Art. 218 § 1 pln.KO hat das Konkursgericht das Konkursverfahren einzustellen, wenn sich herausstellt, daß die Konkursmasse ohne die mit einer Hypothek, einem Pfandrecht, einem Registerpfandrecht oder einer Eintragung im Schiffsregister belasteten Vermögensgegenstände nicht zur Deckung der Verfahrenskosten ausreicht (Nr. 1), wenn in der Konkursmasse keine ausreichenden Barmittel zur Deckung der Verfahrenskosten zur Verfügung stehen und der Gläubiger, auf dessen Antrag hin das Konkursverfahren eröffnet worden ist, nicht innerhalb der ihm hierfür gesetzten Frist den vom Richter-Kommissar gemäß Art. 75 pln.KO angeforderten Vorschuß auf die Kosten des weiteren Verfahrens leistet (Nr. 2)[273] oder wenn alle Gläubiger, die ihre Forderungen angemeldet haben, die Einstellung des Konkursverfahrens beantragen (Nr. 3)[274].

Nach Auffassung des Obersten Gerichts enthält Art. 218 § 1 pln.KO eine abschließende Aufzählung. Eine Einstellung nach Art. 355 § 1 ZVGB[275] i. V. m. Art. 68 pln.KO aus anderen, nicht in Art. 218 § 1 pln.KO genannten Gründen kommt daher nicht in Betracht[276].

Liegt ein Fall des Art. 218 § 1 pln.KO vor, so hat das Konkursgericht die Verfahrenseinstellung zwingend anzuordnen. Art. 218 § 1 pln.KO

---

272 Zur Terminologie s. o. Fn. 202.

273 Siehe hierzu Teil 3, Abschnitt B 1. b).

274 Die Einstellung des Konkursverfahrens nach Art. 218 § 1 Nr. 3 pln.KO kann erst nach Ablauf der Frist für die Forderungsanmeldung erfolgen, vgl. *Altman*, Konkursrecht, S. 380; *Gurgul*, Konkurs- und Vergleichsrecht, Rdnr. 36 zu Art. 218 pln.KO, S. 680.

275 Diese Bestimmung lautet: „Das Gericht erläßt einen Beschluß über die Einstellung des Verfahrens, wenn der Kläger die Klage mit rechtlicher Wirkung zurückgenommen hat oder wenn der Erlaß eines Urteils aus anderen Gründen unnötig oder unzulässig geworden ist."

276 Beschluß des Obersten Gerichts vom 9.11.1994 – III CZP 139/94, OSNCP 3/1995, Pos. 44, S. 28 ff. Siehe hierzu bereits Teil 3, Abschnitt B 3. c) sowie *Czajka*, Unternehmen in der Krise, S. 430 f.; *Gurgul*, Konkurs- und Vergleichsrecht, Rdnr. 29 zu Art. 218 pln.KO, S. 679. Für eine Anwendbarkeit des Art. 355 § 1 ZVGB spricht sich dagegen *Zedler*, Konkurs- und Vergleichsrecht, S. 303 aus.

räumt dem Konkursgericht keinerlei Ermessensspielraum ein[277]. Dabei tritt ein Wertungswiderspruch zwischen Art. 218 § 1 Nr. 1 pln.KO und Art. 13 § 1 Satz 2 pln.KO zutage, da die letztgenannte Bestimmung die Abweisung des Konkursantrags in dem Fall, daß das Schuldnervermögen ohne die dinglich belasteten Vermögensgegenstände offensichtlich nicht zur vollständigen Deckung der Verfahrenskosten ausreicht, nicht zwingend vorschreibt, sondern sie in das pflichtgemäße Ermessen des Konkursgerichts stellt[278]. Man wird diesen Wertungswiderspruch nur durch eine einschränkende Auslegung des Art. 218 § 1 Nr. 1 pln.KO beheben können, so daß der zwingende Aufhebungsgrund des Art. 218 § 1 Nr. 1 pln.KO dann nicht eingreift, wenn das Konkursgericht dem Konkursantrag nach pflichtgemäßem Ermessen trotz Vorliegen des fakultativen Ablehnungsgrundes des Art. 13 § 1 Satz 2 pln.KO stattgegeben hat und sich die Vermögenssituation des Gemeinschuldners nach Konkurseröffnung nicht wesentlich schlechter darstellt als bei Erlaß des Eröffnungsbeschlusses vom Konkursgericht angenommen. Ohne diese einschränkende Auslegung wäre das offenkundig nicht interessengerechte Ergebnis nicht zu vermeiden, daß jedes Verfahren, welches das Konkursgericht im Falle des Art. 13 § 1 Satz 2 pln.KO nach pflichtgemäßem Ermessen eröffnet hat, sofort nach Konkurseröffnung gemäß Art. 218 § 1 Nr. 1 pln.KO wieder eingestellt werden müßte[279].

Da bei der Erlösverteilung die Verfahrenskosten im ersten Rang und die dinglich gesicherten Forderungen abgesehen vom zur Absonderung berechtigenden Registerpfandrecht erst in den Rängen 2a und 2b befriedigt werden, gefährden nur registerpfandrechtliche Belastungen, nicht aber auch die Belastung der Konkursmasse mit anderen dinglichen Sicherungsrechten die vollständige Deckung der Verfahrenskosten. Sieht man darum den Zweck des Art. 218 § 1 Nr. 1 pln.KO ausschließlich darin, die Entstehung weiterer Verfahrenskosten zu verhindern, die aus der Konkursmasse nicht aufgebracht werden können, so ist diese Bestimmung ebenso wie Art. 13 § 1 Satz 2 pln.KO zu weit gefaßt[280].

---

277 *Altman*, Konkursrecht, S. 378; *Gurgul*, Konkurs- und Vergleichsrecht, Rdnr. 33 zu Art. 218 pln.KO, S. 679; *Karasek*, TPP 4/2000, S. 61 [68].

278 Vgl. Teil 3, Abschnitt B 3. b).

279 *Karasek*, TPP 4/2000, S. 61 [68].

280 Vgl. hierzu Teil 3, Abschnitt B 3. b).

Andererseits ist zu beachten, daß die vollständige Befriedigung der Verfahrenskosten nur dann gewährleistet ist, wenn die Konkursmasse zur Erfüllung aller Verbindlichkeiten des ersten Forderungsranges einschließlich aller Arbeitnehmerforderungen ausreicht, da sonst die Forderungen des ersten Ranges und damit auch die Verfahrenskosten gemäß Art. 206 pln.KO nur anteilig befriedigt würden[281]. Konsequenterweise muß das Konkursverfahren nach Art. 218 § 1 Nr. 1 pln.KO deshalb bereits dann eingestellt werden, wenn aus den nicht dinglich belasteten Vermögensgegenstände der Konkursmasse nicht sämtliche Verbindlichkeiten des ersten Forderungsranges vollständig beglichen werden können[282].

Der die Verfahrenseinstellung anordnende Beschluß des Konkursgerichts ist im Gerichts- und Wirtschaftsanzeiger[283] sowie in der örtlichen Presse bekanntzumachen und dem Konkursverwalter, den Mitgliedern des Gläubigerausschusses sowie im Falle des Konkurses eines staatlichen Unternehmens auch dem Gründungsorgan zuzustellen (Art. 219 pln.KO). Der rechtskräftige Beschluß über die Verfahrenseinstellung bildet gemäß Art. 220 pln.KO die Grundlage für die Löschung der nach Art. 95 pln.KO im Grundbuch und anderen Büchern und Registern eingetragenen Konkursvermerke. Der Gemeinschuldner erlangt mit Rechtskraft des Einstellungsbeschlusses die Verfügungsbefugnis über sein Vermögen wieder. Der Konkursverwalter hat ihm seine Bücher, Korrespondenzen und Dokumente zurückzugeben, was der Gemeinschuldner widrigenfalls auch mit Hilfe des Gerichtsvollziehers durchsetzen kann (Art. 221 pln.KO). Vom Konkursverwalter nach Konkurseröffnung begonnene Anfechtungsprozesse sind einzustellen, wobei die wechselseitigen Forderungen auf Ersatz der Verfahrenskosten erlöschen (Art. 222 § 1 pln.KO). In alle andere zum Zeitpunkt der Einstellung des Konkursverfahrens anhängige Verfahren tritt der Gemeinschuldner anstelle des Konkursverwalters ein (Art. 222 § 2 pln.KO). Anfechtungsprozesse, die von Gläubigerseite vor Konkurseröffnung angestrengt wurden, werden nach Einstellung des Konkursverfahrens oder Aufhebung des Konkurs-

---

281 Vgl. *Zoll*, Przegląd Legislacyjny 3/2001, S. 11 [25].

282 Siehe Teil 3, Abschnitt B 3. b) sowie *Karasek*, TPP 4/2000, S. 61 [72 f.].

283 Polnische Bezeichnung: „Monitor Sądowy i Gospodarczy", vgl. hierzu das Gesetz vom 22.12.1995 über die Herausgabe des Gerichts- und Wirtschaftsanzeigers (Dz.U. 1996, Nr. 6, Pos. 42; 1997, Nr. 121, Pos. 770; 2000, Nr. 114, Pos. 1193).

eröffnungsbeschlusses, nicht dagegen nach Beendigung des Konkursverfahrens[284] zwischen dem Gläubiger und dem Gemeinschuldner fortgeführt (Art. 58 § 3 pln.KO). Die Auswirkungen der Konkurseröffnung auf bestehende Rechtsverhältnisse binden gemäß Art. 225 pln.KO den Gemeinschuldner und die Gegenseite auch über den Zeitpunkt der Einstellung des Konkursverfahrens hinaus. Der Vergütungsanspruch des Konkursverwalters[285] sowie die Auslagenersatzansprüche des Konkursverwalters und der Mitglieder des Gläubigerausschusses[286] können nach Einstellung des Konkursverfahrens gegenüber dem Gemeinschuldner persönlich geltend gemacht werden (Art. 226 § 1 pln.KO). Ein Recht auf Schadensersatz steht dem Gemeinschuldner gegen den Gläubiger, der Konkursantrag gestellt hat, nicht zu, es sei denn, daß dieser in bösem Glauben gehandelt hat (Art. 226 § 2 pln.KO)[287].

2. *Die Beendigung des Konkursverfahrens*

Zur Beendigung des Konkursverfahrens kommt es entweder nach Durchführung der Schlußverteilung (Art. 217 pln.KO)[288] oder nach Rechtskraft des Beschlusses über die Bestätigung eines Zwangsvergleichs und Befriedigung oder Absicherung aller bevorrechtigten Forderungen (Art. 196 pln.KO)[289]. Grundsätzlich sind die Wirkungen der Beendigung des Konkursverfahrens gemäß Art. 223 pln.KO die gleichen wie die der Verfahrenseinstellung. Allerdings erhält der Gemeinschuldner im Falle der Beendigung des Konkursverfahrens nach Annahme und Bestätigung eines Zwangsvergleichs die Verfügungsbefugnis über sein Vermögen nur insoweit zurück, wie der bestätigte Zwangsvergleich diesbezüglich keine Einschränkungen vorsieht[290]. Im Falle der Beendi-

---

284 *Allerhand*, Konkursrecht mit Kommentar, Anm. 18 zu Art. 58.
285 Vgl. Teil 2, Abschnitt C 4.
286 Den Mitgliedern des Gläubigerausschusses steht anders als nach deutschem Recht (§ 73 InsO) kein Vergütungsanspruch zu, vgl. Teil 2, Abschnitt D 2.
287 Zur Bösgläubigkeit i. S. des Art. 226 § 2 pln.KO: *Gajda*, MoP 2/1995, S. 40 f.
288 Vgl. Teil 5, Abschnitt C 4.
289 Vgl. Teil 5, Abschnitt D 5.
290 Zu möglichen Einschränkungen der Verfügungsbefugnis aufgrund des Zwangsvergleichs: Teil 5, Abschnitt D 1. sowie *Allerhand*, Konkursrecht mit Kommentar, Anm. 2 zu Art. 224; *Gurgul*, Konkurs- und Vergleichsrecht, Rdnrn. 1 f. zu Art. 224 pln.KO, S. 689.

gung des Konkursverfahrens nach Durchführung der Schlußverteilung erhält der Gemeinschuldner dagegen seine Verfügungsbefugnis uneingeschränkt zurück (Art. 221 § 1 i. V. m. Art. 223 pln.KO)[291].

Zu beachten ist, daß der nach Art. 217 pln.KO ergangene Beschluß über die Beendigung des Konkursverfahrens auch im Falle des Konkurses einer juristischen Person oder einer Personenhandelsgesellschaft keine Entscheidung über den Fortbestand des Gemeinschuldners trifft[292]. Die rechtliche Existenz juristischer Personen und Personenhandelsgesellschaften wird daher nicht durch die Beendigung des über ihr Vermögen eröffneten Konkursverfahrens, sondern erst kraft konstitutiver Löschung aus dem Landes-Gerichtsregister beendet. Für die Personenhandels- und Kapitalgesellschaften ergibt sich dies aus Art. 85 § 1, Art. 103, 150 § 1, Art. 289, 477 GBHG[293] und für Genossenschaften aus Art. 136 GenR[294]. Im Bereich der staatlichen Unternehmen sah nur die Übergangsbestimmung des Art. 14 der Einführungsvorschriften vom 8.8.1996 zu den die Funktion der öffentlichen Wirtschaft und Verwaltung reformierenden Gesetzen[295] eine Löschung solcher staatlicher Unternehmen aus dem inzwischen abgeschafften Register der staatlichen Unternehmen auf Antrag des Gründungsorgans vor, im Verhältnis zu denen vor dem 1.1.1997 ein Konkursverfahren beendet oder mangels einer die Verfahrenskosten deckenden Masse eingestellt oder nicht eröffnet wurde. Es besteht jedoch Einigkeit darüber, daß auch staatliche Unternehmen, bei denen das Konkursverfahren erst nach dem genannten Stichtag gemäß Art. 217 pln.KO beendet wurde, aus dem Landes-Gerichtsregister zu löschen sind[296].

---

291 *Allerhand*, Konkursrecht mit Kommentar, Anm. 1 zu Art. 223; *Korzonek*, Konkurs- und Vergleichsrecht II, S. 227.

292 *Gurgul*, Konkurs- und Vergleichsrecht, Rdnr. 6 zu Art. 218 pln.KO, S. 672; vgl. auch *Kohorewicz*, Prawo Spółek 1/2001, S. 41 [44].

293 *Sołtysiński/Sołtysiński*, Handelsgesellschaften I, Rdnr. 3 zu Art. 85, S. 426.

294 *Gurgul*, Konkurs- und Vergleichsrecht, Rdnr. 17 zu Art. 218 pln.KO, S. 674.

295 Przepisy wprowadzające ustawy reformujące funkcjonowanie gospodarki i administracji publicznej, Dz.U. 1996, Nr. 106, Pos. 497.

296 Vgl. *Gurgul*, Konkurs- und Vergleichsrecht, Rdnr. 13 zu Art. 218 pln.KO, S. 673.

3. *Die Aufhebung des Konkurseröffnungsbeschlusses*

Auch die Aufhebung des Konkurseröffnungsbeschlusses aufgrund einer erfolgreichen Beschwerde (Art. 78, 17 §§ 1, 2 pln.KO) oder Kassation (Art. 17 § 3 pln.KO) gegen den dem Konkursantrag stattgebenden Beschluß des Konkurs- bzw. Beschwerdegerichts[297] löst gemäß Art. 223 pln.KO die in Art. 220 - 222 pln.KO für den Fall der Verfahrenseinstellung vorgesehenen Rechtsfolgen aus. Außerdem ist der Gemeinschuldner nach Aufhebung des Konkurseröffnungsbeschlusses gemäß Art. 226 pln.KO ebenso wie im Falle der Verfahrenseinstellung verpflichtet, dem Konkursverwalter sowie den Mitgliedern des Gläubigerausschusses die Auslagen zu ersetzen sowie die Vergütung des Konkursverwalters zu bezahlen, ohne den Gläubiger, der nicht in bösem Glauben Konkursantrag gestellt hat, deshalb auf Schadensersatz in Anspruch nehmen zu können. Dagegen haben die durch die Konkurseröffnung hervorgerufenen Veränderungen bestehender Rechtsverhältnisse, wie etwa die Fälligstellung betagter Forderungen (Art. 32 § 1 pln.KO) oder die Umwandlung in Geldforderungen (Art. 32 § 2 pln.KO) nach Aufhebung des Konkurseröffnungsbeschlusses anders als nach Einstellung oder Beendigung des Konkursverfahrens keinen Bestand (Art. 225 pln.KO).

---

[297] Vgl. zu den Rechtsmitteln gegen den Konkurseröffnungsbeschluß Teil 2, Abschnitt B 3.

Teil 6

Das Vergleichsverfahren

A Einführung

1. Die Entwicklung des polnischen Vergleichsrechts

Das polnische „Recht über das Vergleichsverfahren" – so die wörtliche Übersetzung des Titels der polnischen Vergleichsverordnung[1] – ist ebenso wie das Konkursrecht am 24.10.1934 als Präsidialverordnung erlassen worden und am 1.1.1935 in Kraft getreten. Sie ersetzte die bis dahin in den Gerichtsbezirken der Appellationsgerichte Warschau, Lublin und Wilna geltende Präsidialverordnung vom 23.12.1927 über die Konkursabwendung[2], die ebenso überschriebene, in den Gerichtsbezirken des Appellationsgerichts Posen und des Bezirksgerichts Kattowitz geltende Präsidialverordnung vom 6.3.1928[3] sowie die in den Gerichtsbezirken der Appellationsgerichte Krakau und Lemberg und des Bezirksgerichts Teschen geltende, als Anlage zur Kaiserlichen Verordnung vom 10.12.1914 verkündete[4] österreichische Ausgleichsordnung[5].

Bis heute wurde die polnische Vergleichsverordnung vom 24.10.1934 insgesamt siebenmal novelliert, wobei wirklich einschneidende Veränderungen ausblieben. Von Bedeutung sind die Ersetzung des Kaufmannsbegriffs in Art. 1 pln.VglO zunächst durch den Begriff des Wirtschaftssubjekts[6] und später durch den Begriff des Unternehmers[7], die durch

---

1 Die polnische Bezeichnung lautet „Prawo o postępowaniu układowym". Die ursprüngliche Form „Prawo o postępowaniu układowem" wird als sprachlich veraltet empfunden. Eine deutsche Übersetzung der pln.VglO in ihrer ursprünglichen Fassung befindet sich in der österreichischen Zeitschrift „Internationaler Kreditschutz/Protection Internationale du Crédit, Mitteilungen des Creditoren-Vereines von 1870", Jahrgang 1934, Nr. 48 - 51, jeweils auf S. 1 ff.

2 Rozporządzenie o zapobieganiu upadłości, Dz.U. 1928, Nr. 3, Pos. 20.

3 Dz.U. 1928, Nr. 27, Pos. 244.

4 Öst. RGBl. Nr. 337.

5 Vgl. zu den Vorgängern der polnischen Vergleichsverordnung *Wellisch*, PPC 1934, S. 659 [660 f.].

6 Gesetz vom 27.7.1990, Dz.U. 1990, Nr. 55, Pos. 320.

7 Gesetz vom 20.8.1997, Dz.U. 1997, Nr. 121, Pos. 770, vgl. auch Teil 2, Abschnitt A 1.

Gesetz vom 27.7.1990[8] herbeigeführten Änderungen im Bereich der subjektiven Vergleichsvoraussetzungen (Art. 2 pln.VglO) und der nicht vom Vergleichsverfahren erfaßten Forderungen (Art. 4 § 1 Nr. 1, 2 pln.VglO) sowie die Einführung einiger Sonderbestimmungen bezüglich staatlicher Unternehmen[9] und die durch Gesetz vom 1.3.1996[10] vorgenommenen Anpassungen an den veränderten Aufbau der polnischen Gerichtsbarkeit und die damit einhergehende Neuregelung der Rechtsmittel[11]. Die bisher letzten Novellierungen betrafen die Erweiterung des Katalogs der nicht vom Vergleichsverfahren erfaßten Forderungen um Gebühren und Geldstrafen im Bereich des Abfall-, Immissionsschutz- und Wasserrechts[12].

Die polnische Vergleichsverordnung blieb formell auch in der kommunistischen Ära in Kraft, war jedoch in dieser Zeit weitgehend bedeutungslos[13]. Dies änderte sich erst, als es nach der politischen Wende galt, notleidende Unternehmen des staatlichen Sektors zu sanieren, und ebenfalls in wirtschaftliche Schwierigkeiten geratene, meist kleinere Unternehmen[14] des erst im Entstehen befindlichen privaten Sektors vor dem Konkurs und damit vor einem frühen Ende zu bewahren.

Neben das Vergleichsverfahren trat für die Reorganisation von Unternehmen des staatlichen Sektors das durch Gesetz vom 3.2.1993 über die Finanzrestrukturierung von Unternehmen und Banken sowie über die Änderung einiger Gesetze (FinResG) als weiteres Sanierungsverfahren eingeführte sog. Bankgüteverfahren[15], das anders als das Vergleichsverfahren nicht von einem Gericht, sondern von derjenigen Bank durchgeführt wurde, bei der das Unternehmen des staatlichen Sektors[16] die höch-

---

8 S. o. Fn. 6.

9 Siehe Art. 20 § 2; Art. 21 §§ 2, 4; Art. 25 § 3; Art. 47 § 3; Art. 50 § 1 Satz 1; Art. 64 Nr. 4; Art. 75 § 1 Satz 2 pln.VglO.

10 Dz.U. 1996, Nr. 43, Pos. 189.

11 Vgl. Teil 2, Abschnitt B 3.

12 Siehe Art. 4 Nr. 7 - 9 pln.VglO sowie die Gesetze vom 27.6.1997 (Dz.U. 1997, Nr. 96, Pos. 592) und vom 29.8.1997 (Dz.U. 1997, Nr. 133, Pos. 885).

13 *Zoll/Kraft*, WiRO 2000, S. 273.

14 Nach Angaben von *Michalewicz*, MoP 2/1994, S. 35 gingen im Jahre 1992 bereits 688 Vergleichsanträge kleinerer Unternehmen bei den Gerichten ein.

15 Polnische Bezeichnung: „bankowe postępowanie ugodowe“.

16 Erfaßt wurden gemäß Art. 6 Nr. 1 FinResG neben staatlichen Unternehmen und Einpersonengesellschaften des Staatsschatzes auch solche Kapitalgesellschaften, an denen der Staatsschatz, staatliche Unternehmen und Einpersonengesellschaften des

ste Summe an Bankverbindlichkeiten hatte (Art. 8 Nr. 1 FinResG)[17], oder von einer anderen Gläubigerbank des Unternehmens, wenn die Bank, bei der das Unternehmen die höchsten Bankverbindlichkeiten hatte, das Verfahren nicht innerhalb von dreißig Tagen nach Antragstellung einleitete (Art. 8 Nr. 2 FinResG). Eine gerichtliche Zuständigkeit bestand nur für die Entscheidung über einen Einspruch gegen eine bereits zustandegekommene Bankgütevereinbarung (Art. 22 ff. FinResG) oder über die Aufhebung der Bankgütevereinbarung (Art. 27 ff. FinResG)[18]. Gegenstand des Bankgüteverfahrens waren nicht nur Bankforderungen, sondern alle gegen das Unternehmen gerichteten Forderungen, die nicht gemäß Art. 11 FinResG, der gewisse Parallelen zu Art. 4 pln.VglO erkennen ließ, vom Bankgüteverfahren ausgeschlossen waren. Bankgüteverfahren konnten gemäß Art. 37 FinResG nur innerhalb von drei Jahren seit Inkrafttreten des FinResG und somit bis zum 18.3.1996 eingeleitet werden[19].

2. *Reformvorhaben*

Die Reformbestrebungen gehen dahin, das bisherige Vergleichsverfahren in das Konkursverfahren zu integrieren, wobei dem Konkursgericht – die erstinstanzliche Zuständigkeit für das Konkursverfahren soll zukünftig nicht mehr beim Rayongericht, sondern beim Bezirksgericht liegen – zwei Arten der Konkurseröffnung zu Gebote stehen, nämlich entweder die Eröffnung eines Konkurses mit der Möglichkeit eines Vergleichsschlusses[20] oder die Eröffnung eines die Liquidation des Schuldnervermögens umfassenden Konkurses[21]. Für die Eröffnung des Konkurses mit der Möglichkeit eines Vergleichsschlusses muß glaubhaft

---

Staatsschatzes zusammen mehr als 50% der Aktien bzw. Geschäftsanteile hielten. Erfaßt wurde außerdem gemäß Art. 6 Nr. 2 FinResG die Agentur für landwirtschaftliches Eigentum des Staatsschatzes (Agencja Własności Rolnej Skarbu Państwa), vgl. *Gawlik*, PPH 6/1996, S. 25.

17 Die Bank war damit ermächtigt, als Richter in eigener Sache zu handeln, vgl. *Jabłoński*, PPH 9/1994, S. 26 [28].

18 *Czech*, PS 6/1995, S. 26 [28 f.].

19 *Zdzienicki*, MoP 8/1995, S. 230 [233].

20 Vgl. Art. 13 des Entwurfs der Kodifizierungskommission für Zivilrecht vom 20.2.2001, abgedruckt in Przegląd Legislacyjny 1/2001, S. 133 - 234.

21 Art. 14 Entw.

gemacht werden, daß die Gläubiger im Falle eines Vergleichsschlusses eine höhere Quote erreichen, als bei einem Konkursverfahren mit Liquidation des Schuldnervermögens[22], wobei ein Konkursverfahren mit der Möglichkeit eines Vergleichsschlusses nicht durchgeführt wird, wenn in Hinblick auf das bisherige Verhalten des Schuldners nicht gewährleistet ist, daß der Vergleich erfüllt wird[23]. Auch die Eröffnung eines die Liquidation des Schuldnervermögens umfassenden Konkurses schließt einen Vergleich nicht völlig aus, da das Konkursgericht einen solchen Eröffnungsbeschluß zu einem Beschluß über die Eröffnung des Konkursverfahrens mit der Möglichkeit eines Vergleichsschlusses abändern kann, wenn von Seiten eines Gläubigers, des Konkursverwalters oder des Gemeinschuldners Vergleichsvorschläge gemacht werden und die gesetzlichen Voraussetzungen für eine solche Abänderung vorliegen[24]. Eine Abänderung des Eröffnungsbeschlusses in die umgekehrte Richtung sieht der Entwurf für den Fall vor, daß es nicht zum Abschluß, d. h. zur Annahme eines Vergleichs durch die Gläubigerversammlung kommt[25], die Ablehnung der Bestätigung des Vergleichs durch das Konkursgericht in Rechtskraft erwächst[26] oder der Vergleich aufgehoben wird[27]. Darüber hinaus sieht der Entwurf die Möglichkeit des Abschlusses eines Vergleichs in einer bereits vor Konkurseröffnung einzuberufenden „Gläubigererstversammlung" vor, für dessen Annahme die Zustimmung der Hälfte der Gläubiger notwendig ist, die zusammen drei Viertel der durch Exekutionstitel bestätigten, unstrittigen oder glaubhaft gemachten Forderungen repräsentieren. Die Gläubigererstversammlung kann außerdem Beschlüsse über den weiteren Verlauf des Verfahrens und damit auch über die Art des vom Konkursgericht zu erlassenden Eröffnungsbeschlusses treffen[28], an die das Konkursgericht gebunden ist, soweit diese Beschlüsse nicht dem geltenden Recht zuwiderlaufen[29]. Wegen der Möglichkeit einer Abänderung des Eröffnungsbeschlusses durch das

---

22 Art. 13 Abs. 1 Entw.
23 Art. 13 Abs. 2 Entw.
24 Art. 259 Entw.
25 Art. 273 Entw.
26 Art. 276 Entw.
27 Art. 291 Entw.
28 Art. 45 Abs. 1 Entw.
29 Art. 47 Abs. 1 Entw.

Konkursgericht nach Konkurseröffnung überdauert diese Bindungswirkung das Eröffnungsverfahren jedoch nicht[30].

Ob dieses auf Kritik gestoßene[31] Reformvorhaben tatsächlich in dieser oder ähnlicher Form umgesetzt werden wird, läßt sich derzeit nicht voraussagen. Am allerwenigsten Aussicht auf gesetzliche Umsetzung dürfte der Vorschlag einer vor Konkurseröffnung und damit zwangsläufig auch vor Durchführung der Forderungsfeststellung einzuberufenden Gläubigererstversammlung haben, der nach dem Gesetzesentwurf trotz ihrer geringeren Legitimation weitergehende Befugnisse eingeräumt werden als irgendeiner im Laufe des eröffneten Verfahrens einberufenen Gläubigerversammlung[32].

3. Der Ablauf des Vergleichsverfahrens im Überblick

Das Vergleichsverfahren wird üblicherweise in drei Abschnitte untergliedert, nämlich in das Eröffnungsverfahren, das eigentliche Vergleichsverfahren und das Vergleichserfüllungsverfahren[33]. Das Eröffnungsverfahren umfaßt die Prüfung des vom Schuldner zu stellenden Vergleichsantrags durch das Vergleichsgericht in formeller und materieller Hinsicht und endet mit dem grundsätzlich unanfechtbaren[34] Eröffnungsbeschluß. Dieser bedeutet gleichzeitig eine Weichenstellung für das eigentliche Vergleichsverfahren, da das Vergleichsgericht darin auch den Richter-Kommissar sowie den gerichtlichen Aufseher benennt und die Termine für die Forderungsprüfung festsetzt (Art. 25 § 1 pln.KO). Nach Abschluß der Forderungsprüfung wird die Gläubigerversammlung zwecks Abstimmung über die Vergleichsvorschläge einberufen, wobei

---

30 *Zoll*, Przegląd Legislacyjny 3/2001, S. 11 [22]; siehe zur „Gläubigererstversammlung" auch *Pogonowski*, Prawo Spółek 2/2002, S. 49 [53].

31 *Zoll*, s. o. Fn. 30, S. 20 ff.

32 *Zoll*, s. o. Fn. 30, S. 23.

33 *Jakubecki/Mojak/Niezbecka*, Kreditsicherung, S. 320 f.; *Brol*, Gerichtspraxis, S. 22; *Glabas*, Prawo Spółek 5/1997, S. 32; *Gurgul*, Konkurs- und Vergleichsrecht, Rdnrn. 12 ff. zu Art. 1 pln.VglO, S. 765 f.; *Zoll/Kraft*, WiRO 2000, S. 273 [274]; anders *Jankowski*, FS Broniewicz, S. 137 [140]; *ders.*, Verfahrensablauf, S. 331 f., der sich für eine Aufteilung in zwei Verfahrensabschnitte (Eröffnungsverfahren und eigentliches Vergleichsverfahren) ausspricht.

34 Eine Ausnahme sieht Art. 24 § 4 pln.VglO im Falle des staatlichen Unternehmens vor.

deutliche Parallelen zum Verfahren der Abstimmung über die Annahme eines Zwangsvergleichs im Konkursverfahren nach Art. 180 ff. pln.KO erkennbar sind[35]. Wird der Vergleich von der Gläubigerversammlung angenommen und vom Vergleichsgericht gemäß Art. 63 § 2 pln.VglO bestätigt, so beginnt das Vergleichserfüllungsverfahren, in dessen Verlauf es zur Aufhebung des Vergleichs kommen kann (Art. 74 ff. pln.VglO). Kommt es hierzu nicht und hat der Schuldner alle aus dem Vergleich folgenden Verpflichtungen vollständig erfüllt, so erklärt das Gericht das Vergleichsverfahren durch öffentlich bekanntzumachenden Beschluß für beendet (Art. 78 §§ 1, 2 pln.VglO).

B Das Eröffnungsverfahren

1. Der Vergleichsantrag

Zur Stellung eines Vergleichsantrags ist Art. 1 pln.VglO zufolge nur der Schuldner berechtigt. Gemäß Art. 5 § 3 pln.KO genügt der Schuldner seiner Pflicht zur Stellung eines Konkursantrags innerhalb von zwei Wochen ab Eintritt der Konkursreife auch durch die Stellung eines Vergleichsantrags. Der Schuldner kann den Antrag bis zum Zeitpunkt der Annahme des Vergleichs durch die Gläubigerversammlung zurückziehen (Art. 23 pln.VglO), womit eine ursprünglich bestehende Konkursantragspflicht wieder auflebt.

Gemäß Art. 19 § 1 pln.VglO muß der Vergleichsantrag neben den Vergleichsvorschlägen eine Bilanz mit Gewinn- und Verlustrechnung, einen Registerauszug, eine Liste der Gläubiger unter Angabe ihrer ladungsfähigen Anschriften und ihrer Forderungen samt Fälligkeitsterminen, wobei die gemäß Art. 4 pln.VglO vom Vergleichsverfahren nicht erfaßten Forderungen getrennt aufzuführen sind, sowie einen Ausweis der vom Schuldner erteilten[36] Bürgschaften und der gegen den Schuldner bestehenden Exekutionstitel sowohl bezüglich der vom Vergleichsver-

[35] Siehe hierzu Teil 5, Abschnitt D 3.

[36] *Allerhand*, Kommentar zum Vergleichsrecht, Anm. 15 zu Art. 19; *Arnold*, Vergleichsverfahrensrecht, Anm. 10 zu Art. 19, S. 35; *Gawlas/Jonsik*, Konkurs- und Vergleichsrecht, S. 272 f.; *Korzonek*, Konkurs- und Vergleichsrecht III, S. 40; *Piasecki*, Konkurs- und Vergleichsrecht, Anm. 6 zu Art. 19 pln.VglO, S. 372; *Gurgul*, Konkurs- und Vergleichsrecht, Rdnr. 7 zu Art. 19 pln.VglO, S. 797.

fahren erfaßten wie auch der gemäß Art. 4 pln.VglO nicht erfaßten Forderungen[37] enthalten. Außerdem ist dem Antrag eine schriftliche Versicherung der Richtigkeit der gemachten Angaben beizufügen, die nur vom Schuldner selbst bzw. seinem organschaftlichen Vertreter, nicht aber von einem Bevollmächtigten abgegeben werden kann (Art. 19 § 2 pln.KO)[38]. Die Richtigkeit und Vollständigkeit der Angaben liegt insofern auch im Interesse des Schuldners, als sich die Vergleichswirkungen gemäß Art. 67 § 2 pln.VglO nicht auch auf die Forderungen solcher Gläubiger erstrecken, die am Vergleichsverfahren nicht teilgenommen haben und die der Schuldner vorsätzlich verschwiegen hat[39].

Darüber hinaus muß der Vergleichsantrag den allgemeinen Formerfordernissen für Prozeßschriftsätze gemäß Art. 126 ff. ZVGB i. V. m. Art. 7 pln.VglO genügen[40]. Art. 16 GKZivilSG[41] findet dagegen keine Anwendung, da der Vergleichsantrag anders als der Konkursantrag nach § 55 der Verordnung des Justizministers über die Höhe der Gerichtsgebühren in Zivilsachen[42] gerichtsgebührenfrei ist[43].

Die möglichen Vergleichsvorschläge benennt Art. 20 § 1 pln.VglO im Unterschied zu Art. 175 pln.KO abschließend[44]. Danach können nur Stundung und Ratenzahlung, die Verringerung der Schuldsumme mit oder ohne gleichzeitige Ratenzahlungsvereinbarung sowie die Bestellung von Sicherheiten für die Verpflichtungen aus dem Vergleich Gegenstand der Vergleichsvorschläge sein. Im Falle eines staatlichen Unternehmens

---

37 *Allerhand*, Kommentar zum Vergleichsrecht, Anm. 16 zu Art. 19; *Arnold*, Vergleichsverfahrensrecht, Anm. 11 zu Art. 19, S. 35; *Gurgul*, Konkurs- und Vergleichsrecht, Rdnr. 8 zu Art. 19 pln.VglO, S. 797.

38 *Korzonek*, Konkurs- und Vergleichsrecht III, S. 40; *Gurgul*, Konkurs- und Vergleichsrecht, Rdnr. 9 zu Art. 19 pln.VglO, S. 797 f.

39 *Allerhand*, Kommentar zum Vergleichsrecht, Anm. 10 zu Art. 19.

40 Siehe hierzu Teil 3, Abschnitt B 1. a) sowie *Korzonek*, Konkurs- und Vergleichsrecht III, S. 38; *Jankowski*, Verfahrensablauf, S. 334; *Gurgul*, Konkurs- und Vergleichsrecht, Rdnr. 1 zu Art. 19 pln.VglO, S. 796.

41 Siehe zu dieser Bestimmung Teil 3, Abschnitt B 1. a).

42 Rozporządzenie Ministra Sprawiedliwości w sprawie określenia wysokości wpisów w sprawach cywilnych, Dz.U. 1996, Nr. 154, Pos. 753; Änderungen: Dz.U. 1997, Nr. 141, Pos. 948; 1998, Nr. 16, Pos. 76; Nr. 50, Pos. 315; 1999, Nr. 45, Pos. 452; Nr. 91, Pos. 1038; 2000, Nr. 117, Pos. 1244; 2001, Nr. 131, Pos. 1467; 2002, Nr. 44, Pos. 416.

43 *Gurgul*, Konkurs- und Vergleichsrecht, Rdnr. 2 zu Art. 19 pln.VglO, S. 796 entgegen *Zedler*, Konkurs- und Vergleichsrecht, S. 406.

44 *Gurgul*, Konkurs- und Vergleichsrecht, Rdnr. 2 zu Art. 20 pln.VglO, S. 798.

oder einer Genossenschaft können die Vergleichsvorschläge gemäß Art. 20 § 2 pln.VglO außerdem die gänzliche oder teilweise Umwandlung in eine Gesellschaft sowie die Spaltung oder den Zusammenschluß mit anderen Unternehmen vorsehen, wobei allerdings die Bestimmungen des Gesetzes vom 30.8.1996 über die Kommerzialisierung und Privatisierung staatlicher Unternehmen[45] sowie des Gesetzes vom 15.12.2000 über den Wettbewerbs- und Verbraucherschutz[46] zu berücksichtigen sind[47]. Wie Art. 70 § 1 a. E. pln.VglO zu entnehmen ist, kann der Schuldner in seinen Vergleichsvorschlägen aber auch einer Beschränkung seiner Befugnis zustimmen, nach Rechtskraft der Vergleichsbestätigung neue Verpflichtungen einzugehen oder über sein Vermögen zu verfügen. Ein solcher Vergleichsvorschlag ist unabhängig von der Bestellung eines Sachwalters nach Art. 61, 72 pln.VglO[48] möglich[49].

Ebenso wie die Zwangsvergleichsvorschläge im Konkursverfahren[50] müssen die nach Art. 19 § 1 Nr. 1, Art. 20 pln.VglO dem Vergleichsantrag beigefügten Vergleichsvorschläge die Gläubiger gleichbehandeln, soweit nicht einzelne Gläubiger nachteiligeren Bedingungen ausdrücklich zustimmen (Art. 20 § 3 pln.VglO). Lediglich zugunsten von Gläubigern mit geringfügigen Forderungen darf der Schuldner gemäß Art. 20 § 4 pln.VglO Sondervorteile vorsehen.

2. *Die Voraussetzungen der Vergleichseröffnung*

Erfüllt der Antrag die formellen Voraussetzungen oder hat der Schuldner der gerichtlichen Aufforderung zur Behebung von Mängeln innerhalb einer einwöchigen Frist gemäß Art. 130 § 1 Satz 1 ZVGB i. V. m. Art. 7 pln.VglO Folge geleistet[51] und liegen auch die weiteren Zulässigkeitsvoraussetzungen wie die Vergleichsfähigkeit des Schuld-

---

45 Ustawa o komercjalizacji i prywatyzacji przedsiębiorstw państwowych, Dz.U. 1996, Nr. 118, Pos. 561 mit späteren Änderungen.

46 Ustawa o ochronie konkurencji i konsumentów, Dz.U. 2000, Nr. 122, Pos. 1319. Siehe zu diesem Gesetz *Metzlaff/Schröder*, GRUR Int. 2002, S. 399 ff.

47 *Gurgul*, Konkurs- und Vergleichsrecht, Rdnr. 10 zu Art. 20 pln.VglO, S. 800.

48 Siehe hierzu Teil 6, Abschnitt C 4.

49 Vgl. *Gurgul*, Konkurs- und Vergleichsrecht, Rdnr. 5 zu Art. 70 pln.VglO, S. 896.

50 Siehe Art. 175 §§ 2, 3 pln.KO sowie Teil 5, Abschnitt D 1.

51 Vgl. *Jankowski*, Verfahrensablauf, S. 334; *ders.*, FS Broniewicz, S. 137 [141 f.].

ners gemäß Art. 1 bzw. 3 pln.VglO[52] und die internationale Zuständigkeit der polnischen Gerichtsbarkeit[53] vor, so hat das Vergleichsgericht gemäß Art. 24 § 2 pln.VglO innerhalb einer zweiwöchigen Instruktionsfrist[54] ab Eingang des den Formerfordernissen entsprechenden Vergleichsantrags das Vorliegen der gesetzlichen Voraussetzungen für die Eröffnung eines Vergleichsverfahrens zu prüfen.

a) Unverschuldete bereits eingetretene oder drohende Zahlungseinstellung

Gemäß Art. 1 pln.VglO kann ein Unternehmer[55] dann die Eröffnung eines Vergleichsverfahrens beantragen, wenn er infolge besonderer und von ihm unabhängiger Umstände die Zahlung seiner Schulden eingestellt hat oder dies in nächster Zukunft vorsieht.

Der Insolvenzgrund der Zahlungseinstellung ist im Konkursrecht und im Vergleichsrecht einheitlich zu behandeln[56], wobei anders als im Konkursrecht auch eine drohende Zahlungseinstellung genügt. Streit besteht jedoch bezüglich der Frage, ob eine vorübergehende Aussetzung der Zahlungen, die gemäß Art. 2 pln.KO keinen Konkursgrund darstellt, den Schuldner dennoch zur Stellung eines Vergleichsantrags berechtigt[57]. Versteht man Art. 2 pln.KO nicht als Ausnahmebestimmung zu Art. 1

---

52 Siehe hierzu Teil 2, Abschnitt A.

53 Siehe Art. 1099, 1103 ZVGB i. V. m. Art. 7 pln.VglO sowie Teil 2, Abschnitt B 1.

54 Als Instruktionsfrist (termin instrukcyjny) bezeichnet die polnische Rechtslehre eine gesetzliche Frist, die von Gerichten oder Behörden zum Zwecke der Verfahrensbeschleunigung eingehalten werden soll, deren Nichteinhaltung aber keinerlei Auswirkungen auf die Rechtmäßigkeit und Wirksamkeit der Entscheidung hat, vgl. *Broniewicz*, Zivilverfahren, S. 94 f.

55 Vgl. zum Unternehmerbegriff im polnischen Konkurs- und Vergleichsrecht Teil 2, Abschnitt A.

56 *Korzonek*, Konkurs- und Vergleichsrecht II, S. 271; *Piasecki*, Konkurs- und Vergleichsrecht, Anm. 4 zu Art. 1 pln.VglO, S. 354; *Gurgul*, Konkurs- und Vergleichsrecht, Rdnr. 9 zu Art. 1 pln.VglO, S. 764. Siehe zum Begriff der Zahlungseinstellung Teil 3, Abschnitt B 3. a).

57 Während *Allerhand*, Kommentar zum Vergleichsrecht, Anm. 6 zu Art. 1 und *Stein/Thaler/Bulwa*, Konkurs- und Vergleichsrecht, Anm. 6 zu Art. 1 pln.VglO, S. 196 f. entsprechend Art. 2 pln.KO eine Vergleichseröffnung bei einer nur vorübergehenden Aussetzung der Zahlungen ablehnen, spricht sich *Arnold*, Vergleichsverfahrensrecht, Anm. 3 zu Art. 1, S. 4 f. auch in diesem Fall für die Möglichkeit einer Vergleichseröffnung aus.

§ 1 pln.KO, sondern als Klarstellung, daß eine vorübergehende Aussetzung der Zahlungen keine Zahlungseinstellung bedeutet, so muß dieser Rechtsgedanke auch auf das Vergleichsverfahren übertragen werden, zumal vorübergehende, für den Schuldner behebbare Schwierigkeiten – nur unter dieser Voraussetzung greift Art. 2 pln.KO überhaupt ein – auch Stundungen und einen teilweisen Schuldenerlaß im Rahmen eines Vergleichs zu Lasten der Gläubiger nicht rechtfertigen, solange nicht in nächster Zeit eine (nicht nur vorübergehende) Zahlungseinstellung durch den Schuldner droht.

Es fällt auf, daß Art. 1 pln.VglO anders als Art. 1 § 2 pln.KO den Insolvenzgrund der Überschuldung nicht nennt. Oftmals wird mit der Überschuldung auch eine drohende Einstellung der Zahlungen der in nächster Zukunft fällig werdenden Forderungen einhergehen. Selbst wenn trotz Überschuldung eine Zahlungseinstellung in nächster Zeit nicht droht, wird man dem dennoch gemäß Art. 1 § 2 pln.KO konkursreifen Schuldner die Rechtswohltat eines Vergleichsverfahrens zur Konkursabwendung allein aufgrund noch nicht eingetretener oder drohender Zahlungseinstellung nicht verweigern können, zumal dieser Umstand im Falle einer überschuldeten juristischen Person als Indiz für gute Sanierungsaussichten gewertet werden kann. Das Vergleichsverfahren muß daher in bezug auf juristische Personen über den Wortlaut des Art. 1 pln.VglO hinaus auch im Falle einer Überschuldung eröffnet werden können, ohne daß bereits eine Zahlungseinstellung eingetreten wäre oder in nächster Zeit drohen würde.

Ob der Schuldner die Einstellung seiner Zahlungen in nächster Zukunft vorsieht, ist ungeachtet des Wortlauts des Art. 1 pln.VglO nicht anhand subjektiver Einschätzungen des Schuldners bzw. seines organschaftlichen Vertreters, sondern auf der Grundlage objektiver Kriterien zu beurteilen[58]. Das Tatbestandsmerkmal einer Zahlungseinstellung in nächster Zukunft setzt nach unbestrittener Auffassung nicht voraus, daß die Zahlungseinstellung in den nächsten Tagen oder Wochen zu erwarten ist. Es genügt vielmehr, daß zum Zeitpunkt der Antragstellung mit einer Zuspitzung der wirtschaftlichen Schwierigkeiten gerechnet werden muß,

---

[58] *Korzonek*, Konkurs- und Vergleichsrecht II, S. 271; *Stein/Thaler/Bulwa*, Konkurs- und Vergleichsrecht, Anm. 7 zu Art. 1 pln.VglO, S. 197; *Piasecki*, Konkurs- und Vergleichsrecht, Anm. 7 zu Art. 1 pln.VglO, S. 355; *Gurgul*, Konkurs- und Vergleichsrecht, Rdnr. 9 zu Art. 1 pln.VglO, S. 764.

die mit hoher Wahrscheinlichkeit in den nächsten Monaten zu einer Zahlungseinstellung führen wird[59].

Die Eröffnung eines Vergleichsverfahrens setzt gemäß Art. 1 pln. VglO weiter voraus, daß die bereits eingetretene oder drohende Zahlungseinstellung auf außergewöhnlichen, vom antragstellenden Unternehmer unabhängigen Umständen beruht. Nach der Konzeption der polnischen Vergleichsverordnung soll ein insolventer Unternehmer nur dann dem Konkursverfahren entgehen können, wenn er die Rechtswohltat eines Vergleichsschlusses „verdient" hat[60], weil er unverschuldet in wirtschaftliche Schwierigkeiten geraten ist. Als vom Unternehmer unabhängige, d. h. unverschuldete Gründe für eine bereits eingetretene oder drohende Zahlungseinstellung nennt die Literatur etwa die Krise in der Handelssparte des Unternehmers, den Zusammenbruch des Absatzmarktes, Zahlungsschwierigkeiten seitens der Schuldner des Unternehmers oder Schwierigkeiten beim Zugang zu Rohstoffen[61]. An die Außergewöhnlichkeit der Umstände, die zu den wirtschaftlichen Schwierigkeiten des Unternehmers geführt haben, werden keine allzu hohen Anforderungen gestellt. Als außergewöhnlich gelten all diejenigen Umstände, mit deren Eintritt der Schuldner bei normalem Lauf der Dinge nicht rechnen mußte[62], wobei selbst ein Fallen der Preise auf dem Absatzmarkt oder ein Anstieg der Rohstoffpreise als außergewöhnlicher Umstand angesehen wird[63].

Bedenkt man, daß eine erfolgreiche Unternehmenssanierung nicht nur im Interesse des Schuldners, sondern auch im Interesse der Arbeitnehmer, des Staates[64] und, wie in der Literatur vielfach betont wird[65], auch

---

59 *Korzonek*, Konkurs- und Vergleichsrecht II, S. 271; *Stein/Thaler/Bulwa*, Konkurs- und Vergleichsrecht, Anm. 8 zu Art. 1 pln.VglO, S. 197 f.

60 *Allerhand*, Kommentar zum Vergleichsrecht, Anm. 4 zu Art. 1; *Srzednicki/Sokołowicz/Matura*, Vergleichsrecht in der Praxis, S. 21.

61 Vgl. *Gawlas/Jonsik*, Konkurs- und Vergleichsrecht, S. 253; *Stein/Thaler/Bulwa*, Konkurs- und Vergleichsrecht, Anm. 4 zu Art. 1 pln.VglO, S. 195; *Srzednicki/Sokołowicz/Matura*, Vergleichsrecht in der Praxis, S. 20; *Gurgul*, Konkurs- und Vergleichsrecht, Rdnr. 10 zu Art. 1 pln.VglO, S. 764 f.

62 *Korzonek*, Konkurs- und Vergleichsrecht II, S. 271; *Świeboda*, Konkurs- und Vergleichsrecht, Anm. 10 zu Art. 1 pln.VglO, S. 285; *Gurgul*, Konkurs- und Vergleichsrecht, Rdnr. 10 zu Art. 1 pln.VglO, S. 764.

63 *Allerhand*, Kommentar zum Vergleichsrecht, Anm. 3 zu Art. 1; *Piasecki*, Konkurs- und Vergleichsrecht, Anm. 5 zu Art. 1 pln.VglO, S. 354 f.

64 *Wellisch*, PPC 1934, S. 659 [660].

im Interesse der Gläubiger liegen kann, erscheint die von Art. 1 pln.VglO geforderte Schuldlosigkeit des Unternehmers bzw. seiner organschaftlichen Vertreter an den wirtschaftlichen Schwierigkeiten des Unternehmens als eine nicht mehr zeitgemäße Hürde für den Eintritt in ein Sanierungsverfahren[66]. Oftmals sind sogar die Sanierungsaussichten für ein Unternehmen dann besonders schlecht, wenn die Krise aufgrund vom Unternehmer nicht beeinflußbarer Umstände eingetreten ist. Managementfehler, die für den Eintritt der Unternehmenskrise verantwortlich waren, kann eine erforderlichenfalls personell neu zusammengesetzte Unternehmensführung nach Durchführung eines Sanierungsverfahrens nämlich abstellen und das Unternehmen auf diese Weise wieder zum Erfolg führen. Muß man dagegen der bisherigen Unternehmensführung bescheinigen, alles richtig gemacht zu haben – nur dann darf bei strenger Auslegung des Art. 1 pln.VglO überhaupt ein Vergleichsverfahren eröffnet werden – und ist es dennoch zu einer ernsthaften Unternehmenskrise gekommen, so wird es, wenn die Ursachen für diese Krise nicht nur vorübergehender Natur waren, der alten wie auch einer eventuell neu bestellten Unternehmensführung auch nach Durchlaufen des Vergleichsverfahrens in der Regel an Handlungsalternativen fehlen, die eine dauerhafte Rettung des Unternehmens erwarten lassen. Zu begrüßen ist es daher, daß der Entwurf der Kodifizierungskommission für Zivilrecht vom 20.2.2001[67] in Art. 13 die Eröffnung eines Konkursverfahrens mit der Möglichkeit eines Vergleichsschlusses nicht von der Schuldlosigkeit des Unternehmers bzw. seiner organschaftlichen Vertreter an der Unternehmenskrise abhängig macht.

Ist dem Unternehmer eine Mitschuld an seiner wirtschaftlichen Krise vorzuwerfen, so bleibt ihm nach geltendem Recht nur die Möglichkeit, im eröffneten Konkursverfahren die Zulassung zum Abschluß eines Zwangsvergleichs zu beantragen. Anders als für die Eröffnung eines Vergleichsverfahrens ist nämlich für die Entscheidung des Richter-

---

65 *Allerhand*, Kommentar zum Vergleichsrecht, S. 7; *Wellisch*, PPC 1934, S. 659 [660]; *Marciniak*, FS Broniewicz, S. 249; *Zedler*, PS 4/2000, S. 19; *Gurgul*, Konkurs- und Vergleichsrecht, Rdnr. 2 zu Art. 1 pln.VglO, S. 761.

66 Kritisch zu den „Würdigkeitsvoraussetzungen" der §§ 17, 18 der früheren deutschen Vergleichsordnung vom 26.2.1935 äußern sich beispielsweise *Gottwald/Uhlenbruck*, Insolvenzrechtshandbuch (1990), § 69, Rdnr. 6, S. 669.

67 Przegląd Legislacyjny 1/2001, S. 133 ff.

Kommissars über den Zwangsvergleichsantrag des Gemeinschuldners im Konkursverfahren die Frage, ob der Unternehmer seine Insolvenz mitverschuldet hat, ohne Bedeutung[68].

b) Subjektive Ausschlußgründe

Die in Art. 2 pln.VglO genannten zwingenden subjektiven Ausschlußgründe lassen trotz Unterschieden im Detail Parallelen zu den in Art. 178 pln.KO genannten Gründen für eine in das Ermessen des Richter-Kommissars gestellte Ablehnung einer Zulassung des Gemeinschuldners zum Abschluß eines Zwangsvergleichs erkennen[69]. Das Vorliegen eines in Art. 2 pln.VglO genannten subjektiven Ausschlußgrundes hat nicht die Zurückweisung des Vergleichsantrags als unzulässig, sondern seine Abweisung als unbegründet zur Folge[70].

Gemäß Art. 2 pln.VglO darf derjenige die Eröffnung eines Vergleichsverfahrens nicht beantragen, der nicht ordnungsgemäß seinen Pflichten zur Rechnungslegung nachgekommen ist (Nr. 1)[71], der bereits einen Vergleich im Vergleichsverfahren geschlossen hat oder über dessen Vermögen ein Konkursverfahren eröffnet worden war, wenn seit der Vergleichsbestätigung bzw. der Beendigung des Konkursverfahrens noch keine fünf Jahre vergangen sind (Nr. 2)[72], der den in einem Kon-

---

68 *Srzednicki/Sokołowicz/Matura*, Vergleichsrecht in der Praxis, S. 20, dort Fn. 15.

69 Siehe Teil 5, Abschnitt D 2.

70 *Allerhand*, Kommentar zum Vergleichsrecht, Anm. 1 zu Art. 2; *Stein/Thaler/Bulwa*, Konkurs- und Vergleichsrecht, Anm. 1 zu Art. 2 pln.VglO, S. 199 f.; *Świeboda*, Konkurs- und Vergleichsrecht, Anm. 1 zu Art. 2 pln.VglO, S. 287; *Srzednicki/Sokołowicz/Matura*, Vergleichsrecht in der Praxis, S. 23; *Gurgul*, Konkurs- und Vergleichsrecht, Rdnr. 2 zu Art. 2 pln.VglO, S. 767; a. A. *Arnold*, Vergleichsverfahrensrecht, Anm. 1 zu Art. 2, S. 7; *Piasecki*, Konkurs- und Vergleichsrecht, Anm. 2 zu Art. 2 pln.VglO, S. 356.

71 Der Wortlaut des Art. 2 Nr. 1 pln.VglO geht auf das Gesetz vom 27.7.1990 (Dz.U. 1990, Nr. 55, Pos. 320) zurück. Inhaltlich entspricht diese Bestimmung Art. 178 Nr. 3 pln.KO. Der Pflicht zur Rechnungslegung unterliegen gemäß Art. 2 Abs. 1 Nr. 1, 2 des Gesetzes vom 29.9.1994 über das Rechnungswesen (ustawa o rachunkowości, Dz.U. 1994, Nr. 121, Pos. 591 mit späteren Änderungen) Kapitalgesellschaften ausnahmslos und Personenhandelsgesellschaften, Gesellschaften des Zivilrechts sowie Einzelunternehmer dann, wenn ihre Nettoeinkünfte aus dem Verkauf von Waren und Produkten und aus Finanzoperationen für das letzte Geschäftsjahr mindestens den Gegenwert von 800.000 Euro in polnischer Währung betragen haben.

72 Demgegenüber kann der Richter-Kommissar die Zulassung des Gemeinschuldners zum Abschluß eines Zwangsvergleichs gemäß Art. 178 Nr. 2 pln.KO auch dann ab-

kurs- oder Vergleichsverfahren geschlossenen Vergleich nicht erfüllt hat (Nr. 3)[73] oder der die Einstellung eines früheren Vergleichsverfahrens zugelassen hat, wenn seit der Einstellung noch keine fünf Jahre vergangen sind (Nr. 4). Art. 2 Nr. 4 pln.VglO setzt voraus daß die Einstellung auf dem Verhalten des Schuldners beruht. Ein Fall des Art. 2 Nr. 4 pln.VglO liegt dann vor, wenn der Schuldner auf die Aufforderung des Vergleichsgerichts hin nicht beeidet hat, von seinem Vermögen nichts verschwiegen und alle Gläubiger und Drittschuldner mit vollständiger Genauigkeit genannt zu haben (Art. 10 § 2 pln.VglO), er einen Vergleichsantrag nach Verfahrenseröffnung gemäß Art. 23 pln.VglO wieder zurückgezogen hat, er den Anordnungen des gerichtlichen Aufsehers zuwider gehandelt hat (Art. 34 § 1 pln.VglO), er dem gerichtlichen Aufseher die Vermögensverwaltung erschwert oder zum Schaden der Gläubiger gehandelt hat (Art. 34 § 2 pln.VglO) oder er der Gläubigerversammlung ohne Rechtfertigung ferngeblieben ist (Art. 53 pln.VglO) und das Vergleichsgericht deshalb das Verfahren eingestellt hat[74]. Die Einstellung eines früheren Vergleichsverfahrens aus dem Grund, daß auch bei der zweiten Gläubigerversammlung nicht die erforderliche Anzahl an Gläubigern erschienen ist (Art. 52 § 2 Satz 2 pln.VglO) oder daß mangels der erforderlichen Mehrheiten der Vergleich nicht angenommen wurde (Art. 60 pln.VglO), wird dagegen von Art. 2 Nr. 4 pln.VglO grundsätzlich nicht erfaßt, es sei denn, daß das Nichtzustandekommen des Vergleichs aus diesen Gründen auf ein vorwerfbares Verhalten des Schuldners zurückzuführen ist[75].

Das ursprünglich von Art. 2 Nr. 1 a. F. pln.VglO aufgestellte Erfordernis, daß der Schuldner sein Unternehmen vor der Entscheidung des

---

lehnen, wenn der letzte Vergleich oder Zwangsvergleich länger als fünf Jahre zurückliegt, vgl. *Gurgul*, Konkurs- und Vergleichsrecht, Rdnr. 7 zu Art. 178 pln.KO, S. 588.

73 Dieser Fall wird im Zwangsvergleichsrecht von Art. 178 Nr. 2 pln.KO erfaßt.

74 In den Fällen der Art. 23 und 53 pln.VglO erfolgt die Einstellung zwingend, in den übrigen Fällen liegt sie im Ermessen des Vergleichsgerichts, vgl. *Allerhand*, Kommentar zum Vergleichsrecht, Anm. 17 zu Art. 2; *Korzonek*, Konkurs- und Vergleichsrecht II, S. 274 f.

75 *Korzonek*, Konkurs- und Vergleichsrecht II, S. 275; *Gurgul*, Konkurs- und Vergleichsrecht, Rdnr. 12 zu Art. 3 pln.VglO, S. 769.

Gerichts über den Vergleichsantrag mindestens drei Jahre betrieben haben muß[76], wurde durch Gesetz vom 27.7.1990[77] fallengelassen.

c) Gläubigermehrheit als Vergleichsvoraussetzung?

Ähnlich wie im Konkursrecht[78] wurde in der Vergangenheit auch im Vergleichsrecht aufgrund der Verwendung der Mehrzahl des Wortes „Schuld" (dług) in Art. 1 pln.VglO das Vorhandensein mehrerer Gläubiger für die Eröffnung eines Vergleichsverfahrens als erforderlich angesehen[79]. Dem wird zu Recht entgegnet, daß ein Bedürfnis nach einer gerichtlich beaufsichtigten Schuldenregulierung, wie sie das Vergleichsrecht ermöglicht, unabhängig von der Anzahl der Gläubiger anzuerkennen sei[80].

d) Bestehen mindestens einer Vergleichsforderung

Von den Wirkungen eines angenommenen und gerichtlich bestätigten Vergleichs sind nicht alle gegen den Schuldner gerichteten Forderungen betroffen. Vielmehr nimmt Art. 4 § 1 pln.KO alle vom Anwendungsbereich der pln.AO erfaßten Steuern und Gebühren einschließlich Zinsen und Vollstreckungskosten (Nr. 1), laufende und rückständige Sozial- und Pflichtvermögensversicherungsbeiträge[81] für das der Vergleichseröffnung vorangehende Jahr (Nr. 2), Forderungen aus einem Arbeitsvertrag

---

76 Siehe hierzu *Allerhand*, Kommentar zum Vergleichsrecht, Anm. 3 ff. zu Art. 2; *Korzonek*, Konkurs- und Vergleichsrecht II, S. 272; *Stein/Thaler/Bulwa*, Konkurs- und Vergleichsrecht, Anm. 2 f. zu Art. 2 pln.VglO, S. 200.

77 Dz.U. 1990, Nr. 55, Pos. 320.

78 Vgl. Teil 3, Abschnitt B 3. c).

79 *Arnold*, Vergleichsverfahrensrecht, Anm. 3 zu Art. 1, S. 5.

80 *Allerhand*, Kommentar zum Vergleichsrecht, Anm. 8 zu Art. 1; *Srzednicki/Sokołowicz/Matura*, Vergleichsrecht in der Praxis, S. 21.

81 Unter Pflichtvermögensversicherungen (obowiązkowe ubezpieczenia majątkowe) sind gemäß Art. 4 VersTG die Kfz-Haftpflichtversicherung (Nr. 1), die Feuerversicherung für Gebäude eines landwirtschaftlichen Betriebes (Nr. 2), die Haftpflichtversicherung für Landwirte (Nr. 3) sowie andere kraft Gesetzes oder völkerrechtlichen Vertrages bestehende Pflichtversicherungen (Nr. 4) zu verstehen, wobei als andere Versicherungen i. S. des Art. 4 Nr. 4 VersTG beispielsweise die für Betreiber atomarer Anlagen, für Wirtschaftsprüfer, Steuerberater, Gerichtsvollzieher, Organisatoren von Massenveranstaltungen und für Sportvereine zugunsten ihrer Mitglieder vorgesehenen Pflichtversicherungen gelten, vgl. *Gurgul*, Konkurs- und Vergleichsrecht, Rdnrn. 15 f. zu Art. 4 pln.VglO, S. 777 f.

(Nr. 3), Forderungen aus einem Renten- oder Leibrentenvertrag und Unterhaltsforderungen (Nr. 4), durch ein Pfandrecht gesicherte Forderungen (Nr. 5), durch eine Hypothek gesicherte Forderungen, sofern nicht die Hypothek im letzten Monat vor Eröffnung des Vergleichsverfahrens bestellt wurde (Nr. 6), sowie Gebühren und Geldstrafen, die in Zusammenhang stehen mit der Ablagerung von Abfällen auf einer Mülldeponie (Nr. 7), dem Ausstoß verunreinigender Substanzen in die Luft (Nr. 8) oder der Sondernutzung von Gewässern (Nr. 9)[82], vom Vergleichsverfahren aus. Ebensowenig nehmen Forderungen am Vergleichsverfahren teil, die auf die Herausgabe von Vermögen gerichtet sind, das im Falle eines Konkurses nicht Teil der Konkursmasse wäre (Art. 4 § 2 pln.VglO). Vom Vergleichsverfahren ausgeschlossen sind gemäß Art. 28 § 1 Satz 3 pln.VglO darüber hinaus solche Forderungen, die der Schuldner während des eröffneten Vergleichsverfahrens mit Genehmigung des gerichtlichen Aufsehers oder unter Einhaltung der Grenzen der gewöhnlichen Verwaltung begründet hat. Für Forderungen, die aus gegenseitigen, beiderseits noch nicht vollständig erfüllten Verträgen herrühren, sieht die polnische Vergleichsverordnung anders als der frühere § 36 dt. VglO[83] oder § 20a der geltenden österreichischen Ausgleichsordnung[84] keinen Ausschluß der Vergleichswirkungen vor.

Sind alle Verbindlichkeiten des Schuldners gemäß Art. 4 pln.VglO von einem Vergleichsverfahren ausgeschlossen, so sind keine Gläubiger vorhanden, die berechtigt wären, über die Annahme eines Vergleichs in der Gläubigerversammlung abzustimmen. Als ungeschriebene Voraussetzung für die Eröffnung eines Vergleichsverfahrens wird daher das

---

82 Unter der Sondernutzung (szczególne korzystanie) von Gewässern ist gemäß Art. 37 des Wasserrechtsgesetzes (WasserR) vom 18.7.2001, Dz.U. 2001, Nr. 115, Pos. 1229; Nr. 154, Pos. 1803 jede Nutzung zu verstehen, die nicht allgemeine Nutzung i. S. der Art. 34 f. WasserR oder gewöhnliche Nutzung i. S. des Art. 36 WasserR ist. Insbesondere fällt unter die Sondernutzung die Oberflächen- und Grundwasserentnahme, die Einleitung von Abwässern in das Wasser und die Erde, die Verlegung von Gewässern und die künstliche Zuführung von Grundwasser, die Stauung und Rückhaltung von Binnengewässern, die Nutzung zu Zwecken der Energiegewinnung, die Nutzung zu Zwecken der Schiffahrt und der Flößerei, die Gewinnung von Stein, Kies, Sand und anderen Materialien sowie das Entfernen von Pflanzen aus den Gewässern oder dem Uferbereich und die Fischerei in Binnengewässern.

83 Hierzu: *Gottwald/Uhlenbruck*, Insolvenzrechtshandbuch (1990), § 73, Rdnr. 28 ff., S. 715 ff.

84 Siehe zu dieser Bestimmung *Rechberger/Thurner*, Insolvenzrecht, Rdnr. 432, S. 125.

Bestehen mindestens einer gegen den Schuldner gerichteten Forderung angesehen, die nicht von der Aufzählung des Art. 4 pln.VglO erfaßt wird und damit am Vergleichsverfahren teilnimmt[85]. Dabei ist zu beachten, daß trotz des zu weiten Wortlauts des Art. 4 § 1 Nr. 5, 6 pln.VglO an Vermögensgegenständen des Schuldners dinglich gesicherte persönliche Forderungen[86] am Vergleichsverfahren insoweit teilnehmen, wie der Gläubiger mit seiner Sicherheit bereits ausgefallen ist bzw. noch während des eröffneten Vergleichsverfahrens ausfällt[87]. Wird der dinglich belastete Gegenstand im Wege des Zwangsvollstreckungsverfahrens verwertet, so erlöschen nämlich gemäß Art. 879, 1000 § 1 ZVGB die an ihm bestellten Pfandrechte und Hypotheken, so daß der dann noch unerfüllte Teil der persönlichen Forderung keine dinglich gesicherte Forderung i. S. des Art. 4 § 1 Nr. 5, 6 pln.VglO mehr darstellt und damit am Vergleichsverfahren teilnimmt. Entgegen *Allerhand*[88] und *Marciniak*[89] muß aber auch dann, wenn das Sicherungsrecht noch besteht, der Teil der persönlichen Forderung, den das Sicherungsrecht aller Voraussicht nach nicht abdecken wird, im Vergleichsverfahren als ungesicherte Forderung behandelt werden. Folgte man der gegenteiligen Auffassung, so würde das Vergleichsverfahren eine „Veredelung" nachrangiger oder an einem geringwertigen Gegenstand bestellter Sicherheiten bewirken, sofern das Sicherungsrecht nicht noch während des eröffneten Vergleichsverfahrens bis zur Abstimmung über die Annahme des Vergleichs zum Erlöschen gebracht wird. Solange das Sicherungsrecht besteht, könnte der Gläubiger sonst nämlich ungeachtet des Ranges seines Sicherungsrechts und des Wertes des belasteten Gegenstandes auch während des eröffneten Vergleichsverfahrens aus seiner persönlichen Forderung in voller Höhe die Zwangsvollstreckung in das gesamte Vermögen des Schuldners betreiben und müßte bei der Geltendmachung seiner persönlichen Forderung nach Annahme und Bestätigung des Vergleichs die

---

85 *Allerhand*, Kommentar zum Vergleichsrecht, Anm. 7 zu Art. 1.

86 Gegen den Schuldner gerichtete persönliche Forderungen, für die nur Sicherheiten an Vermögensgegenständen Dritter bestehen, werden von Art. 4 Nr. 5, 6 pln.VglO nicht erfaßt und nehmen daher am Vergleichsverfahren teil, *Korzonek*, Konkurs- und Vergleichsrecht II, S. 280.

87 *Allerhand*, Kommentar zum Vergleichsrecht, Anm. 15 zu Art. 4; *Pawłyszcze*, PPH 3/1994, S. 1 [5]; *Marciniak*, FS Broniewicz, S. 249 [257].

88 S. o. Fn. 87.

89 S. o. Fn. 87.

darin enthaltenen Ratenzahlungs-, Stundungs- und Erlaßabreden nicht gegen sich gelten lassen. Hierdurch würde das Sicherungsrecht sowohl zum Nachteil der ungesicherten Gläubiger als auch zu Lasten der Sanierungsaussichten für das Unternehmen und damit letztlich auch zu Lasten der Funktionsfähigkeit des Vergleichsverfahrens als einem Instrument der Unternehmensrestrukturierung überbewertet. Befürwortet man aus diesem Grund eine Erstreckung der Wirkungen des Vergleichs auch auf eine dinglich gesicherte persönliche Forderung, soweit der Gläubiger mit seiner Sicherheit voraussichtlich ausfallen wird, so muß der Gläubiger auch berechtigt sein, sich an der Abstimmung über die Annahme des somit auch ihn betreffenden Vergleichs zu beteiligen. Art. 49 pln.VglO zufolge setzt eine Beteiligung an der Abstimmung allerdings die Aufnahme der Forderung in die gemäß Art. 41 pln.VglO vom Richter-Kommissar aufzustellende Forderungsliste voraus, sofern der Gläubiger keine rechtskräftige, das Bestehen der Forderung bestätigende Gerichtsentscheidung vorlegen kann (Art. 50 § 2 pln.VglO). Eine Eintragung in die Forderungsliste kann der Gläubiger gemäß Art. 46 § 2 pln.VglO nur erreichen, indem er auf sein Sicherungsrecht verzichtet, wobei es ihm freisteht, den Verzicht auf das Sicherungsrecht nur für den Teil der Forderung zu erklären, für den er eine Befriedigung aus dem Sicherungsrecht ohnehin nicht erwartet[90]. Sein Stimmrecht bemißt sich dann nach diesem Teilbetrag, was im Ergebnis der konkursrechtlichen Regelung des Art. 145 § 2 pln.KO nahekommt[91].

Wegen dieser Möglichkeit der Beteiligung dinglich gesicherter Gläubiger an der Abstimmung über die Annahme des Vergleichs steht die Tatsache, daß alle gegen den Schuldner gerichteten Forderungen von Art. 4 pln.VglO erfaßt werden, der Eröffnung des Vergleichsverfahrens dann nicht entgegen, wenn sich unter den Gläubigern mindestens ein dinglich gesicherter Gläubiger befindet, dessen persönliche Forderung gegen den Schuldner nicht auch den Nr. 1 - 4, 7, 8 oder 9 des Art. 4 § 1 pln.VglO unterfällt und der mit seiner dinglichen Sicherheit voraussichtlich zumindest teilweise ausfallen wird.

---

90 *Pawłyszcze*, PPH 3/1994, S. 1 [5].
91 Siehe zu dieser Bestimmung Teil 2, Abschnitt D 1. b).

3. *Sicherungsmaßnahmen im Eröffnungsverfahren*

Da der Eingang eines Vergleichsantrags bei Gericht für sich genommen keinerlei Auswirkungen auf laufende Zwangsvollstreckungsverfahren in das Vermögen des Schuldners hat, sondern Art. 29 § 2 pln.VglO die Einleitung oder Fortsetzung der Zwangsvollstreckung zur Durchsetzung einer Vergleichsforderung erst ab Eröffnung des Vergleichsverfahrens für unzulässig erklärt, gibt Art. 22 § 1 pln.VglO dem Schuldner während des Eröffnungsverfahrens die Möglichkeit, beim Vergleichsgericht zu beantragen, daß ein gegen ihn betriebenes Zwangsvollstreckungsverfahren angehalten wird. Das Anhalten eines Zwangsvollstreckungsverfahrens gemäß Art. 22 § 1 pln.VglO ist trotz gewisser Ähnlichkeiten nicht gleichzusetzen mit der Aussetzung der Zwangsvollstreckung, sondern stellt ein eigenes Rechtsinstitut dar[92]. Die für die Aussetzung der Zwangsvollstreckung geltenden Art. 818 - 821 ZVGB finden auf ein nach Art. 22 § 1 pln.VglO angehaltenes Zwangsvollstreckungsverfahren keine Anwendung[93]. Nicht angehalten werden darf die Zwangsvollstreckung aus einer gemäß Art. 4 pln.VglO nicht vom Vergleichsverfahren erfaßten Forderung[94]. Im Falle einer dinglich gesicherten Forderung (Art. 4 § 1 Nr. 5, 6 pln.VglO) darf nur die Zwangsvollstreckung in das sonstige Vermögen des Schuldners, nicht aber auch die Zwangsvollstreckung in den Sicherungsgegenstand angehalten werden[95].

---

92 *Korzonek*, Konkurs- und Vergleichsrecht III, S. 46; *Gurgul*, Konkurs- und Vergleichsrecht, Rdnr. 2 zu Art. 22 pln.VglO, S. 802.

93 *Allerhand*, Kommentar zum Vergleichsrecht, Anm. 4 zu Art. 22; *Świeboda*, Konkurs- und Vergleichsrecht, Anm. 2 zu Art. 22 pln.VglO, S. 302.

94 *Allerhand*, Kommentar zum Vergleichsrecht, Anm. 6 zu Art. 22; *Arnold*, Vergleichsverfahrensrecht, Anm. 6 zu Art. 22, S. 44; *Gawlas/Jonsik*, Konkurs- und Vergleichsrecht, S. 277; *Stein/Thaler/Bulwa*, Konkurs- und Vergleichsrecht, Anm. 2 zu Art. 22 pln.VglO, S. 250; *Korzonek*, Konkurs- und Vergleichsrecht III, S. 46; *Gurgul*, Konkurs- und Vergleichsrecht, Rdnr. 4 zu Art. 22 pln.VglO, S. 802. Nicht mit Art. 22 § 1 pln.VglO vereinbar ist dagegen die Auffassung von *Piasecki*, Konkurs- und Vergleichsrecht, Anm. 1 zu Art. 22 pln.VglO, S. 375, wonach auch die wegen einer nicht vom Vergleichsverfahren erfaßten Forderung betriebene Zwangsvollstreckung angehalten werden könne.

95 Umstritten, vgl. *Pawłyszcze*, PPH 3/1994, S. 1 [5]. Nach herrschender Meinung ist dagegen ein Anhalten der Zwangsvollstreckung zur Durchsetzung einer dinglich gesicherten Forderung nach Art. 22 pln.VglO gänzlich ausgeschlossen, vgl. *Allerhand*,

Die Zwangsvollstreckung darf nur unter der Voraussetzung angehalten werden, daß sie den Abschluß eines Vergleichs unmöglich macht oder erschwert. Da durch die Zwangsvollstreckung Vermögenswerte des Schuldners, die sonst zur anteiligen Befriedigung aller Vergleichsgläubiger zur Verfügung stünden, noch vor Vergleichseröffnung zum Zwecke der überproportionalen Befriedigung einzelner Gläubiger aufgebraucht werden, bedeutet die Fortführung eines Zwangsvollstreckungsverfahrens in aller Regel zumindest eine Erschwerung des Vergleichsabschlusses, zumal der Schuldner bei Fortsetzung der Zwangsvollstreckungsmaßnahmen oftmals nicht mehr in der Lage sein würde, den Gläubigern im Vergleichsverfahren die in den ursprünglichen Vergleichsvorschlägen vorgesehene Quote anzubieten. Hat dagegen der Vergleichsantrag des Schuldners ohnehin keine Aussicht auf Erfolg, so wird das Vergleichsgericht die Zwangsvollstreckung nicht anhalten[96]. Die Bestimmung des Art. 22 § 2 pln.VglO, wonach in Fällen, die keinen Aufschub dulden, der Vorsitzende entscheidet, ist nach geltendem Recht weitgehend bedeutungslos, da Art. 47 § 3 ZVGB i. V. m. Art. 7 pln.VglO grundsätzlich die Besetzung des Vergleichsgerichts mit einem Einzelrichter vorsieht[97].

Andere Sicherungsmaßnahmen als das Anhalten von Zwangsvollstreckungsverfahren läßt die polnische Vergleichsverordnung im Eröffnungsverfahren nicht zu[98].

4. Die Vergleichseröffnung

Vor der Entscheidung über den Vergleichsantrag kann das Vergleichsgericht von den Beteiligten Erklärungen verlangen, die Aufnahme von Beweisen anordnen oder eine Verhandlung anberaumen, zu welcher der Schuldner zu laden ist und während der auch die erschienenen Gläubiger angehört werden müssen (Art. 24 § 1 pln.VglO). Gibt das Gericht gemäß Art. 21 pln.VglO das Sachverständigengutachten eines Wirt-

---

Kommentar zum Vergleichsrecht, Anm. 6 zu Art. 22; *Gurgul*, Konkurs- und Vergleichsrecht, Rdnr. 4 zu Art. 22 pln.VglO, S. 802.

96 *Korzonek*, Konkurs- und Vergleichsrecht III, S. 47; *Gurgul*, Konkurs- und Vergleichsrecht, Rdnr. 7 zu Art. 22 pln.VglO, S. 803.

97 Siehe Teil 2, Abschnitt B 1. sowie *Gurgul*, Konkurs- und Vergleichsrecht, Rdnr. 9 zu Art. 2 pln.VglO, S. 803.

98 *Allerhand*, Kommentar zum Vergleichsrecht, Anm. 14 zu Art. 22.

schaftsprüfers in Auftrag, so ist der Schuldner gemäß Art. 9 § 2 pln.VglO verpflichtet, dem Wirtschaftsprüfer alles für die Erstellung des Gutachtens Erforderliche zugänglich zu machen und ihm insbesondere Einblick in die Geschäftsbücher, Rechnungen, Fakturen und Korrespondenzen zu gewähren. Für die Auswahl des Wirtschaftsprüfers gelten gemäß Art. 281 ZVGB i. V. m. Art. 7 pln.VglO die Bestimmungen der Art. 48 § 1, Art. 49 ZVGB über die Ausschließung und Ablehnung eines Richters entsprechend[99].

Das Vergleichsgericht kann außerdem vom Schuldner verlangen, daß dieser die Richtigkeit und Vollständigkeit seiner Angaben beeidet (Art. 10 § 1 pln.VglO). Die Nichtabgabe des Eides berechtigt das Gericht, den Vergleichsantrag als unzulässig zurückzuweisen (Art. 10 § 2 pln.VglO)[100].

Kommt das Gericht nach Erhebung der erforderlichen Beweise und Durchführung der Anhörungen zu dem Ergebnis, daß die Voraussetzungen für eine Eröffnung des Vergleichsverfahrens erfüllt sind, so erläßt es den Eröffnungsbeschluß, worin auch der Richter-Kommissar und der gerichtliche Aufseher bestimmt und die Termine für die Forderungsprüfung festgesetzt werden (Art. 25 § 1 Satz 1 pln.VglO). Die Termine sind so zu legen, daß die Forderungsprüfung innerhalb einer zweimonatigen Instruktionsfrist[101], gerechnet ab dem Datum der Vergleichseröffnung, abgeschlossen wird (Art. 25 § 1 Satz 2 pln.VglO). Der Eröffnungsbeschluß wird dem Schuldner und den Gläubigern an die vom Schuldner im Vergleichsantrag angegebene Adresse zugestellt (Art. 25 § 2 pln.VglO). Im Falle eines staatlichen Unternehmens erfolgt die Zustellung auch an das Gründungsorgan sowie an das zur Vertretung des Staatsschatzes berechtigte Organ (Art. 25 § 3 pln.VglO). Der Eröffnungsbeschluß wird darüber hinaus durch Aushang im Gerichtsgebäude und Abdruck in mindestens einer auflagenstarken Tageszeitung sowie im Gerichts- und Wirtschaftsanzeiger bekanntgemacht (Art. 25 § 4 i. V. m. Art. 17 pln.VglO).

---

[99] *Allerhand*, Kommentar zum Vergleichsrecht, Anm. 7 zu Art. 9.

[100] Der Eid kann auch noch nach Vergleichseröffnung verlangt werden. Dann berechtigt die Nichtabgabe des Eides durch den Schuldner das Vergleichsgericht zur Einstellung des Vergleichsverfahrens (Art. 10 § 2 a. E. pln.VglO).

[101] S. o. Fn. 54.

Die Aufgabe, für die Eintragung der Verfahrenseröffnung in allen Büchern und Registern zu sorgen, in denen Vermögensgegenstände des Schuldners geführt werden, obliegt anders als im Konkursverfahren, wo diese Zuständigkeit dem Konkursverwalter zufällt (Art. 95 pln.KO), gemäß Art. 27 pln.VglO dem Richter-Kommissar. Als Bücher und Register gelten insbesondere die Grundbücher, das Pfandrechtsregister, die verschiedenen Schiffsregister und das Luftfahrtregister[102]. Außerdem ist die Vergleichseröffnung gemäß Art. 44 Abs. 1 Nr. 5 LGRegG in das Unternehmerregister des Landes-Gerichtsregisters einzutragen[103], sofern der Schuldner im Unternehmerregister geführt wird[104].

C Das eröffnete Vergleichsverfahren

1. Die Wirkungen der Vergleichseröffnung

a) Verwaltungs- und Verfügungsbefugnis des Schuldners

Anders als die Konkurseröffnung bewirkt die Eröffnung des Vergleichsverfahrens nicht den Verlust der Verwaltungs- und Verfügungsbefugnis des Schuldners. Allerdings bedürfen Verpflichtungs- und Verfügungsgeschäfte, die der Schuldner zwischen dem Zeitpunkt der Vergleichseröffnung und der Rechtskraft der Vergleichsbestätigung durch das Vergleichsgericht vornimmt und die die Grenzen der gewöhnlichen Verwaltung überschreiten, der Zustimmung des gerichtlichen Aufsehers (Art. 28 § 1 Satz 1 pln.VglO). Fehlt die erforderliche Zustimmung und ist der Person, gegenüber der das Rechtsgeschäft vorgenommen wird, dies bewußt, so ist das Rechtsgeschäft ihr gegenüber unwirksam (Art. 28 § 1 Satz 2 pln.VglO). Auch die Veräußerung oder Belastung eines in Büchern oder Registern geführten Rechts des Schuldners kann ab dem Tage der Eintragung des Vermerks über die Vergleichseröffnung im

[102] *Gurgul*, Konkurs- und Vergleichsrecht, Rdnr. 4 zu Art. 27 pln.VglO, S. 811 f.

[103] Zur Rechtslage vor dem 1.1.2001: *Gurgul*, Konkurs- und Vergleichsrecht, Rdnrn. 1 f. zu Art. 27 pln.VglO, S. 810 f.

[104] Natürliche Personen einschließlich der Gesellschafter von Gesellschaften des Zivilrechts werden gemäß Art. 1a der Einführungsvorschriften zum LGRegG in der Fassung des Gesetzes vom 14.12.2001 (Dz.U. 2002, Nr. 1, Pos. 2) erst ab dem 1.1.2004 in das Unternehmerregister eingetragen.

betreffenden Buch oder Register ohne die Zustimmung des gerichtlichen Aufsehers gemäß Art. 28 § 2 pln.VglO nicht mehr wirksam vorgenommen werden.

Ob sich ein Rechtsgeschäft innerhalb der Grenzen der gewöhnlichen Verwaltung bewegt, ist nach den Umständen des Einzelfalles zu beurteilen[105]. Grundsätzlich wird sich der Einkauf der für die Aufrechterhaltung der Unternehmenstätigkeit notwendigen Ausgangsprodukte und der Verkauf von Endprodukten[106] sowie die Erfüllung von Verbindlichkeiten, die gemäß Art. 4 pln.VglO nicht vom Vergleichsverfahren erfaßt sind und daher ungeachtet der Vergleichseröffnung auch im Wege der Zwangsvollstreckung durchgesetzt werden könnten, in den Grenzen der gewöhnlichen Verwaltung bewegen. Auf die Zustimmung durch den gerichtlichen Aufseher finden die Bestimmungen des ZGB über die Zustimmung zu einem Rechtsgeschäft durch einen Dritten Anwendung[107]. Dies bedeutet einerseits, daß ein Rechtsgeschäft auch nachträglich vom gerichtlichen Aufseher genehmigt werden kann (Art. 63 § 1 ZGB) und andererseits, daß die Zustimmung des gerichtlichen Aufsehers der für das Rechtsgeschäft vorgeschriebenen Form bedarf (Art. 63 § 2 ZGB)[108].

Das Vergleichsgericht kann gemäß Art. 34 § 2 Satz 1 pln.KO dem Schuldner die Verwaltungsbefugnis auf Antrag des gerichtlichen Aufsehers vollständig entziehen und dem gerichtlichen Aufseher übertragen, wenn der Schuldner dem Aufseher eine ordnungsgemäße Aufsicht erschwert oder zum Schaden der Gläubiger handelt[109]. In diesen Fällen kommt ebenso eine Einstellung des Vergleichsverfahrens in Betracht (Art. 34 § 2 Satz 2 pln.VglO).

Die vom gerichtlichen Aufseher selbst sowie die mit dessen Zustimmung vom Schuldner während des Vergleichsverfahrens begründeten

---

105 *Arnold*, Vergleichsverfahrensrecht, Anm. 4 zu Art. 28, S. 55; *Korzonek*, Konkurs- und Vergleichsrecht III, S. 65; *Stein/Thaler/Bulwa*, Konkurs- und Vergleichsrecht, Anm. 5 zu Art. 28 pln.VglO, S. 263; *Świeboda*, Konkurs- und Vergleichsrecht, Anm. 3 zu Art. 28 pln.VglO, S. 309.

106 *Allerhand*, Kommentar zum Vergleichsrecht, Anm. 7 zu Art. 28; *Srzednicki/Sokołowicz/Matura*, Vergleichsrecht in der Praxis, S. 64.

107 *Piasecki*, Konkurs- und Vergleichsrecht, Anm. 5 zu Art. 28 pln.VglO, S. 382.

108 *Zedler*, Konkurs- und Vergleichsrecht, S. 363; *Gurgul*, Konkurs- und Vergleichsrecht, Rdnr. 13 zu Art. 28 pln.VglO, S. 816 f. entgegen *Świeboda*, Konkurs- und Vergleichsrecht, Anm. 4 zu Art. 28 pln.VglO, S. 309.

109 Hierzu *Zedler*, PS 4/2000, S. 19 ff.

Verbindlichkeiten stellen in einem Konkursverfahren, das innerhalb von drei Monaten nach Einstellung oder Beendigung des Vergleichs eröffnet wird, Masseforderungen i. S. des Art. 204 § 1 Nr. 2 pln.KO dar[110].

b) Vollstreckung und Schuldentilgung

Für die Zeit zwischen der Eröffnung des Vergleichsverfahrens und der Rechtskraft der Vergleichsbestätigung bzw. der Einstellung des Vergleichsverfahrens schließt Art. 29 § 1 pln.VglO die Erfüllung der Vergleichsforderungen aus. Ebensowenig dürfen Zwangsvollstreckungsverfahren zur Durchsetzung von Vergleichsforderungen innerhalb dieses Zeitraums begonnen oder fortgesetzt werden (Art. 29 § 1 Satz 1 pln.VglO). Vor der Vergleichseröffnung eingeleitete Zwangsvollstreckungsverfahren sind auszusetzen (Art. 29 § 2 Satz 2 pln.KO) und nach Rechtskraft des Beschlusses über die Vergleichsbestätigung einzustellen (Art. 70 § 3 pln.VglO). Wird das Vergleichsverfahren dagegen eingestellt, so kann der Gläubiger die Wiederaufnahme des nach Art. 29 § 2 Satz 2 pln.VglO ausgesetzten Zwangsvollstreckungsverfahrens verlangen[111]. Auch können keine gerichtlichen Hypotheken bestellt werden, worunter nach geltender Rechtslage die durch einstweilige Verfügung gemäß Art. 747 Nr. 2 ZVGB begründeten Zwangshypotheken, nicht dagegen die Zwangshypotheken nach Art. 34 ff. pln.AO[112] zu verstehen sind, da letztere ausschließlich der Sicherung von Steuerforderungen und von Beitragsforderungen der Sozialversicherungsanstalt dienen[113], die gemäß Art. 4 § 1 Nr. 1, 2 pln.VglO nicht vom Vergleichsverfahren erfaßt werden[114].

---

110 Vgl. Teil 5, Abschnitt C 2. a) sowie *Allerhand*, Kommentar zum Vergleichsrecht, Anm. 28 zu Art. 28; *Arnold*, Vergleichsverfahrensrecht, Anm. 8 zu Art. 28, S. 57.

111 *Allerhand*, Kommentar zum Vergleichsrecht, Anm. 9 zu Art. 29; *Korzonek*, Konkurs- und Vergleichsrecht III, S. 69; *Gurgul*, Konkurs- und Vergleichsrecht, Rdnr. 4 zu Art. 29 pln.VglO, S. 819; *Świeboda*, Konkurs- und Vergleichsrecht, Anm. 5 zu Art. 29 pln.VglO, S. 311.

112 Siehe Teil 5, Abschnitt C 2. b).

113 Siehe Art. 26 Abs. 4 des Gesetzes vom 13.10.1998 über das System der Sozialversicherungen (Dz.U. 1998, Nr. 137, Pos. 887 mit späteren Änderungen).

114 Vgl. *Allerhand*, Kommentar zum Vergleichsrecht, Anm. 8 zu Art. 29; *Korzonek*, Konkurs- und Vergleichsrecht III, S. 69; *Gurgul*, Konkurs- und Vergleichsrecht, Rdnr. 9 zu Art. 29 pln.VglO, S. 820.

Zwangsvollstreckungsverfahren zur Durchsetzung der in Art. 4 pln.VglO genannten, vom Vergleichsverfahren nicht erfaßten Forderungen können auch während des eröffneten Vergleichsverfahrens begonnen und fortgesetzt werden[115]. Bezüglich dinglich gesicherter Forderungen ist dagegen nur die Zwangsvollstreckung in den Sicherungsgegenstand und nicht auch in das übrige Vermögen des Schuldners zuzulassen[116].

c) Auswirkungen auf gerichtliche Erkenntnisverfahren

Art. 30 Satz 1 pln.VglO zufolge hindert die Eröffnung des Vergleichsverfahrens nicht die Möglichkeit der Einleitung neuer gerichtlicher Erkenntnisverfahren gegen den Schuldner. Daraus ist auch zu folgern, daß bereits anhängige Erkenntnisverfahren nach Eröffnung des Vergleichsverfahrens vom Schuldner weitergeführt werden können[117]. Der gerichtliche Aufseher tritt im Prozeß nur dann als Partei kraft Amtes an die Stelle des Schuldners, wenn ihm gemäß Art. 34 § 2 Satz 1 pln.VglO die Verwaltung über das Vermögen des Schuldners übertragen wurde[118]. Ansonsten bedürfen das Anerkenntnis, der Verzicht, der Abschluß eines gerichtlichen Vergleichs sowie die Anerkennung von Umständen (Geständnis) im Prozeß zu ihrer Wirksamkeit der Zustimmung des gerichtlichen Aufsehers (Art. 35 § 1 pln.VglO). Der gerichtliche Aufseher ist gemäß Art. 35 § 2 pln.VglO zudem berechtigt, zu jedem Zeitpunkt dem Gerichtsverfahren auf Seiten des Schuldners mit den Befugnissen eines Nebenintervenienten beizutreten, wobei die Bestimmung

---

115 *Gurgul*, Konkurs- und Vergleichsrecht, Rdnr. 8 zu Art. 19 pln.VglO, S. 820.

116 Umstritten, wie hier: *Pawłyszcze*, PPH 3/1994, S. 1 [5]. Dagegen soll nach herrschender Meinung unabhängig vom Rang des Sicherungsrechts und dem Wert des Sicherungsgegenstandes die Zwangsvollstreckung aus dinglich gesicherten persönlichen Forderungen auch während des eröffneten Vergleichsverfahrens in das gesamte Vermögen des Schuldners zulässig sein, so *Arnold*, Vergleichsverfahrensrecht, Anm. 5 zu Art. 4, S. 15; *Gurgul*, Konkurs- und Vergleichsrecht, Rdnr. 36 zu Art. 4 pln.VglO, S. 780. Siehe zu dieser Frage auch Teil 6, Abschnitt B 2. d).

117 *Allerhand*, Kommentar zum Vergleichsrecht, Anm. 4 zu Art. 30; *Korzonek*, Konkurs- und Vergleichsrecht III, S. 70; *Srzednicki/Sokołowicz/Matura*, Vergleichsrecht in der Praxis, S. 68; *Gurgul*, Konkurs- und Vergleichsrecht, Rdnr. 2 zu Art. 30 pln.VglO, S. 821.

118 *Gurgul*, Konkurs- und Vergleichsrecht, Rdnr. 8 zu Art. 35 pln.VglO, S. 834; *Zedler*, PS 4/2000, S. 19 [33].

des Art. 73 § 2 ZVGB über die einheitliche Streitgenossenschaft[119] Anwendung findet, derzufolge jede Prozeßhandlung eines Streitgenossen für und gegen die übrigen Streitgenossen wirkt.

Umstritten ist in der polnischen Literatur die Frage, ob sich der zugunsten des gerichtlichen Aufsehers in Art. 35 § 1 pln.VglO vorgesehene Zustimmungsvorbehalt sowie die Möglichkeit des Beitritts als Nebenintervenient nach Art. 35 § 2 pln.VglO nur auf solche gerichtlichen Verfahren bezieht, die vom Vergleichsverfahren erfaßte Forderungen zum Gegenstand haben[120], oder auf alle Gerichtsverfahren, an denen der Schuldner als Partei beteiligt ist[121]. Zu folgen ist der letztgenannten Auffassung. Der Zweck des Art. 35 pln.VglO besteht erkennbar darin, eine Auszehrung des Schuldnervermögens zu Lasten der Befriedigungsaussichten der Vergleichsgläubiger zu verhindern. Eine für den Schuldner nachteilige Prozeßhandlung beeinträchtigt dessen Haftungsmasse jedoch unabhängig davon, ob im Prozeß über eine Vergleichsforderung oder eine gemäß Art. 4 pln.VglO vom Vergleichsverfahren ausgeschlossene Forderung gestritten wird. Wie sich aus der Erwähnung des Verzichts in Art. 35 § 1 pln.VglO ergibt, gilt Art. 35 pln.VglO zudem auch für Aktivprozesse des Schuldners, bei denen eine Unterscheidung nach vom Vergleichsverfahren erfaßten und gemäß Art. 4 pln.VglO nicht erfaßten Forderungen ohnehin nicht möglich ist.

d) Aufrechnung

Die Vergleichseröffnung läßt bereits bestehende Aufrechnungslagen unberührt. Gemäß Art. 39 pln.VglO ist die Aufrechnung unzulässig, wenn der Gläubiger erst nach Vergleichseröffnung zum Schuldner des Vergleichsschuldners wurde (Nr. 1) oder wenn der Gläubiger seine vor Vergleichseröffnung entstandene Forderung gegen den Vergleichsschuldner erst nach Vergleichseröffnung im Wege der Abtretung oder

---

[119] Polnische Bezeichnung: „współuczestnictwo jednolite".

[120] *Allerhand*, Kommentar zum Vergleichsrecht, Anm. 12 zu Art. 35; *Piasecki*, Konkurs- und Vergleichsrecht, Anm. 2 zu Art. 35 pln.VglO, S. 389.

[121] *Arnold*, Vergleichsverfahrensrecht, Anm. 2 zu Art. 35, S. 69; *Stein/Thaler/Bulwa*, Konkurs- und Vergleichsrecht, Anm. 1 zu Art. 35 pln.VglO, S. 278 f.; *Korzonek*, Konkurs- und Vergleichsrecht III, S. 82; *Zedler*, Konkurs- und Vergleichsrecht, S. 364; *Gurgul*, Konkurs- und Vergleichsrecht, Rdnrn. 1 f. zu Art. 35 pln.VglO, S. 832 f.

des Indossaments erworben hat, es sei denn, die Forderung ist aufgrund der Bezahlung einer Schuld auf den Gläubiger übergegangen, für welche dieser einem Dritten persönlich oder dinglich haftete, und seine Haftung für die Schuld wurde vor dem Datum des Eingangs des Vergleichsantrags bei Gericht begründet (Nr. 2). Gegen den Vergleichsschuldner gerichtete Forderungen, die nicht vom Vergleichsverfahren erfaßt werden, sind vom Aufrechnungsverbot des Art. 39 pln.VglO ausgenommen[122]. Dies gilt insbesondere für die nach Eröffnung des Vergleichsverfahrens entstandenen Forderungen (Art. 28 § 1 Satz 3 pln.VglO), die Art. 39 Nr. 2 pln.VglO ausdrücklich vom Aufrechnungsverbot ausnimmt[123].

Nach der Rechtsprechung des Obersten Gerichts bestehen die Aufrechnungsverbote des Art. 39 pln.VglO nicht nur bis zur rechtskräftigen Bestätigung des Vergleichs[124], sondern bis zur Beendigung des Vergleichsverfahrens gemäß Art. 78 pln.VglO nach vollständiger Erfüllung aller Vergleichsforderungen durch den Schuldner[125]. Ergibt sich allerdings unter Beachtung der Ratenzahlungs-, Stundungs- und Erlaßvereinbarungen des rechtskräftig bestätigten Vergleichs eine neue Aufrechnungslage, so stehen die Interessen der übrigen Vergleichsgläubiger einer solchen Aufrechnung nicht entgegen. In einem solchen Fall sollte die Aufrechnung daher auch bereits vor der Beendigung des Vergleichsverfahrens zugelassen werden. Mit Rechtskraft der Einstellung des Vergleichsverfahrens entfallen die Aufrechnungsverbote des Art. 39 pln.VglO[126].

---

122 *Allerhand*, Kommentar zum Vergleichsrecht, Anm. 1 zu Art. 39; *Arnold*, Vergleichsverfahrensrecht, Anm. 2 zu Art. 39, S. 77; *Gawlas/Jonsik*, Konkurs- und Vergleichsrecht, S. 298; *Stein/Thaler/Bulwa*, Konkurs- und Vergleichsrecht, Anm. 1 zu Art. 39 pln.VglO, S. 289; *Gurgul*, Konkurs- und Vergleichsrecht, Rdnr. 9 zu Art. 39 pln.VglO, S. 840.

123 *Gurgul*, Konkurs- und Vergleichsrecht, Rdnr. 10 zu Art. 39 pln.VglO, S. 840.

124 So *Allerhand*, Kommentar zum Vergleichsrecht, Anm. 12 zu Art. 39; *Arnold*, Vergleichsverfahrensrecht, Anm. 3 zu Art. 39, S. 77.

125 Urteil des Obersten Gerichts vom 12.5.1998 – II CKN 745/97, OSNIC 1/1999, Pos. 9, S. 33 = OSP 1/1999, Pos. 7, S. 15 f. = PPH 8/1999, S. 49 ff. mit Anm. *Litwińska*. Siehe auch *Pogonowski*, Prawo Spółek 4/2001, S. 40 [47 f.].

126 *Arnold*, Vergleichsverfahrensrecht, Anm. 2 zu Art. 39, S. 77.

2. *Die Anmeldung und Prüfung der Vergleichsforderungen*

Aus Sicht des Vergleichsgläubigers ist die Bedeutung der Anmeldung und Prüfung der Vergleichsforderungen und ihre anschließende Eintragung in die Forderungsliste eine zweifache. Zum einen entscheiden die Eintragungen in der Forderungsliste vorbehaltlich der Sonderregelung des Art. 50 § 2 pln.VglO (titulierte Vergleichsforderungen) darüber, ob und mit welchem Betrag ein Vergleichsgläubiger in der Gläubigerversammlung über die Annahme des Vergleichs abstimmen darf, wobei die Forderungsliste die Grundlage für die Berechnung der für die Annahme des Vergleichs erforderlichen Mehrheiten bildet (Art. 57 pln.VglO). Zum anderen stellt ein Auszug aus der Forderungsliste zusammen mit dem rechtskräftigen Beschluß über die Bestätigung des Vergleichs einen Exekutionstitel zugunsten der Vergleichsgläubiger dar, sofern nicht der Schuldner die Forderung im Eröffnungsverfahren oder im eigentlichen Vergleichsverfahren bestritten hat (Art. 69 pln.VglO)[127]. Dagegen entscheidet der Inhalt der Forderungsliste grundsätzlich nicht darüber, welche Forderungen von den Wirkungen des bestätigten Vergleichs betroffen sind[128]. Vielmehr erstrecken sich die Vergleichswirkungen gemäß Art. 67 § 1 pln.VglO auch auf die nicht in die Forderungsliste eingetragenen Vergleichsforderungen, soweit nicht der Schuldner eine Forderung vorsätzlich verschwiegen hat (Art. 67 § 2 pln.VglO).

Gemäß Art. 25 § 1 pln.VglO bestimmt das Vergleichsgericht die Termine für die Forderungsprüfung bereits im Eröffnungsbeschluß. Der in Art. 25 § 1 pln.VglO gebrauchte Begriff „termin“ bedeutet sowohl „Frist“ als auch „Termin“[129] und ist hier durchaus im doppelten Wortsinne zu verstehen: Die Forderungsprüfung ist gemäß Art. 40 pln.VglO dem Richter-Kommissar übertragen. Da bei der Forderungsprüfung die Gläubiger anwesend sein können[130], erfolgt sie im Rahmen mehrerer vom Richter-Kommissar geleiteter Gerichtstermine[131], deren Anzahl von der Zahl der voraussichtlich zu prüfenden Forderungen abhängt. Im Eröffnungsbeschluß muß auch festgelegt werden, welche Forderungen in

---

[127] *Pawłyszcze*, PPH 3/1994, S. 1.

[128] *Jakubecki*, PS 9/1998, S. 116 [120]; *Pawłyszcze*, PPH 3/1994, S. 1.

[129] Vgl. etwa *Kilian/Hanckel*, Rechtspolnisch I, S. 357 f.; *Köbler/Sobiecka*, Rechtspolnisch, S. 264.

[130] *Gurgul*, Konkurs- und Vergleichsrecht, Rdnr. 4 zu Art. 40 pln.VglO, S. 841.

[131] *Allerhand*, Kommentar zum Vergleichsrecht, Anm. 8 zu Art. 25.

welchem Gerichtstermin geprüft werden. Dabei bietet sich eine Verteilung der Forderungen auf die einzelnen Gerichtstermine etwa anhand der Rechtsgrundlage der Forderungen, der Forderungshöhe[132] oder nach dem Anfangsbuchstaben des Nachnamens bzw. der Firma des jeweiligen Gläubigers an. Die so für die einzelnen Forderungen festgesetzten Prüftermine stellen gemäß Art. 37 § 1 pln.VglO zugleich Fristen für die Anmeldung der im jeweiligen Termin zu prüfenden Forderungen dar. Nach Ablauf der jeweiligen Frist (Durchführung des jeweiligen Prüftermins) kann eine Forderung nur noch unter der Voraussetzung angemeldet und in die Forderungsliste aufgenommen werden, daß der Gläubiger die Fristversäumung nicht verschuldet hat (Art. 48 pln.VglO)[133]. Unabhängig von der Anmeldung der Forderung und ihrer Aufnahme in die Forderungsliste kann ein Gläubiger aber auch dann an der Abstimmung in der Gläubigerversammlung teilnehmen, wenn das Bestehen seiner Forderung aus einer rechtskräftigen Gerichtsentscheidung hervorgeht (Art. 50 § 2 pln.VglO).

In der Forderungsanmeldung, die den Formerfordernissen eines Prozeßschriftsatzes gemäß Art. 126 ff. ZVGB i. V. m. Art. 7 pln.VglO genügen muß[134], hat der Gläubiger die Summe sowie den Rechtsgrund der Forderung anzugeben und Beweise zu benennen. Ein im Ausland wohnhafter Gläubiger hat zudem eine Zustelladresse in Polen anzugeben (Art. 38 pln.VglO). Andernfalls verbleiben gemäß Art. 1135 § 2 ZVGB i. V. m. Art. 7 pln.VglO die für den Gläubiger bestimmten Schriftstücke in den Akten und gelten dennoch als zugestellt, worüber der Gläubiger allerdings bei der ersten Zustellung zu belehren ist[135].

Anders als im Konkursverfahren stellt die Forderungsanmeldung keine notwendige Voraussetzung für die Aufnahme in die Forderungsliste dar. Art. 41 pln.VglO zufolge hat der Richter-Kommissar solche Vergleichsforderungen, deren Bestand sich aus den Büchern des Schuldners ergibt, sowie solche, für die ein unbestrittener Titel besteht oder die

---

[132] *Allerhand*, a. a. O. (Fn. 131).

[133] *Gurgul*, Konkurs- und Vergleichsrecht, Rdnr. 2 zu Art. 48 pln.VglO, S. 852.

[134] *Świeboda*, Konkurs- und Vergleichsrecht, Anm. 3 zu Art. 37 pln.VglO, S. 317; *Piasecki*, Konkurs- und Vergleichsrecht, Anm. 3 zu Art. 37 pln.VglO, S. 391; *Gurgul*, Konkurs- und Vergleichsrecht, Rdnr. 3 zu Art. 37 pln.VglO, S. 837.

[135] *Świeboda*, Konkurs- und Vergleichsrecht, Anm. 1 zu Art. 38 pln.VglO, S. 317 f.; *Piasecki*, Konkurs- und Vergleichsrecht, Anm. 2 zu Art. 38 pln.VglO, S. 392; *Gurgul*, Konkurs- und Vergleichsrecht, Rdnr. 1 zu Art. 38 pln.VglO, S. 838.

vom Schuldner in der gemäß Art. 19 § 1 Nr. 4 pln.VglO dem Vergleichsantrag beizufügenden Gläubigerliste genannt wurden und keine Zweifel erwecken, auch ohne Anmeldung in die Forderungsliste aufzunehmen.

In welcher Höhe die Vergleichsforderungen in die Forderungsliste einzutragen sind, ist in Art. 41 Satz 2 - Art. 45 pln.VglO festgelegt. Hiernach sind bei verzinslichen Forderungen die bis zum Tage der Vergleichseröffnung aufgelaufenen Zinsen der Hauptforderung zuzurechnen (Art. 41 Satz 2 pln.VglO). Aufschiebend oder auflösend bedingte[136] oder noch nicht fällige Forderungen werden ohne Abzinsung[137] in die Forderungsliste eingetragen (Art. 42 pln.VglO). Ein Recht auf wiederkehrende, für einen bestimmten Zeitraum geschuldete Leistungen wird ebenfalls ohne Abzinsung mit der Gesamtsumme aller Teilleistungen eingetragen, ein Recht auf zeitlich unbefristete wiederkehrende Leistungen dagegen mit dem Wert des Rechts am Tage der Vergleichseröffnung[138].

Nicht auf Geld gerichtete Forderungen sind mit ihrem Geldwert am Tage der Vergleichseröffnung in die Forderungsliste einzutragen (Art. 44 pln.VglO). Eine Umwandlung in eine Geldforderung wie nach Art. 32 § 2 pln.KO geht mit der Vergleichseröffnung allerdings nicht einher. Kommt kein Vergleich zustande, so ist der Gläubiger nach Einstellung des Vergleichsverfahrens berechtigt, vom Schuldner die ursprünglich geschuldete Sachleistung zu verlangen[139]. Auch eröffnet Art. 44 pln. VglO anders als Art. 32 § 2 pln.KO keine zusätzlichen Aufrechnungsmöglichkeiten[140]. Erst mit Rechtskraft der Vergleichsbestätigung

---

136 *Allerhand*, Kommentar zum Vergleichsrecht, Anm. 1 zu Art. 90; *Korzonek*, Konkurs- und Vergleichsrecht III, S. 96; *Stein/Thaler/Bulwa*, Konkurs- und Vergleichsrecht, Anm. 1 zu Art. 42 pln.VglO, S. 295; *Świeboda*, Konkurs- und Vergleichsrecht, Anm. 1 zu Art. 42 pln.VglO, S. 320; *Gurgul*, Konkurs- und Vergleichsrecht, Rdnr. 1 zu Art. 42 pln.VglO, S. 843.

137 *Allerhand*, Kommentar zum Vergleichsrecht, Anm. 2 zu Art. 42; *Arnold*, Vergleichsverfahrensrecht, Anm. 1 zu Art. 42, S. 81 f.; *Gurgul*, Konkurs- und Vergleichsrecht, Rdnr. 4 zu Art. 42 pln.VglO, S. 844 jeweils unter Hinweis auf die abweichende konkursrechtliche Bestimmung des Art. 156 pln.KO.

138 Die fehlende Bonität des Schuldners hat bei der nach versicherungsmathematischen Methoden vorzunehmenden Berechnung des Wertes selbstverständlich außer Betracht zu bleiben.

139 *Allerhand*, Kommentar zum Vergleichsrecht, Anm. 3 zu Art. 44; *Gurgul*, Konkurs- und Vergleichsrecht, Rdnr. 4 zu Art. 44 pln.VglO, S. 846.

140 Vgl. Teil 4, Abschnitt F 2.

wandelt sich die ursprüngliche Sachforderung in eine Geldforderung um, auf die dann die Stundungs-, Ratenzahlungs- und Teilerlaßvereinbarungen des bestätigten Vergleichs anzuwenden sind[141].

Auf ausländische Währungen lautende Forderungen werden ungeachtet ihres Fälligkeitstermins mit ihrem Geldwert in polnischer Währung in die Forderungsliste aufgenommen, wobei der am Tage der Vergleichseröffnung von der Polnischen Nationalbank bekanntgegebene Wechselkurs maßgeblich ist (Art. 45 pln.VglO).

3. *Die Annahme des Vergleichs in der Gläubigerversammlung*

Innerhalb einer einmonatigen Instruktionsfrist[142], gerechnet ab dem letzten Termin für die Forderungsprüfung, hat gemäß Art. 50 § 1 Satz 2 pln.VglO die Gläubigerversammlung stattzufinden. Neben den in der Forderungsliste eingetragenen Gläubigern werden hierzu der Schuldner und der gerichtliche Aufseher geladen, und wenn der Schuldner ein staatliches Unternehmen ist, auch das Gründungsorgan und das den Staatsschatz vertretende Organ (Art. 50 § 1 Satz 1 pln.VglO). Das unberechtigte Fernbleiben des Schuldners bzw. seines Vertreters bei der Gläubigerversammlung führt zwingend zur Einstellung des Vergleichsverfahrens (Art. 53 pln.VglO).

Für die Beschlußfähigkeit der Gläubigerversammlung ist die Anwesenheit von mindestens der Hälfte der teilnahmeberechtigten Gläubiger erforderlich, wobei auch diejenigen Gläubiger, die ihre Stimme vor Beginn der Gläubigerversammlung schriftlich und mit beglaubigter Unterschrift abgegeben haben, als anwesend gelten (Art. 51 pln.VglO). Bei Beschlußunfähigkeit kann der Richter-Kommissar auf Antrag des Schuldners einen neuen Termin anberaumen, der noch in der ersten Gläubigerversammlung bekanntzugeben ist (Art. 52 § 1 pln.VglO). Der Zeitraum zwischen der ersten und der zweiten Versammlung muß mindestens eine Woche und darf höchstens zwei Wochen betragen (Art. 52 § 2 Satz 1 pln.VglO). Eine Terminierung der zweiten Versammlung unter Verstoß gegen Art. 52 § 2 Satz 1 pln.VglO führt zur Ablehnung der Vergleichsbestätigung, sofern der Verstoß wesentlichen Einfluß auf das

---

141 Vgl. in der deutschen Literatur: *Gottwald/Uhlenbruck*, Insolvenzrechtshandbuch (1990), § 74, Rdnr. 28, S. 728.

142 S. o. Fn. 54.

Abstimmungsergebnis haben konnte (Art. 64 Nr. 2 pln.VglO)[143]. Ist auch die zweite Versammlung nicht beschlußfähig, so wird das Vergleichsverfahren eingestellt (Art. 52 § 2 Satz 2 pln.VglO).

Gegenstand der Beratung und Abstimmung in der Gläubigerversammlung sind zunächst die gemäß Art. 19 Nr. 1, Art. 20 pln.VglO vom Schuldner zusammen mit dem Vergleichsantrag eingereichten Vergleichsvorschläge. Änderungs- und Ergänzungsvorschläge können vom Schuldner wie auch von Gläubigerseite eingebracht werden (Art. 55 § 1 pln.VglO). Im letzteren Fall werden sie allerdings nur mit Zustimmung des Schuldners Gegenstand der Beratung und Abstimmung (Art. 55 § 2 pln.VglO). Die Abstimmung über geänderte oder ergänzte Vergleichsvorschläge ist in derselben Gläubigerversammlung nur unter der Voraussetzung möglich, daß die Änderungen und Ergänzungen den Gläubigern ausschließlich Vorteile bringen. Andernfalls hat der Richter-Kommissar innerhalb eines Monats eine neue Versammlung einzuberufen, und den Gläubigern in der Benachrichtigung die veränderten Vergleichsvorschläge mitzuteilen (Art. 55 §§ 3, 4 pln.VglO). Abermalige Änderungen oder Ergänzungen der Vergleichsvorschläge sind in der erneut anberaumten Gläubigerversammlung unzulässig (Art. 55 § 5 pln.VglO).

Uneinheitlich beantwortet wird in der polnischen Literatur die Frage, ob sich auch die in der Gläubigerversammlung eingebrachten Änderungs- und Ergänzungsvorschläge im Rahmen der von Art. 20 §§ 1, 2 pln.VglO gesteckten inhaltlichen Grenzen halten müssen[144], oder ob in der Gläubigerversammlung auch solche Änderungs- und Ergänzungsvorschläge eingebracht und damit zum Bestandteil eines angenommenen und bestätigten Vergleichs werden können, die der Schuldner aufgrund des abschließenden Charakters des Art. 20 §§ 1, 2 pln.VglO nicht zum Bestandteil seiner dem Vergleichsantrag beizufügenden Vergleichsvorschläge machen darf[145]. Würden die Beschränkungen des Art. 20 §§ 1, 2 pln.VglO in der Gläubigerversammlung nicht mehr gelten, so wäre auch

---

143 *Allerhand*, Kommentar zum Vergleichsrecht, Anm. 6, 7 zu Art. 52; *Korzonek*, Konkurs- und Vergleichsrecht III, S. 111; *Gurgul*, Konkurs- und Vergleichsrecht, Rdnr. 4 zu Art. 52 pln.VglO, S. 859; *Świeboda*, Konkurs- und Vergleichsrecht, Anm. 2 zu Art. 52 pln.VglO, S. 327.

144 *Arnold*, Vergleichsverfahrensrecht, Anm. 1 zu Art. 55, S. 96; *Gawlas/Jonsik*, Konkurs- und Vergleichsrecht, S. 310; *Gurgul*, Konkurs- und Vergleichsrecht, Rdnr. 9 zu Art. 20 pln.VglO, S. 800.

145 *Wellisch*, PPC 1934, S. 737 [743]; *Strzępka*, Prawo Spółek 7-8/2000, S. 44 [45 f.].

der Abschluß eines in Art. 20 pln.VglO nicht vorgesehenen Liquidationsvergleichs[146] oder eine Konversion von Fremd- in Eigenkapital[147] im Wege des Vergleichs möglich. Entgegen *Wellisch*[148] und *Strzępka*[149] ist jedoch davon auszugehen, daß einem Vergleich, dessen Inhalt über die nach Art. 20 §§ 1, 2, Art. 70 § 1 a. E. pln.VglO zulässigen Elemente hinausgeht, die Bestätigung durch das Vergleichsgericht nach Art. 64 Nr. 1 pln.VglO zu versagen ist[150], so daß in der Gläubigerversammlung eingebrachte Änderungs- und Ergänzungsvorschläge nur dann zum Gegenstand der Verhandlung und Abstimmung gemacht werden dürfen, wenn sie sich innerhalb der von Art. 20 §§ 1, 2, Art. 70 § 1 a. E. pln.VglO gezogenen inhaltlichen Grenzen halten. Hierfür spricht entscheidend folgende Überlegung: Hätte der polnische Verordnungsgeber des Jahres 1934 oder der Reformgesetzgeber des Jahres 1990[151] auch andere als die in Art. 20 §§ 1, 2 pln.VglO genannten Vergleichsinhalte wie etwa Liquidationsvergleiche oder die Konversion von Fremd- in Eigenkapital als mögliche Bestandteile eines angenommenen und bestätigten Vergleichs zulassen wollen, so wäre es allein schon aus Sicht der Verfahrensökonomie nicht zu erklären, warum solche Vergleichsabreden erst in der Gläubigerversammlung als Änderungs- oder Ergänzungsvorschläge regelmäßig einhergehend mit der Notwendigkeit der Einberufung einer weiteren Versammlung (Art. 55 §§ 3, 4 pln.VglO) eingebracht werden dürfen und nicht bereits vom Schuldner zum Gegenstand seiner dem Vergleichsantrag beizufügenden Vergleichsvorschläge gemacht werden können. Auch wenn man die inhaltlichen Schranken des Art. 20 §§ 1, 2 pln.VglO mit einer gewissen Berechtigung als zu eng für eine erfolgreiche Unternehmenssanierung empfindet[152], würde man sich bei

---

146 *Allerhand*, Kommentar zum Vergleichsrecht, Anm. 1 zu Art. 20.

147 *Strzępka*, Prawo Spółek 7-8/2000, S. 44 [45 ff.].

148 PPC 1934, S. 737 [743].

149 Prawo Spółek 7-8/2000, S. 44 [45 f.].

150 *Allerhand*, Kommentar zum Vergleichsrecht, Anm. 3 zu Art. 64; *Arnold*, Vergleichsverfahrensrecht, Anm. 2 zu Art. 64, S. 109; *Korzonek*, Konkurs- und Vergleichsrecht III, S. 135; *Stein/Thaler/Bulwa*, Konkurs- und Vergleichsrecht, Anm. 2 zu Art. 64 pln.VglO, S. 328; *Świeboda*, Konkurs- und Vergleichsrecht, Anm. 1 zu Art. 64 pln.VglO, S. 335; *Gurgul*, Konkurs- und Vergleichsrecht, Rdnr. 4 zu Art. 64 pln.VglO, S. 878.

151 Art. 20 pln.VglO wurde durch Gesetz vom 27.7.1990 (Dz.U. 1990, Nr. 55, Pos. 320) novelliert.

152 Dies deutet bereits *Wellisch*, PPC 1934, S. 737 [743] an.

Zulassung solcher Änderungs- und Ergänzungsvorschläge, die sich nicht innerhalb der von Art. 20 §§ 1, 2, Art. 70 § 1 a. E. pln.VglO gesteckten Grenzen halten, dem Vorwurf der Gesetzesumgehung aussetzen. Helfen kann hier letztlich nur der Gesetzgeber durch eine Anpassung des Art. 20 pln.VglO an Art. 175 pln.KO, der für das Konkursverfahren keine abschließende Aufzählung der möglichen Zwangsvergleichsvorschläge enthält[153].

Für die Annahme des Vergleichs ist eine einfache Kopfmehrheit der anwesenden Gläubiger sowie eine Summenmehrheit von zwei Dritteln der zur Abstimmung berechtigenden Forderungen erforderlich (Art. 57 § 1 pln.VglO). Sehen die Vergleichsvorschläge einen Forderungserlaß von mehr als vierzig Prozent vor, so beträgt die erforderliche Summenmehrheit vier Fünftel. Von der Abstimmung ausgeschlossen sind die in Art. 58 Satz 1 pln.VglO genannten, dem Schuldner nahestehenden Personen bzw. seine Gesellschafter, wenn es sich beim Schuldner um eine Gesellschaft handelt, sowie gemäß Art. 58 Satz 2 pln.VglO Gläubiger, die ihre Forderungen erst nach Eingang des Vergleichsantrags bei Gericht von den in Art. 58 Satz 1 pln.VglO genannten Personen erworben haben. Kommt die erforderliche Mehrheit nicht zustande, so kann der Richter-Kommissar auf Antrag des Schuldners die Versammlung für höchstens zwei Wochen vertagen. Sofern ein Gläubiger der zweiten Abstimmung fernbleibt, wird seine bei der ersten Versammlung abgegebene Stimme bei der zweiten Abstimmung mitgezählt (Art. 59 § 2 pln.VglO). Aus diesem Grund dürfen der zweiten Abstimmung nur noch solche Änderungen oder Ergänzungen der Vergleichsvorschläge vorausgehen, die für die Gläubiger ausschließlich von Vorteil sind[154]. Kommen auch bei der zweiten Abstimmung nicht die für eine Annahme des Vergleichs erforderlichen Mehrheiten zustande, so stellt das Vergleichsgericht das Verfahren ein (Art. 60 pln.VglO).

---

[153] *Gurgul*, Konkurs- und Vergleichsrecht, Rdnr. 3 zu Art. 175 pln.KO, S. 582 f.

[154] *Allerhand*, Kommentar zum Vergleichsrecht, Anm. 5 zu Art. 59; *Gurgul*, Konkurs- und Vergleichsrecht, Rdnr. 6 zu Art. 59 pln.VglO, S. 871; *Świeboda*, Konkurs- und Vergleichsrecht, Anm. 4 zu Art. 59 pln.VglO, S. 332.

4. *Die Bestellung eines Sachwalters zur Überwachung der Vergleichserfüllung*

Art. 61 pln.VglO zufolge haben die Gläubiger im Falle der Annahme des Vergleichs mit der gleichen Stimmenmehrheit zu entscheiden, ob zur Überwachung der Vergleichserfüllung ein Sachwalter („Kurator") bestellt werden soll, und den Personenkreis, aus dem dieser vom Vergleichsgericht auszuwählen ist, zu bestimmen.

Der Wortlaut des Art. 61 pln.VglO legt nahe, daß die Gläubigerversammlung in zwei getrennten Abstimmungen zunächst über die Annahme des Vergleichs und erst dann über die Bestellung eines Sachwalters zu entscheiden hat. Dagegen empfiehlt *Allerhand*[155], über beide Fragen einheitlich abzustimmen. Für diese Ansicht spricht, daß manche Gläubiger nur unter der Bedingung zur Annahme eines Vergleichs bereit sein werden, daß ein Sachwalter die Vergleichserfüllung überwacht. Da diese Gläubiger im Falle zweier getrennter Abstimmungen befürchten müßten, daß zwar der Vergleich angenommen, aber anschließend kein Sachwalter bestellt wird, würden sie sich möglicherweise gezwungen sehen, von vornherein gegen die Annahme des Vergleichs zu stimmen[156]. Nur eine einheitliche Abstimmung über beide Fragen bietet diesen Gläubigern die nötige Sicherheit. Aus dem Wortlaut des Art. 61 pln.VglO folgt allerdings zwingend, daß die Bestellung eines Sachwalters keinen Bestandteil des Vergleichs darstellt. Die von Gläubigerseite ausgehende Initiative zur Bestellung eines Sachwalters stellt daher keine Änderung oder Ergänzung der Vergleichsvorschläge i. S. des Art. 55 § 2 pln.VglO dar und bedarf deshalb nicht der Zustimmung des Schuldners[157].

Die Bestellung des Sachwalters selbst obliegt nicht der Gläubigerversammlung, sondern dem Vergleichsgericht (Art. 72 Satz 1 pln.VglO). Dieses hat den Sachwalter aus dem von der Gläubigerversammlung be-

---

[155] Kommentar zum Vergleichsrecht, Anm. 2 zu Art. 61.

[156] *Allerhand*, a. a. O. (Fn. 155).

[157] *Stelmachowski*, Entwurfsbegründung Vergleichsverfahrensrecht, S. 43; *Arnold*, Vergleichsverfahrensrecht, Anm. 1a) zu Art. 61, S. 105; *Allerhand*, Kommentar zum Vergleichsrecht, Anm. 1 zu Art. 61; *Korzonek*, Konkurs- und Vergleichsrecht III, S. 129; *Gurgul*, Konkurs- und Vergleichsrecht, Rdnr. 1 zu Art. 61 pln.VglO, S. 873; nicht zu folgen ist dagegen *Wellisch*, PPC 1935, S. 25 [30], nach dessen Ansicht der Antrag auf Bestellung eines Sachwalters Bestandteil der Vergleichsvorschläge sein muß.

stimmten Personenkreis auszuwählen, der mindestens zwei Personen umfassen muß[158]. Als Sachwalter kann auch der bisherige gerichtliche Aufseher bestellt werden (Art. 72 Satz 2 pln.VglO), sofern dieser als ein möglicher Sachwalter im Beschluß der Gläubigerversammlung benannt wird.

5. Die Vergleichsbestätigung

Der Bestätigung des Vergleichs geht eine mündliche Verhandlung vor dem Vergleichsgericht voraus, dessen Termin der Richter-Kommissar nach Annahme des Vergleichs noch in der Gläubigerversammlung bekannt gibt (Art. 63 § 1 pln.VglO). Nach Durchführung der mündlichen Verhandlung entscheidet das Vergleichsgericht im Beschlußwege über die Bestätigung des Vergleichs.

a) Zwingende Ablehnungsgründe

Gemäß Art. 64 pln.VglO hat das Vergleichsgericht die Bestätigung zu versagen, wenn der Vergleich nach den Bestimmungen der Vergleichsverordnung unzulässig war (Nr. 1), wenn es bei der Einberufung der Gläubigerversammlung oder der Abstimmung zu einem Verstoß gegen die Bestimmungen der Vergleichsverordnung gekommen ist und dieser wesentlichen Einfluß auf das Ergebnis der Abstimmung haben konnte (Nr. 2), wenn der Vergleich gegen die guten Sitten oder die öffentliche Ordnung verstößt (Nr. 3), oder wenn das Gründungsorgan oder das zur Vertretung des Staatsschatzes berechtigte Organ im Falle eines staatlichen Unternehmens einer Vergleichsbestätigung widerspricht (Nr. 4).

Art. 64 Nr. 1 pln.VglO verleiht dem Vergleichsgericht einerseits die Befugnis zur nochmaligen Prüfung der in Art. 1, 2 pln.VglO genannten Voraussetzungen für die Eröffnung eines Vergleichsverfahrens. Stellt es dabei fest, daß das Vergleichsverfahren zu Unrecht eröffnet wurde, so hat es die Bestätigung des Vergleichs abzulehnen[159]. Andererseits führt auch ein Verstoß des angenommenen Vergleichs gegen die inhaltlichen

---

[158] *Allerhand*, Kommentar zum Vergleichsrecht, Anm. 6 zu Art. 61; *Gurgul*, Konkurs- und Vergleichsrecht, Rdnr. 5 zu Art. 61 pln.VglO, S. 873.

[159] *Allerhand*, Kommentar zum Vergleichsrecht, Anm. 3 zu Art. 64; *Stein/Thaler/Bulwa*, Konkurs- und Vergleichsrecht, Anm. 2 zuArt. 64 pln.VglO, S. 327 f.

Vorgaben des Art. 20 pln.VglO zwingend zur Ablehnung der Vergleichsbestätigung[160].

Der Ablehnungsgrund des Art. 64 Nr. 2 pln.VglO liegt insbesondere dann vor, wenn nach Art. 49, 50 § 2 pln.VglO teilnahmeberechtigte Gläubiger nicht zur Abstimmung zugelassen wurden oder gemäß Art. 4, 28 § 1 Satz 3, Art. 58 pln.VglO von der Abstimmung ausgeschlossene Gläubiger dennoch an der Abstimmung teilgenommen haben. Wäre in einem solchen Fall der Vergleich auch dann mit den erforderlichen Mehrheiten angenommen worden, wenn die zu Unrecht nicht zugelassenen Gläubiger gegen die Annahme gestimmt, bzw. die zu Unrecht zugelassenen Gläubiger ihre Stimme nicht abgegeben hätten, so bleibt der Verstoß für die Vergleichsbestätigung folgenlos[161].

Einen Verstoß gegen die öffentliche Ordnung i. S. des Art. 64 Nr. 3 pln.VglO hat das Oberste Gericht unter der Voraussetzung bejaht, daß der von der Gläubigerversammlung angenommene Vergleich nicht mit dem Wesen des Vergleichsverfahrens vereinbar ist[162]. Im konkreten Fall gab das Oberste Gericht der Tatsacheninstanz auf zu prüfen, ob die Unerfüllbarkeit des Vergleichs durch den Schuldner bereits zum Zeitpunkt der Abstimmung in der Gläubigerversammlung feststand, da dann eine Bestätigung des Vergleichs wegen Verstoßes gegen die öffentliche Ordnung nicht hätte ausgesprochen werden dürfen. Zur öffentlichen Ordnung zählt das Oberste Gericht in der zitierten Entscheidung die unabdingbaren Grundsätze und Institutionen der Rechtsordnung sowie die Pflicht, die Rechtsinstitute, aus denen sich diese zusammensetzt, nur in einer ihrer Zwecksetzung entsprechenden Weise in Anspruch zu nehmen.

---

160 *Arnold*, Vergleichsverfahrensrecht, Anm. 2 zu Art. 64, S. 109; *Korzonek*, Konkurs- und Vergleichsrecht III, S. 135; *Świeboda*, Konkurs- und Vergleichsrecht, Anm. 1 zu Art. 64 pln.VglO, S. 335; *Gurgul*, Konkurs- und Vergleichsrecht, Rdnr. 4 zu Art. 64 pln.VglO, S. 878.

161 *Allerhand*, Kommentar zum Vergleichsrecht, Anm. 6 zu Art. 64; *Arnold*, Vergleichsverfahrensrecht, Anm. 3 zu Art. 64, S. 109 f.; *Korzonek*, Konkurs- und Vergleichsrecht III, S. 135 f.; *Gurgul*, Konkurs- und Vergleichsrecht, Rdnr. 7 zu Art. 64 pln.VglO, S. 879.

162 Beschluß des Obersten Gerichts vom 20.7.1995 – III CZP 87/95, OSNIC 11/1995, Pos. 162, S. 65 [69].

Der Begriff der guten Sitten ist Art. 55 des früheren Obligationengesetzbuches vom 27.10.1933[163] entnommen. Ihm entsprechen im geltenden polnischen Recht die „Grundsätze des gesellschaftlichen Zusammenlebens“ (zasady współżycia społecznego) i. S. der Art. 5, 58 § 2 ZGB[164].

Die Bedeutung der aus Art. 64 Nr. 4 pln.VglO folgenden Einflußmöglichkeiten zugunsten des Gründungsorgans eines staatlichen Unternehmens und des den Staatsschatz vertretenden Organs ergibt sich insbesondere aus Art. 20 § 2 pln.VglO, wonach der Vergleich im Falle eines staatlichen Unternehmens auch die vollständige oder teilweise Umwandlung des Unternehmens in eine Gesellschaft, seine Spaltung oder den Zusammenschluß mit einem anderen Unternehmen vorsehen kann. Daß die den staatlichen Sektor koordinierenden behördlichen Stellen in diesem Bereich ein Mitspracherecht haben müssen und eine solch weitreichende Entscheidung nicht allein dem gemäß Art. 32 StUG verwaltungs- und vertretungsberechtigten Direktor des staatlichen Unternehmens überlassen werden kann, liegt auf der Hand. Dennoch ist die durch Gesetz vom 27.7.1990[165] eingefügte Bestimmung des Art. 64 Nr. 4 pln.VglO aus verfahrensökonomischer Sicht kritikwürdig. Anstatt den dort genannten behördlichen Stellen die Möglichkeit zu geben, die Vergleichsbestätigung zu verhindern, nachdem bereits ein kostenintensives Vergleichsverfahren fast vollständig durchlaufen worden ist, wäre es ohne Frage sinnvoller, bereits die Vergleichseröffnung von der unwiderruflichen Zustimmung dieser Stellen zu den Vergleichsvorschlägen des staatlichen Unternehmens abhängig zu machen und eine Änderung oder Ergänzung der Vergleichsvorschläge in der Gläubigerversammlung nach Art. 55 pln.VglO nur nach vorheriger Zustimmung des Gründungsorgans des staatlichen Unternehmens und des zur Vertretung des Staatsschatzes berechtigten Organs zuzulassen. Auf diese Weise könnte das Zustandekommen eines Vergleichs, der nicht mit den wirtschaftspolitischen Zielsetzungen dieser Stellen abgestimmt ist, bereits in einem früheren Verfahrensstadium verhindert werden, was unübersehbar zur Entlastung der Gerichtsbarkeit beitragen würde.

---

163 Dz.U. 1933, Nr. 82, Pos. 598.

164 *Gurgul*, Konkurs- und Vergleichsrecht, Rdnrn. 10 ff. zu Art. 64 pln.VglO, S. 880.

165 Dz.U. 1990, Nr. 55, Pos. 320.

b) In das Ermessen des Vergleichsgerichts gestellte Ablehnungsgründe

Neben den zwingenden Ablehnungsgründen des Art. 64 pln.VglO sieht Art. 65 pln.VglO zwei fakultative Ablehnungsgründe vor. Hiernach kann das Vergleichsgericht die Bestätigung versagen, wenn der Vergleich für die Gläubiger, die gegen die Annahme gestimmt haben, eine zu große Benachteiligung darstellt (Nr. 1) oder wenn der Schuldner nach Vergleichseröffnung gläubigerschädigende Handlungen vorgenommen hat (Nr. 2). Anders als bei der Bestätigung des Zwangsvergleichs im Konkursverfahren nach Art. 192 pln.KO[166] prüft das Vergleichsgericht den Ablehnungsgrund der Gläubigerbenachteiligung unabhängig davon, ob ein in der Gläubigerversammlung überstimmter Gläubiger gegen den angenommenen Vergleich Einwendungen erhoben hat[167]. Eine zu große Benachteiligung i. S. des Art. 65 Nr. 1 pln.VglO liegt ähnlich wie im Fall des Art. 192 pln.KO dann vor, wenn die Vergleichsabreden deutlich hinter der tatsächlichen Leistungsfähigkeit des Schuldners zurückbleiben, weil die Erlaßquote zu hoch oder der Zahlungsaufschub zu lang bemessen ist[168]. Art. 61 Nr. 1 pln.VglO setzt dagegen ebensowenig wie Art. 192 pln.KO voraus, daß der Vergleich für Gläubiger, die gegen die Annahme gestimmt haben, schlechtere Vergleichsbedingungen vorsieht. Wegen des darin begründeten Verstoßes gegen das Gleichbehandlungsgebot des Art. 20 § 3 pln.VglO wäre einem solchen Vergleich die Bestätigung bereits nach Art. 64 Nr. 1 pln.VglO zwingend zu versagen[169]. Hat niemand gegen die Annahme des Vergleichs gestimmt, so kann das Vergleichsgericht die Ablehnung der Bestätigung nicht auf Art. 65 Nr. 1 pln.VglO stützen, selbst wenn nicht alle Vergleichsgläubiger an der Abstimmung teilgenommen haben[170]. Hiervon sollte jedoch dann abgewichen werden, wenn feststeht, daß mindestens ein Gläubiger zu Unrecht

---

166 Siehe hierzu Teil 5, Abschnitt D 4.

167 *Allerhand*, Kommentar zum Vergleichsrecht, Anm. 2 zu Art. 65; *Korzonek*, Konkurs- und Vergleichsrecht III, S. 136; *Gurgul*, Konkurs- und Vergleichsrecht, Rdnr. 1 zu Art. 65 pln.VglO, S. 881.

168 *Korzonek*, Konkurs- und Vergleichsrecht III, S. 137; *Gurgul*, Konkurs- und Vergleichsrecht, Rdnr. 2 zu Art. 65 pln.VglO, S. 881.

169 *Korzonek*, Konkurs- und Vergleichsrecht III, S. 137; *Stein/Thaler/Bulwa*, Konkurs- und Vergleichsrecht, Anm. 4 zu Art. 65 pln.VglO, S. 331.

170 *Allerhand*, Kommentar zum Vergleichsrecht, Anm. 3 zu Art. 65; *Gurgul*, Konkurs- und Vergleichsrecht, Rdnr. 3 zu Art. 65 pln.VglO, S. 882.

von der Abstimmung in der Gläubigerversammlung ausgeschlossen wurde und dieser Rechtsverstoß mangels Auswirkung auf das Abstimmungsergebnis nicht bereits nach Art. 64 § 2 pln.VglO zur zwingenden Ablehnung der Bestätigung führt.

Auf der Grundlage des Art. 65 Nr. 2 pln.VglO ist eine Ablehnung der Vergleichsbestätigung nur dann möglich, wenn es zu der gläubigerschädigenden Handlung des Schuldners nach Vergleichseröffnung gekommen ist und dem Schuldner Fahrlässigkeit oder Vorsatz zur Last gelegt werden kann[171].

Art. 64 und 65 pln.VglO sind als abschließende Regelung zu verstehen. Das Vergleichsgericht ist daher nicht berechtigt, die Vergleichsbestätigung aus anderen als den dort genannten Gründen abzulehnen[172].

c) Rechtsmittel

Gegen die Bestätigung des Vergleichs wie auch gegen die Ablehnung der Bestätigung durch das Vergleichsgericht findet gemäß Art. 13 § 1 pln.VglO die Beschwerde statt. Beschwerdegericht ist gemäß Art. 367 § 2, Art. 397 § 2 ZVGB i. V. m. Art. 7 pln.VglO das Bezirksgericht. Gegen dessen den Vergleich bestätigende oder die Bestätigung ablehnende Entscheidung ist die Kassation zum Obersten Gericht zulässig (Art. 66 pln.VglO, Art. 392 ZVGB). Die Befugnis zur Einlegung eines Rechtsmittels steht nur demjenigen zu, dessen Rechte durch die angefochtene Entscheidung verletzt sein können. Im Falle der Vergleichsbestätigung sind dies diejenigen Gläubiger, die gegen die Annahme des Vergleichs gestimmt oder sich enthalten bzw. nicht an der Abstimmung teilgenommen haben, nicht aber der Schuldner. Im Falle der Ablehnung der Bestätigung können der Schuldner sowie diejenigen Gläubiger Rechtsmittel einlegen, die für die Annahme gestimmt haben. Gläubiger, die sich enthalten oder nicht an der Abstimmung teilgenommen haben, können durch das Nichtzustandekommen des Vergleichs nicht in ihren Rechten verletzt sein[173]. Im Falle eines staatlichen Unternehmens in der Rolle des Vergleichsschuldners ist auch das Gründungsorgan und das zur

---

[171] *Allerhand*, Kommentar zum Vergleichsrecht, Anm. 4, 7 zu Art. 65; *Gurgul*, Konkurs- und Vergleichsrecht, Rdnr. 4 zu Art. 65 pln.VglO, S. 882.

[172] *Gurgul*, Konkurs- und Vergleichsrecht, Rdnr. 5 zu Art. 65 pln.VglO, S. 882.

[173] *Allerhand*, Kommentar zum Vergleichsrecht, Anm. 2 zu Art. 66.

Vertretung des Staatsschatzes berechtigte Organ befugt, Rechtsmittel einzulegen[174].

d) Die Wirkungen der Vergleichsbestätigung

Die im Vergleich enthaltenen Stundungs-, Ratenzahlungs- und Erlaßabreden werden vorbehaltlich Art. 67 § 2 pln.VglO unmittelbar mit Eintritt der Rechtskraft des Beschlusses über die Bestätigung des Vergleichs für alle Vergleichsgläubiger wirksam. Die Tatsache, daß der Schuldner einen Gläubiger vorsätzlich nicht angegeben hat, muß gemäß Art. 6 ZGB der Gläubiger beweisen, der sich unter Berufung auf Art. 67 § 2 pln.VglO den Wirkungen des bestätigten Vergleichs entziehen will[175].

Ebenso wie der bestätigte Zwangsvergleich nach Art. 194 § 2 pln.KO läßt auch der bestätigte Vergleich gemäß Art. 68 pln.VglO die Haftung der Bürgen und Mitschuldner unberührt. Gegenüber dem Vergleichsschuldner können diese nur in Höhe der Vergleichsquote und nicht in Höhe des Bezahlten Rückgriff nehmen[176].

Sofern nicht der Vergleich zu Lasten des Schuldners eine Beschränkung der Verfügungsbefugnis oder der Befugnis zur Begründung neuer Verbindlichkeiten vorsieht, erlangt der Schuldner anders als der Gemeinschuldner nach Art. 196 pln.KO[177] im Falle des Zwangsvergleichs gemäß Art. 70 § 1 pln.VglO seine volle Verwaltungs- und Verfügungsbefugnis bereits mit Eintritt der Rechtskraft der Vergleichsbestätigung wieder, ohne daß der Schuldner zuvor für alle nicht am Vergleich teilnehmenden Forderungen Sicherheit geleistet oder diese vollständig erfüllt haben müßte.

---

174 *Świeboda*, Konkurs- und Vergleichsrecht, Anm. 2 zu Art. 66 pln.VglO, S. 336.

175 *Allerhand*, Kommentar zum Vergleichsrecht, Anm. 6 zu Art. 67, *Gurgul*, Konkurs- und Vergleichsrecht, Rdnr. 9 zu Art. 67 pln.VglO, S. 885; *Zedler*, Konkurs- und Vergleichsrecht, S. 432. Dagegen soll nach Auffassung von *Korzonek*, Konkurs- und Vergleichsrecht III, S. 140 f. und *Stein/Thaler/Bulwa*, Konkurs- und Vergleichsrecht, Anm. 5 zu Art. 67 pln.VglO, S. 334 die Beweislast für fehlenden Vorsatz beim Schuldner liegen.

176 *Allerhand*, Kommentar zum Vergleichsrecht, Anm. 2 zu Art. 68; *Korzonek*, Konkurs- und Vergleichsrecht II, S. 174 (zu Art. 194 § 2 pln.KO); *Gurgul*, Konkurs- und Vergleichsrecht, Rdnr. 5 zu Art. 68 pln.VglO, S. 886; siehe auch Teil 5, Abschnitt D 5.

177 Vgl. *Warm*, Palestra 6/1938, S. 781 ff. sowie Teil 5, Abschnitt D 5.

Der Vergleich kann gemäß Art. 20 § 4 pln.VglO sowohl die Bestellung von Sicherheiten an Vermögensgegenständen des Schuldners als auch von Dritten bestellte Personal- und Realsicherheiten vorsehen. Art. 70 § 2 pln.VglO stellt klar, daß die zur Begründung dinglicher Sicherheiten am Vermögen des Schuldners erforderlichen Eintragungen in Büchern und Registern erst nach Rechtskraft der Vergleichsbestätigung vorgenommen werden können[178]. Gemäß Art. 71 pln.VglO sind mit Rechtskraft des Beschlusses über die Vergleichsbestätigung wie auch mit Rechtskraft der Einstellung des Vergleichsverfahrens alle nach Art. 27 pln.VglO vom Richter-Kommissar bewirkten Vermerke über die Eröffnung des Vergleichsverfahrens aus den Büchern und Registern zu löschen. Dies gilt selbst dann, wenn der Vergleich Beschränkungen der Verpflichtungs- oder Verfügungsbefugnis des Schuldners i. S. von Art. 70 § 1 a. E. pln.VglO für die Zeit nach Rechtskraft der Vergleichsbestätigung vorsieht[179].

Bereits hingewiesen wurde darauf, daß mit Rechtskraft der Vergleichsbestätigung die vor Vergleichseröffnung zur Durchsetzung von Vergleichsforderungen eröffneten Zwangsvollstreckungsverfahren eingestellt werden (Art. 70 § 3 pln.VglO) und daß für diejenigen Vergleichsforderungen, die der Schuldner nicht bestritten hat, der Auszug aus der Forderungsliste zusammen mit der Abschrift des rechtskräftigen Beschlusses über die Bestätigung des Vergleichs einen Exekutionstitel i. S. des Art. 777 § 1 Nr. 1 ZVGB gegen den Schuldner sowie gegen einen Dritten darstellt, der eine Sicherheit i. S. des Art. 20 § 1 Nr. 4 pln.VglO für die Erfüllung des Vergleichs geleistet hat, sofern hierüber eine Urkunde bei Gericht hinterlegt wurde (Art. 69 pln.VglO).

D Das Vergleichserfüllungsverfahren

Wie Art. 78 pln.VglO zu entnehmen ist, geht mit der Rechtskraft der Bestätigung des Vergleichs noch nicht die Beendigung des Vergleichsverfahrens einher. Vielmehr ist auch die Vergleichserfüllung als Teil des Vergleichsverfahrens zu behandeln.

---

[178] *Gurgul*, Konkurs- und Vergleichsrecht, Rdnr. 7 zu Art. 70 pln.VglO, S. 896.

[179] *Allerhand*, Kommentar zum Vergleichsrecht, Anm. 2 zu Art. 71; *Gurgul*, Konkurs- und Vergleichsrecht, Rdnr. 1 zu Art. 71 pln.VglO, S. 898.

1. Die Aufhebung des Vergleichs

a) Aufhebungsgründe

Im Verfahrensstadium der Vergleichserfüllung kann das Gericht den bestätigten Vergleich aufheben, wenn einer der in Art. 74 §§ 1 und 2 pln.VglO abschließend benannten Gründe vorliegt. Diese entsprechen den in Art. 198 §§ 1, 2 pln.KO für die Aufhebung eines bestätigten Zwangsvergleichs genannten Gründen[180]. Ein Unterschied besteht allerdings darin, daß im Falle der Nichterfüllung des Vergleichs durch den Schuldner neben den Gläubigern auch der nach Art. 61, 72 pln.KO für die Überwachung der Vergleichserfüllung bestellte Sachwalter berechtigt ist, einen Aufhebungsantrag zu stellen (Art. 74 § 2 Satz 1 pln.VglO im Gegensatz zu Art. 198 § 2 Satz 1 pln.KO)[181].

b) Verfahren

Der Aufhebung geht eine mündliche Verhandlung vor dem Vergleichsgericht voraus, zu der gemäß Art. 75 § 1 Satz 1 pln.VglO der Schuldner, die antragstellenden Gläubiger, im Falle eines staatlichen Unternehmens das Gründungsorgan sowie das den Staatsschatz vertretende Organ sowie im Falle einer Aufhebung nach Art. 74 § 2 pln.VglO (Nichterfüllung der Verpflichtungen aus dem Vergleich) auch der Sachwalter, sofern ein solcher bestellt wurde, zu laden sind[182]. Auch die Gläubiger, die keinen Aufhebungsantrag gestellt haben, sind ohne vorherige Ladung zur mündlichen Verhandlung zuzulassen (Art. 75 § 1 Satz 2 pln.VglO). Über die Aufhebung entscheidet das Vergleichsgericht durch Beschluß, der im Wege der Beschwerde anfechtbar ist (Art. 13 pln.VglO). Der Beschluß ist gemäß Art. 75 § 2 pln.VglO den Vergleichsgläubigern zuzustellen[183].

---

[180] Es kann darum insoweit auf die Ausführungen in Teil 5, Abschnitt D 6. verwiesen werden.

[181] *Allerhand*, Kommentar zum Vergleichsrecht, Anm. 5 zu Art. 74.

[182] *Gurgul*, Konkurs- und Vergleichsrecht, Rdnr. 1 zu Art. 75 pln.VglO, S. 904.

[183] *Allerhand*, Kommentar zum Vergleichsrecht, Anm. 3 zu Art. 75 hält darüber hinaus eine Zustellung an den Schuldner für geboten.

c) Wirkungen der Aufhebung

Wird der Vergleich aufgehoben, so haben die Gläubiger, die auf der Grundlage des Vergleichs an sie gezahlten Beträge nicht zurückzuerstatten. Die zur Absicherung der Vergleichserfüllung bestellten Sicherheiten bleiben vorbehaltlich anders lautender Sicherungsabreden bestehen (Art. 77 pln.VglO).

Die vom Vergleich erfaßten Forderungen leben mit der Aufhebung des Vergleichs in ursprünglicher Höhe wieder auf. Die Vergleichsforderungen sind für den gesamten Zeitraum des eröffneten Vergleichsverfahrens nach den allgemeinen Regeln zu verzinsen. Auch die Stundungs- und Ratenzahlungsvereinbarungen brauchen die Vergleichsgläubiger nicht gegen sich gelten zu lassen[184]. Allerdings ist die Aufhebung des Vergleichs für die Gläubiger insoweit von Nachteil, als damit der Auszug aus der Forderungsliste in Verbindung mit dem rechtskräftigen Beschluß über die Vergleichsbestätigung seine Eigenschaft als Exekutionstitel verliert[185].

d) Gewährung unzulässiger Sondervorteile durch den Schuldner

Für den Fall der Gewährung von nicht im Vergleich vorgesehenen Vermögensvorteilen an einzelne Vergleichsgläubiger trifft Art. 76 pln.VglO eine der Bestimmung des Art. 202 pln.KO entsprechende Regelung[186]. Danach kann jeder Gläubiger innerhalb von zwei Jahren ab Rechtskraft der Vergleichsbestätigung den Schuldner sowie diejenigen Gläubiger, denen der Schuldner einen unzulässigen Sondervorteil gewährt hat, auf Zahlung des Betrages verklagen, um den seine Forderung durch den Vergleich verringert wurde. Die Gläubiger, die verbotene Sondervorteile erhalten haben, haften dabei nur bis zur Höhe dieses Betrages.

2. Die Konkurseröffnung während des Vergleichsverfahrens

Art. 15 § 2 pln.VglO schließt für den Zeitraum zwischen Vergleichseröffnung und der rechtskräftigen Bestätigung des Vergleichs bzw. der

---

184 *Glabas*, Prawo Spółek 5/1997, S. 32 [33].

185 *Gurgul*, Konkurs- und Vergleichsrecht, Rdnr. 4 zu Art. 77 pln.VglO, S. 907.

186 Vgl. Teil 5, Abschnitt D 6.

Einstellung des Vergleichsverfahrens, die nach polnischem Recht keinen Anschlußkonkurs bewirkt[187], eine Eröffnung des Konkursverfahrens über das Vermögen des Vergleichsschuldners aus, selbst wenn dieser auch die Zahlungen der nicht vom Vergleichsverfahren erfaßten Forderungen einstellt. Nach rechtskräftiger Entscheidung über den Vergleich – gemeint ist damit nicht die Beendigung des Verfahrens nach Art. 78 pln. VglO, sondern die Vergleichsbestätigung nach Art. 63 ff. pln.VglO[188] – sind die gemäß Art. 4, 28 § 1 Satz 3 pln.VglO nicht am Vergleich teilnehmenden Gläubiger dagegen nicht mehr daran gehindert, einen Konkursantrag gegen den Vergleichsschuldner zu stellen[189]. Den Vergleichsgläubigern steht dieses Recht erst nach Aufhebung des bestätigten Vergleichs zu.

Wird das Konkursverfahren nach Aufhebung des Vergleichs eröffnet, so sind die Vergleichsgläubiger berechtigt, ihre Forderungen in der ursprünglichen Höhe zur Konkurstabelle anzumelden, sofern der Schuldner noch keine Zahlungen aufgrund des bestätigten Vergleichs geleistet hatte[190]. Auf die Anrechnung der vor Aufhebung des Vergleichs an die Vergleichsgläubiger erbrachten Zahlungen des Schuldners findet gemäß Art. 200 § 3 pln.KO die Bestimmung des Art. 200 § 1 pln.KO entsprechende Anwendung. Die Vergleichsgläubiger können also nur den Teil ihrer ursprünglichen Forderung zur Konkurstabelle anmelden, der dem nicht erfüllten Anteil ihrer durch den Vergleich geminderten Forderung entspricht[191].

Wird dagegen während des Vergleichserfüllungsverfahrens auf Antrag eines nicht am Vergleichsverfahren beteiligten Gläubigers das Konkursverfahren ohne vorherige Aufhebung des bestätigten Vergleichs

---

[187] Siehe zum Anschlußkonkurs im früheren deutschen Recht *Gottwald/Uhlenbruck*, Insolvenzrechtshandbuch (1990), § 78, Rdnrn. 1 ff., S. 748 ff. und im geltenden österreichischen Recht *Rechberger/Thurner*, Insolvenzrecht, Rdnr. 530 ff., S. 146 f.

[188] *Allerhand*, Kommentar zum Vergleichsrecht, Anm. 7 zu Art. 15; *Arnold*, Vergleichsverfahrensrecht, Anm. 3 zu Art. 15, S. 29; *Korzonek*, Konkurs- und Vergleichsrecht III, S. 33; *Gurgul*, Konkurs- und Vergleichsrecht, Rdnr. 5 zu Art. 15 pln.VglO, S. 793.

[189] *Glabas*, Prawo Spółek 5/1997, S. 32 [33 ff.]; *Korzonek*, Konkurs- und Vergleichsrecht III, S. 34; *Gurgul*, Konkurs- und Vergleichsrecht, Rdnr. 6 zu Art. 15 pln.VglO, S. 793.

[190] *Glabas*, Prawo Spółek 5/1997, S. 32 [33].

[191] Vgl. hierzu das Rechenbeispiel in Teil 5, Abschnitt D 6.

eröffnet, so stellt sich die Frage nach den Rechtswirkungen des Vergleichs in einem solchen Konkursverfahren. Dabei ist festzuhalten, daß aufgrund der in Art. 32 § 1 pln.KO angeordneten Fälligstellung aller Forderungen die im Vergleich vereinbarten Stundungs- und Ratenzahlungsabreden im Konkursverfahren keine Wirkung mehr entfalten. Aber auch der im Vergleich vereinbarte Teilerlaß soll im Konkursverfahren unberücksichtigt bleiben, so daß die Vergleichsgläubiger ihre Forderungen in ursprünglicher Höhe, allerdings unter Anrechnung des vom Schuldner zur Erfüllung des Vergleichs Gezahlten (Art. 200 §§ 1, 3 pln.KO) zur Konkurstabelle anmelden können[192]. Dem ist zuzustimmen. Wegen der Konkurseröffnung ist der Vergleichs- und gleichzeitige Gemeinschuldner nämlich daran gehindert, weiterhin die Verpflichtungen aus dem Vergleich zu erfüllen, so daß der Vergleich jederzeit nach Art. 74 § 2 pln.VglO auf Antrag aufgehoben werden könnte. Vor diesem Hintergrund wäre eine Schlechterstellung der Vergleichsgläubiger gegenüber den nach Art. 4, 28 § 1 Satz 3 pln.VglO nicht vom Vergleich betroffenen Gläubigern nicht zu rechtfertigen. Konsequenterweise müssen die Vergleichsgläubiger deshalb auch das Recht haben, im Konkursverfahren die auf den Zeitraum des eröffneten Vergleichsverfahrens entfallenden Zinsen geltend zu machen. Auch kann eine Abzinsung zu Lasten der Vergleichsgläubiger nach Art. 156 pln.KO[193] nicht darauf gestützt werden, daß die Vergleichsforderungen aufgrund der im Vergleich enthaltenen Stundungs- und Ratenzahlungsvereinbarungen zum Zeitpunkt der Konkurseröffnung noch nicht fällig gewesen seien.

Festzuhalten bleibt daher, daß der bestätigte Vergleich über die in Art. 200 §§ 1, 3 pln.VglO vorgesehene proportionale Anrechnung hinaus auf ein während des Vergleichserfüllungsverfahrens eröffnetes Konkursverfahren keine Auswirkungen hat.

3. *Beendigung des Vergleichsverfahrens*

Hat der Schuldner alle sich aus dem Vergleich ergebenden Verpflichtungen erfüllt, so erklärt das Vergleichsgericht das Verfahren auf Antrag des Schuldners oder des nach Art. 61, 72 pln.VglO bestellten

---

192 *Allerhand*, Konkursrecht mit Kommentar, Anm. 13 zu Art. 200; *Glabas*, Prawo Spółek 5/1997, S. 32 [34 f.].

193 Siehe hierzu Teil 4, Abschnitt F 1.

Sachwalters durch bekanntzumachenden Beschluß für beendet (Art. 78 §§1, 2 pln.VglO). Nach Eintritt der Rechtskraft dient dieser Beschluß als Rechtstitel zur Löschung aller nach Art. 70 § 2 pln.VglO zur Absicherung der Vergleichserfüllung bewirkten Eintragungen in Büchern und Registern (Art. 78 § 3 pln.VglO).

Teil 7

Reformbedarf und Reformbestrebungen

A Reformbedarf

Die Reformbedürftigkeit des vor 68 Jahren kodifizierten polnischen Insolvenzrechts wird auch nach der Novellierung der Konkursverordnung durch Gesetz vom 31.7.1997 in der Literatur nicht geleugnet[1]. Neben den im Hinblick auf den geplanten EU-Beitritt Polens noch ausstehenden Anpassungen an das europäische Recht[2] sind drei wesentliche Reformbereiche auszumachen:

1. Um die Zahl mangels Masse abgewiesener Konkursanträge und nach Art. 218 § 1 Nr. 1 pln.KO mangels Masse eingestellter Konkursverfahren zu verringern und gleichzeitig die Chancen nicht bevorrechtigter Konkursgläubiger auf eine mehr als nur symbolische Beteiligung am Verwertungserlös zu erhöhen, muß einer Aushöhlung der Haftungsmasse sowohl vor als auch nach Konkurseröffnung stärker als nach bisheriger Rechtslage Einhalt geboten werden. Situationen, in denen die allen Gläubigern zugewiesene Haftungsmasse zugunsten einzelner Gläubiger vermindert bzw. Masseverbindlichkeiten begründet werden können, ohne daß der Haftungsmasse eine gleichwertige Gegenleistung zufließt, sollten soweit wie möglich vermieden werden.

2. Darüber hinaus ist es sowohl im Gläubigerinteresse als auch im gesamtwirtschaftlichen Interesse geboten, zugunsten sanierungsfähiger Unternehmen neben der Möglichkeit einer übertragenden Sanierung auch ein funktionsfähiges Verfahren zur finanziellen Sanierung des insolventen Rechtsträgers bereitzustellen.

---

1 *Brol*, PPH 6/2000, S. 10 ff.; *Zedler*, PS 1/1999, S. 33 [34 f.]; *Zoll*, Przegląd Legislacyjny 3/2001, S. 11 ff.

2 Zu nennen ist hier insbesondere die Richtlinie 98/26/EG des Europäischen Parlaments und des Rates vom 19. Mai 1998 über die Wirksamkeit von Abrechnungen in Zahlungs- sowie Wertpapierliefer- und -abrechnungssystemen, Amtsblatt Nr. L 166 vom 11.6.1998, S. 45 - 50, siehe hierzu Art. 22 Abs. 1 Nr. 4, Art. 53 Abs. 3, Art. 66, 67, 81, 131 - 133 des Entwurfs der Gesetzgebungskommission für Zivilrecht vom 20.2.2001, Przegląd Legislacyjny 1/2001, S. 133 ff.

3. Außerdem ist bei der Behandlung dinglich gesicherter Gläubiger ein Kompromiß unabdingbar, der einerseits den Inhabern dinglicher Sicherheiten eine Durchsetzung ihrer Rechte in der Insolvenz des Schuldners in angemessener Weise ermöglicht und andererseits die Beeinträchtigung des Verfahrensablaufs auf das unvermeidbare Maß reduziert.

Diese drei wesentlichen Zielvorgaben können nicht isoliert voneinander betrachtet werden, sondern stehen miteinander in einem untrennbaren Zusammenhang. So können zu weitreichende Rechte dinglich gesicherter Gläubiger nicht nur den geordneten Ablauf eines Sanierungsverfahrens, sondern auch eines auf die Verwertung des Unternehmens gerichteten Konkursverfahrens beeinträchtigen. Läßt das Insolvenzrecht zu, daß dem Konkursverwalter notwendige Betriebsmittel von Seiten dinglich gesicherter Gläubiger jederzeit im Wege der Einzelzwangsvollstreckung entzogen werden können, so wird hierdurch eine auch im Interesse der Gläubigergesamtheit gebotene zeitweilige Unternehmensfortführung zur Vorbereitung einer übertragenden Sanierung oder zur Erfüllung lukrativer Verträge nicht selten vereitelt.

Andererseits ist ein Verfahrensbeitrag dinglich gesicherter Gläubiger, wie ihn das geltende polnische Konkursrecht den Inhabern von Hypotheken, Faust- und Fiskalpfandrechten in Form der in Art. 204 § 1 Nr. 2a, 2b pln.KO vorgesehenen Einschränkung ihrer Bevorrechtigung abverlangt[3], zwar geeignet, der Gefahr einer Nichteröffnung oder Einstellung des Konkursverfahrens mangels Masse entgegenzuwirken[4], es bestehen aber ernsthafte Zweifel, ob eine solche Lösung mit der aus kreditwirtschaftlicher Sicht dringend gebotenen Bereitstellung effektiver Sicherungsrechte zu vereinbaren ist[5].

Aber auch zwischen der Zielvorgabe der Bereitstellung eines funktionsfähigen Sanierungsverfahrens und der Verhinderung einer Auszehrung der Haftungsmasse bestehen Querverbindungen. Erlaubt das geltende polnische Recht dem Schuldner im Falle der Konkursreife, in einer Situation also, in der die wirtschaftliche Abwärtsentwicklung so weit

---

3 Siehe Teil 5, Abschnitt C 2. b).

4 Aufgrund der unzureichenden Abstimmung der Art. 13 § 1 Satz 2 pln.KO und Art. 218 § 1 Nr. 1 pln.KO mit Art. 204 § 1 Nr. 2a, 2b pln.KO bleibt der Vorteil dieser Regelung jedoch weitgehend ungenutzt, vgl. Teil 3, Abschnitt B 3. b) und Teil 5, Abschnitt E 1. sowie *Karasek*, TPP 4/2000, S. 61 [66].

5 Teil 5, Abschnitt C 2. b).

fortgeschritten ist, daß eine Einzelzwangsvollstreckung oder die freiwillige Befriedigung einzelner Gläubiger durch den Schuldner unterbunden werden muß, statt der Stellung eines Konkursantrags auch die Stellung eines Vergleichsantrags (Art. 5 § 3 pln.KO), und wird gemäß Art. 4 pln.VglO ein Großteil der Forderungen von den Wirkungen des Vergleichsverfahrens einschließlich der in Art. 29 pln.VglO vorgesehenen Schuldentilgungs-, Sicherungs- und Vollstreckungssperre ausgenommen[6], so verwundert es nicht, wenn nach dem Scheitern eines Vergleichsverfahrens die noch übrige Haftungsmasse auch nicht mehr zur Durchführung eines auf die geordnete Verwertung des Schuldnervermögens gerichteten Konkursverfahrens ausreicht.

B Reformbestrebungen

Abschließend soll ein Überblick über die Reformvorhaben in den genannten drei Bereichen gegeben werden, wie sie im Konkursrechtsentwurf der Gesetzgebungskommission für Zivilrecht vom 20.2.2001[7] vorgesehen sind.

1. Wirksamere Verhinderung einer Auszehrung der Haftungsmasse

Die vorangehenden Untersuchungen haben ergeben, daß das geltende polnische Insolvenzrecht einer Auszehrung der Haftungsmasse und der Entstehung von Masseverbindlichkeiten ohne Zufluß einer gleichwertigen Gegenleistung in folgenden Bereichen nur unzureichend entgegenwirkt:

1. Vor Konkurseröffnung unterliegt die Aufrechnung nach der Rechtsprechung des Obersten Gerichts nicht den Beschränkungen des Art. 35 § 1 pln.KO[8], darüber hinaus ermöglicht die Konkurseröffnung ähnlich wie nach dem früheren § 54 Abs. 1 dt. KO aufgrund der Fälligstellung der Konkursforderungen (Art. 32 § 1 pln.KO) und ihrer Umwandlung in Geldforderungen (Art. 32 § 2, Art. 155 pln.KO) zusätzliche Aufrech-

---

6 Siehe hierzu Teil 6, Abschnitt C 1. b).

7 Przegląd Legislacyjny 1/2001, S. 133 ff.

8 Urteil vom 15.12.1994 – I CRN 149/94, OSP 4/1996, Pos. C 84, S. 203 ff. Siehe hierzu Teil 4, Abschnitt F 2.

nungsmöglichkeiten, die unter dem Gesichtspunkt des Vertrauensschutzes in den meisten Fällen nicht zu rechtfertigen sind.

2. Das Erfüllungsverlangen des Konkursverwalters nach Art. 39 pln.KO wirkt sich selbst bei objektiv vorteilhaften Verträgen für die Konkursmasse nachteilig aus, wenn der Gemeinschuldner vor Konkurseröffnung seine vertragliche Forderung abgetreten oder verpfändet hat oder zugunsten der anderen Vertragspartei eine Aufrechnungsmöglichkeit besteht. In diesen Situationen verpflichtet das Erfüllungsverlangen nach geltender Rechtslage den Konkursverwalter dazu, den gegenseitigen Vertrag aus der Konkursmasse zu erfüllen, ohne daß der Konkursmasse hierfür eine gleichwertige Gegenleistung zufließt. Ähnlich ungünstig stellt sich die Lage dar, wenn der Konkursverwalter nur wegen einer noch ausstehenden Teilleistung Erfüllung verlangt, da in diesem Fall die vertragliche Forderung der Gegenpartei in voller Höhe zur Masseforderung aufgewertet wird[9].

3. Nach soweit ersichtlich unbestrittener Auffassung ist im polnischen Recht die Erfüllung einzelner fälliger Forderungen, die der Schuldner nach Eintritt der Konkursreife vornimmt, im eröffneten Verfahren nicht anfechtbar, obwohl hierdurch die allen Gläubigern zugewiesene Haftungsmasse zugunsten einzelner Gläubiger verringert wird[10].

4. Wird über den insolventen Schuldner nicht das Konkurs-, sondern das Vergleichsverfahren eröffnet, so wirkt die zur Durchsetzung des insolvenzrechtlichen Grundsatzes der Gläubigergleichbehandlung zwingend gebotene Vollstreckungssperre nur für einen kleinen Teil der gegen den Schuldner gerichteten Forderungen (Art. 4, 29 § 2 pln.VglO).

Der Entwurf vom 20.2.2001[11] übernimmt in Art. 89 - 92, 94 fast wörtlich die Bestimmungen der Konkursverordnung über die Wirkungen der Konkurseröffnung auf die Zulässigkeit der Aufrechnung (Art. 34 - 37 pln.KO) und auf beiderseits nicht vollständig erfüllte gegenseitige Verträge (Art. 39 pln.KO)[12]. Auch sieht der Entwurf keine Ausweitung der

---

[9] Teil 4, Abschnitt F 4. a).

[10] Teil 4, Abschnitt G 3. b).

[11] Przegląd Legislacyjny 1/2001, S. 133 ff.

[12] Nach der Entwurfsbegründung (Przegląd Legislacyjny 2/2001, S. 164 [226]) beschränken sich die Änderungen in diesem Bereich auf Anpassungen an die heutige Rechtsterminologie. Zudem wurde die in Art. 36 § 2 Satz 2 pln.KO vorgesehene Frist von sechs Monaten in Art. 90 Abs. 2 Satz 2 Entw. auf ein Jahr verlängert.

Anfechtbarkeit im Bereich der Erfüllung fälliger Verbindlichkeiten durch den insolventen Schuldner vor. Dadurch bleiben wirksame Mittel zur Eindämmung des Phänomens der Massearmut ungenutzt.

Deutliche Verbesserungen führt der Entwurf dagegen bezüglich des Schutzes der Haftungsmasse während des Vergleichsverfahrens herbei, das im Entwurf etwas umständlich als „Konkurs mit der Möglichkeit eines Vergleichsschlusses"[13] bezeichnet wird. Ähnlich wie nach geltendem Recht (Art. 29 § 2 pln.VglO) bezieht sich die in Art. 136 Abs. 1 Entw. für den Fall der Eröffnung eines Konkurses mit der Möglichkeit eines Vergleichsschlusses vorgesehene Vollstreckungssperre grundsätzlich nur auf die Durchsetzung von Vergleichsforderungen. Allerdings sieht der Entwurf gegenüber dem geltenden Art. 4 pln.VglO eine deutliche Reduzierung der nicht vom Vergleich betroffenen Forderungen vor. Nach Art. 262 Abs. 1 Entw. erfaßt der Vergleich alle vor dem Tage der Verfahrenseröffnung begründeten Forderungen einschließlich dinglich gesicherter Forderungen. Nicht vom Vergleich sollen weiterhin Unterhaltsansprüche und Renten zur Entschädigung für die Verursachung von Krankheit, Arbeitsunfähigkeit, Invalidität oder Tod sowie Forderungen aus einem Arbeitsverhältnis erfaßt werden, allerdings können die Arbeitnehmer in die Beteiligung ihrer Forderungen am Vergleich einwilligen (Art. 262 Abs. 2 Entw.)[14]. Darüber hinaus kann der Richter-Kommissar gemäß Art. 137 Entw. die Zwangsvollstreckung wegen Forderungen aus einem Arbeitsverhältnis, die über den gesetzlichen Mindestlohn hinausgehen, für bis zu drei Monate aussetzen.

2. *Die Stellung dinglich gesicherter Gläubiger*

Bezüglich der Behandlung dinglich gesicherter Forderungen sieht der Entwurf gegenüber der geltenden Rechtslage deutliche Veränderungen vor. Sowohl im Falle eines Liquidationskonkurses als auch eines Konkurses mit der Möglichkeit eines Vergleichsschlusses wird den dinglich gesicherten Gläubigern eine Durchsetzung ihrer Rechte im Wege der Zwangsvollstreckung verwehrt (Art. 142, 136 Abs. 1 i. V. m. Art. 262

---

[13] Polnische Bezeichnung: „upadłość z możliwością zawarcia układu", siehe zu den beiden im Entwurf vorgesehenen Arten der Konkurseröffnung Teil 6, Abschnitt A 2.

[14] Siehe hierzu auch die Entwurfsbegründung, Przegląd Legislacyjny 2/2001, S. 164 [244].

Abs. 1 Entw.). Anders als nach geltendem Konkursrecht wird jedoch im Liquidationskonkurs der Erlös, den die Verwertung eines dinglich belasteten Gegenstandes abzüglich der mit der Verwertung verbundenen Kosten erbracht hat, zunächst zur Befriedigung der am jeweiligen Gegenstand gesicherten Forderungen verwendet und nur der Restbetrag der zur allgemeinen Erlösverteilung bereitstehenden Barmasse einverleibt (Art. 321, 331 Abs. 1 Entw.). Die Gefahr, daß selbst die Inhaber erstrangiger Sicherungsrechte diese aufgrund des Verkaufs der belasteten Gegenstände im Rahmen der Masseverwertung verlieren, ohne am Verwertungserlös beteiligt zu werden, ist durch diese Regelung gebannt, ohne daß der Ablauf des Konkursverfahrens durch Vollstreckungsmaßnahmen absonderungswilliger Gläubiger gestört würde.

Allerdings gelten die Art. 321, 331 Abs. 1 Entw. nicht für das Sicherungseigentum. Entsprechend der derzeit in Polen herrschenden Lehre ist davon auszugehen, daß den Sicherungseigentümern auch nach dem Entwurf ein Aussonderungsrecht i. S. der Art. 70 ff. Entw. zusteht[15], dessen Geltendmachung eine Unternehmensfortführung im Konkursverfahren massiv behindern kann[16]. In diesem Sinne nachteilig wirkt sich auch die in Art. 312, 313 Entw. getroffene Regelung aus, wonach der Inhaber eines Registerpfandrechts in den Fällen, in denen der Verpfändungsvertrag eine solche Verwertungsvereinbarung vorsieht, den belasteten Gegenstand gemäß Art. 23 RegPfG in sein Eigentum übernehmen, oder ihn nach Art. 24 RegPfG außerhalb des Konkursverfahrens verwerten kann, wodurch der Gegenstand bei einer Unternehmensfortführung nicht mehr zur Verfügung steht.

Der Verfahrensbeitrag der dinglich gesicherten Gläubiger beschränkt sich nach Art. 331 Abs. 1 Entw. auf die mit dem Verkauf verbundenen Kosten, die von dem an die Inhaber beschränkt dinglicher Rechte auszukehrenden Verwertungserlös abzuziehen sind. Auf eine Pauschalierung dieses Verfahrensbeitrags, wie sie in § 171 dt. InsO vorgesehen ist, verzichtet der Gesetzesentwurf.

---

15 Vgl. Teil 4, Abschnitt E 3. sowie *Zedler*, PS 1/1999, S. 33.

16 Kritisch auch *Zoll*, Przegląd Legislacyjny 3/2001, S. 11 [24 f.].

3. Sanierungsverfahren

An die Stelle des bisher in der Vergleichsverordnung (pln.VglO) geregelten konkursabwendenden Vergleichs und des in Art. 171 ff. pln.KO geregelten Zwangsvergleichs soll nach dem Entwurf die „Eröffnung des Konkurses mit der Möglichkeit eines Vergleichsschlusses" treten. Die Wirkungen der Eröffnung eines solchen Konkursverfahrens ähneln denen einer Vergleichseröffnung nach bisherigem Recht, weshalb nicht recht nachvollziehbar ist, warum es die Entwurfsverfasser statt der umständlichen Begriffsbildung „Eröffnung eines die Liquidation des Schuldnervermögens umfassenden Konkurses" und „Eröffnung eines Konkurses mit der Möglichkeit eines Vergleichsschlusses" nicht bei den geläufigen Begriffen „Konkurseröffnung" (ogłoszenie upadłości) und „Eröffnung des Vergleichsverfahrens" (otwarcie postępowania układowego) belassen haben.

Gegenüber dem geltenden Vergleichsrecht sieht der Entwurf wesentliche Neuerungen vor. So wird die bisher in Art. 1, 2 pln.VglO vorgesehene sehr strenge Würdigkeitsprüfung gemildert. Voraussetzung dafür, daß statt eines „die Liquidation des Schuldnervermögens umfassenden Konkurses" ein „Konkurs mit der Möglichkeit des Vergleichsschlusses" eröffnet wird, besteht nach dem Entwurf darin, daß glaubhaft gemacht wird, daß die Gläubiger in höherem Maße befriedigt werden als bei einer Liquidation des Schuldnervermögens (Art. 13 Abs. 1 Entw.). Außerdem ist die Durchführung eines Konkursverfahrens mit der Möglichkeit eines Vergleichsschlusses gemäß Art. 13 Abs. 2 Entw. dann ausgeschlossen, wenn in Hinblick auf das bisherige Verhalten des Gemeinschuldners[17] nicht sicher ist, daß der Vergleich erfüllt wird. Beide Vergleichsvoraussetzungen sind in hohem Maße unbestimmt und würden in der Praxis eine ständige Quelle der Rechtsunsicherheit bedeuten. Daß anders als nach Art. 1 pln.VglO die Mitschuld des Unternehmers an seiner wirtschaftlichen Krise den Eintritt in ein Sanierungsverfahren nicht mehr ausschließt, ist dagegen zweifellos als Fortschritt zu bezeichnen. Ob den Unternehmer eine Mitschuld trifft, oder seine Insolvenz auf von ihm unabhängige Umstände zurückzuführen ist, spielt nach dem Entwurf nur

[17] Auch nach Eröffnung eines Konkurses mit der Möglichkeit eines Vergleichsschlusses trägt der insolvente Unternehmer nach dem Entwurf die Parteibezeichnung „Gemeinschuldner" (upadły).

noch bei der Entscheidung darüber eine Rolle, ob dem Unternehmer nach Eröffnung des Sanierungsverfahrens ähnlich wie nach bisheriger Rechtslage die Eigenverwaltung bei Bestellung eines Aufsehers belassen oder Fremdverwaltung angeordnet wird (Art. 77 Abs. 1 Entw.).

Grundsätzlich wird die Funktionsfähigkeit des Sanierungsverfahrens durch die in Art. 262 Entw. vorgesehene Reduzierung der Zahl der vom Vergleich ausgenommenen Forderungen erhöht. Allerdings dürfte die Bereitschaft, einem Teilerlaß zuzustimmen, bei solchen Gläubigern, denen gemäß Art. 327 Entw.[18] bei der Erlösverteilung im Liquidationskonkurs eine bevorrechtigte Stellung zukommen würde – dies sind neben den Arbeitnehmern bzw. dem Fonds für die garantierten Arbeitnehmerleistungen insbesondere die Steuerverwaltung und die Sozialversicherungsanstalt – nur sehr gering ausgeprägt sein[19].

Ähnlich wie im Insolvenzplanverfahren nach deutschem Recht stimmen die Gläubiger in Gläubigergruppen ab[20], wobei jedoch Unterschiede im Detail festzustellen sind. So obliegt die Einteilung in Gläubigergruppen nicht dem Verfasser der Vergleichsvorschläge (vgl. § 222 dt. InsO), sondern dem Richter-Kommissar (Art. 265 Abs. 1, 2 Entw.), der diesbezüglich einen im Wege der Beschwerde anfechtbaren Beschluß erläßt (Art. 265 Abs. 3 Entw.). Zwingend sieht der Entwurf in Art. 265 Abs. 1 die Bildung von mindestens vier Gläubigergruppen, nämlich die Gruppe der Gläubiger aus Arbeitsverhältnissen (Nr. 1), der dinglich gesicherten Gläubiger (Nr. 2)[21], der Gläubiger, die Anteilseigner oder Aktionäre des Gemeinschuldners sind (Nr. 3) sowie der anderen Gläubiger (Nr. 4) vor. Der Richter-Kommissar ist berechtigt, die in Art. 265 Abs. 1 Nr. 4 Entw. genannten anderen Gläubiger in zwei oder mehrere Gläubigergruppen aufzuteilen,, wobei er die Unterscheidungskriterien anzugeben hat

---

18 Hierbei handelt es sich um die modifizierte Nachfolgevorschrift des Art. 204 §§ 1, 3 pln.KO, die eine Reduzierung der Zahl der Forderungsklassen auf vier vorsieht.

19 Im Anschluß an Art. 204 § 1 Nr. 3 pln.KO stellen gemäß Art. 327 Abs. 1 Nr. 2 Entw. Steuerforderungen, andere öffentliche Abgaben und rückständige Sozialversicherungsbeiträge, die auf das letzte Jahr vor Konkurseröffnung entfallen, zusammen mit Zinsen und Kosten bevorrechtigte Konkursforderungen dar.

20 Der Entwurf bezeichnet diese als Gläubigerlisten (listy wierzycieli).

21 Der Entwurf sagt nicht ausdrücklich, daß die Sicherung an konkursunterworfenen Vermögensgegenständen des Gemeinschuldners bestehen muß. Dies dürfte aber gemeint sein.

(Art. 265 Abs. 2 Satz 1)[22]. Die Gläubiger einer Gruppe dürfen nicht unterschiedlich behandelt werden, es sei denn, sie stimmen einer Schlechterstellung ausdrücklich zu (Art. 266 Abs. 1 Entw.). Gläubigern geringfügiger Forderungen dürfen wie auch schon nach geltender Rechtslage[23] günstigere Bedingungen gewährt werden (Art. 266 Abs. 2 Entw.). Arbeitnehmern darf durch den Vergleich der gesetzliche Mindestlohn nicht entzogen werden (Art. 266 Abs. 3 Entw.).

Die Abstimmung über die Annahme des Vergleichs erfolgt in den nach Art. 265 Entw. gebildeten Gläubigergruppen. Gemäß Art. 272 Abs. 1 Entw. ist der Vergleich angenommen, wenn sich die Mehrheit der Gläubiger aus jeder Gläubigergruppe, die zusammen zwei Drittel der Gesamtforderungssumme repräsentieren, für den Vergleich ausspricht. Der insoweit nicht ganz eindeutig formulierte Art. 271 Abs. 1 Entw. dürfte so zu verstehen sein, daß anders als nach § 244 Abs. 1 Nr. 2 dt. InsO in den einzelnen Gläubigergruppen nur eine Kopfmehrheit erreicht werden muß und sich das Erfordernis der Summenmehrheit von zwei Dritteln nur auf die Gesamtheit der abstimmenden Gläubiger bezieht[24]. Hierdurch wird die in der Einteilung in Gläubigergruppen zum Ausdruck kommende unterschiedliche Verfahrensstellung der Mitglieder der einzelnen Gruppen allerdings zu einem guten Teil wieder nivelliert.

Als Ausformung des Obstruktionsverbots steht ähnlich wie nach § 245 dt. InsO gemäß Art. 272 Abs. 2 Entw. das Fehlen der notwendigen Mehrheit „wenigstens in einer der Gläubigerguppen" der Annahme des Vergleichs nicht entgegen, wenn die Mehrheit der Gläubiger „aus allen übrigen Gläubigergruppen"[25] der Annahme des Vergleichs zugestimmt

---

22 Als mögliche Unterscheidungskriterien nennt Art. 265 Abs. 2 Satz 2 Entw. beispielhaft die Höhe der Forderungen, die Fälligkeitstermine oder den Charakter der Forderungen.

23 Vgl. Art. 175 § 3 pln.KO, Art. 20 § 4 pln.VglO.

24 Für diese Auslegung spricht insbesondere der Gebrauch des Genitiv Singular („der notwendigen Mehrheit", polnisch: „niezbędn*ej* większości" statt „der notwendigen Mehrheiten", polnisch: „niezbędn*ych* większości") in Art. 272 Abs. 2 Entw.

25 Die Formulierungen „chociażby co do jednej z list wierzycieli" einerseits und „z każdej z pozostałych list" andererseits lassen im unklaren, ob auch die fehlende Mehrheit in mehr als nur einer Gläubigergruppe („Gläubigerliste") nach Art. 272 Abs. 2 Entw. ersetzt werden kann, vgl. *Zoll*, Przegląd Legislacyjny 3/2001, S. 11 [24], nach dessen Ansicht Art. 272 Abs. 2 Entw. nur die Ersetzung der fehlenden Kopfmehrheit in einer Gläubigergruppe ermöglicht. Nach § 245 Abs. 1 Nr. 3 dt. InsO können dagegen auch die fehlenden Mehrheiten in mehreren Gläubigergruppen ersetzt

hat und die Gläubiger aus der Gruppe, die sich gegen die Annahme ausgesprochen hat, durch den Vergleich keine schlechtere Befriedigung erlangen als im Falle der Durchführung eines die Liquidation des Schuldnervermögens umfassenden Konkursverfahrens (Art. 272 Abs. 2 Satz 1 Entw.). Die Feststellung der Vergleichsannahme obliegt in diesem Falle dem Richter-Kommissar (Art. 272 Abs. 2 Satz 2 Entw.). Der angenommene Vergleich muß ähnlich wie nach bisherigem Recht vom Konkursgericht bestätigt werden (Art. 274, 275 Entw.).

Vorteilhaft wirkt sich ohne Zweifel die Abkehr von dem bisher in Art. 20 § 1 pln.VglO vorgesehenen numerus clausus der zulässigen Vergleichsvorschläge auf die Funktionsfähigkeit des Sanierungsverfahrens aus[26]. Neben den in Art. 261 Abs. 1 Nr. 1 - 5 Entw. genannten Sanierungsmethoden, zu denen auch die „Konversion von Forderungen in Anteile oder Aktien" gehört (Nr. 4), läßt Art. 261 Abs. 1 Nr. 6 Entw. auch eine „Restrukturierung der Verschuldung in anderer Weise" zu.

Ebenso positiv ist die Abkehr vom geltenden ausschließlichen Initiativrecht des Schuldners bezüglich der Vorlage von Vergleichsvorschlägen zu bewerten. Gemäß Art. 258 Abs. 1 Satz 2 Entw. können neben dem Gemeinschuldner auch der im Falle der Eigenverwaltung zu bestellende gerichtliche Aufseher (nadzorca sądowy) bzw. der im Falle der Fremdverwaltung zu bestellende Verwalter (zarządca) sowie gemäß Art. 258 Abs. 4 Entw. auch derjenige Gläubiger, auf dessen Antrag der Konkurs mit der Möglichkeit eines Vergleichsschlusses eröffnet wurde, Vergleichsvorschläge vorlegen. Wurde ein die Liquidation des Schuldnervermögens umfassender Konkurs eröffnet, so sind gemäß Art. 259 Satz 1 Entw. neben dem Gemeinschuldner auch der Konkursverwalter (syndyk) sowie der Gläubigerausschuß zur Vorlage von Vergleichsvorschlägen berechtigt[27]. Außerdem bedarf eine von Gläubigerseite in der Gläubigerversammlung beantragte Änderung der Vergleichsvorschläge anders als nach geltendem Recht[28] nicht mehr der Zustimmung des Ge-

---

werden, sofern nur die Mehrheit der abstimmenden Gruppen dem Plan mit den erforderlichen Mehrheiten zugestimmt hat.

26 Siehe zur geltenden Rechtslage Teil 6, Abschnitt B 1. und Abschnitt C 3.

27 Das Gericht wandelt in diesem Fall den Beschluß über die Eröffnung des die Liquidation des Schuldnervermögens umfassenden Konkurses in einen Beschluß über die Eröffnung des Konkurses mit der Möglichkeit eines Vergleichsschlusses um, wenn die gesetzlichen Voraussetzungen hierfür erfüllt sind (Art. 259 Satz 2 Entw.).

28 Art. 185 § 2 pln.KO, Art. 55 § 2 pln.VglO.

meinschuldners. Die Entscheidung, ob ein Vergleich abgeschlossen wird, ist damit ebenso wie sein Inhalt nicht mehr vom Willen des Gemeinschuldners abhängig[29], was gegenüber der geltenden Rechtslage nicht zuletzt eine Stärkung der Gläubigerautonomie bedeutet.

Aus Art. 1 pln.VglO übernommen wurde die Regelung, daß das Verfahren auch bei drohender Insolvenz[30] des Schuldners eröffnet werden kann (Art. 9 Entw.). Dies gilt nach dem Entwurf allerdings sowohl für den Konkurs mit der Möglichkeit eines Vergleichsschlusses als auch für den die Liquidation des Schuldnervermögens umfassenden Konkurs. Anders als nach geltendem polnischen Vergleichsrecht und nach § 18 Abs. 1 dt. InsO ist die Verfahrenseröffnung bei drohender Insolvenz nicht nur auf Antrag des Schuldners, sondern auch auf Antrag eines Gläubigers zulässig. Diese Regelung ist nicht zu Unrecht auf scharfe Kritik gestoßen[31]. Unzureichend mit Art. 9 Entw. abgestimmt ist zudem die in Art. 21 Abs. 1 Entw. vorgesehene Regelung, wonach der Unternehmer verpflichtet ist, innerhalb einer Frist von zwei Wochen ab dem Tag, an dem ein Eröffnungsgrund eingetreten ist, Konkursantrag zu stellen. Bereits an die drohende Insolvenz eine Konkursantragspflicht zu knüpfen, erscheint als zu weitgehend[32].

Eine Neuerung stellt nicht zuletzt die von den Entwurfsverfassern propagierte Regelung des Konkurs- und Vergleichsverfahrens in einem Gesetz dar[33]. Anders als bei der deutschen Insolvenzrechtsreform geht damit aber nicht die Schaffung eines einheitlichen Insolvenzverfahrens einher. Vielmehr bleibt es bei einem Nebeneinander zweier verschiedener Arten der Verfahrenseröffnung, nämlich des die Liquidation des Schuldnervermögens umfassenden Konkurses und des Konkurses mit der Möglichkeit eines Vergleichsschlusses. Bindeglied zwischen beiden Verfahren ist allein die vor Verfahrenseröffnung durchzuführende „Gläubigererstversammlung“ sowie die Möglichkeit, nach Konkurser-

---

29 So auch die Entwurfsbegründung, Przegląd Legislacyjny 2/2001, S. 164 [247].

30 Unter Insolvenz (niewypłacalność) versteht der Entwurf die Zahlungseinstellung (Art. 10 Abs. 1 Entw.) und bei juristischen Personen auch die Überschuldung (Art. 11 Entw.).

31 *Zoll*, Przegląd Legislacyjny 3/2001, S. 11 [21] äußert Zweifel an der Verfassungsmäßigkeit einer solchen Regelung in Hinblick auf den verfassungsrechtlich garantierten Schutz des Eigentums des Schuldners an seinem Unternehmen.

32 Vgl. *Zoll*, Przegląd Legislacyjny 3/2001, S. 11 [27].

33 Siehe hierzu bereits Teil 6, Abschnitt A 2.

öffnung von der einen Verfahrensart in die andere zu wechseln[34]. Würde man auf die Einführung der auf berechtigte Kritik gestoßenen „Gläubigererstversammlung“ verzichten[35], so bestünde keine Notwendigkeit mehr, das Konkurs- und Vergleichsrecht in einem Gesetz zusammenzufassen. Ein Übergang vom Vergleichsverfahren in das Konkursverfahren könnte auch durch die Einführung des Anschlußkonkurses erreicht werden, wohingegen die Möglichkeit eines Vergleichsschlusses nach Eröffnung eines grundsätzlich auf die Verwertung des Schuldnervermögens gerichteten Konkursverfahrens auch bereits nach geltender Rechtslage in Form der Art. 171 ff. pln.KO besteht[36]. Es bleibt daher festzuhalten, daß sich die im Konkursrechtsentwurf vom 20.2.2001 enthaltenen Reformvorschläge, soweit sie gegenüber der geltenden Rechtslage eine Verbesserung bedeuten, auch durch eine grundlegende Novellierung der Konkurs- und der Vergleichsverordnung umsetzen ließen, ohne daß eine vollständige Neukodifizierung zwingend erforderlich wäre.

34 Vgl. Art. 259, 273 Abs. 1, Art. 276 und 291 Entw. sowie Teil 6, Abschnitt A 2.
35 Vgl. *Zoll*, Przegląd Legislacyjny 3/2001, S. 11 [22 f.] sowie Teil 6, Abschnitt A 2.
36 Siehe zum Zwangsvergleich Teil 5, Abschnitt D.

Literaturverzeichnis

Allerhand, Maurycy – Kodeks handlowy, komentarz (Konkursrecht, Kommentar), Nachdruck, Bielsko-Biała 1998, zit.: *Allerhand*, Kommentar zum Handelsgesetzbuch.

Allerhand, Maurycy – Międzydzielnicowe prawo konkursowe w Państwie Polskiem (Das interprovinzielle Konkursrecht im polnischen Staate), Dz.Urz.MS 3/1920, S. 3 - 130.

Allerhand, Maurycy – Obliczenie niepłatnej bezprocentowej wierzytelności w upadłości (Die Berechnung einer nicht fälligen unverzinslichen Forderung im Konkurs), PPC 1935, S. 641 - 653.

Allerhand, Maurycy – Prawa wierzycieli we wznowionem postępowaniu upadłościowem (Die Rechte der Gläubiger im wiederaufgenommenen Konkursverfahren), PPC 1935, S. 528 - 535, 577 - 584.

Allerhand, Maurycy – Prawo upadłościowe z komentarzem (Konkursrecht mit Kommentar), Nachdruck, Bielsko-Biała 1994, zit.: *Allerhand*, Konkursrecht mit Kommentar.

Allerhand, Maurycy – Prawo o postępowaniu układowym, komentarz (Recht des Vergleichsverfahrens, Kommentar), Nachdruck, Bielsko-Biała 1991, zit.: *Allerhand*, Kommentar zum Vergleichsrecht.

Allerhand, Maurycy – Upadłość przy jednym wierzycielu (Konkurs bei einem Gläubiger), Sonderdruck aus der Zeitschrift „Polski Proces Cywilny“ (Polnischer Zivilprozeß), Warschau 1936, zit.: *Allerhand*, Konkurs bei einem Gläubiger.

Altman, Dorjan – Czy może być ogłoszona upadłość dłużnika, mającego jednego tylko wierzyciela? (Kann der Konkurs eines Schuldners eröffnet werden, der nur einen Gläubiger hat?), PPC 1935, S. 763 f.

Altman, Dorjan – Czy niezapłacenie jednego długu może stanowić podstawę do ogłoszenia upadłości dłużnika? (Kann die Nichtzahlung einer einzigen Verbindlichkeit die Grundlage für die Eröffnung des Konkurses des Schuldners bilden?), PPC 1936, S. 343.

Altman, Dorjan – Prawo upadłościowe, komentarz (Konkursrecht, Kommentar), Warschau 1936, zit.: *Altman*, Konkursrecht.

Arnold, Szymon – Prawo o postępowaniu układowem wraz z przepisami związkowemi z uwzględnieniem motywów Komisji Kodifikacyjnej (Vergleichsverfahrensrecht einschließlich der damit zusammenhängenden Bestimmungen unter Berücksichtigung der Motive der Gesetzgebungskommission), Krakau 1936, zit.: *Arnold*, Vergleichsverfahrensrecht.

Balz, Manfred – Die Ziele der Insolvenzordnung, in: Kölner Schrift zur Insolvenzordnung, 2. Auflage, Herne/Berlin 2000, S. 3 - 22, zit.: *Balz*, Ziele der Insolvenzreform.

Barzycka-Banaszczyk, Małgorzata / Banaszczyk, Zbigniew – Ochrona roszczeń pracowniczych w przypadku niewypłacalności pracodawcy (Der Schutz der Arbeitnehmeransprüche im Falle der Insolvenz des Arbeitgebers), MoP 4/1994, S. 104 - 108.

Bednarek, Ewa – Potrącenie wierzytelności po ogłoszeniu upadłości (Die Aufrechnung einer Forderung nach Konkurseröffnung), Gazeta Prawna Nr. 24 (223) vom 16.-22.6.1998, S. 37.

Benning, Olaf / Wehling, Axel – Das „Model Law on Cross-Border Insolvency“ der Vereinten Nationen, EuZW 1997, S. 618 - 623.

Bielski, Piotr – Podstawy ogłoszenia upadłości spółdzielni w prawie polskim (Die Grundlagen der Eröffnung des Konkurses einer Genossenschaft im polnischen Recht), PPH 2/2001, S. 33 - 41.

Bieniek, Gerard / Ciepła, Helena / Dmowski, Stanisław / Gudowski, Jacek / Kołakowski, Krzysztof / Sychowicz, Marek / Wiśniewski, Tadeusz / Żuławska, Czesława – Komentarz do kodeksu cywilnego, księga trzecia, Zobowiązania, tom I (Kommentar zum Zivilgesetzbuch, drittes Buch, Obligationen, Band I), Warschau 1996, zit.: *Bieniek/Verfasser*, ZGB-Kommentar Schuldrecht I.

Bieniek, Gerard / Ciepła, Helena / Dmowski, Stanisław / Gudowski, Jacek / Kołakowski, Krzysztof / Sychowicz, Marek / Wiśniewski, Tadeusz / Żuławska, Czesława – Komentarz do kodeksu cywilnego, księga trzecia, Zobowiązania, tom II (Kommentar zum Zivilgesetzbuch, drittes

Buch, Obligationen, Band II), Warschau 1997, zit.: *Bieniek/Verfasser*, ZGB-Kommentar Schuldrecht II.

Bieniek, Gerard – Zdolność upadłościowa i układowa podmiotów gospodarczych (Die Konkurs- und Vergleichsfähigkeit von Wirtschaftssubjekten), PiZS 10-11/1994, S. 59 - 70.

Bieniek, Tomasz – Utworzenie spółki komandytowo-akcyjnej (Die Gründung einer Kommanditgesellschaft auf Aktien), Prawo Spółek 12/2001, S. 14 - 25.

Bober, Joanna / Redecker, Niels von – Polens Gesetzgebung im Zuge der EG-Rechtsangleichung – Zur polnischen Debatte über Gesetzgebungsfehler und das Gesetzgebungsverfahren, OER 2002, S. 83 - 104.

Bork, Reinhard – Anmerkung zum Urteil des BGH vom 4.5.1995 – IX ZR 256/93, JZ 1996, S. 51 - 53.

Bork, Reinhard – Zur Dogmatik des § 17 KO, Festschrift für Albrecht Zeuner zum siebzigsten Geburtstag, Tübingen 1994, S. 297 - 315.

Bosch, Ulrich – Finanztermingeschäfte in der Insolvenz – Zum „Netting" im Insolvenzverfahren, Teil I, WM 1995, S. 365 - 375; Teil II, WM 1995, S. 413 - 428.

Breidenbach, Stephan (Hrsg.) – Handbuch Wirtschaft und Recht in Osteuropa, Loseblattsammlung, 2. Band, 45. Ergänzungslieferung, München 2002.

Breyer, Stefan – W sprawie reformy postępowania upadłościowego spółdzielni (Zur Reform des Konkursverfahrens der Genossenschaften), PiP 12/1964, S. 887 - 893.

Brol, Jan – Das polnische Konkursrecht in der Praxis, JOR XXXVIII (2/1997), S. 305 - 318.

Brol, Jan – Funkcje postępowania upadłościowego i ich realizacja w świetle praktyki sądowej (Die Funktionen des Konkursverfahrens und ihre Realisierung im Lichte der Gerichtspraxis), PS 7-8/1994, S. 27 - 44.

Brol, Jan – Postępowanie upadłościowe i układowe (wybrane zagadnienia) [Das Konkurs- und Vergleichsverfahren (ausgewählte Fragestellungen)], PiZS 4/1992, S. 49 - 61.

Brol, Jan – Prawo upadłościowe po nowelizacji (Das Konkursrecht nach der Novellierung), MoP 10/1997, S. 385 - 391.

Brol, Jan – Prawo upadłościowe w świetle praktyki sądowej (Das Konkursrecht im Lichte der Gerichtspraxis), Warschau 1995, zit.: *Brol*, Gerichtspraxis.

Brol, Jan – Propozycje do założeń nowego prawa upadłościowego i układowego (Vorschläge zu den Grundkonzeptionen eines neuen Konkurs- und Vergleichsrechts), PPH 6/2000, S. 10 - 18.

Brol, Jan – Rola prawa w postępowaniu i upadłości podmiotów gospodarczych (Die Rolle des Rechts im Verfahren und dem Konkurs von Wirtschaftssubjekten), Jurysta 6/1994, S. 3 - 5.

Brol, Jan – Z problematyki międzynarodowych aspektów upadłości i postępowania upadłościowego (Aus dem Problembereich der internationalen Aspekte des Konkurses und des Konkursverfahrens), PPH 12/1998, S. 8 - 19.

Broniewicz, Witold – Postępowanie cywilne w zarysie (Das Zivilverfahren im Grundriß), 7. Auflage, Warschau 1999, zit.: *Broniewicz*, Zivilverfahren.

Broniewicz, Witold – Stanowisko syndyka upadłości w procesach z jego udziałem (Die Stellung des Konkursverwalters in Prozessen mit seiner Beteiligung), PiP 2/1993, S. 41 - 49.

Brunner, Georg / Schmid, Karin / Westen, Klaus – Wirtschaftsgesetze der osteuropäischen Staaten, Loseblattsammlung, Band I 1, Mittelosteuropa, 129. Ergänzungslieferung, Baden-Baden 2002.

Buber, Oswald – Polskie prawo upadłościowe (Das polnische Konkursrecht), Warschau 1936, zit.: *Buber*, Polnisches Konkursrecht.

Buchała, Kazimierz / Kardas, Piotr / Majewski, Jarosław / Wróbel, W. – Komentarz do ustawy o ochronie obrotu gospodarczego (Kommentar zum Gesetz über den Schutz des Wirtschaftsverkehrs), Warschau 1995, zit.: *Buchała/Kardas/Majewski/Wróbel*, Gesetz über den Schutz des Wirtschaftsverkehrs.

Bugajna-Sporczyk, Dorota / Kuć-Kwaśniewicz, Katarzyna – Krajowy Rejestr Sądowy – uwagi praktyczne (Das Landes-Gerichtsregister – praktische Erwägungen), MoP 4/2001, S. 222 - 229.

Callies, Christian / Ruffert, Matthias (Hrsg.) – Kommentar des Vertrages über die Europäische Union und des Vertrages zur Gründung der Europäischen Gemeinschaft -EUV/EGV–, Neuwied 1999, zit.: *Callies/Ruffert/Bearbeiter*, EUV/EGV.

Cierpiał, Romana / Thurner, Mario – Polen: Gesetz über das Registerpfandrecht und das Pfandregister, WiRO 1997, S. 345 - 350.

Cieślak, Sławomir – Charakter prawny planu podziału funduszy masy upadłościowej (Die Rechtsnatur des Plans zur Verteilung der Barmasse), PS 7-8/1997, S. 73 - 86.

Cieślak, Sławomir – Długi masy upadłościowej (Die Masseschulden), PPH 5/1996, S. 8 - 15.

Cieślak, Sławomir – Podział funduszów masy upadłości (Die Aufteilung der baren Konkursmasse), Warschau 2000, zit.: *Cieślak*, Aufteilung.

Ciuklin, Leszek – Rejestr dłużników niewypłacalnych (Das Register der zahlungsunfähigen Schuldner), MoP 18/2001, S. 918 - 922.

Chlebny, Wacław – Postępowanie w sprawach upadłościowych (Das Verfahren in Konkurssachen), Biuletyn MS 1/1961, S. 20 - 24.

Czajka, Dariusz – Przedsiębiorstwo w kryzysie, upadłość lub układ (Das Unternehmen in der Krise, Konkurs oder Vergleich), Warschau 1999, zit.: *Czajka*, Unternehmen in der Krise.

Czech, Bronisław – Bankowe postępowanie ugodowe (Das Bankgüteverfahren), PS 6/1995, S. 26 - 49.

Dąbek-Krajewska, Katarzyna – Przepis art. 298 k.h. jako podstawa odpowiedzialności członków zarządu spółki z o.o. (Die Vorschrift des Art. 298 pln.HGB als Grundlage der Haftung der Mitglieder des Vorstandes einer GmbH), Rejent 9/1999, S. 15 - 52.

Dernburg, Heinrich – Lehrbuch des Preußischen Privatrechts und der Privatrechtsnormen des Reichs, Erster Band, 4. Auflage, Halle a. S. 1884, zit.: *Dernburg*, Preußisches Privatrecht.

Dietrich, Marcin – Zastaw rejestrowy – ograniczone prawo rzeczowe szczególnego rodzaju (Das Registerpfandrecht – ein beschränkt-dingliches Recht besonderer Art), MoP 5/1998, S. 178 - 181.

Drewicz-Tulodziecka, Agnieszka / Soergel, Otto / Stöcker, Otmar – Mehr Sicherheit für die Hypothek in Polen, WM 2002, S. 891 - 896.

Dyoniak, Andrzej – Przynależność do majątków małżonków udziału w spółce z ograniczoną odpowiedzialnością i akcji (Die Zugehörigkeit eines Anteils an einer Gesellschaft mit beschränkter Haftung und einer Aktie zu den Vermögen[smassen] der Eheleute), RPEiS 3/1991, S. 25 - 35.

Erler, Adalbert / Kaufmann, Ekkehard (Hrsg.) – Handbuch zur Deutschen Rechtsgeschichte, II. Band, Haustür - Lippe, Berlin 1978, zit.: *Erler/Kaufmann/Verfasser*, HRG II.

Estryn, Anatol – Upadłość a umowy najmu i dzierżawy (Der Konkurs und die Miet- und Pachtverträge), PPC 1936, S. 37 - 48.

Fenichel, Zygmunt – Uwagi do projektu ustawy upadłościowej (Anmerkungen zum Entwurf des Konkursgesetzes), PPC 1934, S. 399 - 407.

Fiema, Józef – O zaskarżaniu czynności dłużnika zdziałanych ze szkodą wierzycieli (Über die Anfechtung gläubigerschädigender Rechtshandlungen), Lemberg 1937, zit.: *Fiema*, Gläubigeranfechtung.

Florek, Ludwik / Zieliński, Tadeusz – Prawo pracy (Arbeitsrecht), Warschau 1997, zit.: *Florek/Zieliński*, Arbeitsrecht.

Frąckowiak, Józef – Ustawodawstwo dotyczące przedsiębiorców pod rządami zasady jedności prawa cywilnego (Die die Unternehmen betreffende Gesetzgebung unter der Herrschaft des Grundsatzes der Einheit des Zivilrechts), PPH 11/2000, S. 1 - 9.

Franek, Jacek – Kredite und Kreditsicherheiten in Polen, WiRO 1999, S. 17 - 23.

Frotscher, Werner – Grundfälle zum Wirtschaftsverwaltungsrecht, 5. Teil, JuS 1982, S. 828 - 834.

Gajda, Janusz – Anmerkung zum Beschluß des Obersten Gerichts vom 10.10.1995 – II CRN 122/95, MoP 6/1996, S. 210 f.

Gajda, Janusz – Małżeńskie stosunki majątkowe w świetle przepisów prawa upadłościowego (Die ehelichen Vermögensbeziehungen im Lichte der Vorschriften des Konkursrechts), MoP 1/1994, S. 7 - 9.

Gajda, Janusz – Zła wiara wierzyciela w świetle art. 226 § 2 Prawa upadłościowego (Die Bösgläubigkeit des Gläubigers im Sinne des Art. 226 § 2 des Konkursrechts), MoP 2/1995, S. 40 f.

Gawlas, Władysław / Jonsik, Wacław – Prawo upadłościowe wraz z przepisami wprowadzającemi prawo upadłościowe i Prawo o postępowaniu układowem z komentarzem (Das Konkursrecht zusammen mit den das Konkursrecht einführenden Vorschriften und das Vergleichsverfahrensrecht mit Kommentar), Posen 1935, zit.: *Gawlas/Jonsik*, Konkurs- und Vergleichsrecht.

Gawlik, Zdzisław – Ugoda bankowa a likwidacja i upadłość przedsiębiorstwa państwowego (Die Bankgütevereinbarung und die Liquidation sowie der Konkurs des staatlichen Unternehmens), PPH 6/1996, S. 25 - 29.

Geilke, Georg – Zur polnischen Rechtsgeographie, JOR IV (2/1963), S. 105 - 175.

Gerhardt, Walter – Absolute und relative Unwirksamkeit als rechtliches Steuerungsinstrument im Insolvenzfall, Festschrift für Werner Flume zum 70. Geburtstag am 12. September 1978, Band I, Köln 1978, S. 527 - 543.

Gerhardt, Walter – Anmerkung zum Urteil des OLG Hamm vom 7.10.1986 – 27 U 86/86, EWiR 1987, S. 269 f. = EWiR § 17 KO, 2/87.

Gerhardt, Walter – Vorausabtretung und § 17 KO, Festschrift für Franz Merz zum 65. Geburtstag am 3. Februar 1992, Köln 1992, S. 117 - 132.

Glabas, Maciej – Kwalifikowanie i zaspokajanie wierzytelności w postępowaniu upadłościowym (Die Qualifizierung und Befriedigung von Forderungen im Konkursverfahren), Prawo Spółek 2/1997, S. 24 - 30.

Glabas, Maciej – Wpływ postępowania układowego na późniejszą upadłość dłużnika (Der Einfluß des Vergleichsverfahrens auf einen späteren Konkurs des Schuldners), Prawo Spółek 5/1997, S. 32 - 37.

Glatz, Walburga – Die Entwicklung des polnischen Zivilrechts, Darstellung und Bewertung unter dem Aspekt wirtschaftlichen Wandels, Berlin 2000, zit.: *Glatz*, Entwicklung des polnischen Zivilrechts.

Golanowski, Henryk – Zgłoszenie wierzytelności w postępowaniu upadłościowym (Die Forderungsanmeldung im Konkursverfahren), MoP 4/1997, S. 173 - 176.

Górnicz, Krzysztof – Anmerkung zum Beschluß des Obersten Gerichts vom 27.5.1993 – III CZP 61/93, Rejent 1/1994, S. 65 - 83.

Górska, Beata – Spółka partnerska w prawie niemieckim i w polskim kodeksie spółek handlowych (Die Partnerschaftsgesellschaft im deutschen Recht und im polnischen Gesetzbuch der Handelsgesellschaften), PPH 3/2001, S. 29 - 38.

Gottwald, Peter (Hrsg.) – Insolvenzrechtshandbuch, München 1990, zit.: *Gottwald/Verfasser*, Insolvenzrechtshandbuch (1990).

Gottwald, Peter (Hrsg.) – Insolvenzrechtshandbuch, 2. Auflage, München 2001, zit.: *Gottwald/Verfasser*, Insolvenzrechtshandbuch (2001).

Gralla, Erhardt – Forderungssicherung durch Registerpfandrecht sowie durch Bank-Sicherungs- und -Vollstreckungstitel in Polen, JOR XXXVIII (1/1997), S. 11 - 19.

Gralla, Erhardt – Gesetz über das Registerpfandrecht und das Pfandregister, JOR XXXVIII (1/1997), S. 173 - 182.

Gralla, Erhardt – Polen: Gesetz über das Recht der Wirtschaftstätigkeit – Teil 1: Einführung, Art. 1 - 34, WiRO 2000, S. 250 - 255; Teil 2: Art. 35 - 100, WiRO 2000, S. 284 - 288.

Grodziski, Stanisław – Prace nad kodifikacją i unifikacją polskiego prawa prywatnego (1919–1947) [Die Arbeiten an der Kodifizierung und Vereinheitlichung des polnischen Privatrechts (1919–1947)], KPP 1-4/1992, S. 9 - 29.

Gurgul, Stanisław – Prawo upadłościowe i układowe, komentarz (Konkurs- und Vergleichsrecht, Kommentar), Art. 8 - 17 und 34 - 37 der polnischen Konkursverordnung bearbeitet von *Godlewska, Maria*, Warschau 2000, zit.: *Gurgul* (*Gurgul/Godlewska*), Konkurs- und Vergleichsrecht.

Gurgul, Stanisław – Zgłoszenie wierzytelności w postępowaniu upadłościowym (Die Forderungsanmeldung im Konkursverfahren), MoP 11/1999, S. 14 - 20.

Halpern, Fryderyk – Wierzytelności walutowe w postępowaniu upadłościowem (Fremdwährungsforderungen im Konkursverfahren), PPC 1935, S. 231 - 235.

Hanisch, Hans – Konkursrecht in der Praxis – Vergleichende Bemerkungen aus schweizerischer Sicht und aus der Sicht der kontinentaleuropäischen Insolvenzrechte, in: *Aregger, Josef / Poczobut, Jerzy / Wyrzykowski, Mirosław* – Rechtsfragen der Transformation in Polen, Referate und Diskussionsbeiträge des schweizerisch-polnischen Kolloquiums von 11.-14. Mai 1994 in Warszawa, Krakau 1995, S. 272 - 298, zit.: *Hanisch*, Konkursrecht in der Praxis.

Harla, Andrzej Grzegorz – Zdolność upadłościowa w świetle noweli z dnia 24 lutego 1990 r. (Die Konkursfähigkeit im Lichte der Novelle vom 24. Februar 1990), Palestra 8-9/1991, S. 38 - 41.

Häsemeyer, Ludwig – Die Gleichbehandlung der Konkursgläubiger, KTS 1982, S. 507 - 575.

Häsemeyer, Ludwig – Die Aufrechnung nach der Insolvenzordnung, in: Kölner Schrift zur Insolvenzordnung, 2. Auflage, Herne/Berlin 2000, S. 645 - 669, zit.: *Häsemeyer*, Aufrechnung nach der Insolvenzordnung.

Häsemeyer, Ludwig – Vertragsabwicklung, Aufrechnung und Anfechtung im Konkurs – BGHZ 89, 189, JuS 1986, S. 851 - 856.

Henckel, Wolfram – Insolvenzanfechtung, in: Kölner Schrift zur Insolvenzordnung, 2. Auflage, Herne/Berlin 2000, S. 813 - 857, zit.: *Henckel*, Insolvenzanfechtung.

Hess, Harald – InsO, Kommentar zur Insolvenzordnung mit EGInsO, Band 2, InsVV und EGInsO, Heidelberg 1999, zit.: *Hess*, InsO II.

Huber, Michael – Anmerkung zum Urteil des BGH vom 27.2.1997 – IX ZR 5/96, EWiR 1997, S. 517 f. = EWiR § 9 GesO, 1/97.

Hutor, Tomasz – Upadłość przedsiębiorstwa leasingowego – realizacja opcji zakupu rzeczy (Der Konkurs des Leasingunternehmens – die Realisierung der Kaufoption), PPH 4/2002, S. 29 - 35.

Jabłoński, Krzysztof H. – Ustawa o restrukturyzacji finansowej przedsiębiorstw i banków – pierwszy rok doświadczeń – bankowe postępowanie ugodowe (Das Gesetz über die Finanzrestrukturierung von Unternehmen und Banken – ein Jahr Erfahrung – Bankgüteverfahren), PPH 9/1994, S. 26 - 30.

Jacyszyn, Jerzy – Odpowiedzialność syndyka masy upadłości (Die Haftung des Konkursverwalters), MoP 2/1993, S. 38 f.

Jaeger, Ernst / Henckel, Wolfram – Konkursordnung, Großkommentar, Band 1, §§ 1 - 42, 9. Auflage, Berlin 1997, zit.: *Jaeger/Henckel*, Konkursordnung I.

Jaeger, Ernst / Lent, Friedrich – Konkursordnung mit Einführungsgesetzen, erster Band, §§ 1 - 70 KO, 8. Auflage, Berlin 1958, zit.: *Jaeger/Lent*, Konkursordnung I.

Jakubecki, Andrzej / Mojak, Jan / Niezbecka, Elżbieta – Prawne zabezpieczenie kredytów (Die rechtliche Sicherung von Krediten), Lublin 1996, zit.: *Jakubecki/Mojak/Niezbecka*, Kreditsicherung.

Jakubecki, Andrzej – Anmerkung zum Urteil des Obersten Gerichts vom 21.5.1997 – II CKN 144/97, PS 9/1998, S. 116 - 122.

Jakubecki, Andrzej – Zaspokojenie wierzyciela rzeczowego po ogłoszeniu upadłości dłużnika w świetle nowelizacji prawa upadłościowego (Die Befriedigung des dinglichen Gläubigers nach der Konkurseröffnung im Lichte der Novellierung des Konkursrechts), PS 1/1998, S. 22 - 36.

Jankowski, Janusz – Przebieg postępowania egzekucyjnego, upadłościowego i układowego (Der Ablauf des Vollstreckungs-, Konkurs- und Vergleichsverfahrens), Krakau 1999, zit.: *Jankowski*, Verfahrensablauf.

Jankowski, Janusz – Zagadnienia strukturalne postępowania układowego (Strukturfragen des Vergleichsrechts), Księga pamiątkowa ku czci Witolda Broniewicza, Symbolae Vitoldo Broniewicz dedicatae, Łódź 1998, S. 137 - 150, zit.: *Jankowski*, FS Broniewicz.

Jędrasiak, Zbigniew / Troicka-Sosińska, Romana – Wynagrodzenie syndyka masy upadłości (Die Vergütung des Konkursverwalters), MoP 13/2001, S. 682 - 686.

Jędrejek, Grzegorz – Przynależność praw spółkowych w spółkach osobowych do majątków małżonków (Die Zugehörigkeit der Gesellschafterrechte an Personengesellschaften zu den Vermögen[smassen] der Eheleute), Prawo Spółek 11/1999, S. 28 - 33.

Jędrzejewska, Anna – Spółka osobowa a małżeńska majątkowa wspólność ustawowa (Die Personengesellschaft und die gesetzliche Gütergemeinschaft der Eheleute), KPP 3/1996, S. 511 - 560.

Jodłowski, Jerzy – Egzekucja przeciwko masie upadłości (Die Vollstrekkung gegen die Konkursmasse), Palestra 2/1938, S. 131 - 134.

Józefowicz, Adam – Organizacje gospodarcze nie podlegające prawu upadłościowemu (Nicht dem Konkursrecht unterliegende Wirtschaftsorganisationen), PUG 7-8/1978, S. 269 f.

Kalicińska, Katarzyna – Wierzytelność w postępowaniu upadłościowym (Die Forderung im Konkursverfahren), Krakau 1998, zit.: *Kalicińska*, Forderung im Konkursverfahren.

Karasek, Iwona – Oddalenie wniosku o ogłoszenie upadłości ze względu na obciążenie składników masy zabezpieczeniami rzeczowymi (Die Abweisung des Konkurseröffnungsantrages in Anbetracht der Belastung von Bestandteilen der Konkursmasse mit dinglichen Sicherheiten), TPP 4/2000, S. 61 - 73.

Karnicka-Kawczyńska, Agata / Kawczyński, Jarosław – Skarga pauliańska (Die actio pauliana), Prawo Spółek 1/1999, S. 18 - 32.

Kaser, Max – Römisches Privatrecht. Ein Studienbuch, 16. Auflage, München 1992, zit.: *Kaser*, Römisches Privatrecht.

Kasprzyk, Wiesław – Wpływ ogłoszenia upadłości na umowy wzajemne (Die Wirkung der Konkurseröffnung auf gegenseitige Verträge), Prawo Spółek 1/2000, S. 35 - 39.

Keller, Rolf – Anmerkung zum Urteil des BGH vom 10.10.1991 – III ZR 308/89, EWiR 1991, S. 1169 = EWIR § 252 BGB, 1/91.

Kijowski, Andrzej – Ochrona roszczeń pracownika w razie niewypłacalności pracodawcy (Der Schutz der Ansprüche des Arbeitnehmers im Falle der Insolvenz des Arbeitgebers), PS 1/1993, S. 17 - 32.

Kilger, Joachim / Schmidt, Karsten – Insolvenzgesetze KO/VglO/GesO, 17. Auflage, München 1997, zit.: *Kilger/K. Schmidt*, Insolvenzgesetze.

Kilian, Alina / Hanckel, Götz – Wörterbuch der Rechts- und Wirtschaftssprache, Teil I, polnisch-deutsch, München 2000, zit.: *Kilian/Hanckel*, Rechtspolnisch I.

Kirczuk-Antończak, Paulina – Czynności syndyka w sprawach z zakresu prawa pracy (Die Handlungen des Konkursverwalters im Bereich des Arbeitsrechts), PiZS 1/2001, S. 13 - 21.

Klein, Alfred – Problemy prawnej regulacji upadłości przedsiębiorstwa państwowego (Die Probleme der rechtlichen Regelung des Konkurses eines staatlichen Unternehmens), PiP 4/1983, S. 27 - 39.

Köbler, Gerhard / Sobiecka, Kasia – Rechtspolnisch, Deutsch-polnisches und polnisch-deutsches Rechtswörterbuch für jedermann, München 2001, zit.: *Köbler/Sobiecka*, Rechtspolnisch.

Kohorewicz, Tadeusz – Skutki zakończenia postępowania upadłościowego (Die Folgen der Beendigung des Konkursverfahrens), Prawo Spółek 1/2001, S. 41 - 46.

Kohorewicz, Tadeusz – Umorzenie postępowania upadłościowego (Die Einstellung des Konkursverfahrens), Prawo Spółek 3/1998, S. 37 - 40.

Kohorewicz, Tadeusz – Zasada wyłączności postępowania upadłościowego (Der Grundsatz der Ausschließlichkeit des Konkursverfahrens), Prawo Spółek 11/2001, S. 43 - 46.

Kordasiewicz, Przemysław – Podmiotowy zakres ochrony pracowników przed niewypłacalnością pracodawcy (Der subjektive Umfang des Schutzes der Arbeitnehmer vor der Zahlungsunfähigkeit des Arbeitgebers), PiP 3/2000, S. 70 - 78.

Korzan, Kazimierz – Stanowisko prawne syndyka masy upadłości i jego kwalifikacje (Die rechtliche Stellung des Konkursverwalters und seine Qualifikationen), PPH Mai 1993, S. 8 - 17.

Korzonek, Jan – Prawo upadłościowe i prawo o postępowaniu układowym (Konkursrecht und Vergleichsverfahrensrecht), Krakau 1935, Nachdruck in drei Bänden, Bromberg (Bydgoszcz), ohne Angabe des Erscheinungsjahres, zit.: *Korzonek*, Konkurs- und Vergleichsrecht I (II, III).

Korzonek, Jan – Roszczenia o wyłączenie w postępowaniu upadłościowem (Aussonderungsansprüche im Konkursverfahren), PPC 1935, S. 97 - 103; 143 - 149.

Korzonek, Jan / Rosenblüth, Ignacy – Kodeks zobowiązań, komentarz (Obligationengesetzbuch, Kommentar), Band I, 2. Auflage, Krakau 1936, zit.: *Korzonek/Rosenblüth*, Obligationengesetzbuch I.

Korzonek, Jan / Rosenblüth, Ignacy – Kodeks zobowiązań, komentarz (Obligationengesetzbuch, Kommentar), Band II, 2. Auflage, Krakau 1937, zit.: *Korzonek/Rosenblüth*, Obligationengesetzbuch II.

Kreft, Gerhart – Die Wende in der Rechtsprechung zu § 17 KO, ZIP 1997, S. 865 - 871.

Kubas, Andrzej / Kos, Rafał – Ausgewählte Probleme der Forderungssicherung nach polnischem Recht, WiRO 1999, S. 241 - 247.

Kübler, Bruno / Prütting, Hanns (Hrsg.) – InsO, Kommentar zur Insolvenzordnung, Loseblattsammlung, 13. Ergänzungslieferung, Stand: April 2002, zit.: *Kübler/Prütting/Verfasser*, Insolvenzordnung.

Kuhn, Georg – Anmerkung zum Beschluß des OLG Neustadt vom 31.3.1958 – 3 W 27/58, KTS 1960, S. 76 - 78.

Kuhn, Georg – Die Rechtsprechung des BGH zur Kommandit-, stillen und bürgerlich-rechtlichen Gesellschaft, WM 1957, S. 1014 - 1023.

Kuhn, Georg – Über die Rechtsprechung des Bundesgerichtshofs auf dem Gebiete des Konkursrechts, KTS 1961, S. 1 - 6.

Kuhn, Georg / Uhlenbruck, Wilhelm – Konkursordnung, Kommentar, 11. Auflage, München 1994, zit.: *Kuhn/Uhlenbruck*, Konkursordnung.

Lasok, Dominik (Hrsg.) – Polish Civil Law, Volume I, Leiden 1973, zit.: *Lasok/Verfasser*, Polish Civil Law.

Leipold, Dieter – Miniatur oder Bagatelle: das internationale Insolvenzrecht im deutschen Reformwerk 1994, Festschrift für Wolfram Henckel zum 70. Geburtstag am 21. April 1995, Berlin 1995, S. 533 - 548.

Leśniak, Marek – Zaspokojenie wierzytelności zabezpieczonych prawem zastawu w sytuacji upadłości zastawcy (Die Befriedigung pfandrechtlich gesicherter Forderungen in der Situation des Konkurses des Pfandgebers), Rejent 5/1998, S. 122 - 128.

Litwińska, Marta – Anmerkung zum Beschluß des Obersten Gerichts vom 23.1.1996 – II CRN 188/95, PPH 12/1996, S. 39 f.

Litwińska, Marta – Anmerkung zum Urteil des Obersten Gerichts vom 20.2.1997 – I CKN 3/97, PPH 12/1997, S. 33 - 36.

Litwińska, Marta – Anmerkung zum Urteil des Obersten Gerichts vom 12.5.1998 – II CKN 745/97, PPH 8/1999, S. 50 - 52.

Łojek, Anna – Leasing a upadłość i likwidacja (Leasing sowie Konkurs und Liquidation), Prawo Spółek 6/1997, S. 40 - 43.

Longchamps de Berier, Roman – Zobowiązania, zeszyt czwarty (Obligationen, Heft 4), Lemberg 1936, zit.: *Longchamps de Berier*, Obligationen IV.

Lowitzsch, Jens – Das novellierte polnische Insolvenzrecht, IWB Nr. 5 vom 10.3.1999, S. 213 - 220 = IWB, Polen, Gruppe 3, S. 113 - 120.

Lowitzsch, Jens / Bormann, Axel – Das Insolvenzverfahren Polens im Überblick, WiRO 2001, S. 357 - 362.

Lowitzsch, Jens / Pacherová, Paulina – Das novellierte polnische und slowakische Insolvenzrecht, ROW 1998, S. 211 - 217.

Ludwiczak, Witalis – Międzynarodowe Prawo Prywatne (Internationales Privatrecht), 4. Auflage, Warschau 1990, zit.: *Ludwiczak*, Internationales Privatrecht.

Lüer, Hans-Jochem – Deutsches Internationales Insolvenzrecht nach der neuen Insolvenzordnung, in: Kölner Schrift zur Insolvenzordnung, 2. Auflage, Herne/Berlin 2000, S. 297 - 322, zit.: *Lüer*, Deutsches Internationales Insolvenzrecht.

Lutter, Marcus / Hommelhoff, Peter – GmbH-Gesetz, 15. Auflage, Köln 2000, zit.: *Lutter/Hommelhoff*, GmbH-Gesetz.

Magnuszewski, Artur – Anmerkung zum Beschluß des Obersten Gerichts vom 27.5.1993 (III CZP 61/93), PS 2/1995, S. 89 - 94.

Magnuszewski, Artur – Zdolność upadłościowa spółki prawa cywilnego (Die Konkursfähigkeit der Gesellschaft des Zivilrechts), Palestra 12/1994, S. 10 - 15.

Majewski, Jarosław – Przestępstwa na szkodę wierzycieli (uwagi na tle ustawy z 12 października 1994 r.) [Straftaten zum Schaden der Gläubiger (Betrachtungen auf der Grundlage des Gesetzes vom 12. Oktober 1994)], PUG 6/1995, S. 2 - 8.

Majewski, Jarosław / Zoll, Fryderyk / Thurner, Mario – Insolvenzrechtlich relevante Bestimmungen des neuen polnischen Gesetzes über den Schutz des Wirtschaftsverkehrs, WiRO 1995, S. 145 f.

Mańk, Zygmunt – Postępowanie upadłościowe w praktyce sądów (Das Konkursverfahren in der Gerichtspraxis), NP 3/1965, S. 264 - 274.

Marciniak, Andrzej – Stosunek sądowego postępowania egzekucyjnego do postępowania układowego (Das Verhältnis des gerichtlichen Zwangsvollstreckungsverfahrens zum Vergleichsverfahren), Księga pamiątkowa ku czci Witolda Broniewicza, Symbolae Vitoldo Broniewicz dedicatae, Łódź 1998, S. 249 - 264, zit.: *Marciniak*, FS Broniewicz.

Markus, Alexander R. – Das neue UNCITRAL-Modellgesetz betreffend grenzüberschreitende Insolvenz, SZW/RSDA 1/1998, S. 15 - 36.

Marotzke, Wolfgang – Anmerkung zum Urteil des BGH vom 11.2.1988 - IX ZR 36/87, EWiR 1988, S. 285 f. = EWiR § 17 KO, 2/88.

Marotzke, Wolfgang – Anmerkung zum Urteil des BGH vom 14.12.1989 - IX ZR 283/88, JR 1990, S. 331 - 335.

Metzlaff, Karsten / Schröder, Sarah – Das neue polnische Kartellrecht, GRUR Int. 2002, S. 399 - 406.

Michalewicz, Wojciech – Wierzyciel w postępowaniu układowym (Der Gläubiger im Vergleichsverfahren), MoP 2/1994, S. 35 - 37.

Mitteis, Ludwig – Römisches Privatrecht bis auf die Zeit Diokletians, Erster Band, Grundbegriffe und Lehre von den Juristischen Personen, Leipzig 1908, zit.: *Mitteis*, Römisches Privatrecht.

Namitkiewicz, J. – Anmerkung zum Urteil des Obersten Gerichts vom 28.10.1937 – C I 179/37, OSP 1938, Pos. 57, S. 64 f.

Nazarewicz, Piotr – Charakter postępowania upadłościowego oraz wpływ upadłości na procesowe postępowanie cywilne (Der Charakter des Konkursverfahrens und der Einfluß des Konkurses auf das prozessuale Zivilverfahren), PPH Oktober 1992, S. 13 - 18.

Nazarewicz, Piotr – Likwidacja majątku masy upadłości (Die Liquidation der Konkursmasse), Teil 1: PPH 7-8/1994, S. 1 - 9, Teil 2: PPH 9/1994, S. 18 - 25.

Nazarewicz, Piotr – Ogłoszenie upadłości podmiotu gospodarczego posiadającego tylko jednego wierzyciela (Die Konkurseröffnung bei einem Wirtschaftssubjekt, das nur einen Gläubiger besitzt), PPH 8/1997, S. 10 - 14.

Nazarewicz, Piotr – Środki odwoławcze w postępowaniu upadłościowym (Rechtsmittel im Konkursverfahren), PPH Januar 1993, S. 1 - 7.

Nazarewicz, Piotr – Szczególne środki zaskarżenia w postępowaniu upadłościowym (Besondere Rechtsbehelfe im Konkursverfahren), PPH Juni 1993, S. 7 - 14.

Nazarewicz, Piotr – Układ w postępowaniu upadłościowym (Der Vergleich im Konkursverfahren), Teil 1: PPH 1/1994, S. 1 - 9, Teil 2: PPH 2/1994, S. 1 - 10.

Nerlich, Jörg / Römermann, Volker (Hrsg.) – Insolvenzordnung (InsO) Kommentar, Loseblattsammlung, 3. Ergänzungslieferung, Stand: April 2002, München 2002, zit.: *Nerlich/Römermann/Verfasser*, Insolvenzordnung.

Neumann, Dieter – Der Konkurs der BGB-Gesellschaft, Dissertation Trier 1986, zit.: *Neumann*, Konkurs der BGB-Gesellschaft.

Niemirka, Bogusław – Prawne formy zabezpieczenia kredytów – przewłaszczenie na zabezpieczenie (Rechtliche Formen der Kreditsicherung – die Sicherungsübereignung), MoP 10/1995, S. 315 - 320.

Niewerth, Johannes / Schlichte, Johannes – Das neue polnische Leasingrecht, WiRO 2001, S. 74 - 78.

Niezbecka, Elżbieta /Mojak, Jan – Ustawa o zastawie rejestrowym i rejestrze zastawów, komentarz (Das Gesetz über das Registerpfandrecht und das Pfandrechtsregister, Kommentar), Lublin 1997, zit.: *Niezbecka/ Mojak*, RegPfG.

Noack, Wilhelm – Der Konkurseröffnungsbeschluß als vollstreckbarer Titel, KTS 1955, S. 170 - 173.

Noack, Wilhelm – Die Herausgabevollstreckung auf Grund des Konkurseröffnungsbeschlusses und die Vollstreckungsbeschränkung des § 811 ZPO, KTS 1966, S. 149 - 152.

Oehlerking, Jürgen – Die Auswirkungen des Konkurses der Gesellschafter einer BGB-Gesellschaft auf die Stellung der Gesellschaftsgläubiger, KTS 1980, S. 14 - 25.

Ohanowicz, Alfred – Przepis art. 59 kodeksu cywilnego a tzw. ius ad rem (Die Vorschrift des Art. 59 des Zivilgesetzbuchs und das sog. ius ad rem), PiP 11/1966, S. 685 - 693.

Olshausen, Eberhard von – Die Aufrechnung mit dem Regressanspruch eines Bürgen oder Wechseleinlösers in der Insolvenz des Hauptschuldners oder des Akzeptanten nach der InsO – alles wie gehabt? KTS 2000, S. 1 - 13.

Oplustil, Krzysztof – Pożyczki wspólników udzielane spółkom kapitałowym, Analiza regulacji art. 14 § 3 i art. 189 § 2 k.s.h. (Die Kapitalgesellschaften gewährten Gesellschafterdarlehen, Analyse der Regelungen der Art. 14 § 3 und Art. 189 § 2 GBHG), Krakau 2001, zit.: *Oplustil*, Gesellschafterdarlehen.

Paintner, Thomas – Das polnische Gesetz über das Landes-Gerichtsregister, JOR XLI (1/2000), S. 57 - 71; 223 - 236.

Paintner, Thomas – Das polnische Registerpfandrecht, OER 1999, S. 136 - 150.

Pałys, Jerzy – Egzekucja z masy (Die Vollstreckung aus der Masse), Rzeczpospolita vom 24.2.1998, im Internet abrufbar unter: http://arch.rp.pl/a/rz/1998/02/19980224/199802240029.html?k=on&t=1998022219980228

Pałys, Jerzy – Sprzedaż przedsiębiorstwa przez syndyka – cztery uwagi dodatkowe (Der Verkauf eines Unternehmens durch den Konkursverwalter – vier zusätzliche Erwägungen), Rejent 1/1998, S. 27 - 40.

Pape, Gerhard – Anmerkung zum Urteil des BGH vom 20.12.1988 – IX ZR 50/88, EWiR 1989, S. 283 f. = EWiR § 17 KO, 1/89.

Pawłyszcze, Dariusz – Postępowanie cywilne i administracyjne z udziałem syndyka oraz egzekucja z masy upadłości (Das Zivil- und Verwaltungsverfahren unter Beteiligung des Konkursverwalters und die Zwangsvollstreckung in die Konkursmasse), PPH 7-8/1994, S. 10 - 16.

Pawłyszcze, Dariusz – Postępowanie układowe – skutki prawne dla wierzycieli (Das Vergleichsverfahren – Rechtsfolgen für die Gläubiger), PPH 3/1994, S. 1 - 10.

Pawłyszcze, Dariusz – Upadłość w świetle przepisów k.p.c. o międzynarodowym postępowaniu cywilnym oraz prawa prywatnego międzynarodowego (Der Konkurs im Lichte der Vorschriften des ZVGB über das internationale Zivilverfahren sowie des internationalen Privatrechts), PPH 6/1995, S. 7 - 13.

Pfaff, Dieter / Linsmeier, Petra – Das Insolvenzrecht Osteuropas (Polen, Rumänien, Rußland, Slowenien, Tschechien, Ukraine, Ungarn), WiRO 1998, S. 41 - 46.

Piasecki, Kazimierz – Prawo upadłościowe, Prawo o postępowaniu układowym, komentarz (Konkursrecht, Vergleichsverfahrensrecht, Kommentar), Bromberg 1999, zit.: *Piasecki*, Konkurs- und Vergleichsrecht.

Piasecki, Kazimierz (Hrsg.) – Kodeks postępowania cywilnego, komentarz (Zivilverfahrensgesetzbuch, Kommentar), Band I, Warschau 1996, zit.: *Piasecki/Verfasser*, ZVGB-Kommentar.

Pietrzykowski, Krzysztof (Hrsg.) – Kodeks cywilny, komentarz, tom I (Zivilgesetzbuch, Kommentar, Band I), Warschau 1997, zit.: *Pietrzykowski/Verfasser*, ZGB-Kommentar I.

Pietrzykowski, Krzysztof (Hrsg.) – Kodeks cywilny, komentarz, tom II (Zivilgesetzbuch, Kommentar, Band II), Warschau 1998, zit.: *Pietrzykowski/Verfasser*, ZGB-Kommentar II.

Pisuliński, Jerzy (Hrsg.) – Kazusy z prawa cywilnego (Fälle aus dem Zivilrecht mit Lösungen), Warschau 1997, zit.: *Pisuliński/Verfasser*, Zivilrechtsfälle mit Lösungen.

Płońka, Ewa – Anmerkung zum Beschluß des Obersten Gerichts vom 27.5.1993 – III CZP 61/93, OSP 6/1994, S. 282 - 284.

Podlasin, Cezary – Postępowanie oraz skutki prawne ogłoszenia upadłości dla przedsiębiorcy oraz jego majątku (Das Verfahren und die Rechtsfolgen der Eröffnung des Konkurses für den Unternehmer und sein Vermögen), Prawo Spółek 9/1999, S. 31 - 45.

Pogonowski, Piotr – Mienie wchodzące w skład masy upadłości – wybrane zagadnienia (Das in die Konkursmasse fallende Vermögen – ausgewählte Fragestellungen), Prawo Spółek 6/1999, S. 35 - 40.

Pogonowski, Piotr – Organy postępowania upadłościowego (Die Organe des Konkursverfahrens), Warschau 2001, zit.: *Pogonowski*, Verfahrensorgane.

Pogonowski, Piotr – Potrącenie wierzytelności w polskim prawie układowym – wybrane zagadnienia (Die Forderungsaufrechnung im polnischen Vergleichsrecht – ausgewählte Fragestellungen), Prawo Spółek 4/2001, S. 40 - 49.

Pogonowski, Piotr – Zgromadzenie wierzycieli w postępowaniu upadłościowym (Die Gläubigerversammlung im Konkursverfahren), Prawo Spółek 2/2002, S. 49 - 54.

Pokora, Andrzej – Czynności notariusza w postępowaniu upadłościowym (Die Handlungen des Notars im Konkursverfahren), Rejent 7-8/1997, S. 183 - 190.

Pokora, Andrzej – Pozycja prawna upadłego w postępowaniu upadłościowym (Die Rechtsposition des Gemeinschuldners im Konkursverfahren), PPH 3/1998, S. 31 - 35.

Pokora, Andrzej – Stanowisko prawne syndyka masy upadłości (Die rechtliche Stellung des Konkursverwalters), Rejent 7-8/1997, S. 191 - 206.

Pokora, Andrzej – Zdolność upadłościowa (Die Konkursfähigkeit), PPH 2/1998, 26 - 31.

Popiołek, Henryk – Z Problematyki upadłości spółdzielni (Von der Problematik des Genossenschaftskonkurses), Palestra 10/1963, S. 35 - 45.

Pukall, Friedrich – Der Zivilprozeß in der gerichtlichen Praxis, 5. Auflage, Neuwied 1992, zit.: *Pukall*, Zivilprozeß.

Pyziak-Szafnicka, Małgorzata – Ochrona wierzyciela w razie niewypłacalności dłużnika (Der Schutz des Gläubigers im Falle der Zahlungsunfähigkeit des Schuldners), Studia Prawnicze 1-4/1994, S. 5 - 56.

Pyziak-Szafnicka, Małgorzata – Zaskarżenie odrzucenia spadku (Die Anfechtung der Ausschlagung einer Erbschaft), NP 2-3/1989, S. 35 - 53.

Rachwał, Anna – Niewypłacalność jako przesłanka zaskarżenia przez syndyka czynności prawnej upadłego, dokonanej z pokrzywdzeniem wierzycieli (Die Zahlungsunfähigkeit als Voraussetzung der Anfechtung einer Handlung des Gemeinschuldners durch den Konkursverwalter, die mit einer Gläubigerverletzung einherging), TPP 3/2000, S. 61 - 76.

Rechberger, Walter H. / Thurner, Mario – Insolvenzrecht, Einführung und Grundriß, Wien 2001, zit.: *Rechberger/Thurner*, Insolvenzrecht.

Redecker, Niels von – Chronik der Rechtsentwicklung in Osteuropa, Polen, WiRO 2001, S. 90 - 92.

Redecker, Niels von – Die Rechtswirkung polnischer Konkurse in Deutschland: Universalität oder Territorialität? WiRO 2001, S. 372 - 374.

Rudnicki, Stanisław – Komentarz do kodeksu cywilnego, księga druga, własność i inne prawa rzeczowe (Kommentar zum Zivilgesetzbuch,

Zweites Buch, Eigentum und andere dingliche Rechte), Warschau 1996, zit.: *Rudnicki*, ZGB-Kommentar Sachenrecht.

Schellhammer, Kurt – Zivilprozeß, Gesetz-Praxis-Fälle, 7. Auflage, Heidelberg 1996, zit.: *Schellhammer*, Zivilprozeß.

Schmidt-Aßmann, Eberhard (Hrsg.) – Besonderes Verwaltungsrecht, 11. Auflage, Berlin 1999, zit.: *Schmidt-Aßmann/Verfasser*, Besonderes Verwaltungsrecht.

Schmidt, Karsten – Gesellschaftsrecht, 3. Auflage, Köln/Berlin/Bonn/ München 1997, zit.: *K. Schmidt*, Gesellschaftsrecht.

Schmidt, Karsten – Institutionen eines künftigen Insolvenzrechts der Unternehmen, ZIP 1985, S. 713 - 724.

Schmidt, Karsten – Sinnwandel und Funktion des Überschuldungstatbestandes, JZ 1982, S. 165 - 174.

Schmidt, Karsten – Vom Konkursrecht der Gesellschaften zum Insolvenzrecht der Unternehmen, ZIP 1980, S. 233 - 238.

Schulte, Norbert – Das neue polnische Registerpfandrecht, RIW 1998, S. 291 - 294.

Schulze, Ulrich W. – Das System der dinglichen Sicherheiten in Polen, WGO-MfOR 1997, S. 175 - 193.

Siedlecki, Władysław – Anmerkung zum Beschluß des Woiwodschaftsgerichts Danzig vom 29.7.1959 – Cz. 179/59, OSPiKA 1960, Pos. 78, S. 169 - 172.

Siedlecki, Władysław – Międzynarodowe prawo upadłościowe (Internationales Konkursrecht), PPiA 1937, S. 105 - 117.

Sikorski, Grzegorz – Skutki prawne umowy przewłaszczenia na zabezpieczenie w stosunkach prawnych stron i osób trzecich (Die Rechtsfolgen des Sicherungsübereignungsvertrages in den Rechtsbeziehungen der Parteien und Dritter), PS 5/1997, S. 15 - 36.

Skorupa, Piotr – Ogłoszenie upadłości przedsiębiorcy w świetle znowelizowanych przepisów Prawa upadłościowego (Die Konkurseröffnung eines Unternehmers im Lichte der novellierten Vorschriften des Konkursrechts), Prawo Spółek 1/1998, S. 21 - 25.

Skowrońska, Elżbieta – Komentarz do kodeksu cywilnego, Księga czwarta, Spadki (Kommentar zum Zivilgesetzbuch, viertes Buch, Erbschaften), Warschau 1995, zit.: *Skowrońska*, ZGB-Kommentar Erbrecht.

Smid, Stefan – Das Insolvenzverfahren in den Beitrittsstaaten, WiRO 2000, S. 393 - 396.

Smid, Stefan (Hrsg.) – Insolvenzordnung (InsO) mit Insolvenzrechtlicher Vergütungsverordnung (InsVV), Kommentar, 2. Auflage, Stuttgart 2001, zit.: *Smid/Verfasser*, Insolvenzordnung.

Smid, Stefan, – Strukturen der Insolvenzrechte in den Reformstaaten Mittel- und Osteuropas, KTS 1998, S. 313 - 342.

Sobkowski, Józef – Anmerkung zum Beschluß des Obersten Gerichts vom 17.3.1967 – I CZ 146/66, NP 6/1970, S. 946 - 949.

Sobkowski, Józef – Istota i znaczenie upadłości w polskim systemie prawnym (Das Wesen und die Bedeutung des Konkurses im polnischen Rechtssystem), RPEiS 3/1974, S. 243 - 251.

Soinne, Bernard – Traité théorique et pratique des procédures collectives, commentaires et formules, Paris 1987, zit.: *Soinne*, Procédures collectives.

Sołtysiński, Stanisław – Przepisy ogólne kodeksu spółek handlowych (Die allgemeinen Bestimmungen des Gesetzbuchs der Handelsgesellschaften), PiP 7/2001, S. 3 - 25.

Sołtysiński, Stanisław / Szajkowski, Andrzej / Szumański, Andrzej / Szwaja, Janusz – Kodeks spółek handlowych, Komentarz do artykułów 1 - 150, Tom 1 (Gesetzbuch der Handelsgesellschaften, Kommentar zu den Artikeln 1 - 150, Band 1), Warschau 2001, zit.: *Sołtysiński/Verfasser*, Handelsgesellschaften I.

Sośniak, Mieczysław – Prawo prywatne międzynarodowe (Internationales Privatrecht), 3. Auflage, Kattowitz 1991, zit.: *Sośniak*, Internationales Privatrecht.

Srzednicki, Andrzej / Sokołowicz, Wieńczysława / Matura, Stanisław – Prawo układowe w praktyce. Objaśnienia. Procedury. Wzory (Das Vergleichsrecht in der Praxis. Erläuterungen. Verfahren. Muster), Warschau 1999, zit.: *Srzednicki/Sokołowicz/Matura*, Vergleichsrecht in der Praxis.

Stawecki, Tomasz – Zastaw rejestrowy – nowy sposób zabezpieczenia wierzytelności (Das Registerpfand – eine neue Art der Forderungssicherung), Prawo Spółek 3/1997, S. 18 - 27.

Stein, Emil / Thaler, Arnold / Bulwa, D. – Prawo upadłościowe i prawo układowe (Konkursrecht und Vergleichsrecht), Krakau 1935, zit.: *Stein/ Thaler/Bulwa*, Konkurs- und Vergleichsrecht.

Steiner, Udo (Hrsg.) – Besonderes Verwaltungsrecht, 6. Auflage, Heidelberg 1999, zit.: *Steiner/Verfasser*, Besonderes Verwaltungsrecht.

Stelmachowski, Bronisław – Polskie prawo upadłościowe a niemiecka ordynacja konkursowa na tle ustawodawstwa ziem zachodnich (Das polnische Konkursrecht und die deutsche Konkursordnung auf der Grundlage der Gesetzgebung in den Westgebieten), PPC 1935, S. 129 - 142; S. 193 - 202.

Stępniak, Lechosław – Anmerkung zum Urteil des Obersten Gerichts vom 15.12.1994 – I CRN 149/94, OSP 4/1996, S. 206 - 208.

Stober, Rolf – Grundsätze des Gewerberechts, JA 1981, S. 216 - 226.

Stochel, Jacek – Istota potrącenia i sposób jego obliczenia w prawie upadłościowym (Das Wesen der Aufrechnung und die Art ihrer Berechnung im Konkursrecht), Prawo Spółek 5/2001, S. 47 - 54.

Strus, Zbigniew / Strus-Wołos, Monika – Komentarz do ustawy o zastawie rejestrowym i rejestrze zastawów (Kommentar zum Gesetz über das Registerpfandrecht und das Pfandrechtsregister), Warschau 1997, zit.: *Strus/Strus-Wołos*, RegPfG.

Strzępka, Janusz Andrzej – Problematyka wykonania układu (wybrane zagadnienia) [Die Problematik der Vergleichserfüllung (ausgewählte Fragestellungen)], Prawo Spółek 7-8/2000, S. 44 - 53.

Strzępka, Janusz Andrzej – Układ a umowy poręczenia (Vergleich und Bürgschaftsverträge), Prawo Spółek 5/1997, S. 24 - 31.

Strzępka, Janusz / Zielińska, Ewa / Pindel, Ireneusz – Prawo upadłościowe i układowe w orzecznictwie SN 1936-1995 (Konkurs- und Vergleichsrecht in der Rechtsprechung des Obersten Gerichts 1936-1995), Warschau 1996, zit.: *Strzępka/Zielińska/Pindel*, Rechtsprechung zum Konkurs- und Vergleichsrecht 1936-1995.

Strzępka, Janusz / Pindel, Ireneusz / Zielińska, Ewa – Kodeks handlowy w orzecznictwie sądowym 1934-1997 (Das Handelsgesetzbuch in der gerichtlichen Rechtsprechung 1934-1997), 2. Auflage, Warschau 1999, zit.: *Strzępka/Pindel/Zielińska*, Rechtsprechung zum Handelsrecht 1934-1997.

Styś, Szymon – Z Problematyki upadłości spółdzielni (Von der Problematik des Konkurses der Genossenschaften), NP 4-5/1986, S. 75 - 91.

Suchecki, Juliusz – Wybrane zagadnienia prawa upadłościowego (Ausgewählte Fragestellungen des Konkursrechts), PS 4/1994, S. 28 - 50.

Suski, Paweł – Kodeks handlowy i przepisy związkowe, tekst, orzecznictwo, piśmiennictwo (Handelsgesetzbuch und damit zusammenhängende Vorschriften, Text, Rechtsprechung, Schrifttum), Warschau 1995, zit.: *Suski*, Handelsgesetzbuch.

Świeboda, Zdzisław – Komentarz do prawa upadłościowego i prawa o postępowaniu układowym (Kommentar zum Konkurs- und Vergleichsverfahrensrecht), Warschau 1999, zit.: *Świeboda*, Konkurs- und Vergleichsrecht.

Świeboda, Zdzisław – Odpowiedzialność cywilna przedsiębiorcy lub reprezentanta przedsiębiorcy nie wykonujących obowiązku zgłoszenia w sądzie wniosku o ogłoszenie upadłości (Die zivilrechtliche Haftung eines der Pflicht zur Stellung des Antrags auf Konkurseröffnung bei Gericht nicht nachkommenden Unternehmers oder Repräsentanten eines Unternehmers), PS 9/1999, S. 73 - 80.

Świeboda, Zdzisław – Odpowiedzialność porządkowa i odszkodowawcza syndyka masy upadłości (Die Ordnungs- und Schadensersatzverantwortlichkeit des Konkursverwalters), PS 3/1997, S. 20 - 32.

Świeboda, Zdzisław – Postępowanie upadłościowe dotyczące przedsiębiorstw państwowych (Das staatliche Unternehmen betreffende Konkursverfahren), NP 2/1984, S. 14 - 24.

Świeboda, Zdzisław – Postępowanie zabezpieczające i egzekucyjne, komentarz do części drugiej kodeksu postępowania cywilnego (Sicherungs- und Vollstreckungsverfahren, Kommentar zum zweiten Teil des Zivilverfahrensgesetzbuches), Warschau 1994, zit.: *Świeboda*, Sicherungs- und Vollstreckungsverfahren.

Świeboda, Zdzisław – Wybrane zagadnienia z zakresu prawa upadłościowego (Ausgewählte Fragestellungen aus dem Bereich des Konkursrechts), PS 7-8/1992, S. 51 - 67.

Świeboda, Zdzisław – Zażalenie i kasacja w postępowaniu upadłościowym oraz w postępowaniu układowym (Die Beschwerde und die Kassation im Konkursverfahren und im Vergleichsverfahren), PS 2/1998, S. 64 - 84.

Świeszkowski, Marcin – Obligacyjne podstawy wyłączeń z masy upadłości (Schuldrechtliche Grundlagen der Aussonderung aus der Konkursmasse), PPH 11/2000, S. 38 - 45.

Świeszkowski, Marcin – Wyłączenia z masy upadłości (Die Aussonderung aus der Konkursmasse), PS 7-8/2000, S. 30 - 48.

Szarek, Ryszard – Warunkowa zdolność upadłościowa w prawie polskim (Die bedingte Konkursfähigkeit im polnischen Recht), PUG 1/1999, S. 9 - 13.

Szer, Seweryn – Nowy rodzaj bezskuteczności czynności prawnych (Art. 59 k.c.) [Eine neue Art der Unwirksamkeit von Rechtshandlungen (Art. 59 ZGB)], NP 12/1966, S. 1513 - 1519.

Szumański, Andrzej – Ustawa o poprawie gospodarki przedsiębiorstwa państwowego oraz jego upadłości (Gesetz über die Verbesserung der Wirtschaft des staatlichen Unternehmens und seinen Konkurs), PUG 10/1983, S. 281 - 286.

Tereszkiewicz, Piotr – Partnerschaftsgesellschaft für Freiberufler im polnischen Gesellschaftsrecht, WiRO 2002, S. 97 - 101.

Thomas, Heinz / Putzo, Hans – Zivilprozeßordnung mit GVG, den Einführungsgesetzen, EuVÜ und AVAG, 24. Auflage, München 2002, zit.: *Thomas/Putzo*, ZPO.

Tigges, Michael / Lachmann-Becker, Agnieszka – Polen: Verordnung „Das Konkursrecht", WiRO 1994, S. 126 - 135.

Tintelnot, Albrecht – Die gegenseitigen Verträge im neuen Insolvenzverfahren, ZIP 1995, S. 616 - 623.

Tomaszewski, Maciej – Anmerkung zum Urteil des Obersten Gerichts vom 3.6.1987 – I CR 120/87, PiP 7/1989, S. 147 - 151.

Torbus, Andrzej – Anmerkung zum Urteil des Obersten Gerichts vom 20.2.1997 – I CKN 3/97, PS 3/1998, S. 90 - 97.

Torbus, Andrzej – Ochrona praw wierzycieli upadłościowych a ograniczenie potrącenia przed ogłoszeniem upadłości (Der Schutz der Rechte der Konkursgläubiger und die Begrenzung der Aufrechnung vor Konkurseröffnung), PS 7-8/1997, S. 87 - 100.

Torbus, Andrzej – Ogłoszenie upadłości przy jednym wierzycielu (Konkurseröffnung bei einem Gläubiger), PS 10/1995, S. 30 - 42.

Torbus, Andrzej – Rozwiązywanie umów wzajemnych przez syndyka masy upadłości w trybie art. 39 pr. upadł. (Die Auflösung von gegenseitigen Verträgen durch den Konkursverwalter im Verfahren des Art. 39 pln.KO), Rejent 7-8/1997, S. 160 - 182.

Tracz, Grzegorz / Zoll, Fryderyk – Przewłaszczenie na zabezpieczenie (Die Sicherungsübereignung), Krakau 1996, zit.: *Tracz, Grzegorz / Zoll, Fryderyk*, Sicherungsübereignung.

Tracz, Grzegorz / Zoll, Fryderyk – Przydatność pojęcia prawa prywatnego (Die Eignung des Begriffs der Treuhand für das Zivilrecht), PPH 4/1998, S. 24 - 28.

Tracz, Grzegorz / Cierpiał, Romana / Thurner, Mario – Die Hypothek im polnischen Recht, WiRO 1997, S. 86 - 92.

Traichel, Christian – Die Reform des französischen Zwangsvollstreckungsrechts (loi n° 91-650 vom 9. Juli 1991; décret n° 92-755 vom

31. Juli 1992) – eine rechtsvergleichende Untersuchung, Bielefeld 1995, zit.: *Traichel*, Reform des französischen Zwangsvollstreckungsrechts.

Trammer, Jerzy – W sprawie reformy prawa upadłościowego (Zur Reform des Konkursrechts), Krakau 1924, Nachdruck aus der Zeitschrift „Przegląd Notarialny" (Notariatsrundschau) 4/1924, zit.: *Trammer*, Zur Reform des Konkursrechts (1924).

Uhlenbruck, Wilhelm – Anmerkung zum Urteil des BGH vom 21.11.1991 – IX ZR 290/90, JZ 1992, S. 424 f.

Uhlenbruck, Wilhelm – Anmerkung zum Urteil des BGH vom 4.5.1995 – IX ZR 256/93, EWiR 1995, S. 691 f. = EWiR § 55 KO, 1/95.

Uhlenbruck, Wilhelm – Das Bild des Insolvenzverwalters – Der Versuch einer Orientierung im Widerstreit vielfältiger Interessen –, KTS 1998, S. 1 - 29.

Uhlenbruck, Wilhelm – Die Stellung des vorläufigen Insolvenzverwalters, in: Kölner Schrift zur Insolvenzordnung, 2. Auflage, Herne/Berlin 2000, S. 325 - 373, zit.: *Uhlenbruck*, Stellung des vorläufigen Insolvenzverwalters.

Ulmer, Peter – Anmerkung zum Urteil des BGH vom 30.4.1979 – II ZR 137/78, JZ 1980, S. 354 f.

Ulmer, Peter – Gesellschaft bürgerlichen Rechts und Partnerschaftsgesellschaft, Systematischer Kommentar, 7. Auflage, München 1997, zit.: *Ulmer*, BGB-Gesellschaft und PartG.

Vallens, Jean-Luc – La loi-type de la CNUDCI sur l'insovabilité internationale (Das Modellgesetz der UNCITRAL über die grenzüberschreitende Insolvenz), Recueil Dalloz 1998, S. 157 - 165.

Voß, Rudolf – Anmerkung zum Urteil des BGH vom 11.3.1997 – X ZR 146/94, EWiR 1997, S. 739 f. = EWiR § 399 BGB, 1/97.

Warm, Mieczysław – Układ w postępowaniu upadłościowym i jego skutki (Der Vergleich im Konkursverfahren und seine Folgen), Palestra 6/1938, S. 781 - 787.

Wąsowicz, Wojciech – Anmerkung zum Urteil des Obersten Gerichts vom 20.2.1997 – I CKN 3/97, PiP 3/1998, 109 - 112.

Wellisch, Karol – Polskie prawo o postępowaniu układowem (Polnisches Vergleichsverfahrensrecht), PPC 1934, S. 659 - 685; 705 - 719; 737 - 753; PPC 1935, S. 25 - 37.

Wengerek, Edmund – Postępowanie zabezpieczające i egzekucyjne, komentarz do części drugiej kodeksu postępowania cywilnego (Sicherungs- und Vollstreckungsverfahren, Kommentar zum zweiten Teil des Zivilverfahrensgesetzbuches), Warschau 1994, zit.: *Wengerek*, Sicherungs- und Vollstreckungsverfahren.

Westermann, Harry / Westermann, Harm Peter / Gursky, Karl-Heinz / Eickmann, Dieter – Sachenrecht, 7. Auflage, Heidelberg 1998, zit.: *Westermann/H.P. Westermann*, Sachenrecht.

Weyde, Daniel – Anerkennung und Vollstreckung deutscher Entscheidungen in Polen, Studien zum ausländischen und internationalen Privatrecht, Bd. 58, Tübingen 1997, zit.: *Weyde*, Anerkennung.

Wieling, Hans Josef – Bereicherungsrecht, 2. Auflage, Berlin 1999, zit.: *Wieling*, Bereicherungsrecht.

Wimmer, Klaus – Die UNCITRAL-Modellbestimmungen über grenzüberschreitende Insolvenzverfahren, ZIP 1997, S. 2220 - 2224.

Wimmer, Klaus – Die Verordnung (EG) Nr. 1346/2000 über Insolvenzverfahren, ZInsO 2001, S. 97 - 103.

Wimmer, Klaus (Hrsg.) – Frankfurter Kommentar zur Insolvenzordnung, 3. Auflage, Neuwied 2002, zit.: *Wimmer/Verfasser*, Frankfurter Kommentar.

Winiarz, Jan (Hrsg.) – Kodeks cywilny z komentarzem (Zivilgesetzbuch mit Kommentar), Band I, 2. Auflage, Warschau 1989, zit.: *Winiarz/Verfasser*, Zivilgesetzbuch I.

Winiarz, Jan (Hrsg.) – Kodeks cywilny z komentarzem (Zivilgesetzbuch mit Kommentar), Band II, 2. Auflage, Warschau 1989, zit.: *Winiarz/Verfasser*, Zivilgesetzbuch II.

Wręczycka, Katarzyna – Udział w spółce z ograniczoną odpowiedzialnością a wspólność majątkowa małżeńska (Der Anteil an einer Gesellschaft mit beschränkter Haftung und die eheliche Gütergemeinschaft), PPH 8/2001, S. 35 - 44.

Zdzienicki, Jan Maciej – Procedura układowa w prawie insolwencyjnym Polski i USA (Das Vergleichsverfahren im Insolvenzrecht Polens und der USA), MoP 8/1995, S. 230 - 234.

Zedler, Feliks – Anmerkung zum Beschluß des Obersten Gerichts vom 21.2.1995 – I CRN 6/95, PiP 12/1995, S. 103 - 106.

Zedler, Feliks – Anmerkung zum Urteil des Obersten Gerichts vom 15.12.1994 – I CRN 149/94, OSP 4/1996, S. 205 f.

Zedler, Feliks – Dochodzenie wierzytelności zabezpieczonych rzeczowo w razie ogłoszenia upadłości właściciela mienia obciążonego, który nie jest dłużnikiem osobistym (Die Geltendmachung von dinglich gesicherten Forderungen im Falle der Eröffnung des Konkurses des Eigentümers des belasteten Vermögens, der nicht persönlicher Schuldner ist), PS 1/1999, S. 33 - 55.

Zedler, Feliks – Länderbericht Polen, JOR XXXVIII (2/1997), S. 287 - 304.

Zedler, Feliks – Skutki prawne czynności prawnych upadłego bezskutecznych z mocy prawa (Die Rechtsfolgen der von Rechts wegen unwirksamen Rechtshandlungen des Gemeinschuldners), Prawo Bankowe 1/1995, S. 97 - 102.

Zedler, Feliks – Prawo upadłościowe i układowe (Konkurs- und Vergleichsrecht), Thorn 1997, zit.: *Zedler*, Konkurs- und Vergleichsrecht.

Zedler, Feliks – Sytuacja prawna rzeczy przewłaszczonych na rzecz banku w przypadku upadłości podmiotu, który dokonał przewłaszczenia (Die rechtliche Situation der zu Gunsten der Bank sicherungsübereigneten Sache im Falle des Konkurses des Rechtsträgers, der die Übereignung vorgenommen hat), Prawo Bankowe (Bankrecht) 2/1994, S. 55 - 60.

Zedler, Feliks – Zarząd nadzorcy sądowego majątkiem dłużnika w postępowaniu układowym (Die Verwaltung des Schuldnervermögens durch den gerichtlichen Aufseher im Vergleichsverfahren), PS 4/2000, S. 19 - 37.

Zierau, Britta – Die Stellung des Gläubigers im französischen Sanierungsverfahren im Hinblick auf die Entwicklung des deutschen Insolvenzrechts, Heidelberg 1991, zit.: *Zierau*, Französisches Sanierungsverfahren.

Zimmerman, Piotr – Artykuł 17^2 prawa upałościowego – potrzebny, ale niezgodny z Konstytucją (Artikel 17^2 des Konkursrechts – notwendig, aber verfassungswidrig), PPH 6/2002, S. 30 - 34.

Zoll, Fryderyk – Czy austriackie prawo dotyczące niewypłacalności może stanowić wzór dla polskiego ustawodawcy? (Kann das österreichische Insolvenzrecht ein Modell für den polnischen Gesetzgeber darstellen?), Studia Prawnicze 2/2001, S. 31 - 42.

Zoll, Fryderyk / Kokott, Sonja – Die Befriedigung hypothekarisch gesicherter Forderungen der Hypothekenbanken im polnischen Konkursrecht, ZInsO 2001, S. 302 - 304.

Zoll, Fryderyk / Kraft, Anton – Das polnische Ausgleichsrecht im Überblick, WiRO 2000, S. 273 - 276.

Zoll, Fryderyk / Kraft, Anton / Thurner, Mario – Polnisches Insolvenzrecht, Wien 2002, zit.: *Zoll/Kraft/Thurner*, Polnisches Insolvenzrecht.

Zoll, Fryderyk – Niektóre zagadnienia związane z majątkowymi stosunkami małżeńskimi w postępowaniu upadłościowym (Einige Fragestellungen in Zusammenhang mit den ehelichen Vermögensverhältnissen im Konkursverfahren), PPH 5/1998, S. 25 - 28.

Zoll, Fryderyk – O projekcie nowego Prawa upadłościowego (Über den Entwurf eines neuen Konkursrechts), Przegląd Legislacyjny 3/2001, S. 11 - 29.

Zoll, Fryderyk – Wpływ wejścia w życie nowego prawa o działalności gospodarczej na toczące się postępowania upadłościowe wobec spółek cywilnych (Der Einfluß des Inkrafttretens des neuen Rechts der Wirtschaftstätigkeit auf laufende Konkursverfahren gegen Gesellschaften des Zivilrechts), PPH 7/2001, S. 36 - 38.

Zunft – Tritt bei § 7 KO relative oder absolute Unwirksamkeit ein? NJW 1956, S. 735 f.

Zych, Adam – Wybrane problemy postępowania upadłościowego (Ausgewählte Probleme des Konkursverfahrens), PiP 5/1988, S. 98 - 103.

Verzeichnis der Gesetzesmaterialien

1. Polen

Uzasadnienie projektu prawa upadłościowego, komisja kodyfikacyjna, podkomisja postępowania upadłościowego, zeszyt 3, na podstawie referatu Prof. M. Allerhanda (Begründung zum Entwurf des Konkursrechts, Kodifizierungskommission, Unterkommisson für Konkursrecht, Heft 3, auf der Grundlage des Referates von Prof. M. Allerhand), Warschau 1935, zit.: *Allerhand*, Entwurfsbegründung Konkursrecht.

Uzasadnienie projektu prawa o postępowaniu układowem, komisja kodyfikacyjna, podkomisja postępowania układowego, zeszyt 3, na podstawie referatu Sędziego S. N. Br. Stelmachowskiego (Begründung zum Entwurf des Vergleichsverfahrensrechts, Kodifizierungskommission, Unterkommisson für Vergleichsverfahrensrecht, Heft 3, auf der Grundlage des Referates des Richters am Obersten Gericht Br. Stelmachowski), Warschau 1935, zit.: *Stelmachowski*, Entwurfsbegründung Vergleichsverfahrensrecht.

Uzasadnienie projektu ustawy – Prawo Spółek handlowych (Begründung zum Entwurf des Gesetzes – Recht der Handelsgesellschaften), Studia Prawnicze 1-2/1999, S. 143 - 187.

Rządowy projekt o zmianie ustawy – Prawo bankowe, druk nr 2535 (Regierungsentwurf zur Änderung des Bankrechtsgesetzes), Parlamentsdrucksache Nr. 2535.

Projekt Komisji Kodifikacyjnej Prawa Cywilnego z dnia 20 lutego 2001 r., Prawo upadłościowe (Entwurf der Kodifizierungskommission für Zivilrecht vom 20.2.2001, Konkursrecht), Przegląd Legislacyjny 1/2001, S. 133 - 234.

Uzasadnienie projektu ustawy Prawo upadłościowe, Komisji Kodifikacyjnej Prawa Cywilnego z dnia 20 stycznia 2001 r. (Begründung zum

Entwurf des Konkursrechtsgesetzes der Kodifizierungskommission für Zivilrecht vom 20.1.2001), Przegląd Legislacyjny 2/2001, S. 165 - 265.

2. Deutschland

Gesetzentwurf der Bundesregierung, Entwurf einer Insolvenzordnung (InsO), Bundestagsdrucksache 12/2443.

Studien des Instituts für Ostrecht München

Begründet von Professor Dr. Reinhart Maurach
Herausgegeben von Professor Dr. Friedrich-Christian Schroeder,
Dr. h.c. (Breslau), Regensburg

Band 41 Manfred Gratzl: Die Reform der tschechischen Strafprozeßordnung nach 1989. Im Spannungsfeld von Rechtsstaatlichkeit, Verfahrensökonomie und Effizienz. 2002.

Band 42 Thomas Paintner: Die Insolvenz des Unternehmers in Polen. 2003.

Peter Lang · Europäischer Verlag der Wissenschaften

Michael Weber

Die Altlastensanierung in der Insolvenz

Frankfurt/M., Berlin, Bern, Bruxelles, New York, Oxford, Wien, 2002. XVI, 161S.
Europäische Hochschulschriften: Reihe 2, Rechtswissenschaft. Bd. 3476
ISBN 3-631-39504-3 · br. € 35.30*

Für die Insolvenzsituation ist kennzeichnend, dass die Insolvenzmasse für die Erfüllung sämtlicher Verbindlichkeiten des Gemeinschuldners nicht ausreichend ist. Die Verteilungsfrage spitzt sich zu, wenn mit Verfahrenseröffnung in Gestalt des Insolvenzverwalters ein Störer in Erscheinung tritt, der die ihn treffende Sanierungspflicht mit Massemitteln erfüllen muss. Letztlich führt die Auffassung des Autors dazu, dass sich im Rahmen der Altlastensanierung in der Insolvenz ein Automatismus einspielen kann und wird. Die durch die Inbesitznahme des „störenden" Gegenstandes seitens des Insolvenzverwalters begründete Masseverbindlichkeit wird durch die Freigabe und den anschließenden Besitzverlust zum Erlöschen gebracht, so dass die Behörde im Regelfall nur eine einfache Insolvenzforderung zur Tabelle anmelden kann.

Aus dem Inhalt: Störerhaftung des Insolvenzverwalters · Einordnung der ordnungsrechtlichen Haftung als Masseverbindlichkeit oder Insolvenzforderung · Auswirkungen der Freigabe

Frankfurt/M · Berlin · Bern · Bruxelles · New York · Oxford · Wien
Auslieferung: Verlag Peter Lang AG
Moosstr. 1, CH-2542 Pieterlen
Telefax 00 41 (0) 32 / 376 17 27

*inklusive der in Deutschland gültigen Mehrwertsteuer
Preisänderungen vorbehalten

Homepage http://www.peterlang.de

Kolibri 360 GmbH
Ferdinand-Jühlke-Straße 7
99095 Erfurt, Deutschland
produktsicherheit@kolibri360.de

Druck:
CPI Druckdienstleistungen GmbH
im Auftrag der
Kolibri 360 GmbH
Ferdinand-Jühlke-Str. 7
99095 Erfurt